1924: 뉴욕 인터내셔널 체스 토너먼트

1 9 2 4

: 뉴욕 인터내셔널 체스 토너먼트

The Book of
the New York International Chess Tournament
1924

알렉산드르 알예힌 지음
유정훈 옮김

필요
한책

■ 본서의 번역 저본은 Alexander Alekhine 저, Hermann Helms 편집의 『The Book Of The New Yotk International Tournament 1924』(1961, Dover)이며 같은 저자의 『New York 1924, 21st Century Edition』(2016, Russell Enterprises Inc.)을 참조하였습니다.

■ 각주는 모두 옮긴이가 썼습니다.

■ 인명 표기는 각 인물이 속한 나라의 언어 발음에 충실하게 표기하는 것으로 하되, 호세 라울 카파블랑카의 경우 그 원 발음은 '까빠블랑까'에 가깝지만 필요한책에서 기존에 출간한 카파블랑카 저서들과의 연동성을 고려하여 영어식 발음인 '카파블랑카'로 표기하였습니다.

■ 오프닝 표기는 영어식 발음을 따랐습니다. 예를 들어 Vienna Game은 오스트리아 수도 빈의 이름을 딴 오프닝으로 우리나라에서의 수도 표기를 따른다면 '빈 게임'이 되어야 하나 단어의 통일성과 단어가 쓰이는 보편성을 고려하여 영어식 발음인 '비엔나 게임'으로 표기하였습니다.

■ 21쪽, 591쪽 사진: 존 플랙스먼이 디자인한 체스 기물들(19세기 초) ⓒ메트로폴리탄미술관

■ 이 책에서 사용된 글꼴은 더잠실, 문화재돌봄체, 제주명조, KBIZ한마음명조, KoPubWorld돋움체, KoPubWorld바탕체, Old English Text MT, Rage Italic입니다.

1924년 뉴욕 인터내셔널 체스 토너먼트에 참가한 선수들. 윗 줄 맨 왼쪽부터 프랭크 J. 마셜, 사비엘리 G. 타르타코베르, 마로치 게자, 알렉산드르 알예힌, 리하르트. 레티, 에핌 D. 보골류보프. 아랫 줄 맨 왼쪽부터 프레드 D. 예이츠, 호세 라울 카파블랑카, 다비드 M. 야노프스키, 에드워드 라스커, 에마누엘 라스커.

차례

*체스 기보 읽는 법

킹King=K   퀸Queen=Q   룩Rook=R

비숍Bishop=B   나이트Knight=N

폰Pawn은 약어로 따로 표기하지 않고 칸의 기호로만 나타냄

파일File   체스보드 세로줄을 뜻하며 체스보드에는 알파벳
        (a~h)으로 표기

랭크Rank   체스보드 가로줄을 뜻하며 체스보드에는 숫자
        (1~8)로 표기

x   x 앞의 말이 x 뒤의 말을 잡는 것

\+   체크   #   체크메이트

0-0   킹사이드(e, f, g, h파일) 캐슬링

0-0-0   퀸사이드(a, b, c, d파일) 캐슬링

!   좋은 수   !!   아주 좋은 수

?   실수   ??   심각한 실수

!?   흥미로운 수   ?!   의심되는 수

1-0   백 승   0-1   흑 승

1/2-1/2   비김

...   흑 차례의 수

e.p.   앙파상

폰 승진   폰의 기보 끝에 승진된 기물의 약어를 표기
        (예: 폰이 h8에 와서 퀸으로 승진한 경우 h8Q)

시작하며

체스 마스터들의 국제 대회에 관한 공식 서적에서는 흔히 그 대회가 그때까지 카이사Caïssa*의 추종자들에 의해 촉진된 것들 중 가장 위대한 대회로 간주되어야 한다는 취지의 주장을 발견할 수 있다. 이 대회도 그렇다고 말하고 싶은 유혹이 강하지만, 겸손을 통해 1924년 뉴욕 인터내셔널 체스 마스터스 토너먼트가 체스계에서 최고의 인정을 받기를 바라는 욕구를 적절히 조절할 수 있었다. 이토록 주목할 만한 모임에 자신의 기량을 시험하고 전 세계 체스 애호가들에게 즐거움을 선사하기 위해 미국 대도시를 찾은 10개국에서 온 열한 명의 전문가들 만한 적격자들보다 더 빛나게 할 수 있기란 불가능했기 때문에, 자연스러운 충동을 억제하는 일이 더 쉬울 수 있었다.

즉, 뉴욕 토너먼트의 기록 스스로가 진실을 말하도록 하는 편이 훨씬 낫다. 경청할 줄 알고 안목이 있는, 감사를 아는 세상은 여기서 그 역사를 기술할 이 대회가 역대 가장 위대한 대회는 아니라 하더라도 적어도 최고의 대회들 중 하나였다는 사실을 분명 확신하리라.

이 대회가 한 가지 측면에서는 의심할 여지없이 명성의 틈바구니에서 독특한 자리를 차지할 자격이 있다. 훌륭한 체스 경기를 사랑하는 사람들을 위해 새해에 무엇이 준비됐는지에 대한 수군거림 없이 지난해가 지나갔다는 점에서다. 그럴 만한 이유가 있었다. 아이디어가 부화했지만 행동으로 옮길 추진력이 부족했기 때문이다.

역사적으로 정확하게 말하자면, 맨해튼체스클럽에서 1월 18일이 되어서야 조직을 위한 첫 번째 회의가 열렸다. 이는 호텔 알라맥Alamac의 경영진이 자신들의 몫을 수행하기로 동의한 지 얼마 지나지 않은 직후였다. 계획이 완성된 후에는 더 이상 지체할 수 없었고 구성된 위원회의 추진력이 그때부터 본격적으로 가동되었다.

---

* 체스의 여신.

현 시대의 가장 유명한 체스 전문가들에게 매력적으로 다가갈 수 있는 규모로 토너먼트 자금을 조달하려면 대략 10,000달러에 가까운 보증을 찾아야 했다. 이 일은 순식간에 이루어졌고 곧 전신선이 명성, 국가, 금을 위해 싸우고자 하는 그들을 멀리 떨어진 집에서 뉴욕으로 불러들였다.

그렇게 해서 3개월 만에 가장 기억에 남을 마스터들의 회합 중 하나가 3월 18일에 상서롭게 시작되어 18일 동안 예정된 코스를 진행했고 4월 18일에 가장 만족스러운 결론에 도달하게 되었다. 다음 날 시상식이 마지막 장면을 장식했고 미국은 1889년 뉴욕, 1904년 케임브리지 스프링스에 이어 또 한 번 같은 수준의 체스 토너먼트를 개최하는 최고의 보상을 누렸다.

토너먼트의 최종 결과는 에마누엘 라스커 박사의 화려한 승리로, 그의 길고 명예로운 경력에 어울리는 클라이맥스였다. 물론 라스커 박사가 최고의 토너먼트 선수들 중 한 명으로 등극하기 위해서 그의 가장 최근이자 어떤 면에서는 최고의 성공이었던 이 대회가 반드시 필요하지는 않았다. 그러나 전 세계 챔피언의 많은 친구들에게 있어선 그가 대회를 섭렵한 베테랑이지만 그럼에도 불구하고 예전의 기량을 거의 잃지 않았다는 사실을 증명시키는 목적에 부합했다.

재무 담당자가 쓴 재무 보고서는 구독자 목록과 함께 다른 자리에서 찾을 수 있다. 그러나 후원자들의 관대함이 없었다면 성공할 수 없었을 것이며, 뉴욕시에만 국한되지 않은 후원자들의 열렬한 지원에 감사를 표한다.

위원회는 알렉산드르 알예힌 씨와 함께 토너먼트에서 치러진 110개 대국의 해설을 맡을 수 있어서 큰 행운이었다. 그의 협력은 지능적이고 철저한 분석 작업을 보장해 줬다.

헤르만 헬름스Hemann Helms

1925년 1월 뉴욕

개론

_노버트 L. 레더러Nobert L. Lederer

1923년 12월 한 달 동안 대서양 이쪽에서는 알렉산드르 알예힌과 그의 놀라운 활약으로 인해 체스에 대한 관심이 높은 수준에 올라 있었다. 그래서 새해 전야의 한 사교 모임에서 뉴욕에서 국제 토너먼트를 개최할 가능성이 논의되었으며 대략적인 비용은 약 10,000달러로 추산되었다. 공을 굴리기 시작하기 위해선 한 개인이 상당히 많은 금액을 이끌지 않는 한 출자를 시작하는 게 거의 소용없음을 깨달았기 때문에, 이전에 세계 챔피언십으로 제안된 카파블랑카와 알예힌의 대국에 관심을 표명했던 알라맥 호텔의 해리 래츠Harry Latz 씨와의 인터뷰가 마련되었다.

헬름스, 알예힌, 래츠, 그리고 내가 참석한 이 회의에서 나는 타이틀 매치에 필요한 금액을 모으기가 매우 어려울 것이라고 지적했지만, 동시에 맨해튼체스클럽의 동료들 중에서 특히 카파블랑카, 라스커 박사, 알예힌의 참가를 보장할 수 있다면 국제 토너먼트를 위한 충분한 지원을 얻을 수 있으리라 확신했다. 마지막으로 지명된 알예힌은 이 새로운 제안에 동의했고, 평소 훌륭한 스포츠맨십을 가진 래츠는 대국을 위해 준비했던 금액인 2,500달러를 내놨다. 또한 자신의 호텔의 환대를 모든 참가자들에게 확대할 준비가 되어 있다고 선언했다.

더 진행하기 전에 우리 입장을 확인하기 위해 나는 베를린의 리하르트 히르슈펠트 앤 코퍼레이션Richard Hirschfeld&Co.에 전화를 걸었고, 그는 매우 친절하게도 저편에서 우리를 대신해 협상을 처리해 주겠다고 제안했다. 매우 만족스럽게도 우리는 곧 라스커 박사를 포함하여 고려했던 모든 마스터들에게 기꺼이 참여할 의향이 있다는 회신을 받았다. 그러는 사이에 카파블랑카로부터도 비슷한 수락을 받았다.

그 후 맨해튼체스클럽의 회장인 허버트 R. 림버그Herbert R. Limburg의 주도하에 위원회가 구성되었고, 1월에 그 클럽에서 예비 회의가 열렸다. 다소 놀랍게도 나는 매우 낙관적이지만 절망적으로 미치지는 않았다고 선언할 수 있었다. 대략적인 지원 규모를 파악하기 위해 일주일 동안 집중적인 조사("품격 있는 구걸schnorring")를 하기로 결정했다. 일주일 후 다음 회의에서 나를 제외한 모든 사람들은 놀랍게도 6,500달러의 모금액이 확보된 것을 알게 됐다. 따라서 우리는 공식 초대장을 발행해도 무방하겠다는 결론을 내릴 수 있었다.

리하르트 히르슈펠트 앤 코퍼레이션의 J. 자이슬러Zeisler 씨의 훌륭한 실력 덕분에 유럽 마스터들을 위한 여권과 증기선 예약을 위한 사전 작업이 매우 신속하게 이루어졌고, 2월 26일에는 모든 마스터들이 클리블랜드호를 타고 유럽에서 출발했다고 발표할 수 있었다.

그동안 위원회 위원들은 체스 애호가들과, 체스에 대해 들어 본 적 조차 없어도 기부를 할 수 있는 특권을 가진 사람들로부터 기금을 모으기 위해 최선을 다해 일하고 있었다. 특히 핀Finn 씨와 유명한 메이어Meyer 형제를 비롯한 몇몇 위원들은 이 문제를 논리적인 결론으로 이끌곤 했고, 그 결과 그의 친구들은 그들과의 대화가 가져올 필연적인 결과를 두려워하며 일상적인 모임에서 그들을 모르는 척하려고 애쓰게 됐다.

아서 A. 브라이언트Arthur A. Bryant 박사와 헬름스 씨의 전폭적인 협조 덕분에 가능한 한 지체 없이 준비가 진행되었고, 3월 8일에 우리는 일부 마스터들을 제외하고는 모든 것이 제대로 된 배 모양을 갖췄다는 만족감을 안고 부두에서 마스터들을 맞이할 수 있었다. 예상치 못한 몇 가지 사건들이 관심을 유지시키고 약간의 불안감을 조성하는 데 도움이 됐는데, 특히 카파블랑카는 독감의 심각한 공격으로 인한 병증 때문에 토너먼트 참가가 마지막까지 다소 의심스러웠다.

3월 11일에는 맨해튼체스클럽에서 블리츠 토너먼트가 열렸고, 7명의 마스터가 참가했다. 지역 유수의 아마추어들도 대거 참가했다. 결과는 예상 밖은 아닌 카파블랑카의 우승이었지만, 아마추어 선수들의 활약도 두드러졌고 상위 6명의 입상자 중에는 맨해튼체스클럽의 회원인 셔피로Schapiro, 테너Tenner, L. B. 메이어Meyer 씨도 포함되어 있었다.

3월 15일에는 알라맥 호텔에서 개회식이 열렸으며 300여 명이 참석했다. 연회는 큰 성공을 거두었는데, 이는 주로 호텔 총지배인 래츠 씨가 훌륭하게 준비했기 때문이다. 연사로는 허버트 R. 림버그, 베인브리지 콜비Bainbridge Colby, 알릭 H. 맨Alrick H. Man, 에마누엘 라스커 박사, 해리 래츠, 밀라드 H. 엘리슨Millard H. Ellison, 월터 J. 로스스턴Walter J. Rosston, 해럴드 M. 필립스Harold M. Phillips 등이 참여했다.

토너먼트 1라운드 순서는 3월 18일 오후 1시 45분에 각국 선수들의 국기로 매우 화려하게 장식된 알라맥 호텔의 일본식 룸에서 추첨되었다. 위원회의 규칙에 따라 라운드 번호는 매일 추첨되었기 때문에 어떤 선수도 상대를 미리 알 수 없었다. 이는 대회에 대한 관심도를 유지하는 데 적지 않은 도움이 되었다. 추첨의 행운 덕에 라스커 박사는 첫 라운드에서는 작별 인사를 했지만 둘째 날에는 카파블랑카와 짝이 되어 전 세계 챔피언에게 어울리는 데뷔전이 제공되었다.

토너먼트에 대한 일반 대중의 뜨거운 관심은 이번 대회를 통해 드러난 현실들 중 하나였으며, 입장 수입은 가장 낙관적으로 예상했던 금액의 두 배를 넘어섰다. 순 수입은 3,500달러를 넘었고, 경기장의 제한된 공간이 아니었다면 그보다 훨씬 더 많았을 것이다. 향후 토너먼트에서 입장 수입이 비용에 아주 중요한 기여를 할 수 있다고 생각하면 매우 고무적이다.

토너먼트 자체의 진행 상황에 대해선 알예힌과 헬름스 씨 같은 권위자들이 이 문제를 다른 곳에서 철저하게 다루고 있음을 고려할 때 길게 언급할 필요는 없지만, 어떤 불편한 사건도 없이 매우 순조롭게 진행되었고 관련된 모든 사람들의 행동은 가장 스포츠맨다웠다는 말로 만족할 수 있겠다. 심판 위원회 위원들은 토너먼트 기간 내내 소집 요청을 받지 않았고, 발생한 몇몇 사소한 사건들도 대회 감독관들이 쉽게 해결했다고 말할 수 있는 게 나에게 큰 만족감을 준다.

　　말할 필요도 없이, 미국 신문의 화려한 보도는 이 대회에 대한 대중의 관심을 반영했다. 그 중요성을 아무리 강조해도 지나치지 않은 이 작업의 대부분은 커셀Cassel과 헬름스라는 두 베테랑에 의해 이루어졌다. 하지만 두 사람이 안타깝게도 노조 지정 근무 시간을 위반해야 했을지 걱정된다.

　　대부분의 마스터들은 쉬는 날에는 관광을 다녔고, 나도 개인적으로 그들과 즐거운 시간을 많이 보냈다. 그때 무엇보다도 위대한 체스 마스터들 또한 때때로 인간적이며 마법의 칸들이 보이지 않으면 유쾌한 동료임을 알게 되었다. 관광들 중 하나는 브롱크스동물원 방문이었는데 오랑우탄상을 받은 '수잔'과 타르타코베르 박사의 긴 인터뷰로 매우 활기찬 시간이었고, 박사는 새로 발견한 친구에게 다음 게임을 헌정하여 상을 받은 상대에게 최고의 만족감을 안겨 주었다.

　　4월 19일 알라맥 호텔에서 열린 시상식에는 그로버 왈렌Grover Whalen 시 건축위원이 참석하여 자리를 빛냈으며, 림버그 씨가 사회를 맡았다. 좋은 연설과 나쁜 연설(나도 직접 연설해야 했으니)이 꽤 많이 나왔고, 박수 소리로 보아 많은 청중이 즐거워했다. 시상식 후에는 비공식 만찬과 댄스 파티가 이어졌는데, 젊은 선수들은 체스에서와 마찬가지로 춤에서도 하이퍼모던 아이디어를 선보였다.

　　4월 1일에는 상금을 걸고 체스 퍼즐 콘테스트가 열렸다. 아마추어 부문에서는 뉴욕시립대학교의 아이작 커시던Isaac Kashdan이 모든 참가자들 중에서 최고의 기록을 세웠으며, 마스터 클래스에서는 리하르트 레티가 1등을 차지했다.

　　끝으로, 위원회는 어떤 식으로든 이 마스터들의 중요한 만남의 성공에 기여한 모든 분들께 감사드리며, 이 나라에서 이와 유사한 수준 높은 대회가 다시 열리기까지 20년 이상 걸리지는 않길 바라는 마음을 전하고자 한다.

토너먼트 리뷰

알예힌 씨가 작성한 대국들에 대한 매우 완벽하고 공들인 분석과 부록에서 볼 수 있는 오프닝에 관한 귀중한 이론에 대한 논문을 고려할 때, 여기서는 토너먼트 결과를 기록하고 플레이의 뛰어난 특징을 살펴보고 실제 결과를 요약하는 일만 필요하다고 본다. 먼저 참가 선수들과 그들이 대표하는 국가를 정리하는 것이 순서겠다.

알렉산드르 알예힌Александр Александрович Алехин(러시아)
예핌 D. 보골류보프Ефим Дмитриевич Боголюбов(우크라이나)
호세 R. 카파블랑카 Jose Raul Capablanca(쿠바)
다비드 M. 야노프스키 Dawid Markelowicz Janowski(프랑스)
프랭크 J. 마셜 Frank James Marshall(미국)
에드워드 라스커 Edward Lasker(미국)
에마누엘 라스커 박사 Dr. Emanuel Lasker(독일)
마로치 게자 Maróczy Géza(헝가리)
리하르트 레티 Richard Reti(체코슬로바키아)
사비엘리 G. 타르타코베르 박사 Dr. Savielly G. Tartakower(오스트리아)
프레드 D. 예이츠 Fred Dewhirst Yates(잉글랜드)

토너먼트 22라운드 동안 일어난 일에 대한 빠른 평가로는 마스터가 경기를 마친 순서대로 나열된 아래 표를 읽는 것보다 더 좋은 방법은 없을 것이다.

선수	승	패	무	승점	패점
라스커 박사	13	1	6	16	4
카파블랑카	10	1	9	14½	5½
알예힌	6	2	12	12	8
마셜	6	4	10	11	9
레티	9	8	3	10½	9½
마로치	6	6	8	10	10

보골류보프	8	9	3	9½	10½
타르타코베르 박사	4	8	8	8	12
예이츠	5	11	4	7	13
에드워드 라스커	2	9	9	6½	13½
야노프스키	3	13	4	5	15

상금은 더 나눌 수 없게끔 다음과 같이 주어졌다. 1등 1,500달러, 2등 1,000달러, 3등 750달러, 4등 500달러, 5등 250달러. 또한 상금을 받지 못한 승자에게는 이길 때마다 25달러, 무승부일 때마다 12.50달러의 위로금이 지급되었다.

특별 수상 목록은 다음과 같다.

첫 번째 우수상(뉴저지주 프린스턴의 W. M. 밴스 Vance로부터 실버컵, 시카고의 앨버트 H. 뢰브Albert H. Loeb가 75달러의 금)은 체코슬로바키아의 리하르트 레티가 보골류보프와 맞붙은 대국으로 차지했다.

두 번째 우수상(테네시주 내시빌의 앱 랜디스Abb Landis가 50달러)은 보골류보프와 대국을 펼친 미국의 프랭크 J. 마셜에게 돌아갔다.

세 번째 우수상(메릴랜드주 볼티모어의 에드워드 L. 토르시Edward L. Torsch로부터 25달러)은 라스커 박사와의 경기를 펼친 쿠바의 호세 R. 카파블랑카에게 돌아갔다.

상을 받지 못한 선수들 중 가장 잘 치른 대국에 대한 첫 번째 특별상(메릴랜드주 볼티모어의 에드워드 L. 토르시로부터 35달러)은 예이츠와 대국을 펼친 오스트리아의 타르타코베르 박사에게 돌아갔다.

비수상자 중 가장 잘 플레이한 게임에게 주어지는 두 번째 특별상(시카고의 앨버트 H. 뢰브, 25달러)은 타르타코베르 박사와 대국을 펼친 우크라이나의 보골류보프에게 돌아갔다. 최고의 방어형 게임 특별상(뉴욕의 J. 애플턴Appleton, 25달러)도 마로치와 대국을 펼친 보골 류보프에게 돌아갔다.

비입상자가 입상자를 상대로 최고 점수를 기록한 선수에게는 특별 상(토너먼트 위원회로부터 40달러, 헝가리의 마로치와 미국의 에드워 드 라스커에게 각각 2½점씩 동등 분배)이 수여되었다.

체스 퍼즐 대회에서 가장 우수한 성적을 거둔 아마추어에게도 다음 과 같이 메달이 부상으로 수여되었다.

1등은 뉴욕시립대학교의 I. 커시던에게 금메달이 수여되었다.
2등과 3등(동점)은 보스턴의 존 F. 배리Barry와 뉴욕의 알프레드 슈뢰더Alfred Schroeder에게 돌아갔다.

라스커 박사는 첫 라운드가 무승부로 기록됐기 때문에 7라운드가 되어서야 경쟁하던 선수들을 제치고 1등의 영예를 안았다. 그 사이 알 예힌은 2라운드가 끝날 때까지 선두를 지켰다. 타르타코베르 박사는 3라운드와 4라운드에서 차이를 벌렸지만 5라운드에서 보골류보프와 동점을 기록했다. 이후 6라운드에서는 라스커 박사, 타르타코베르 박 사, 알예힌이 3자 동점을 이룬 뒤 라스커 박사가 전반전이 끝날 때까 지 선두를 지켰다. 라스커 박사는 15라운드에서 카파블랑카와 동점을 기록한 것을 제외하고는 최고의 영예를 확실하게 차지할 때까지 단 한 번도 추월당한 적이 없다.

첫 다섯 경기에서 한 번도 승리하지 못한 카파블랑카는 7라운드에 서 라스커 박사에게 승점 0.5점이 뒤진 알예힌, 레티와 함께 공동 4위 가 되면서 마침내 존재감을 드러냈다. 다음 날에는 알예힌이 2위, 카 파블랑카가 3위를 차지했다. 그 다음 날에는 카파블랑카가 알예힌과 동점을 이뤘고 레티가 그 뒤를 바짝 쫓았다. 10라운드에서도 상황은 변함이 없었지만, 11라운드 중간에 알예힌이 라스커 다음인 2위로 밀 려났고, 카파블랑카와 레티가 그보다 ½점 아래인 6점으로 동점을 이 뤘다. 보골류보프, 마로치, 마셜, 타르타코베르 박사는 모두 5점으로 동점을 이뤘다. 약간의 변화가 있었지만 이 선수들은 토너먼트가 끝날 때까지 자신의 자리를 지켰다.

기물 색이 뒤바뀐 열한 명의 마스터들은 다소 긴장감 넘치는 후반부 토너먼트에 돌입했다. 먼저 알예힌과 레티가 공동 2위의 영예를 안았고, 카파블랑카가 바로 그 뒤를 이었다. 그 후 레티가 약간 앞서 나갔고 카파블랑카가 3위, 알예힌이 4위를 차지했다. 14라운드에서는 카파블랑카, 레티, 알예힌 순이었다. 다음 날 세계 챔피언이 잠시 라스커 박사와 함께한 15라운드에서는 알예힌이 3위, 레티가 4위, 보골류보프, 마로치, 마셜이 그 아래를 차지했다.

16라운드부터 카파블랑카와 알예힌은 끝까지 2위와 3위를 유지했다. 레티는 보골류보프를 떨쳐 내고 19라운드에서 마침내 마셜과 합류했다. 20라운드부터 마셜은 4위를 유지했다. 반면 레티는 20라운드와 21라운드에서 보골류보프와 공동 5위에 올랐지만, 22라운드와 마지막 라운드에서 보골류보프를 따돌리고 무사히 단독 5위를 차지했다.

마스터들 간의 크로스 플레이를 보여 주는 스코어 테이블을 살펴볼 때 가장 먼저 인상적인 것은 각각의 합계가 그 자체로 독자적이며 그들 사이에 동점이 하나도 없다는 사실이다. 이 점에서 이 토너먼트는 아마도 동종 대회 중에서는 유일무이한 대회일 것이다. 전반전이 끝나고 선수들이 기물 색을 바꾸기 전에는 카파블랑카와 레티가 공동 3위를 기록했고, 보골류보프, 마로치, 마셜, 닥터 타르타코베르가 또 다른 공동 5위를 기록했다.

후반전에는 카파블랑카가 2위였던 알예힌을 3위로 밀어냈고, 마셜은 4위로 올라섰다. 이 미국인이 가장 큰 상승세를 보인 반면 레티는 5위로 내려앉으며 가장 큰 좌절을 겪었다. 마로치와 보골류보프는 모두 상금 수상자 바로 아래에 위치하면서 비교적 선전했다.

하지만 타르타코베르 박사는 경기력에서 뚜렷한 하락세를 보였다.

예이츠는 후반에 4½점을 얻으며 1½점을 추가하는 데 그친 야노프스키와 자리를 바꿨다. 에드워드 라스커는 매우 꾸준한 활약을 펼치며 3점을 먼저 득점하고 총 6½점으로 경기를 마무리했다. 그는 전반전에는 한 번도 완승을 거두지 못했지만 토너먼트가 끝나기 전까지 두 명의 상대를 제압했다.

두 번째 우승자가 되어 가는 라스커 박사는 보골류보프, 야노프스키, 마로치, 레티를 각각 두 번씩 꺾으며 열세 번 완승했다. 그는 알예힌, 카파블랑카, 에드워드 라스커, 마셜, 타르타코베르 박사, 예이츠와도 무승부를 기록했다. 그의 유일한 패배는 후반전에 카파블랑카에게 당한 것이었다.

카파블랑카의 유일한 패배는 토너먼트 5라운드에서 레티에게 당한 것이었는데, 이 단계에서 세계 챔피언은 단 한 번도 승리를 거두지 못했다. 레티는 5위로 입상했다. 카파블랑카가 라스커 박사를 처음 꺾은 것은 아바나에서 열린 토너먼트의 다섯 번째 대국에서였다. 그 숫자에 뭔가가 있는지 궁금해진다! 쿠바인은 아홉 번의 무승부를 거뒀는데, 그중 알예힌과 마셜이 각각 두 번씩, 나머지는 야노프스키, 에드워드 라스커, 라스커 박사, 마로치, 예이츠에게 돌아갔다.

알예힌과 마셜은 이번 토너먼트의 '무승부 마스터'였으며, 알예힌이 열두 번으로 1위, 마셜이 열 번으로 2위를 차지했다. 하지만 알예힌은 라스커 박사와 레티에게 각각 단 두 대국에서만 패했다. 마셜은 보골류보프, 라스커 박사, 마로치, 타르타코베르 박사에게 4패를 당했다.

또 다른 수상자인 레티는 알예힌이나 마셜보다 더 많은 대국에서 승리했지만 패배도 더 많았다. 무승부는 세 번 기록했다.

상위권부터 하위권까지 순위가 매우 고르게 분포되어 있으며, 가장 큰 차이는 2등과 3등 수상자 간의 차이이다. 나머지는 어떤 경우에도 1½점 이상 차이가 나지 않았다.

총 110번의 대국들 중 72개 대국들에서 확실하게 승부가 갈렸고 나머지 38개는 무승부였다. 따라서 무승부는 과도하지 않았다. 수상자들의 승리는 44번, 비수상자들의 승리는 28번이었다.

01
뉴욕 인터내셔널 체스 토너먼트

1라운드

토너먼트 위원회의 결정에 따라 열한 명의 참가자 모두에게 번호를 할당하는 방식으로 전체 22라운드에 대한 편성이 사전에 이루어졌지만, 각 라운드에 참가할 번호는 매일 경기 시작 15분 전에 선수 각각이 모자에서 추첨할 때까지 알려지지 않았다. 3월 18일 추첨의 행운에 따라 라스커 박사가 1라운드에 참가하지 않는 게 확정되었다. 결과적으로 이 국제적인 드라마의 주연 배우는 잠시 동안 무대에 서지 않고 관객의 역할을 맡았다. 1라운드에서는 알예힌과 타르타코베르 박사가 두 승자가 됐고 나머지 세 대국은 무승부로 끝났다.

관객 참석률은 매우 만족스러웠으며 많은 관객들은 선수들이 앉아 있는 바로 위 벽에 적당한 높이로 매달린 대형 보드에서 집계단이 빠르게 재현하는 마스터들의 수를 세심한 주의를 기울이며 따라갔다. 그들은 토너먼트에 참가한 여러 국가들을 상징하는 멋진 보호벽으로 둘러싸여 있었다.

이렇게 기록된 대국 장면은 외부 기자실로 중계되었고, 곧이어 전신 선들은 현존하는 최고의 마스터들이 서로를 능가하기 위해 노력하는 경기의 세부 사항을 알길 갈망하는 대중에게 전하기 위해 분주하게 움직였다. 이 특별한 전신 서비스는 알라맥에서 남미까지 직접 대국을 중계했다!

처음에는 이 행사를 위해 특별히 수입한 시계들로 경기 시간을 쟀지만 만족스러운 결과를 얻지 못하자 미국산 시계로 대체되었고, 이 시계는 토너먼트가 끝날 때까지 잘 유지되었다.

실제 대국에서는 야노프스키가 세계 챔피언에게 퀸스 갬빗 거절에서 새로운 수(하지만 밤새 고민한 결과는 아닌)를 선보였다. 결국 카파블랑카는 나이트 희생을 통한 무한 체크로 무승부를 이끌어 내면서 불만족스러운 상황에서 벗어날 수 있었다.

예이츠는 루이 로페즈에 슈타이니츠 디펜스로 맞선 알예힌에게 패배했다. 그러나 이 영국 선수는 상대가 물질적 우위를 실현하기 매우 어려웠을 연속수를 놓쳤다.

레티는 마셜을 상대로 인디언 디펜스를 펼쳤는데, 마셜이 전반적으로 그보다 더 나았다. 미국 선수는 상대의 사소한 포지션적 우위가 결정적인 결과가 되는 일을 허용하지 않았다.

에드워드 라스커는 수비의 달인, 마로치와 무승부를 거두며 토너먼트를 잘 시작했다. 이 역시 인디언 오프닝으로, 라스커는 엔딩에서 자신을 지키기 위해 매우 열심히 싸웠다.

타르타코베르 박사는 보골류보프를 상대로 과감하게 킹스 갬빗을 시도했고, 그 대담함은 성공으로 보답받았다. 그럼에도 불구하고 승리를 위해 매우 열심히 플레이한 우크라이나인이 최악의 상황을 맞이한 마지막까지 거의 막상막하로 싸운 사례이기도 했다.

1. 야노프스키-카파블랑카
퀸스 갬빗 거절 *Queen's Gambit Declined*

1 d4 Nf6 2 Nf3 d5 3 c4 e6 4 Nc3 Be7

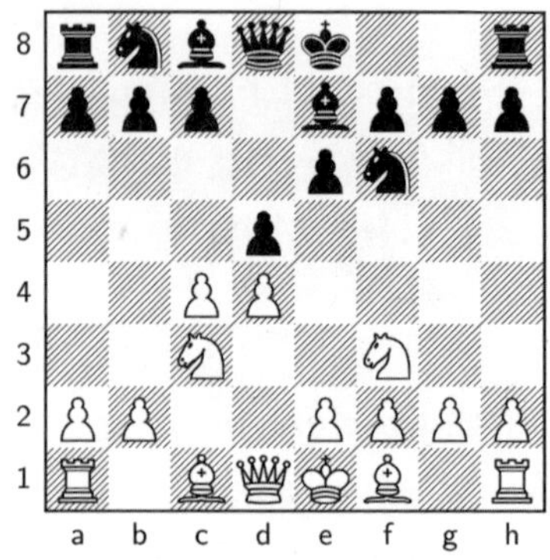

여기서 흑에게 이 고풍스러운 방법보다 더 유망한 것은 **4...c6**로 **5 e3**(우리 생각으로는 어쨌든 **5 Bg5 h6 6 Bxf6** 등등이 백에게 더 나음) **5...Nbd7 6 Bd3 dxc4**(루빈스타인) **7 Bxc4 b5 8 Bd3 a6**, 이어서 **...c5**를 만나게 하는 것이다.

5 Bg5 0-0 6 e3 Nbd7 7 Rc1 c6 8 Bd3 dxc4 9 Bxc4 Nd5 10 h4

10 h4가 새로운 수가 아니라면(요즘에는 조만간 누군가가 나와서 자신이 수십 년 전에 C급 토너먼트에서, 또는 커피 하우스 게임에서 이 수를 사용했음을 증명하겠다며 최초라고 인정하라고 요구할 것이기 때문에 새로운 수라는 주장을 거의 할 수 없다), 매우 잊혀져 있던 수다. 의심할 여지없이 **10 Bxe7 Qxe7 11 0-0 Nxc3 12 Rxc3 e5**보다 더 쓸만하다.

10...f6

이로 인한 e6 칸의 약화는 정당화될 수 없으며 흑을 당혹스럽게 하는 원인이 된다. 차라리 포지션을 지키면서 전개를 완성하는 편이 나았을지도 모른다. 예를 들어 **10...Nxc3 11 bxc3**(또는 **11 Rxc3 f6 12**

Bxe6+ Kh8면 백이 교환에서 승리) **11...b6**, 이어서 **...Bb7** 등등이다. 그 이후에 백은 지속적인 킹사이드 공격을 구축하기 어려웠을 것이다.

11 Bf4 Nxf4 12 exf4 Nb6 13 Bb3 Nd5 14 g3 Qe8

흑은 중앙의 약세 때문에 지금 퀸스 비숍과 관련된 고난을 겪고 있다. 텍스트 무브는 흑이 퀸 교환을 강요할 수 있는 강한 칸 위에 퀸을 놓으려는 시도를 나타낸다. 백은 그 계획을 **15 h5**로 간단히 좌절시킬 수 있지만, 다음 수 역시 충분히 좋은 수다.

15 Qd3 Qh5 16 Bd1 Bb4

16...Bb4는 **17 Ne5**에 대해 **17...Qf5**로 유리하게 대응하려는 수다. 이 수에는 약간의 함정도 설정되어 있는데, 잘 작동하게 된다.

17 0-0

백으로선 **17 Kf1** 후에는 수비 문제가 여전히 해결되지 않는다. 이제 게임은 매우 예기치 않게 종료된다.

17...Bxc3 18 bxc3

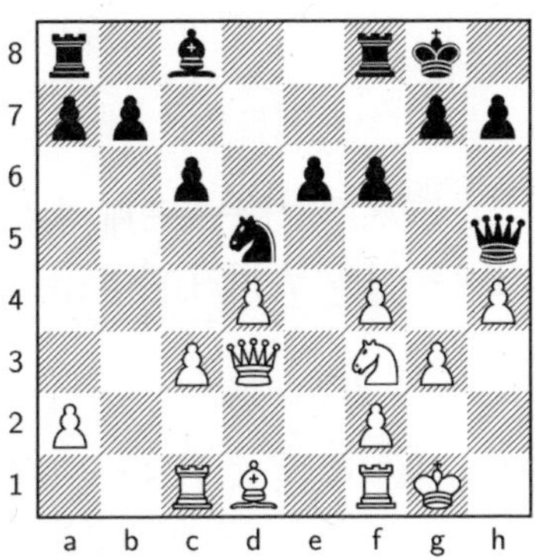

18...Nxf4

이 수로 챔피언은 다소 위태로운 상황에서 벗어난다. 백은 이 희생을 받아들이는 길 외에는 다른 대안이 없다. 그렇지 않으면 잃어버린 폰을 되찾을 수 없다.

19 gxf4 Qg4+ 20 Kh1

20 Kh2 Qxf4+ 21 Kh1 Qxc1 22 Bc2 Qa3는 아무것도 얻지 못했을 것이기에 20 Kh1은 백에게 다시금 강제된 수였다.

20...Qh3+ 21 Kg1 Kg4+ ½-½

2. 예이츠-알예힌
루이 로페즈 *Ruy Lopez*

1 e4 e5 2 Nf3 Nc6 3 Bb5 a6 4 Ba4 d6

이 슈타이니츠 디펜스 변형은 3...d6보다 더 나아 보인다. 백은 5 d4 이후에 즉시 무승부 라인을 선택하거나(5...b5 6 Bb3 Nxd4 7 Nxd4 exd4 8 Qxd4 c5 9 Qd5 Be6 10 Qc6+ Bd7 11 Qd5 Be6 등등) 8 c3로 시작하는 의심스러운 희생 변형을 고려해야 하기 때문이다.

5 0-0

이 캐슬링은 다소 그저 그런 인상을 주는데, 어쩌면 정말 그렇게 될 수도 있다. 이 시점에서는 다음 두 가지 연속수를 진지하게 고려해야 한다.

(1) 5 Bxc6+ bxc6 6 d4면 흑은 백 퀸스 비숍에게 화려한 전망을 제공할 수 있는 중앙의 포기를 두고 불편한 선택을 해야 한다. 예를 들어 6...exd4면 7 Nxd4 Bd7(또는 7...c5 8 Nf3 그리고 결국 e5) 8 b3 다음에 Bb2 등이 뒤따른다. 또는 6...f6를 통해 동일한 사안을 막는 것은

...g6(이어서 ...Bg7)를 통해 킹사이드를 더 약화시켜 포지션적으로 구속될 수 있다. 상대가 미리 조치를 취할 수 있는 그러한 구속은 대부분 치명적이다.

(2) 이 경기에서처럼 백이 흑의 계획을 넘어서려면 **5 c3**를 써야 한다. 그러면 예를 들어 **5...g6 6 d4 Bd7 7 Bg5**가 있다. 그러나 경기의 진행 과정을 보면 백은 흑의 이러한 경향에 이의를 제기할 이유가 없음을 알 수 있으며, 바로 여기에 이론적 가치가 있다.

5...g6

흑이 중앙을 잡는 동시에 전개를 계속한다는 점에서 매우 유혹적인 수다. 그러나 이 플레이 라인의 나쁜 특징이 곧 드러나기 때문에 이른 피앙케토Fianchetto* 전개, 특히 오픈 게임에서 킹스King's 피앙케토(루이 로페즈와 흑의 쓰리 나이츠Three Nights, 백의 비엔나 게임 Vienna Game에서와 같이)는 이론적으로 나쁜 포지션 판단을 보여준다는 일반적인 의견을 증명한다.

6 c3

6 d4면 **6...b5 7 Bb3 Bg7 8 Bd5 Bd7**이 이어질 수 있었다.

6...Bg7 7 d4 Bd7 8 Bg5

이 겉보기에 부자연스러운 **8 Bg5**의 기저에는 흑이 킹스 나이트를 e7에 두는 덜 만족스러운 전개를 채택하도록 유도하는 아이디어가 숨어 있다. 사실 **8 Be3 Nf6 9 Nbd2 0-0** 이후라면 흑은 오프닝의 곤경을 완전히 극복할 수 있었다.

8...Nge7

---

* 비숍을 체스보드의 두 번째 행에 속하는 b2, g2, b7, g7 칸에 전개하여 대각선을 공략하는 것.

8...Nf6 9 Nbd2 이후에는 Bxc6와 dxe5의 위협이 있었을 것이다. 텍스트에서의 수 이후에도 백은 선수先手를 둔 이점을 유지한다.

9 dxe5

이는 피앙케토한 흑 비숍의 행동 반경을 제한하고 미래의 작전을 위한 거점으로 적절한 타이밍에 d파일을 연 것이다.

9...dxe5 10 Qd3

10 Qd3 역시 앞의 수에 의한 논리적 귀결이지만 부당하게 비판을 받아 왔다. 이는 흑이 **10 Qe2 0-0(11 Rd1 Qe8)**과 같은 즉각적인 캐슬링을 자유로이 하지 못하게 막는다.

10...h6 11 Be3 Bg4

흑으로선 백이 유리해지는 **12 Bc5 Bg4(e6) 13 Qe3**가 나올 수 있는 **11...0-0**보다 **11...Bg4**가 상대적으로 더 낫다.

12 Qe2

당연하지만 여기서의 퀸 교환은 백의 지금까지 오프닝의 전체 동작에 대한 노골적 부인이 될 것이다. 왜냐하면 오픈 d파일에서의 흑 퀸 포지션은 백에게 아무리 미미하더라도 포지션에서 우위를 확보할 기회를 제공하게 되기 때문이다.

12...0-0 13 Nbd2

여기서 백의 플레이는 목적이 없다. **13 Bc5**(즉각적인 **13 Rd1**보다 다소 나은)를 통해 백은 자신이 선택한 플레이 방식을 완전히 완성하고 상대를 불편하고 갑갑한 포지션으로 만들 수 있었으며, 최소한 흑의 폰 구조 악화가 가능했다. 반대로 실제의 이 무해한 전개 수순은 그를 심각한 불이익으로 기묘하게 이끌었다.

13...f5 14 h3 Bh5 15 Bb3+

또는 **15 Bc5**면 **15...fxe4 16 Qxe4 Rf4 17 Qc2 e4.**

15...Kh8

15...Kh7은 안 된다. **16 exf5 gxf5 17 Ng5+ Kg6 18 g4**로 백이 혼돈 속에서 자유롭게 이득을 얻을 수 있게 된다.

16 exf5

이는 다음 수와 관련하여 백이 성가신 핀을 제거하는 가장 효과적인 방법이다.

16...gxf5 17 g4 fxg4 18 Ne1

하지만 백의 이 후퇴는 면밀히 계산된 카운터 콤비네이션에 비추어 볼 때 결국 흑에게 폰을 내주는 실패한 수다. 이보다는 **18 Nh2**가 더 나았겠지만, 그러면 흑은 **...Nd5**와 **...Nxe3**를 통해 최소한 쌍비숍의 이점을 얻을 수 있었다.

18...Nd5 19 hxg4

백은 **19 Bxd5 Qxd5 20 hxg4 Bg6 21 Qc4 Rad8**로 훨씬 뛰어난 게임을 할 수도 있었다.

19...Nxe3 20 fxe3 Qg5 21 Be6

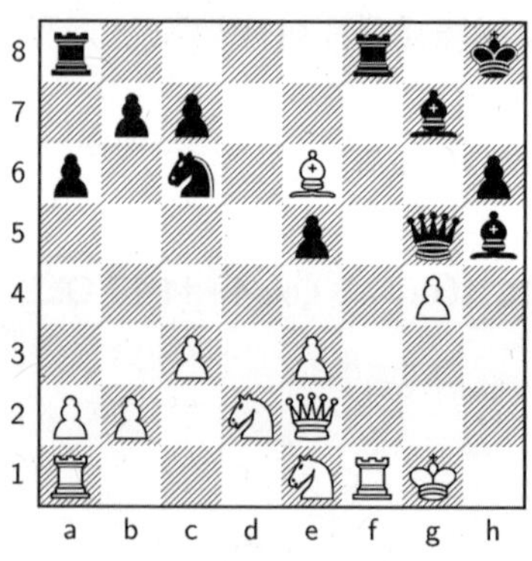

21 Be6는 확실히 강요된 수였다.

21...Bxg4

조금 놀라운 수. 만약 백이 이 비숍을 잡는다면 흑은 **22...h5**로 다시 잡고 폰에서의 우위와 영구적인 압박을 가할 수 있다. 따라서 백은 상대가 아주 강하지는 않은 밝은 칸을 자신의 카운터플레이 counterplay에 활용할 수 있기를 바라며 두 번째로 폰 희생을 한다.

22 Qxg4 Qxe3+ 23 Kh1 Qxd2 24 Rg1 Qg5

흑은 폰 회수를 통해 이기는 엔딩에 도달하려는 **24...Qg5** 대신, 단순한 **24...Bf6**만으로도 충분히 방어할 수 있었다. 그러면 예를 들어 **25 Nf3 Qf4 26 Qh5(h3) 26...e4** 등등이 가능하다.

25 Qh3

25 Qxg5 hxg5 26 Rxg5 Rf6 27 Bd5 Rd8 이후라면 흑은 자신의 물질적 우위를 어렵지 않게 체감할 수 있었다.

25...Qf6 26 Bd5 Ne7

이제 **27 Bxb7 Rab8 28 Be4**면 백의 공격은 **28...Qf4**(**28...Rxb2**는

29 Nd3와 30 Raf1 때문에 안 됨)를 통해 막을 수 있다.

27 Be4 Nf5

지금 27...Qf4는 28 Bxb7, 이어지는 29 Nd3 등으로 인해 상당히 쓸모없는 수다.

28 Nf3

백의 이 실수 이후 공방은 일찍 끝난다. 28 Nd3가 28...Qh4(29 Bxf5 때문에) 또는 28...Nd6(29 Rg6와 Rxh6+ 때문에)로 응수할 수 없었기 때문에 흑에게 난제가 되었을 것이다. 28 Nd3면 흑에게 최선은 28...Rad8(다시 ...Qh4 위협) 29 Rad1 b6(c5-c4로 백 나이트를 제거하겠다고 위협) 30 b4 Rd6 31 Rg4(또는 31 Rg2면 31...Qh4 32 Bxf5 Qxh3 33 Bxh3 Rf3) 31...h5 32 Qxh5+ Qh6, 그리고 퀸 교환 후 남은 폰에서 결국 우세해지는 방법이다.

28...Nd6

그리고 지금, 29 Rg6에 대한 답으로 29...Nxe4가 결정되며, 29 Nd2라면 29...Qf4다.

29 Bd5

이 다음은 백에게 절망적인 상황이다.

29...c6 30 Rxg7 Kxg7 31 Rg1+ Kh8 32 Nxe5 cxd5 33 Qh5 Ne4 34 Ng6+ Kh7 35 Qxd5 Ng3+ 0-1

멋진 엔딩을 위한 약간의 즐거움. 36 Rxg3 Qf1+ 37 Kh2(37 Rg1이면 37...Qh3#) 37...Rf2+ 38 Rg2 Qxg2+ 39 Qxg2 Rxg2+와 ...Kxg6 이후, 룩이 남은 흑이 유리해진다.

3. 마셜-레티
킹스 인디언 디펜스 *King's Indian Defense*

1 d4 Nf6 2 Nf3 g6 3 c4 Bg7 4 Nc3 0–0 5 e4 d6

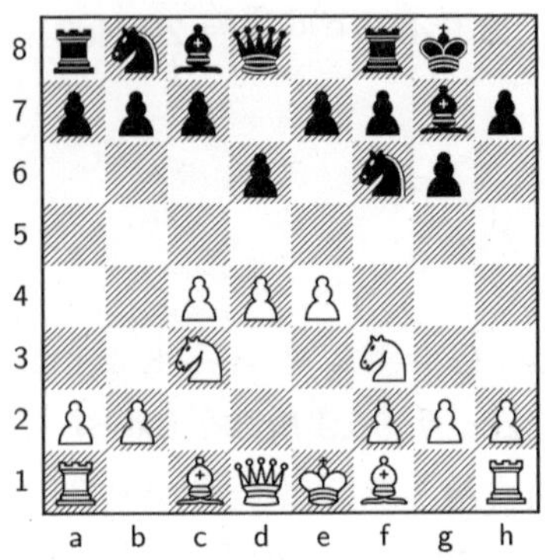

여기서 백이 인디언 디펜스를 상대로 사용한 전개 방식은 E. F. 그륀펠트Ernst Franz Grünfeld, 파울 요너Paul Johner 등 여러 모던 마스터들이 최고로 꼽는 방식이다. 킹스 인디언 디펜스King's Indian Defence에서의 포 폰 어택Four Pawns Attack과 마찬가지로, 이 방법은 선수를 두는 플레이어에게 유리할 듯하다. 단 후자에서 문제가 보다 간결하고 명확한 형태로 나타난다.

6 Bd3

백에게 이 수는 f3에서의 교환 후에는 d4 칸이 약해지기 때문에 시스템에 맞지 않는다. 마찬가지로 **6 h3**도 일반적인 원칙 기준으로 최선은 아닌 듯하다. 백은 상대가 조만간 비숍 교환을 할 수 있는 **Bg4**를 못 두게 할 이유가 없다. 상대방이 미리 계산할 수 있는 그런 종류의 의무는 그 자체로 유리할 수 있다. 게다가 **6 h3**면 혹은 **6...c5 7 dxc5**(**7 d5**가 더 나으며 피앙케토 한 비숍을 위한 가능성을 제공) **7...Qa5 8 cxd6 Nxe4 9 dxe7 Re8** 등의 흥미로운 응수를 마음대로 둘 수 있다. 따라서 **6 Be2**와, 만약 **6...Bg4**면 **7 Be3**(그륀펠트-타카츠Takacz, 1924년 메란Meran)가 오프닝 이점을 유지하기에는 매우 적합하다.

6...Bg4 7 h3

백 비숍의 d3 전개는 포지션 플레이와 너무 상반되기 때문에 템포 손실에도 불구하고 그 기물을 e2로 철수하는 게 최선일 수 있다.

7...Bxf3 8 Qxf3 Nfd7 9 Be3 c5

9...Nc6 10 d5(백으로선 10 Ne2 e5 11 d5 Nd4는 금물) 10...Nce5의 수순은 텍스트 무브와 유사한 포지션이 되었을 것이다.

10 d5 Ne5 11 Qe2 Nxd3+ 12 Qxd3 Nd7 13 0-0 Qa5

13...Qa5는 14...Bxc3에 이어 ...Ne5로 폰을 잡겠다는 위협이다.

14 Bd2

백은 위협을 막는 동시에 사악한 흑 비숍과의 교환을 준비한다.

14...a6 15 Nd1 Qc7 16 Bc3 Ne5

흑은 강제 무승부를 피하려는 의도로 폰의 대담한 희생을 준비한다. 그는 16...Bxc3 17 Nxc3 Qa5, 결국 ...Qb4로 이어지는 좋은 경기를 펼칠 수도 있었다. 물론 무승부의 위험도 그만큼 컸을 것이다.

17 Qe2

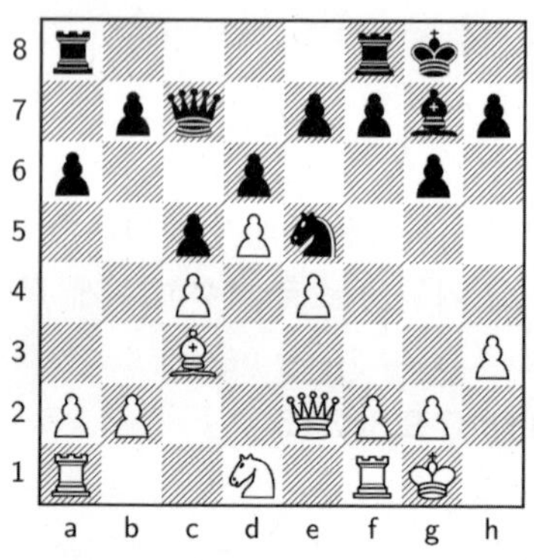

17...b5 18 cxb5 axb5 19 f4

19 f4가 아니면, 흑은 포지션 보상을 얻기 어려웠고 백은 안전하게 b파일 폰을 잡을 수도 있었다. 예를 들어 **19 Qxb5 c4**(분명 폰을 희생시키려는 이유) **20 Bxe5 Bxe5**(또는 **20...Rfb8 21 Qc6 Qxc6 22 dxc6 Bxe5 23 Rc1 Bxb2 24 Rxc4**면 흑이 감히 폰을 잡을 수 없기 때문에 백이 유리함) **21 Ne3 c3 22 bxc3 Qxc3 23 Rac1**이면 백은 적어도 매우 쉬운 무승부를 거두었을 것이다. 반면에 이제 백은 희생을 거부한 후, 난전 끝에야 목표에 도달할 수 있게 된다.

19...Nc4 20 Bxg7 Kxg7 21 Nc3 Qa5 22 a4

백은 퀸사이드를 그대로 유지하고 **22 e5**로 중앙에서의 플레이를 시작하는 게 상대적으로 더 나았을 것이다. a파일 폰의 전진은 무의미하다고 밝혀졌다.

22...Qb4 23 Nxb5

23 axb5 Rxa1 24 Rxa1 Nxb2 25 Rb1 Qxc3 26 Qxb2 Qxb2 27 Rxb2 Rb8 이후에도 마찬가지로, 흑은 보호된 통과한 폰으로 인해 룩 엔딩에서 유리할 수 있다. 예를 들어 **28 Kf2 Kf8 29 Ke3 Ke8 30 Kd3 Kd7 31 Kc4 Kc7 32 Ra2 Kb7 33 Ra6 Ra8 34 Rxa8 Kxa8**로 흑이 킹을 a8에서 b8로 옮겼다가 다시 돌아와 중앙과 킹사이드에 있는 백 폰

의 수가 소진될 때까지 기다리면, 백은 b파일 폰이나 킹을 이동해야 하는 선택지에 직면하게 된다. 첫 번째 경우에는 **b6**면 **...Ka8**(또는 그 반대의 경우)에 이어 **Kb5** 다음에 **...Kb7**으로 흑이 이기고, 두 번째 경우에는 바로 **...Kb7**에 이어 **...Kb6**가 같은 결과를 가져온다.

23...Rxa4 24 Rxa4 Qxa4 25 Rc1 Qxb5

25...Nb6는 **26 Na3**에 **Nc4**가 이어져 상황을 바꾸지 못했을 것이다.

26 Rxc4 Rb8 27 Rc2 Qxe2 28 Rxe2

백은 허약한 b파일 폰 때문에 결코 쉬운 수를 둘 수 없는 엔딩이다. 이어지는 플레이에서 이 문제는 마셜이 모범적인 방식으로 해결한다.

28...Rb4 29 Kf2 Kf8 30 Kf3 Rd4

흑은 **...f5** 등등을 두려는 의도를 가지고 있다.

31 g4 Ke8

그러나 지금 흑은 갑자기 계획을 포기하여 상대의 과업을 가볍게 한다. **31...f5 32 gxf5 gxf5 33 exf5 Rxd5 34 Kg4 Rd1 35 Re6**면 무승부도 배제할 수 없지만, 그래도 흑 킹을 퀸사이드로 보내려는 헛된 시도보다는 더 좋은 기회를 제공한 연속수였을 것이다.

32 Re3 Rb4

32...f5는 **33 gxf5 gxf5 34 exf5 Rxd5 35 f6** 등으로 인해 확실히 안 되는 수다.

33 Ra3

구원의 역습이다.

33...Rxb2 34 Ra8+ Kd7 35 Ra7+ Kd8 36 e5 dxe5 37 fxe5 c4 38 Ke3 c3 39 Ra8+ Kc7 40 Ra7+ Kd8 41 Ra8+ Kc7 42 Ra7+ Rb7

백은 이 흑의 통과한 폰을 잡으면 모든 위기의 그림자가 사라진다.

43 Ra3 c2 44 Rc3+ Kd7 45 Rxc2 Rb3+ 46 Kd4 Rxh3 47 Ra2 Rg3

지금 룩 교환은 반대로 흑의 패배로 이어질 것이다. 예를 들어 **47...Rb3 48 Ra7+ Kd8 49 Ra8+ Kc7 50 Ra7+ Rb7 51 d6+ exd6 52 exd6+ Kc6 53 Rxb7 Kxb7 54 g5 Kc6 55 Ke5 Kd7 56 Kd5**로 백이 승리한다.

48 Ra7+ Kd8 49 Ra8+ Kc7 50 Ra7+ Kd8 ½-½

4. 에드워드 라스커-마로치
피어츠 디펜스 *Pirc Defense*

1 d4 Nf6 2 Nf3 g6 3 Nc3

3 Nc3는 백이 자신의 c파일 폰을 조기에 차단하여 별 이유 없이 매우 제한된 전개 범위를 스스로 규정한다는 점에서 권장되지 않는다. 더 탄력적인 길(즉, 상대가 채택한 시스템에 대한 후속 수로 준비할 더 많은 가능성을 제공하는)은, 우리의 판단으로는 바로 **3 Bf4**다.

3...Bg7

덧붙여 킹스 비숍의 측면 전개와 조화를 이루지 못하는 **3...d5**에 대해서는 카파블랑카-예이츠(32국)와 마셜-에드워드 라스커(83국)의 게임을 참조하라.

 4 e4 d6 5 h3

백에게 **5 h3**의 필요성은 분명치 않다. 왜냐하면 **...Bg4**를 막는 일이 불필요했기 때문이다. **5 Bf4**를 바로 두고 **Qd2**를 잇는 게 더 순서가 맞는 듯하다.

 5...0-0 6 Bf4 Nbd7 7 Qd2

7 e5면 **...c5**를 두겠다고 위협하는 **7...Ne8**로 흑에게 유리해진다.

 7...c5

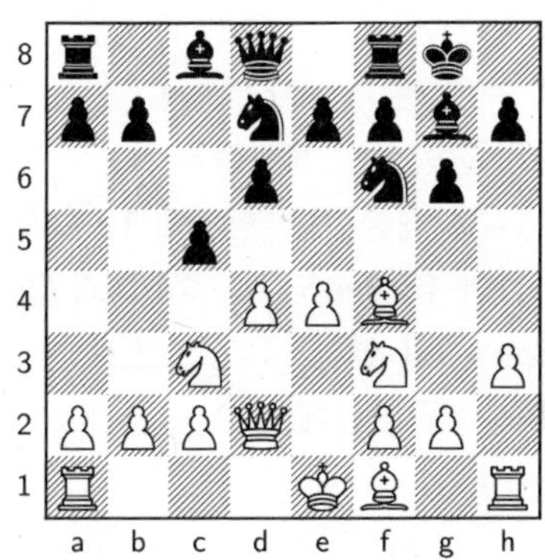

비슷한 포지션들에서 이는 전략적으로 옳은 진격이며, 피앙케토 비숍의 효율을 상당히 높이는 전진이다.

 8 d5 a6

그러나 여기서 흑에게 가장 효과적인 수는 **9 Bh6** 이후 비숍을 h8 칸으로 후퇴하여 유지하는 동시에 궁극적으로는 **...e6**를 준비하게 만드는 **8...Re8**였을 것이다.

 9 Bh6

백은 이 교환을 통해 자신의 게임을 다소 안정시킬 기회를 즉시 얻는다.

9...b5 10 Bxg7 Kxg7 11 Qe3

백 e파일 폰에게는 분명 보호가 필요했다.

11...Qa5

흑에게 이 공격은 중앙에서 행동할 준비를 하는 경우를 제외하면 비난받아서는 안 되는 공격이었다. 이렇게 두지 않는다면 즉각적인 **11...e6**가 진지하게 고려될 가치가 있다.

12 Nd2 e5

12...e5는 마로치와 같은 선수에게는 놀라운 전략적 실수로, 갑자기 상대에게 더 나은 게임을 제공한다. 당연히 **12...e6!**를 두어 흑 기물의 새로운 라인, 예를 들어 **13 dxe6 fxe6 14 Nb3 Qc7**에 이어 **...d5** 등등을 두는 경우를 열었어야 한다. 백은 스스로 자신의 포지션을 막는 흑의 텍스트 무브 후 전개 완료에 필요한 시간을 확보하여 **f4** 반격을 통해 주도권을 잡을 수 있다.

13 Be2 h6

이 수와 다음 수에서 지금 흑이 감을 잃었음을 분명히 알 수 있다.

14 0-0 Qd8 15 a4 b4 16 Ncb1 a5 17 Nc4 Nb6 18 Nxb6 Qxb6 19 f4

백은 12수에서의 상대의 실수를 적절히 활용했기에, 다음 수에서의 흑의 수비 기술을 제때 알아차렸다면 지금 우위를 점할 수 있었을 것이다.

19...exf4 20 Rxf4

답은 **20 Qxf4**였고 **20...Qd8**로 응수하면 **21 Nd2 Qe7 22 Bb5**, 그리고 **Rae1**과 **Nc4**가 이어졌을 것이다. 이 라인과 실제로 채택된 라인 사이의 차이는 단번에 드러난다.

20...Qd8 21 Nd2 Qe7

21...Qe7은 **22...Nxd5**를 두겠다고 위협하면서 **Bb5**와 이어지는 **Nc4**를 막는다.

22 Nc4 Ba6 23 Nb6

여기서 흑이 도입한 흥미로운 복잡성은 결국 폰 손실로 이어질 수 있었다. 하지만 **23 Re1**이면 흑은 c4에서의 교환을 통해 훨씬 우세한 게임을 확립한 다음 나이트를 e5로 가져왔을 것이다.

23...Rab8 24 Raf1 Nh5

흑이 교환에서 이기는 듯해 보인다. 하지만 백은 기발한 대응을 준비했다.

25 R4f3 Bxe2 26 Qxe2 Rxb6 27 g4

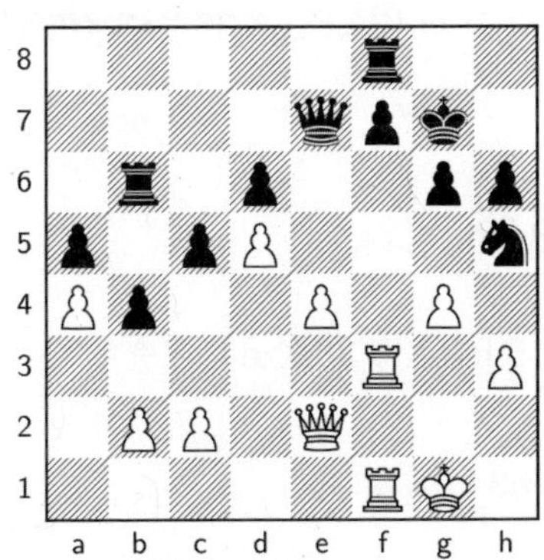

흑은 분명 이에 대한 대가로 기물 하나를 잃지만 아주 간단한 방식으로 폰을 회수한다. 따라서 백이 이 포지션에서 무탈하게 빠져나오기를 기대하기는 어렵다.

27...Rbb8

흑은 **28 gxh5**에 **28...Qg5+**로 대응할 수 있기에 아직 시간이 있다고 생각한다. 하지만 이어진 수를 보면 물질적 우위를 확실히 하기 위해 좀 더 힘차게 나아가야 했음을 알 수 있다. 이를 위해선 **27...Qe5**가 가장 강력했을 것이다. 그러면 예를 들어 **28 gxh5 Qxh5** 또는 **28 Qf2 Rb7** 이후의 백은 폰을 구할 수 없었다.

28 Qf2 f5

흑이 이전 수에서 분명히 계획한 이 진격은 이상하게도 무승부로 이끌었다. 하지만 **28...Rb7**도 **29 gxh5 Qg5+ 30 Qg3** 등으로 인해 게임에서 이길 수가 없었다.

29 gxh5 fxe4

또는 **29...Qxe4**면 **30 Qg3! Rf6 31 Rxf5.**

30 Rxf8 Rxf8 31 Qxf8+ Qxf8 32 Rxf8 Kxf8 33 Kf2

33 hxg6면 **33...Kg7 34 Kf2 Kxg6 35 Ke3 Kf5**로 흑이 이기기 때문에 당연히 안 된다.

33...Kg7 34 Ke3 g5

또는 **34...gxh5 35 h4! Kf6 36 Kxe4**, 무승부.

35 Kxe4 Kf6 36 b3

만약 이 **b3**가 미들게임에서 나왔다면 게임은 바로 끝날 수 있었다.

36...Ke7 37 Kd3 Kf6 38 Ke4

백은 예를 들어 **38 Kc4**면 지기 때문에 수들을 반복해야만 한다. **38 Kc4 Ke5 39 Kb5 Kxd5 40 Kxa5 Kc6! 41 Ka6 d5 42 Ka5 d4 43 Ka6 c4!**

38...Ke7 39 Kd3 Kf6 40 Ke4 Ke7 41 Kd3 ½–½

5. 타르타코베르–보골류보프
킹스 갬빗 수락 *King's Gambit Accepted*

1 e4 e5 2 f4 exf4 3 Be2

3 Be2라는 특이한 수는 두 가지 아이디어에 기반한다. 첫째, 흑이 **...g5**로 갬빗 폰을 방어할 경우 백은 비숍을 f3에 둘 수 있으며, 이는 **Ne2** 전개를 가능하게 하여 궁극적으로는 **...g4** 공격을 방지한다. 둘째, 카운터인 **...d5**는 바로 두지 않으면, 직접적인 공격을 받지 않는 일반적인 비숍 갬빗의 경우보다 덜 강력하다. 그와 관련된 한 가지 결과는, 무엇보다도 백으로선 비숍을 c4에 두면 **...d5**를 맞닥뜨릴 것이기에 대신 둘 e5 때문에 흑은 **Be2**에 대한 응수로서의 **...Nf6**를 잘 둘 수 없는 상황이다. 그러나 이 모든 것과 관련하여 백 비숍의 이 뒤처진 기동은 위협의 그림자가 될 수 없으며 흑이 일시적인 폰 이득 외에도 몇 가지 가치 있는 전개 계획들 중 하나를 선택할 수 있기 때문에 권장되지 않는다.

3...d5

이는 가장 간단한 응수이자 아마도 가장 좋은 응수다. 물론 흑이 여기에 담긴 장점을 모두 발휘하는 데 성공한 것은 아니지만, 19라운드에서 카파블랑카가 도입한 개선(92국 참조)은 이 방식을 고려할 만한 가치가 있게 만든다. 흑에게 뚜렷한 이점을 제공하기에는 충분치 않지만 **3...Nd7**(타르타코베르 박사-알예힌, 43국)도 상당히 좋은 수다. 그러나 자신의 퀸을 막은 백 비숍의 움직임에 대한 가장 강력한 반응은 예를 들어 **3...f5**인 듯하다. 그러면 **4 exf5**(『체스 핸드북Handbuch des Schachspiels』*에 수록된 예시에서 나온 **4 e5**는 **4...d6** 등으로 인해 긍정적으로 고려할 수 없음) **4...Qh4+ 5 Kf1 d5**와, 만약 **6 Bh5+**면 **6...Kd8**로 흑은 상대보다 f파일 폰을 지배하기가 훨씬 쉬울 뿐만 아니라 열린 f파일이 백 킹에게 직접 공격할 수 있는 길을 제공한다는 점에서 결정적으로 더 나은 포지션에 서게 될 것이다. 그러나 안타깝게도 이 흥미로운 수비가 펼쳐지기까지는 오랜 시간이 걸릴 것으로 보인다. 백이 뉴욕에서 채택한 방법을 통해 정확하게 도달한 포지션은, 타르타코베르 박사에 의해 부활한 이 변형을 진지하게 실험하는 위험을 감수할 사람을 거의 나오지 못하게 할 것이기 때문이다.

4 exd5 Nf6 5 c4 c6 6 d4 cxd5

  6...cxd5 이후 백은 전개를 만족스럽게 완료하는 데 어려움이 없으며, 여러 개의 열린 라인들로 인해 좀 더 유리한 포지션을 얻는다. 답은 카파블랑카의 **6...Bb4+**로, 우선 백의 캐슬링을 막기 위한 방법이다.

7 Bxf4 dxc4

  흑이 이렇게 하지 않으면 백은 결국 **c5**를 통해 퀸사이드에서 폰의 우위를 확립하려고 시도할 수 있다.

8 Bxc4 Bb4+ 9 Nc3 0-0 10 Nge2 Bg4 11 0-0 Nbd7 12 Qb3 Bxc3

---

* 독일의 마스터 타실로 남작Tassilo von Heydebrand und der Lasa이 1843년에 처음 출간하여 이후 1916년 8판까지 다수의 저자들이 보완 저술한 체스 이론서로 통칭 『Handbuch』라고도 불렀다.

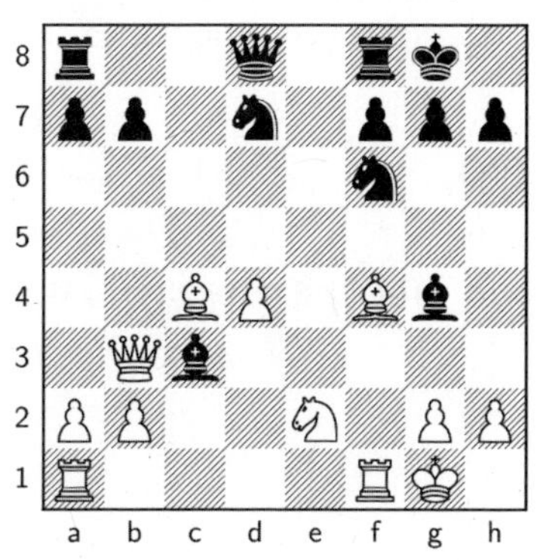

지금 흑은 상대에게 쌍비숍의 보유를 허용하고 그 대가로 자신의 나이트들에게 강력한 지원 포인트를 줘서 중앙 폰들을 압박할 수 있다는 점에서, 특별히 유리하지 않은 포지션을 최대한 활용하고 있다. 언뜻 백이 유리해 보이지만 실제로는 거의 대등한 포지션이다.

13 bxc3 Nb6 14 Bd3 Nfd5 15 Bd2 Bxe2

흑은 논리적이다. 백 c파일 폰은 나이트의 지원이 있었다면 훨씬 더 쉽게 전진할 수 있었다.

16 Bxe2 Rc8 17 Rf3

17 c4 Nf6 18 d5 Ne4 19 Bb4 Re8 이후에도, 흑은 성공적으로 방어할 수 있었다.

17...Qc7

이렇게 하면 백 c파일 폰은 오랫동안 마비 상태가 된다.

18 Raf1 f6

흑 입장에서 a2-g8 대각선의 약화는 쉽게 막을 수 없었는데, **19 Bxc4 Qxc4 20 Qxb7** 때문에 바로 둘 수 없었던 **...Nc4**라는 중요한 수를 다른 방법으로는 준비할 수 없었기 때문이다.

19 Bd3 Nc4 20 Rh3

흑에게 **20 Rh3**는 흑 킹의 입지를 더욱 약화시키지만, 이 시점에서는 견딜 만하다.

20...g6 21 Re1

21 Bc1이면 흑은 **21...Qc6 22 a4 a6 23 Qc2 f5**를 거쳐 결국 **...Rf7**과 **...b5**를 둠으로써 이어지는 상대의 무승부 콤비네이션을 피할 이유가 완전히 사라지기 때문에 밝은색 칸들에서의 자신을 강화했을 것이고, 최소한 불리하지는 않았을 것이다.

21...Nxd2 22 Qxd5+ Qf7

22...Qf7은 백이 **Rhe3**로 공격을 계속할 **22...Rf7**보다 낫다.

23 Qxf7+ Rxf7 24 Re2 Nc4 25 Re8+

백은 이 추가적인 룩 교환으로 룩 엔딩에서 미세한 포지션적 이점을 얻었고, 흑은 h파일 폰을 보호하기 위해 템포를 잃어야 했다.

25...Rxe8 26 Bxc4 h5 27 Kf2 Rc8 28 Bxf7+ Kxf7 29 Re3 b5

29...b5는 무승부로 가는 가장 간단한 길이다. 예를 들어 **29...Rc4** 반격은 백의 통과한 폰이 바로 전진하기 때문에 효과가 의심스러웠을 것이다. 그러면 **30 d5 Ra4 31 Re2 Rc4 32 d6 Rxc3 33 Re7+ Kf8 34 Rxb7 Rd3 35 Rxa7 Rxd6 36 a4 Rd2+ 37 Kf3 Ra2 38 a5 Ra3+ 39 Ke4 Ra2 40 a6**로 킹사이드의 백 폰들은 공격으로부터 면제된다. 게다가 흑은 **29...Re8 30 Rxe8 Kxe8 31 a4** 이후에는 훨씬 더 유리한 상황에서 실질적으로 폰 엔딩을 강제할 수 있기에 그 결과를 계산할

필요가 없었다.

30 Ke2 Rc6 31 Kd3

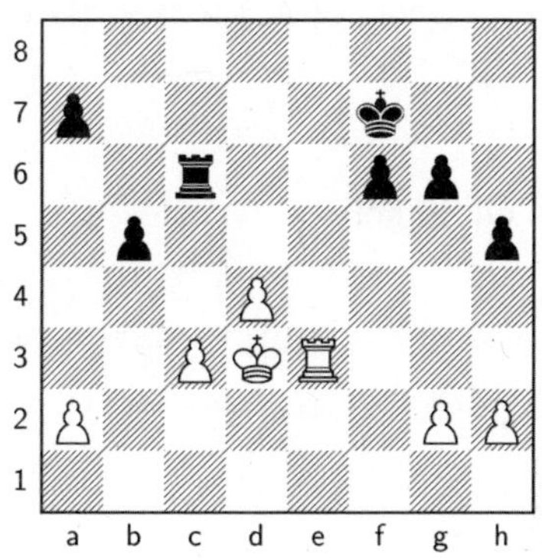

31...h4

흑은 정말 승리를 위해 계속 플레이하고 싶었을까? **31...Re6**면 무승부가 보장되는데, 예를 들어 **32 Rxe6**(백 룩이 e파일을 떠난다면 강력한 카운터플레이인 **...Re1**이 이어질 것임) **32...Kxe6 33 Ke4 Kd6**, 이어서 **...Kc6-d6**가 되면 백은 어디로도 침투할 수 없게 된다. 반면 킹사이드에서의 강력한 전진을 시작하는 텍스트 무브는 확실히 꽤 흥미로운 복잡성을 야기하지만, 다소 의심스럽다.

32 Re2

32...Re6에 **33 Rb2**로 답하기 위해서다.

32...g5 33 Rb2

백이 중앙에서 두 개의 연결된 통과한 폰을 얻기 위해 **33 a4**로 폰을 희생하는 것은 불충분하다고 판명될 것이다. 그러면 예를 들어 **33 a4 bxa4 34 c4 a3 35 d5 Ra6 36 Ra2 f5 37 c5 Ra4 38 Kc3 f4 39 Kb3 Ra6 40 Kb4 h3 41 gxh3 f3 42 Kb5**(또는 **42 c6**면 **42...Ke7** 등등) **42...Rf6**로 흑이 이긴다.

33...Rb6 34 d5

백 킹의 날카로운 진군과 연관된 백의 통과한 폰은 처음에는 안정적 인상을 주지 않지만, 그럼에도 불구하고 흑은 간신히 스스로를 구원할 수 있다.

34...Ke7 35 Kd4 g4 36 Kc5

36 Kc5는 가히 위험 속으로 뛰어드는 수지만, 백이 동일한 포지션을 다시 가져올 수 있기에 해가 되지는 않는다.

36...Rb8 37 Kd4

37 Rxb5 Rxb5+ 38 Kxb5 후의 폰 엔딩은 무승부로 이어질 뿐이다. 예를 들어 38...f5 39 Kc4 f4 40 Kd3 f3(또는 40...g3면 41 hxg3 f3 42 Ke3 등등) 41 Ke3 fxg2 42 Kf2 h3 등의 경우가 있다. 그러나 텍스트 무브는 38 c4를 두겠다고 위협한다.

37...Rb6 38 h3

이때부터 킹사이드에서의 흑의 기회는 훨씬 더 만만치 않아지고, 기대했던 h파일 폰의 포획도 불가능해진다. 그러므로 백에게 훨씬 더 유망한 방법은 38 Re2+ Kd7 39 Rf2!(39...Ra6 40 Kc5), 그리고 Rf4를 통한 킹사이드 폰 공격이었다. 이 연속수는 흑이 31...h4로 시작한 불충분한 수비를 논파했을 것이다.

38...g3 39 a3 Kd7 40 Kc5

백은 이 시도로는 이길 수 없다. 40 Rb4에 대해선 흑이 40...Ra6로 응수할 수 있었다.

40...Rb8 41 Rb4

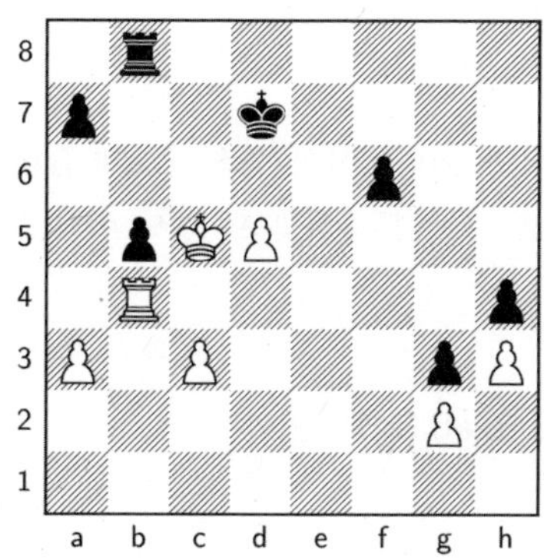

백은 지금 **41 Rxb5**를 두면 **41...Rxb5+ 42 Kxb5 f5 43 Kc4 f4 44 Kd3 f3** 이후 패배로 이어질 수 있다.

41...f5

상대방의 승리 계획이 부실하다는 사실을 분명히 보여 주는 독창적인 수비다. **42 Rxh4** 이후, 흑은 **42...Rc8+ 43 Kxb5**(**43 Kb4**라면 **43...Rc4+ 44 Rxc4 bxc4 45 Kxc4 f4**로 흑 승리) **43...Rxc3**로 쉽게 무승부를 만들 수 있다. 백 킹이 d파일 폰과 분리되기 때문이다.

42 a4

이로써 백은 마침내 폰을 하나 잡았지만, 적 룩이 자기 진영으로 들어오는 것을 허용했으므로 더 나을 게 없었다.

42...a6 43 Kd4

백이 **44 c4**를 두겠다고 위협한다.

43...Re8 44 Kd3

백은 **44 axb5 Re4+ 45 Kd3 Rxb4 46 cxb4 axb5** 등등 후에 또다시 패배할 가능성이 있었다.

44...bxa4

물론 **44...Re4**는 안 된다. 이어서 **45 Rxe4 fxe4+ 46 Kxe4 bxa4 47 Kd3** 이후에는 흑 킹이 통과한 폰의 영역 안에 들어간 사실이 드러날 것이기 때문이다.

45 Rxa4 Re1 46 Rxa6 Rg1

46...Rg1은 뛰어난 방어의 결실을 빼앗기는 개탄스러운 실수다. 간단한 **46...Rd1+**를 사용했다면, (Ⅰ) **47 Kc4 Rd2 48 Kc5 Rxg2 49 Ra7+ Ke8 50 Kd6 Rd2** 등등 (Ⅱ) **47 Ke3 Rxd5 48 Rh6 Re5+ 49 Kf3 Re4 50 Rf6 Rc4**와 같이 무승부가 됐을 것이다. 텍스트 무브 후 백은 통과한 폰을 연결한 다음 무난하게 승리한다.

47 Ra2 Kd6 48 c4 Ke5 49 Re2+ Kd6 50 Rc2 Kc5 51 Rd2 Rf1

만약 **51...Rc1**이면 백은 **52 Ke3 Kd6 53 Rd4 Rc2 54 Rxh4 Rxg2 55 Kf3 Rg1 56 Rd4**로 승리한다.

52 Ke2 Rg1 53 Ke3 Kd6 54 c5+ Kxc5 55 d6 Re1+ 56 Kf4 Re8 57 d7 Rd8 58 Kxf5 1-0

2라운드

　이번 라운드의 다섯 대국들 중 네 번이 무승부로 끝났다. 승부가 갈린 유일한 대국은 마로치-알예힌의 대국이었다. 후자는 자신의 이름을 딴 수비를 사용하여 연승을 거두었다. 마로치는 흑 나이트의 이른 진입을 막으려 하지 않았고, 몇 수 뒤에는 길을 잃었다.

　라스커 박사-카파블랑카는 매우 신중하게 진행된 루이 로페즈에 대해 논했고, 30수 만에 무승부 포지션에 도달했다.

　에드워드 라스커는 필리도어 디펜스에서 보골류보프에게 밀렸다. 보골류보프는 서서히 승기를 잡았지만 40수에서 정확성이 부족해 라스커에게 영리한 콤비네이션을 전개시킬 기회를 내 주며 무승부를 기록했다.

　마셜은 타르타코베르 박사의 더치 디펜스를 상대로 우위를 점하며 폰을 획득했다. 하지만 박사는 끝까지 용감하게 반격했고, 마셜은 더 나쁜 결과를 피하기 위해 어쩔 수 없이 차례로 폰을 내 주어야 했다. 결과는 대등한 룩-폰 엔딩이었다.

　예이츠-야노프스키는 루이 로페즈에 맞서 슈타이니츠 디펜스가 펼쳐졌는데, 야노프스키가 내내 우위를 점했다. 예이츠는 단호한 플레이로 자신을 지켰다.

　이번 라운드에서는 레티가 빠졌다. 백과 흑의 스코어는 4½ 대 5½로 흑이 우세했다.

6. 에마누엘 라스커-카파블랑카
루이 로페즈 *Ruy Ropez*

1 e4 e5 2 Nf3 Nc6 3 Bb5 d6 4 d4 Bd7 5 Nc3 Nf6 6 0-0

백은 **6 Bxc6 Bxc6 7 Qd3**도 고려할 수 있다. **7...exd4**(**7...Nd7 8 Bg5!**)를 사실상 강요한 이후 퀸사이드에서 캐슬링을 할 가능성을 열어 두기 위해서다.

6...exd4

지금도 이 같은 연속수는 백에게 매우 유망한 공격(백에게 인기 있는 **7 Re1** 대신)을 줄 수 있을 것이다. 따라서 카파블랑카는 1903년 몬테카를로에서 마로치를 상대한 H. 볼프Heinrich Wolf의 방어 시스템을 되살리는 시도를 성공적으로 해낸 셈이다.

7 Nxd4 Be7 8 b3

이 지점에서 백은 **...exd4**로 인해 강제된 **Re1**으로, 템포를 잃지 않는 상황에서(이 룩 포지션은 동시에 그의 직접적인 킹사이드 공격 기회를 감소시킴) 퀸스 비숍의 피앙케토를 전개하는 것이 매우 강력해 보인다.

8...Nxd4

볼프의 단순화 해법, 그 포인트는 2수 후에 공개된다.

9 Qxd4 Bxb5 10 Nxb5 Nd7

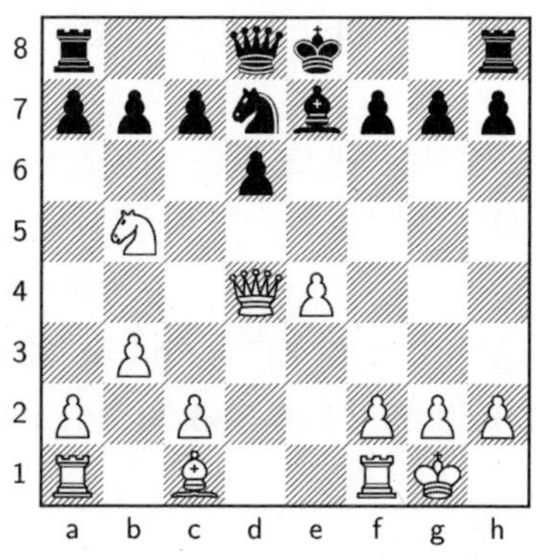

10...Nd7으로 백으로선 의도한 **Bb2**를 완전히 방해받지는 않아도 두기 매우 어렵게 됐다. 오프닝의 위기가 시작되었다.

11 Ba3

인용한 과거의 대국에서 마로치가 했듯이 이 수 이후 흑은 쉽게 동등하게 만들 수 있다. 백의 대안인 **11 Qc4**도 **11...Nc5 12 e5 dxe5**(**12...a6 13 exd6!**) **13 Ba3 Ne6 14 Rad1** 등등으로 이어지지 않는다면, 흑에게 위험하지만은 않을 것이다. 그런데 흑이 단순하게 **11...c6**를 둔다면 **12 Nd4**(또는 **Nc3**) **12...0-0**으로 이어지며 그러면 백으로선 **13...d5 14 exd5 Nb6**(또는 **...Bf6**)로 상황을 동등화할 위협을 고려했을 때 d6의 일시적인 약점을 살릴 시간이 없다. 이 대국에 이론적인 흥미로움이 없진 않다.

11...a6 12 Nc3 Bf6 13 Qe3 0-0 14 Rad1 Bxc3

인용한 대국, 마로치-볼프전에서 **14...Nb6**가 여기서 일어났고 백은 **15 f4**를 통해 매우 우월한 게임을 얻었다. 그러나 여기서의 수 이후에는 백에게 더 이상 심각한 공격 기회가 없다.

15 Qxc3 Re8 16 Rfe1

여기서, 또는 다음 수가 **Bb2**면 **...Qg5!**

16...Rc8 17 Qh3 Ne5 18 Bb2 Qg5 19 Qg3

흑의 무승부를 보장하는 퀸 교환을 막기는 어렵다. 19 Re3면 19...Qg4가 이어진다.

19...Qxg3 20 hxg3 f6 21 f3 Kf7 22 g4 h6 23 Re2 Nc6 24 Kf2 Re7 25 Bc3 a5 26 Rd5 b6 27 a4 Re6 28 Rd1 Rce8 29 Red2 Ke7 30 Ke3 Kd7 ½-½

7. 마로치-알예힌
알레킨 디펜스 *Alekhine's Defense*

1 e4 Nf6 2 d3

이로써 백은 더 이상 고민하지 않고 흑 나이트의 활동에 대응하려는 시도를 포기한다. 흑에게 만족스러운 게임을 가져오는 **2...e5**를 제외하고, **2...c5**면 백 입장에선 무해하고 제한적인 수인 **d3**로 흑이 시실리안 디펜스의 한 종류를 가져올 수 있기 때문이다.

2...e5 3 f4

3 Nf3는 안 된다. 그러면 3...Nc6 이후에는 상황이 옛 필리도르적 개념으로 이뤄진 유일한 논리적 연쇄처럼 보이면서 백에게 유리한 부분이 전혀 없다. 그러나 텍스트 무브 후의 흑은 최악을 피하려 매우 격렬하게 싸워야 하며, 그런 이유로 이 게임은 이론적으로 흥미롭다.

3...Nc6 4 Nf3

백은 4 fxe5 Nxe5 5 d4 Ng6 6 e5 Ne4에 이어 ...d5에서는 아무것도 얻지 못한다. 흥미로운 것은 라스커 박사의 제안이다. 4 fxe5 Nxe5 5 Nf3 Nxf3+ 6 gxf3. 하지만 이 경우 흑이 6...Nh5 7 Be3 Bd6로 중

앙에서 상대의 기동력 있는 폰 세력과 성공적으로 싸울 수 있는 힘도 가지게 되는 듯하다. 백은 텍스트 무브의 결과로 **...d6**를 통해 흑 킹스 비숍의 구속이 강요되길 바란다.

4...d5

흑의 이 대담한 폰 희생은 최소한 대등한 게임을 보장한다. 백은 이를 받는 것보다 더 좋은 방안이 없다. 왜냐하면 **5 fxe5 dxe4 6 exf6 exf3 7 Qxf3 Nd4 8 Qe4+ Be6**의 연속수는 자신에게 분명 불리할 것이기 때문이다.

5 exd5 Nxd5 6 fxe5 Bg4 7 Be2

흑으로선 **7 c3 Nxe5 8 Qe2 Bd6 9 d4 Bxf3 10 gxf3 Qh4+ 11 Kd1 0-0-0 12 dxe5 Rhe8**로 날카로운 공격이 가능하다.

7...Bxf3 8 Bxf3 Qh4+ 9 Kf1

여기서 백의 흑 캐슬링 방치는 심각한 결과를 초래하는 실수이며, 상대에게 추가 템포를 제공한다는 점에서 더욱 그렇다. **9 g3 Qd4 10 Qe2 0-0-0 11 c3 Qxe5 12 0-0 Qxe2 13 Bxe2 Be7!** 그리고 **...Bf6** 등등이면 사실상 대등한 게임이었을 것이다.

9...0-0-0 10 Nc3 Bc5

퀸스 비숍이 강제로 교환되면서 백 진영의 어두운 칸이 개탄스러울 정도로 취약해진다.

11 Ne4 Ne3+ 12 Bxe3 Bxe3 13 Qe1 Qh6 14 Ng3

마찬가지로 **14 Nf2 Nxe5 15 Ng4 Nxg4 16 Bxg4+ Kb8** 등등이면 백은 e3의 압도적인 흑 비숍 때문에 유효한 게임을 오래 유지하지 못할 것이다.

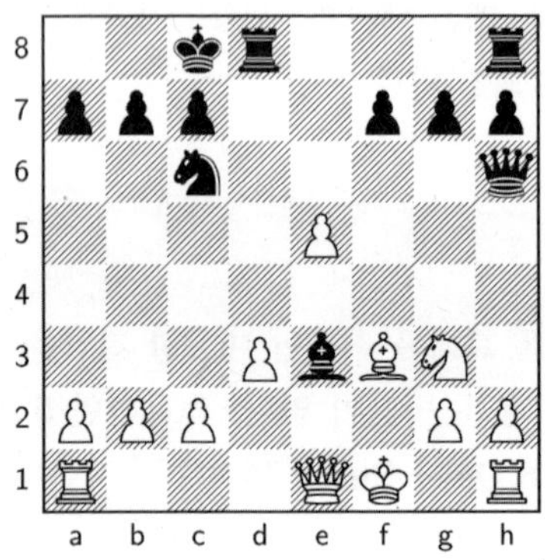

14...Nd4

결정적이다. 백의 몰락을 재촉하는 백 퀸의 후속 공격은 백의 수동적인 태도로 인해 희망이 사라진 절망에 의한 것이었다. 예를 들어 **15 Qd1 Rhe8 16 c3 Nxf3 17 Qxf3 Rxd3 18 Qf5+ Rd7 19 Rd1 Qa6+ 20 Ne2 Qe6 21 Qxe6 Rxe6**면 흑이 승리하는 엔딩이다.

15 Qb4 c6 16 Qa4 Kb8 17 Rd1 Rhe8 18 h4

또는 **18 c3 Nxf3 19 gxf3 Rxe5**면 흑이 쉽게 이길 수 있다.

18...Qf4 19 Rh3 b5

기물 획득(**20 Qb4 a5**에 이어 **...Nxf3** 등등).

20 Nh5 bxa4 21 Nxf4 Bxf4 22 c3 Nxf3 23 Rxf3 Bxe5 24 Rxf7 Rf8 0-1

8. 마셜-타르타코베르
더치 디펜스 *Dutch Defense*

1 d4 e6 2 c4

흑으로선 **2 c4** 후 더치 디펜스로 전환하는 게 **2 Nf3** 이후보다 덜 위험하다. 왜냐하면 이 오프닝의 많은 변형에서 비활성 상태인 킹스 비숍을 더 빨리 전개하고 교환할 기회(b4에서)를 얻기 때문이다. 이와 마찬가지로 백의 다음 수 역시 큰 이득을 얻지 못할 듯하다.

2...f5 3 Nc3 Nf6 4 Bg5

백의 이 핀은 생기가 부족하며 흑은 예를 들어 **4...Bb4**로 매우 잘 방어할 수 있다. 그런데 이상하게도 타르타코베르 박사는 여기서도, 카파블랑카와의 대국(27국)에서도 이 자연스러운 수를 쓰지 않았다.

4...Be7 5 e3 0-0 6 Bd3 b6 7 Nf3 Bb7 8 0-0 Ne4

8...Ne4는 곧 폰을 잃게 될 실수다. 답은 타르타코베르 박사가 카파블랑카를 상대로 두었던 **8...Qe8**였다.

9 Bxe7 Qxe7

9...Nxc3 10 Bxd8 Nxd1 11 Bxc7 Nxb2 12 Be2면 흑 나이트가 곤경에 처할 수 있다.

10 Bxe4 fxe4 11 Nd2 Qh4

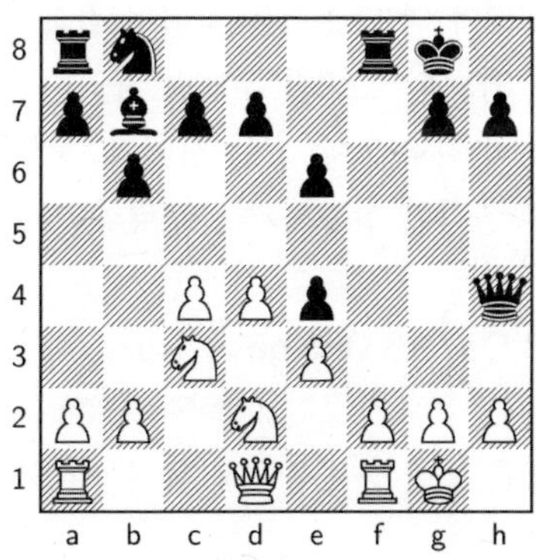

11...d5면 12 cxd5 exd5 13 Qb3 Qf7 14 f3로 흑에게 더 나쁜 결과를 초래할 수도 있었다.

12 Ncxe4

백이 허약해진 g3에 의지하지 않고 폰을 잡는 게 중요하다. 12 g3 Qh3 13 Ncxe4 Nc6-e7-f5면 흑은 텍스트의 연속수 이후에 눈에 띄지 않는 상대방의 밝은 칸 약점 덕분에 약간의 보상을 얻었을 것이다.

12...Nc6

12...Bxe4면 13 g3(흑 비숍이 사라지기 때문에 이 수는 더 이상 백에게 위험하지 않음) 13...Rf6 14 f4로 흑 포지션은 실제로 한 대국보다 더 절망적일 수 있었다.

13 f4

이는 f파일의 수비 포지션을 공격 포지션으로 바꾸기 위해서다. 중앙에 있는 백 폰 구조의 약점은 백 자신의 잉여 물량으로 쉽게 균형을 맞출 수 있다.

13...Ne7 14 Rf3

대부분의 해설자가 비판한 백 룩의 이 원정은 확신할 필요는 없지만 (14 Nf3 Qh5 15 Nc3가 더 단순했을 것이며 결과적으로 Ne5나 Qd2, e4 등등이 이어짐), 약화된 ...g6를 두게끔 자극하는 확실한 목적을 달성하려는 백이 충분히 감당할 수 있는 사치다. 승리가 결국 사소한 실수로 사라지는 진짜 심각한 실수는 지금부터 이어진다.

14...Nf5 15 Rh3 Qe7 16 Qh5 g6

16...h6는 g4-g5를 통한 공격을 불러올 수 있었다.

17 Qe2

18 Ng5를 통해 흑의 폰 구조를 더 악화시키겠다고 위협하는 수다.

17...Rf7 18 Ng5

여기서의 **18 Ng5**는 안타깝게도 흑이 적극적으로 이득을 취하게 돕는 기동이다. **18 Nc3**면(이에 **18...g5**면 **19 fxg5 Qxg5 20 Nf3**와 e4, 또는 **18...Qb4**면 **19 Rb1**과 a3) 백은 Nf3와 이후 **e4**로 큰 어려움 없이 자신의 이점을 살릴 수 있었다.

18...Rg7 19 Ngf3

여기서는 **19 Qd3**(e4를 두겠다고 위협하는)가 필수적이었다. **19 a3** 조차도 다가오는 흑 퀸의 성가신 출격을 막는다는 점에서 텍스트 무브보다는 바람직했을 것이다.

19...Qb4 20 Rb1

만약 **20 e4**면 **20...Qxb2!**(이에 **21 Rb1**이면 **21...Nxd4**).

20...c5 21 Qd3 cxd4 22 Nxd4

더 분명하고, 동시에 더 나은 것은 **22 exd4**와 그 뒤를 잇는 a3와 **Ne4**로, 그러면 백이 이길 가능성이 높다.

22...Rc8 23 e4

백의 이 새롭고 큰 실수를 통해 중앙의 각 폰 구조가 완전히 해체된 후에야 마침내 나이트가 아닌 흑 비숍의 강점이 드러날 수 있었다. 백의 마지막 기회는 **23 b3**였고, 아마도 **Ne4**가 뒤따라야 했을 것이다.

23...Nxd4 24 Qxd4

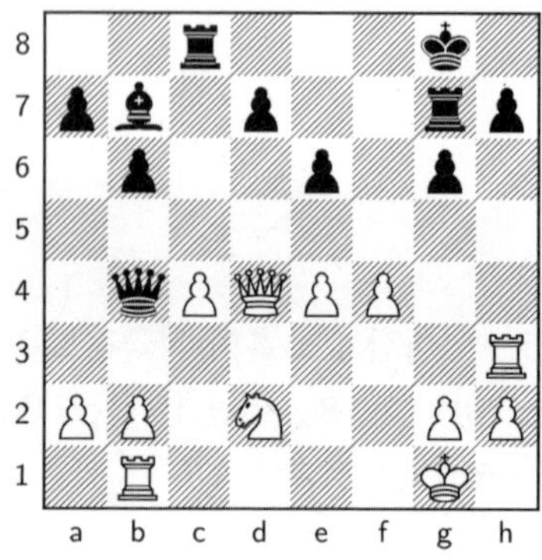

24...d5

흑의 두 번째 폰 희생은 매우 옳은 선택이다. 모든 병력을 분산시킨 백은 우위를 포기해야 하며, 게다가 온전한 탈출을 기뻐하기까지는 그리 오래 걸리지 않을 것이다. 이 대국의 2부는 타르타코베르 박사가 매우 신중하게 처리했다.

25 a3 Qf8 26 exd5 exd5 27 cxd5 Rd8 28 Ne4 Rf7

28...Rf7은 상대의 유일한 위협을 방어하면서 동시에 공격한다.

29 d6 Rxf4 30 Qc4+ Qf7 31 Qxf7+

백에게는 분명 선택의 여지가 없다.

31...Rxf7 32 Re3

32 Ng5 Rf5! 33 Nxh7 Rxd6는 백을 비참하게 끝냈을 수도 있다.

32...Bxe4 33 Rxe4 Rxd6 34 Re2 Rd3 35 Rf1 Kg7 36 Rc2 Rfd7 37 h3 Rd2 ½–½

9. 에드워드 라스커-보골류보프
필리도어 디펜스 *Philidor Defense*

1 e4 e5 2 Nf3 d6 3 d4 Nf6 4 Nc3 Nbd7 5 Bc4 Be7 6 0-0

잘 알려진 바와 같이, **6 Bxf7+**의 백 비숍 희생은 **6...Kxf7 7 Ng5+ Kg8 8 Ne6 Qe8 9 Nxc7 Qg6 10 Nxa8 Qxg2 11 Rf1 exd4 12 Qxd4 Ne5** 때문에 올바르지 않다. **6 dxe5**(**7...dxe5?** 이후에 앞의 희생을 가져오기 위해)면 흑은 **6...Nxe5**를 통해 매우 흡족한 게임을 얻는다.

6...0-0 7 Bg5

백 비숍의 이런 전개는 대부분 흑의 교환을 용이하게 한다. 여기서 가장 효과적인 라인은 **7 Qe2 c6 8 a4**(1912년 스톡홀름의 알예힌-G. 마르코Marco, 1920년 스톡홀름의 보골류보프-A. 님초비치 Nimzowitsch)다.

7...c6 8 Bb3

여기서도 마찬가지로 **8 a4**가 **...b5**를 방지하기 위해 선호되었어야 했다.

8...h6 9 Bh4 Re8 10 Qd3

백이 오프닝을 잘못 두었다. **10 Bg3**가 흑이 중앙을 비우게끔 만드는 수순이었으며 그러면 **10...Nh5**(**11 Nxe5 Nxg3 12 Nxf7** 때문에)나 **10...Bf8**(**11 dxe5 dxe5 12 Nxe5** 때문에)가 아무 소용이 없었을 것이다. **10...exd4 11 Nxd4 Nc5**면, 백은 **12 Bc4**로 꽤 유리해질 수 있었다. 그러나 텍스트 무브 후에는 흑이 단숨에 주도권을 잡는다.

10...Nh5 11 Qc4

다음 보호수protective move를 강요하는 수다. **11...d5**면 백에게 유리하게 **12 exd5 Nb6**(또는 **12...Bxh4**면 **13 dxc6**) **13 Bxe7 Rxe7 14 Qc5**가 이어질 것이다. 반면에 흑은 이 일시적인 성공보다 이후 강제 교환을 통해 얻는 이점이 훨씬 중요하다.

11...Rf8 12 Bxe7

12 Bg3면 흑은 **12...Nxg3**를 서두를 필요 없이 **12...Bf6**를 두었다가 가장 적합한 시기에 비숍 교환을 할 수도 있었다.

12...Qxe7 13 Ne2

백이 이렇게 하지 않았다면 f4 칸의 나이트 진입이 정말 불편했을 것이다. 이미 백 기물들이 다소 어색하게 서 있기 시작했다.

13...a5

좋은 수, 아마도 흑의 희망을 뛰어넘은 성공적인 수일 것이다. **14 c3**라는 백의 당연한 응수 이후 **14...exd4 15 Qxd4 Nc5**의 변형으로 이으려는 의도가 가장 컸을 텐데, d3 칸의 약화와 **...a4**로 중요한 대각선에서 비숍을 몰아내려는 위협 덕분에 더 많은 자리를 얻었을 것이다. 그러나 이 전체 라인을 따르는 진군이 허락되리라는 것은 거의 기대할 수 없었다.

14 Qc3

아주 특이한 아이디어다. 백 비숍이 d3 칸으로 한 템포를 잃은 채 이동하면서 오랫동안 실질적인 스테일메이트 포지션에 놓이고 궁극적으로는 개방을 피할 수 없는 d파일을 차단한다. 마찬가지로 **14 a4**는 **14...exd4 15 Qxd4 Nc5** 등으로 인해 권장되지 않지만 **14 c3**는 확실히 둘 만한 수였다.

14...a4

물론 흑은 **14...exd4 15 Nexd4 Qxe4 16 Rfe1 Qf4**(또는 **...Qg4**, 또는 **...Qg6**) **17 Ne6** 등등의 뻔히 보이는 함정에 빠지길 거부한다.

15 Bc4 b5 16 Bd3 Bb7

흑은 결국 **...c5**(**dxc5**면 **...Nxc5**, **dxe5**면 **...c4**)를 두겠다고 위협하며 상대로 하여금 중앙에서 불편한 상황을 해소하게 만든다.

17 dxe5 dxe5 18 Rad1 Rfe8

18...Rfe8는 나이트를 f8-g6 길을 거쳐 f4에 놓는 의도로 둔 수다.

19 Ng3 Nxg3

흑은 백 나이트가 f5로 가지 못하게 해야 했다. 그는 이제 f4 칸에 대한 기대를 포기해야 하지만, 백 폰들을 더블 폰으로 만든 전략적 결과로서 백이 킹 포지션에서 추가적인 약점을 희생해야만 도전할 수 있는 강력한 g4 칸을 소유하는 충분한 보상을 얻는다.

20 hxg3

20 fxg3는 어떤 이점도 기대할 수 없이 백 e파일 폰의 고립만 초래했을 것이다.

20...Nf6 21 Nh4

백 나이트는 이 칸에서 오랫동안 활동하지 않게 될 것이다. 그러나 다른 곳에서는 미래가 거의 안 보였을 것이다.

21...g6 22 Qd2 Kg7 23 Qe3

백은 이제 교착 상태에 빠졌고 확실한 계획 없이 이리저리 움직인다. 한편 흑은 백이 움직일 때마다 자신의 포지션을 강화하며 승리에 가까운 상태가 되기까지 그리 오래 걸리지 않는다.

23...Ng4 24 Qd2

만약 **24 Qb6**면 **24...Ra6** 등등.

24...Qc5 25 Be2 Nf6 26 Bd3 Rad8 27 Qe2 Bc8 28 Kh1 Bg4 29 f3

29 Nf3면 흑은 중앙에서의 압박을 높이거나(d파일에서 더블 룩을 만들고 **...Nd7, ...Be6** 등등을 잇는) **...h5**와 **...Rh8** 후에 마침내 결정적인 **...h4** 등으로 백 킹을 직접 공격할 수 있다.

29...Be6 30 a3 Re7 31 Rde1

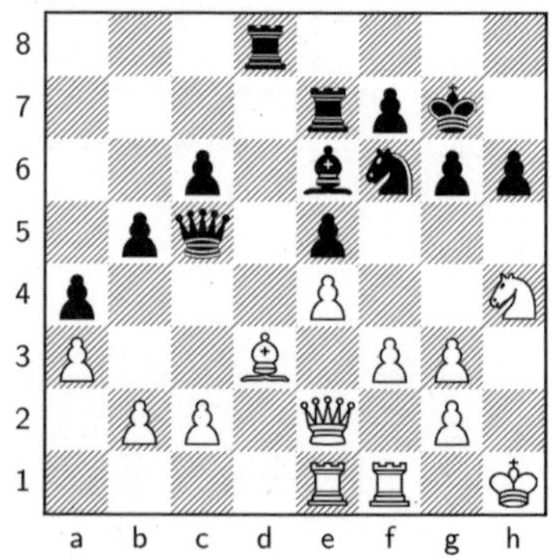

31 Qf2를 뒀으면 이 단계에서는 **31...Qxf2 32 Rxf2 c5** 등으로 응수되었을 것이다. 그러나 지금부터 경기는 결정적으로 전환된다.

31...Qd4

아주 가깝게, 처음에는 폰의 획득(**32 Rb1 Ba2**)을 약속하는 이 수는 백이 퀸의 후속 출격을 통해 약간의 카운터플레이를 한다는 점에서 사실 매우 면밀히 계산되어야 했다.

32 Qf2 Qxb2 33 Qc5 Rc7 34 Rb1 Qd4 35 Rxb5

백에게 흑의 **35...cxb5 36 Qxc7 b4 37 axb4 a3**(또는 **37...Rd7 38 Qc5**) **38 Qa5 a2 39 b5**의 단순한 연속수는 설득력이 없기 때문에 문제에서 상당히 잘 빠져나온 것처럼 보였다. 하지만 백 룩의 특이한 포지션이 보골류보프에게 킹사이드에서 놀라운 전환의 기회를 제공했고, 이는 그에게 물질적 이득을 가져다 줄 것이다.

35...g5 36 Nf5+ Bxf5 37 exf5 Nh5

37...Nh5가 요점이다. 백은 아직 퀸을 교환할 시간이 없고 **38 Kh2**는 **38...Nxg3** 등으로 인해 쓸모가 없다.

38 Re1 Nxg3+ 39 Kh2 Qh4+ 40 Kg1 f6

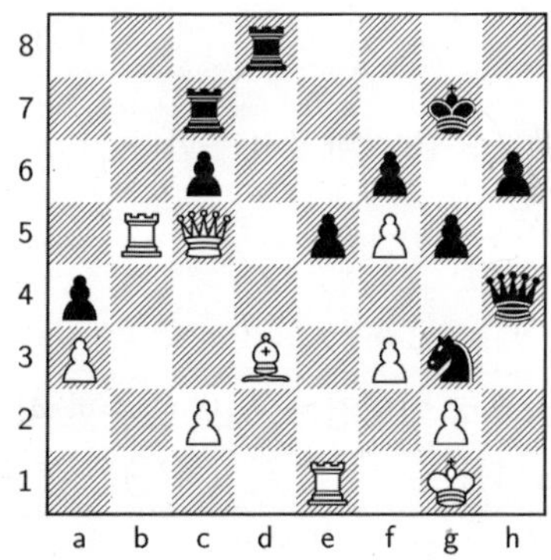

그러나 여기서 흑은 거의 목표에 가까워졌지만 흔들리는 바람으로 패배의 위험에 노출된다. **40...Rd5 41 Qb6 cxb5 42 Qxc7 Qd4+**(**42...Nxf5**는 **43 Re4** 때문에 불가) **43 Kh2 Nxf5 44 Re4**(**44 Bxf5**를 두면 상대에게 4수 메이트됨) **44...Qc5**면 흑이 두 개의 남은 폰들 덕분에 쉽게 이겼을 것이다.

41 Rxe5

갑자기 백을 유리하게 만드는 깔끔한 희생. 겉보기에 강해 보이는 41 Rb4(41...Rd4 42 Rxe5!를 위해)는 흑이 41...e4를 통해 즉시 무승부를 기록하게 만든다. 예를 들어 (Ⅰ) 42 Bxe4 Ne2+ 43 Kf1 Ng3+로 무한 체크, (Ⅱ) 42 fxe4 Qh1+ 43 Kf2 Qh4면 백으로선 다시 44 Kg1 등을 두는 것보다 더 나은 걸 할 수가 없다.

41...fxe5

희생을 수용하면 패배로 이어진다. 이보다 덜한 악수는 **41...Qd4+ 42 Qxd4 Rxd4 43 Rec5 Nh5 44 Rb6 Nf4**로, 엔딩에서의 플레이가 가능했을 것이다. 흑은 여전히 승리에 대한 환상이 있다.

42 Qxe5+ Kg8 43 Rb4

물론 **43 Qxc7**은 **43...Qd4+** 등으로 인해 안 된다.

43...Qh1+ 44 Kf2 Rf7

44...Rcd7도 상황을 조금도 바꾸지 못한다.

45 Rb8

이 룩 교환은 무승부로 이어진다. 반면 단순한 **45 Kxg3**(Rxa4나 심지어 **Kf2**, 그리고 **Bc4**를 두겠다고 위협하는)는 승리 포지션을 얻었을 것이다. 흑 룩들이 킹의 노출된 포지션을 보호하기에 불충분했을 것이기 때문이다. 대국의 마무리는 매우 흥미로웠다.

45...Rxb8 46 Qxb8+ Kg7

46...Rf8는 안 된다. **47 Bc4+ Kg7 48 f6+**로 백이 이기기 때문이다.

47 Qe5+ Kf8 48 Qb8+

48 f6 Rd7 49 Qe6(49 Qb8+인 경우 흑 킹이 백 f파일 폰에 접근하여 잡은 후 자유를 얻음)면 흑은 **49...Qc1**으로 무승부를 강제한다.

48...Kg7 49 Qe5+ Kf8 50 Qb8+ Kg7 51 Qe5+ ½-½

10. 예이츠-야노프스키
루이 로페즈 *Ruy Lopez*

1 e4 e5 2 Nf3 Nc6 3 Bb5 a6 4 Ba4 Nf6 5 0-0 d6

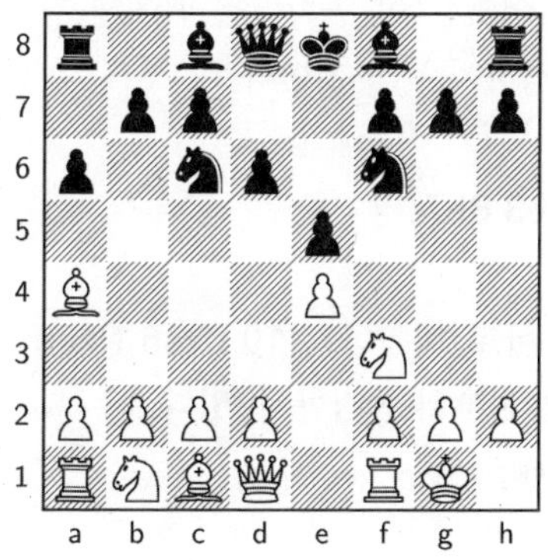

흑의 이 방어법은 최근, 특히 루빈스타인이 선호하고 있으며, 야노프스키도 이 방어법이 동등성을 보장한다고 생각한다. 어쨌든 이 대국에서 채택된 변형은 흑에게 상당히 만족스럽다.

6 Re1

중요한 킹스 비숍의 교환을 허용한다. 여기서는 다음 수들을 고려해야 한다.

(1) **6 Bxc6+ bxc6 7 d4**면 **7...Nd7**을 가진 흑은 치고린 디펜스 Chigorin Defense의 변형으로 이어질 수 있다.

(2) **6 d4 b5**의 결과 **7 dxe5 dxe5 8 Qxd8+ Kxd8**에 이어 **9...Bd6**와

...Nd7으로 흑에게 불리하지 않은 포지션을 가져오고 싶지 않다면, 지금까지 충분히 검토되지 않은 7 Bb3 Nxd4 8 Nxd4 exd4 9 c3 dxc3 10 Nxc3의 갬빗 변형을 선택할 수 있었다. 이 경우 자신의 더 나은 전개와 쉽게 해체할 수 없는 흑 퀸사이드의 약점을 고려하면 백은 폰 희생에 대한 충분한 보상을 받을 수 있을 것이다. 어쨌든 예이츠는 루빈스타인과의 두 대국(1922년 런던, 1923년 칼스바트Carlsbad)에서 이 해법 덕분에 우위를 점할 수 있었다.

6...b5 7 Bb3 Na5

7...Na5는 야노프스키가 라스커 박사를 상대로 시도한 7...Bg4보다 더 일관성이 있다. 어쨌든 이 연속수는 백에게 강제 무승부를 허용하지만 그 이상은 달성하지 못할 것이다.

8 d4 Nxb3 9 axb3 Bb7

백은 9...Nd7에 바로 대응하는 10 dxe5 Nxe5(또는 ...dxe5면 12 Qd5) 11 Nd4를 통해 우위를 점할 수 있다.

10 dxe5

10 Nc3면 흑은 10...Nd7으로 중앙을 방어하여 최악의 상황을 극복할 수 있었다. 마찬가지로 10 Bg5(라스커 박사-루빈스타인, 1923년 매리슈-오스트라우Mährisch-Ostrau)는 10...h6라는 간단한 응수가 있기에 흑에게 전혀 위험하지 않다.

10...Nxe4 11 Nc3

이제 백은 대등한 플레이가 어려울 것이다. 11 exd6 Bxd6 12 Qd4는 예를 들어 12...Qe7 13 Nc3 f5 14 Bg5 Qd7 15 Nxe4 fxe4 16 Rxe4+ Bxe4 17 Qxe4+ Kf7 18 Re1 Rae8 19 Qd5+ Kf8 20 Re5 Rxe5 21 Nxe5 Qe8 22 Qf3+ Kg8 23 Qd5+로 무한 체크가 될 수 있

다(A. 아우르바흐Arnold Aurbach-알예힌, 1922년 10월 파리).

11...d5

이제 흑은 강력하게 배치된 나이트와 쌍비숍 들을 가지고 있으므로, 킹사이드 캐슬링을 하여 킹의 안전을 확보하려면 확실한 이점을 가질 수 있을 것이다.

12 Nd4

이는 **Nf5**나 **Qg4**의 위협으로 흑 킹스 비숍의 전개를 어렵게 만든다. 따라서 흑 퀸의 다음 수는 이 칸의 소유권을 두고 상대에게 도전한다.

12...Qd7 13 e6

백이 **13...c5** 또는 **13...f5**의 위협을 회피할 유일한 가능성은 캐슬링이었다. 이 폰 희생은 일시적일 뿐이다.

13...fxe6 14 Qg4 0-0-0

흑에게 **14...Kf7**은 불충분한 수여서 **15 Nf3 Nf6 16 Ng5+ Kg8 17 Qxe6+ Qxe6 18 Nxe6**에 이어 Bf4가 가능하다.

15 Qxe6 Bb4

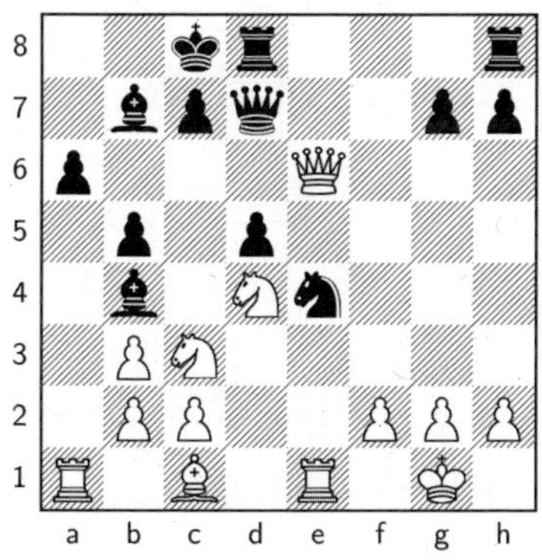

흑은 백의 교묘한 회피를 과소평가했다. 그렇지 않았다면 더 유망한 15...c5를 선택했을 가능성이 매우 높다. 그러면 예를 들어 16 Qxd7+ Rxd7 17 Nxe4 dxe4 18 Nf5 g6 19 Ng3 Bg7으로 흑의 쌍비숍이 막강한 힘을 발휘한다.

16 Nxe4 dxe4

또는 16...Bxe1이면 17 Nc5 Qxe6 18 Ndxe6 Bb4(이렇게 하지 않으면 19 c3가 나옴) 19 Nxd8(19 Nxb7은 19...Rde8 때문에 불가) 19...Bxc5 20 Ne6(Nxb7보다 나음) 20...Bb6 21 Be3 등등으로 동등해진다.

17 c3 Bc5 18 Be3 Rhe8 19 Qxd7+ Rxd7 20 b4 Bf8 21 Nb3

이제 백은 어두운 칸에서 너무 강해져서 흑은 더 이상 비숍 교환을 제안할 수 없게 되었다.

21...Rd3 22 Bc5

백은 여전히 이기는 플레이가 가능하다는 근거 없는 희망에 부풀어 있다. 그렇지 않았다면 **22 Nc5**로 서로 반대 색 칸을 통제하는 비숍들을 남겨서 바로 무승부를 강요했을 것이다.

22...Bxc5 23 Nxc5

이와 마찬가지로 **23 bxc5 e3 24 f3 Re5**의 연속도 흑에게 유리했을 것이다.

23...Rd2

이 흑 룩의 2랭크 확보로 백은 당분간 매우 불편한 상황에 처하게 될 것이다. 우선 **24...e3**라는 위협을 받는다.

24 Re3

이로 인해 **24...Rxb2**를 **25 f3**로 맞대응할 수 있다.

24...Rf8 25 Rf1 Rxb2 26 Nxe4 Bxe4 27 Rxe4

룩 엔딩은 흑에게 다소 유리하지만 그럼에도 불구하고 백에게 무승부를 가져다 줄 것이다.

27...Rc2 28 Re3 Rf6 29 h4

이 측면에 있는 폰의 전진으로 백은 킹사이드에서 좋은 가능성을 얻는다. 예를 들어 **29...Rc6**의 위협은 이제 **30 h5 R2xc3 31 Re7**만으로도 충분히 방어할 수 있다.

29...Kd7 30 h5 Rd2

또는 **30...Rc6**면 **31 Rd1+**에 이어 **Re7**으로 대응된다.

31 f4

이는 **32 f5**를 통해 흑 폰을 g7에 고정시켜 흑 기물들을 방어적인 포지션으로 만들겠다고 위협한다.

31...g6 32 h6

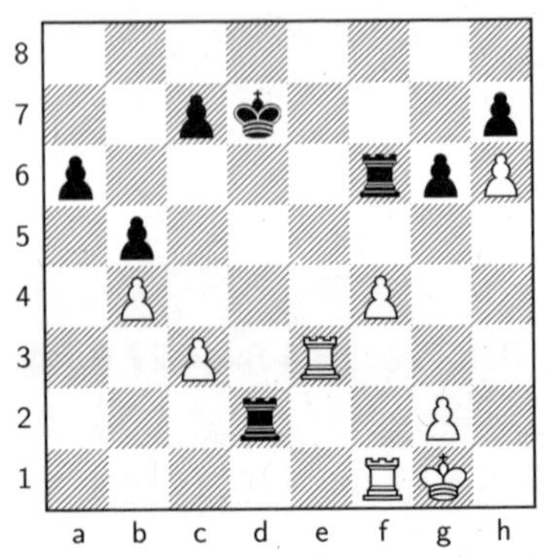

백이 이 전진 기지를 구축함으로써 퀸사이드를 위험하게 만드는 흑의 위협은 무력화된 것이나 마찬가지다.

32...Re6 33 Rfe1 Rxe3 34 Rxe3 c5

34...c5는 좋은 수다. 그러나 흑은 a6와 h7의 폰들이 약하기 때문에 두 개의 연결된 통과한 폰을 얻을 수 있는 포지션이 아니어서 실제보다 더 위험해 보인다. 백의 다음 수 이후에 이 점이 단번에 명확해진다.

35 Re1

물론 **35 bxc5**는 **35...a5** 등으로 인해 안 된다.

35...cxb4

이와 마찬가지로 흑으로선 **35...c4 36 Re3**에 이어지는 **Kh2-g3**가 그와 승리와의 인연을 끊었을 것이다.

36 cxb4 Rd4 37 Ra1 Rxb4 38 Rxa6 Rxf4 39 Ra7+ Kc6 40 Rxh7 Rh4 41 Kf2 b4 42 Rh8 b3 43 Rb8 Rxh6 44 Rxb3 Kd6 45 Re3 Rh5 46 Kf3 ½–½

3라운드

이번 라운드에서는 좀 더 결정적인 플레이들이 펼쳐졌고, 두 대국만 무승부로 끝났다. 첫 대국에서 최고의 라이벌을 만났던 라스커 박사는 두 번째 대국에서는 최종 3등 수상자와 맞붙게 되었다. 오프닝은 퀸스 갬빗 거절이었고, 흑을 쥔 라스커 박사는 쌍비숍을 훌륭하게 활용했다. 그는 완벽한 타이밍으로 백의 허약해진 포지션을 완전히 무너뜨렸다.

카파블랑카-에드워드 라스커는 또 다른 퀸스 갬빗 거절이었다. 이윽고 라스커의 퀸이 흡사 끓는 물 속으로 들어가는 것처럼 보였지만, 자세히 살펴보면 이 상황에서는 실질적인 이점을 얻을 방법이 없었음을 알 수 있다. 기물들이 교환된 후 대칭적인 포지션에 도달했고 무승부로 합의되었다.

보골류보프는 퀸스 갬빗 거절에서 마셜을 제압하고 폰을 획득해 더 나은 포지션을 차지했다. 깔끔하면서 활기찬 단순화를 통해 그는 미국인을 벽으로 밀어붙였다.

자기 자신의 오프닝을 채택한 레티와의 대국에서 마로치는 최악의 경기를 펼쳤다. 그러나 그는 상대의 경솔한 수로 킹사이드에서 헝가리인에게 역전할 수 있었다. 레티는 유일한 방어책을 찾아냈지만 무한 체크를 막지는 못했다.

타르타코베르 박사는 다시 한 번 킹스 갬빗에 믿음을 걸었고, 오프닝 직후에 폰을 획득했다. 그럼에도 불구하고 그가 자신의 이점을 활용할 수 있을지는 끝까지 의문이었다. 그는 좋은 엔드게임 연구감을 만드는 방식으로 이를 성취했다. 타르타코베르 박사는 3점 만점에 2½점으로 선두를 차지했다. 백과 흑은 각각 7½점으로 동점을 기록했다.

11. 알예힌-에마누엘 라스커
퀸스 갬빗 거절 *Queen's Gambit Declined*

1 d4 d5 2 c4 e6 3 Nf3 Nf6 4 Nc3 Nbd7 5 cxd5

여기서 백은 게임 후반에 조건이 더 유리할 때 교환할 수 있는 선택
지가 있기 때문에 가장 좋은 수는 **5 Bg5**다.

5...exd5 6 Bf4

백은 여기에서도 **6 Bg5**로 핀을 거는 게 더 칭찬받을 만하다. 그러
나 이제 흑은 여러 가지 방법으로 동등화할 수 있게 됐다.

6...c6 7 e3

만약 백이 비숍을 지키기 위해 **7 h3**를 두면, 흑은 H. 볼프(1922년
테플리체Teplice-Šanov)가 도입한 수, 즉 **7...Be7 8 e3 Ne4**에 이어
서 **...f5**를 두는 방법을 잘 활용할 수 있다. 이제 흑은 자신의 전개를
희생하더라도 유리한 교환을 강요한다.

7...Nh5 8 Bd3

8 Bd3는 세 가지 가능성 중 의심할 여지없이 가장 불리한 경우다.
더 간단한 것은 **8 Bg3**였으나 **8 Be5**는 **8...f6**면 **9 Bg3** 등등으로 더 많
이 수정되어야 했을지도 모른다. 선수를 둔 플레이어가 이 게임을 불
안정하고 일관성 없는 방식으로 진행하고 있다.

8...Nxf4 9 exf4 Bd6 10 g3

예를 들어, 여기서 **11 g3**를 강제하게 만드는 백은 **10...Qh4**라는 적
대적 대응으로 인해 **10 Ne5**를 두려는 원래 의도를 무시했다. 그럼에
도 불구하고 그렇게 됐으면 **11...Qh3 12 Qc2** 이후에는 그의 나이트

의 강력한 포지션이 어떤 경우라도 밝은 칸의 약점을 어느 정도 보상했을 것이다.

10...0-0 11 0-0 Re8 12 Qc2 Nf8 13 Nd1

마찬가지로 여러 사람들이 제안한 **13 Ng5**는 예를 들어 **13...g6 14 Rfe1 f6 15 Nf3 Bg4 16 Rxe8 Qxe8 17 Re1 Qd7** 등등에 의해 아무 결과도 얻지 못했을 것이다. 단순한 **13 Rfe1**이 더 좋았을 것이다.

13...f6 14 Ne3 Be6 15 Nh4

백의 시간 손실! 이제부터 백은 자신의 열등한 전개를 완전히 무시한 채 공격하려고 노력하기 때문에 빠르게 패배한다. 만약 그가 더 소극적인 자세를 유지했다면(예를 들어 **15 Rfd1**, 그리고 만약 **15...Bf7**이면 **16 Bf5**), 흑의 공격 계획은 결코 쉽지 않았을 것이다.

15...Bc7

더 정확한 것은 아마도 **15...a5**였을 것이다.

16 b4 Bb6 17 Nf3 Bf7

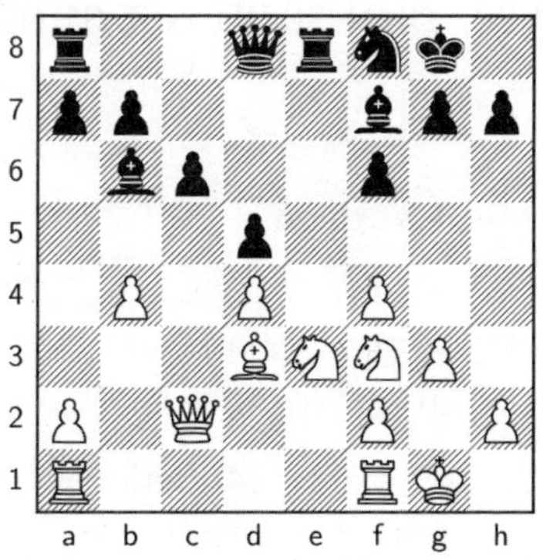

18 b5

백의 결정적 실수. 의심할 여지없이 흑이 더 나은 게임을 가졌지만, **18 Bf5**를 통해 **19 Bg4**가 나올 **18...Bh5**를 회피할 수 있었다면 승부는 여전히 유지되었을 것이다. 텍스트 무브 후, 흑은 킹사이드에 추가 돌파를 강요한 이후 아주 쉽게 승리한다.

18...Bh5 19 g4 Bf7 20 bxc6 Rc8 21 Qb2 bxc6 22 f5

22 f5를 두지 않으면 흑 나이트의 e6를 통한 침입이 결정타가 된다.

22...Qd6

23...Qf4를 두겠다고 위협하는 수다.

23 Ng2 Bc7 24 Rfe1 h5 25 h3

백은 **25 g5 fxg5 26 Ne5 Nd7 27 f4 gxf4 28 Nf3**의 더블 폰 희생을 통해 흑이 메이트를 목표로 한 공격을 일시적으로 막을 수 있었다. 물론 그 정도로는 백에게 위로가 되지 못했을 것이다.

25...Nh7 26 Rxe8+ Rxe8 27 Re1 Rb8 28 Qc1 Ng5 29 Ne5

또는 **29 Nxg5**면 **29...Qh2+ 30 Kf1 fxg5 31 Ne3 Qxh3+ 32 Ke2 hxg4**.

29...fxe5 30 Qxg5 e4 31 f6 g6

31...Qxf6 이후에도 마찬가지로 백은 곧 항복해야 했을 것이다. **31...Qh2+**만이 백의 게임이 가능한 수였을 텐데, 그러면 예를 들어 **32 Kf1 Qh1+ 33 Ke2 exd3+ 34 Kxd3 Qxh3+ 35 Ne3 Kf8 36 Qxg7+ Ke8 37 Kc2**가 된다.

32 f4 hxg4

라스커 박사가 승리로 가는 최단 경로를 선택했다. **32...exf3 33 Re5** 또는 **32...exd3 33 gxh5**는 바로 결정적이지는 않았을 것이다.

33 Be2

또는 **33 hxg4**면 **33...exd3**.

33...gxh3 34 Bh5 Rb2 35 Nh4 Qxf4 36 Qxf4 Bxf4 0-1

12. 보골류보프-마셜
퀸스 폰 오프닝 *Queen's Pawn Opening*

1 Nf3 d5 2 d4 e6

흑은 여기서 비숍을 막을 필요가 없다. 따라서 **2...c5** 또는 **...Nf6**가 바람직하다.

3 Bf4

이 흥미롭고 다루기 쉽지 않은 변형은 주로 어두운 칸의 강점 덕분에 백의 다소 유리한 기회와 함께 중앙에서의 복잡한 플레이로 이어진다. 그렇지 않으면 일반적인 퀸스 갬빗 거절로 바꾸는 것도 고려할 만하다.

3...Bd6 4 e3 Bxf4 5 exf4 c5

5...c5는 비논리적이다. **5...Qd6**는 백에게 먼저 f4(**6 Qd2** 또는 **6 g3**)의 방어를 필요로 하게 만들고, **6...c5**로 백에게 조만간 이 시스템의 요점인 **c3**를 두게 했을 것이다. 그 자체로 불리한 오프닝에서의 이러한 부정확성은 일반적으로 게임을 크게 손상시키기에 충분하다.

6 dxc5 Qa5+ 7 c3 Qxc5 8 Bd3 Nf6 9 0-0 0-0 10 Nbd2 Nc6 11 Ne5

다행히 백은 **g3**를 둘 필요성을 피했고, 덕분에 전개에서 중요한 템포를 얻었다. 이제 보골류보프가 자신의 이점을 최대한 활용하기 위해 진행하는 방식은 매우 교훈적이다.

11...Rd8 12 Re1 Bd7 13 Ndf3

흑 포지션은 이미 다소 불편한 상황이다. 백은 이제 d파일 폰을 고립시키는 **14 Ng5 Be8 15 f5**를 두겠다고 위협한다.

13...h6

13...g6도 단점이 있다. 예를 들어 **14 Ng5 Rf8 15 Qf3**로 백의 **Qh3** 위협 등등.

14 g4

매우 활기찬 플레이다. 이 공격에 맞서 마셜은 16수에서 보상 희생을 통한 구원을 모색하며, 그 희생이 수락됐다면 실제로 그는 구원받았을 것이다.

14...Nxe5 15 Nxe5 Bc6 16 Qe2 Ne4 17 Rad1

만약, 흑이 혹시라도 **17 Nxc6**를 두면 **17...Qxc6 18 Bxe4 dxe4 19 Qxe4 Rd2**(**19...Qxe4**는 **20 Rxe4 Rd2 21 Rb4** 때문에 안 됨)로 적절한 보상을 받을 수 있다.

17...Rac8 18 Kg2

지금 **18 Nxc6 Qxc6 19 Bxe4 dxe4 20 Rxd8+ Rxd8 21 Qxe4**

Rd2 등등이 되면 백은 룩 엔딩을 이길 수 없었을 것이다. 텍스트 무브를 통해 백은 흑 나이트를 e4에서 추방하고 이후 공격을 계속할 준비를 한다.

18...Ba4 19 Rc1

19 Rc1은 **20 c4**를 두겠다고 위협하는 수다.

19...f6

흑으로선 e6 칸과 b1-h7 대각선이 약해지지만 이를 더 이상 피할 수는 없었다.

20 Nf3 Bc6 21 Nd4 Qd6 22 f3 Nc5

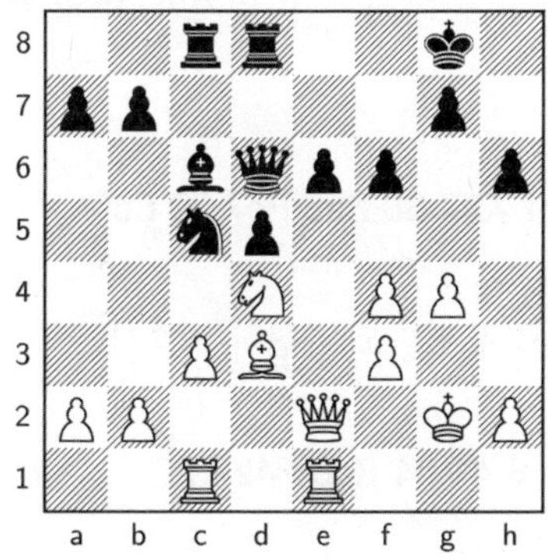

23 Bb1

백의 이 단순한 후퇴는 **24 b4**에 이어질 **Nxe6**, 그리고 **24 Qc2**라는 두 가지 위협으로 인해 결정적이었다. 흑의 다음 폰 희생은 거의 절망적인 엔딩에 진입하게 만들었지만, 그럼에도 불구하고 그는 칭찬할 만한 끈기로 30수를 완전히 방어했다.

23...Bd7 24 Qc2 f5

흑으로선 분명 백 퀸이 h7에 들어오게 해서는 안 된다.

25 gxf5 exf5 26 Nxf5 Qg6+ 27 Ng3

백으로선 **27 Kf2**도 충분히 강했지만, 이 나이트를 위한 영구적인 d4 칸이 손짓하고 있다.

27...Qxc2+ 28 Bxc2 Ne6 29 Ne2 Rf8 30 f5 Nd8 31 Nd4 Nc6

흑은 **31...Nc6**를 두지 않으면 또 하나의 폰을 잃는다.

32 Bb3 Bxf5 33 Bxd5+ Kh8 34 Bxc6 bxc6 35 Re5 Bd7 36 b4

흑의 물질적인 우위를 제외하면, 백 포지션이 훨씬 우위에 있다. 엔드게임의 나머지는 쉽게 이해할 수 있지만, 백의 깔끔한 피날레가 흥미로움을 더한다.

36...Rf6 37 Rce1 Kh7 38 Ra5 Rc7 39 Rc5

39 Rc5는 **40 b5**를 두겠다고 위협하는 수다.

39...a6 40 a4 Rc8 41 h4 Rg6+ 42 Kh2

42 Kf2 Bh3 43 Re7이 더 간단했을 것이다.

42...Rf8

43...Rf5를 두겠다는 위협이지만, 백은 쉽게 방어할 수 있다.

43 h5 Rd6 44 Re7 Kg8 45 Ra5 Ra8 46 Re4 Kf7 47 Re2

백은 항해술적으로 말하자면 약간의 바람 타기에 빠져들었다. 상대가 소극적인 태도를 유지했다면 백은 **f4-f5** 전진, 그 다음으로 **Kg3-f4** 등을 잇는 일에 의지했을 것이다.

47...g6 48 hxg6+ Rxg6 49 Rae5 Rd8 50 Re7+ Kf8

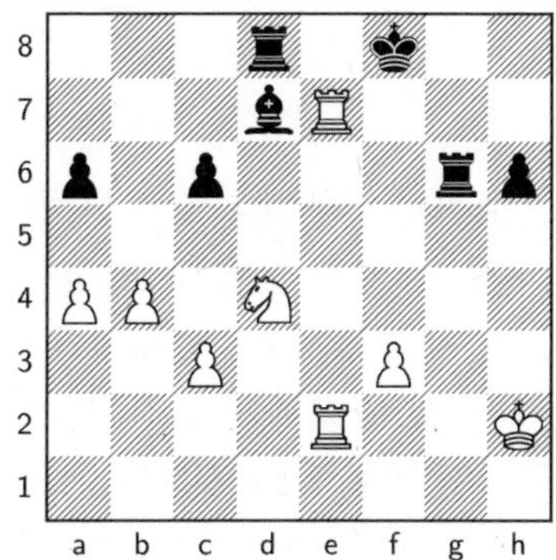

50...Kg8의 경우 백은 **51 Rg2**를 통한 룩 교환으로 충분히 승리할 수 있었다.

51 R7e6

백은 우아하게 단순화하여 두 번째 폰을 획득하고 추가 저항을 줄인다.

51...Kf7

또는 **51...Bxe6**(**51...Rxe6**면 **52 Rxe6**)면 **52 Nxe6+ Ke7 53 Nf4+ Kf7 54 Nxg6 Kxg6 55 Re6+**.

52 Nxc6 Bxc6 53 Rxg6 Kxg6 54 Re6+ Kg5 55 Rxc6 a5 56 Kg3 1-0

13. 카파블랑카-에드워드 라스커
퀸스 갬빗 거절 *Queen's Gambit Declined*

1 d4 d5 2 c4 e6 3 Nf3 Nf6 4 Bg5 Nbd7 5 Nc3 c6 6 e3 Qa5

많은 논란이 있었던 이 캠브리지 스프링스Cambridge Springs 변형*은 보골류보프의 연구 덕에 최근에 다시 약간의 유행을 타고 있다.

7 Bxf6

뒤에서 보듯이, 이 교환을 통해 흑은 특별한 고난을 극복하지 않고도 자신의 주요한 과업, 즉 퀸스 비숍 전개를 할 수 있다. 이전에 많이 선호되었던 **7 Nd2**는 보골류보프가 향상시킨 덕분에(에드워드 라스커-라스커 박사, 91국 참조) 흑에게 좋은 게임을 제공하는 듯하다. 따라서 백에게 가장 강한 것은 **7 cxd5!**다(야노프스키-보골류보프의 100국, 그리고 수순이 바뀐 마셜-보골류보프 88국과 비교해 보라).

7...Nxf6 8 Bd3 Bb4 9 Qb3 dxc4

흑이 a8-h1 대각선에 비숍을 놓기 위한 효율적인 준비다.

10 Bxc4 0-0 11 0-0 Bxc3 12 bxc3 b6 13 Ne5 Bb7 14 Be2

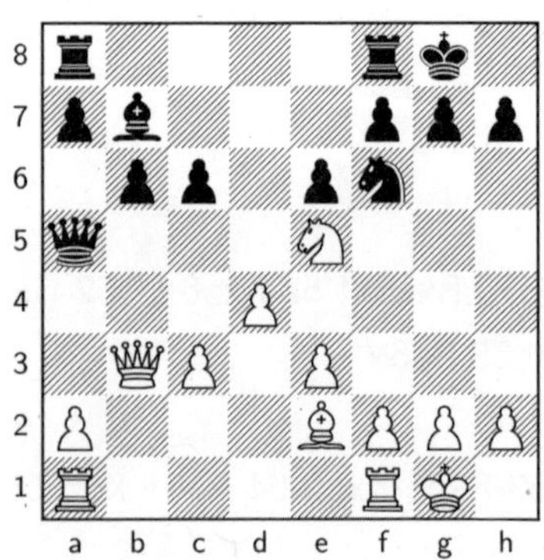

그리고 백의 다른 어떤 방법도 이 뒤에 이어지는 해방하는 수를 막을 수 없다.

---

* 퀸스 갬빗 거절의 변형 중 하나로 1892년에 에마누엘 라스커가 처음 사용했으며 캠브리지 스프링스에 열린 토너먼트에서 여러 번 사용되어 명명된 변형. 필스베리 변형 Pillsbury Variation이라고도 불린다.

14...c5

퀸을 따르는 군중이 어떤 불리한 결과를 가져올 일이 없음이 제대로 인지된다. 이 대국은 **7 Bxf6**의 불충분함을 분명하게 보여 준다.

15 Nc4 Qa6 16 Qb2 Bd5 17 Ne5

이와 마찬가지로 **17 Nd6 Qa5**(흑으로선 **17...c4 18 a4**보다 나은 수)는 결국 아무것도 얻지 못했을 것이다.

17...Qc8 18 a4 Nd7 19 c4 Be4 20 Nxd7 Qxd7 21 dxc5

이 대칭적인 폰 구조를 통해 백은 무승부에 만족함을 알 수 있다. 사실 **21 Rfd1**이면 **21...Qc6 22 f3 Bg6** 이후에 아무런 이점이 없다.

21...bxc5 22 Qe5 Qc6 23 f3 Bg6 24 Rfd1 Rfd8 25 Rxd8+ Rxd8 26 Rd1 Rxd1+ 27 Bxd1 ½-½

27...Qb6면 28 e4 f6 29 Qc3 Qb1 30 Qd2를 둘 수 있었다.

14. 레티-마로치
잉글리시 오프닝 *English Opening*

1 Nf3 c5 2 g3

레티가 자신의 시스템에 필수불가결한, 가장 좋아하는 **2 c4**를 뚜렷한 이유 없이 지연시킨 게 이상하다. 텍스트 무브에 대해 흑은 **2...d5**로 유리하게 대응할 수 있었다.

2...Nc6 3 Bg2 g6 4 c4

백은 이렇게 대칭적인 기물들의 배치를 통한 템포 우위 덕분에 d파일 폰을 전진시켜 중앙에서 더 큰 영역을 확보할 수 있다는 희망을 아직 갖고 있다.

4...Bg7 5 Nc3 d6 6 d3 Bd7

흑은 백이 **d4**를 두는 일을 더 어렵게 만들기 위한 킹스 나이트 전개를 주저한다. 이 아이디어는 나쁘지 않지만 충분히 일관되게 실행되지는 않는다.

7 0-0 Rb8

7...Rb8는 결국 b파일 폰의 전진을 위한 준비다. 사실 흑은 자신의 의도를 실현할 시간이 없을 듯하지만, 텍스트 무브는 백 킹스 비숍의 범위에서 룩을 빠져나오게 하기에 비판만 할 수는 없다.

8 Be3 Nd4 9 Qd2 h5

9...h5는 h6에 나이트를 전개시키기 위해서며, 지금까지 모든 수순은 논리적이고 이해 가능하게 이뤄졌다.

10 Rab1 Bc6

그러나 지금 흑은 **10...Nh6**를 두고, **11 b4**면 **...Nhf5**(또는 **...b6** 먼저)를 두는 게 적절한 순서였다. 흑 비숍은 c6에 행복하게 배치된 게 아니라서 어떤 경우에도 그걸 제거하는 일은 템포의 가치가 없다.

11 b4 Nxf3+

흑은 이 변형에서 자신의 폰 포지션의 악화, **11...b6 12 Nxd4 Bxg2 13 Ne6 fxe6 14 Kxg2** 등등을 피하기 위해 단호히 d4 칸을 포기한다. 하지만 그렇게 했을 때 **14...Nf6** 이후에는 레티가 매우 정확하게 활용한 텍스트에서의 수보다 더 나은 가능성을 가질 수 있었다.

12 exf3 b6 13 d4

여기서 백은 매우 유리한 조건에서 변형의 기본 아이디어를 실행에 옮겼고, 이제 더 나은 결과를 얻었다.

13...cxd4 14 Bxd4 Nf6 15 Nd5 0-0

흑의 **15...0-0**은 그의 d파일 폰이 절망적으로 약해졌다는 점에서 **15...Bxd5 16 cxd5 0-0**이 덜 나빴을 것이다.

16 Nxf6+ exf6 17 Be3

17 Be3는 **17...d5**를 막고, **18 f4**의 반격으로 폰을 얻으려는 수다.

17...Qd7 18 Rfd1 Rbd8 19 b5

백은 이 전진으로 확실한 물질적 이점을 얻지는 못하지만 퀸사이드 에서 결정적인 우위를 점한다.

19...Ba8 20 c5 bxc5 21 Bxc5 Rfe8

21...Rfe8는 d파일 폰을 구한다. 지금 백이 **22 Qxd6**를 두면 흑 은 **22...Qc8!**로 이긴다. **22 Bxd6**를 두면 **22...Bf8 23 Bf4 Qxd2 24 Rxd2 Rxd2 25 Bxd2 Re2**로, 백은 **26...Bc5**의 위협으로 인해 a파일 폰을 구하지 못한다.

22 Qa5

그러나 이것으로 흑 폰의 운명, 그리고 결과적으로 게임의 운명도 결정된 것으로 보인다. 흑은 한 번 더 필사적인 반격을 시도한다.

22...Qf5 23 Bxa7 Bxf3 24 Bxf3 Qxf3

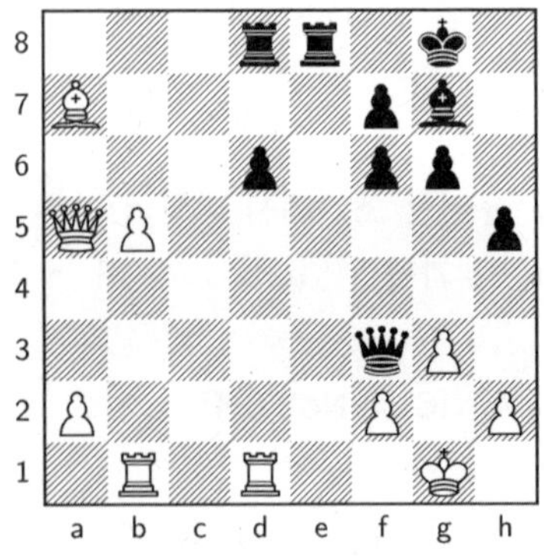

25 b6

이 수로 백은 쉽게 승리할 수 있었다. 흑의 다음 수는 **25 Qb4** 또는 **Qa4**로 간단히 막을 수 있었으며, 이 경우 백은 필요하다면 b3 또는 f4에서 퀸 교환을 하고 통과한 폰으로 빠르게 문제를 끝낼 수 있다. 반면 텍스트에서의 실수 이후에는 갑작스러운 재앙을 막아야 하는 어려움을 겪을 것이다.

25...h4

26...h3를 통한 위협적인 메이트, **26 Qd5**는 **26...Re1+** 때문에, **26 Qa6** 또는 **Qb5**는 **26...Re2** 때문에 회피할 수 없었을 것이다. 레티는 유일한 구원을 발견한다.

26 Rd4 Re5

26...Re5는 **26...Re4 27 Qd5!** 또는 **26...Re2 27 Rf4**보다 낫다.

27 Qa6 hxg3 28 hxg3 Rh5 29 Rh4

이제 모든 것이 다시 맞아떨어지는 듯하다.

29...Rxh4 30 gxh4 Qg4+ 31 Kf1 Qh3+

흑은 확실히 b파일 폰 때문에 룩을 가져올 시간이 없다.

32 Kg1 Qg4+ 33 Kf1 Qh3+ 34 Kg1 Qg4+ 35 Kf1 ½-½

15. 타르타코베르-예이츠
킹스 갬빗 수락 *King's Gambit Accepted*

1 e4 e5 2 f4 exf4 3 Be2 Nc6

3...Nc6는 백이 단번에 우세한 게임을 얻게끔 하는 아무 목적이 없는 수다. 흑으로선 3...f5, 3...d5, 또는 3...Ne7이 실질적으로 훨씬 더 적합하다.

4 d4 d5 5 exd5 Qxd5 6 Nf3 Bg4

d파일 폰에 대한 무해한 공격인 6...Bg4는 간단한 전개 수들로 회피 가능했지만, 흑은 처음부터 잘못된 길에 들어선 상태이기도 하다.

7 Nc3 Bb4

7...Bb4는 단지 백 포지션이 개선되는 비숍 교환을 이끄는 수다. 앞선 수와 더욱 조화를 이루는 7...Qh5 8 Bxf4 0-0-0의 더 활기찬 연속수였더라면 흑은 혼돈 속에서 이득을 볼 수 있었다.

8 0-0 Bxc3 9 bxc3 Nge7

흑은 f파일 폰을 더 이상 방어할 수 없다(9...g5면 10 Nxg5, 또는 9...Qd6면 10 Ne5).

10 Bxf4 Qe4

흑이 올바른 플레이를 통해 나중에 c파일에 압력을 가할 수 있다는 점에서, c파일 폰의 희생은 확실히 위험하지만 가능성을 아예 없애는 일은 아니다. 이 대담한 수는 아마도 흑이 두 개의 대립하는 비숍들과 오픈 파일로 인해 백의 조련하는 연속수(Qd7 또는 0-0-0과 같은)가 자신을 지속적으로 불리하게 만들리라는 점을 깨달았다고 설명할 수 있다.

11 Bxc7 0-0

11...Nd5면 12 Bd3 Qe3+ 13 Kh1 Nxc3 14 Qe1 Qxe1 15 Raxe1+ Be6(15...Kd7 16 Ne5+) 16 Ne5.

12 Qd2 Nd5 13 Bg3 Qe3+

물론 13...Nxc3는 14 Bd3 때문에 안 된다. 흑의 가장 좋은 기회는 퀸 교환에 있다.

14 Qxe3 Nxe3 15 Rfc1 Rfe8

그러나 여기서 흑이 슬프게도 긴장을 풀었다. e파일에 룩의 미래는 없었고, c파일을 바로 점령해야 하는 게 꽤나 분명했다. 15...Rac8(15...Nd5는 16 Be1으로 인해 안 됨) 16 Bd3 Bxf3 17 gxf3 Na5 18 Rab1 b6 19 Rb5 Rfd8 이후면 백은 여전히 자신의 물질적 우위를 확보하고 유지하는 데 어려움을 겪었을 것이다. 그런데 텍스트 무브로 인해 명확한 템포가 그에게 제시되었다.

16 Bd3 Nd5

흑 입장에서는 백에게 어려운 엔딩이지만 확실한 승리를 거의 강제하게 만드는 이 나이트 기동보다는 16...Rac8가 여전히 더 유망할 것이다.

17 c4 Bxf3 18 gxf3 Nc3 19 d5 Nd4 20 Kg2

20 Kf2가 아닌 이유는 결과적으로 퀸스 비숍이 f2 또는 e1으로 후퇴할 가능성을 준비하고 싶었기 때문이다.

20...Nde2 21 Re1 Nxg3 22 Rxe8+ Rxe8 23 hxg3

이제 타르타코베르 박사의 꽤나 체계적인 승리로 이끄는 교훈적인 엔딩이 시작된다.

23...Na4

24 a4 위협을 받으니 흑 나이트가 필연적으로 가야 했던 수다.

24 Kf2 g6

이제는 백이 폰을 밝은 칸에 놓으면 그의 승리 콤비네이션이 가능해지기에 **24...h6**가 선호되었어야 했음이 분명해졌다. 그러나 그 순간에는 쉽게 예측할 수 없었다.

25 Rb1 b6 26 Rb4

이 수를 통해 백은 이어지는 수와 관련하여 b6에서의 추가적인 약점을 강요한다.

26...Nc5 27 a4

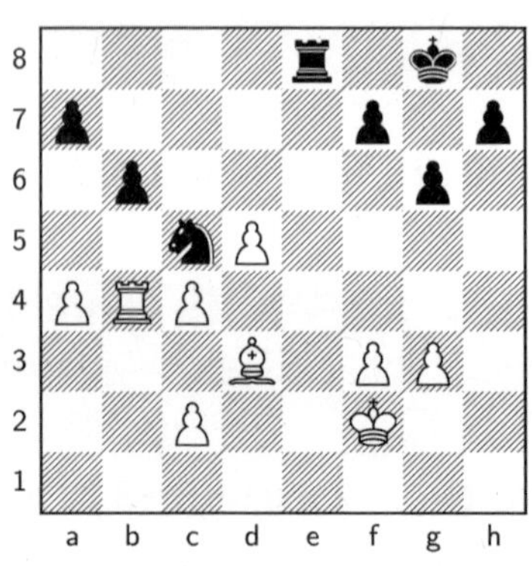

27...Kf8

흥미로운 순간이다. 흑으로선 **27...Nb7**이면 **28 a5**를 막을 수 없는데, 그러면 **28 a5 Nxa5 29 c5 bxc5 30 Rb5 c4 31 Be2**로 이어져 나이트를 잃는다!

28 a5 Rb8 29 Ke3 Ke7 30 Kd4 Kd6 31 Rb1 Rb7 32 axb6 axb6

32...Rxb6는 백이 **33 Ra1**, 다음 **Ra5**로 쉽게 이길 수 있어서 둘 수 없다.

33 Ra1 Re7 34 g4

백은 이제부터 흑의 킹사이드 약점을 고정시키기 시작한다. 우선 **35 g5**를 두겠다고 위협했다.

34...f6 35 Rb1 Rb7 36 f4 Rb8 37 g5 f5

37...fxg5 38 fxg5 이후라면 백은 f파일로 침투했을 것이다. 이제 모든 게 막혀 보이며 처음에는 백이 이 전체적인 기동으로 무엇을 얻었는지 분명치 않다. 따라서 더 놀라운 것은 이후의 승리 과정이다.

38 Rh1 Rb7

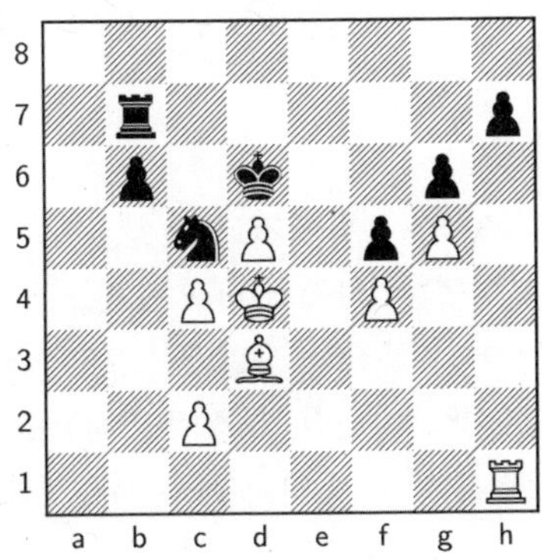

38...Rb7은 39 Rh6에 39...Rf7으로 맞서기 위해서다.

39 Bxf5

이 구상의 아름다움은 중심 변형에 있지 않으며 흑이 백의 희생을 논파하는 것처럼 보이지만 백의 다음 수에 의해서만 실질적인 요점이 명확해지는 실제 응수로서의 상황에 있다.

39...Rf7

만약 **39...gxf5**면 **40 Rh6+ Kc7 41 Rxh7+ Kc8 42 g6**로 백의 승리.

40 Rb1 Kc7

40...Na4면 백의 가장 간단한 승리 방법은 **41 Bd3 Rxf4+ 42 Ke3**에 이어 **Rb4**를 두는 것이다.

41 d6+

이 모든 것이 강제다. **41...Kxd6**면 **42 Rxb6+ Kc7 43 Rf6**, 그리고 **41...Kc6**면 **42 Be4+** .

41...Kd8 42 Bh3 Rxf4+ 43 Kd5 Nd7 44 Ra1 Kc8 45 Ra7 1−0

4라운드

　이번 라운드는 백 측이 두 번 이기고 한 번 지고 두 번 비겼다는 점에서 3라운드의 반복이었다. 라스커 박사는 야노프스키에게 킹사이드 약화를 유도한 뒤 이어진 복잡한 상황에서 밀리게끔 만든 매우 교훈적인 시실리안 디펜스를 얻어냈다. 라스커 박사는 교환에서 이겼지만, 놀랍게도 약간의 실수로 인해 승리가 매우 불투명해졌다. 야노프스키는 이 절호의 기회를 살리지 못했고, 이후 라스커 박사는 승리를 거두는 데 거의 어려움을 겪지 않았다.

　알예힌의 프렌치 디펜스를 상대로 백을 쥔 카파블랑카는 초반부터 유리한 고지를 점했고, 확실한 폰을 획득하는 것으로 정점을 찍었다. 알예힌은 이에 굴하지 않고 반격에 나섰으며 간신히 게임을 구했다.

　보골류보프-레티의 대국은 또 다른 프렌치 디펜스로, 보골류보프의 단순해 보이는 스타일을 잘 보여 주는 경기였다. 스무 번째 수에서 그는 대립되는 색상의 칸을 차지하는 비숍들과 함께 신중하게 엔딩으로 진입했다! 하지만 몇 수 후, 레티는 자신이 어떤 수를 두든 더 이상 버틸 수 없음을 깨달았다.

　타르타코베르 박사-마로치는 불규칙한 수를 두었고, 경기는 내내 다소 불안정했다. 오프닝이나 미들게임 모두 너무 관리되지 않았다. 엔딩(충돌하지 않는 비숍)은 매우 흥미로웠지만 이것도 역시 엉망이긴 했다.

　예이츠-에드워드 라스커는 상당히 복잡한 루이 로페즈를 두었다. 전자의 비논리적인 중앙 폰의 전진은 자신의 포지션을 심각하게 손상시켰고 그 후 그는 게임을 온전하게 유지하기 위해 매우 정밀하게 둬야 했다. 라스커는 엔딩에서 허약해졌고 예이츠는 자신의 단점을 간과하지 않음으로써 완승을 거뒀다.

4라운드를 마친 후에도 타르타코베르 박사가 여전히 앞서고 있었지만, 2½-1½의 라스커 박사가 더 나은 백분율을 가졌다. 백이 약간 앞서서 합계는 10½-9½였다.

4라운드를 마친 후에도 타르타코베르 박사가 여전히 앞서고 있었지만, 2½-1½의 라스커 박사가 더 나은 백분율을 가졌다. 백이 약간 앞서서 합계는 10½-9½였다.

16. 야노프스키-라스커 박사
시실리안 디펜스 *Sicilian Defense*

1 e4 c5 2 Nf3 Nc6

2...e6보다 2...Nc6가 더 낫다고 판단한 이유는 3...Nf6(4 e5 Ng4 5 d4 cxd4 6 Bf4 Qc7)를 통해 백의 c파일 폰을 차단(Nc3)할 수 있기 때문이다.

3 d4 cxd4 4 Nxd4 Nf6 5 Nc3 d6 6 Be2 e6

6...e6는 흑에게 결코 불리하지 않은 ...g6에 이어 ...Bg7으로 이어지는 일반적인 전개 방식으로부터의 흥미로운 탈선이다. 이에 따라 흑은 상대와 d5 칸을 다투게 되고 열린 c파일에서의 행동을 간접적으로 강화하기 위해 자신의 d파일 폰(분명 백은 잘 공격할 수 없는)을 약화시킨다.

7 0-0 Be7 8 Be3 0-0 9 Qd2 a6 10 Rad1

백은 상대가 방해 없이 전개 계획을 완성할 수 있도록 허용하며, 거의 눈에 띄지 않게 불리한 포지션에 놓인다. 예를 들어 10...Qc7 이후에는 11 Na4! 다음에 Nxc6와 Nb6 또는 c4를 두거나 10...d5 11 exd5 Nxd5 12 Nxd5 Qxd5 13 c4로 이어가기 위해서는 10 f3가 선호되었을 것이고, 이 경우 백의 뛰어난 전개 덕분에 퀸사이드에서의 폰 우세는 으레 그렇듯 그저 공허한 개념이 될 수가 없었다.

10...Qc7 11 Nb3 b5

11...b5는 12...b4를 위협하는 수다.

12 f3 Rd8 13 Qe1

모든 백 기물들은 사실상 효율적이지 않으며 이동성에 방해가 된다. 백이 텍스트 무브로 시작한 b6 칸에 대한 시위는 물론 완벽하게 무해하다.

13...Ne5 14 Qf2 Rb8 15 Bd3 Nc4 16 Bc1 Bb7 17 Qg3 Rbc8 18 Rfe1

백의 이 모든 것이 결국 잠재적 위협이 될 **f4**를 둘 수 있도록 하기 위해서다. 반면에 흑 기물의 앙상블은 얼마나 조화롭게 전개되고 있는가!

18...Nd7 19 f4 Bf6

19...Bf6는 **20...Nxb2(21 e5 dxe5 22 Bxb2 exf4 23 Qh3 Bxc3 24 Qxh7+ Kf8)**를 위협하는 수다. 따라서 백은 아무 보상 없이 상대에게 쌍비숍의 이점을 양보해야 한다.

20 Bxc4 bxc4 21 Nd2 Qa5 22 Ndb1

이 백 나이트의 기동은 무엇보다도 **...g6** 유도를 통한 흑 킹사이드 약화를 목표로 한다. 백이 대가로 얻을 것은 b6 칸의 장악뿐인데, 마지막 투쟁은 그 반대편에서 이루어지기 때문에 중요하지 않다.

22...Nf8 23 Be3

이제 흑 퀸도 뒤로 물러나게 되기에 백으로선 분명 템포 상실이 아니지만, **23 a3 Ng6 24 Kf2**에 이어 **Be3**를 사용하면 백은 실제 게임보다 2수 빨리 원하는 포지션에 도달할 수 있었다.

23...Qb4 24 Bc1 Ng6 25 Qf2 Bh4 25 g3 Bf6 27 a3 Qa5 28 Be3

백은 **29 e5 dxe5 30 Bb6**를 통한 교환에서의 승리뿐만 아니라 퀸의 포획도 위협한다.

28...Qh5 29 Bb6 Rd7 30 Rd2

30 Rd2는 31 e5 Be7 32 Ne4를 위협하는 수이며, 이 시점에는 d1의 보호되지 않은 룩 때문에 e5를 바로 둘 수 없었다. 흑은 모든 전술적 위협을 방어하는 데 필요한 시간을 정확히 가지고 있다.

30...Bc6 31 Red1 Be7

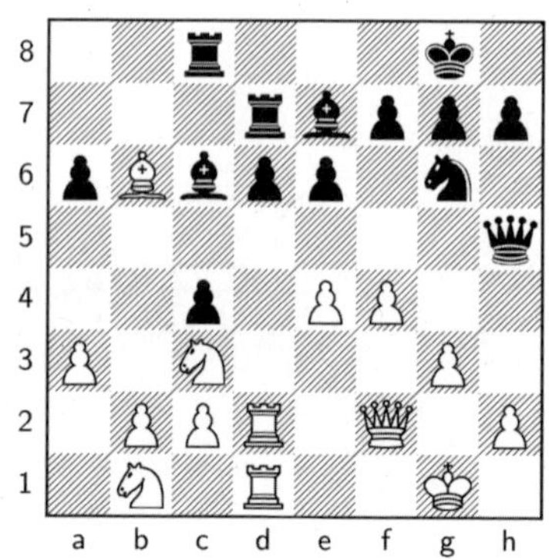

32 a4

야노프스키는 열등한 포지션에서 자신의 모든 것을 추출하여 당분간 흑 기물을 억제시킨다. 그러나 그의 유기적 열등성, 즉 킹스 비숍의 실종으로 인한 밝은 칸에서의 약점은 해소할 수 없으며 그로 인해 게임은 결국 산산조각 난다. 예를 들어 ...d5를 강요하려는(따라서 비숍을 압박하기 위한) 32 e5라는 과감한 움직임은 절망적인 파국으로 이어질 수 있다. 그러면 32...Nh4 33 gxh4 Bxh4 34 Qe3(34 Qe2 Bf3, 또는 34 Qf1 dxe5) 34...Qg4+ 35 Kf1 Bf3로 흑이 승리하기 때문이다. 이보다는 좀 더 소극적인 수를 선택한 흑은 중앙의 폰 전진을 통해 결정적인 우위를 점한다.

32...Rb7 33 a5 f5 34 Qe3 e5

흑은 분명 d5 칸을 양보했지만, 그 대가로 백 킹은 퀸사이드에서 교전 중인 기물들로 인해 더 이상 제때 보호받을 수 없는 상황에 노출되었다. 라스커 박사의 승리 전략은 매우 인상적이며, 특히 상대의 유능한 수비를 고려하면 더욱 그렇다.

35 Rf1 exf4 36 gxf4 Bf8

이로써 흑은 결정적인 전환점에서 두 룩의 협력이 한 번의 타격으로 가능해진다.

37 Nd5 Rf7 38 Nbc3 Re8 39 Qd4

백에게 지금 중요하지 않은 흑 c파일 폰을 잡는 것은 e파일 폰에 대한 작은 보상이다. 하지만 겉보기에 유망해 보이는 **39 Nc7**이면, 흑은 **39...Rxe4 40 Nxe4 fxe4**로 희생 교환을 하여 승리에 맞먹는 공격을 얻었을 것이다. 그러면 예를 들어 **41 Rg2**(**...Nxf4** 위협을 받았기 때문) **41...Be7!**, 그리고 백은 **...Bb5**로 이어지는 **42...c3**가 되는 **42 Nxa6**, **42...Bb5** 또는 **42...Qxe2**에 **43 Rxe2 Nxf4 44 Re3 Bh7**이 되는 **42 Qe2**를 둘 순 없다. 반면 흑은 **42...Nh4**를 두겠다고 위협함으로써 통제적 포지션으로 교환에서 이긴다. 그러나 텍스트 무브는 짧은 시간 동안만 도움이 된다.

39...fxe4 40 Qxc4 Bd7 41 Be3 Nh4 42 Rdf2 Bh3 43 Nxe4

교환의 손실은 분명 피할 수 없다. 흑은 그것을 이용하기 전에 유리한 단순화를 강요한다.

43...Qg4+ 44 Ng3 Nf5 45 Rf3 Bxf1 46 Qxf1 Nxe3 47 Nxe3 Qc8

물질적 우위가 확립된 후의 승리의 문제는 단순한 기술의 문제가 되기 마련이다.

48 Qd3 Qc5

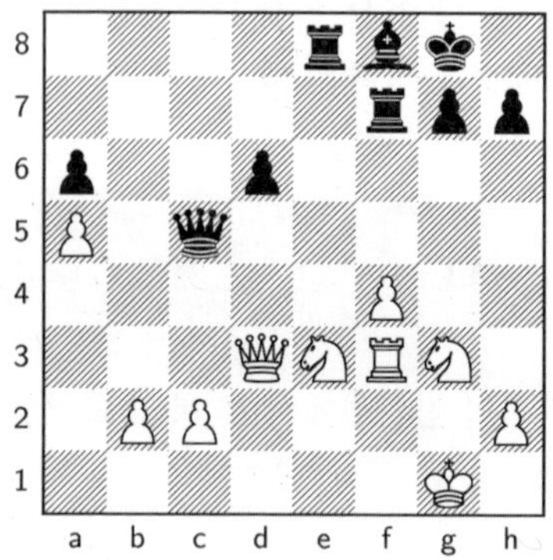

흑은 이 수로 인해 자신의 깊이 있는 전략의 결실을 거의 박탈당할 뻔했다. 답은 **48...d5 49 Nxd5 Qc5+**에 이어 **...Qxa5**, 또는 **49 Qxd5 Rxe3 50 Rxe3 Bc5 51 Nf1 Qg4+**에 이어 **...Bxe3**와 **...Qxf4**였다.

49 Qd2

백 또한 방어 가능한 포지션을 얻었을 **49 Ne4**를 간과한다. Ng5의 위협을 고려할 때, 흑은 교환을 포기하는 것(**49...Rxe4 50 Qxe4**)과 두 룩(**49...Qxa5 50 Ng5 Qxg5+ 51 fxg5 Rxf3 52 Qd5+ Rf7**) 중 하나만 선택할 수 있었다. 두 경우 모두 백 킹의 불안정한 포지션 때문에 흑이 여전히 유리하지만, 어떤 경우에도 승리는 쉽지 않았을 것이다.

49...d5

반대로 지금은 이 전진 압박 폰의 흑이 강력한 공격 무기를 가지고 있는 만큼 아주 간단하다. 백 포지션은 몇 수 만에 희망이 완전히 사라진다.

50 Kg2 d4 51 Ng4 Bd6 52 Nf2 Qd5 53 c4

절망!

53...Qxc4 54 Nge4 Qd5 55 Nxd6 Qxd6 56 Nd3 Qd5 57 Kg3 Rf6 58 Kf2 Rh6 59 h3 Rf6 60 Kg3 Rg6+ 61 Kf2 Re3 62 Ne5 Qe4 63 b4 h5 64 Qd1 Rf6 65 Nd3 g5 66 Nc5 Qd5 67 Nd3 gxf4 68 Nxf4 Qe4 0-1

17. 카파블랑카-알예힌
프렌치 디펜스 *French Defense*

1 d4 e6 2 e4 d5 3 Nc3 Nf6 4 Bg5 Bb4 5 exd5 Qxd5 6 Bxf6 Bxc3+

6...Bxc3+는 알예힌이 타라시 박사와의 게임 경험(1914년 상트페테르부르크)의 결과로 추가적인 연구 없이 자신을 갖다 바친 의심스러운 수이자 나중에 그 도시의 체스 애호가들이 발견한 다소 강력한 하위 변형이다. 단순한 **6...gxf6**(7 Qd2 Qa5 등등, 카파블랑카-보골류보프의 107국 참조)면 백이 분투를 강요받는다는 점에서, 이 매우 시의적절하지 않은 교환을 확신하기 위해 포지션을 특별히 깊이 조사할 필요는 없다. 카파블랑카의 다음 수를 통해 이 대국은 이론적으로 중요한 의미를 갖게 된다.

7 bxc3 gxf6 8 Qd2

지금까지는 **8 Nf3**가 거의 불변적으로 두어졌고 **8...b6 9 g3 Bb7**(아직 더 강력한 것은 다음 상트페테르부르크에서의 혁신으로 **9...Nd7 10 Bg2 Ba6!**, 그리고 **11 Nh4**면 **11...Qa5**) **10 Bg2 Qe4+**면 백은 **11 Qe2**로 동등화를 위해 플레이하는 것보다 더 좋은 방법은 없다. **11 Kd2**(1914년 상트페테르부르크의 타라시 박사-알예힌)와 흑에게 유리한 **11 Kf1**(1919년 베를린의 레티-보골류보프)처럼. 여기서 퀸 이동의 유혹은 주로 **9 Be2**(Bf3를 두겠다고 위협하는) 때문에 흑이 이제 **8...b6**를 잘 둘 수 없다는 현실에 의거한다.

8...Nd7

대안인 8...c5로는 9 Qe3! Nd7(또는 9...cxd4 10 cxd4 Nc6 11 c3)
10 Ne2에 이어서 퀸이 중앙을 지배하는 포지션에서 쫓겨나는 Nf4가
나올 수 있었다. 텍스트 무브를 통해 흑은 비숍의 측면 전개를 완성하
려 했지만, 나중에 취소하여 자신의 의도가 빗나가는 일을 허용했다.

9 c4

이것은 결국 흑의 c4 점령(...Nb6를 통해 ...Bd7, ...a6, ...Bb5로 이
어짐)을 제때에 방지한다. 이어지는 체크는 백에게 아무 의미가 없다.
왜냐하면 퀸은 시간 손실과 함께 즉시 강제로 쫓겨나기 때문이다.

9...Qe4+ 10 Ne2 Nb6

10 Nb6는 불행하게도 흑이 곧 곤경에 빠지게 되는 착각이다. 적절
한 것은 10...b6 11 f3 Qg6 12 Ng3(12 Nf4면 12...Qh6) 12...Bb7
13 Bd3 Qg5의 철저히 건전한 게임이었지만, 이 경우에도 백은 14 f4
(14 Qxg5는 14...fxg5 15 h4 g4 등으로 불가) 14...Qh6 15 a4! 후에
흑보다 더 나은 기회를 가졌을 것이다.

11 f3 Qc6

흑에게 이와 맞먹게 불만족스러운 수는 11...Qh4+로, 12 g3 Qh5
13 Nc3!(13 Nf4 Qxf3 14 Bg2 Qa3보다 나음) 13...Qxf3 14 Bg2
Qh5 15 c5 Nd7 16 Nb5 0-0 17 Nxc7 Rb8 18 0-0 a6 19 Rab1으
로 백이 더 나은 게임이 되기 때문이다.

12 c5 Nd5

12...Nc4는 13 Qc3 b5 14 a4 때문에 안 된다.

13 c4 Ne7 14 Nc3

백은 **15 Be4** 등등을 두겠다고 매우 강하게 위협한다. 결과적으로 흑은 자신의 중앙을 더 약화시켜야만 하고, 그 이후에는 결국 **d5**의 위협이 더욱 불편해진다.

14...f5 15 Be2 Rg8

15...Bd7 16 0-0이면 흑은 **16...b6**가 **17 f4** 때문에 여전히 불가능하기 때문에 **16...Rg8**를 둘 수밖에 없다.

16 0-0 Bd7

그리고 지금 흑은 **17 Bd1!** 때문에 **16...b6**를 둘 수 없다. 10수에서 실수를 한 흑의 상황은 더 이상 버틸 수 없게 된다.

17 Qe3

18 d5를 두겠다는 위협이다.

17...b6 18 Rfd1 bxc5

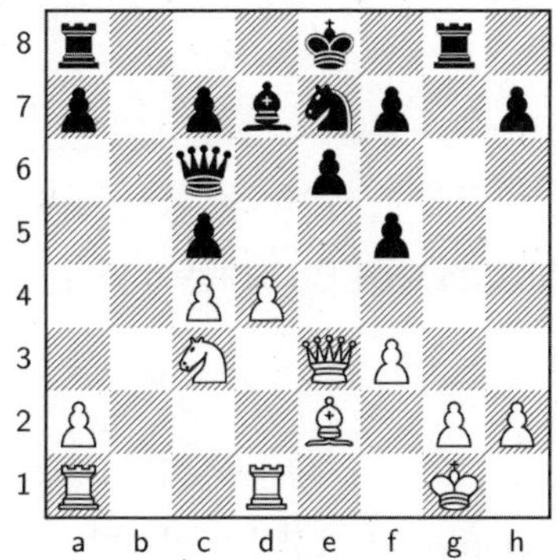

흑은 포지션을 개선할 다른 수가 없고, 백은 또 다른 자유로운 템포 (예를 들어 **...Kf8**)가 주어지면 미들게임을 자신에게 유리한 방향으로

교전을 결정할 수 있기 때문에 흑으로선 삼진 아웃과 서글픈 엔딩에 대비해야 한다.

19 d5

흑이 제시간에 룩들을 재회시키는 게 불가능하기에 백에게 가능성이 가득한 승리 포지션을 제안하게끔 열리는 파일이다.

19...Qd6

19...exd5 20 Nxd5 Qd6 21 Rab1이 문제를 빠르게 끝낼 유일한 수다.

20 dxe6 Qxe6 21 Qxc5 Qb6 22 Qf2 f4

22...f4는 희생이다. 폰이 이 칸에서 오래 살아남을 수 없음이 분명하기 때문이다. 흑은 **22...Qxf2+ 23 Kxf2 Bc6** 이후, 백이 **24 Bb5 Bxb5 25 cxb5 Rg6**(또는 25...**Rd8 26 Rxd8+ Kxd8 27 Bc4** 등) **26 Rac1 Rc8 27 Rc5**, 그리고 취약한 말의 즉각적인 항복으로 상대의 주의를 분산시킬 수 있으리라 기대하는 것과 같은 아주 간단한 수를 통해 자신의 이점을 크게 높일 수 있음을 충분히 이해하면서 이 절박한 연속수를 선택했다.

23 Rab1

23 Rd4는 23...**Qb2 24 Qe1 Bh3** 때문에 안 된다.

23...Qxf2+

23...**Qe6** 또는 ...**Qg6**면 **24 Rb7**이 이어진다.

24 Kxf2 Bc6 25 Rd4

지금이라도 **25 Nb5**는 매우 강했을 것이다. 백이 폰의 획득에 주목하게 되면서 적어도 흑은 마침내 자신의 룩들을 연결할 수 있다.

25...Ng6 26 Bd3 Nh4 27 Bf1 Ng6 28 Ne2 Ke7 29 Re1 Rgb8

이 오픈 파일 덕분에 흑은 반격의 기회를 얻는다. 확실히, 폰의 손실은 보상받을 수 없다.

30 Nxf4+ Kf8 31 Nxg6+

31 Nxg6+는 아마도 가장 간단한 수인데, 먼 킹사이드에 통과한 폰을 만드는 게 가능하기 때문이다. 그럴듯한 **31 Nd3**는 **31...Rd8 32 Rxd8+** 등등에 이어 더 큰 기술적 어려움을 불러왔을 것이다.

31...hxg6

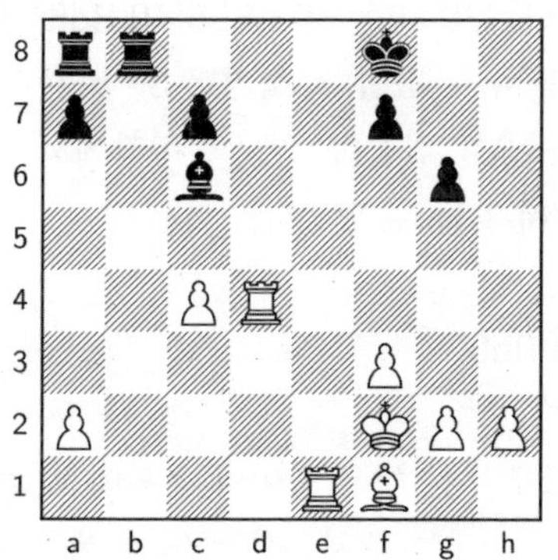

32 Bd3

백은 이어지는 룩 플레이에서 자신의 가능성을 과대평가했다. 그는 비숍 교환이 아닌 룩 교환을 하려고 노력했어야 했다. 그것은 상대방의 a파일 폰의 전진으로 이루어지는 유일한 반격을 수포로 돌리는 것과 마찬가지였기 때문이다. 예를 들어 **32 Rd2 a5 33 Bd3 a4 34 Rb1 Rxb1 35 Bxb1 Rb8 36 Bd3 a3 37 Be2!**로 흑 룩을 폰 방어로 제한시키는 **38 Rd3**를 두겠다고 위협하면 백이 킹사이드를 우세로 전환시키는 일은 더 이상 어렵지 않을 것이다. 반면 선택된 연속수에는 충분히 포인트가 있지만 폰 '배치'의 변화로 인해 충분히 강력해 보이지는 않는다. 사실, 흑은 신중하게 방어하면 무승부로 탈출할 수 있다.

32...Rb2+ 33 Re2 Rab8 34 Be4

34 Be4가 아니면 백은 a파일 폰을 더 이상 보호할 수 없다.

34...Rxe2+ 35 Kxe2 Bxe4 36 fxe4 Ke7 37 Rd2 Ke6 38 Ke3 c6

38...c6는 룩을 5랭크에 올리기 위해 필요한 준비다.

39 h4

이 엔드게임에서 카파블랑카의 유명한 철두철미함이 실패한다(그의 56수와 비교해 보라). **39 c5**는 **39...Rb5 40 Rd6+ Ke5 41 Rxc6 Ra5** 때문에 성급한 것일 수도 있었다. 하지만 **39 h3!**는 **39...Rh8**에 **40 c5**로 대응하고 **Qd4-c3**를 위협하기에 흑 입장에서는 텍스트의 수보다 훨씬 더 어려운 문제가 될 수 있었다.

39...Rh8 40 g3 Rh5

흑이 룩을 5랭크에 두는 것은 방어와 공격에 똑같이 효과적이며, 통과한 폰을 h파일에 강제로 배치하려는 백의 계획은 이제 불가능으로 드러났다.

41 Rh2 Ra5

41...Ra5는 **42...Ke5**를 두겠다는 위험한 위협이 동반된 수다.

42 Kf4 f6

다시 **43 g4**를 막는 수다. 그러면 **43...g5+**가 h파일 폰을 멈추게 하기 때문이다.

43 Rc2 Re5

43...Re5는 **44 c5**에 이어 **g4**를 두겠다는 위협을 받았기 때문에 필요했다.

44 c5

흑 룩의 자유로운 동선을 다소 제한하는 이 수를 통해 흑 룩은 c파일 폰의 방어에 전념하게 되고, 이제부터 흑은 **Kg4-h3**에 이은 **g4**의 위협을 주시할 필요가 있다.

44...Rh5 45 Rc3

46 Ra3를 두겠다는 위협이다.

45...a5 46 Rc2 Re5 47 Rc3 Rh5 48 Kf3 Ke7 49 Kg4 Kf7

흑은 항상 **...g5**에 백이 **Kh3**로 응수할 수 있는 포지션에 대해, 그리고 백이 **Kg4**로 룩을 공격할 경우 **...Kg6**로 방어할 준비가 되어 있어야 하기에 **49...Kf7**은 필요한 수다. 그 다음 그는 h4에서 교환하고 자신의 룩을 e5에서 h5로 둬서 백이 더 이상 전진할 수 없도록 플레이할 것이다. 카파블랑카는 흑 킹이 감히 g6를 포기할 수 없는 상황을 최후의 수단으로 활용하려고 노력한다.

50 Rc4 Kg7

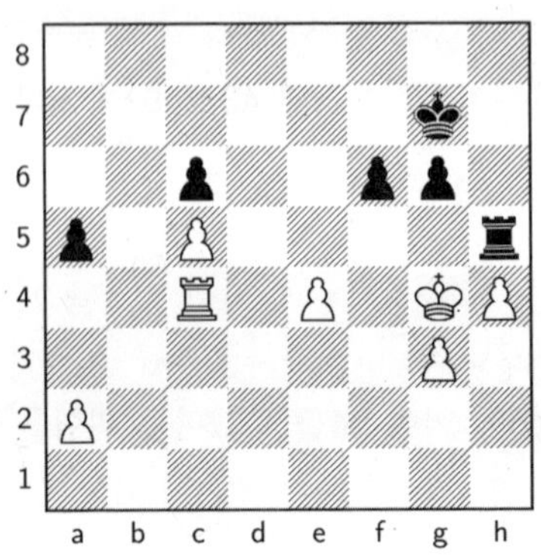

51 Rd4

흑의 남겨진 폰의 회수를 통해 백 룩은 7랭크로 나아가고 흑 킹은 당연히 강제로 물러난다. 이보다 더 많은 것을 39수 이후의 포지션에서 기대할 수는 없었지만, 이대로라면 흑에게 실질적인 위험은 없어 보인다.

51...Rxc5 52 Rd7+ Kf8

52...Kh6는 **53 Rf7** 등등 때문에 안 된다.

53 Kf4 Kg8 54 Ra7 Kf8 55 a4 Kg8 56 g4

56 Ke3 후에는 **56...Rc3+ 57 Kd4 Rxg3 58 Rxa5 Kf7 59 Ra8.**

56...g5+ 57 hxg5 Rxg5 58 Ra6 Rc5 59 Ke3 Kf7 60 Kd4 Rg5 61 Rxc6 Rxg4 62 Rc5 Rg5 ½-½

만약 **63 Rxg5**면 **63...fxg5 64 Ke5 Kg6 65 Kd6 Kf7** 등등.

18. 보골류보프－레티
프렌치 디펜스 *French Defense*

1 e4 e6 2 d4 d5 3 Nc3 Nf6 4 Bg5 Bb4 5 Nge2

H. 볼프가 도입하고 보골류보프가 정교하게 전개시킨 **5 Nge2**는 지금보다 더 많은 관심을 받을 가치가 있다. 그 주요 아이디어는 부분적으로는 강요된 **...dxe4** 이후 e4에 나이트들 중 하나를 배치하여 중앙 지휘소를 차지한다는 것이며 이는 상대가 상당한 노력이나 포지션 약화 없이는 제거할 수 없다. 흑이 이 수법에 맞서 성공적으로 싸울 수 있을지 여부는 미래가 결정해야 할 문제다. 지금까지는 설득력 있는 제대로 된 반격법이 발견되지 않았다.

5...dxe4

가장 자연스러워 보이는 이 응수를 제외하면 고전적인 카운터인 **5...c5**가 다른 모든 것보다 먼저 고려된다. 그런데 그러면 백이 간단히 **6 a3 Bxc3+ 7 Nxc3 cxd4 8 Qxd4 Nc6 9 Bb5**를 통해 전개에서 확실한 우위를 점한다. **5...h6 6 Bxf6 Qxf6 7 exd5 0-0**으로 폰 희생을 철저하게 시험하는 일도 흥미로울 것이다. 어쨌든 텍스트의 수로 백은 전개에서 매우 뒤처진다.

6 a3 Be7

흑의 **6...Ba5 7 b4 Bb6 8 Nxe4**는 자신의 비숍을 제외시키는 결과만 낳는다.

7 Bxf6 Bxf6

같은 오프닝을 사용한 이 토너먼트의 다른 두 대국에서 흑은 **7...gxf6**를 썼는데, 그러면 **...f5**로 e4의 백 나이트를 몰아낸다는 위협으로 그 배치 상태에 도전하게 되는 장점이 있다(그리고 몰아내는 행위 자체 외에도 초반에 흑의 중앙을 상당히 약화시킴). 반면 여기서의 비숍을 이용한 탈환은 **...e5**나 **...c5**로 가능한 한 빨리 계속하겠다는 목적만 가진다. 그러나 그러한 수들은 완전한 동등화를 이끌어 내지 못하는 듯하므로 **7...gxf6**가 그보다는 더 유망한 것으로 간주되어야 한다.

8 Nxe4 Bd7

이제부터 게임은 모든 이론적 관심을 잃는다. 왜냐하면 이제 세 번의 수로 수행되는 흑 비숍 기동이 적대적 전개로 스트레스를 받는 상대 나이트와의 교환으로 진지하게 고려되어서는 안 되기 때문이다. 그럼에도 불구하고 흑의 바람직한 전개 방식을 결코 쉽게 찾을 수 없음도 인정해야 한다. 백으로선 그럴듯한 **8...e5**에 **9 d5**로 스스로 폰 포지션을 깨는 일을 조심해야 마땅할 것이다. 이 경우 흑은 **9...Be7**에 이어 **...0-0, ...f5**를 통해 우위를 확보할 수 있기 때문이다. 백은 차라리 **9 Qd3!**를 시도하는 것이 나은데(결국 **0-0-0**으로 이어짐) 그러면 **9...exd4 10 Nxf6+ Qxf6 11 Qxd4 Qxd4 12 Nxd4**에 이어 **0-0-0**으로 중앙의 균형을 유지하면 어쨌든 전개에서 작은 우위를 유지 가능함을 알기 때문이다. 흑이 포지션에서 고통 없이 d파일 폰을 제거하는 게 불가능하다는 바로 이 강력한 불가능성이야말로 우리가 판단하기에 보골류보프가 입양한 **5 Nge2**의 생명력을 지지하는 훌륭한 논거가 된다.

9 Qd3 Bc6 10 0-0-0 Bxe4 11 Qxe4 Qd5 12 Qe3

당연히 백은 상대에게 퀸 교환을 강요하지 않는데, **12...Qa2**로 자신의 퀸을 잃을 수 있기 때문이다. 그러면 **13 Nc3 Qa1+ 14 Kd2 Qxb2 15 Bb5+**에 **16 Ra1**과 **17 Rhb1** 등이 이어진다.

12...0-0 13 Nc3 Qa5 14 Ne4 Nd7 15 h4

백은 위협을 받지 않는 만큼 약화되지 않는 폰 이동을 통해 킹의 공격을 준비한다.

15...Be7 16 g4 b5

흑은 적의 진격에 불안해 하며 퀸사이드에서의 자신의 포지션을 완전히 위태롭게 만드는 이 반격을 결정한다. **16...Rad8**에 이어 결국 **...c5**를 두면, 흑은 여전히 게임을 유지할 기회를 가질 수 있다. 이어진 보골류보프의 승리의 연속수는 단순미의 측면에서 매우 교훈적이며 토너먼트 최고의 경기들 중 하나로 각인되었다.

17 b4

백은 적의 눈속임 공격을 멈추는 동시에 중요한 c5 칸의 통제권을 확보했다.

17...Qb6 18 Nc5 Nxc5

18...Nf6를 두었다면 백에게 유리한 **19 Bg2!**에 이어 **g5**가 연결됐을 것이다.

19 dxc5 Qb7 20 Bd3 a5

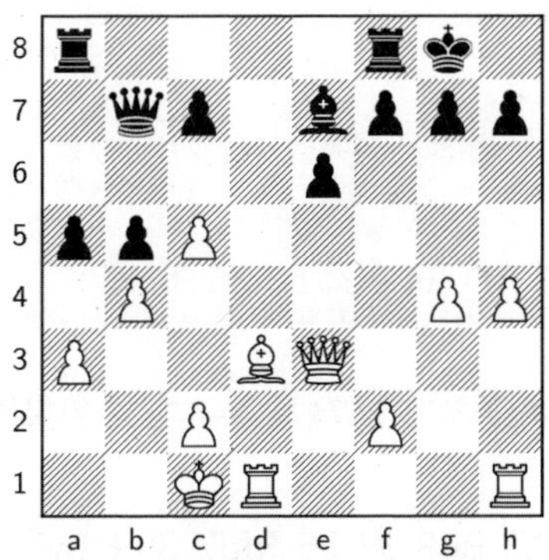

20...a5의 결과, 백은 승리 엔딩을 강요한다. 그러나 **20...Qa6 21 Kb2**(가장 간단한) 이후 **c3**, **g5**, **Qe4**가 이어진다면 백은 마침내 킹에게 직접 공격을 퍼부었을 것이다.

21 Qe4

콜럼버스의 달걀. 퀸 교환 후, 흑은 오픈 d파일의 방어에 갇혀서 b 파일 폰을 구할 수 있는 포지션이 불가능해질 것이다. 그 상실 이후에는 백의 퀸사이드 폰 우세가 확정적이며, 흑은 자신과 반대 색상의 칸들을 통제하는 백 비숍을 견뎌내지 못한다. 어떤 대가를 치르더라도 카운터플레이를 얻으려는 흑의 필사적인 몸부림은 패배를 가속화할 뿐이다.

21...Qxe4 22 Bxe4 Rad8 23 c3 axb4 24 axb4 f5

흑은 **25 Bc6**를 상대로는 아무것도 할 수 없다 .

25 gxf5 e5 26 h5

백은 먹잇감(b파일 폰)이 자신을 피할 수 없음을 알고 효율적으로 플레이하며 다음 수에서 상대에게 약간의 기회도 허용하지 않는다.

26...Bg5+ 27 Kc2 Kf7 28 Bc6 Kf6 29 Bxb5 Kxf5 30 Bc6 Ke6 31 f3 Be7 32 Ra1

백은 c파일 폰의 포위전을 준비한다.

32...Bg5 33 Ra7 Rf7 34 Be4 h6 35 Rha1

백은 **36 R1a6+ Kd7 37 Rxc7+**를 두겠다고 위협한다.

35...Rd2+ 36 Kb3 Bd8 37 b5 Rfd7 38 R1a6+ Kf7 39 Bf5 Re7 40 Bg6+ Kf8 41 Ra8 Red7 42 Re6 Re7

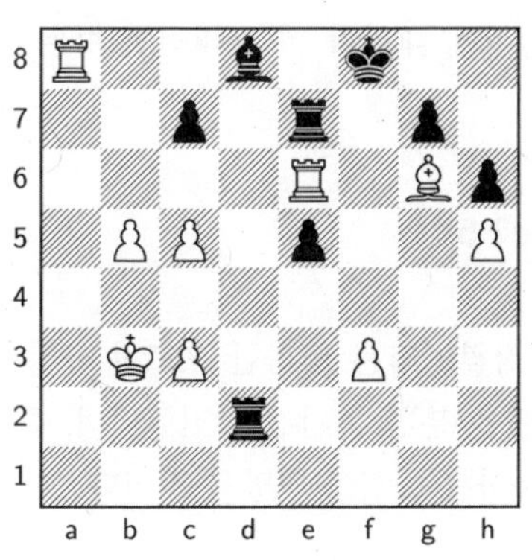

43 Rc6

또는 더 간단한 **43 Rd6! Rd7**(43...Rxd6면 **44 cxd6**, 이어서 **dxc7** 으로 백 승리) **44 Rxd2 Rxd2 45 b6 cxb6 46 cxb6 Rd7 47 Bf5 Rd6 48 Kc4**로 백 승리. 물론 교환이 의도한 희생은 급격하고 결정적이다.

43...Red7 44 Rxd8+ Rxd8 45 Rxc7 1-0

지금 통과한 백 폰들의 진격은 퀸으로 향한다.

19. 타르타코베르–마로치
이레귤러 오프닝 *Irregular Opening*

1 b4

이는 오래된 수로, 가장 큰 단점은 백이 상대의 의도를 알기 전에 자신의 의도를 공개한다는 사실이다. 그로 인해 반드시 불리해지는 것은 아니지만 선수를 두는 플레이어 입장에서는 너무 작은 보상 아닐까?

1...Nf6 2 Bb2 e6

왜 처음부터 흑이 자신의 퀸스 비숍의 대각선을 닫아야 하는지 명확하지 않다. 모든 상황에 대비할 더 논리적인 수는 바로 **2...d5**인 듯하다.

3 b5 d5 4 e3 Be7 5 f4

백은 어두운 칸 장악이라는 명확한 오프닝 목적을 갖고 있다. 그렇지만 전개의 소홀함은 분명 불건전한 전략이며, 흑이 더 활기찬 반격으로 맞섰다면 상응하는 응징을 받았을 것이다.

5...0-0 6 Bd3

백은 무엇보다도 나이트를 좋은 자리로 전개할 수 있었는데(**6 Nf3**) 왜 굳이 나쁜 자리에 비숍을 두는 걸까?

6...a6

흑이 여기서 상대의 기행을 더 적극적으로 활용하려면 **6...c5**가 더 좋았을 것이다. 그러면 백은 **7 c4**와 **7 Nf3**에 의한 추가 전개들 중 하나만 선택할 수 있었다(나쁜 플레이의 선언과 같았을 **7 bxc6 bxc6**를 제외하면). 첫 번째 경우, **7...dxc4 8 Bxc4 Nbd7** 이후에는 백의 뒤처진 d파일 폰이 명백한 포지션적 불리함이 되지만, 두 번째 경우, **7...a6 8 a4 c4 9 Be2 axb5 10 axb5 Rxa1 11 Bxa1 Qa5 12 Nc3 Bb4 13 Qb1 Nbd7 14 0-0 Nc5**면 흑에게는 a파일의 개방이 ...c5 전보다 더 큰 주도권을 약속할 수 있었다.

7 a4 axb5 8 axb5 Rxa1 9 Bxa1 Nbd7

9...c5가 아직 더 강한 수지만, 변형 **10 bxc6 bxc6** 등등이면 백에게는 a파일 폰과 룩의 소실이 오히려 안도감으로 다가왔을 것이다. 텍스트 무브에 의해 준비된 흑 나이트의 e4로의 도약은 나이트가 쉽게 밀려날 수 있기 때문에 별 소용이 없다.

10 Nf3 Ne4 11 0-0 f5 12 Be2

이제 흑에게는 자신의 어두운 칸 약점에 대한 적절한 보상이 없다.

12...Nd6 13 Qc1 Bf6 14 Na3

백 나이트는 오랫동안 활동하지 않고 노출된 채로 여기에 남을 것이다. 그러나 **14 Ne5**면 흑이 다음과 같이 대응할 수 있었다. **14...Bxe5 15 fxe5 Nc4 16 Bxc4 dxc4 17 Na3 Nb6**, 이어서 **...Qd5** 등등.

14...c6 15 bxc6 bxc6 16 Ne5

16 Nd4면 **16...Nb8**가 이어지고, **16 c4**면 **16...Ba6**가 이어질 수 있다. 텍스트 무브 후, e4 칸이 흑에게 양보되는 강제적 결과를 통해 게임은 무승부적인 성격을 띤다.

16...Bxe5 17 fxe5 Nf7 18 d4 Ng5 19 c4 Ba6 20 Re1 Qa8 21 Bc3

백은 삼진 아웃 처리를 망설이다 결과적으로 약간 불리한 포지션에 놓인다. **21 cxd5 cxd5(21...Bxe2 22 dxe6) 22 Nb5 Bxb5 23 Bxb5 Rc8**에 이어 **...Nb6**가 나왔다면 평화 협정을 쉽게 맺을 수 있었다.

21...Rb8 22 Qc2 Ne4 23 Bd3

만약 바로 **23...Nb6**를 두면 **24 Ra1**, 그리고 **24...Nxc3**를 두면 **25 Qxc3 Na4 26 Qa5** 등등이 나온다.

23...Rb7 24 Rc1 Nb6 25 Be1

지금 **25 Ra1**은 **25...Ra7**으로 응수되었다.

25...h6

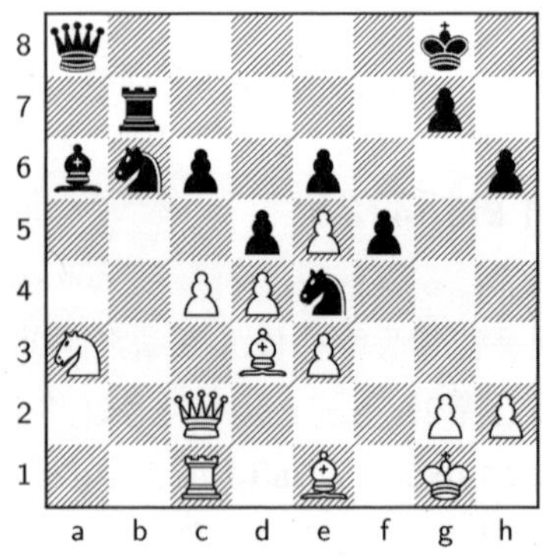

26 Bxe4

백은 장기적으로는 피할 수 없었던 이 교환을 **26 h3**로 준비했어야 했다. 하지만 지금은 흑이 결정적인 이점을 얻을 수 있다.

26...dxe4

답은 **26...fxe4 27 cxd5**(만약 **27 c5**면 **27...Bd3**, 그리고 흑 기물들이 진입하게 됨) **27...Qf8! 28 Bf2 Qxa3**. 그러면 **29 Qxc6 exd5**, **29 dxe6 Bb5**, **29 dxc6 Rc7**으로 흑이 두려워할 필요가 없었을 것이다. 텍스트 무브는 승리를 놓칠 뿐만 아니라 상대가 조금만 주의를 기울이면, 결정적인 의미를 갖지는 못해도 중앙에서의 기회를 주기도 한다.

27 Qc3 Nd7 28 Rb1 Rxb1 29 Nxb1 Qb7 30 Na3 Qb6

흑은 퀸 교환을 피할 수 없는 만큼, 킹사이드에서의 반격(**30...Kf7**, 이어서 **...g5** 등) 준비가 최선이었을 것이다.

31 Bd2 Kf7 32 g3 Nf8

시간 낭비! 흑은 **32...g5**를 주저 없이 둬도 됐다. 그러면 **33 g4**와 관련된 복잡성 때문에 백은 퀸을 교환할 수밖에 없었을 것이며, 그 결과 다음처럼 흑에게 유리한 상황이 다시 벌어졌을 것이다. **33...fxg4 34 Qc2 Nf8 35 Qxe4 Qb3**.

33 Qb4 Qxb4 34 Bxb4 Nd7 35 Ba5 g5 36 Kf2 Ke8

여기서 흑 킹이 할 수 있는 일은 아무것도 없다. **36...Kg6**를 뒀으면 **...f5**가 가능하기 때문에 백 킹은 퀸사이드로 갈 수 없으므로 쉽게 무승부가 가능했다.

37 Ke2 c5

이제 마침내 백 킹이 등장하기 때문에 흑은 사실상 패배 포지션을 얻는다. **37...Kf7**이면 패배하지 않았을 것이다.

38 Nb5

흑은 이 침입자를 감히 잡지 못한다. 왜냐하면 **39 cxb5**와 **Bc7**으로, 그의 나이트가 백 b파일 폰의 진격을 통해 잡힐 것이기 때문이다. 결과적으로 그는 킹사이드에서 안전을 추구하는 일 외에는 아무것도 남지 않았다.

38...Kf7 39 Kd2 cxd4 40 exd4 f4 41 Nd6+ Kg6 42 Kc3 e3 43 Kd3

백이 **44 Ke4**로 폰을 잡으려는 위협은 무엇보다도 흑 나이트의 다음 수에 막힌다.

43...Nb8 44 Ke4 Nc6 45 Bc3 e2

쉽게 알 수 있듯이 흑의 행보는 결정되어 있다.

46 gxf4 gxf4

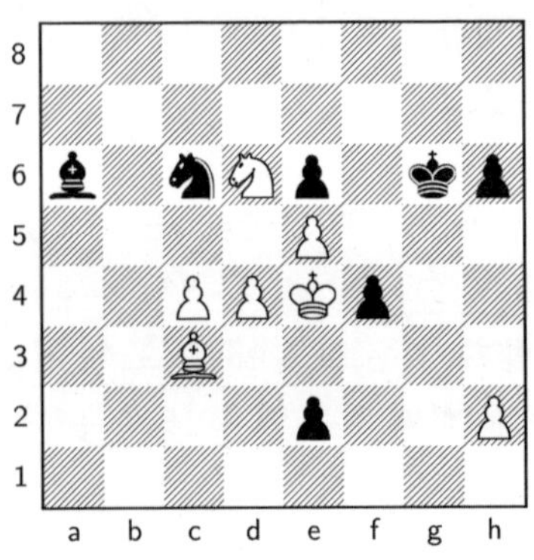

47 Bd2

지금까지 흥미진진한 엔딩을 완벽하게 이끌었던 백은 여기서 승리를 내주고 말았다. 답은 **47 Be1!**이었다. 그 후에 중앙 폰의 진격이 결정타였을 것이다. **47...f3 48 d5 exd5+ 49 cxd5 Ne7 50 e6 Kf6 51 Bh4+ Kg6 52 Ke5 Kh5 53 Be1 Kg6 54 Nf7**. 그러나 텍스트 무브를 통해 상대는 무승부에 필요한 템포를 제시받았다.

47...f3 48 Kxf3

마찬가지로 **48 Be1**은 더 이상 골로 이어지지 않는다. **48...Nb4! 49 Kxf3 Nd3! 50 Kxe2 Nb2**에 이어 **...Nxc4** 이후에, 백의 여분의 폰으로는 승리할 수 없기 때문이다.

48...Nxd4+ 49 Ke3 Nf5+ 50 Kxe2 Nxd6 51 exd6 Bxc4+ 52 Ke3 Bb5 53 Kd4 h5 54 Kc5 Ba4 ½-½

20. 예이츠-에드워드 라스커
루이 로페즈 *Ruy Lopez*

1 e4 e5 2 Nf3 Nc6 3 Bb5 a6 4 Ba4 Nf6 5 0-0 Be7 6 Re1 b5 7 Bb3 d6 8 c3 0-0

8...0-0은 최선이다. 흑이 치고린의 방어 체계(**...Na5**, 뒤이어 **...c5**)를 따라 바로 계속할 필요는 없다. 특히 이번 토너먼트에서 증명된 것처럼, 그렇게 되려면 백이 **h3**로 한 템포를 잃어야 한다.

9 d4

1922년 보골류보프가 **...Bg4**로 시작하는 변형에서 도입한 개선으로 인해 **9 h3**는 약간의 오프닝 우위를 유지하는 데 필수적인 것으로 간주되어야 한다.

9...Bg4

보골류보프는 확실히 앞선 대국들에서(1922년 런던에서 카파블랑카, 1923년 매리슈 오스트라우에서 라스커 박사를 상대로) **9...exd4 10 cxd4**를 두었고, 이어서 **...Bg4**는 **11 Be3** 대신에 (언급된 대국에서 라스커 박사가 실제로 한 것처럼) 백에게 훨씬 더 좋은 **11 Nc3**를 허용하며, **11...Na5 12 Bc2 c5** 이후에는 **13 dxc5 dxc5 14 e5!**로 퀸 교환에 이어 매우 유리한 엔딩을 강제하는 만큼 그렇게 좋지는 않다. 보골류보프의 아이디어 자체는 매우 정확하지만 이번 대회에서는 예이츠-보골류보프, 예이츠-카파블랑카의 대국에서처럼 **9...Bg4 10 Be3 exd4!**의 정확한 수순으로 진행되어야 한다.

10 Be3

백은 선택의 여지가 없는데, **10 d5 Na5**에 이어 **...c6**로 c파일이 열리면 루빈스타인이 최근 몇 년 동안 여러 훌륭한 게임들에서 입증했듯이 흑은 퀸사이드에서 유망한 게임을 얻을 수 있다.

10...Na5

그러나 이 수는 견고하지 않은데, 백이 **11 dxe5 Bxf3**(**11...dxe5**

면 12 Qxd8 Raxd8 13 Nxe5 Bd6 14 Nxg4 Nxg4 15 h3 Nxe3 16 Rxe3 등등으로 흑은 충분한 보상 없이 폰을 잃음) 12 Qxf3 dxe5 13 Bc2 Nc4 14 Bc1의 좋은 게임으로 쌍비숍을 확보할 수 있기 때문이다. 하지만 그의 플레이를 보면 단순히 수순이 바뀐 문제일 뿐이다.

11 Bc2 Nc4 12 Bc1 exd4 13 cxd4 c5 14 b3 Nb6

14...Nb6는 앞서 언급한 게임에서의 보골류보프 플레이(**...Na5-c6**, d4를 다시 압박하고 결국 **...Nb4**를 통해 백 킹스 비숍과 교환하기 위한)에서 벗어난 것이다. 다소 견고함이 떨어져 보이긴 하나, b6 나이트가 d5 칸을 지키고 결국에는 c4에서 시작하는 퀸사이드에서의 계획을 도울 수 있다는 점에서 이 시도를 비판만 할 필요는 없다.

15 Bb2 Rc8 16 Nbd2 Nfd7

16...Nfd7은 17 dxc5 후 나이트로 탈환하기 위해서다(**17...dxc5**는 그리 좋지 않은데, 그 후 백이 **18 e5**에 이어 **Ne4**를 통해 유리한 게임을 얻기 때문). 또한 **...Bf6**로 상대의 중앙 배제를 강요하기 위해서기도 하다. 이제 흑은 매우 유망한 게임을 얻었다.

17 h3

당황해서 둔, 단지 흑 비숍이 더 나은 칸을 가도록 강제하는 수다.

17...Bh5 18 e5

백으로선 킹스 나이트의 불편한 핀과 관련된 c3 칸의 약점을 고려할 때, 중앙에서의 이 강제적인 돌파는 어쨌든 의심스러운 장점이다. **18 dxc5** 외에 **18 a4!**도 진지하게 고려되었다.

18...cxd4 19 exd6

물론 **19 Bxd4**는 안 된다. 그러면 **19...dxe5 20 Bxe5 Nxe5 21 Rxe5 Bxf3**, 이어서 **...Bf6** 등등이 나온다.

19...Bxd6 20 Bxd4 Bb4

20...Bb4는 아주 좋다. 지금 백은 이중 핀에 시달리고 있기에, 킹 포지션의 파괴를 피하기 위해선 다음 수보다 더 좋은 것은 없다.

21 Re2 Nd5

21...Nd5는 상대에게 가장 위험한 상황을 초래한다.

22 Bf5

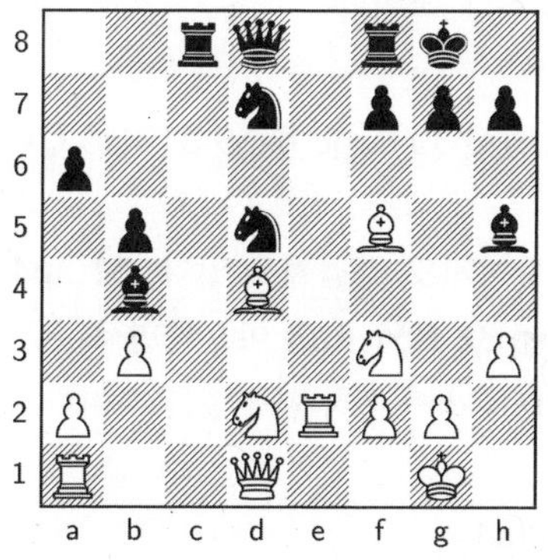

22 g4 Bg6 23 Bxg6 fxg6 24 Rc1 Bc3!도 백에게 불리했을 것이다. 매우 독창적인 텍스트 무브야말로 게임을 그대로 유지하는 유일한 방법이었다.

22...Nc3

이 수는 단지 일련의 교환으로 이어질 뿐이다. 그러나 흑은 의심의 여지없이 매우 오해의 소지가 있는 **22...Bc3**의 결과를 정확하게 예측한 후에야 이 변형을 선택했다. 그러면 예를 들어 **23 Ne4**(**23 Re4**는 **23...Bxa1 24 Qxa1 f6** 때문에 안 됨) **23...Bxf3 24 gxf3 Bxa1 25**

Bxa1 Nf4 26 Rd2 Nb6 (매력적이지만 불행한!) 27 Bxg7!(27 Rxd8는 결국 흑에게 교환의 이득이 있는 27...Rfxd8 때문에 불가) 27...Kxg7 28 Rxd8 Rcxd8 29 Qa1+ f6 30 Kh2로 백에게 유리하다. 백이 이 복잡한 연속수를 채택하고 흑이 이를 피한 것은 양쪽 모두가 칭찬받을 일이다.

23 Bxc3 Bxc3 24 Rc1

이제 백은 더 이상 두려울 게 없으며 게임은 무승부 성격을 띤다.

24...Rc7 25 Re3 Bxd2 26 Rxc7 Qxc7 27 Qxd2 Nf6 28 Rc3

28 Rc3는 룩의 전쟁터에서의 일시적인 부재를 엔딩에서 유리하게 바꾸려는 다소 무해한 노력이다.

28...Qa5 29 g4 Bg6 30 Bxg6 hxg6 31 Rc6 Qxd2

이 퀸 교환은 필요하지도 즐겁지도 않다. **31...b4**(31...Qa3도 가능) **32 Qe2 Rad8** 또는 **32 Rc4 Rd8** 이후라면 흑은 결코 불리하지만은 않았다. 어려운 무승부가 충분히 가능했을 것이다.

32 Nxd2 Ra8 33 a4

백은 나이트를 위한 c4 칸을 장악하고 흑의 a6의 약점을 더 잘 활용하려고 퀸사이드의 중요하지 않은 요소들을 모두 제거했다.

33...bxa4

이는 물론 **34 axb5 axb5 35 Rb6**로 위협을 받아서다.

34 bxa4 Kf8 35 Nc4 Ke7

35...Ke7은 결정적인 실수다. 35...Nd5!가 게임을 계속 유지시킬 수 있었다. 그러면 36 Nb6 Nxb6 37 Rxb6 이후 흑은 37...Ra7을 두면서 자신의 킹을 c7으로 가져온 다음 순차적으로 ...Ra8를 둘 수 있기 때문이다. 이는 백 킹이 자신의 기지를 포기하게 하여 공격하기 쉬운 목표(h3)를 찾기 위해서다. 백이 나이트 교환을 하지 않으면 흑은 ...Ke7, ...Nb4 등을 둘 수도 있었다. 텍스트 무브 후에는 흑의 목표가 사라지고 게임에서 진다.

36 Nb6 Rd8

이와 마찬가지로 36...Rb8는 37 a5로 헛수고였을 것이다.

37 Rc7+ Ke6 38 Ra7 Ke5 39 Rxf7 Nd5

39...Nd5는 자포자기다.

40 Nxd5 Rxd5 41 Rxg7 Kf6 42 Rb7 Kg5 43 Rb4 Kh4 44 Kg2 a5

44...a5는 또 다른 함정이다. 45 Rb5 Rxb5 46 axb5 a4 47 b6 a3 48 b7 a2 49 b8Q a1Q 50 Qd8+(?) g5 51 Qb8 Qa8+인데, 그러나 요즘은 이정도로는 무너지지 않는다.

45 Rb6 Rd4 46 Rxg6 Rxa4 47 Rh6+ Kg5 48 Rh5+ Kf4 49 Rf5+ Ke4 50 h4 Kd3 51 Kg3 Ra1 52 h5 a4 53 h6 Rh1 54 Rh5 1−0

5라운드

이 라운드는 진정한 센세이션을 일으켰고, 주인공은 리하르트 레티였다. 카파블랑카는 네 경기 연속 무승부를 기록 중이었고, 그 못지않게 그의 친구들도 카파블랑카의 첫 승을 고대하고 있었다. 하지만 그대신에 레티의 명예를 높인, 전체 일정의 4분의 1을 마친 세계 챔피언을 50% 미만의 승률로 만든 놀라운 패배가 찾아왔다! 그리고 이후 단한 번의 패배나 심각한 위기에 처하지 않고 마침내 2위에 오를 때까지 그가 보여 준 모습 또한 쿠바의 아들의 위대함도 여실히 보여 줬다.

"레티가 카파블랑카를 이겼다!"는 소식은 모든 사람들의 입에 오르내렸고 곧 세상의 가장 먼 곳에까지 전해졌다. 이는 라스커 박사의 실제 우승 다음으로 이번 대회 최고의 뉴스 아이템이었다. 레티는 겸손한 자세로 힘들게 얻은 영예를 차지했지만, 승리의 시간 동안은 사자였다. 그런 순간은 체스 선수들에게는 전장의 장군이 느끼는 승리의 기쁨과 같다.

오프닝은 물론 레티 오프닝이었다. 하지만 챔피언의 플레이는 어땠을까? 그의 유일한 패배의 근본적인 이유는 무엇이었을까? 오프닝은 그가 충분히 건전하게 처리했던 듯하다. 오히려 그는 레티 오프닝보다 약간 더 낫기까지 했다. 그런 다음 그는 열여덟 번째 수를 두었는데, 분명 폰을 잡을 수 있다고 생각한 듯했다. 하지만 결과는 열악한 포지션이었다. 레티는 매우 좋은 타이밍으로 수를 두었으며, 곧 항복의 표시로 킹을 쓰러뜨리는 경우가 거의 없는 한 사람의 항복으로 보상을 받았다.

라스커 박사-타르타코베르 박사의 대국은 후자가 채택한 시실리안 디펜스로, 신중하고 보수적으로 진행되었다. 어느 쪽도 강렬한 인상을 남기지 못했다.

마셜-예이츠는 인디언 디펜스였고, 초반에는 폰을 헌납한 미국인이 무심하게 플레이하였다. 그러나 예이츠는 좋은 오프닝 이후 더 이상 진전을 이루지 못했고 엔딩을 다소 부진하게 플레이했다. 마셜이 더 많은 노력을 기울였다면 이길 수도 있었겠지만 무승부로 경기를 마쳤다.

마로치-보골류보프는 퀸스 폰 오프닝을 검토했고 마로치는 이기는 킹사이드 공격을 구축하고자 노력했다. 보골류보프의 방어는 무적이었으며, 불건전성을 포착하면 상대를 집으로 몰곤 했다. 마로치는 무승부 기회를 놓치고 패했다.

에드워드 라스커-야노프스키는 퀸스 폰 오프닝의 불규칙한 수비 라인을 따라갔다. 야노프스키가 초반부터 우위를 점했지만, 우위를 점한 후 약해졌다. 야노프스키는 좋은 콤비네이션을 시작할 기회를 잡았고, 그 후에도 룩-나이트 대 퀸 상태를 유지했다. 이 대국은 라스커에게 일어난 불행한 패배였다.

이번 무대에서 타르타코베르 박사와 보골류보프는 3½-1½의 점수를 받았다. 라스커 박사는 3-1였다. 백과 흑은 다시 동점인 12½-12½가 되었다.

21. 라스커 박사-타르타코베르
시실리안 디펜스 *Sicilian Defense*

1 e4 c5 2 Nf3 e6 3 Nc3

여기서 백에게 더 추천할 만한 것은 **3 Be2**로, 흑이 다음 수에 어떤 방어를 택하느냐에 따라 **Nc3** 또는 첫 **c4**를 둘 수 있다. 그러면 **3...a6 4 0-0 Qc7 5 c4 Nf6 6 Nc3**에 이어 d4, 또는 **3...Nf6 4 Nc3**에 이어 **5 e5 Nd5 6 Nxd5**에 이어 **d4**로 위협이 가능하다.

3...a6 4 d4 cxd4 5 Nxd4 Qc7

이 대형에서 흑은 보골류보프가 루빈스타인(1922년 런던)을 상대로 성공적으로 수행한 공격(**Bd3**, **0-0**, 그리고 **Kh1**, 이어서 **f4**)에 대해 매우 조심스럽게 자신을 지켜야 하는데 폴센 디펜스Paulsen defense가 꽤 할 만하다.

6 Be2

반면, 이 수 이후에는 백이 자신의 e파일 폰을 방어하기 위해 곧 템포를 잃기에 흑은 더 이상 심각한 어려움을 겪지 않게 된다.

6...Nf6

흑의 플레이도 정확하지는 않다. 먼저 **6...Bb4**를 두어야 하고 **7 0-0** 이후에만 **7...Nf6**를 두는 게 적절했을 것이다. 왜냐하면 텍스트 무브 후 백은 **7 a3** 응수를 진지하게 고려하기 때문이다.

7 0-0 Bb4

이에 대해 백은 다음과 같은 희생보다 나은 방법이 없었지만, 흑은 당연히 거절했다.

8 Bf3

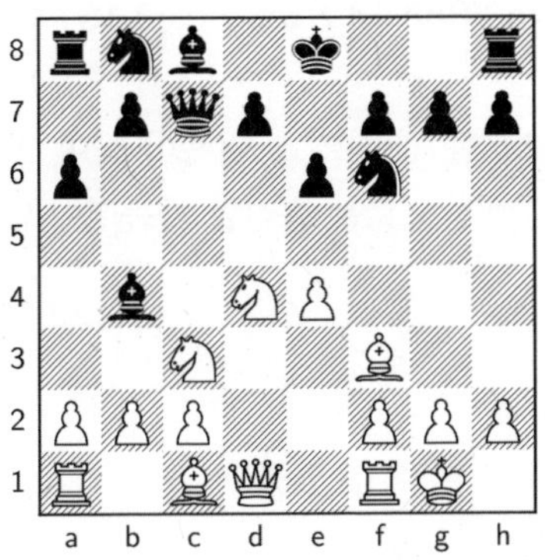

8...Nc6

백으로선 **8...Bxc3 9 bxc3 Qxc3** 이후에는 강력한 공격으로서의 **10 Bf4**와 **e5**를 이을 수 있었다. **8...Nc6** 이후에는 흑이 **...Ne5**를 통해 백 킹스 비숍과 유리한 교환을 하겠다고 위협한다. 따라서 백은 거의 동등한 폰 대형을 구축하여 포지션을 대등하게 만들기로 결심한다.

9 Nxc6 dxc6

흑으로선 b파일 폰으로 잡은 뒤에 더 중요한 게임이 이어졌을 것이다. 선택한 수 역시 흑의 공정한 동등화를 보장한다.

10 Be3 0-0 11 h3

11 h3는 흑의 **...Bd6**에 대비한 예방적 수다. **11 Na4**를 바로 둘 수도 있었는데, 그럼 **11...Bd6 12 Nb6 Bxh2+ 13 Kh1 Rb8 14 g3**로 흑은 g3에서의 비숍 희생에 대한 보상을 얻지 못한다.

11...e5

게임을 더욱 단순화할 수 있게 된다. **11...Bd6**도 **12 Na4**에 **12...c5**

로 맞서기 위해 고려되었다.

12 Na4 b5 13 Nb6 Rb8 14 Nxc8 Rfxc8 15 a4

백은 e파일 폰 보호를 위해 킹스 비숍이 묶여 있고, 게다가 각자의
폰 대형으로 인해 쌍비숍으로는 승리할 가능성이 없다.

15...Qe7

15...h6가 한 템포를 아낄 수 있었다.

**16 axb5 axb5 17 Ra7 Rb7 18 Rxb7 Qxb7 19 Qd3 h6 20 Rd1
Ra8 21 g3 Qc8 22 Qb3 Be7 23 Kh2 Ra4 24 Qd3 Qe6 25 b3 Ra8
26 Bg2 Rd8 ½-½**

22. 레티-카파블랑카
잉글리시 오프닝 *English Opening*

1 Nf3 Nf6 2 c4 g6 3 b4

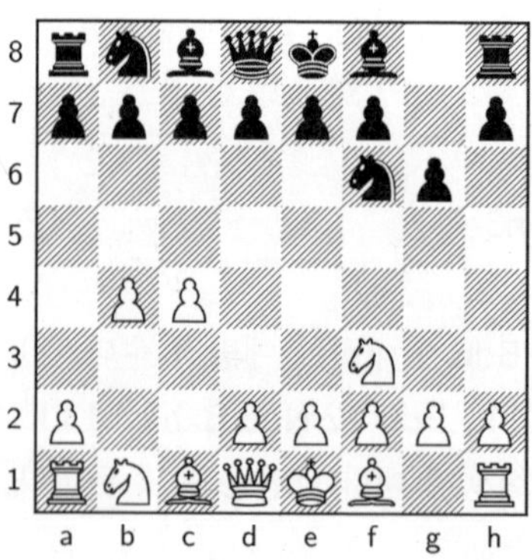

님초비치(1923년 칼스바트)에 의한 이 수(**3 b4**)는 물론 불리하지
않게 플레이할 수 있는 수다. 그러나 흑 입장에서 이런 식으로 나오면
백이 템포를 유지할 수 있는 **3 g3**, **4 Bg2** 등등의 대칭적인 전개 때보

다 어떻게 해서든 더 쉽게 카운터플레이를 찾을 수 있다. 백에게 템포의 유지는 중앙을 장악하려는 싸움이 시작될 때 중요하다. 더욱이, 단지 보초병(이 경우 **b5**)을 구축할 수 있다는 약간의 희망 때문에 처음 몇 수 동안을 어느 한쪽 날개에서 노출된 폰 포지션에 자신을 맡기는 일은 그리 권장할 수가 없다. 상대가 즉시 그것에 대응할 수 있기 때문이다.

3...Bg7 4 Bb2 0-0 5 g3 b6

카파블랑카는 오프닝을 단순하고 건전하게 처리하고 몇 수 후에 완벽하게 동등한 포지션을 확보한다.

6 Bg2 Bb7 7 0-0 d6 8 d3 Nbd7 9 Nbd2 e5

d4의 전진 가능성을 무의미하게 만드는 **9...e5** 후, 백의 후속 폰 교환과 영리한 결과로서의 **Nd4**를 방지하는 것과 같은 일 때문에 흑은 **10 Nxe5 Bxg2 11 Nxd7**의 변형을 고려해야 한다. 그가 **...Bxf1**을 두면 최소한 교환을 망칠 수 있기 때문이다.

10 Qc2 Re8 11 Rfd1 a5

11...e4 12 dxe4 Nxe4 13 Bxg7 Kxg7 14 Nd4 이후에는 백이 어느 정도 유리할 수 있다. 반면 텍스트 무브는 고립된 기동으로 이어지며 평화로운 결론을 기대할 수 있다.

12 a3 h6

납득하기 어려운 **12...h6**는 이날 카파블랑카의 처신이 좋지 않았음을 보여 주는 가장 좋은 증거다. **...Nh7-f8**의 나이트 기동 또는 **...g5?**를 실현 가능하게 만들려는 게 그의 아이디어였을까? 그가 성공한 것은 자신의 킹사이드 약화뿐이었다.

13 Nf1

이는 **Nxe5**의 콤비네이션을 준비하면서 e파일 폰을 보호하고 폰을 잡으려 위협하는 것처럼 보인다. 그러나 흑은 이 제안을 받아들인다.

13...c5

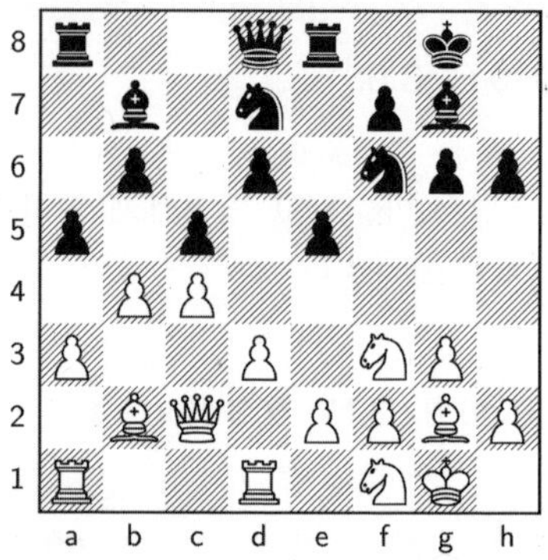

영리한 포지션 함정으로, 챔피언의 스타일에 딱 맞는 수다. 유일한 단점은 백이 개입할 필요가 전혀 없다는 사실이다.

14 b5

레티는 당연히 트로이의 목마Greek Gift를 거절한다. **14 bxa5 Rxa5 15 Nxe5 Bxg2 16 Nxd7 Bc6 17 Nxf6+ Bxf6 18 Bxf6 Qxf6 19 Qd2 h5**면, 흑은 열린 a파일과 관련하여 좋은 공격 전망을 제시하는 훌륭하게 배치된 비숍과 a3의 약점 덕분에 희생된 폰에 대한 충분한 보상을 받았을 것이다. 물론 텍스트 무브 후 백은 두려워할 것이 없지만 그의 승리 기회(엔딩에서의 **b6!**) 또한 차단된 포지션으로 인해 극히 미미하다.

14...Nf8

14...d5는 **15 cxd5 Nxd5 16 N3d2** 이후 상대에게 c4 칸을 내주게 된다.

15 e3

백이 의도한 **d4** 이후 c4의 약점을 고려할 때, 이것은 복잡성을 초래하는 대담한 전략이다. 그는 **15 e4**에 이어 d5에 나이트가 자리를 잡았다면 쉽게 승부를 결정지을 수 있었다.

15...Qc7 16 d4 Be4

흑으로선 바로 이 순간에 백 퀸의 강제 철거는 필수적이었다.

17 Qc3

이는 흑이 g7 비숍의 대각선을 열 수 있기 때문에 행복하게 선택할 수 있는 자리는 아니다. **17 Qc1**이 더 좋았겠지만, 흑은 그렇게 해도 **...exd4**와 **...Ne6**를 통해 만족스러운 게임을 유지할 수 있었다.

17...exd4 18 exd4 N6d7

흑의 계산 착오. 카파블랑카는 아마도 백이 자신의 b파일 폰을 보호하는 방법으로 쓰게 될 22수에서의 퀸의 체크를 간과했을 것이다. 그렇지 않았다면 의심할 여지없는 특허를 가진 **18...Ne6**라는 간단하고 강한 수를 택했을 것이다. 그럼 **19 dxc5**(이보다 더 좋은 수는 거의 없음) 후에 **19...dxc5 20 Qc1**이면 기물의 효과적인 분포로 인해 흑 포지션이 다소 바람직했을 것이다. 텍스트에서의 수 이후에는 레티가 갑자기 더 나아지고 게임을 완벽하게 플레이하기 시작한다.

19 Qd2

지난 마지막 수를 통해 흑은 d파일을 상당히 약화시켰다. 게다가 킹 보호에 필수적인 킹스 비숍 교환은 피할 수 없는 일이었다. 이제 그에게 덜 나쁜 수는 **19...Rad8**에 이어지는 **20 dxc5 dxc5 21 Bxg7 Kxg7**

22 Qb2+ Kg8 23 Ne3였고, 백의 우위는 아마도 극복될 수도 있었다.

19...cxd4

흑은 여전히 폰을 잡고자 한다.

20 Bxd4 Qxc4 21 Bxg7 Kxg7 22 Qb2+ Kg8 23 Rxd6

23 N3d2 Qc2는 충분하지는 않지만 지금 백에게는 위협적이다.

23...Qc5

이와 마찬가지로 **23...Qc7 24 Rad1 Nc5 25 Ne3**도 불만족스러웠다. 텍스트 무브로 흑은 반격을 시도한다.

24 Rad1 Ra7 25 Ne3

백이 **26 Ng4**를 두겠다고 위협한다.

25...Qh5

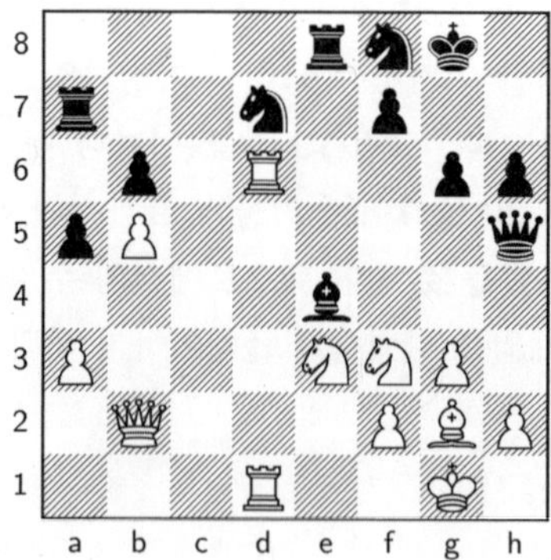

26 Nd4

가장 설득력 있는 수다. 물론 백은 **26 R1d5 Bxd5 27 g4 Bxf3 28**

gxh5 Bxh5 29 Bc6의 놀라운 연속수를 통해 룩, 나이트, 폰에 대응하는 퀸을 잡을 수도 있지만 이 경우의 마지막 난투는 텍스트 무브로 가능한 최선의 방어 이후보다 훨씬 더 어렵고 지겨웠을 것이다.

26...Bxg2 27 Kxg2 Qe5

흑은 물론 **27...Rxe3**를 **28 fxe3 Qxd1 29 Nf5** 때문에 둘 수 없었다. 하지만 **27...Ne5**를 통해 **28...Nc4** 때문에 백이 b파일 폰을 잡을 수 없게 만드는 더 강한 저항을 취할 수 있었다. 그 결과 백은 **28 Qe2 Qxe2 29 Nxe2** 등으로 승리의 가능성을 여는 엔딩에 만족하거나, 아니면 **28 Qb3**(Nd5와 Rxb6 둘 다 위협하는)로 압박의 강화가 가능했다. 어느 경우든 올바른 플레이를 했다면 결과는 불확실하지 않았을 것이다.

28 Nc4

불행한 흑 퀸은 지금 다른 칸을 찾을 수 없다.

28...Qc5 29 Nc6 Rc7 30 Ne3 Ne5 31 R1d5 1-0

만약 지금 **31...Nc4**를 둔다면 **32 Rxc5 Nxb2 33 Rc2 Na4 34 Nd5**로 백이 승리한다.

23. 마셜-예이츠
피어츠 디펜스 *Pirc Defense*

1 d4 Nf6 2 Nf3 g6 3 Nbd2

퀸스 비숍의 전개 대신에 두는 **3 Nbd2**는 백으로선 적의 전개에 영향을 미치지 못하면서 불필요한 의무를 부담하기에 우리의 사고방식에 따르면 일반적인 원칙에 따라 피해야 하는 수다. 이런 전략의 결과는 곧 명백해진다.

3...Bg7 4 e4 d6 5 Bd3

마찬가지로 백 비숍의 이 배치는 효과가 없다.

5...Nc6

'인디언'에게는 적합하지 않은 이 나이트 이동은 여기서는 예외적으로 적절했는데, 이는 백의 첫 수가 얼마나 무색무취했는지를 매우 분명하게 보여 준다.

6 c3 0-0 7 0-0 e5 8 Nc4

8 Nc4는 흑에게 즉각적인 이점을 제공할 명백한 실수다. 대신 8 dxe5(8 d5 Ne7 이후에는 나중에 ...Ne8와 ...f5면, 경험상 흑은 백이 퀸사이드에서 반격하기 전에 킹사이드에서 돌파가 가능) 8...dxe5 9 Nc4로 포지션을 동등하게 만들 수 있었을지도 모른다.

8...exd4 9 cxd4 Bg4

이제 백은 느슨해진 중앙 폰에 대한 보상이 전혀 없다.

10 Be3 d5 11 exd5 Qxd5 12 Ncd2 Rad8 13 Rc1

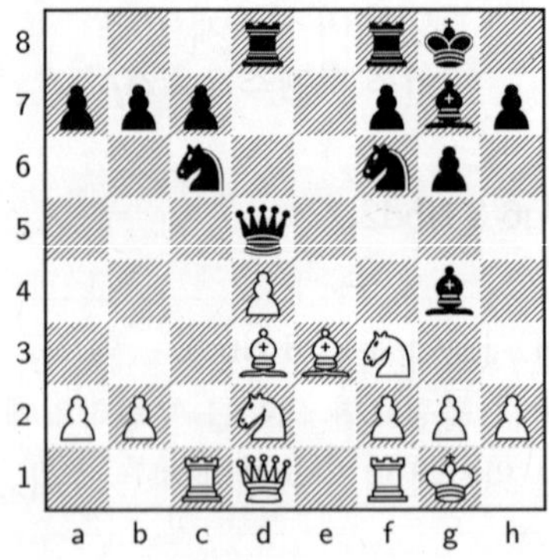

어쨌든 좀 더 나은 **13 Be2** 이후에도 **13...Ne4**(**14 Bc4 Qf5** 등)로 인해 약골은 더 이상 버틸 수 없었을 것이다.

13...Nxd4

흑의 이 간단한 폰 획득 이후(백이 기대했던 **13...Qxa2 14 Nc4** 등등이 아닌), 마셜의 끈질긴 방어가 있어도 흑의 승리는 시간 문제였을 것이다.

14 Bxd4 Qxd4 15 Nxd4 Bxd1 16 Rfxd1 Rxd4 17 Nb3 Rd6

17...Rd7은 안 된다. **18 Nc5** 때문이다. 텍스트 무브 후 백은 감히 c 파일 폰을 잡을 수 없다. 예를 들어 **18 Rxc7 Rfd8 19 Nc1 Bh6**면 흑이 승리한다.

18 Be2 Re6

흑은 이를 통해 **18...Rxd1+ 19 Bxd1 c6 20 Na5 Rb8**보다 퀸사이드를 더 편리하게 방어할 수 있다.

19 Bf3 c6 20 Na5 Re7 21 Rc4 Nd5 22 g3 Rfe8 23 b3 Nc3 24 Rd2 Bh6

이제부터 흑은 고심하기 시작했고 그럼으로써 점차 포지션을 망치기 시작한다. 그는 위협을 받지 않았기 때문에 ...Bf6와 ...Kg7을 둔 다음 룩을 교환하려고 시도할 수도 있었다.

25 Rb2 Nd5 26 b4 Bg7

여기서 **26...a6**를 바로 두는 게 더 나았을 것이다.

27 Rb3 a6 28 Rc2

28 Rc2는 **...Nb6** 때문에 당장 둘 수 없는 **a4**를 준비하기 위해서다.

28...Nb6 29 Rd3 Nd7 30 Nc4 Bf8

물론 흑은 이런 방식으로는 어떤 게임도 이길 수 없다!

31 Kg2 Rb8 32 a3 c5

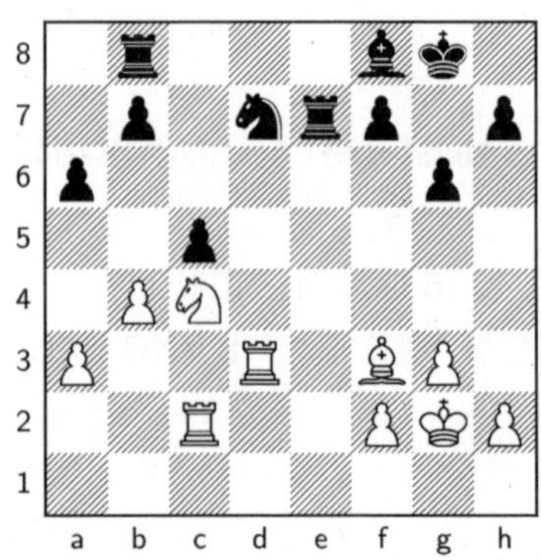

흑으로선 이 상황에서는 이런 단순화가 가장 현명하다. 이렇게 하지 않으면(생각을 버려라!) 백은 곧 승리로 향하는 플레이를 시작할 수 있다.

33 Rcd2 Nf6 34 bxc5 Rc7 35 Nd6 Nd7 36 Nb5 axb5 37 Rxd7 Rxd7 38 Rxd7 Bxc5 39 Bd5 Rf8 40 Rxb7 Bxa3 ½–½

24. 마로치-보골류보프
콜 오프닝 *Colle Opening*

1 d4 Nf6 2 Nf3 e6 3 e3

퀸스 갬빗의 현재 이론을 고려할 때, 백이 **3 c4**로 가능한 변형을 피해야 할 합당한 이유는 없다.

3...c5 4 Bd3 d5 5 b3 Nc6

흑은 나중에 ...c4의 위협을 통해 운영할 수 있도록 잠시 동안 중앙을 붙들고 싶어 한다. 마찬가지로 5...cxd4 6 exd4 Bb4+도 고려할 가치가 있었을 텐데, 우리가 생각하기에 백은 7 Kf1으로 가장 잘 대응할 수 있었다. 캐슬링의 상실은 중앙을 장악하는 더 기동성 있는 폰 대형(결국은 c4)으로 충분히 보상받을 수 있었다.

6 0-0 Bd6 7 Bb2 0-0 8 Ne5

8 Ne5는 카파블랑카를 상대한 보골류보프를 슬픔에 빠지게 했던 8 Nbd2만큼 효과적이지는 못했다.

8...Ne7

이 영리한 나이트 기동은 나중에 c파일에서 룩의 활동을 늘리는 동시에 킹사이드를 지키기 위해서이며 이미 보골류보프가 루빈스타인과의 경기(1920년 스톡홀름 예테보리)에서 성공적으로 사용했다. 흑은 실제로 만족스러운 수비 포지션을 확보한 것으로 보인다. 그러나 더 좋은 것은 8...Qe7 9 f4 cxd4이며, 그 후 백에게 불리한 비숍 교환이 강제된다.

9 Nd2 b6 10 f4 Bb7 11 Qf3

백은 나이트와 e4를 차지하기 위해 다투는 경우에만 공격적인 전망을 유지할 수 있다.

11...Rc8 12 Ng4

12 g4 c4 13 bxc4 dxc4 14 Qxb7 cxd3 15 cxd3 Ned5의 결과는 백에게 좋지 않을 것이다. 그는 텍스트 무브로 e4 칸에 대한 불안을 떨쳐 버린다.

12...Nxg4 13 Qxg4 Ng6

흑에게 더 간단한 방법은 **13...f5**를 바로 두는 것이었는데, 아마도 실제 이뤄진 변형으로 이어졌을 것이다.

14 Nf3

이득을 취하기에는 부적절한 **14 Bxg6**는 14...hxg6 15 Nf3 cxd4 16 Ng5 Be7 17 Bxd4 Bxg5(하지만 **17...Rxc2**는 18 Nxe6 fxe6 19 Qxg6 때문에 안 됨) 18 fxg5 Rxc2로 백으로 하여금 ...e5의 불안한 반격 때문에 h4에 퀸, h3에 룩을 둔 공격 대형을 가질 수 없게끔 한다. 예를 들어 **19 Rf3 e5 20 Bxe5 d4 21 e4 Qe7 22 Bxd4 Qxe4**.

14...f5 15 Qh5 Be7

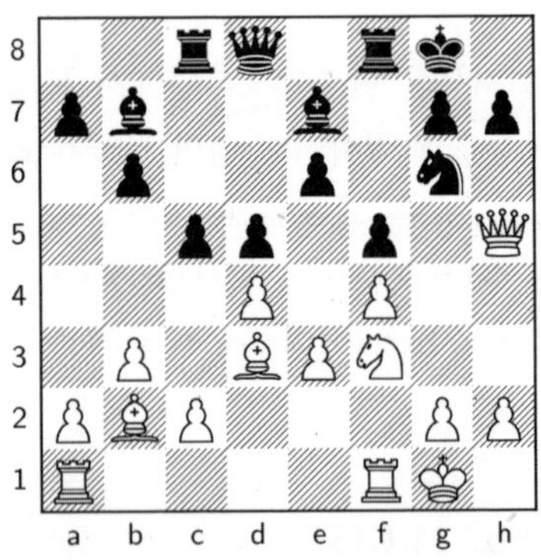

15...Be7은 **16 Ng5**의 위협 때문에 필요했다. 하지만 지금 백은 16...c4를 고려해야 했다.

16 g4

이는 백이 포지션을 완전히 잃는 잘못된 콤비네이션이다. **16 c3**(킹스 비숍을 공격 대각선에 두는 것이 목적)면 **16...c4 17 Bc2** 이후에 그는 g파일을 열어 주도권을 잡을 기회를 유지했을 것이고, 그 이후에는 결과를 예측할 수 없었을 것이다.

16...c4 17 gxf5

또는 17 Be2면 17...cxb3에 이어 ...Rc2.

17...Nxf4

흑의 이 강력한 반격은 백이 16수를 두었을 때 아마 간과되었을 것이다.

18 exf4 cxd3 19 Ng5

마찬가지로 19 cxd3도 장기적으로는 무익했을 것이다. 예를 들어 19...Rxf5 20 Qg4 Rc2 21 Rf2 Rxf2 22 Kxf2 Bd6 23 Ne5 Qf6.

19...Bxg5 20 fxg5 Rxc2

이제 백은 g6에 보초병을 세우고, 메이트 위협을 수반하는 플레이가 가능한 엔딩을 가져올 수 있게 되었다. 흑에게 결정적인 상황은 20...Rxf5 21 Rxf5 exf5 22 cxd3 Qe7 23 Qf3 Rc2 24 Rb1(24 Bc1이면 Rxc1+) 24...Qxg5+ 25 Qg3 Qd2 26 Ba3 f4 27 Qh3 Bc8로, 이길 수도 있었다.

21 g6 h6 22 Ba3 Rxf5 23 Rxf5 exf5 24 Qxf5 Qf6

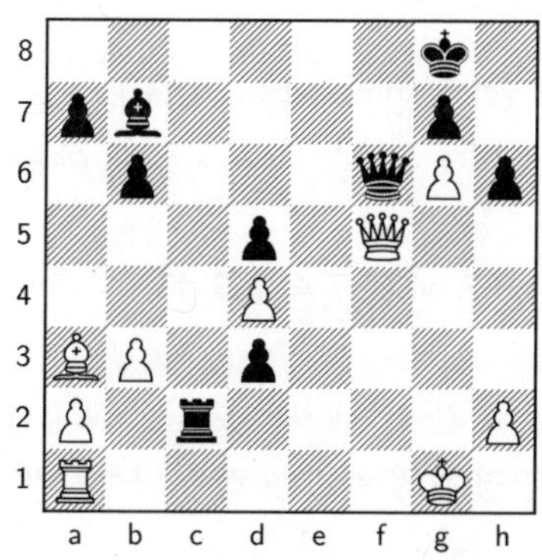

흑은 스무 번째 수를 놓친 이후, 모든 수들이 강제되었다.

25 Re1

이것은 **25 Rf1 Qxf5**(그러나 **25...Qxd4+**는 **26 Kh1 Qf6 27 Qe6+** 때문에 불가) **26 Rxf5 Rc8 27 Kf2 Re8 28 Re5 Rxe5 29 dxe5 Bc8**, 그리고 흑이 g파일 폰도 잡았을 결과보다는 덜 불리한 엔딩으로 이어 진다.

25...Re2

명백한 강제다.

26 Rf1

무의미하고 즉각적인 재난이다. **26 Rxe2 dxe2 27 Qxf6 gxf6 28 Kf2 Ba6 29 Bd6 Bd3 30 Bb8**면, 흑은 e파일 폰이나 퀸사이드의 두 폰들을 포기할 수밖에 없었을 것이다. 이후 **30...a6 31 Bc7 b5 32 Ba5 Kg7 33 Ke3 Bb1 34 Kxe2 Bxa2**(**34...b4**면 **35 Kd2**) **35 b4 Kxg6 36 Ke3**로 끝내면 동등하지 않은 자산에도 불구하고 무승부로 이어질 가능성이 매우 크다.

26...Qxd4+ 27 Kh1 Qf6 0-1

25. 에드워드 라스커-야노프스키
퀸스 폰 오프닝 *Queen's Pawn Opening*

1 d4 Nf6 2 Nf3 b6 3 c4 Bb7 4 Nc3 d6

흑의 이러한 어두운 칸 폰 배치는 어떠한 포지션적 이점도 보장하 지 않지만 자신의 진영에 있는 밝은 칸은 약화시키기에, 분명 나쁘다.

...b6에 대한 보충적인 수는 ...e6이며, 킹스 인디언 디펜스에서 ...g6가 ...d6로 보완되는 것과 똑같다.

5 Bg5 Nbd7 6 Qc2 e5

6...c5가 7 d5 이후 두 번째 비숍을 피앙케토로 두는 순서를 덜 망쳤을 것이다. 텍스트 무브 후에는 더 잘 전개된 상대에게만 유리한 정리된 라인이 불가피해진다.

7 e3 h6

7...h6는 다음 행마와 관련하여 흑 킹의 포지션을 결정적으로 해체하며, h파일의 개방으로 인해 백으로선 그 활용을 더 쉽게 할 수 있게 한다. 따라서 11수 이후 백 포지션은 이미 전략적 승리로 간주될 수 있다.

8 Bh4 g5 9 Bg3 Nh5 10 0-0-0 Nxg3 11 hxg3 Bg7 12 Bd3 g4

12...g4는 포지션에 대한 추가적인 손상이다. 그러나 이즈음의 흑은 너무 형편없어서 만족할 만한 방어책을 찾기가 거의 불가능해 보인다. 물론 12...Bxf3 13 gxf3 exd4 14 exd4 Bxd4는 15 Be4 때문에 금물이다.

13 Nh4 exd4 14 exd4 Qg5+ 15 Kb1 0-0-0

결국 흑은 킹을 안전한 곳에 착지시키는 데 성공했다. 하지만 이를 위해 자신의 자랑스러운 퀸스 비숍의 교환을 허용할 의무가 발생한다.

16 Be4 Rhe8

만약 16...c6면 17 Qa4 Kc7 18 Nf5 Bf8 19 Qxa7 Ra8 20 Nb5+!로 백이 승리한다.

17 Bxb7+ Kxb7 18 Ne4 Qa5

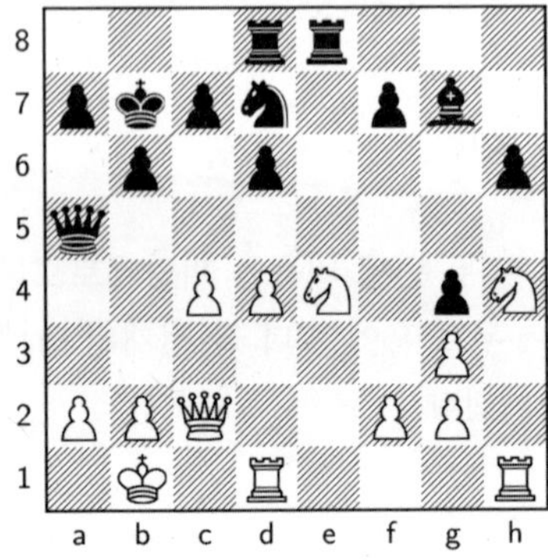

19 Nf5

결정적. 흑의 킹사이드 폰들은 방어가 불가능하며 상대가 원하는 순서대로 제거될 수 있다.

19...Bf8 20 Rh5 Qa6 21 Ne3

어떤 경우에도 흑 h파일 폰은 도망칠 수 없기 때문에 **21 Ne3**가 여전히 **21 Nxh6**보다 낫다.

21...c5

이는 적어도 비숍에게 몇 가지 전망을 열어 주기 위해서다.

22 Nxg4 cxd4 23 Rxd4 Nc5 24 Nxc5+

여기서 백은 불필요하게도 승리할 기회를 복잡하게 만들었다. **24 Nxh6**로 다른 폰을 잡는 게 훨씬 더 간단했을 것이고, 그로 인해 흑의 세 번째 폰이 공격을 받았을 것이기 때문에 더 그렇다. 이제부터 야노프스키는 엄청난 끈기로 방어하기 시작한다.

24...bxc5 25 Re4 Qc6 26 Nf6 Re6 27 Rf5

백은 **27 Nd5 Rd7 28 Rxf7**을 통해 폰을 잡겠다고 위협할 수 있지만, 흑의 다음 수로 막힌다.

27...Kb8 28 f3 Bg7 29 Nd5 Rd7 30 b3

30 b3는 **30...Rb7**에 **31 Rxf7**으로 대응하기 위해서다.

30...a5 31 a4

여기서 백은 **31...a4 32 Rxe6 fxe6 33 Qxe6 axb3 34 axb3**를 두려워할 필요가 없었기 때문에 **31 Qe2**가 더 간단했다(**34...Qa6 35 Qe8+** 또는 **34...Ra7 35 Qg8+**, 그리고 백 승리).

31...Ra7

백의 승리 라인을 다소 어렵게 만드는 퀸을 위한 클리어런스 무브 clearance move[*]다.

32 Qe2 Qe8 33 Nf6 Qc8 34 Nh5 Bd4 35 Nf4 Re5 36 g4

36 g4는 잘 계산된 폰 희생인데, 흑은 **36...Rae7**으로 거절하는 게 더 나을 듯하다. 왜냐하면 수락 후 몇 수 만에 패배하기 때문이다.

36...Rxf5 37 gxf5 Qxf5 38 g4 Qh7 39 Kc1 Be5 40 Nd5

이제 포지션이 명확해졌다. 백의 **f4**에 대한 대응과, 이어지는 기물들의 진입을 흑은 더 이상 방어할 수 없다.

40...f5 41 gxf5 Rg7 42 f4

---

[*] 한 기물을 대체하여 다른 기물이 그 자리에 자리잡을 수 있도록 하는 수.

백은 **36 g4**를 둘 때 생각한 계획이 충분히 적절하기 때문에 e5에서의 교환 손실 결과에 대해 신경 쓸 필요가 없다.

42...Rg1+ 43 Kd2 Rb1 44 Qh5 Qg7

44...Qg7은 성공을 위해서는 두 가지 기적이 필요한 마지막 함정이다.

45 Qe8+

첫 번째 기적. 백은 간단한 **45 fxe5**로 바로 이길 수 있었다. 예를 들어 **45...Qg2+**(또는 **45...Rb2+**면 **46 Kc3** 등등) **46 Re2 Rb2+ 47 Kc3**, 그리고 **47...Qxe2** 또는 **...Rxe2**라면 **48 Qe8+**로 시작하여 5수 메이트였다.

45...Ka7 46 Qg6

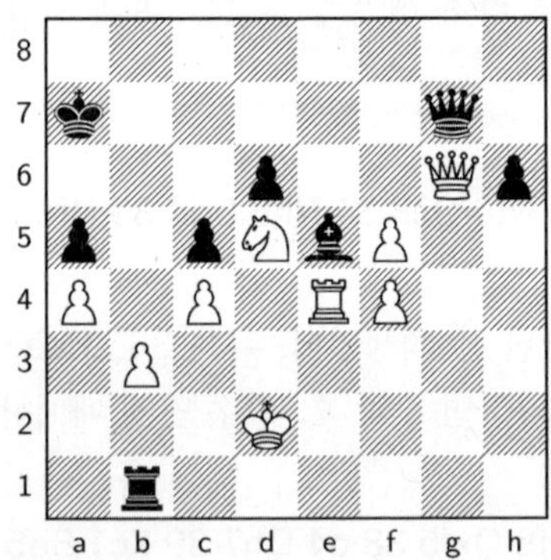

그리고 여기서 두 번째 기적이 일어난다. **46 fxe5**도 앞의 수와 비슷하게 이길 수 있었음은 말할 것도 없고, **46 Qe7+ Qxe7 47 Nxe7** 등등을 통해서도 무난하게 승리하는 엔딩을 추가로 가져올 수 있었다.

46...Bxf4+

흑 퀸의 결정적인 진입을 가능하게 하는 이 확실한 체크는 백이 완전히 간과한 게 분명하다.

47 Rxf4 Qb2+ 48 Ke3 Qxb3+ 49 Kf2 Qc2+ 50 Kg3

50 Kf3 Rf1+ 후에도 백 킹은 g파일로 강제되었을 것이다.

50...Rg1+ 51 Kh3 Rh1+ 52 Kg3 Rg1+ 53 Kh3 Rxg6 54 fxg6 Qxg6

백 퀸을 잡은 이후, 흑은 당연하게도 쉽게 승리한다.

55 Kh4 Kb7 56 Kh3 Qe8 57 Kh4 Kc6 58 Rg4 Qe2 59 Kg3 Qd3+ 60 Kh4 Qc2 61 Ne7+ Kd7 62 Nd5 Qh2# 0-1

6라운드

이 라운드는 마침내 카파블랑카에게 승리를 가져다 주었고, 동시에 타르타코베르 박사에게는 첫 패배를 안겨 주었다. 유일한 무승부는 라스커 박사-에드워드 라스커의 대결이었는데, 세 번의 세션session이 필요했고 103수까지 진행되었다! 하지만 그 덕분에 백 측은 모든 판을 깔끔하게 쓸어 담았다. 흑 측은 그에 비해 4½-½의 고통을 겪었다.

두 라스커의 경기는 토너먼트 최고의 격투 게임으로 규정되었으며 당연히 그래야 한다. 여기서 다 다루지는 못하지만 알예힌 씨로부터 정말 세심한 분석을 받았다. 라스커 박사가 공물이 다가왔을 때 최대한 페널티를 부과하는 데 실패했다는 것만으로도 충분하다. 그 후 에드워드 라스커의 방어는 훌륭했고, 마지막에 이르러서는 사실상 승기를 잡았다. 외로운 나이트를 가진 라스커 박사는 룩-폰을 상대로 고전적인 엔딩으로 무승부를 거뒀다.

카파블랑카를 상대로 한 타르타코베르 박사의 더치 디펜스는 챔피언의 입장에서 정말 즐거운 첫 경기였으며, 그의 기계 같은 정확성과 뛰어난 기술을 보여 주는 좋은 사례였다. 엔딩은 킹이 f6에, 폰이 g6에, 룩이 h7에 놓이는 고전적인 포지션에서 이루어졌다. 타르타코베르 박사가 폰 두 개가 우위였지만 흐름을 막을 수는 없었다.

알예힌-야노프스키는 퀸스 폰 오프닝에 대응하는 또 다른 이레귤러 디펜스였으며 야노프스키는 알예힌의 공세에 맞서 퀸사이드에서 캐슬링을 하는 전략적 실수를 저질렀다. 흑의 퀸스 비숍은 6수 만에 게임에서 탈락했다.

마셜의 두 번째 좌절은 쓰리 나이츠 오프닝을 구사한 마로치의 손안에서 나왔다. 헝가리인은 교묘하게 충분한 보상을 받지 못할 공격을 위해 폰을 희생하도록 미국인을 유도했다. 이후 마로치가 자신의 포지션을 개선한 방식은 매우 교훈적이었다. 그는 마셜의 완강한 저항에도 불구하고 강제로 퀸 교환을 하고 정확한 시점에 움직여 룩 엔딩에서 승리했다.

레티는 예이츠를 상대로 또 한 번 훌륭한 경기를 펼쳤는데, 오프닝의 전개는 독특하게도 자신만의 것이었다. 그는 퀸을 a1에, 비숍을 b2와 g2에, 룩을 c1과 c2에 놓았다. 폰 브레이크pawn break*가 왔을 때 예이츠는 중앙에서 포지션을 지킬 수 없었다.

카파블랑카의 승리와, 같은 이름들끼리 맞선 대단한 무승부 노력 덕분에 이번 라운드의 모든 게임이 끝난 후 라스커 박사는 3½-1½로 알예힌, 보골류보프와 동률을 이뤘고 타르타코베르 박사가 3½-2½로 그 뒤를 따랐다.

색상 간 경쟁에서는 백이 앞서며 점수를 획득했다. 백 17점, 흑 13점.

---

* 폰을 움직여 상대 폰과의 교환 등을 통해 포지션의 구조를 바꾸려는 시도.

26. 라스커 박사-에드워드 라스커
루이 로페즈 *Ruy Lopez*

1 e4 e5 2 Nf3 Nc6 3 Bb5 a6 4 Ba4 Nf6 5 0-0 Be7 6 Re1 b5 7 Bb3 0-0

7...0-0은 ...d6보다 앞서서 할 수도 있지만, 그 수는 상대가 적절히 응수하면 수순을 바꾼 일에 불과하다.

8 c3 d6

8...d6는 마셜이 카파블랑카(1918년 뉴욕)를 상대로 시도한 8...d5의 폰 희생을 후자가 다음과 같은 방식으로 반박했기 때문이다. 9 exd5 Nxd5 10 Nxe5 Nxe5 11 Rxe5 Nf6 12 Re1 Bd6 13 h3 Ng4 14 d4 Qh4 15 Qf3 Nxf2 16 Re2로 흑은 16...Bg4의 희생에 이어지는 적절한 보상을 얻지 못했다.

9 h3

이 준비적인 수는 ...Bg4에 의한 매우 불편한 핀을 막기 위해 여기서 필요하다. 그 외에도 킹사이드에서 마침내 시도할 시위를 위한 길을 준비한다.

9...Na5 10 Bc2 c5 11 d4 Qc7 12 Nbd2 cxd4

12...cxd4는 c파일을 작전의 거점으로 활용하기를 바라며 두는 수다. 그러나 이 대국과, 특히 마로치-레티의 대국(89국)에서 알 수 있듯이 백은 이 파일을 상대와 어렵잖게 다툰 그 후 최종적으로 d5로 적군을 압박하여 우위를 점할 수 있다. 그 결과, 흑이 즉각적인 반격을 포기하는 12...Nc6라는 오래된 방법은 그 오랜 세월에도 불구하고 좀 더 지속될 것으로 보인다.

13 cxd4 Bd7 14 Nf1 Rfc8

흑의 다른 룩은 a파일 또는 b파일에서 활용되어야 한다. 그러나 그는 그렇게까지 멀리 가지 못한다.

15 Re2

이 수는 확실히, 충분히 좋지만 다소 이상하게도 보이기에 상대에게 새로운 생각을 할 기회를 제공한다. 마로치가 레티를 상대로 둔 **15 Bd3**가 더 자연스럽고 적어도 이에 못지않게 좋았을 것이다.

15...Nh5

이와 관련된 흑의 폰 희생은 매우 기발하고 흥미롭지만 결국 오류로 판명되었다. 적절한 연속수는 **15...b4 16 Bd3 Qb8**였고, 이는 **...Bb5**로 교환하여 방어를 쉽게 하기 위해서였다. 하지만 백의 우위는 그 수 이후에도 분명하게 드러났을 것이다.

16 dxe5 dxe5

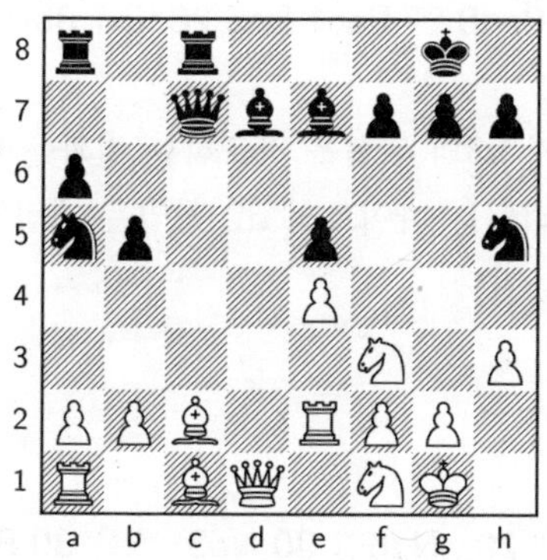

17 Nxe5

라스커 박사는 다가오는 복잡성에 겁을 먹지 않고 조용히 제안된 선물을 받아들인다. 그는 승리 포지션에 도달할 때까지 이어지는 복잡한 콤비네이션을 훌륭하게 처리한다.

17...Bxh3 18 Nxf7

18 Nxf7에는 **19 Qd5**라는 끔찍한 위협이 담겨 있다.

18...Be6 19 Ng5 Bc4 20 Bd3 Rd8 21 Rc2

21 Rc2는 즉각적인 교환보다 유리한 수비 포지션으로 이어진다. 예를 들어 **21 Bxc4+**면 **21...Nxc4**(**21...Qxc4 22 Qc2 Qxc2 23 Rxc2 Rd1 24 Nf3**) **22 Qb3 Nf4 23 Bxf4 Qxf4 24 Nh3**(만약 **24 Ne6**면 **24...Qg4**) **24...Qe5**로 실제 게임에서처럼 무승부 기회를 갖는다.

21...Nf4 22 Bxf4 Qxf4 23 Nh3 Qe5 24 Bxc4+ Nxc4 25 Qe2

이제 백은 쓸만한 폰을 가지고 있으며, 장기적으로는 막을 수 없게 되는 흑 나이트를 지휘소에서 몰아내기만 하면 된다. 흑은 어두운 칸들을 일시적으로 제어한다고 해서 폰을 보상받지는 못한다.

25...Rd4 26 f3 Rad8 27 Rac1 Bc5 28 Kh1 Bb4

흑의 노력은 단지 **b3**의 위협을 강조하는 결과를 낳았을 뿐이다. 텍스트 무브에서 고려되는 나이트의 d2 침입은 게임의 운명을 바꿀 수 없는 절망적인 행동이다.

29 b3 Nd2

29...Nb6면(만약 **29...Nd6**면 **30 Ne3**) 백은 **30 Rc6 Ba3 31 R1c2**를 통해 룩 교환을 강제하여 d파일에 가해지는 압박을 줄일 수 있다. 텍스트 무브로 흑 나이트는 일종의 막다른 골목에 놓인다.

30 Ne3

이제 백은 **Rd1**을 두겠다고 위협하고, 이어서 기물 하나를 얻으면서 e1-a5 대각선에서 흑 비숍을 몰아내며, **30...Nxe4 31 fxe4 Rxe4**의 카운터 콤비네이션은 **32 Rc8**로 무력화할 것이다. 숨겨진 방어를 발견했다고 생각한 흑은 상대의 위협을 바로 실행하도록 강요함으로써 상대를 놀라게 한다. 하지만 결국 그는 패배하고 말았다(이 내용과 관련하여 1961년에 에드워드 라스커는 알예힌이 **Rc8**가 ...Re8를 상대로 실패한다는 점을 간과했다고 지적했다).

30...Ba3 31 Rd1 Bb4

31...Bd6는 **32 Ng4** 때문에 분명 불충분했을 것이다.

32 a3

이 승리 작전은 매우 정확하게 계산해야 했다.

32...Ba5 33 b4 Bc7

지금 흑의 위협적인 메이트는 **34 Ng4**로는 **34...Nxe4** 때문에 제대로 대응할 수 없다. 하지만 백은 훨씬 더 효과적인 수를 준비했다.

34 f4

흑의 답은 한 가지만 남았다.

34...Nxe4

이제 **35 fxe5 Ng3+ 36 Kh2 Nxe2 37 Rxc7 Rxd1 38 Nxd1 Rxd1 39 Ng5 Rd8 40 Ra7**은 쓸 만하지 않은 게 확실하다. 이는 확실히 공평한 승리 기회를 약속하지만 백의 연속수가 훨씬 더 강력하다.

35 Kh2

다음 수는 강제다.

35...Rxd1

또는 35...Qe7이면 36 Nf5.

36 Nxd1

물론 36 fxe5는 36...Bxe5+ 37 g3 R1d2 때문에 안 된다.

36...Qe7

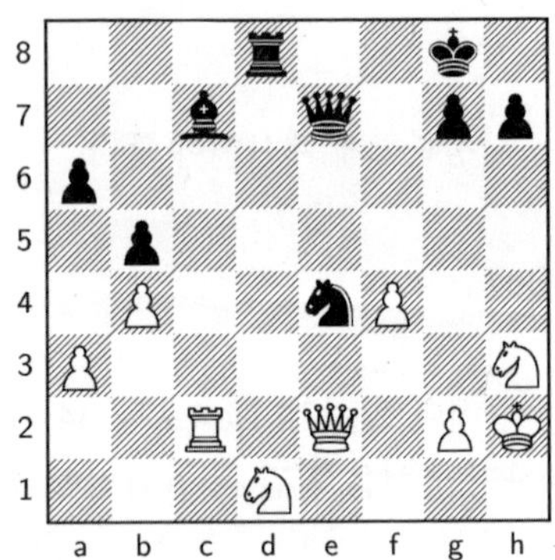

37 Rxc7

하지만 여기서 백은 탄탄한 포지션 플레이의 결실을 잃는다. 단순한 37 Ndf2 Rd4 38 Qe3가 기물 하나를 잡았을 것이다. 38...Bb6가 39 Rc8+ Kf7 40 Nxe4 Rxe4 41 Qxe4, 그리고 42 Ng5+로 이어지기 때문이다. 물론 그 이후에는 게임이 끝난다. 반면에 텍스트 무브는 적어도 승리하기가 매우 어렵다.

37...Qxc7 38 Qxe4 Qc4

만약 **38...Rxd1**이면 **39 Qe8#**.

39 Qe7

여기서나 나중에나 백은 퀸 교환을 할 경우 이길 수 없다. 왜냐하면 흑이 퀸사이드를 점령하여 a파일 폰을 잡고 b4에서 폰 교환을 하여 엔드게임에서 퀸사이드 전개를 할 것이며 백으로선 킹사이드의 나머지 폰으로는 승리하기에 충분하지 않기 때문에 이길 수 없다. 그러나 교환을 피함으로써 그는 현재 승리를 기대할 수 없는 방어적인 포지션에 도달했다. 그럼에도 불구하고 그는 계속 이기기 위해 노력하며, 이것이 바로 51수에서 희생한 이유다.

39...Qc8 40 Ndf2

백에게 **40 Ng5 Rxd1 41 Qf7+ Kh8 42 Qh5 h6 43 Qxd1 hxg5 44 Qh5+ Kg8 45 Qxg5 Qc1**에 이은 퀸 엔딩은 약간의 승리 기회만 약속하고, **40 Ne3**는 **40...Re8** 때문에 두지 않아야 한다.

40...h6 41 Qa7

41 Ne4가 백에게 더 나은 기회를 제공했는데, **41...Re8 42 Qc5 Qxc5 43 Nxc5 Re3 44 Nxa6 Rxa3 45 Nc5** 이후에는 b파일 폰을 유지할 수 있기 때문이다. 결과적으로 흑은 **42 Qc5**에는 **42...Qe6**로 답해야 하며, 실제 게임보다 더 어려운 수비를 해야 한다.

41...Qe6 42 Qb7 Qd5 43 Qb6

퀸 교환과, **43 Qxa6 Ra8**에 이은 **Rxa3**는 당연히 백의 승리 계획의 일부로 간주될 수 없다.

43...Rd6 44 Qe3 Re6 45 Qc3 Qc4

지난 8수 동안 흑 포지션이 상당히 개선되었다.

46 Qf3 Qc6 47 Qd3 Rd6 48 Qb3+ Qd5 49 Qb1 Re6

지금 룩은 반격하겠다며 위협하고(특히 a파일 폰에 대한), 백은 반복에 의한 무승부에 만족하지 않는다면 이제 적극적으로 무언가를 '발견'해야 한다.

50 Ng4 Re2

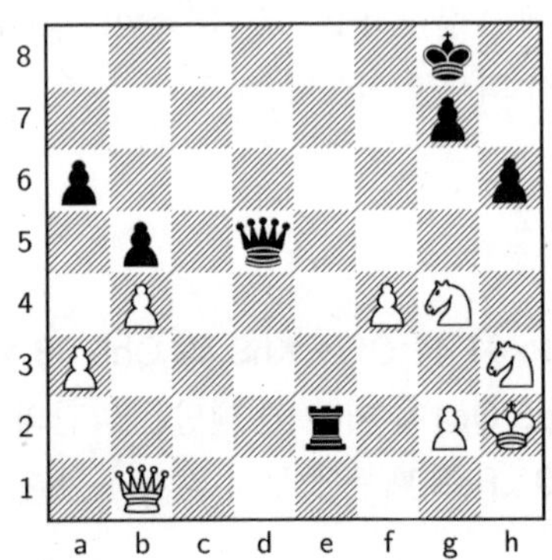

흑은 상대가 생각한 희생이 쓸모없다는 걸 정확하게 판단하고 조용히 허용했는데, 다른 연속수에 의해서라면 e5에 나이트를 두는 것이 백에게 약간의 승리 기회를 줄 수도 있었기 때문에 더욱 그러했다.

51 Nxh6+

백이 이 콤비네이션에 걸친 승리의 희망은 킹의 안전하지 않은 포지션 때문에 나이트가 적시에 협력할 수 없는 상황으로 인해 산산조각 난다. 게다가 그는 무승부 가능성을 지속적으로 회피하는 바람에 허약해진 a파일 폰으로 인해 실제적인 패배의 수렁으로 빠져든다.

51...gxh6 52 Qg6+ Kf8 53 Qxh6+ Ke8 54 Qg6+ Kd8 55 Qg3

여기서 백은 **55 Qb6+ Ke8 56 Qb8+ Ke7 57 Qa7+ Kf8 58 Qb8+**

Re8 59 Qa7을 통해 간단한 무승부에 도달할 수 있었고, 그 후 흑은 58...Re2에 의지하는 일 외에는 더 나은 방법이 없었을 것이다. 다음 몇 수 동안에도 비슷한 기회가 백에게 주어질 것이다.

55...Re8

...Rd3를 두겠다고 위협하는 **55...Rd2**면, 백은 **56 Qh4+**로 시작하는 일련의 체크를 통해 언제든지 g2에서의 위협적인 메이트를 중단시킬 수 있었다.

56 Qf2 Rg8 57 Qb2

여기에서도 **Qb6+**가 동일하게 무승부를 이끌어 냈을 것이다.

57...Qd6

추가적인 체크로부터 킹을 보호하고 나이트의 공격을 막는 수다.

58 Qc3 Kd7 59 Qf3 Kc7 60 Qe4 Rg7 61 Qf5

백은 자신의 계획을 완벽하게 수행했고, 훌륭한 퀸 기동으로 나이트의 협조를 보장했다. 그러나 이 마지막 수는 그다지 중요하지 않은 단계로 보이며 a파일 폰의 몰락을 막지는 못하는 듯하다.

61...Re7 62 Ng5

백은 **62 Qc2+ Kd8 63 Qc3**로 퀸사이드를 안전하게 만들 시간이 아직 남아 있었다. 반면 이 나이트의 유혹적인 움직임은 대가를 치러야 한다.

62...Re3 63 Ne4 Qe7

흑이 **64...Qh4+**로 퀸을 잡겠다고 위협한다

64 Nf6 Kb8

이로써 a파일 폰의 운명이 봉인된다. 흑은 38수 이후 흠결 없이 방어했고 이제 승리할 수 있는 포지션에 도달했다.

65 g3

65 Nd7+는 **65...Kc7** 때문에 목적이 사라질 수 있었다.

65...Rxa3 66 Kh3 Ra1

66...Qxb4는 백에게 **67 Qe5+ Kb7 68 Qd5+**와 같은 무한 체크에 의한 무승부를 허용했을 것이다.

67 Nd5 Rh1+

67...Rh1에 의해 흑은 이어진 수로 퀸을 교환하고 비록 어려운 엔딩이지만 승리를 거둘 수 있었다. 그러나 더 설득력 있는 방법은 **67...Qd6**, 이후 **Rd1**을 통해 d5에서 나이트를 몰아내고 킹에 대한 직접 공격과 함께 b파일 폰을 잡기 위한 플레이를 하는 것이다.

68 Kg2

물론 **68 Kg4**는 안 된다. **68...Qe2+** 등등 때문이다.

68...Qh7 69 Qxh7

백은 퀸 교환을 피할 수 없었다. 왜냐하면 **69 Qe5+** 또는 **Qf8+** 이후에는 더 이상 체크가 불가능했고 그의 킹은 결국 두 흑 기물들이 결합된 공격에 굴복할 수밖에 없을 것이기 때문이다.

69...Rxh7 70 Kf3 Kb7 71 g4 Kc6 72 Ke4

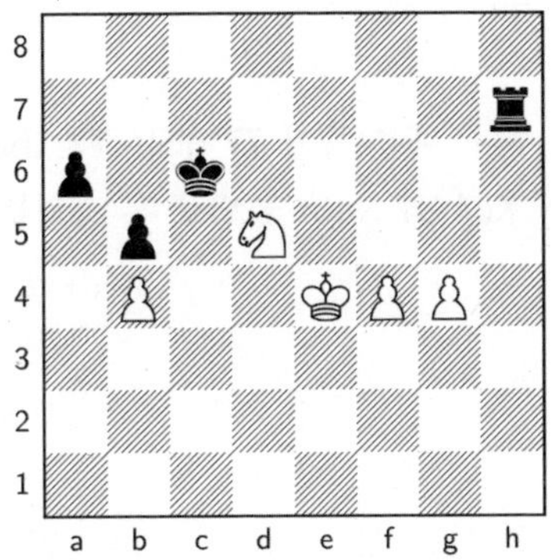

72...Rh8

이 그럴듯한 수는 백에게 무승부 가능성을 제공한다. 정확한 수는 **72...Rd7**으로, 7랭크에서 룩을 빼지 않으면서 백 나이트의 후퇴를 강요했을 것이다. 예를 들어 **72...Rd7 73 Ne3**(73 Nf6면 73...Rd8 74 g5 a5 75 bxa5 b4 76 g6 b3로 흑 승리) **73...a5 74 bxa5 b4 75 g5** (또는 a6) **75...Kc5 76 Nc2 b3 77 Na3 b2 78 g6 Kb4 79 Nb1** (또는 79 Nc2+면 79...Kb3) **79...Rd1 80 g7 Rg1**, 이어서 **...Rxg7**으로 흑 승리.

73 Ne3

73 Nf6 후에는 **73...Rd8**에 이어 ...a5가 결정적이었을 것이다.

73...Re8+ 74 Kd4 Rd8+ 75 Ke4

백은 자신의 킹이 통과한 폰에서 분리되는 일을 허락하지 않았고 결국 그가 옳은 것으로 보인다. **75 Kc3**면 흑은 **75...Rd6**로 백 나이트의 이동 후 룩으로 d1을 점령하고, 폰 이동 후에는 킹과 함께 수비로 넘어갔을 가능성이 높다. 이 변형에서는 백의 직접적인 손실이 무엇인지 나타나지 않는다. 하지만 짧고 날카로운 투쟁 끝에 명확한 무승부 포지션으로 이어지는 텍스트 무브가 더 설득력이 있다.

75...a5 76 bxa5 b4 77 a6

77 a6는 유일한 수다. 예를 들어 77 g5는 77...b3 78 Nc4 Kc5 79 Nb2 Rd2 80 Nd3+ Kc4 81 Ne5+ Kc3로 흑 승리를 가져오기에 분명 불충분했을 것이다.

77...Kc5

77...b3보다 풍부한 가능성을 보장하는 수다. 77...b3 78 Nc4 Kb5 79 Nb2 Kxa6(79...Rd2는 80 a7으로 무효화) 80 Ke3 Kb5 81 g5 Kb4 82 g6 Kc3(또는 Ka3) 83 Na4+(또는 Nc4+), 그리고 흑은 감히 ...Kc2 또는 ...Ka2를 시도하지 못하는데, 이는 f5와 이어지는 g7 때문 이다.

78 a7 b3 79 Nd1 Ra8

79...Kb6 80 Ke3 Kxa7 81 Nb2는 위에서 설명한 변형으로 이어질 수 있다.

80 g5 Rxa7 81 g6 Rd7 82 Nb2 Rd2 83 Kf3

83 Kf3는 백 방어 전체의 요점이다. 흑은 당연히 84 g7 때문에 나 이트를 잡을 수 없으며, 따라서 승리를 위해 계속 플레이하려면 적 킹 의 통과한 폰 접근을 허용해야 한다.

83...Rd8 84 Ke4 Rd2 85 Kf3 Rd8 86 Ke4 Kd6

흑은 86...Kd6를 사용하면 분명 백의 통과한 두 폰들을 강제로 잡지 만, 큰 자산적 이점에도 불구하고 이상하게도 엔딩에서 이길 수 없다.

87 Kd4 Rc8 88 g7 Ke6 89 g8Q+ Rxg8 90 Kc4 Rg3 91 Na4 Kf5 92 Kb4 Kxf4

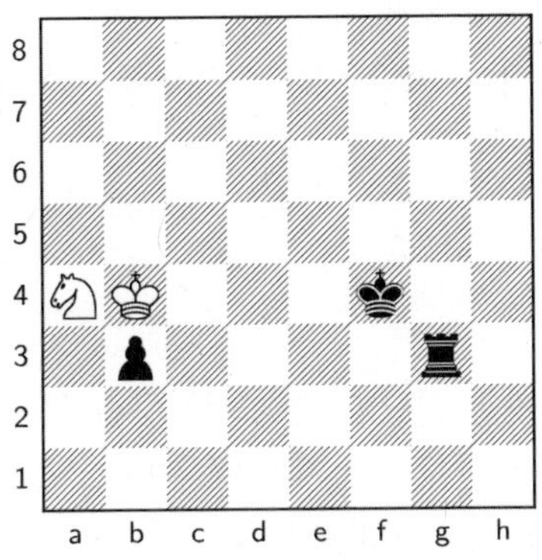

93 Nb2 Ke4 94 Na4 Kd4 95 Nb2 Rf3

95...Rf3는 룩 뒤에서 킹을 d2로 보내려는 시도다. 하지만 백은 킹을 b2에 배치할 시간이 있었기 때문에 더 이상의 접근 시도는 무의미했다. 우여곡절이 많은 흔치 않은 대국이다.

96 Na4 Re3 97 Nb2 Ke4 98 Na4 Kf3 99 Ka3 Ke4 100 Kb4 Kd4 101 Nb2 Rh3 102 Na4 Kd3 103 Kxb3 Kd4+ ½-½

27. 카파블랑카-타르타코베르
더치 디펜스 *Dutch Defense*

1 d4 e6 2 Nf3 f5 3 c4 Nf6 4 Bg5 Be7

4...Be7과 다음 수로는 이 오프닝에서의 흑의 주요한 단점, 즉 기본적으로 불건전한 폰 대형을 더 약화시키지 않고 적절한 시기의 퀸스 나이트 전개가 어렵다는 점이 결코 해소되지 않는다. 이 목적에 더 적합한 것은 **4...Bb4+ 5 Nbd2**(5 Nc3면 5...c5) **5...Nc6 6 e3 0-0**, 그리고 결국 **...d6**와 **...e5**로 잇는 것이다.

5 Nc3 0-0 6 e3 b6 7 Bd3 Bb7 8 0-0 Qe8

8...Qe8는 모든 경우에서 마셜-타르타코베르 박사의 경기에서 발생한 8...Ne4보다 낫다. 흑은 이제 ...Qh5에 이어 ...Ng4로 경기병대 공격까지 위협한다.

9 Qe2

흑이 이 의도를 가장 간단한 방식으로 무시하는 이유는 9...Qh5면 10 e4로 백에게 유리하게 이어지기 때문이다. 그러므로 흑은 단순화를 위한 과업에 자신을 밀어넣는다.

9...Ne4 10 Bxe7 Nxc3 11 bxc3 Qxe7 12 a4

12 a4는 13 Rfb1(a5를 두겠다고 위협) 13...Na5 14 c5에 Rb5가 뒤따르는 12...Nc6에 대응하기 위해서다.

12...Bxf3

이 교환은 앞서 언급한 변형을 피하기 위해 명확하게 이루어졌다. 그러나 지금처럼 기동성 있는 폰 대형에서는 흔히 그렇듯 비숍이 나이트보다 우세하다. 대국의 나머지는 백이 그러한 이점을 잘 활용한 아주 좋은 예이다.

13 Qxf3 Nc6 14 Rfb1 Rae8

14...Rae8는 아직 필요 없다. 14...Na5(15 c5 bxc5 16 Rb5 c4)는 물론 14...g5도 안전하게 둘 수 있었다.

15 Qh3

이는 흑의 ...e5를 한동안 지연시킴으로써 f4를 위한 시간을 벌었다.

15...Rf6

이 수 역시 결국은 피할 수 없는 수 **15...g5**로 대체될 수도 있었다.

16 f4 Na5 17 Qf3 d6

17...c5면 백은 **18 g4**로 시작하는 공격에 착수할 수 있었다. 그러나 텍스트 무브 후 백은 중앙에서 더 좋은 공격 대상을 얻는다.

18 Re1 Qd7

18...e5 이후에는 **19 e4**가 이어지는데, 흑 입장에서 이 경우 파일을 열면 백에게만 이득이 될 수 있다.

19 e4 fxe4 20 Qxe4 g6 21 g3

백의 공격 계획은 명확하다. 적절한 준비를 마친 후 h파일 폰이 전진해야 한다.

21...Kf8 22 Kg2 Rf7

또는 **22...Qc6**면 백은 **23 Qxc6 Nxc6 24 c5**로 **Bb5**를 두겠다고 위협할 수 있다.

23 h4

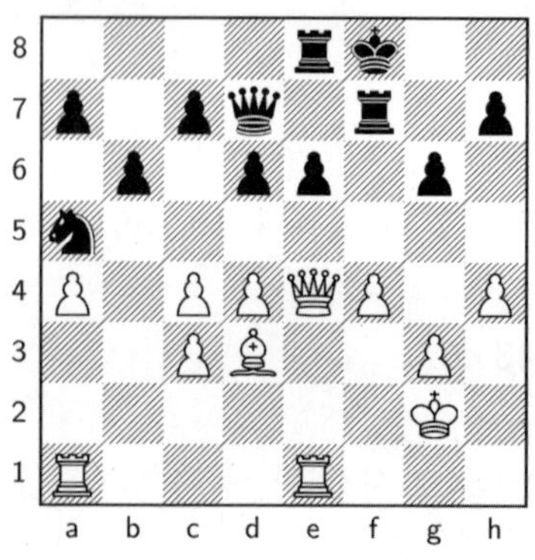

23...d5

흑은 위협적인 공격에 직면하여 이 단순화를 결정하지만, 그의 포지션적 약점은 엔딩에서 더욱 심각해진다. **23...Nxc4**면 **24 Bxc4 d5 25 Bxd5**(**25 Qe5**는 **25 Qd3 dxc4**, 이어서 **...Qd5+**에서처럼 아무것도 얻지 못 함) **25...Qxd5 26 a5!** 이후 매력 없는 룩 엔딩에서 구원의 기회가 몇 번 주어질 수도 있다.

24 cxd5 exd5 25 Qxe8+ Qxe8 26 Rxe8+ Kxe8 27 h5

27 h5는 재앙이다. 이제 백 룩이 h파일을 통해 적 진영으로 들어간다.

27...Rf6 28 hxg6 hxg6 29 Rh1 Kf8 30 Rh7 Rc6 31 g4 Nc4 32 g5

백은 **Rh6**, 이어서 **f5**를 두겠다고 위협한다. 그리고 흑은 아무 대응도 할 수 없다.

32...Ne3+ 33 Kf3 Nf5

또는 **33...Nd1**이면 **34 Rh6 Kf7 35 f5 Rxc3 36 fxg6+ Kg8 37 Ke2 Nb2 38 Bf5**로 쉽게 이길 수 있다.

34 Bxf5

간단하고 매력적이다.

34...gxf5

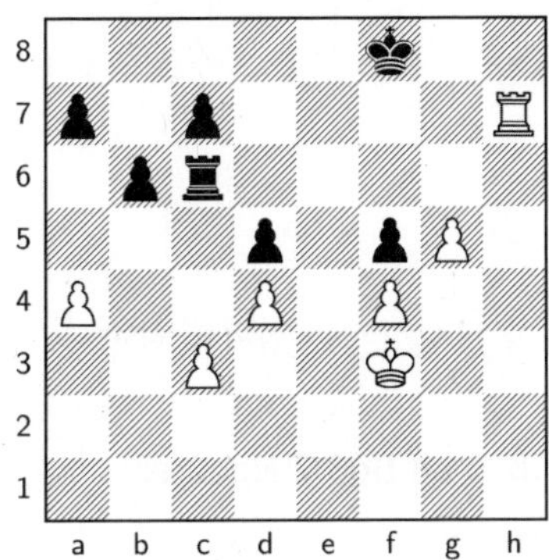

35 Kg3

결정타! 백은 f6에 킹, g6에 폰, h7에 룩으로 고전적인 포지션을 확보하기 위해 자산을 희생하고, 그 결과 흑 폰은 잘 익은 사과처럼 굴러 떨어진다.

35...Rxc3+ 36 Kh4 Rf3 37 g6 Rxf4+ 38 Kg5 Re4 39 Kf6 Kg8 40 Rg7+ Kh8 41 Rxc7 Re8 42 Kxf5

42 Kxf5는 다시 가장 간단한 수다. 42 Kf7은 42...Rd8 등으로 인해 흑에게 아직 재앙이 되지 못했을 것이다.

42...Re4 43 Kf6 Rf4+ 44 Ke5 Rg4 45 g7+ Kg8 46 Rxa7 Rg1 47 Kxd5 Rc1 48 Kd6 Rc2 49 d5 Rc1 50 Rc7 Ra1 51 Kc6 Rxa4 52 d6 1-0

28. 알예힌-야노프스키

올드-인디언 디펜스 *Old Indian Defense*

1 d4 Nf6 2 c4 d6 3 Nc3 Bf5

대국 과정은 여기서 흑 비숍의 f5 전개가 바람직하지 않다는 사실을 매우 설득력 있게 보여 준다. 가장 효과적인 플레이는 **3...g6**, 이어지는 **...Bg7**인데, 당분간 흑에게 가장 적은 의무를 부과하기 때문이다.

4 g3

백의 강력한 중심을 형성시키는 정확한 응수다.

4...c6 5 Bg2 Nbd7 6 e4 Bg6 7 Nge2 e5

7...e5는 무엇보다도 킹스 비숍을 전개할 기회를 확보하기 위해서다. 반면에 d6는 잠재적 약점으로 남게 되고, 흑 기물은 이전과 마찬가지로 미래가 없다.

8 h3

g4 칸을 영구적으로 지키기 위해 필요한 포지셔널적인 수로, 이를 통해 **Be3**가 가능해진다.

8...Qb6 9 0-0 0-0-0

9...0-0-0은 상대에게 직접 공격을 위한 목표를 제공하며, 흑은 이 불행한 기물 배치로 인해 치명적인 결과를 초래한다. **9...Be7 10 Be3 Qc7** 이후에는 백이 포지셔널적 우위를 승리로 바꾸기가 쉽지 않았을 것이다.

10 d5

...**d5**를 통해 이뤄질 배달에 대한 흑의 모든 희망이 무너진다. 이 주된 동기에 비하면 c5의 일시적 해방은 전혀 중요하지 않다.

10...Nc5 11 Be3 cxd5 12 cxd5 Qa6

여기서 흑이 폰 희생을 받아들이면 확실하게 지는 포지션으로 이어졌을 것이다. 예를 들어 **12...Qxb2 13 Bxc5 dxc5 14 Qa4 Qb6 15 f4 exf4 16 gxf4** 등이 그러한데, 하지만 텍스트의 연속수도 마찬가지로 전망이 없다.

13 f3

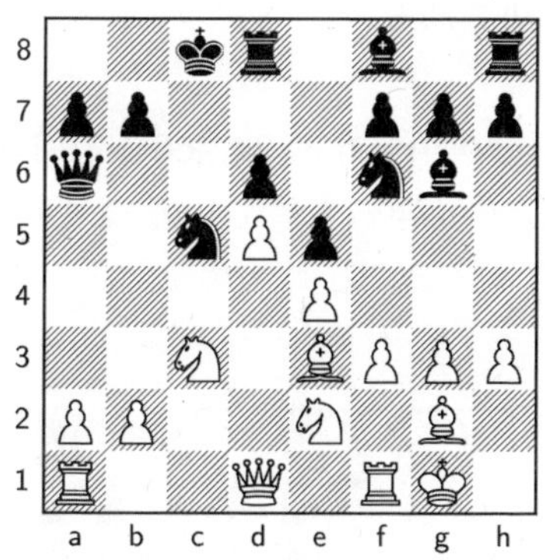

간단하고 결정적이다. 흑은 더 이상 **b4**에 대한 방어책이 없다.

13...Kb8

만약 **13...Qd3**면, **14 Qc1**.

14 b4 Ncd7 15 a4

그러나 **15 a4**는 정밀함이 부족하여 상대방이 c5의 통제권을 되찾고, 그런 식으로 잠시 동안 더 오래 저항할 수 있게 만든다. **15 Qd2 Qc4 16 Rab1**에 이은 **Rfc1**이 이 마지막 기회마저 박탈했을 것이다.

15...Qc4 16 Qd2

지금이라도 **16 Rb1**이 매우 강했을 것이다.

16...Qxb4 17 Bxa7+ Ka8 18 Rfb1 Qa5 19 Be3 Nc5 20 Rb5 Qc7 21 a5 Nfd7

흑은 첫 습격을 잘 버텨냈지만, 백이 자신의 7개 기물들을 모두 갖고 상대 킹을 공격할 수 있는 반면 흑은 킹사이드가 완전히 전개되지 않았고 퀸스 비숍의 활동 가능성이 잊힌 지 오래기에 백의 승리는 시간 문제일 뿐이다.

22 Nc1 Rc8 23 Nb3 Na6

23...Nxb3면 **24 a6**가 이어지고, **24...b6**를 강제하며 **24...Nxa1** (또는 ...Nxd2) **25 axb7+** 이후에는 몇 수 만에 메이트가 될 것이다.

24 Na4 Be7

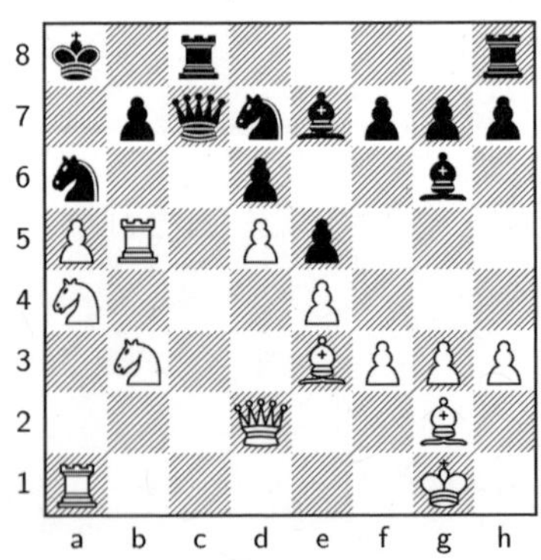

흑은 **24...Kb8**가 나오면 백이 **25 Rc1 Qd8 26 Rc6**로 결정적인 공격을 시도할 것을 알고 교환을 포기하기로 결심한다.

25 Nb6+

위기. **25...Nxb6면 26 axb6, 흑 퀸 이동** 후 **27 Rxa6+**로 백이 승리한다.

25...Kb8 26 Rc1 Ndc5 27 Nxc5 dxc5 28 Nxc8 Rxc8 29 Bf1 Qd7 30 Rb6 c4

30...c4는 절망적인 수다. **30...Bd8 31 Rb2**면 이 폰은 방어할 수 없었기 때문이다.

31 Rxc4 Rxc4 32 Bxc4 Qxh3 33 Qg2

백 기물의 지휘자는 다음과 같은 변형을 둘 수 있는 **33 Bxa6**도 가능함을 꽤 잘 인식하고 있었다. **33...Qxg3+ 34 Qg2 Qe1+ 35 Kh2 Qxe3 36 Rxb7+ Ka8 37 Qb2 Qf4+ 38 Kg2 Qg5+ 39 Kf1**, 백 승리. 그러나 이것은 7수 콤비네이션이었으며, 백으로선 퀸 교환을 강요하는 텍스트 무브 후 흑이 기권하리라는 가정이 정당했다.

33...Qxg2+ 34 Kxg2 Bd8 35 Rb2 Kc8 36 Bxa6 bxa6 37 Bb6 Bg5 38 Rc2+ Kb7 39 d6 f5 40 d7 1-0

29. 마로치-마셜
페트로프 디펜스 *Petroff Defense*

1 e4 e5 2 Nf3 Nf6 3 Nc3 Bb4

이 변형은 필스베리가 자주 사용하는 흑의 '루이 로페즈'로, 백은 간단한 방법으로 쌍비숍의 이점을 얻을 수 있다. **4 Nxe5 0-0 5 Be2 Re8 6 Nd3 Bxc3 7 dxc3 Nxe4 8 0-0** 등등.

4 d3

반면 이 수비적인 수순은 오프닝의 우위를 유지하려는 의도가 전혀 없다. 백은 이제 템포 우위로 슈타이니츠 디펜스를 펼치지만, 이는 동 등해지는 데 충분할 뿐이다.

4...d5 5 exd5 Nxd5 6 Bd2 0-0 7 Be2 Nc6 8 0-0 Be6

그러나 **8...Be6**는 상대방에게 추가 교환을 가능하게 하여 포지션 을 완화시킬 수 있다는 점에서 이 시스템에 맞지 않는다. 더 가능성 있고 루이 로페즈와 유사한 수순으로는 **8...Nxc3 9 bxc3 Ba5**, 또는 **8...Bxc3 9 bxc3 Qd6**가 있었다.

9 Re1 h6 10 Nxd5 Bxd2 11 Nxd2 Bxd5 12 Bf3 Qd6 13 Ne4 Bxe4 14 Bxe4 Rae8 15 Bxc6 Qxc6

이 단계에서도 무승부가 합의될 수 있는데, 보통 신중한 플레이를 하면 어느 한 쪽이 패배하지 않게 됐기 때문이다.

16 Qd2 Re6 17 Re3 Rg6 18 g3

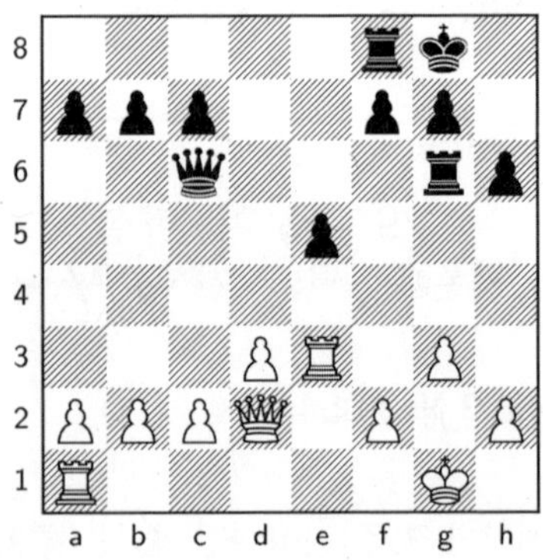

물론 **18 Rg3**를 둘 수도 있었다. 하지만 텍스트 무브는 위험하지 않 은 약점을 만들어 상대가 직접 공세를 취하도록 유도하는 다소 교활한 수다.

18...f5

18...Re6 19 Rae1 Rfe8 이후에는 당연히 무승부가 유력해질 것이다. 반면에 **20 d4**의 방어력을 과소평가한 듯해 보이는 이 폰 희생은 단기간의 공격만을 낳고, 마로치는 그 이후 자신의 물질적 우위를 효과적이고 느리지만 확실하게 만들기 위해 익숙한 주의력을 기울여 방어한다.

19 Rxe5 f4

무엇보다도 흑은 **20...fxg3 21 hxg3 Qb6!**(b파일과 g파일 폰을 동시에 공격)를 통해 더 나은 게임으로 폰을 회수하려고 위협한다.

20 d4 Qd7 21 Qd3

백의 이 반격 위협은 흑의 공격 대형 전체를 파괴한다.

21...Rgf6 22 Rae1 fxg3 23 fxg3 Rf3 24 R5e3 R3f7

24...Rf2면 **25 Re8!**가 이어진다.

25 c3 Qd5

흑은 분명 백의 폰 전진에 도전할 필요가 없었지만, 확실한 기회가 없었고 상대의 실수만을 바랄 뿐이다.

26 c4 Qd7 27 d5 Qd6 28 Qd4 Qg6 29 Re6 Qc2 30 R6e2 Qf5 31 Re8 b6 32 Qe3 Kh8 33 Rxf8+ Rxf8 34 b3 Qc2 35 Qe2 Qg6 36 Qe4 Qf6 37 Qf4

37...Qxf4 38 gxf4 Rxf4 39 Re7이 되면 흑은 아무것도 얻지 못할 게 분명하기에 흑 퀸은 마침내 뒤로 후퇴한다.

37...Qd8 38 Qe5 Qc8 39 Qe6 Qa6 40 Qe7 Kg8 41 Re2 Qa5

41...Rc8 42 Qd7에 이어 Re7이 이어진다면 흑이 경기를 계속할 유일한 가능성은 없었을 것이다.

42 Qxc7 Qc3 43 Qe5 Qf3 44 h4

44 h4는 강제적이지만 충분하다.

44...Qf1+ 45 Kh2 h5

45...Rf2+ 46 Rxf2 Qxf2+ 47 Kh3 Qf1+ 48 Kg4 Qd1+ 49 Kf5 이후면, 흑은 기권하는 편이 나았을지도 모른다.

46 Rg2

물론 46 Qxh5는 안 된다. 46...Rf2+ 47 Rxf2 Qxf2+ 48 Kh3 Qf1+ 49 Kg4 Qe2+ 50 Kg5 Qe5+로 무한 체크가 되기 때문이다.

46...Qb1

47...Rf1을 두겠다고 위협하는 수다.

47 d6

이제 48 Qe8+ Kh7 49 Qxh5+ Kg8 50 Qd5+ 흑 킹 이동 51 Re2로 방어할 수 있다.

47...Qd1 48 Qe6+ Kh7 49 Qe2

백은 퀸 교환을 강제하는 단순화를 위해 폰을 희생한다. 그러나 마셜은 이어지는 룩 엔딩에서 기술적 난제를 개입시켜 게임을 꽤 연장시키는 방법을 알고 있었다.

49...Rf1 50 Qxd1 Rxd1 51 b4 Rxd6 52 Rc2 Kg6 53 Kg2 Kf5 54 c5 Rc6 55 Kf3 Ke5 56 g4

지금(또는 다음 수에서) **56 cxb6**를 두면 당연히 **56...Rxc2 57 b7**이 아니라 단순한 **56...Rxb6**가 무승부의 기회가 매우 높다.

56...hxg4+ 57 Kxg4 Ke4

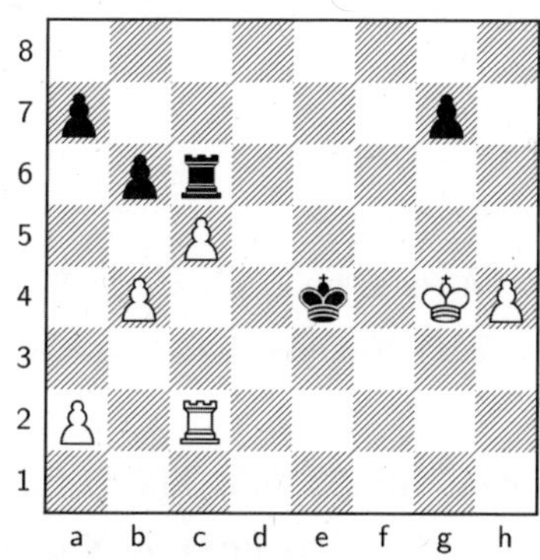

화려한 방식의 백이 결정적인 템포를 얻는다.

58 Rc1

바로 **58 a4**는 **58...Kd3 59 Rc1 Kd2** 때문에 안 된다. 그러나 지금 은 **58...Kd3**에 **Rd1+**와 **Rd6**로 성공적으로 대응할 수 있다.

58...Ke3 59 Re1+ Kd4

59...Kd3면 **60 Re7 bxc5 61 bxc5 a5 62 Rxg7 Rxc5 63 h5**로 이 어져 백이 승리한다.

60 Rd1+ Ke5

60...Ke5가 아니면 **61 Rd6**가 이어진다.

61 Rc1 Ke4

이제 우리는 다시 백의 58수 이후 포지션을 갖게 되지만, 차이점은 그가 움직일 차례라는 것이다.

62 a4 Ke3 63 b5

63 b5는 결정적이다.

63...Rg6+

또는 63...Rxc5면 64 Rxc5 bxc5 65 a5 c4 66 b6 axb6 67 axb6 c3 68 b7 c2 69 b8Q c1Q 70 Qf4+로 흑 퀸이 잡힌다.

64 Kh3 bxc5 65 Rxc5 Rf6 66 Rc3+ Kf2 67 Rc7 a6 68 Rc2+ Kf3 69 Rc6 Rf4 70 Rxa6 Rg4 71 Ra7 Rg3+ 72 Kh2 Rg2+ 73 Kh1 Rg4 74 b6 Rxh4+ 75 Kg1 g5 76 Rf7+ Kg3 77 b7 Rb4 78 Kf1 g4 79 a5 Kh3 80 Rh7+ Kg3 81 a6 1–0

30. 레티-예이츠
레티 오프닝 *Reti Opening*

1 Nf3 d5 2 c4 e6

새로운 오프닝에 대한 이 방어(34국 레티-에드워드 라스커, 58국 레티-보골류보프, 52국 알예힌-보골류보프, 그리고 색이 바뀐 47국 마셜-카파블랑카)는 퀸스 비숍이 처음부터 갇혀 있기에 놀랍지 않을 정도로 시험을 견뎌내지 못했다. 반면에 레티를 상대로 라스커 박사가 주장한 런던 시스템(알예힌-M. 오이베Max Euwe, 카파블랑카-레티,

1922년 런던)은 흑에게 동등성을 보장하는 것처럼 보인다.

3 g3 Nf6 4 Bg2 Bd6 5 b3 0-0 6 0-0 Re8 7 Bb2 Nbd7 8 d3

8 d3 때문에 백은 흑에게 퀸스 비숍을 전개하여 포지션의 주요한 불리 요소를 없애는 **...e5**를 불필요하게 허용한다. 대신 **8 d4**가(마셜-카파블랑카, 레티-보골류보프 참고) 오프닝에서의 이점을 유지했을 것이다.

8...c6 9 Nbd2 e5

8...e5는 바로 뒤야 했으며 그렇지 않았다면 백(알예힌-보골류보프 대국에서처럼)이 **10 d4**를 통해 올바른 방향으로 나아갈 아이디어를 떠올렸을지도 모른다.

10 cxd5 cxd5 11 Rc1

백이 주로 **d4** 변형으로, 나이트의 궁극적인 e5 진입을 위한 준비를 목적으로 하는 답답한 기동의 시작이다. 그런 이유로 퀸은 a1 칸에 배치되어야 했다. 그러나 곧 볼 수 있듯 흑은 이를 쉽게 막을 수 있었다.

11...Nf8 12 Rc2 Bd7

여기서 흑에게 좋은 대안은 **13 Qa1** 이후에 나이트를 게임에서처럼 g6에 놓는 것보다는 더 유리하게 배치되게 할 d7으로 후퇴시키는 **12...Bf5**였다.

13 Qa1 Ng6 14 Rfc1 Bc6

흑은 두 가지 판단 착오가 있었다. 첫째, f5 칸을 지키지 않았고 둘째, 상대의 계획에 대응할 어떤 조치도 취하지 않았다. **14...Qe7**을 두어 룩을 연결하고 동시에 e5 칸을 충분히 보호하는 게 바른 순서였을 것이다. 그러면 예를 들어 **15 Nf1 Rac8 16 Rxc8 Rxc8 17 Rxc8+ Bxc8 18 d4 e4 19 Ne5 Qc7**으로 빠르게 동등화할 수 있었다. 텍스트 무브 후에는 마침내 백이 자유를 얻는다.

15 Nf1 Qd7

흑은 **15...Qe7**을 **16 Ne3 Bd7 17 Nd2 Be6**에 대응하기 위해 두는 것이 좀 더 나았을 것이다. 그는 상대의 의도를 눈치채지 못한 듯하다.

16 Ne3

16 d4를 바로 두었어야 했다. 텍스트 무브 후 흑은 안전한 포지션을 차지했다.

16...h6

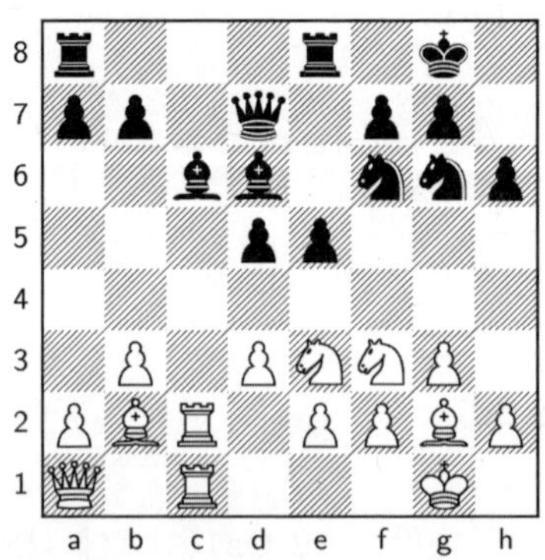

결정적인 실수. **16...d4! 17 Nc4 Bc7**이면 흑은 여전히 공격에 견딜 포지션을 가지고 있었을 것이다. 레티는 기회를 훌륭하게 활용한다.

17 d4

백은 적절한 순간에 중앙에 폰 포지션을 명확히 하여 나이트를 위한 d4 또는 e5를 얻는다. 이제부터 흑의 게임은 급격히 악화된다.

17...e4

이 수 외에 **17...exd4 18 Nxd4**에 이어 d파일에 백의 더블 룩이 만들어진 뒤라면 흑은 더 이상 게임을 구원할 수 없었을 것이다.

18 Ne5 Bxe5

18...Bxe5는 명백히 강제되었다.

19 dxe5 Nh7 20 f4

이제 백은 어두운 칸들의 통제와 적 d파일 폰의 약점이 유리한 결정적 요소다. 상대가 후속 교환을 하여 백 나이트의 h3 여행이 연결되면, 당연히 백의 승리를 쉽게 만드는 셈이다.

20...exf3 21 exf3 Ng5 22 f4 Nh3+ 23 Kh1 d4

흑의 절망.

24 Bxd4 Rad8 25 Rxc6

백은 이 활기찬 기동으로 절대적으로 승리하는 엔딩을 가져온다.

25...bxc6 26 Bxc6 Nf2+ 27 Kg2 Qxd4 28 Qxd4 Rxd4 29 Bxe8 Ne4 30 e6 Rd2+

흑의 친숙하고도 고약한 체크.

31 Kf3 1-0

7라운드

전반적으로 이번 라운드는 '인기인'들을 위한 사냥의 날이었다. 라스커 박사, 카파블랑카, 레티, 야노프스키가 승자가 되었고, 알예힌과 마셜이 치열한 접전을 벌였다.

마로치와의 게임에서 라스커 박사는 알레킨 디펜스를 프렌치 디펜스로 바꾸어 시작했다. 마로치는 안타깝게도 자신의 사이드를 제대로 관리하지 못하면서 킹사이드에서의 붉은한 진격을 용인했다. 라스커 박사의 플레이는 아름다운 타이밍을 보여 줬다. 그는 강력한 라인이 열렸을 때 기물들을 최대한 활용하며 상대의 공격을 완전히 격퇴했다. 그는 퀸을 한 번도 움직이지 않고도 백을 완전한 절망으로 몰아넣었다!

카파블랑카-예이츠에서는 매우 흥미로운 퀸스 폰 오프닝이 전개되었는데, 쿠바인은 그걸 다루는 데 있어 진정한 예술성을 보여 주었다. 엔딩에서 카파블랑카는 폰 세 개와 나이트 두 개를, 예이츠는 폰 한 개와 비숍, 나이트 한 개씩을 가지고 있었다. 후자가 자신의 기물들을 상대방의 폰과 교환했다면, 그는 e3의 불편한 폰 때문에 패배를 피할 수 없었을 것이다! 이런 가능성이 마스터스 토너먼트에서 현실의 에이스에게 나왔다는 점이 가장 신선했다.

알예힌은 마셜이 채택한 인디언 디펜스를 상대로 약간의 우위를 점했고, 미들게임에서 좋은 콤비네이션으로 이점을 더 늘렸다. 그 후 러시아인은 두 번이나 긴장이 풀려서 상황이 역전됐고, 경기를 유지하기 위해선 자신이 가진 모든 기술이 필요했다. 전체적으로 매우 만족스러운 경기였다.

레티의 레티 오프닝이 다시 그와 에드워드 라스커 사이의 보드에 모습을 드러냈고 후자는 수세에 몰렸다. 흑의 퀸스 나이트는 레티가 d6에 비숍을 두었을 때 a6에서 사실상 스테일메이트를 이룬 상태였다.

다음은 백 b파일 폰이 전진했다. 이 모든 것이 보드 위 퀸들과 노출된 킹과 함께 이루어졌다! 경기는 아름다웠다.

야노프스키는 이번 라운드에서 보골류보프를 상대로 자신의 토너먼트 최고의 경기를 펼쳤다. 후자는 폰을 잡기 위해 상대에게 쌍비숍-즉 야노프스키가 손에 쥔 죽음의 무기를 사용하도록 허용했다. 프랑스 대표의 기동력이 워낙 뛰어났던 덕에, 그는 백 킹을 바이스vise처럼 붙잡고 탈출하지 못하도록 서서히 판을 장악해 나갔다.

여섯 번의 라운드를 마친 라스커 박사가 4½-1½로 선두를 지켰고, 알예힌과 레티가 각각 4-2로 그 뒤를 따랐다. 백과 흑이 점수를 나눴고, 총점은 19½-15½로 백이 앞섰다.

31. 마로치-라스커 박사
프렌치 디펜스 *French Defense*

1 e4 Nf6 2 Nc3 d5

우리의 판단으로 흑의 가장 좋은 응수는 비엔나 게임으로 전환하는 **2...e5**다. 왜냐하면 텍스트 무브 후에는 백이 **3 exd5 Nxd5 4 Bc4**를 통해 스칸디나비안 오프닝의 유리한 변형을 가져올 수 있기 때문이다.

3 e5 Nfd7 4 d4 e6

여기서는 **4...c5!**가 더 효과적이다. 보골류보프-알예힌의 경기(1923년 칼스바트)에서는 2수 이후에 **5 Bb5 Nc6! 6 Nf3**, 그리고 흑은 성급한 **6...a6**(**7 Bxc6 bxc6 8 e6!**) 대신 간단한 **6...e6**로 유리한 포지션을 확보할 수 있었다. 그러나 흑은 텍스트 무브를 통해선 슈타이니츠식 공격으로 변하는 훌륭한 가능성을 얻었다.

5 Nce2

왜 마로치는 몇 년 전에 자신이 반박했던 변형을 선택했는지 정말 심리학적인 수수께끼다! **5 f4 c5 6 dxc5 Nc6 7 a3 Bxc5 8 Qg4 0-0 9 Bd3**로 양날의 공세를 펼치는 게 더 일관성이 있었을 것이다. 그렇다면 백은 중앙에서 폰 대형을 유지하려는 헛된 노력으로 극심하게 골치 아플 수 있었다.

5...c5 6 c3 Nc6 7 f4 Be7

하지만 흑은 **7...Be7**으로 상대에게 너무 많은 시간을 허용한다. S. 알라핀Alapin과 마로치의 경기(1908년 빈)에서는 훨씬 더 강한 **7...Qb6 8 Nf3 f6 9 g3**(이렇게 하지 않으면 킹사이드를 거의 전개할 수 없음) **9...cxd4 10 cxd4 fxe5 11 fxe5 Bb4+ 12 Nc3 0-0 13 Bf4 Be7 14 Qd2 g5**로 백 폰을 잡았다.

8 Nf3 0-0 9 g3 cxd4 10 cxd4

여기서 백은 **10 Nexd4**를 통해 나이트가 움직일 기회를 활용하고, 환상적인 킹사이드 공격 대신 중앙에서 균형을 유지하기 위한 플레이를 해야 한다. 텍스트 무브 후, 흑은 열린 c파일에서의 힘으로 백의 퀸사이드를 공격할 단서를 얻는데, 백 기물들이 적 킹에게 돌진하기에는 다소 어설프게 배치되었기 때문에 더욱 그렇다.

10...Nb6 11 Bh3

여기서 백은 비숍의 일정 수준의 행동 범위를 얻었지만, e2에 잘못 배치된 나이트의 문제를 해결하지 못하고 퀸사이드 방어를 위한 예방적 행동을 시작하지도 못했다는 점을 부인할 수 없다. 이러한 단점들을 극복하는 더 나은 방법은 **11 Nc3**에 이어 **Bd3, 0-0, Qe2, Be3**로 양익에 최대한 병력을 분산시켜 만일의 사태에 대비하는 것이었다.

11...Bd7 12 0-0 Rc8

흑의 퀸사이드 포지션은 점점 더 위협적인 반면, 백은 여전히 퀸스 비숍을 게임에 투입하는 게 어렵다(**...Nc4**로 인해). 그런 이유로 그는 킹사이드에서 자신의 으뜸 패를 사용하여 더 잘 전개된 상대에게 유리하게 작동하는 또 다른 파일을 여는 데 효과적인 플레이를 할 뿐이다.

13 g4 f6 14 exf6 Bxf6 15 g5 Be7 16 Kh1

16 Kh1은 명백한 시간 손실이다. 곧바로 **16 Nc3**에 이어 **Qe2**를 두는 게 적절했다. 물론 백 포지션은 이미 너무 열악해졌기에 템포에서 다소 차이가 나더라도, 거의 달라지는 게 없다.

16...Nc4 17 Nc3 Bb4 18 Qe2 Re8 19 Qd3 Nd6

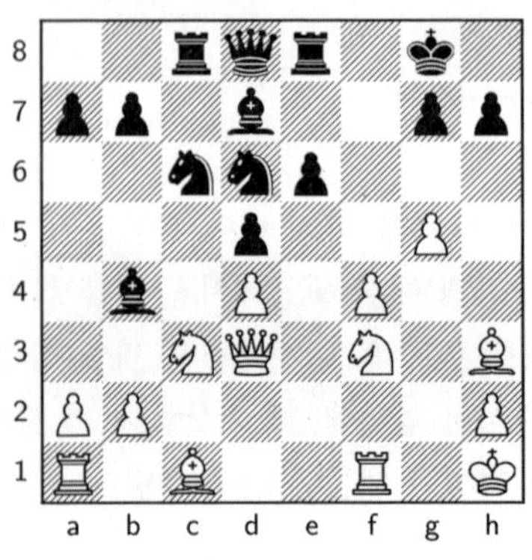

20 f5

20 f5는 백의 다소 이른 절망적 행동이다. **20 Bd2 Na5!**(**...Bxc3**와 **...Bb5**를 위협)에 이어 **...Nc4**면 그다지 격려가 되지는 않지만 확실히 어떤 류의 저항은 가능했을 것이다. 이제는 평범한 도살 행위가 이어진다.

20...Nxf5 21 Nxd5 Bd6 22 Bxf5

22 Bf4면 **22...exd5 23 Bxf5 Bxf4 24 Bxh7+ Kh8 25 Nh4**가 아니라, **22...Nb4 23 Nxb4 Bxb4**가 승리 포지션으로 이어진다.

22...exf5 23 Nf4

그리고 만약 지금 **23 Bf4**면, **23...Be6!**가 나온다.

23...Re4

반격의 신호다.

24 Qb3+

나이트의 움직임에 따라 치명적인 효과를 지닌 **24...Nb4**가 이어질 수 있다.

24...Kh8 25 Nh4 Nxd4 26 Qh3 Rc2 27 g6 Bc6 28 Nf3 h6 29 Ne6 Nxe6 30 Bxh6 Rh4 0-1

32. 카파블랑카-예이츠
퀸스 폰 오프닝 *Queen's Pawn Opening*

1 d4 Nf6 2 Nf3 g6 3 Nc3 d5

3 Nc3에 대한 흑의 반응은 그 후 킹스 비숍이 시간이 소모되는 노력을 해야 출구를 제공받을 수 있기 때문에 포지션적으로 적절하지 않은 듯하다. 피앙케토 개념에 더 가까운 수는 마로치가 이번 토너먼트의 두 대국에서 사용한 **3...d6**로 이는 **...c5**로 가능한 한 빨리 백의 중심을 공격하여 비숍의 범위를 확보하는 것을 목표로 한다. 실제로 마로치는 이 작전을 통해 이점을 얻었다.

4 Bf4 Bg7 5 e3 0-0 6 h3

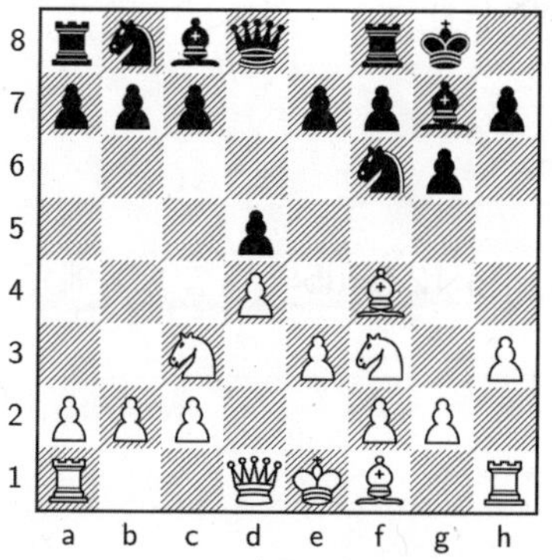

백은 **5...Bg4(6 h3)**, 또는 **6...Nh5(7 Bg5)** 모두 두려워할 필요가 없었기 때문에 **6 h3**는 꼭 필요하지 않았다. 그런 이유로 **6 Bd3**가 가장 적합했을 것이다. 텍스트 무브 후, 흑은 약간의 카운터플레이를 얻게 되는데, 이를 방어하려면 세계 챔피언의 주의가 요구된다.

6...c5 7 dxc5

7 dxc5는 언뜻 보기에는 이상해 보이지만, 포지션에 관한 심오한 개념에 기반한다. 백으로선 자신의 기물들을 충분히 지휘할 수만 있다면, 자신의 유일한 중앙 폰이 사라지는 일을 허락할지도 모른다.

7...Qa5 8 Nd2

...Ne4의 위협으로 인해 어쩔 수 없는 이 불편한 기동 **8 Nd2**는 백이 **6 Bd3**를 두고 여기서 캐슬링을 할 수 있었다면 불필요했을 것이다.

8...Qxc5

8...Ne4는 **9 Ncxe4 dxe4 10 c3** 때문에 만족스럽지 못했다.

9 Nb3 Qb6 10 Be5

10 Be5는 상대 포지션의 어두운 칸들이 상당히 약화되는 기물 교환으로 이어지는데, 이 상황이 엔딩을 결정짓는 중요한 요소가 될 것이다. 이것이 카파블랑카다!

10...e6

이는 **11 Bxf6**에 이어 **12 Nxd5**의 위협 때문에 둬야 하는 어쩔 수 없는 선택이다.

11 Nb5

이는 **12 Nc7**뿐만 아니라 **12 Bd4**에 이어지는 **Nxa7**까지 위협하며 응수를 강요한다.

11...Ne8 12 Bxg7 Nxg7

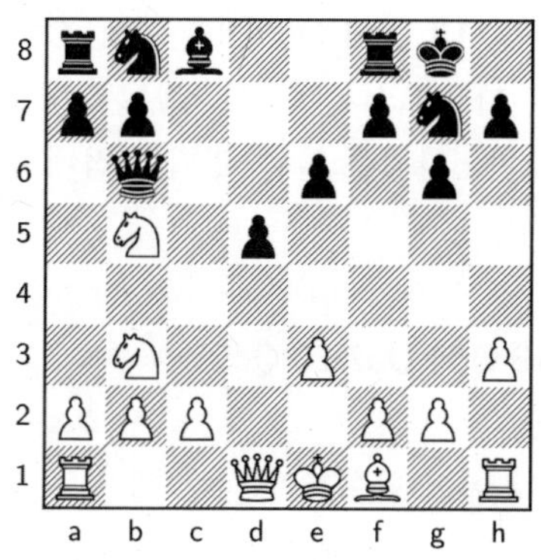

13 h4

하지만 어떤 사람들은 카파블랑카의 플레이가 너무 건조하다고 말할 것이다! 그가 고려 중인 게임 계획(충분히 정확하지는 않은 여섯 번째 수를 제외하고)은 모든 하이퍼모던 플레이어가 부러워할 포지션 플레이에 대한 천재적 신선함으로 가득 차 있다. 물론 그는 이 예상치 못한 수를 통해 더 이상 고생하지 않고 상대를 체크메이트할 수 있기를 잠시도 바라마지 않았겠지만, 흑이 새로운 약점(15수)을 만들도록 유도하는 h파일을 여는 위협을 통해, 그걸 시도한 시점부터 부분적으로 승리한 엔딩을 가져올 것이다.

13...a6 14 Nc3 Nc6 15 Bd3 f5

흑이 점점 불편해진다. **15...Ne5** 이후에는 예를 들어 **16 h5 Nxd3+ 17 cxd3 Nxh5 18 g4**에 이어 **Qf3**로 백이 공격할 수 있는 매우 유망한 포지션이 이어질 수 있다.

16 Qd2

...Qb4+의 방해를 받지 않고 궁극적으로는 나이트가 a4를 통해 c5로 올 수 있도록 하기 위해서다.

16...Ne5 17 Be2 Nc4

만약 **17...Bd7**이면 **18 Qd4 Qd6** 또는 **18...Qc7**(**18...Qxd4**면 **19 exd4**) **19 Qf4!**가 된다. 그러나 텍스트 무브는 퀸 교환을 허용할 뿐만 아니라 동시에 중요한 d파일을 열 수 있다는 점에서 백의 계획에 정확히 부합한다.

18 Bxc4 dxc4 19 Qd4 Qc7 20 Qc5

20 Qc5는 교환에 이어 나이트가 아주 짧은 시간 동안만 플레이에서 제외될 수 있다는 확신으로 뒀다.

20...Qxc5 21 Nxc5 b6 22 N5a4 Rb8 23 0-0-0 b5

23...b5는 **24 Rd6**의 위협 때문에 강제였다.

24 Nc5 Rb6 25 a4

25 a4는 매우 설득력이 있다. 퀸사이드에 있는 흑 폰들의 견고한 사슬이 사라져야 백 나이트가 나머지 약골들에게 돌진할 수 있다.

25...Nh5 26 b3 cxb3 27 cxb3 bxa4 28 N3xa4 Rc6 29 Kb2 Nf6 30 Rd2 a5

흑 폰은 비숍이 보호하는 a6에 남는 게 더 나을 수도 있었다. 이 시점에서 백이 어떤 방식으로 폰을 잡을지 예측하기는 쉽지 않았다.

31 Rhd1 Nd5 32 g3 Rf7 33 Nd3

33 Nd3는 곧바로 룩의 단순 교환을 강요하고, 또한 a파일 폰 공격을 위해 나이트를 c4로 데려 오기 위해서다.

33...Rb7 34 Ne5 Rcc7 35 Rd4 Kg7 36 e4

덧붙이자면, e파일 개방으로 e6에 추가적인 약점이 만들어진다.

36...fxe4 37 Rxe4 Rb5 38 Rc4 Rxc4 39 Nxc4 Bd7

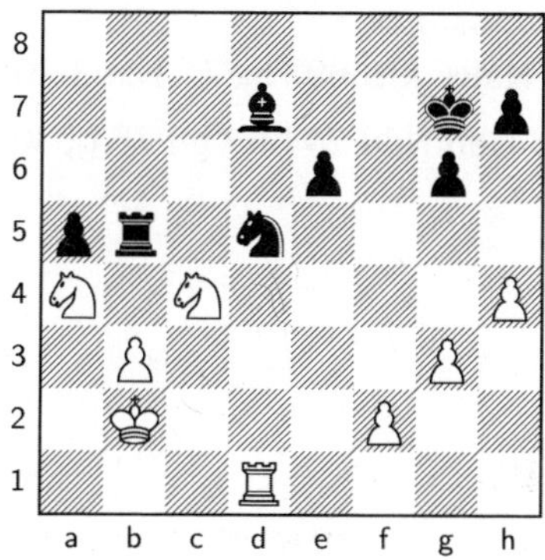

40 Nc3

백의 놀라운 승리 작전이다! 이 나이트로 a4에서 a5로의 여행을 주력으로 차례로 다섯 수를 두며 거기서 흑 폰을 처리한다. 어렵지는 않지만 길어지는 나머지 엔드게임은 카파블랑카가 평소처럼 정확하게 처리한다.

40...Rc5 41 Ne4 Rb5 42 Ned6 Rc5 43 Nb7 Rc7 44 Nbxa5 Bb5 45 Nd6 Bd7 46 Nac4 Ra7 47 Ne4 h6 48 f4 Be8 49 Ne5 Ra8 50 Rc1 Bf7 51 Rc6 Bg8 52 Nc5 Re8 53 Ra6 Re7 54 Ka3 Bf7 55 b4 Nc7 56 Rc6 Nb5+ 57 Kb2 Nd4 58 Ra6 Be8 59 g4 Kf6 60 Ne4+ Kg7 61 Nd6 Bb5 62 Ra5 Bf1

이로써 흑 비숍은 마침내 킹사이드에서 밀려나고 엔딩은 결정적인 단계로 접어든다.

63 Ra8

64 Ne8+ Kh7 65 Nf6+ Kg7 66 g5, 이어서 메이트를 두겠다고 위협하는 수다.

63...g5 64 fxg5 hxg5 65 hxg5 Bg2 66 Re8 Rc7

또는 66...Rxe8면 67 Nxe8+ Kf8 68 g6 등등이 나온다.

67 Rd8 Nc6 68 Ne8+ Kf8 69 Nxc7+ Nxd8 70 Kc3 Bb7 71 Kd4 Bc8 72 g6 Nb7 73 Ne8 Nd8 74 b5 Kg8 75 g5 Kf8 76 g7+ Kg8 77 g6 1-0

흑은 3~4수 메이트를 막을 수 없었다.

33. 알예힌-마셜
킹스 인디언 디펜스 *King's Indian Defense*

1 d4 Nf6 2 c4 d6

2...d6를 통해 상대는 수년간 알려진 공격법(1834년 J. 슈바르츠 Schwartz-L. 폴센, 1885년 함부르크의 B. 잉글리시Englisch-타라시 박사)을 선택할 수 있다. 그 특징적인 테마는 네 개의 중앙 폰의 즉각적인 전진이다. 지난 몇 년 동안 이 오프닝으로 진행된 게임의 결과는, 비록 대부분의 경우 수비가 항상 최상은 아니었지만 일반적으로 백에게 유리했다. 이 공격법의 이론적 가치는 상대적으로만 존재하는데, 흑이 **3 Nc3** 이후 **3...d5!**(그륀펠트)의 가능성을 열어 두기 위해 우선 **2...g6**를 두어 쉽게 회피할 수 있기 때문이다.

3 Nc3 g6 4 e4 Bg7 5 f4

5 Nf3는 마셜-레티 대국(3국)을 참조하라.

5...0-0 6 Nf3 Bg4

앞으로 보게 되겠지만 만족스러운 결과를 얻지 못한 **6...Bg4** 외에도 **6...Nbd7**(타라시 박사, 1885년 함부르크), **6...Nfd7**(조지 토마스 경, 1923년 칼스바트), **6...Nc6**(예이츠, 1923년 헤이스팅스)까지가 특별한 성공 없이 시도된 바 있다. 그리고 이 토너먼트의 16라운드 (78국) 알예힌-에드워드 라스커 대국에서 라스커가 **6...e5!**라는 흥미로운 새로운 수를 도입하여 흑에게 승산 있는 게임을 할 가능성을 열어 주었다.

7 Be2 Nc6

잉글랜드에서 특히 즐겨 고려된 **7...Nc6**는 그러나 더 논리적인 **7...Nbd7**(H. 프라이스Price-예이츠, 1923년 헤이스팅스)로 대체되어야 하며, 그러면 백은 **8 Ng5**를 진지하게 고려하여 현재 검토 중인 게임에서처럼 활동하지 않는 킹스 비숍의 교환을 해야 한다.

8 d5

8 Be3면 흑은 **8...Bxf3 9 Bxf3 e5 10 fxe5 dxe5 11 d5 Nd4!**를 통해 카운터플레이를 얻을 수 있기 때문에 이 수는 바로 둬야 했다(**12 Bxd4 exd4 13 Qxd4 Nxe4**).

8...Nb8 9 0-0 Nbd7

여기서 더 나은 수는 **9...Bxf3**였다. 비록 무기를 마련하기 위해 상대에게 한 쌍의 비숍을 양보했을지라도 말이다.

10 Ng5

이는 일반적인 **10 h3**보다 훨씬 더 강하다. 왜냐하면 강제적인 비숍 교환 후 **e5**의 위협이 다시 심각해지고 불안감을 주는 g5 나이트의 포지션이 추가되어 조만간 흑의 킹사이드에 상당한 약점을 강요하기 때문이다.

10...Bxe2 11 Qxe2 h6

e5를 막으려는 의도로 **11...Ne8**를 뒀으면, **12 e5 dxe5 13 f5**에 의한 폰 희생으로 인해 백의 가능성이 가득해졌을 것이다.

12 Nf3 e6

만약 **12...e5**면, 백은 **13 dxe6 fxe6 14 Nh4 Kh7**(14...Qe8면 15 Nb5) **15 Rf3**의 변형 정도로 만족할 수도 있었다. 그러나 텍스트 무브 후의 그는 여전히 더 강력한 연속수를 마음대로 사용할 수 있다.

13 e5

이는 처음에는 다소 위험해 보이지만 실제로는 결정적인 공격 기동의 도입이다.

13...dxe5 14 fxe5 Ng4 15 Bf4

15 Bf4는 물론 **16 h3**를 두겠다고 위협하는 수다.

15...exd5

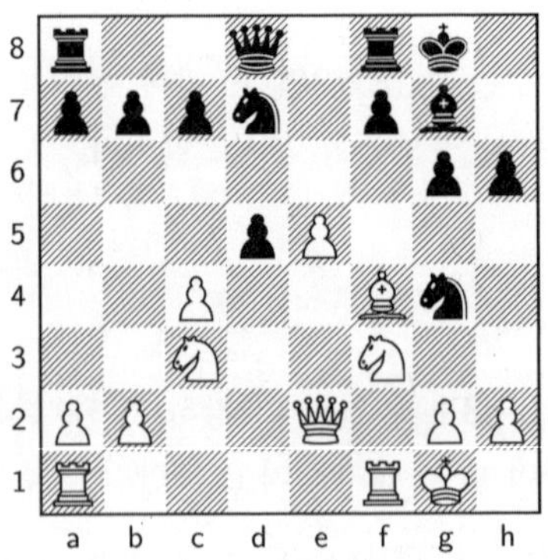

이는 **16 cxd5**(또는 **16 h3**)에 **16...Ngxe5 17 Nxe5 Nxe5 18 Bxe5 Re8 19 Qf3 Rxe5 20 Qxf7+ Kh7**으로 응수하기 위해서다. 하지만 결

과는 예상과 다르게 나온다.

16 e6

백이 13수에서 시작한 작전의 포인트라고 할 수 있는 이 진격에 대해 흑은 **16...fxe6**를 **17 Qxe6+**와 **Qxg4** 때문에 둘 수 없고, **16...Nc5**를 **17 e7** 때문에 둘 수 없으며, **16...Qf6** 이후에는 백이 **17 exd7 Qxf4 18 Nxd5 Qd6 19 Rad1**만 두면 확실한 우위를 점하기 때문에 선택지가 많지 않다.

16...Re8 17 exf7+ Kxf7 18 Qd2

하지만 지금까지의 전략의 결실을 거둘 때가 무르익은 듯해 보였던 백은 지금, 비틀거리며 거의 모든 이점을 내주고 말았다. 올바른 수는 흑의 노출된 킹을 g6 칸 방어에 묶어 두는 **18 Qc2!**였을 것이다. 그러면 흑은 예를 들어 **18...dxc4**(또는 **18...d4**) **19 Nd5**, 또는 **18...Ndf6 19 Nxd5 Nxd5 20 cxd5 Qxd5 21 Rad1**의 백의 성공적인 공격으로 인해 완전히 만족할 만한 답을 내놓지 못했을 것이다. 텍스트 무브는 양쪽 모두에게 고난으로 가득 찬 게임으로 이어진다.

18...Ndf6 19 cxd5

또는 (Ⅰ) **19 Nxd5 Nxd5 20 cxd5 Kg8 21 h3 Nf6 22 Bxh6 Qxd5** (Ⅱ) **19 h3 d4! 20 Nxd4 Ne5**, 둘 다 흑에게 위험하지 않다.

19...g5 20 Bg3 Qe7

20...Qe7은 최선이다. 흑은 퀸 교환을 위협하며, **21 Rae1** 이후에는 **21...Qc5+ 22 Kh1 Ne3**를 유리하게 이을 수 있다.

21 Kh1

22 h3를 두겠다고 위협하는 수다.

21...Kg8 22 Rfe1

백은 여전히 g4에 있는 흑 나이트 포지션에서 이득을 취하려고 한다. 손에 잡힐 듯 가까운 수인 **22 Nd4**를 두었다면 **22...Ne3 23 Nf5 Nxf5 24 Rxf5 Ne4 25 Nxe4 Qxe4 26 Raf1 Re7** 이후에는 무승부만 이끌어 낼 수 있었다.

22...Qc5 23 Re6 Rad8 24 Qe2 Kh8

흑에게는 **24...Rxe6 25 Qxe6+**(25 dxe6도 충분히 좋음) **25...Kh8 26 Ne5 Nxe5 27 Bxe5 Re8 28 Qf5** 등등이 더 나았을 것이다. 하지만 그 경우에도 흑이 약간 불리한 상황이었을 것이다.

25 h3 Rxe6 26 dxe6 Nh5 27 Ne4 Qc6

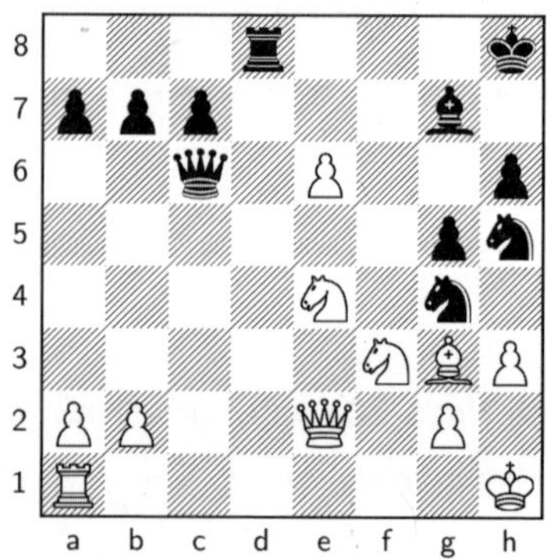

27...Nxg3+ 28 Nxg3 Nf6 29 Re1 이후에도 마찬가지로 백의 통과한 폰이 결국 승부를 결정지었을 것이다.

28 Bxc7

백은 다시 한 번 승리를 놓쳤으며 이번에는 실질적인 불이익까지 받는다. **28 Nfxg5!**로 백은 폰을 획득할 수 있었고, 의심할 여지없이

28...Nxg3+ 29 Nxg3 hxg5 30 Qxg4 이후에는 물질적 우위와 더불어 노출된 흑 킹 포지션에 대한 직접적인 공격까지 얻을 수 있었다.

28...Qxc7 29 hxg4 Nf4

흑은 잘 통과한 백 폰을 잡음으로써, 비숍의 강력한 포지션과 백의 약해진 킹사이드로 인해 좋은 승리 기회를 얻는다.

30 Qe1 Nxe6 31 Ng3

드디어 백이 게임을 구원하는 계획을 시작한다. 백은 룩 교환을 하기 위해 위협받는 b파일 폰을 구조하려는 시도를 포기하는 대신, 퀸과 나이트의 도움으로 지속적인 반격을 시도할 수 있게 된다. 경기의 이 마지막 단계는 미들게임만큼 흥미진진하다.

31...Nf4

32...Nd3로 기물 하나를 잡겠다는 위협이다.

32 Rd1

목적이 없는 32 Rc1은 32...Qd7으로 응수된다.

32...Rxd1

물론 흑에게 32...Nd3 33 Rxd3 Rxd3 34 Qe8+에 이어 35 Qe4+는 안 될 일이다.

33 Qxd1 Bxb2 34 Qa4

34 Qa4는 퀸으로 적 진영에 진입할 수 있는 유일한 방법이다.

34...Bg7 35 Qe8+

35 Qxa7은 35...Qc2 36 Qg1 Qxa2 때문에 안 된다.

35...Kh7 36 Qe4+ Ng6 37 Nh5

37 Nf5 Qc1+ 38 Ng1(38 Kh2면 38...Qf4+) 38...Qc6 39 Qb1(39 Qd3면 39...Qxg2+) 39...Kh8 40 Nf3 Nf4 이후면 흑은 텍스트 무브 이후보다 자신의 물질적 우위를 실현할 기회가 더 많았을 것이다.

37...Qc1+ 38 Kh2 Qc6 39 Qd3 Qc7+ 40 Kh1 Bh8

40...Bh8가 아니었으면 백은 41 Nxg7에 이어서 42 Nd4를 두었을 것이다.

41 Qe4 Qc1+ 42 Kh2 Qc7+ 43 Kh1 Qf7 44 Qc2 b5

흑은 퀸을 이용한 기동으로는 아무것도 이룰 수 없다고 확신한 후, 즉각적으로 자신의 폰 우세를 깨닫고 승부를 내려 한다. 흑의 이 실수 덕분에 백은 퀸사이드에 퀸을 위한 새로운 칸을 확보하고 짧고도 날카로운 충돌 끝에 명확한 무승부 포지션을 가져온다.

45 Qc6 b4 46 Ng3

46 Ng3는 더 효과적인 f5 칸을 차지하기 위해서다.

46...Qxa2 47 Qb7+ Bg7 48 Nf5

물론 48 Nf5가 48 Qxb4보다 훨씬 더 효과적이다.

48...Qa1+ 49 Kh2 Qf6

49...Qf6는 50 N3d4의 위협 때문에 필요하다.

50 Qxa7

흑은 속박된 상태 때문에 b파일 폰을 방어할 수 없는 현실이 곧 분명해질 것이다. 몇 가지 멋진 변형들이 아직 남아 있다.

50...b3 51 Qb7 b2 52 N3d4 Ne5

만약 52...Qe5+ 53 g3 Nh4면, 백은 54 Nxg7 Qxg7 55 Qe4+ Ng6가 아니라 54 Kh3 Nxf5 55 Nxf5로 응수하여 나머지 기물들을 불가피하게 교환한 후 퀸 엔딩을 만들 수 있다.

53 Qxb2

53 Kh3는 안 된다. 53...h5! 54 gxh5 Qf7 때문이다.

53...Nxg4+ 54 Kh3

백은 54...Qe5+를 심각하게 두려워할 필요가 없었으므로 54 Kg3를 둘 수도 있었다. 그러나 텍스트 무브가 더 간단하다.

54...Qe5

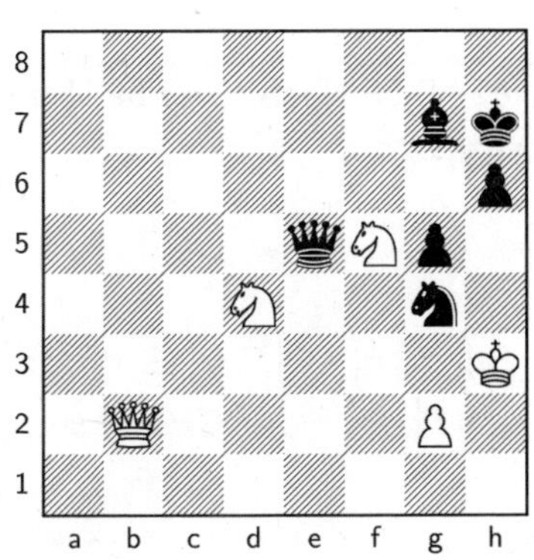

54...h5면 백의 최선의 응수는 **55 Qc2**였을 것이다.

55 g3

역시 가장 간단한 수다. 그러나 **55 Kxg4** 이후에도 흑이 이길 수 없었다는 점이 흥미롭다. 예를 들어

(1) **55...Qf4+ 56 Kh5 g4 57 Nxh6 Bxh6 58 Qc2+** 또는 **Qb7+** 등등
(2) **55...Qe4+ 56 Kh3**(**56 Kh5**는 **56...Bxd4 57 Qxd4 Qe2+** 이어서 **58...Qe8#**라 불가) **56...Bxd4 57 Qxd4 Qxf5+ 58 Kg3**, 그리고 백이 정확하게 방어하면 퀸 엔딩은 무승부가 될 것이다.

55...Qe4

또 다른 마지막 함정이다. **56 Nxg7** 이후 흑은 분명 **56...Ne3! 57 Kh2 Nf1+ 58 Kg1**(**58 Kh3**면 **58...Qh1+ 59 Kg4 Ne3#**) **58...Nxg3**로 어려운 상황에서 추가적인 운을 시험해 보고 싶었을 것이다. 백은 이런 희망에 종지부를 찍었다.

56 Qc2

강제다.

56...Qxc2 57 Nxc2 h5 58 Nce3 Nxe3 59 Nxe3 Bd4 60 Nf5 Bc5 61 g4 Kg6 62 Nh4+ ½-½

34. 레티-에드워드 라스커
레티 오프닝 *Reti Opening*

1 Nf3 d5 2 c4 e6

흑이 이런 방식으로 비숍을 가둘 긴급한 이유는 없다. **2...c6**가 최선이라고 생각한다.

3 g3 c6

3...c5는 **4 cxd5 exd5 5 d4** 이후 퀸스 갬빗의 루빈스타인 변형으로 이어질 수 있었다. 그러나 텍스트 무브보다 더 나은 방법은 먼저 **...Nf6**, **...Bd6** 또는 **...Be7**, 이어지는 **0-0**으로 킹사이드를 전개하고, 상대방의 동원 계획이 명확해진 후에는 다른 사이드를 구축하는 일이었을 것이다.

4 b3 Nf6 5 Bg2 Ne4

5...Ne4는 독창적이지만 시간이 걸리므로 수익성이 떨어진다. 이는 당장은 **6 Bb2**를 막고자 하는 아이디어가 분명해 보인다. **6...Qb6 7 0-0 dxc4**를 통해 흑이 폰을 획득할 수 있기 때문이다. 하지만 이 라인에서도 백은 **8 Qc2 Nd6 9 bxc4 Nxc4 10 Bd4 Qa6 11 Qc3 f6 12 Bxf6 gxf6 13 Qxf6 Rg8 14 Ng5**와 같이 폰의 손실을 충분히 만회할 공격 기회를 얻을 수 있었다.

6 Qc2

반면 고려된 전개 계획을 가능하게 하는 이 간단한 응수는 아직까지 더 논리적이다.

6...Be7 7 Bb2 0-0 8 0-0 Nd7 9 d3 Ng5

어떤 기물이 돌아다니다가 결국 템포만 잃고 교환되는 것은 그 자체로 게임에서 패배하기에 충분하다. 그와 함께 레티가 평범해 보이는 수로 어떻게 최선의 수를 얻었는지 관찰하는 것은 유익한 일이다. 흑으로선 **9...Nd6**가 상대적으로 더 좋았을 것이며, 여기에는 아마 **...b5**

를 통해 퀸사이드에서의 방해 활동counter-action을 취할 아이디어가 있었을 것이다.

10 Nbd2 Nxf3+ 11 Nxf3 Bf6 12 d4

12 d4는 상대가 갑갑한 포지션이면 가능한 한 교환을 피해야 한다는 원칙에 따른 수다. 그 밖에도 e5 칸을 제어하려는 의도가 있다.

12...Re8 13 e4

13 e4는 13...dxe4에 **14 Ne5!**로 답하기 위해서다. 흑의 최선의 기회는 **13...dxc4 14 bxc4(14 e5면 14...cxb3) 14...e5**, 이런 식으로 마침내 퀸스 비숍을 풀어 주는 상황이었을 것이다. 이 기회를 놓친 그는 이제 완전히 질식할 것이다.

13...Nb6 14 Ne5 Bd7 15 Ng4

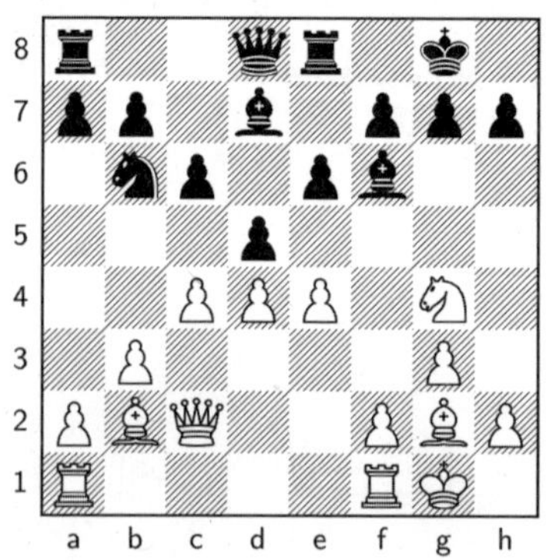

15 Ng4는 아주 좋다! 이제 흑은 **15...Be7**, 다음 **16 c5 Nc8 17 e5**에 이어 **Ne3, f4**, 그리고 결국 **f5**를 통해 결과적으로 돌파를 당하거나, 실제 게임에서처럼 킹스 비숍과의 교환을 허용하여 자신의 포지션에서 어두운 칸들이 절망적으로 약해지는 것을 선택할 수 있다.

15...Rc8 16 Nxf6+ Qxf6

이제 백은 보드 전체를 장악하고 중앙을 정리한 후 조만간 양익 중 하나를 성공적으로 돌파할 것이다. 이 시점부터 "로마로 이어지는" 몇 가지 방법이 있다.

17 a4 Red8 18 a5 Na8 19 e5 Qg6 20 Qe2

백의 공격 계획을 실행하려면 백 퀸이 중요한 역할을 해야 한다.

20...Nc7 21 Ba3

21 Ba3는 **22 Be7** 응수를 통해 무엇보다도 **21...Ne8**를 방지하려는 수다.

21...Na6 22 Rfe1 Be8 23 Bd6 f5

23...f5는 비숍의 협조를 이끌어 낼 유일한 가능성이다. 그러나 상대에게 공격이 가능하여 환영받을 대상을 제공하며, 만약 다음 수에서 흑이 **...g5**라는 필사적인 전진을 결정하지 않았다면, 백은 적절한 준비 후에 결정적인 결과로서의 **g4**로 돌파할 수 있었다.

24 f4 Qh6 25 Bf3 g5 26 Ra2

26 Ra2는 복잡하고 전형적인 레티의 수다. 레티는 **26 Be7**으로 g파일 폰의 추가 전진을 강요하는 대신, **h3**로 h파일의 개방을 준비한 후, 전혀 위협이 되지 않는 텍스트 무브로 상대가 g파일을 열도록 유도할 수 있는데, 이는 기동력이 부족한 흑에게 재앙이 될 수밖에 없는 작전이다.

26...gxf4 27 gxf4 Rd7

27...Qxf4 28 Qg2+ Kh8면 백은 **29 Be7 Bg6 30 h4 Qxd4+ 31 Rf2** 등으로 이길 수 있다.

28 Qe3 Rg7+ 29 Rg2 Rxg2+ 30 Kxg2

정확하게 포지션을 파악한 백은 적 나이트를 처리하기 위해선 퀸스 비숍만으로도 충분하기 때문에 더 이상 쌍비숍을 가질 필요가 없다고 생각한다.

30...Bh5 31 Bxh5 Qxh5 32 Rg1 Kf7 33 Kh1 Rg8

흑의 이 룩 교환은 백 나이트에 의한 흑 포획을 위해 매우 영리하게 활용된다. 하지만 **33...Nc7**은 **34 Qg3 Qh6 35 Bxc7** 때문에 안 되고, 또한 **33...Nb8**는 **34 Rc1!**(35 cxd5 위협) **34...dxc4 35 bxc4**로 백이 포지션에서 결정적인 우위를 점할 수 있었다.

34 Rxg8 Kxg8 35 cxd5 cxd5

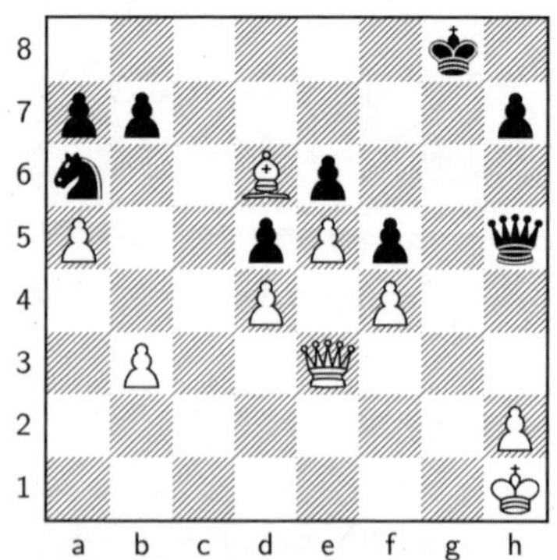

36 b4

백의 마지막 수는 바로 이 포지션을 확보하기 위해서였다. 흑은 b5의 위협을 궁극적으론 퀸을 킹사이드에서 이동시켜야만 방어할 수 있지만, 그 다음에 백은 직접 공격으로 나이트의 항복을 강요할 수 있다. 마무리는 매우 단순하지만 끊임없는 논리 구조가 매력적이다.

36...Kf7 37 Qd3

37 b5는 바로 두는 게 아니다. 37...Nc7 38 Bxc7 Qd1+ 39 Kg2(39 Qg1 Qf3+면 무승부) 39...Qc2+와 Qxc7 때문이다.

37...Qh4

...Qe1+, 뒤이어 ...Nxb4를 위협하는 수다.

38 Qf1

작전의 완성. 이제 흑에게는 **39 b5**를 예상한 퀸의 철수만 남았다.

38...Qd8 39 Qh3 Kg8

명백히 강요된 **39...Kg8**.

40 Qg3+ Kf7 41 Qg5 Qc8

물론 흑의 퀸 교환은 기권과 동일하다. 텍스트 무브로 흑은 몇 번의 체크를 위협하지만 백은 이내 자신의 킹이 안전하리라고 정확히 계산한다.

42 b5 Qc1+ 43 Kg2 Qd2+

42...Qb2+와 **...Qxb5**는 다음 2수에서 메이트가 나오기 때문에 하지 않는다.

44 Kh3 Qe3+ 45 Kh4 Qe1+ 46 Kh5 Qe2+ 47 Kh6 Qxh2+ 48 Qh5+ Qxh5+ 49 Kxh5

이제 드디어 게임이 끝났다.

49...Kg7 50 bxa6 bxa6 51 Bc5 Kf7 52 Kh6 Kg8 53 Bxa7 Kh8

54 Bb6 Kg8 55 Bd8 Kh8 56 Bh4 1-0

35. 보골류보프-야노프스키
퀸스 갬빗 거절 *Queen's Gambit Declined*

1 d4 d5 2 Nf3 Nf6 3 c4 dxc4 4 e3 e6 5 Bxc4 c5 6 Nc3 Nc6 7 0-0 Be7 8 Qe2 0-0

잘 알려진 것처럼 흑은 **8...cxd4 9 Rd1** 이후에는 d파일 폰을 유지할 수 없으며, 백은 폰을 회수한 후 기물들의 더 자유로운 범위를 확보할 수 있다.

9 Rd1 Qc7 10 a3 a6

야노프스키와 L. B. 메이어를 상대로 한 알예힌과 슈뢰더의 컨설테이션 게임consultation game[*](1924년 1월 8일 뉴욕)에서는 **10...e5**가 나왔고, **11 dxe5 Nxe5 12 Nxe5 Qxe5 13 e4**로 반박당했다. 비록 백이 작은 우위를 지킬 수 있지만, 텍스트 무브가 올바른 답이다.

11 dxc5 Bxc5 12 b4 Be7

12...Bd6 13 Bb2면 흑은 **13...b5**(**14 Bxb5** 때문에)나 **13...Ne5**를 잘 둘 수 없었을 것이다. 그러면 예를 들어 **14 Nxe5 Bxe5 15 f4 Bxc3 16 Bxc3 b5 17 Bxf6 Qxc4 18 Qg4 g6 19 Qg5**로 백이 이긴다.

13 Bb2 Bd7

13...Bd7은 **13...b5 14 Bd3 Bb7 15 Rac1**, 이어서 **Ne4**보다 방어에 더 적합하다.

---

[*] 여러 명이 함께 체스를 두며 각 수에 대해 토론하고 결정하는 방식의 게임.

14 Rac1 Rac8 15 Bd3 Rfd8 16 Ne4

여기까지는 백이 바르게 됐다. 그러나 상대에게 자유를 주는 **16 Ne4**를 통해 자신의 오프닝 이점을 상대에게 빼앗겼다. 그는 흑의 다소 갑갑한 포지션을 최대한 활용할 두 개의 좋은 연속수가 있었다.

(1) **16 Na4**, 이 나이트를 c5에 배치하고 조만간 불리한 비숍 중 하나를 강제로 교환하기 위해서다.
(2) **16 Ng5**에 이어 **Nge4**로 퀸이 킹사이드로 가는 자유로운 통로를 열어, 그녀의 도움을 받아 직접 공격을 개시한다.

16...Nxe4 17 Bxe4 Be8

백이 **18 Ne5**, 이어서 c6에서의 교환과 폰 획득을 잇겠다고 위협했다.

18 Nd4 Qb6 19 Qf3

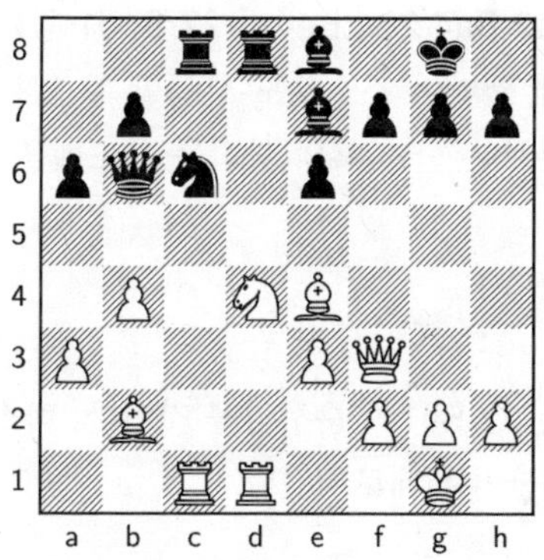

19 Qg4 역시 흑이 동일하게 적극적으로 대응할 수 있었다. 백에게 가장 간단한 방법은 c6와 d8에서의 교환을 통해 무승부로 끝내는 것이었다.

19...Ne5

이는 올바른 폰 희생이며, 흑은 상대의 무방비한 밝은 칸에 강력한 압박을 가하는 게임을 할 수 있게 되었다. 확실히, 백 입장에서는 승리를 위해선 만족스럽지 않은 부분이다. 백은 게임 과정에서 어떤 대가를 치르더라도 자신의 물량 우위를 유지하고 활용하고자 노력하기 때문에 실제로는 패배할 수밖에 없다.

20 Bxh7+

백은 분명 20 Qh3 Ng6로는 아무것도 할 수 없었다.

20...Kxh7 21 Qh5+ Kg8 22 Qxe5 Bf6 23 Qh5 Ba4 24 Re1 Qd6 25 h3 Bc2

25...b5는 26 Rc5로 인해 이르다.

26 Qf3

백으로선 26 Qe2 Ba4(26...Be4면 27 Red1 등) 27 Qh5면 상대가 무승부에 만족하게 됐다며 스스로도 납득할 수 있는 최선이었을 것이다. 그의 텍스트 무브는 단지 흑의 강화를 유도했을 뿐이다.

26...b5 27 Qe2

그리고 여기서는 **27 Ba1**이 순서였을 것이다. 텍스트 무브는 템피를 잃은 후에 백 포지션이 위태로워진다.

27...Ba4 28 Qf3

백이 의도한 **28 Nf3**는 28...Rxc1 29 Rxc1 Bd1 때문에 불가능할 것이고, **28 Qh5**는 텍스트와 같은 답이 나올 것이다.

28...Rc4

오픈 파일이나 통과한 폰을 강제로 제어하는 수다. 다시 백은 중요한 악수를 선택한다.

29 Ba1

어떻든 **29 Rxc4 bxc4 30 Bc3**가 더 통과한 폰을 만들 수 있었다.

29...Rdc8 30 Rb1 e5 31 Ne2

이와 마찬가지로 **31 Qg3 Qd5 32 Nf3 Re8** 이후에도 백 퀸의 '스테일메이트' 포지션 때문에 백의 상황은 불편했을 것이다. 이런 연속수는 선택된 후퇴만큼 빠른 실패로 이어지면서, 나이트가 완전히 잘못 배치되기에 환영받는 공격 대상이 되었다.

31...Bc2 32 Rbc1 Be4 33 Qg4 Bb7

이 대각선에 치명적인 사거리를 가진 흑 비숍이 투입된다.

34 Rxc4 Rxc4 35 f4

35 Qg3의 경우 **35...Rc2 36 Kf1 Be4**(**...Rxe2** 위협)를 통해 흑이 이긴다. 그러나 지금은 e3와 g2 칸이 결정적으로 약해졌다.

35...Qd2 36 Qg3

또는 **36 Kf2 exf4**는 흑이 백 퀸을 잡겠다고 위협하게 된다.

36...Re4

설득력 있는 연속수다. 하지만 **36...exf4 37 Nxf4 Rc1 38 Bxf6 Qxe1+ 39 Qxe1 Rxe1+ 40 Kf2 Rc1**으로 엔드게임을 쉽게 이길 수

있었다.

37 Bc3 Qd5 38 Bxe5

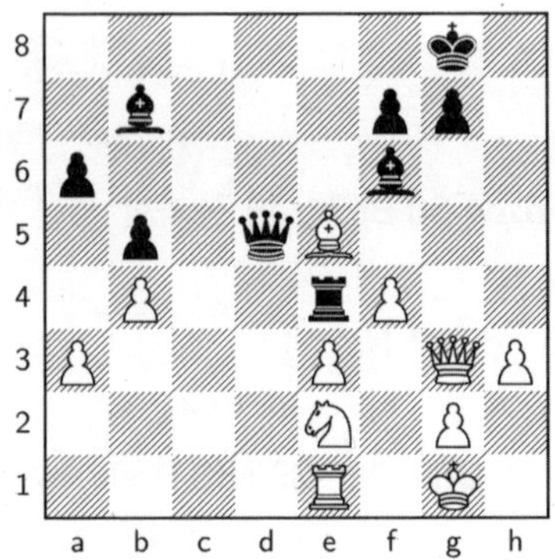

38...Rxe3

결정적인 전환점. 이제 백은 핀에 걸린 나이트 때문에 죽어 간다.

39 Qg4 Bxe5 40 fxe5 Rxe5 41 Kh2

41 Kh2는 41...Rg5에 42 Nf4로 응수하기 위해서다.

41...Qd2 42 Qg3 f6 43 h4 Bd5 44 Qf2 Bc4 0-1

과거의 야노프스키였다!

8라운드

이번 라운드에서는 라스커 박사, 알예힌, 마셜이 승자가 되었고, 카파블랑카는 마로치에게 무승부를 기록했다. 따라서 카파블랑카가 0.5점의 리드를 유지했다.

보골류보프는 라스커 박사를 상대로 루이 로페즈를 두었고, 보골류보프가 기권하기 전 71수까지 가는 접전이 이어졌다. 13수에서 상대가 제공한 기회를 이용해 라스커 박사는 점차 경기를 장악하기 시작했고, 이번 대회에서 가장 흥미진진했던 엔딩 중 하나인 룩-나이트가 룩-비숍에 맞서는 엔딩을 향해 나아갔다. 라스커 박사는 우월한 포지션과 고도의 섬세한 플레이를 통해 결국 목표를 달성했다.

마로치가 어두운 칸을 잘 다룬 퀸스 폰 오프닝은 카파블랑카를 체크로 묶는 역할을 했다. 헝가리인은 단 한 번도 챔피언이 인상적인 모습을 보이는 상황을 허락하지 않았다.

레티는 알예힌을 상대로 인디언 디펜스에 의지했고, 그 결과 나온 경기는 이론적으로 큰 관심을 끌었다. 레티의 플레이를 비난할 수는 없지만, 허약한 d파일 폰으로 인해 수비는 최악의 상황을 맞았다. 세 개의 기물들로 이뤄진 킹사이드에서의 마지막 공세는 매우 교훈적이었고 쌍비숍의 위력을 다시 한 번 입증하였다.

마셜은 매우 활기찬 레티 오프닝(역)으로 야노프스키를 75수 만에 꺾었다. 미국인은 초반에는 상대를 압도했지만, 일단 승리 포지션을 확보한 뒤에는 긴장이 풀렸다. 그 후 야노프스키는 곧바로 큰 문제에서 벗어날 기회를 잡았으나 여전히 매우 어려운 게임이 남아 있었다. 마셜은 강력한 전술 덕분에 다시 우위를 점했지만 적절한 연속수를 놓치는 바람에 세 개의 기물들에 맞서는 퀸을 등장시켰다. 야노프스키는 망설였고 마셜은 놀랍게도 기물 하나를 따내며 게임을 승리로 이끌었다.

타르타코베르 박사는 에드워드 라스커를 상대로 자신만의 스타일로 다뤄진 스카치 갬빗을 시도했다. 라스커는 불리한 게임으로 빠지지 않기 위해 엔딩을 최대한 조심스럽게 플레이해야 했다.

점수는 다음과 같다. 라스커 박사 5½-1½, 알예힌 5-2, 카파블랑카 4½-2½, 레티와 타르타코베르 박사 각각 4-3. 이날은 흑이 3-2로 더 우세했다.

36. 보골류보프-라스커 박사
루이 로페즈 *Ruy Lopez*

1 e4 e5 2 Nf3 Nc6 3 Bb5 Nf6 4 d4

백이 캐슬링을 한 후 흑 d파일 폰이 전진하기 전에 두는 **4 d4**는 잘 알려진 대로 흑의 동등화를 쉽게 허용한다. **4 0-0**이 훨씬 낫다.

4...exd4 5 Nxd4

또는 **5 e5**면 **5...Ne4 6 0-0 Be7 7 Re1 Nc5 8 Nxd4 Nxd4 9 Qxd4 0-0**. 단순히 수를 바꾼다면 **5 0-0 Be7 6 e5**, 또는 실제 게임에서처럼 **6 Nxd4**를 두어야 했을 것이다.

5...Be7 6 0-0 a6

흑은 **6...0-0**을 주저 없이 둬서 **7 Nc3 Nxd4 8 Qxd4 c6**로 이어갈 수도 있었고, **...d5**(**9 Bc4**면 **9...b5** 등)로 이어갈 수도 있었다. 그러나 이 단계에서는 텍스트 무브가 더 강하며 완전히 정돈되어 있다.

7 Nxc6

백은 이보다 좋은 수가 거의 없다. (Ⅰ) **7 Ba4**는 **7...Nxd4 8 Qxd4 c5**에 이어 **b5**와 **c4**가 이어지기 때문에 할 수 없다. (Ⅱ) **7 Bc4** 이후 **7...d5**는 예를 들어 **8 exd5 Nxd5 9 Nxc6 bxc6**가 나올 수 있으며, d5의 나이트 포지션은 흑 폰 포지션 악화와의 완전한 등가 그 자체다. (Ⅲ) **7 Be2**도 보호되지 않은 e파일 폰 때문에 둘 수 없다. (Ⅳ) 마지막으로, **7 Bxc6** 이후에 흑은 d파일 폰으로 탈환하는 게 최선이며, 그 후 쌍비숍으로 멋진 게임을 할 수 있다. 텍스트 무브 후, 포지션은 스카치 게임에서 많이 플레이되는 변형과 뚜렷한 유사성을 보인다.

7...bxc6 8 Bd3 d6

방금 언급한 스카치 게임의 변형에서(즉, **3 d4 exd4 4 Nxd4 Nf6 5 Nxc6 bxc6 6 Bd3** 이후) **6...d5**가 최선으로 받아들여진다고 하면, 포지션의 차이가 흑에게 명백히 유리한 지금이 훨씬 더 적절한 수순일 것이다.

(1) 만약 백이 교환 변형을 선택한다면, 흑은 **9 exd5 cxd5** 이후에는 의지할 데가 없다. 왜냐하면 ...a6(흑이 아무 목적 없이 만든)가 없어서인데, 마로치가 제시한 **Bb5+**와 **Bxd7+**(마로치-야노프스키, 1899년 런던)의 기동이 흑의 중앙에 약점을 만들고 백의 게임을 어느 정도 플레이할 수 있기 때문이다.

(2) 반면에 미제스가 최근에 자주 두는 변형을 모방하여 **9 e5**를 시도한다면, **9...Ng4 10 Bf4**(백이 **Be2**와 **0-0**을 두는 반면) 이후 흑은 **10...f6**로 우세한 경기를 펼칠 수 있다. 그러면 **11 e6 Bxe6 12 Re1 Ne5 13 Bxe5 fxe5 14 Rxe5 Qd6 15 Qe2 Kd7**으로 백의 허세는 끝난다. 실제로 선택된 수는 역시나 무해하지만 무엇보다도 백에게 편안한 주도권을 내준다.

9 Nc3 0-0 10 f4 Re8 11 Kh1

11 Kh1은 다소 구식 수다. 전에는 f파일 폰이 전진했을 때 킹을 대각선에서 체크받지 않도록 재빨리 코너에 밀어 넣는 것이 관습이었기 때문이다. 오늘날에 킹을 이렇게 움직일 때 더 많은 주의를 기울이는 이유는 이 경우에서와 같이 대부분 즉각적인 템포 손실을 의미할 뿐만 아니라 중앙에서 킹을 멀리 이동시킴으로써 가능한 엔딩에서의 결정적 요소가 될 수 있기 때문이다. 실제로 텍스트 무브가 **Be3**를 준비했던 것만큼이나 **h3**를 두는 일을 피할 수 없었음이 곧 분명해진다. **11...Nd7 12 Be3 Bf6 13 Qd2**에 이어 **Rae1**(만약 **13...Rb8**라면 **14 b3**), 그리고 킹사이드로의 백 나이트 이동이라면 백은 공격에 매우 유리한 포지션을 확보할 수 있었다.

11...Nd7 12 Be3 Bf6 13 Qf3

충분히 고려되지 않은 **13 Qf3**를 라스커 박사는 즉시 활기차게 활용했다. **13 Qd2 Rb8 14 b3**, 그리고 결국 **Rae1**과 **Ne2**로 이어졌다면 더 좋은 기회를 잡을 수 있었다.

13...Rb8 14 Rab1

14 Nd1이라는 대안은 **14...c5**로 인해 여전히 덜 매력적으로 보인다.

14...Bxc3

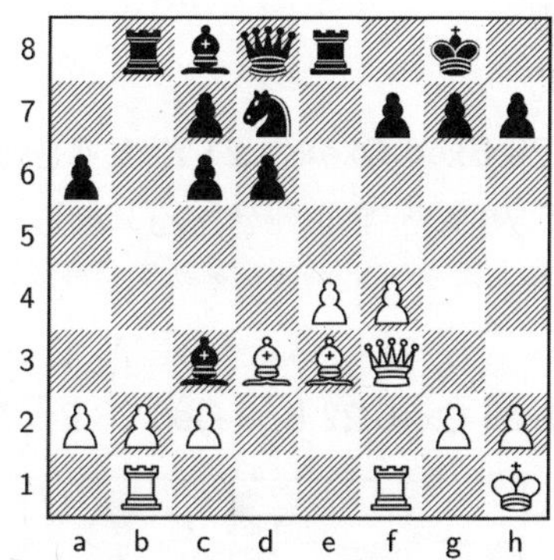

이 수와 특히 후속 교환을 통해 백의 공격 가능성은 거의 0에 가깝게 줄고, 게다가 그의 퀸사이드 폰은 분할되며 e4 칸이 추가로 약화된다. 백이 획득한 오픈 b파일은 룩의 진입을 쉽게 막을 수 있다는 점에서 약간의 보상만 준다.

15 bxc3 Rxb1 16 Rxb1 c5 17 c4

17 c4는 직면해야 하는 **...c4**라는 위협 때문에 어쩔 수 없는 선택이었다. 그러나 백 킹스 비숍은 당분간 사실상 폰 수준으로 격하된다.

17...Qe7 18 h3

이를 백의 11수에 대한 해설과 비교해 보라.

18...Nf6

이로써 흑은 **e5**를 통한 중앙의 해체를 허용하여 백 비숍에게 새로운 라인을 열어 무승부 기회를 만들어 준다. **18...f6**를 통해 백 e파일 폰을 정지시킨 다음 **...Nf8**, **...Bd7-c6**로 진행하는 게 더 적절했을 것이다. 이 경우 확실히 백은 **...Nf8** 이후 **Rb8 Bd7**, **Rxe8 Qxe8**로 e파일 폰에 대한 공격을 약화시킬 수 있었지만, 결과적으로는 흑 퀸의 a4로의 출격이 두려워질 것이고, 어쨌든 이러한 플레이 라인은 백에게 **...Nf6**보다 더 어려운 문제를 설정했을 것이다.

19 Bf2 Bd7

물론 **19...Nxe4 20 Bxe4 Qxe4**는 **21 Re1** 때문에 안 된다. 그러나 지금 흑은 **20...Bc6**, 이후 백에게 해산을 강요하는 e파일 폰에 대한 4중 공격을 위협한다.

20 e5 dxe5 21 fxe5 Qxe5 22 Bg3 Qe6 23 Bxc7 Bc6 24 Qf5

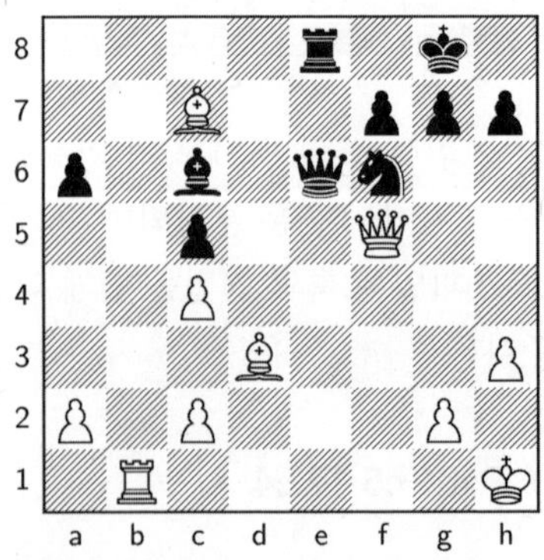

흑은 자신의 기물과 폰 들의 우월한 포지션 때문에 의심의 여지없이 유리하지만, 이 폰 희생을 할 충분한 이유가 없었다. 백은 **24 Qg3**(**24...Nh5 25 Qh4** 또는 **24...Ne4 25 Qe3**)면 즉각적인 위험이 없었을 것이다. 반면에 텍스트 무브는 직접적인 손실로 이어져야만 했다.

24...Qxf5

여기서 시작된 엔딩은 흑 나이트의 우월한 포지션 때문에 확실히 흑에게 유리하지만, 여전히 백에게 좋은 무승부 기회를 제공한다. 따라서 흑으로선 24...Bxg2+ 25 Kxg2(또는 25 Kh2면 25...Qxf5 26 Bxf5 Be4) 25...Qc6+ 26 Qf3 Qxc7으로 백의 게임이 오래 유지되지 못했을 단순한 폰 획득이 훨씬 더 설득적었을 것이다.

25 Bxf5 Be4 26 Bxe4 Nxe4 27 Rb6

사실 흑 킹이 아직 출구가 없기 때문에 가능한 백의 이 퀸사이드 폰들에 대한 공격은 여기서 가질 수 있는 유일한 기회이지만 결코 과소평가할 수는 없다.

27...Ra8 28 Rc6 h5

28...Rc8는 29 Rxa6 때문에 안 된다. 하지만 이제 위협이 다가오고 있다.

29 Bb6 h4

여기서 백 킹의 고립된 코너 포지션은 흑의 직접 공격을 위한 목적으로 활용된다. 백은 최선의 방어를 찾는다.

30 Kg1

이 수는 백의 c파일 폰 획득이 스스로 고난에 빠뜨릴 수 있었기 때문이다. 예를 들어 30 Bxc5 Rd8 31 Bg1 Rd2 32 Rxa6 f5! 33 c5(백으로선 33 a4는 금물인데, 흑이 33...f4로 Rg6로만 방어할 수 있는 ...f3를 두겠다고 위협하기 때문) 33...Rxc2 34 c6 g5면 백은 c파일 폰을 오래 붙잡을 수 없었다. 예를 들어 35 Ra8+ Kf7 36 Ra7+ Ke6 37 c7 f4! 등등이 된다. 흑의 킹사이드 공격 가능성은 백의 감소된 병력을 고려할 때 상당히 높다.

30...Re8 31 Bxc5

그러나 지금 백은 일관성 없는 플레이를 한다. 마지막 수의 명백한 목적은 킹을 갑갑한 포지션에서 철수시키는 것이었고, 이 계획은 **31 Kf1**으로 성공적으로 수행될 수 있었다. 이때 흑이 자신의 c파일 폰을 보호할 수 있었다는 사실은 중요하지 않은데, 그럴 경우 백은 **Bc7**을 통해 더 중요한 a파일 폰을 공격할 수 있기 때문이다.

(I) **31...Re5**를 두면 **32 Ke2**(32 Bc7은 안 되는데, **32...Rf5+ 33 Kg1 Rf2 34 Rxa6 Rxc2**로 흑이 이길 확률이 높아지기 때문)가 따라오게 된다. 그리고 **32...Rf5**는 **33 Ke3**로, **32...Rg5**는 **33 Kf3 f5 34 Bc7** 때문에 효과가 없다. d2와 g3에서의 체크도 마찬가지로 효과가 없다. 백에게 전적으로 위험한 나이트 포지션은 e4만이 존재하기 때문이다. 예를 들어 (II) **31...Ng3+ 32 Kf2 Re2+ 33 Kf3 Rxc2 34 Rxc5 Rxa2**(34...Rc3+면 35 Kg4) **35 Rc8+ Kh7 36 c5**면 백의 통과한 폰이 힘을 가진다. (III) **31...Nd2+**면 **32 Kf2 Re5 33 Bc7 Re7 34 Bd8** 등등이다. 따라서 백은 **31 Kf1!**으로 훌륭한 무승부 기회를 가질 수 있었다. 반면에 텍스트 무브는 그의 방어의 난제를 상당히 증가시킨다.

31...Rd8 32 Kf1

32 Be3(또는 32 Kh1이나 Kh2) **32...Rd1+ 33 Kh2 f5 34 Rxa6 Ng3**(34...g5는 35 Bxg5 때문에 불가) **35 Bg1 f4 36 Ra3 Rc1 37 c5 Rxc2**면 백은 30수 해설에서 설명한 것과 비슷한 상황에 처한다. 지금은 2랭크로의 흑 룩 진입이 상당히 불편해진다.

32...Rd2 33 a4

여기서는 **33 a3**가 조금 더 나았을 것이다. 그러나 그 경우에도 흑은 매우 유망한 연속수가 있었다(그의 37수에 대한 설명과 비교해 보라). 게다가 **33 Be3**는 여기서, 또는 다음 수에서 두지 말아야 하는 수다.

그러면 **33...Ng3+ 34 Ke1**(또는 **34 Kg1 Rd1+**로, 다음 수에서 메이트가 이어짐) **34...Re2+**로 비숍이 잡히기 때문이다.

33...Rxc2 34 Bb4

34 Bb4는 아직 유일한 방어책이다. **34 Ba7**의 경우 흑의 가장 간단한 연속수는 **...f5-f4** 등등이다.

34...Rf2+

이 수에 의해 백은 g파일 폰을 양보하거나 그와 동일한 수준의 오래된 메이트 포지션에 자신을 노출하게끔 강요받는다. 결과적으로 그는 똑같이 심각한 두 가지 악수 가운데 하나를 선택할 수밖에 없다.

35 Kg1

이제 흑은 폰을 얻거나, 아니면 더 강할 수도 있겠지만 자산을 얻기 위해 성공이 약속된 공격을 계속할 수 있다. 하지만 좀 더 복잡한 포지션으로 향하는 경향이 있었을 **35 Ke1**은 정확한 플레이로는 만족스럽지 않았을 것이다. 그에 따라 **35...Rxg2 36 Rc8+**(**36 Rxa6**면 흑은 **36...g5** 등등으로 쉽게 승리 가능) **36...Kh7 37 c5**면, 다음과 같은 연속수들이 발생할 수 있다.

(1) **37...g5 38 c6 g4 39 c7 Rc2 40 Kd1!**(바로 **40 Re8**는 **40...Rc1+**에 이어 **41...Ng3+** 때문에 불가) **40...Rc4 41 Re8** 등등.

(2) **37...f5 38 c6 Rc2 39 c7 f4**(또는 **39...Rc4**) **40 Re8** 등등.

(3) **37...Rb2 38 Ba5 Rc2 39 c6**(또는 **39 Bb6**면 **39...g5** 등) **39...Nd6 40 Rc7 Rc4!**(Bb4 위협에 맞서는 수), 그리고 이제 통과한 폰이 멈추면서 흑은 킹의 접근을 통해 킹사이드에 있는 폰의 진격으로 승리를 거둘 수 있게 된다.

35...Ra2

또한 위협적인 **36...Ra1+**면 **37 Kh2 Ng3**에 이어서 메이트다.

36 Be1 Rxa4 37 Bxh4

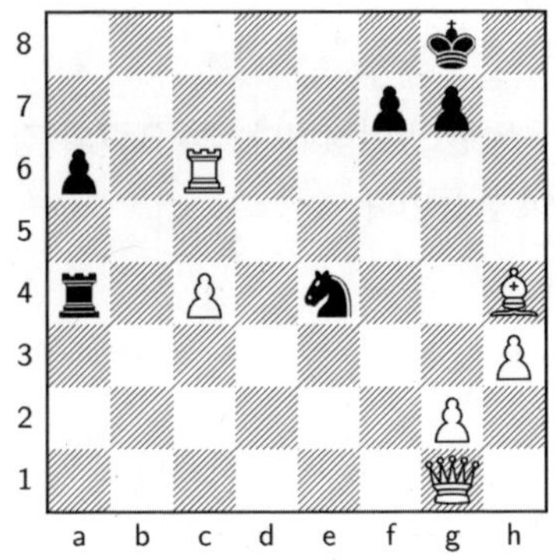

37...Nd2

흑은 폰의 획득으로 만족해야 하며, 결과적으로 엔딩에서 승리하기 전에 큰 기술적 어려움을 극복해야 한다. 그러나 백이 **33 a3**를 두었고 그 결과 흑이 그 칸에서 폰을 잡았다면, 여기서 흑은 다음과 같은 방법을 채택해야 했을 것이다. **37...Ra1+ 38 Kh2 g5 39 Bg3 f5 40 Be5 Ra5 41 Bd4**(또는 **41 Bc7**이면 **41...Ra2**) **41...Kf7!**(**42...f4** 또는 **42...Ra2**를 두겠다는 위협이지만, 둘 다 **42 Re6** 응수로 인해 그다지 좋지 않음). 이러면 백은 킹이 등장할 가능성도 없고 계속 메이트 공격의 위협을 받는 상황에서 영구적인 지원의 부재, 흑 기물들의 템포 공격에 노출된 비숍, 흑 킹의 접근으로 사실상 무가치해진 통과한 폰, 그리고 마지막으로 통과한 a파일 폰-이 모든 요소를 고려하는 위대한 엔드게임 아티스트의 손에서 승리를 거둬야 하는 매우 어려운 경기를 치러야 했다. 텍스트 무브 후에는 엔딩의 극적인 부분이 지나가고 약간의 물질적 우위에 대한 고된 깨달음이 시작된다.

38 Bd8 Nxc4 39 g4

39 g4는 공격의 순간에 흑의 f파일 폰이 유리하게 사용되는 일을 막기 위해, 그리고 마지막으로 백 킹에게 더 큰 이동의 자유를 주기 위해

서다. 물론 폰 포지션을 약화시키기 때문에 이 수가 전적으로 만족스럽지는 않지만 결국 필요한 수다.

39...Nd2 40 Rc8 Kh7 41 Ra8 Ra2 42 Kg2 Nb3+ 43 Kg3 Nd4

현재 상황에서 흑 a파일 폰의 전진은 시기상조다. 예를들어 **43...a5 44 Ra7 Kg6 45 h4 f6 46 h5+ Kh6 47 Bb6!**면 백은 **Be3**에 이어 **h6**를 위협한다. 이제 흑은 가능한 한 백 폰을 약화시키기 위해 더 공격해야 하는데, 승리가 오직 킹사이드에만 자리하기 때문이다.

44 h4

44 Bb6 Ne6 이후에도 이 수는 피할 수 없었다. 이제 흑은 나이트 공격을 통해 킹의 적극적인 참여를 가능하게 하는 g파일 폰의 추가 전진을 시도할 것이다.

44...Ra3+ 45 Kf2 Nc6 46 Bc7 Ne7 47 Bd6 Ra2+ 48 Kf3

어쨌든 **...Nc6** 이후 킹이 d4에서의 궁극적인 체크에 노출되지 않기 위해선 **48 Kg3**가 더 중요했을 것이다.

48...Nc6 49 Bc7 Nd4+ 50 Kg3 Ra3+ 51 Kf2 Ra4 52 Kg3 Ne6 52 Bb6

52 Bd6면 흑은 **53...a5 54 Ra7 f6**를 쓸 수 있었다.

53...Ra3+ 54 Kg2

백은 흑 나이트가 e5로 가도록 허용하면서 빠르게 내리막길을 내려간다. **54 Kf2**면 **54...Nf4, 55 Bc7 Nd5 56 Bd8**로 백은 훨씬 더 긴 저항을 할 수 있었다. **54 Kf2**면 의심할 여지없이 흑이 킹의 진군을 결정했겠지만 어쨌든 그 계획은 매우 어려웠을 것이다.

54...Nf4+ 55 Kf2 Nd3+ 56 Kg2 Ne5 57 g5 Ng6 58 Bf2 Nf4+ 59 Kh2 Kg6 60 Ra7 a5 61 Bg3 Ra2+ 62 Kh1 Nh5 63 Be5

63 Be1이면 63...Ra1(또는 단순히 63...a4) 64 Re7 Kf5 65 Kg2(65 Rxf7+면 65...Ke6 66 Rf1 Ng3+) 65...Kg4로 흑이 손쉬운 승리를 거둔다. 텍스트 무브 후 백의 두 폰들은 모두 소멸한다.

63...Ra4 64 Kg2 Rxh4 65 Ra6+ Kxg5 66 Rxa5 Kg6 67 Kf3 f6 68 Bd6 Rd4 69 Bc7 Rc4 70 Bd6 Rc6 71 Bb8 Kh6 0-1

37. 카파블랑카-마로치
퀸스 폰 오프닝 *Queen's Pawn Opening*

1 d4 Nf6 2 Nf3 d5 3 Bf4

이 백 비숍의 배치는 흑이 **...e6**(예를 들어 보골류보프-마셜 대국에서처럼)를 통해 퀸스 비숍을 가둔 후에만 유망한 가능성을 제공한다.

3...c5 4 e3 Qb6

여기서부터 흑 퀸은 상대 퀸사이드에 지속적인 압력을 가한다. 흑은 첫 수부터 바이올린의 첫 음을 바르게 켜는 것으로 가정하고 끝까지 자신의 주도권을 유지하는데, 꽤 평화롭다.

5 Qc1

5 Nc3 c4 6 Rb1 Bf5는 그리 바람직하지 않았을 것이다.

5...Nc6 6 c3 Bf5 7 dxc5

7 dxc5는 적어도 한 템포의 이득으로 퀸스 나이트를 전개시키기 위

해서다. **7 Be2 e6**에 이어 **...Rc8**가 나온다면 백의 반격 가능성이 없었고 실제 게임에서처럼 교환으로 단순화할 기회는 더욱 적었을 것이다.

7...Qxc5

이제부터 백은 한동안 **...Nb4**의 위협을 고려해야 한다.

8 Nbd2 Rc8 9 Nb3 Qb6 10 Qd2 e6 11 Bd3

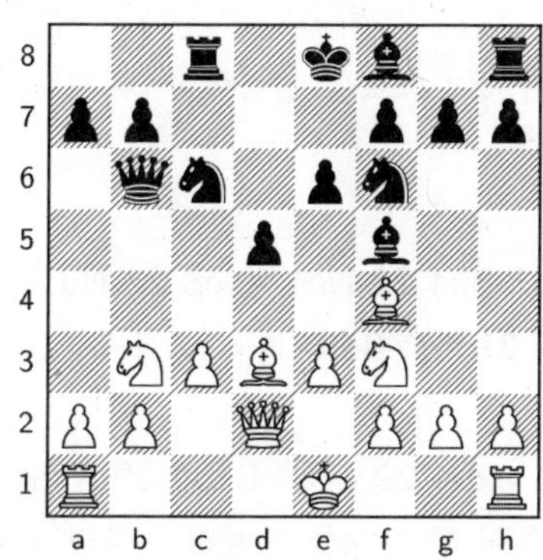

11...Be4

백에게 다소 유리한 하프 핀half-pinning이 될 되었을 **11...Ne4**보다 낫다. 그러면 백은 퀸의 템포를 싹 잃는데, 왜냐하면 **12 0-0 Bxf3 13 gxf3 g5 14 Bg3 h5**로 분명 불리하지 않을 수 없게 되기 때문이다.

12 Qe2 Be7 13 0-0 0-0 14 Bg5

백은 상대의 압박이 너무 불편해지기 전에 단순화를 위해 노력한다. 그 목적에 덜 적합한 수는 **14 Ne5**였을 것이다. 왜냐하면 그때 가능한 c6에서의 교환은 여전히 흑의 폰 대형을 더 강화하는 반면, 백은 두 기물들, 즉 킹스 나이트와 퀸스 비숍을 불필요하게 노출할 수 있기 때문이다.

14...Bxd3 15 Qxd3 Rfe8 16 Bxf6 Bxf6 17 Rfd1

17 e4는 포지션을 열려고 시도할 때마다 상대 비숍의 잠재적인 힘이 증가하기에 여기서 또는 다음 수에서의 모든 포지션 판단에 반할 것이다.

17...Red8 18 Qe2 Ne5 19 Nxe5 Bxe5 20 Rd2

백은 자신의 포지션이 공격하기 어려움을 알기에 방어에 만족한다. 마로치는 유일하게 그럴듯한 방법으로 돌파를 시도하지만, 곧 성공하더라도 얻을 게 없다고 스스로를 설득한다. 대체로 이 대국은 아주 쉽게 이해할 수 있다.

20...Bf6 21 Rad1 Rc4 22 Nc1 Rdc8 23 Nd3 a5 24 a3 Qc7 25 g3 b5 26 Kg2 Be7 27 Kg1 Bd6

27...b4 28 cxb4 axb4 29 axb4 Bxb4 30 Nxb4 Rxb4면 백은 31 **Rd4**를 두며, 만약 흑이 룩 교환을 피하려 한다면 **e4**로 파일을 열어 무승부가 확실시된다.

28 Ra1 Qc6

그리고 지금 28...b4는 29 axb4 axb4 30 cxb4 Bxb4 31 Nxb4 Rxb4 32 Rc2로 회피할 것이다. 따라서 더 이상의 노력은 쓸모가 없어 보인다.

29 Rdd1 h6 30 Qh5 Qc7 31 Qe2 ½-½

38. 알예힌–레티
킹스 인디언 디펜스 *King's Indian Defense*

1 d4 Nf6 2 c4 g6 3 g3

3 g3는 그륀펠트 디펜스의 주요 변형(3 Nc3 d5!)을 피하기 위해서다. 이에 대한 흑의 최선은 3...c6인 듯하지만, 이 경우에도 백은 4 Bg2 d5 5 cxd5 cxd5 6 Nf3 Bg7 7 0-0 이후 당분간 수(좁은 의미에서 템포)의 우위를 유지할 것이다.

3...Bg7 4 Bg2 0-0 5 Nc3 d6

5...d6로 흑은 인디언 디펜스로 바뀌지만, 이와 관련하여 백 킹스 비숍의 피앙케토가 매우 유효하다.

6 Nf3 Nc6

만약 흑이 이런 노력을 통해 백 폰(확실히 그는 당분간은 비숍의 대각선을 단축하지만 다른 한편으로는 흑 포지션에 상당한 압력을 가함)을 d5로 전진하도록 유도하는 것보다 더 나은 방법이 없다면-그리고 그것이 사실인 듯한데, 그의 전개 계획은 분명 권장되지 않을 것이다.

7 d5 Nb8 8 0-0 Bg4

여기서 이 흑 비숍의 교환 시도는 합리적이지 않으며 포지션의 저항력을 약화시킬 뿐이다. 마찬가지로 불만족스러운 경우는 8...e5 9 dxe6 fxe6 10 Bg5(알예힌-G. 토마스 경Sir George Thomas, 1923, 칼스바트)다. 반면에 잠시 동안 나이트에게 c5 칸을 지키게 하기 위한 8...a5를 고려할 수 있다. 하지만 이 경우에도 백은 h3, Be3, Qc2, b3, a3, 마지막으로 b4를 통해 우월한 포지션을 유지할 수 있다.

9 h3

백으로선 상대가 전개를 마무리하기 전에 상황의 정리가 중요했다.

9...Bxf3 10 exf3

10 exf3가 비숍으로 재탈환하는 것보다 훨씬 낫다. 그 과정에서 e 파일 폰은 오랫동안 비활성 상태로 있거나, 만약 진행하였다면 자신의 기물들의 행동을 제한했을 것이기 때문이다. 그러나 텍스트 무브 후, 그는 중요한 e4 칸의 수비를 맡게 되고, 그 외에도 흑은 e파일에게 발생 가능한 적대 행동을 고려해야 한다.

10...e6

흑은 e파일 폰을 교환해야 했지만, **10...e5**를 통한 교환이 상대적으로 더 좋았을 것이다. 그 후 **11 f4 exf4 12 Bxf4 Nbd7**이 분명 흑에게 꽤 견딜 만했으므로 백은 좋은 답(**11 dxe6**) 하나만 가졌을 것이다. 반면에 실제 수를 둔 후에, 백은 두 개의 좋은 연속수들 사이에서 즐거운 선택을 할 수 있다.

11 f4

이 경우가 흑의 중앙 약점으로부터 이익을 얻기가 결코 쉽지 않았던 **11 dxe6 fxe6 12 Re1 Qd7**보다 훨씬 더 유리하다.

11...exd5 12 cxd5

이제 흑은 세 가지 악재들 중에서 선택해야 한다.

(1) 그가 폰 포지션을 그대로 유지할 경우로서의 c7에서의 약점.
(2) **...c5**, **dxc6** 이후 폰으로 재탈환하고 나중에 **...d5**를 두기를 강요당할 경우로서의 c6의 약점.
(3) 그리고 마지막으로, 실제로 그가 선택한 라인이 고립된 d파일 폰을 가짐으로써, 적 비숍들의 강력한 협력으로 인해 보호가 어려워지면 곧 그의 퀸사이드의 결정적인 약화로 이어질 것이다.

12...c5 13 dxc6 Nxc6 14 Be3 Qd7 15 Qa4

백 퀸은 가장 효과적인 칸에 배치되어, 기물로 하여금 흑 퀸사이드에 까다로운 압력을 가할 수 있다.

15...Rac8 16 Rad1

두 선수 모두 같은 생각, 즉 b파일 폰을 적 비숍의 공격이 닿지 않는 곳으로 치워야겠다는 생각을 따른다. 덧붙여서, **16 Bxa7**은 물론 **16...Ra8** 때문에 둘 수 없다.

16...b6 17 b3

17 b3는 이후의 복잡성을 예상하여 퀸을 더욱 보호하려는 추가적인 목적이 있다. 이게 얼마나 중요한지는 곧 분명해질 것이다.

17...Rfd8 18 Rd3

바로 **18 Nb5**는 **18...d5** 때문에 시기상조였을 것이다. 그러나 이제 백은 더블 룩을 만든 후 그 수를 두겠다고 위협했고, 따라서 흑은 교환으로 백 퀸이 가하는 압박을 완화하고자 노력한다.

18...Ne7

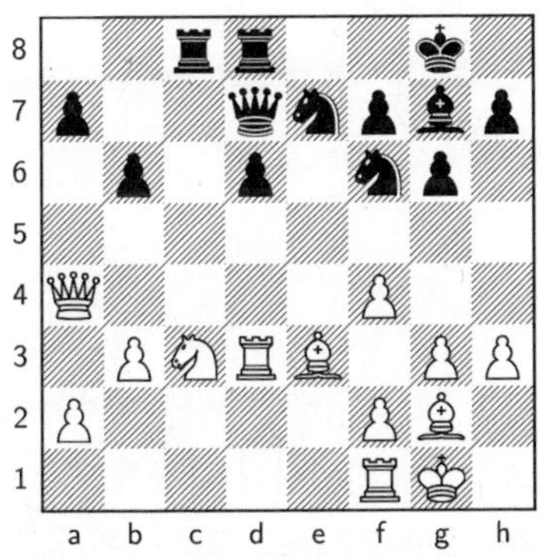

이런 식으로 하면 정말 안 되며 흑은 즉시 물질적으로 불리해진다. **18...Na5 19 Qa3 Bf8 20 Rfd1**이 흑에게 어려운 게임이면서도 방어가 가능하다는 점에서 확실히 더 나았을 것이다.

19 Nb5 d5

19...d5는 분명히 강제되었다.

20 Nxa7

백의 이 라인 역시 17수 덕분에 가능했다.

20...Ra8 21 Bxb6 Qxa4

21...Rdb8면 백은 **22 Qxd7 Nxd7 23 Be3 Rb7 24 Bxd5 Nxd5 25 Rxd5 Raxa7 26 Bxa7 Rxa7 27 Rfd1**으로 결정적 우위를 점했을 것이기에 흑은 이보다 더 좋은 수를 둘 수 없었을 것이다.

22 bxa4 Rd7 23 Nb5 Rxa4

24...Rb4 25 Rb3 Rxb3 26 axb3 Rb7도 위협적이다.

24 Nc3 Ra6 25 Rb1 Rb7 26 Bc5 Rxb1+ 27 Nxb1 Nc6

이제 포지션이 정리되었고, 백은 통과한 폰을 유지한 반면 흑의 d파일 폰은 여전히 허약하다.

28 Nc3

가장 빠른 승리 방법. 백은 a파일 폰을 포기하면서 그를 회수하기 위해 룩을 적 진영으로 강제 진입시켜 결정적인 폰 공격을 할 수 있다. 무기력한 **28 a3**는 **28...Ra5 29 Be3 Rb5** 이후 상대에게 더 완강한 저항을 허용했을 것이다.

28...Ra5 29 Bb6

시간 벌기다.

29...Ra6 30 Bc5 Ra5 31 Be3 Nb4

31...d4면 백으로선 무승부 기회가 있는 **32 Bxd4 Nxd4 33 Rxd4 Nd5!**가 아니라 **32 Bxc6 dxc3 33 a4**가 이기는 길이다.

32 Rd2 h6

32...Ne4가 바로 나오면 백은 **33 Nxe4 dxe4 34 Rd8+ Bf8 35 f5!**로 이긴다.

33 a4

백은 **34 Bb6**를 두겠다고 위협하여 흑의 다음 수를 강제한다.

33...Ne4 34 Nxe4 dxe4 35 Rd8+ Kh7 36 Bxe4 Rxa4

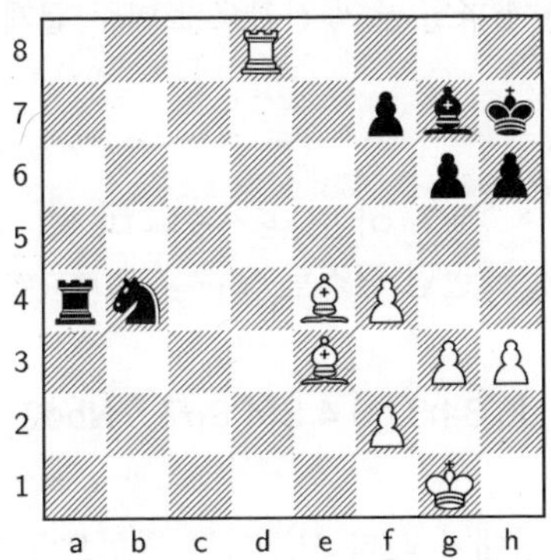

36...f5면 37 Rd7 Kh8(또는 37...fxe4는 38 Bd4 Rd5 39 Rxg7+ Kh8 40 Rd7+, 이후 백이 룩 교환을 하고 승리) 38 Bd4 Bxd4 39

Rxd4 fxe4 40 Rxb4로 백이 승리한다.

37 f5

결정적인 폰 돌격의 시작. 현재 **38 fxg6+ fxg6 39 Rd6**가 위협됐기 때문이다.

37...Ra6 38 h4 h5

38...h5는 **39 h5**의 위협으로 인해 강제되었다.

39 g4 Ra5

또는 **39...hxg4**면 **40 h5** 등등이 나온다.

40 fxg6+ fxg6 41 gxh5 Rxh5 42 Bg5

42 Bg5는 최소한 교환에서 이긴다.

42...Bc3 43 Rd7+ Kg8 44 Bxg6 1-0

44...Rh8면, 백은 h파일 폰의 전진으로 아주 쉽게 승리한다.

39. 야노프스키-마셜
런던 시스템 *London System*

1 d4 Nf6 2 Nf3 d6 3 h3 g6 4 Bf4 Bg7 5 Nbd2

5 Nbd2로 백은 상대가 레티 시스템의 변형으로 바로 전환할 수 있게 해 준다. **5 c3!**로 피할 수 있었던 상황이었다.

5...c5 6 e3 cxd4

마셜은 명확한 폰 배열(퀸스 갬빗에 대한 그의 처리를 비교해 보길)을 노골적으로 선호하며, 가능한 한 행잉 포지션hanging positions[*]을 피하는 경향이 있다. 하지만 현재 상태에서는 상대가 자신의 의도를 좀 더 오래 모르게 하고 먼저 캐슬링을 하는 게 직접적인 이득이었다. 이제 ...e5를 두려는 계획은 야노프스키에 의해 교묘하게 저지당하고, 전개 범위를 제한받아 최악의 상황을 맞이한다.

7 exd4 Nc6 8 c3 0-0

지금 흑은 9...e5를 위협한다.

9 Be2 Re8 10 Nc4 Be6

흑은 자신의 원래 계획(10...Nd5 11 Bg3 e5 12 0-0)이 실현 불가능임을 깨닫고 계획을 바꾼다. 하지만 이제 그의 기물들은 안전하지 않은 자리로 보내졌고, 상대는 곧 그를 시간 상실 상태로 몰고 간다. 그의 전체적 배열은 불충분한 성찰을 보여 준다.

11 0-0 Nd5 12 Bd2

백은 더 이상 ...e5의 가능성에 대해 걱정할 필요가 없는 만큼, 그의 비숍을 c1-h6 대각선에 두는 게 맞다.

12...Rc8 13 Ng5

13 Ng5는 아주 좋고, 이점을 유지하기에 충분하다. 그러나 야노프스키의 원래 스타일대로라면 13 Re1과 함께 이 돌격을 준비하는 경우가 많았을 것이며 이를 통해 이후의 모든 위협을 강화하였을 것이다.

---

[*] 행잉 폰hanging pawn이라고도 불리며, 아군 폰들과 떨어진 채 나란히 놓인 두 개의 폰 구조.

13...Bd7

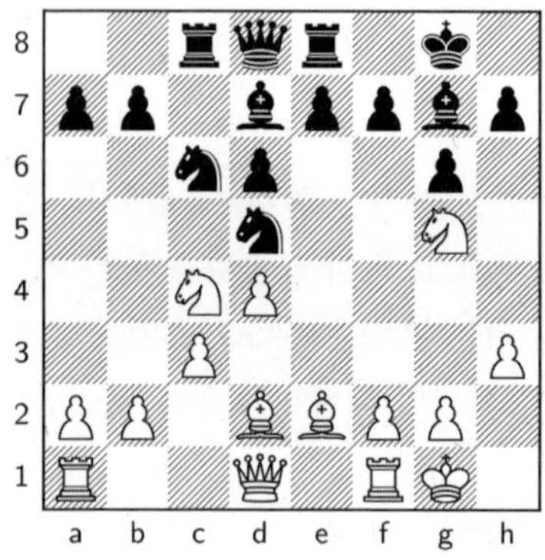

14 Qb3

　여기에서 백은 복잡한 희생 콤비네이션에 들어가고 마지막 순간에야 그것이 건전하지 않다고 확신하게 된다. **14 Bf3! Nb6 15 Nxb6 Qxb6 16 Qb3! Rf8 17 Rfe1**으로 약간의 포지셔널 우위를 유지할 수 있었을지도 모른다. 마셜은 부적절한 텍스트 무브를 매우 적극적 방식으로 최대한 활용했다.

14...h6

　이 간단한 수에는 길고 정확한 계산이 필요했다.

15 Bf3

　백 나이트의 매혹적인 희생은 다음 수순에 의해 좌절된다. **15 Nxf7 Kxf7 16 Bf3 Be6!**(16...e6 17 Nxd6+ Kg8 18 Rfe1!이면 백은 훌륭한 기회를 가짐) **17 Rfe1! Nc7!**(17...Qd7과 17...Na5는 18 Rxe6 또는 먼저 18 Nxa5의 가능성 때문에 불충분함) **18 Rxe6 Nxe6 19 Bd5**(19 d5면 19...Nc5) **19...Qd7 20 Bxe6+ Qxe6 21 d5**(또는 21 Re1이면 21...Na5) **21...Qe2 22 dxc6**(또는 22 Re1이면 22...Nd4) **22...d5 23 cxb7 Rxc4**. 그러나 백에게 있어 흑의 폰 그룹을 강화하는 교환을 허용하는 텍스트 무브보다 상대적으로 더 나은 것은 **15 Nf3**라

는 단순한 후퇴로, **15...Qc7**의 경우 **16 a4**로 응수하여 만족스러운 게임을 얻었을 것이다.

15...hxg5 16 Bxd5 e6 17 Bf3 Qc7 18 Ne3

마찬가지로 **18 Bxg5 Nxd4 19 cxd4 Qxc4 20 Qxb7 Rc7**에 이어 **...Qxd4**도 흑에게 유리할 수 있었다. 이제 백은 일반적인 퇴각을 강요받는다.

18...Na5 19 Qd1 b5 20 Re1 f5 21 Nf1 Bf6 22 Ng3

백은 자신의 기물들에 대한 의지가 부족하고 포지션의 역동적 처리에 대한 가능성이 없는 상황에서 흑의 직접 공격을 위한 h파일의 활용이 명백히 드러나기 때문에 이러한 상황은 더욱 고통스럽다. 백은 나이트 이동으로 새로운 희생의 연속수를 노리는 듯하다.

22...Nc4 23 Bc1 d5

23...Kg7이 더 안전했을 것이다.

24 Nf1

백은 저항할 수 없는 전면을 자초하는 이 퇴각 대신 **24 Bh5!**(?)에 **24...gxh5**(**24...Kg7**면 **25 Bxg6**)면 **25 Qxh5 Bc6**(**25...Re7**) **26 Bxg5 Bxg5 27 Qxg5+ Qg7 28 Qh4**로 **Nh5**를 위협하고, 기물 하나를 회수하여 두 폰들로 거친 바다에서 낚시를 해야 한다. 그 일은 물론 절망적인 휴양이 되겠지만, 포지션은 절망적일 정도로 무르익었다!

24...Kg7 25 Be2 Nd6 26 Bd3 Rh8 27 Re3 Rh4

흑의 공격은 저절로 진행된다.

28 Rg3

이 룩은 막다른 골목으로 모험을 떠난다. 하지만 이렇게 하지 않는다면 흑은 h파일에 더블 룩을 만들고, 이어서 **...g4**가 결정적일 것이다.

28...Nf7 29 Nh2 e5

29...e5는 물질적 이득을 강요할 것이다. 만약 **30 Nf3**면 당연히 **30...e4 31 Nxh4 gxh4**가 나온다.

30 dxe5 Bxe5 31 Nf1

31 Nf3면 흑은 **31...Bxg3 32 fxg3 Rxh3! 33 gxh3 Qxg3+**, 이어서 **...Qxh3+**와 **...g4**로 이기는 공격을 가한다.

31...f4

31...Bxg3면 백은 **32 fxg3**에 이어 **Be3-d4+**로 여전히 약간의 저항을 유지할 수 있었다. 텍스트 무브가 더 강제적이다.

32 Rf3

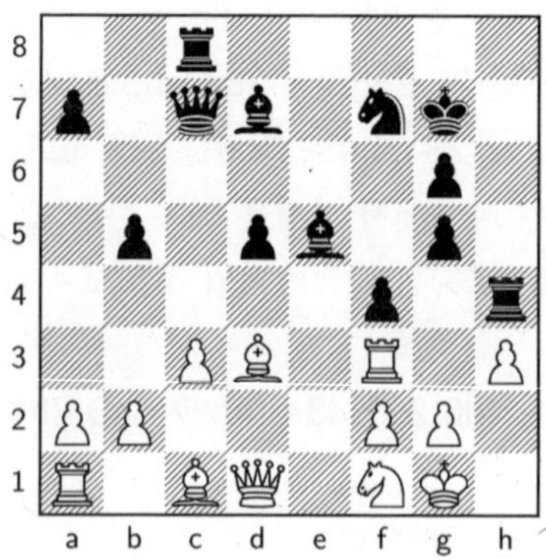

32...g4

이 시점부터 흑은 시간을 낭비하기 시작한다. 백의 무질서한 킹사이드 포지션으로 인해, 이 수로 나오는 교환이 승리 기회를 만드는 게 사실이지만 보다 간단한 방법은 **32...Bf6(33 g3? Rxh3 34 gxf4 Bg4,** 이어서 **...Ne5**를 두면 압박을 크게 줄이지 않는 교환으로 이길 수 있었음)였다.

33 Rxf4 Bxf4 34 Bxf4 Qxf4 35 g3 Qh6 36 gxh4 Qxh4

36...gxh3면 백은 **37 Be2**로 충분히 방어할 수 있었다. 하지만 **37...Qxh3**에 이어 **...Rh8**가 매우 강력한 위협이 된다.

37 Be4

한 템포의 이득을 얻으며 비숍을 오른쪽 대각선에 배치하는 멋진 수다. 이제 흑이 자신의 32수로 해야 할 일의 난이도를 악화시킨 게 분명해졌다.

37...Rc4

37...dxe4는 **38 Qxd7**과 **Qxb5**로 아무 소용이 없으므로, 흑은 적어도 자신의 룩을 효과적으로 게임에 참여시킬 기회를 활용한다. 하지만 그 사이 킹 포지션이 다소 불안정해졌다.

38 Bxd5

38 Qxd5(?)면 **38...Bc6.**

38...Rf4 39 Qd2 gxh3 40 Re1 Qg5+ 41 Ng3 Ne5 42 Re3

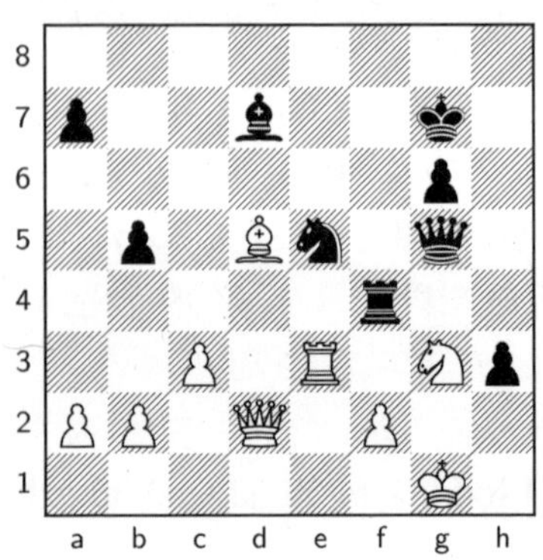

백은 기발한 방어에도 불구하고 상황이 더욱 악화되고 있다. 42...h2+ 또는 42...Ng4의 끔찍한 위협을 막으려는 마지막 시도로 보이는 텍스트 무브다.

42...Qf6

지금 흑이 준비하는 기물 하나를 희생하는 계획은 결정적이지 않은 것으로 밝혀졌다. 반면에 **42...h2+**면 **43 Kh1**(**43 Kxh2**면 **Rxf2+**로 흑 승리, 또는 **43 Kg2 Rh4 44 Kh1 Nc4 45 Bxc4 Bc6+** 등) **43...Ng4 44 Rf3 Nxf2+!** **45 Rxf2**(**45 Qxf2**면 **45...Qxd5** 또는 **45 Kxh2**면 **45...Rh4+**로 흑 승리) **45...Kxg3**의 g1 메이트 위협으로 이끌어 이길 수도 있었다.

43 Qe1 h2+ 44 Kh1 Ng4

흑 공격의 유일한 연속수에 주목해 보라.

45 Re7+ Kh6 46 Rxd7 Nxf2+ 47 Kg2 Qh4

47...Kg5(**...h1Q** 위협)는 안 되는데 **48 Bg8!!** 때문이다.

48 Qxf2

이 퀸 희생은 강제였다. **48 Be6**면 **48...Ne4! 49 Bg8 Nf6**로 흑이 유리할 것이기 때문이다.

48...Rxf2+ 49 Kxf2 Qg4

물질적 열세에도 불구하고, 흑은 백 폰이 통과한 폰에 묶여 무승부를 피하려는 상황에서 이익을 얻으려 한다. 그러나 그는 그 때문에 최악의 상황을 맞을 수도 있었다.

50 Rf7 Qd1 51 Bg2 Qg1+ 52 Kf3 Qd1+ 53 Kf2 Qg1+ 54 Kf3 Qd1+ 55 Kf2

여기서 같은 포지션에서 같은 선수가 세 번 움직였기 때문에 백은 무승부를 주장할 수 있었다. 그러나 그는 상대방의 승리를 위한 추가 시도를 통해 이득을 얻기 위해 이 권리를 활용하지 않는다. 둘 다 불장난을 하고 있는 셈이다.

55...Qc2+ 56 Kf3 Qxb2 57 Rf4

백은 **58 Rh4+**를 두겠다고 위협한다.

57...Qxc3+ 58 Kg4 Qd2 59 Be4 Qd7+

흑이 얻을 게 있다면 **59...Qxa2 60 Rf6 Kg7 61 Rxg6+ Kf7**을 통해서만 얻을 수 있다. 텍스트 무브 후 백은 자신의 a파일 폰을 유지한다.

60 Kf3 Kg5 61 Rf8

61 Rf8는 유일한 수지만 충분하다.

61...Qd1+

61...Qd2면 62 Rg8 등등이 나온다.

62 Kg2 Qg1+ 63 Kh3 a5

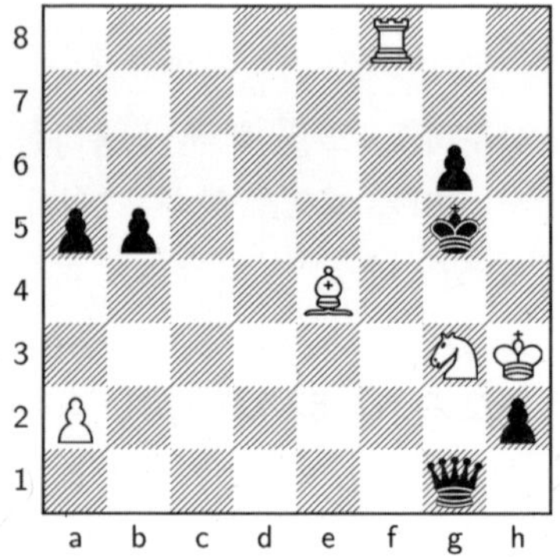

64 Bd5

야노프스키는 지금까지 많이 성취했다. 당연히 64 Rg8(65 Rxg6+ Kf4 66 Ne2+를 두겠다고 위협하는 수) 64...Kf4 65 Rxg6 Ke3 66 Rg5 이후에는 흑이 무승부를 위해 싸울 차례가 됐을 것이다. 그 대신, 백 비숍은 그를 패배의 위험에 다시 한 번 노출시킨다.

64...Qd4 65 Be4

백에게 이보다 더 완전하게 만족스러운 조치는 없다. 65 Rd8면 65...Qh4+ 66 Kg2 Kf4가 그를 불편하게 만들었을 것이고, 65 Bf3 Qd7+ 이후에는 마찬가지로 a파일 폰을 잃었을 것이다.

65...Qd7+ 66 Kg2

백은 기물 하나를 잃지만 66 Kxh2 Qd2+와 ...Qxa2 이후에도 흑의 세 폰들이 마침내 결정타를 날렸을 것이다.

66...h1Q+

뼈아픈 경악.

67 Nxh1

또는 **67 Kxh1**이면 **67...Qh3+**.

67...Qe7

이 수가 마침내 오늘의 승부를 결정한다. 부침이 많은 경기다.

68 Rf3 Qxe4 69 Nf2 Qd5 70 a3 b4 71 axb4 axb4 72 Nh3+ Kg4 73 Nf2+ Kh4 74 Nd3 b3 75 Kf2 b2 0-1

40. 타르타코베르-에드워드 라스커
스카치 게임 *Scotch Game*

1 e4 e5 2 Nf3 Nc6 3 d4 exd4 4 Nxd4 Nf6 5 Nxc6 bxc6 6 Nd2

타르타코베르 박사는 1923년 칼스바트에서 열린 테이흐만 Teichmann과의 대국, 1923년 매리슈 오스트라우에서 열린 루빈스타인과의 대국 등 여러 대회에서 이 독특한 **6 Nd2**를 시도했고, 그의 마지막 저서인 『하이퍼모던 체스Die Hypermoderne Schachpartie』에서도 추천한 바 있다. 몇 가지 포지션 함정을 전제로 한 이 수가 차갑고 무채색적인 스카치 오프닝의 새로운 지평을 열 가능성은 높지 않다.

6...Bc5 7 e5 Qe7 8 Qe2 Nd5 9 Nb3 Bb6

9...Bb6는 다음 수와 관련하여 **9...0-0**(앞서 언급된 대국에서 루빈스타인이 둔 것처럼) **10 Bd2 Bb6** 이후 백이 **a4**라는 허약한 수 대신 **11 0-0-0**을 두는 상황보다 강하기 때문이다.

10 Bd2 a5 11 a4

11 0-0-0은 흑이 11...a4 12 Na1 a3 13 b3 Bd4의 이득으로 응수할 수 있으므로 11 a4는 강제였다.

11...0-0 12 0-0-0

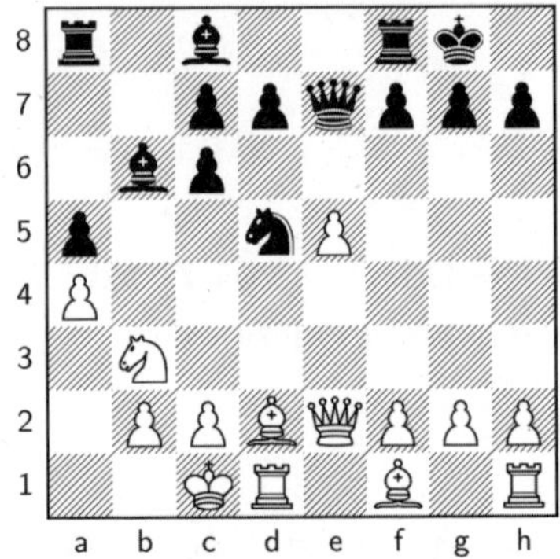

백은 분명 0-0을 준비할 시간이 없다.

12...d6

지금까지 흑은 오프닝을 제대로 진행했다. 그러나 너무 성급한 단순화를 가능하게 하는 이 텍스트 무브가 모든 이점을 저버린다. 답은 12...f6(12...Ba6는 13 Qe1 때문에 불가) 13 exf6 Qxf6, 또는 (Ⅰ) 13 f4 fxe5 14 Qxe5 Qf7에 이어 ...d6, 또는 (Ⅱ) 13 c4 Ba6 14 Qe4 Nb4 15 c5 d5 16 Qe3 Bxf1 17 Rhxf1 Bxc5가 될 것이다.

13 exd6 cxd6 14 Qxe7 Nxe7 15 Bf4 d5 16 Bd6 Re8 17 Bc5

지금 백은 흑의 어두운 칸들의 약점으로 인해 약간의 이점을 얻었다.

17...Bxc5 18 Nxc5 Ng6

흑은 바로 성가신 적 나이트와 교환하거나 몰아내려는 조치를 취하여 부수적으로 포지션을 다시 동등하게 만든다.

19 Bd3 Nf4 20 g3 Ne6 21 Rhe1 Kf8 22 Nxe6+

22 Nb3면 흑은 22...g6 23 Bf1 Bd7 24 Bh3 f5에 이어서 ...Re7으로 쉽게 방어할 수 있었다.

22...Bxe6 23 Re3 h6 24 Rde1 Rab8 25 b3 Bd7 26 Kd2 Rxe3 27 Rxe3 Re8 28 c3

마찬가지로 28 Rxe8+ Kxe8 29 Ke3 Ke7 30 Kd4 Kd6에 이어 ...c5+면 무승부가 될 가능성이 높다.

28...Rb8 29 Bc2 f6 30 Bd1 c5 31 Bc2 Rb6 32 Kc1 Rb8 33 Bd1 Bf5 ½-½

9라운드

이날 마셜은 62수까지 가는 스릴 넘치는 대국 끝에 라스커 박사와 불완전한 무승부를 거두는 좋은 기회를 잡았다. 퀸스 갬빗 거절의 백이었던 이 미국인은 전 세계 챔피언을 능가한 상황에 만족해야 했다. 안타깝게도 그는 강제 승리를 놓쳤다. 그 후에도 여전히 우위를 유지했지만, 라스커 박사가 스테일메이트 포지션으로 간신히 무승부를 이끌어 냈다.

보골류보프-카파블랑카는 퀸스 폰 게임으로, 챔피언의 비교할 데 없는 정확성이 특징인 경기였다. 보골류보프가 b2에서 전개한 퀸스 비숍을 카파블랑카는 **...Ba3**로 교환했다. 카파블랑카는 그렇게 만들어진 밝은 칸의 약점을 통해 움직일 때마다 상대 포지션을 점점 더 지탱할 수 없게 만들었다.

타르타코베르 박사는 그 무엇에도 굴하지 않고, 또 다른 킹스 갬빗으로 알예힌을 공격했고, 준비된 변형으로 나아갔다. 13수에서 정확성이 부족했던 알예힌은 타르타코베르 박사의 강력한 공격을 허용했고, 타르타코베르 박사는 두려움 없이 공격을 퍼부었다. 결국 알예힌은 경기를 무승부로 끝내기 위해 무한 체크에 의존해야 했다.

레티는 레티 오프닝(역)으로 야노프스키를 완전히 압도했다. 레티가 중앙에 대한 압박을 강화해 중요한 칸을 장악하고 폰을 잡는 방식은 마지막 단순화만큼이나 만족스러웠다.

예이츠는 마로치의 프렌치 디펜스를 상대로 알레킨스 어택 Alekhine-Chatard Attack을 시도했지만 후속 조치를 제대로 취하지 못했다. 마로치가 마셜과의 경기에서와 마찬가지로 완벽하게 처리한 퀸 엔딩이 그나마 위안이 되었다.

라스커 박사가 6-2로 근소한 우위를 유지했고, 알예힌 5½-2½, 카파블랑카 5½-3½, 레티 5-3, 타르타코베르 박사 4½-3½가 그 뒤를 이었다. 흑들은 3승 2무로 이번 대회 최고의 날을 보냈다. 총점은 백 22½-흑 22½이었다.

파블랑카 5½-3½, 레티 5-3, 타르타코베르 박사 4½-3½가 그 뒤를 이었다. 흑들은 3승 2무로 이번 대회 최고의 날을 보냈다. 총점은 백 22½-흑 22½이었다.

41. 마셜-라스커 박사
슬라브 디펜스 *Slav Defense*

1 d4 d5 2 c4 c6 3 cxd5

3 cxd5는 가장 간단하고 아마도 가장 좋은 방법으로 백이 한동안 주도권을 유지하게 한다. 보통 이 교환은 **3 Nf3 Nf6** 이후에 이루어진다. 하지만 마셜은 이 대국을 통해 자신이 선택한 변형의 확실한 이점을 증명했다.

3...cxd5 4 Nc3 Nf6 5 Qb3

이로써 백은 흑 퀸스 비숍의 전개를 막는다. 흑 퀸스 비숍은 예를 들어 **5 Nf3** 이후에는 주저 없이 둘 수 있었다(**5...Bf5 6 Qb3 Qb6 7 Nxd5 Nxd5 8 Qxd5 e6 9 Qb3 Qxb3 10 axb3 Bc2 11 Nd2 Bb4**).

5...e6 6 Bf4 Nc6 7 Nf3 Be7

7...Bd6 8 Bg3면 흑으로선 h파일의 개방으로 인해 g3에서의 교환이 바람직하지 않았기에 퀸을 비숍 방어용으로 제한시켰을 것이다.

8 e3

8 h3도 비숍을 지키기 위해 고려 가능했다. 그러나 그 결과 흑은 이전 수보다 훨씬 나은 **8...Bd6**로 응수할 수 있었다.

8...Nh5

이것은 아마도 흑이 논리적으로 상대에게 양보해야 하는 e4에서의 돌파에 대한 대가로 킹사이드 공격의 가능성을 유지하는 쌍비숍을 보상으로 받는 최선의 방어였을 것이다. 나중에 백이 강력하게 유리한 고지를 점한 것은 흑의 추가적인 전술적 실수 때문이라고 할 수 있다.

9 Bg3 0-0 10 Bd3 f5

이로써 흑은 **...Nf6-e4**를 두겠다고 위협한다. 따라서 백은 이 못마 땅한 나이트를 바로 제거함이 옳다.

11 Be5 Nf6 12 Bxf6 Rxf6 13 Rc1 Bd6 14 Na4

14 Na4는 교묘한 수다. 흑은 퀸스 비숍을 d7-e8를 거쳐 h5로 이동 시켜 마침내 킹사이드 공격을 시작함으로써 전개(예를 들어 **14 0-0** 이후)를 유리하게 마무리하려는 시점에 있었다. 하지만 백은 나이트를 c5에 놓겠다는 위협으로 상대 퀸을 a5로 돌리고, 그럼으로써 **...Bd7** 은 **Qxb7** 때문에 더 이상 둘 수 없게 된다. 물론 흑은 **15...Qd8**로 다 시 동일한 포지션을 가져올 수 있지만, 백은 시간을 잃은 것처럼 보이 는 상대가 즉각적인 무승부에 만족하지는 않으리라고 올바르게 예상 했다.

14...Qa5+ 15 Nc3

15 Ke2 이후 **15...Nb4**면 **16 Bb1**이 **16...b6 17 a3 Ba6+ 18 Kd1 Bc4**와 맞닥뜨릴 수 있었기 때문에 d3에서 비숍 교환을 강요당할 수 도 있었다.

15...Rb8

흑은 실제로 자신의 포지션을 과대 평가하여 결과적으로 명백히 불 리한 포지션에 놓인다(일부 비평에서 비난을 받은 **...Nh5**와 **...f5**의 이 른 기동 때문에 그렇게 된 것은 절대 아님). 이전과 마찬가지로 승리를 추구하는 백의 계획을 다시 혼란스럽게 할 **15...Qd8**를 제외하면, b7 에 대한 압력이 그와 마찬가지로 완화되는 **15...Qb4**도 심각하게 고려 해야 했을 것이다.

16 0-0 a6

마지막 수를 둔 흑이 b8 칸의 비숍을 허용치 않으므로 이제 **17 Nb5**의 위협이 가능하며, 교환 또는 e5 칸의 점령이 뒤따른다.

17 Na4 Bd7 18 Nc5 Qc7

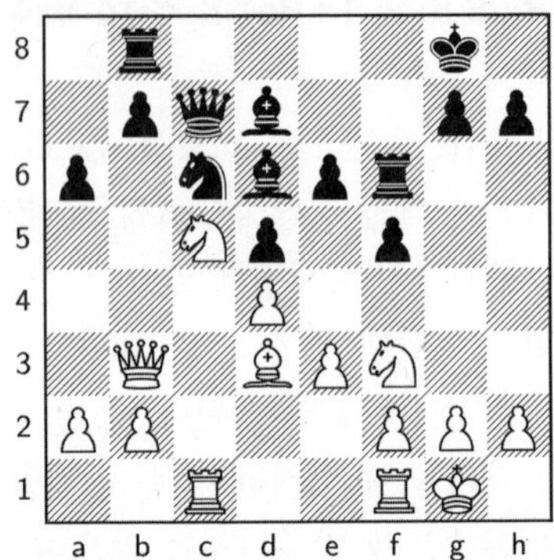

18...Be8면 **19 Nxb7 Qc7 20 Nxd6! Rxb3 21 Nxe8**, 그리고 **Nxf6+**와 **axb3**로 이어지는 만큼 **18...Qc7**은 슬픈 필요의 결과다.

19 Ne5

백은 이 핵심 칸을 점령함으로써 훨씬 우월한 포지션을 차지한다. 예를 들어 흑은 **19...Nxe5 20 dxe5 Bxe5 21 f4!**, 이어서 **Ne4**와 같은 교환의 손실 때문에 e5에서 두 번 잡을 수 없는 것은 분명하다.

19...Be8 20 f4

백은 **20 Nxe6 Rxe6 21 Qxd5 Qe7 22 Bxf5 Nd8 23 Bxe6+** 등등으로 물질적 우위를 점할 수 있었다. 하지만 그럴 경우 흑은 쌍비숍이라는 좋은 방어 무기를 보유했을 것이다. 단순한 텍스트 무브가 더 지속적이다.

20...Qe7 21 a3

이제 흑이 소극적인 태도를 유지한다면, 백은 b3에서 퀸을 빼 b4에 두어 조용히 b5의 분쇄를 준비하면서 b7을 압박하여 쉬운 게임를 유지할 수 있을 것이다.

21...Rh6

이로써 시작된 흑의 측면 공격wing attack은 중앙에서의 백의 강력한 포지션 때문에 처음부터 실패가 예상된다. 그러나 흑에게는 선택지가 거의 없었다.

22 Rf2 g5 23 g3 Kh8

23...gxf4 24 gxf4 Kh8 25 Rg2면 마찬가지로 백에게 최상이었을 것이다. 하지만 백은 결과적인 **exf4**를 위한 준비를 통해 포지션을 개선할 시간을 더 가질 이유가 없었다.

24 Qd1

이는 **b4**를 준비하여 상대가 추가적으로 역동적 조치를 취하도록 강요한다.

24...gxf4 25 Nxc6

흑이 23수에서 f4에서의 포획을 시도했다면, **...bxc6** 이후 퀸이 위험에 처할 수 있었기 때문에 그 여정은 불가능했다.

25...bxc6

25...Bxc6 26 exf4 Be8 등등이 더 적절했을 것이다. 그러나 룩을 바로 b파일에 넣는 아이디어는 일리가 있다. 다만 흑은 그러려면 다음 수에서 폰을 내주지 말았어야 했다.

26 exf4 Qg7

흑은 결정적인 실수로 지금 아무 보상 없이 폰을 잃었다. **26...a5**가 격렬한 투쟁으로 이어질 수 있었는데, 이제는 반대로 백이 손을 내밀어야 가능하다.

27 Bxa6 Bh5 28 Qd2 Rg8 29 Be2 Be8

29...Be8와 연결된 **30...Rxh2** 위협은 백이 어렵지 않게 방어하기에 흑이 폰을 잃을 만한 가치가 없었다.

30 Qe3 Rf6

흑의 e파일 폰은 ...Qe7 응수(Nxe6 이후)로 인해 아직 나이트의 위협을 받지 않았다. 하지만 백은 다음 비숍 수를 통해 추가적인 보호책을 강구한다.

31 Bf1 Qe7 32 a4

흑은 이 폰의 전진을 막을 방법이 더 이상 없다.

32...h5 33 Rg2

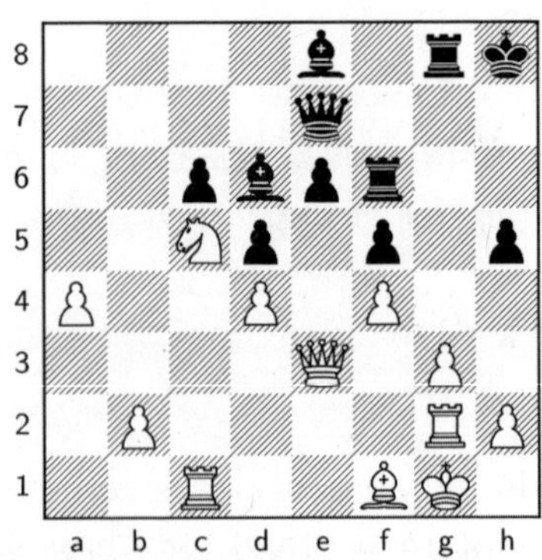

백은 지금 명백한 승리 포지션에서 길을 잃고 결국 자신도 모르게

당하는 일을 허용한다. 당연히 **a5**와 이어질 **a6**를 이번이나 다음 수에서 해야 했다. 흑이 부분적으로 중요한 성격을 가진 킹사이드에 대한 위협을 가하지 않았기 때문이다.

33...h4 34 Nd3

34 Nd3는 부자연스럽다. 하지만 백의 우월성이 부정확한 플레이에도 불구하고 결과를 만든다.

34...Qa7 35 b3 Rg7 36 Ne5 hxg3 37 hxg3 Qb6 38 a5

백 a파일 폰은 이제 상황을 어렵게 만들 수 있는 만큼 새 파일을 강제로 여는 데 쓰이며, 그 이후에 흑은 상대에게 유리한 룩 교환을 막을 수 없다.

38...Qxa5 39 Nxc6 Qb6 40 Ne5 Rc7

40...Qb7이면, 백은 간단히 **41 Rb1**을 두고 통과한 폰으로 계속 밀고 나간다. 이어진 교환 후에 백은 킹사이드에서 빠르고 결정적인 공격을 얻는다.

41 Rxc7 Qxc7 42 g4 fxg4 43 Nxg4

일반적으로 비판을 받는 **43 Nxg4**는 사실 승리로 가는 가장 빠른 길이다. **43 Rxg4**면 흑은 **43...Rh6 44 Qg3 Bf7 45 Rg7 Bxe5 46 fxe5 Qe7** 등등을 통해 조금 더 방어할 수 있었다.

43...Rxf4

43...Rg6면 **44 f5!**가 결정타였을 것이다.

44 Qxe6

백의 손가락 사이로 승리가 미끄러진 실수였다. **44 Bd3!**면 45 Qh3+를 두겠다고 위협하며 단번에 이겼을 것이다. 그러면 예를 들어 **44...Bh5 45 Nh6 Rf8 46 Qg5**로, 흑은 **47 Qg8+**에 대한 방어책이 없었을 것이다.

44...Rxf1+ 45 Kxf1 Bb5+

마셜의 관심에서 벗어난 것은 분명 이 **45...Bb5+**였다. 그는 자신이 쉽게 이길 수 있었던 **45...Qc1+ 46 Qe1 Bb5+ 47 Kf2 Qf4+ 48 Kg1 Qxd4+ 49 Kh1**만 고려했던 듯하다. 그러면 **49...Qg7**(또는 **49...Qe4**면 **50 Qxe4 dxe4 51 Nf6**에 메이트가 이어짐) **50 Ne5! Bxe5 51 Rxg7 Bxg7 52 Qh4+**, 이어서 **Qd8+**와 **Qxd5**를 둔다.

46 Re2

백의 유일한 기회. **46 Kf2 Qc2+ 47 Kf3 Qd1+**는 훨씬 덜 만족스러웠을 것이다.

46...Bxe2+ 47 Qxe2 Qf7+ 48 Qf2 Kg7

흑에게 **48...Qxf2+ 49 Kxf2**는 잘못됐을 텐데, 그 이후에는 흑 d파일 폰을 구할 수 없기 때문이다.

49 Ne3 Bf4

이것은 다시금 흑이 포지션을 잃는 결과를 가져온다. 에드워드 라스커가 제안한 **49...Ba3**라는 우아한 수를 사용했다면(**50 Qxf7+ Kxf7 51 Nxd5 Bb2**), 반대로 무승부를 강요할 수 있었다.

50 Ke2

이 이후에는 더 이상 **51 Qg2+**에 맞설 만족스러운 방법이 없다.

50...Qc7 51 Qg2+ Kf8

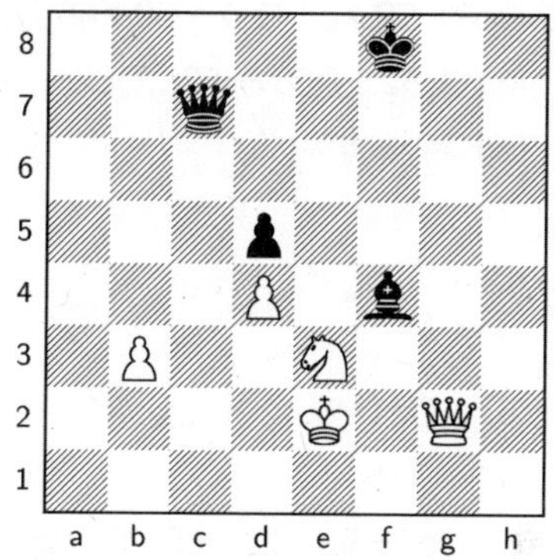

52 Nxd5

백의 이해할 수 없는 지나친 세밀화다. **52 Qxd5 Bxe3 53 Kxe3**면, 흑은 곧 기권해야 했을 것이다. 아직 쓸 수 있는 한 쌍의 체크가 거의 쓸모없어지기 때문이다.

52...Qc2+ 53 Kf3 Bd2

53...Bd2는 유일한 수였지만 매우 충분했다.

54 Qf1

이와 마찬가지로 **54 Qf2 Qd3+ 55 Kg2+ Ke8**도 백에게 더 이상 충분하지 않았을 것이다.

54...Qxb3+ 55 Ke2+

백은 **55 Ke4+ Ke8 56 Qf6 Qb1+ 57 Ke5 Qb8+ 58 Kf5 Qc8+ 59 Ke4 Qd8! 60 Qg7 Qd6**로도 적절한 방어가 가능하다.

55...Ke8 56 Qf5

백이 **56 Nf6+ Ke7 57 Kxd2**로 기물을 잡았다고 해도 더 이상 승리를 거두기에는 충분치 않았으리라는 사실이 흥미롭다. 예를 들어 **57...Qb2+ 58 Ke3 Qc3+ 59 Ke4 Qc2+ 60 Ke5 Qc7+ 61 Kf5 Qc2+ 62 Kg5** (또는 **62 Ne4**면 **62...Qc8+**) **62...Qd2+** 그리고 **...Qxd4**. 텍스트 무브 후의 백 또한 폰을 잃는다.

56...Qc4+ 57 Kxd2

또는 **57 Kd1**이면 **57...Qc1+**에 이어 **...Qc4+**.

57...Qxd4+ 58 Ke2 Qc4+ 59 Kf2 Qc5+ 60 Kg2 Qd6 61 Kf3 Kd8

61...Kd8는 이어지는 스테일메이트 포지션을 준비한다.

62 Ke4 Qe6+ ½–½

42. 보골류보프–카파블랑카
콜 오프닝 *Colle Opening*

1 d4 Nf6 2 Nf3 d5 3 e3 e6

흑은 여기서 일반적으로 **3...c5**를 바로 둔다. 하지만 백이 자신의 퀸스 비숍을 가둬서 더 활기찬 플레이의 즉각적인 가능성을 포기했기에 텍스트 무브는 조금도 의심할 여지가 없다.

4 Bd3 c5 5 b3 Nc6 6 0–0 Bd6 7 Bb2 0–0 8 Nbd2

흑이 다음과 같은 이중 위협을 두려워할 필요가 없음은 수년 동안 알려져 왔다. **8 Ne5**(24국, 마로치–보골류보프 참조), **8 a3** 모두 백에게 유리할 만큼 강하지는 않다.

8...Qe7

이도 인해 위협적인 **...e5**, 마찬가지로 **...cxd4**에 이은 **...Ba3**. 두 경우 모두 흑이 지속적인 주도권을 얻는다.

9 Ne5 cxd4 10 exd4 Ba3 11 Bxa3 Qxa3

이제 흑은 오픈 c파일을 따라 잘 규정된 전망과 함께 상대 퀸사이드에 있는 어두운 칸들의 약점을 쥐고 있다. 그럼에도 불구하고, 이 단계의 게임은 백이 여전히 절대적으로 방어 가능한 상황이었을 것이다. 만약 백이 이후에 교환 위협을 통해 흑 퀸이 훼방을 놓는 자리로부터 그녀를 쫓아내려고 일관되게 플레이했다면 그렇다. 하지만 그는 e5 칸에서 너무 오랫동안 불필요하게 시간을 끌었고, 흑이 오히려 위협적인 압박을 가한다.

12 Ndf3 Bd7 13 Nxc6 Bxc6 14 Qd2

여기서는 예를 들어 **14 Qc1 Qb4 15 Qd2 Qb6**(또는 **...Qd6**) **16 Ne5**가 훨씬 더 선호되는 상황이었다.

14...Rac8 15 c3

백은 무슨 목적인가? **15 Ne5**를 바로 둘 수도 있었다.

15...a6

훌륭하다! 이제 백에게 사실상 피할 수 없는 비숍 교환이 이뤄지면 흑 나이트는 공격을 위한 새롭고 중요한 칸을 얻는다.

16 Ne5 Bb5 17 f3

17 Bxb5 axb5 이후, a파일의 개방은 흑에게 유리하게 작용했을 것

이다.

17...Bxd3 18 Nxd3 Rc7

이제 일반적인 c3 포위전이 시작된다.

19 Rac1 Rfc8 20 Rc2 Ne8 21 Rfc1 Nd6 22 Ne5

e5의 나이트에게서는 얻을 수 있는 게 아무것도 없다. **22 Nc5!**(**22...b6** 또는 **22...e5**면 **23 Na4**)가 상대로 하여금 포지셔널 우위의 이점을 누리기 어렵게 만들었을 것이다.

22...Qa5 23 a4

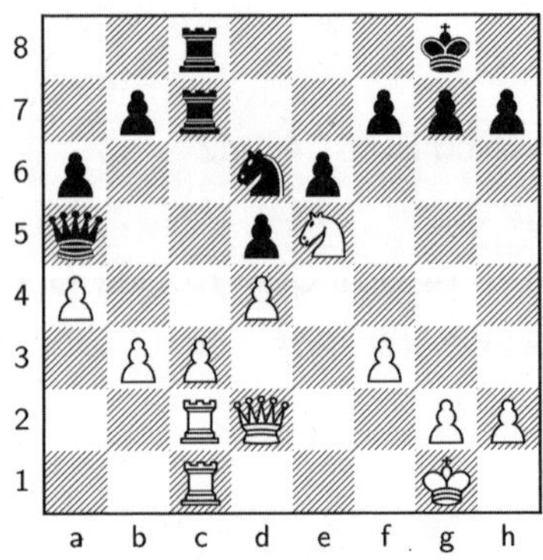

백의 새로운 약점, 이후에는 아마 방어 수단이 없을 것이다. 그러나 퀸사이드를 강화하기 위해 **Nd3-c5-a4**의 기동을 시도할 시간은 아직 남아 있었다.

23...Qb6

결정적인 순간이다. 백은 **24 Rb2 Nf5**(**...Nxd4** 위협) **25 Rbb1 f6 26 Ng4**(또는 **26 Nd3**면 **26...Rxc3**) **26...e5**, 또는 **24 b4 a5 25 b5 Nc4 26 Nxc4 Rxc4 27 Ra1 e5** 이후에는 폰을 포기해야 한다.

24 Nd3 Qxb3 25 Nc5 Qb6 26 Rb2 Qa7 27 Qe1 b6 28 Nd3 Rc4 29 a5

백은 또는 **29 Ra2 Qc7 30 Ra3 Nf5**로 **Nxd4**를 두겠다고 위협한다.

29...bxa5 30 Nc5 Nb5 31 Re2

31 Re2는 멋진 피날레를 장식한다. 물론 흑은 다른 수 이후에도 폰 우세를 통해 쉽게 이길 수 있다.

31...Nxd4 32 cxd4 R8xc5 0-1

43. 타르타코베르-알예힌
킹스 갬빗 수락 *King's Gambit Accepted*

1 e4 e5 2 f4 exf4 3 Be2 Ne7

3...Ne7은 흑이 최소한 동등한 포지션을 가질 수 있기에 만족스러운 새로운 실험이다.

4 d4

4 Nc3에 대한 응수로는 **4...d5 5 exd5 Nxd5 6 Nxd5**(**6 Bf3**면 **6...Nxc3**에 이어 ...**Bd6**) **6...Qxd5 7 Bf3 Qd6 8 Ne2 g5 9 d4 Bg7**이 이어질 수 있으며, 흑은 갬빗 폰을 보유하게 된다.

4...d5 5 exd5

5 e5 Ng6 이후에는 백이 폰을 회수하기 위해 더 많은 노력을 기울여야 했을 것이다.

5...Nxd5 6 Nf3 Bb4+

6...Bb4+는 부분적으로 강요된 백의 다음 수 이후(c4 전진으로) Nc3가 나올 상황을 고려하지 않기 위해서다.

7 c3 Be7 8 0-0 0-0 9 c4 Ne3

흑은 강제 교환 이후에 e파일 폰을 끈질기게 유지시켜야 했고, 백은 퀸스 비숍이 사라지면서 공격 가능성이 크게 낮아졌다.

10 Bxe3 fxe3 11 Qd3 Bf6 12 Nc3

12 Qxe3는 12...c5! 때문에 안 된다.

12...Nc6

이는 또한 13...Nb4를 위협하는 수다.

13 Nd5 Bg4

13...Bg4는 부정확하며 상대로 하여금 유리한 단순화를 가질 수 있게 한다. 답은 먼저 13...Re8!를 두는 거였고, 14 Rad1(14 Nxf6+ Qxf6 15 d5에 대한 응수로는 15...Nb4) 14...Bg4가 뒤따랐어야 했다. 이어서 15 Nxf6+ Qxf6 16 Ne5 Nxe5 17 dxe5 Bxe2에 ...Qxe5, 그리고 15 Ng5 Bxg5 16 Bxg4 Nxd4! 17 Qxd4 e2 18 Bxe2 Rxe2가 흑에게 유리했을 것이고, 따라서 3...Ne7의 방어도 분명 정당화될 수 있었다.

14 Nxf6+ Qxf6 15 d5 Bxf3

흑으로선 15...Nb4 16 Qc3는 분명 더 좋지 않았을 것이다.

16 Rxf3

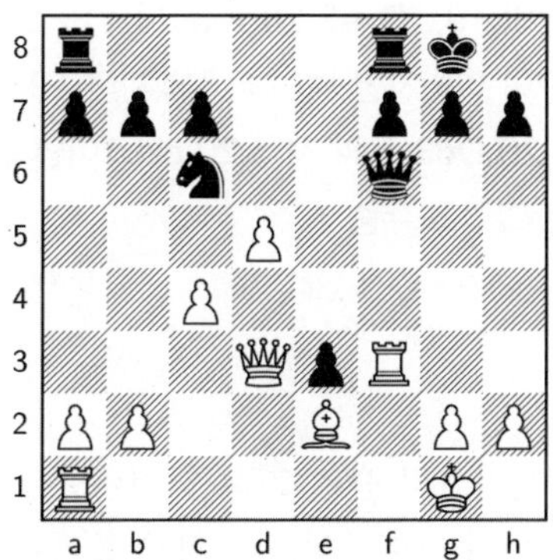

16 Bxf3는 16...Nd4 때문에 안 된다. 그러나 텍스트 무브 이후의 백은 예를 들어 16...Ne5 17 Rxf6 Nxd3 18 Rf3 Nb4(18...Nxb2?면 19 a4!) 19 a3 Nc2 20 Rc1 Nd4 21 Rxe3 Nxe2+ 22 Rxe2, 그리고 우세한 퀸사이드 폰들로 인해 룩 엔딩에서 흑에게 많은 문제를 야기할 수 있을 정도로 유리하다.

16...Qxb2

이 다양한 변형이 있는 무승부 콤비네이션은 깊고 정확하게 계산되어야 했다.

17 Rb1 Qxa2 18 Rxe3

여기서 백은 18 dxc6로 발생하는 모든 복잡성을 피했지만, 이제 상대에 비해 두 개 부족한 폰들에 대한 충분한 보상이 없게 되기 때문에 잘못되었다. 18 dxc6 Rad8 이후에는 다음과 같은 변수가 발생할 수 있었다.

(1) 19 cxb7 Rxd3 20 Bxd3(또는 20 b8Q면 20...Qxe2) 20...e2!(21 b8Q에 21...e1Q+로 대응하기 위해) 21 Re3 Qd2!로 흑에게 유리해진다.

(2) 19 Qb3 Qxe2(...Rd2를 두겠다고 위협) 20 Rxe3 Qg4 21 cxb7

Rd2 22 Rg3 Qd4+ 23 Kh1 Rb8 24 h3 h5.

(3) **19 Qe4! Rde8!**(19...Qxe2 20 Rxe3 Rd1+ 21 Rxd1 Qxd1+ 22 Re1 이후에 cxb7이 이어지면 백이 유리해지며 19...Rfe8는 20 cxb7! 때문에 불가능함) **20 Qd3**(만약 지금 20 cxb7이면 20...Rxe4 21 b8Q Qxe2) **20...Rd8**, 그리고 무승부.

18...Nd4

여기서 흑은 다시 자신의 승리 기회를 저버린다. 단순한 **18...Na5**면, 가장자리에 있는 이 나이트의 일시적인 불리한 포지션이 두 개의 폰들을 잃은 백에게 보상할 일은 없었을 것이다. 그러면 예를 들어 **19 Re1 Rae8 20 Bf1 Rxe3 21 Rxe3 Qb2! 22 c5 Qb4! 23 Qc3 Qxc3 24 Rxc3 Rd8 25 d6 cxd6 26 cxd6 Kf8.**

19 Rxb7 Nxe2+

19...c5 이후의 백은 d5 폰과 특히 7랭크에 있는 룩 포지션이 상당히 중요해졌을 것이다.

20 Rxe2 Qa1+ 21 Rb1 Qf6

21...Qa5 22 Qd4 이후에도 **c5**를 오래 막을 수는 없었을 것이다.

22 c5 Rfd8

이 **...Rfd8** 이후 흑은 매우 위험한 공격에 노출된다. 옳은 방법은 으뜸 패인 **22...a5**를 즉시 두는 것이었다. 그러면 예를 들어 **23 Rf1 Qg6 24 Qxg6 fxg6!**로 쉽게 무승부가 된다.

23 Rbe1 Qg6

지금 흑이 **23...a5**를 뒀으면 백은 **24 d6! cxd6 25 cxd6**로 강한 압

박과 함께 **d7**을 두겠다고 위협할 수 있었다. 이어지는 퀸의 기동은 **...Kf8**라는 중요한 방어를 하게 만들 목적이 있다.

24 Qd4 Qf6 25 Re5 Kf8 26 Rf1 Qg6 27 h4

백에게 유리하게 게임을 거의 결정지을 뻔한 강력한 공격의 연속이다.

27...Rd7

상황을 구할 유일한 수다. 예를 들어 **27...Re8**는 28 Rg5 Qh6 29 Qf4 Re7 30 d6 cxd6 31 cxd6 Rd7 32 Qf5! Rad8 33 Rh5 Qe3+! 34 Kh1 g6! 35 Qf6 Kg8 36 Re5로 백의 승리 포지션이 나오는 잘못된 수다.

28 h5 Qh6 29 Qe4

29 Qe4는 아마도 e파일에 대한 삼중 공격의 위협을 통해 약화되는 **...f6**를 두게끔 강제한다는 점에서 가장 좋은 기회를 제공하는 연속수일 것이다. **29 g4**(일부 비평에서 이기는 라인이라고 제안한) 이후에는 흑이 더 쉽게 자신을 구원할 수 있었다. (Ⅰ) **29...Rad8** 30 Rfe1 f6 31 c6 fxe5! 32 cxd7 Qb6+! 33 Kh1 Qf6, 또는 (Ⅱ) **29...Rdd8** 30 Qe2 Re8! 31 Re1 Rxe5 32 Qxe5 Qf6! 등등.

29...f6 30 g4 Rad8

물론 흑은 **30 d6**에 대한 응수로도 이와 같은 수를 두었을 것이다.

31 c6 Rf7

이 역시 흑의 유일한 응수다(**31...Rd6?**면 32 Re7 Rxd5 33 Qe6, 이어서 메이트).

32 Re6

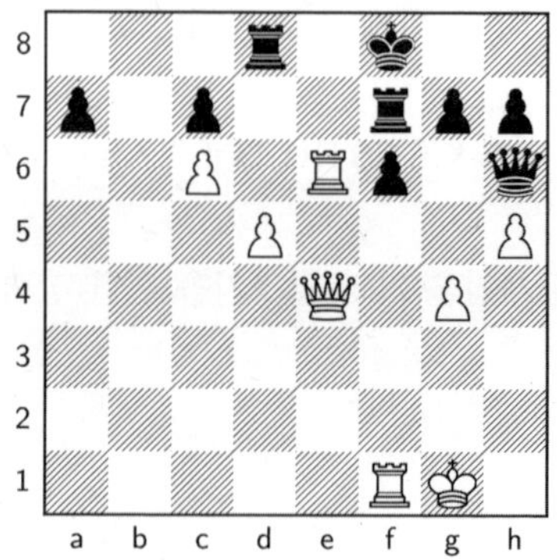

32...Qg5 33 Qxh7

여기서 백은 무승부에 만족한다고 선언한다. 사실 승리를 위해 계속 플레이를 이어가려는 시도는 실패했을 것이다. 예를 들어 **33 Re1 Kg8 34 Re8+ Rxe8 35 Qxe8+ Rf8 36 Qe6+ Rf7**(36...Kh8를 둘 수도 있었음) **37 d6 Qc5+ 38 Kf1 cxd6 39 Rb1 h6!**로 흑은 백이 룩을 잡을 경우를 대비해 무한 체크를 할 수 있다.

33...Qxg4+ 34 Kf2 Qf4+ 35 Ke2 Qc4+

35...Qh6 36 Qxh6 gxh6 이후라면, 폰을 추가로 희생한 백이 승리할 기회를 얻었을 것이다. 그러면 **37 d6! Rxd6 38 Rxd6 cxd6 39 Rc1 Rc7 40 Ke3 Ke7 41 Kd4 Ke6 42 Re1+**, 이어서 **43 Kd5**.

36 Kf2

36 Ke3로도 무승부를 피할 수는 없었을 것이다. **36...Qc5+!** 이후 **37...g5+**로 인해 킹은 감히 f4로 갈 수 없었기 때문이다.

36...Qf4+ 37 Ke2 Qc4+ 38 Ke1 Qc1+ 39 Ke2 Qc4+ ½–½

44. 야노프스키-레티
런던 시스템 *London System*

1 d4 Nf6 2 Nf3 g6 3 h3

3 h3는 여기서 불필요하며 그 대신에 **3 Bf4**로 대체할 수 있다.

3...Bg7 4 Bf4 b6 5 e3 c5 6 c4

6 c4보다 더 나은 방법은 두 시스템(레티와 런던) 사이의 투쟁을 가져 왔을 **6 c3**에 이어 **Bd3**(또는 **Bc4**)였을 것이다. 양쪽의 장단점은 라스커 박사-알예힌(86국), 레티-알예힌(63국), 레티-라스커 박사(76국) 대국들에서 충분히 설명되었다. 텍스트 무브의 부적절함은 이번 대국에서 레티가 가장 설득력 있게 보여 주었다.

6...cxd4 7 exd4 0-0 8 Nc3

백에게 나이트 전개보다 더 중요한 것은 **Be2**, 이어서 **0-0**을 통해 킹의 안전을 보장해야 할 필요성이었다. 캐슬링을 소홀히 한 백은 d파일 폰으로 곤경에 빠지고 결국 물질적 손해로 이어진다.

8...d5 9 Be2 Bb7

백은 여기서 **10 0-0** 또는 d5에서의 이중 교환에 이어서 무난한 게임을 만드는 **0-0**으로 가야 했다. 백의 다소 피상적인 다음 수는 심각한 약점을 하나 더 추가했을 뿐이다.

10 b3 Ne4 11 Rc1

또는 **11 Nxd5 Bxd5 12 cxd5 Nc3 13 Qc2 Nxe2 14 Qxe2 Qxd5 15 0-0 Nc6**로 백은 포지션에서 확실한 우위를 점할 수 있다.

11...Nxc3 12 Rxc3 dxc4 13 bxc4 Nc6 14 Rd3

14 Be3면 14...e5(15 d5면 15...e4) 응수가 강력했을 것이다 .

14...Na5 15 c5

15 Rd2 이후에는 흑이 더 전개하는 수들(...Rc8, 이어서 ...Ba6)로 쉽게 c파일 폰을 공격할 수 있었다. 텍스트 무브 후 그는 또 다른 이점, 즉 중요한 d5 칸을 얻는다.

15...Qd5 16 0-0

백은 16 cxb6 axb6 17 Rd2 Nc4 이후에도 역시 장기적으로 봤을 때 자산 손실을 피할 수 없었을 것이다. 결국 **0-0**으로 최선의 기회를 잡았다.

16...Qxa2 17 Re1

그러나 여기서 백이 흑의 다음 수를 막기 위해서는 **17 Ne5**를 두어야 한다. 그러면 **17...Rfd8 18 Rd2 Qe6 19 Re1** 이후에 흑은 자신의 이점을 실현하기가 결코 쉽지 않았을 것이다. 반면에 텍스트 무브 후 백은 폰을 위한 대가로 아무것도 얻지 못한다.

17...Qd5 18 Bf1 Ba6 19 Rc3 Bxf1 20 Kxf1 Nc6 21 Be3 Rfd8 22 Qc1

백은 b6에서의 교환으로 상대에게 최소한 기술적 어려움을 줄 수 있는 마지막 기회가 사라졌다. 이제 흑은 두 통과한 폰의 강력한 전진으로 쉽게 승리할 수 있다.

22...b5 23 Rd1 b4 24 Rc2 a5 25 Ng1 a4 26 Ne2 b3 27 Rcd2 a3 28 Nf4 b2 29 Qc3 Qf5 30 Nd3 Bxd4 31 Bxd4 Rxd4 32 Kg1

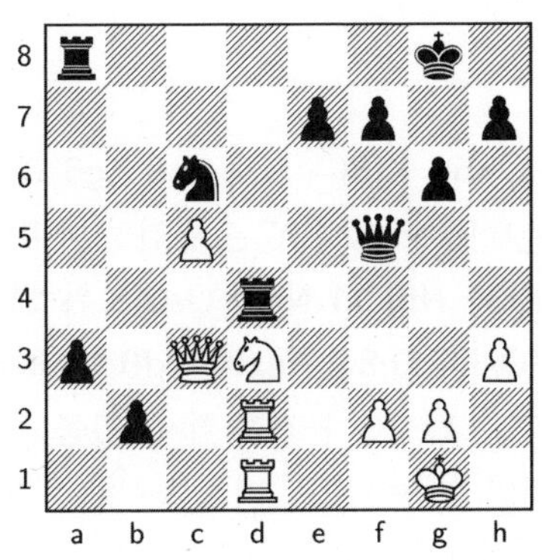

32...Rxd3

물론 어떤 연속수로도 이길 수 있지만, 기물 획득을 강요하는 이 깔끔한 콤비네이션이 가장 빠르게 문제를 정리한다.

33 Rxd3 Qxd3 34 Qxd3 a2 35 Kh2

35 Kh2는 더 큰 자산 손실을 피할 유일한 가능성이다.

35...a1Q 36 Rb1 Rb8 37 h4 Qa4 38 g3 Qd4 39 Qc2 Qf6 40 Kg2 h5 41 Kg1 Nd4 42 Qd1 Qf5 43 Kg2 Qxc5 44 Qd2 Qd5+ 0-1

45. 예이츠–마로치
프렌치 디펜스 *French Defense*

1 e4 e6 2 d4 d5 3 Nc3 Nf6 4 Bg5 Be7 5 e5 Nfd7 6 h4 f6

필자가 1914년 만하임Manheim에서 소개한 **6 h4** 공격에 대한 흑의 이 방어의 생명력은 전적으로 **7 Bd3**(!?)를 통한 비숍 희생의 정확성에 달려 있다. 안타깝게도 이 대국에서 백은 그로 인한 복잡성을 피하고 특색 없는 라인을 선택하여 자신에게 명백한 포지셔널 불이익을 선사한다.

7 exf6

7 Bd3 fxg5 8 Qh5+ Kf8(흑으로선 **8...g6 9 Bxg6+ hxg6 10 Qxh8+ Nf8 11 hxg5 Bxg5 12 Rh7**은 완전히 마비되기 때문에 안 됨) **9 Rh3 gxh4! 10 Rf3+ Nf6 11 Nh3! Qe8**(또는 **11...Kg8**면 **12 exf6 Bxf6 13 Ng5**) **12 Qxh4 Kg8 13 exf6 Bxf6 14 Rxf6! gxf6 15 Qxf6**면 백은 최소한 비기는 확실한 공격을 할 수 있을 것이다. 어쨌든 이것이 유일하게 논리적인 연속수였고, 텍스트 무브 이후에는 흑에게 분명히 쉬워졌다.

7...Nxf6 8 Bd3 c5 9 dxc5 Nc6 10 Nh3 Qa5 11 Bd2 Qxc5 12 Nf4

12 Nf4는 상대방이 스스로에게 새로운 방향을 제시하도록 유도한다는 점에서 성공적인, 끔찍한 **...e5**를 두는 일을 더 어렵게 만들려는 도발적 시도다.

12...0-0

12...e5에 대한 응수로 백은 **13 Nh5**로 절반의 면제가 가능했다. 그러나 이제 그것은 위협이 된다.

13 Qe2

흑이 **13...e5(?)**를 두면 **14 Nfxd5**로 응수하고 교환 후에 **Bc4**를 통해 퀸을 획득하려는 수다.

13...Nd4 14 Qf1 Bd6

흑은 폰을 잡기 위해 플레이하지만 강력한 포지션을 고려하면 서로 얻는 게 너무 없으며 갑자기 상대에게 반격 기회를 허용한다. 답은 **14...b5!**다(**...b4**와 **...e5** 등등을 모두 위협). 예를 들어 (I) **15 Nxb5**

Nxb5 16 Bxb5 Ne4 (II) 15 Nfe2 e5! 16 Nxd4 exd4 17 Nd1 Ne4, 두 경우 모두 결정적인 포지션 이점이 있다.

15 0-0-0 Ng4 16 Nh3 Nxf2

흑의 이 코스의 포인트는 14수에서 시작되었다. 하지만 이제 백은 혼돈 속에서 이득을 얻을 콤비네이션이 풍부한 포지션의 기회를 얻었다.

17 Nxf2 Rxf2 18 Qe1

백으로선 당연히 18 Qxf2는 18...Nb3+ 때문에 안 된다. 그러나 지금은 19 Na4를 두겠다고 위협한다.

18...Bd7 19 Kb1 Rf6

흑이 백의 g파일 폰을 잡는 일은 위험해 보이는데, 예를 들어 19...Rxg2(...Nf3를 두겠다고 위협하는)면 20 Be3 e5 21 Qf1 Rg4로 백은 22...Rf8 때문에 22 Nxd5를 둘 수 없기 때문에 주저 없이 둘 수도 있었다. 흑이 철저하게 소극적인 방어를 택하기로 결심했다면 왜 19...Rf7을 바로 두지 않고 Bg5를 유도하려 했는지는 분명하지 않다.

20 Bg5 Rf7 21 h5

21 Be3도 21...e5 22 Ne2 Qc7 23 Nxd4 exd4 24 Bxd4 Re8 25 Qc3로 진행될 수 있기에 매우 유망했을 것이다. 그러나 모든 위협을 예비하는 텍스트 무브가 아직 더 강력해 보인다.

21...Nc6

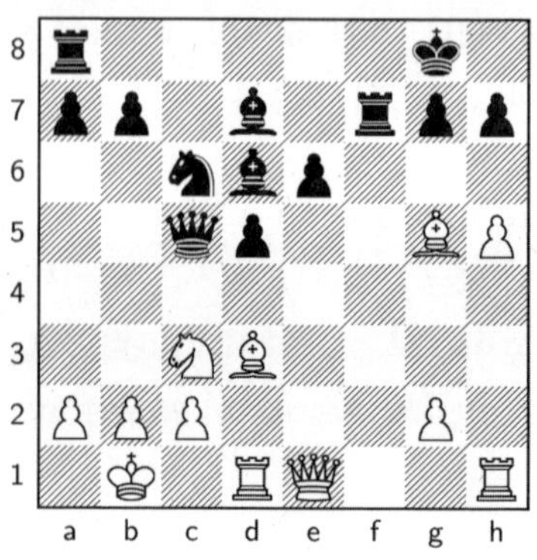

22 h6

백이 자신의 공격을 차단한다! **22 Bg6!**가 상대에게 더 큰 악수를 피하기 위한 희생 교환을 하도록 강요했을 것이다. 흑에게 최선은 **22...Ne5 23 Bxf7+ Nxf7 24 Be3 Qc7**으로, 무승부 가능성이 어느 정도 있었을 것이며 **22...Rff8**(**22...hxg6**면 **23 hxg6** 후 흑은 **Rh8+**로 위협받고, 단번에 졌을 게 분명함)에 대한 응수로는 **23 h6**가 이어졌을 것이고 그러면⋯

(1) **23...hxg6 24 hxg7** (A) **24...Kxg7 25 Qh4 Kf7**(**25...Rh8**면 **26 Bf6+**) **26 Qh7+ Ke8 27 Qxg6+ Rf7 28 Rh8+ Bf8 29 Nxd5 Qxd5**(또는 **29...exd5**면 **30 Re1+ Ne7 31 Rxf8+** 이어서 3수 메이트) **30 Rxd5 exd5 31 Qh5!**(**Rxf8+**에 이어 메이트를 위협) **31...Ne7 32 Bh6** 그리고 승리 (B) **24...Rf5 25 Qh4 Kf7 26 g4! Rf2**(또는 **26...Rxg5**면 **27 Qxg5**) **27 Rdf1**, 그리고 백 승리.

(2) **23...Qf2 24 hxg7 Kxg7 25 Rxh7+ Kxg6 26 Qh1 Kxg5 27 Qh6+ Kf5 28 g4+ Kxg4 29 Rg7+**, 이어서 2수 메이트.

(3) **23...gxh6 24 Rxh6 hxg6 25 Rxg6+ Kf7 26 Rf6+ Kg7**(**26...Ke8**면 **27 Rxd5**) **27 Qh4 Rxf6**(**27...Rh8**면 **28 Bh6+**) **28 Bxf6+ Kf7 29 Rf1**, 그리고 승리.

22...g6

그러나 이제 흑은 더 이상 파일 개방을 두려워할 필요가 없으며, f파일을 단순화한 후 폰 우세로 승리해야 한다.

23 Be3 Qa5 24 Qh4 Qd8 25 Bg5 Be7 26 Bxe7 Qxe7 27 Qg3 Qf6 28 Rdf1 Qe5 29 Qg4 Rxf1+ 30 Rxf1 Rf8 31 Rd1

어떤 방법으로도 오래 막을 수는 없었던 룩 교환 이후에도, 백 포지션은 절망적일 수밖에 없음을 이해하게 될 것이다.

31...Qf4 32 Qh3 Ne5 33 Bb5 Bc8 34 a3 a6 35 Be2 Bd7 36 Rf1

사실, 백에게는 절반의 만족으로서 동등하게 만들 수가 남아 있지 않다. 하지만 교환이 끝나면 폰이 더 이상 버틸 수 없게 된다.

36...Qg5 37 Rxf8+ Kxf8 38 Qh2

백은 ...Nf7에 대응할 수 없으므로 퀸을 g1을 통해 퀸사이드로 보내려 한다.

38...Ke7 39 Qg1 Qxh6 40 Qb6 Bc6 41 Qc7+ Nd7

흑이 굳이 퀸사이드를 희생할 필요는 없었다. 41...Kf6 42 Qd8+ Kg7 43 Qe7+ Nf7 44 Qxe6 Qh1+ 45 Ka2 Qxg2 이후면, 백이 기권할 수도 있었다.

42 Bxa6 Qh1+ 43 Ka2 Qxg2 44 Bxb7 Bxb7 45 Qxb7

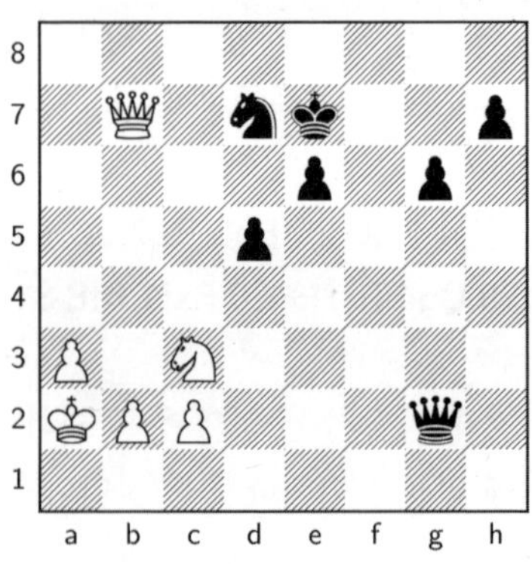

이제 백 a파일 폰의 전진 위협은 흑에게 매우 불편해질 수 있다. 하지만 마로치는 공격과 방어를 가장 영리하게 결합하는 방법을 잘 알고 있었고, 마침내 성공적으로 자신의 우위를 승리로 바꿨다.

45...Qg4

흑은 b4에서의 백 퀸의 체크를 막고 h파일 폰의 방해받지 않는 전진을 준비한다.

46 a4 Qc4+ 47 Kb1 h5

흑은 메이트와 함께 h1에 도달하겠다고 위협한다.

48 Qa8 Nc5 49 Qa7+

백의 뒤이은 퀸 기동은 상대의 계획을 앞당겼을 뿐이다. 분명 **49 a5 h4 50 Qh8**가 더 많은 기회를 제공했을 것이다.

49...Kf6 50 Qb8 Kf5 51 Qf8+ Kg4 52 Qf6 g5 53 Nd1

백에게는 여기서도 역시 **53 a5**가 선호되었어야 했다. 이 폰을 잃으면서 마지막 희망이 사라졌기 때문이다.

53...Qf4 54 Qc3 Nxa4 55 Qc6 Kf5

55...Kf5는 56...Qd2를 수반하는 56 b3에 응수하기 위해서다.

56 Qe8 h4 57 b3 Qd2 58 Qf8+ Ke5 59 Qg7+ Kf4 60 Qf6+ Kg3 61 Qe5+ Kf3 62 Qf6+ Kg2

만약 지금 62...Ke2(?)를 두면 63 Qf2+ Kxd1 64 Qf1+ Qe1 65 Qd3+로 무한 체크가 된다.

63 bxa4 Qxd1+ 64 Kb2 Qg4 65 a5 h3 66 Qc3

또는 66 a6면 66...h2 67 a7 h1Q 68 a8Q Qb4+에 이어서 다음 수에 메이트.

66...Qe2 67 a6 Qb5+ 68 Kc1 Qxa6 69 Qd2+ Kf3 0-1

만약 70 Qxg5면 70...Qa1+ 71 Kd2 Qd4+ 이어서 ...Qe3+로 흑 승리.

10라운드

대회가 중반에 접어들면서 10라운드에서는 가장 치열한 접전이 펼쳐졌지만, 라스커 박사가 가장 근접한 라이벌들과 격차를 조금 더 벌렸다. 좋은 폰을 가졌던 카파블랑카는 마셜에게 도망갈 기회를 허용했고, 알예힌은 운 좋게도 에드워드 라스커에게 1점도 내주지 않았다.

레티의 쌍비숍 보유에도 불구하고 라스커 박사는 레티의 프렌치 디펜스의 불확실성을 훌륭하게 이용했다. 라스커 박사의 마지막 공격은 유쾌하고 결정적이었다.

카파블랑카는 레티 오프닝(역)의 장점을 모두 활용하며 쌍비숍의 이점으로 미들게임에서 빠져 나왔다. 어려운 엔딩에서 세계 챔피언이 한 수 앞섰기 때문에, 마셜은 무승부를 거둔 훌륭한 고투에 대한 공로를 인정받을 만하다.

에드워드 라스커-알예힌의 대국은 루이 로페즈였는데, 러시아의 위대한 마스터가 오프닝에서 실수를 저질렀다! 라스커는 공격적으로 플레이하며 우세를 점했으나 긴장이 풀렸다. 알예힌은 엔딩에서 더 나은 기회를 얻으며 포지션을 공고히 할 수 있었다. 두 선수 모두 긴박한 상황을 극복하며 무승부를 이끌어 냈다.

이번 라운드에서는 예이츠를 제물로 삼은 보골류보프가 유일하게 승리했다. 루이 로페즈의 백을 쥔 예이츠는 다시 한 번 다소 비논리적인 중앙 폰의 전진을 선보였다. 보골류보프는 최선을 다해 이내 폰을 잡고 거래에서 더 좋은 포지션을 차지하며 33수 만에 승리를 거두었다.

야노프스키-타르타코베르 박사 대국에서는 후자가 퀸스 갬빗을 훌륭한 스타일로 다루었기 때문에 좋은 교환과 이득이 있는 자유로운 c파일 폰으로 미들게임에 돌입했다. 그러나 포지션을 잘못 판단한 그는 야노프스키가 활기 넘치게 활동하여 그를 매우 바쁘게 만드는 퀸사이드에서의 캐슬링을 했다. 결국 타르타코베르 박사는 매우 불안정한 포지션에서 무승부 라인을 발견했다.

10라운드 후에, 선두급들의 순위는 다음과 같다. 라스커 박사 7-2, 알예힌 6-3, 카파블랑카 6-4, 레티와 타르타코베르 박사는 각각 5-4. 백과 흑의 점수는 동등하게 유지되었다.

46. 라스커 박사-레티

프렌치 디펜스 *French Defense*

1 e4 e6 2 d4 d5 3 Nc3 Nf6 4 Bg5 Bb4 5 Nge2 dxe4 6 a3 Be7 7 Bxf6 gxf6

7...gxf6는 **7...Bxf6**보다 낫다(보골류보프-레티의 18국과 비교). 그러나 흑은 오프닝의 후속 조치를 최선의 포지션 판단에 따르지 않는 스타일로 처리한다.

8 Nxe4 f5

흑의 폰 대형을 약화시키는 **8...f5**는 긴급히 필요한 경우에만 사용해야 한다. 답은 **8...b6**였고 흑은 만족스러운 게임을 얻을 수 있었다(보골류보프-알예힌의 82국과 비교).

9 N4c3 Bd7

여기서 흑은 불필요하게 자신의 퀸사이드 전개의 난이도를 높였다. 왜냐하면 이제 그가 비숍이나 나이트 중 하나를 c6에 둔다면, 백의 d파일 폰이 언제든 템포 이득과 함께 전진할 위협이 있기 때문이다. **9...b6**가 아직도 바람직하다.

10 Qd2 Bd6

10...Bc6 11 0-0-0 이후에는 **12 d5** 위협이 있을 것이다.

11 0-0-0 Qe7

흑의 또 한 템포의 손실. 더 나은 방어법은 **11...c6**로 중앙을 강화하고 캐슬링을 포기하는 것이었다. 예를 들어 **11...c6 12 Ng3**(그렇지 않으면 **12...Na6-c7**) **12...Qh4 13 Qe1 Kd8**에 이어 **14...a5, ...Na6**

등등이다. 그러면 흑은 아마도 시간이 지남에 따라 퀸사이드에 대한 공격을 전개할 수 있었다.

12 Ng3

13 Nxf5 exf5 14 Re1 Be6 15 d5를 위협하는 수다.

12...Qh4 13 Qe1 Nc6

흑은 킹의 안전하지 않은 포지션 때문에 어떤 대가를 치르더라도 피했어야 할 추가 오픈 파일을 상대에게 허용한다. 13...Qf4+ 14 Kb1 Nc6가 더 나았을 것이다.

14 Nxf5 Qf4+ 15 Ne3 Nxd4 16 g3 Qe5 17 Bg2 Nc6

이와 마찬가지로 흑에게는 17...Bc6도 충분치 않았을 것이다. 그러면 예를 들어 18 f4 Qg7(또는 18...Qf6 19 Bxc6+ Nxc6 20 Ne4 Qe7 21 Qc3 0-0-0 22 Rhe1) 19 Bxc6+ Nxc6 20 Nf5 Qf8 21 Nxd6+ cxd6 22 Nb5 0-0-0 23 Qc3로 흑 폰이 잡힌다.

18 f4 Qg7 19 Nb5

19 Nf5는 19...Bxf4+ 때문에 안 된다. 텍스트 무브는 흑 폰의 포획을 강제한다(19...Qf8면 20 Nd5!).

19...0-0

흑은 19...0-0-0이면 더 긴 저항을 할 수 있었다.

20 Nxd6 cxd6 21 Rxd6 Rfd8 22 Qd2 Be8 23 Rd1 Rdc8

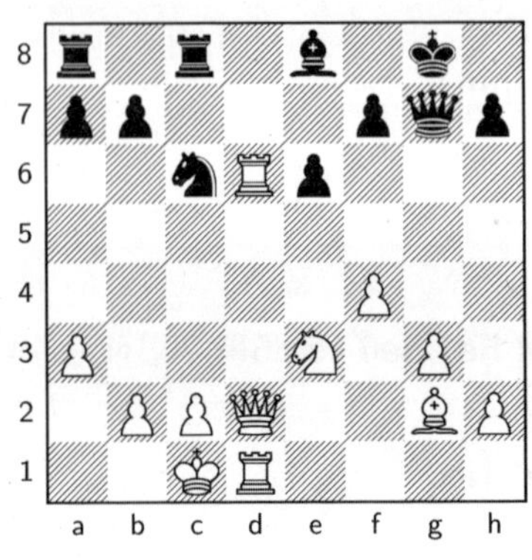

24 f5

몇 수 만에 결말로 이어지는 마지막 공격의 도입이다.

24...e5 25 f6 Qf8 26 Nf5 Kh8 27 Qg5 Rc7

흑은 룩을 잃는데, 물론 포지션은 오래 전부터 절망적이었다. 레티가 기운 없이 둔 게임이다.

28 Bxc6 Rxc6

28...Bxc6 이후에도 **29 Rd8**가 이어진다.

29 Rd8 Rcc8 30 Qg7+ Qxg7 31 fxg7+ Kg8 32 Ne7+ 1-0

47. 마셜-카파블랑카
퀸스 폰 오프닝 *Queen's Pawn Opening*

1 d4 Nf6 2 Nf3 g6 3 e3

백의 이 자발적인 퀸스 비숍 가두기는 이후 모든 고난의 원천이다. 당연히 완전히 다른 전개 계획인 **3 Bf4** 또는 **3 c4**가 낫다.

3...Bg7 4 Nbd2 b6 5 Bc4

5 Bc4는 상대에게 이어지는 ...d5와 연결된 템포를 줄 뿐이다. 따라서 5 Bd3가 더 나았을 것이다.

5...0-0 6 Qe2 c5

6...c5를 통해 흑은 레티 시스템의 특징인 중앙에서의 균형을 잡는다.

7 c3 Bb7 8 0-0 d5

레티는 이후 라운드에서 보골류보프를 상대로 같은 수(색이 바뀌고 템포가 덜한)를 성공적으로 사용했다(58국 참조). 이로써 흑이 확실한 우위를 점했다.

9 Bd3 Ne4 10 Bxe4

백은(몇 수 후에!) 갑갑한 포지션에서 선택의 여지가 거의 사라진다. 흑이 수동적인 자세를 유지하려 했다면 ...Nd7에 이어 ...e5가 이어졌을 것이다.

10...dxe4 11 Ng5 e5 12 Ngxe4 exd4 13 exd4

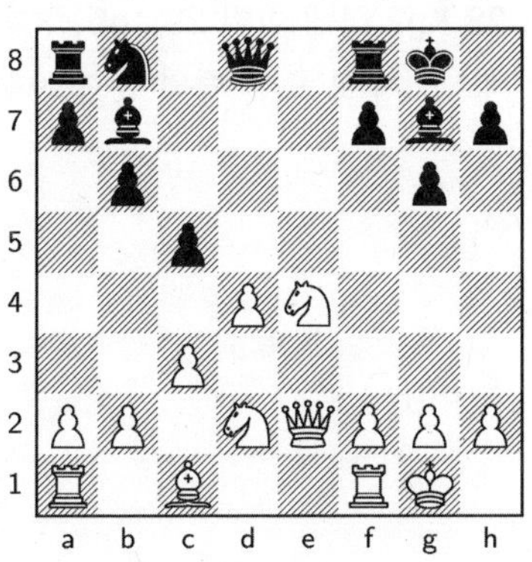

13...Ba6

흑의 포지션 우위 대부분을 박탈시키는 다소 부자연스러운 아이디어다. 마찬가지로 **13...Re8**도 **14 Qf3** 이후에는 거의 이득이 없다. 하지만 **13...cxd4**(**14 cxd4**가 **14...Ba6**와 **...Qd5**로 인해 가능하지 않은 경우)로 흑은 포지션에서 확실한 우위를 유지할 수 있었다. 그렇지만 텍스트 무브 후에는 결국 불충분하다고 판명되는 엔드게임에서의 작은 우위로 바뀌었다.

14 c4 Qxd4 15 Rb1 Nc6 16 b3 Rad8 17 Bb2 Qd3 18 Qxd3 Rxd3 19 Nf3 Bxb2 20 Rxb2 f5 21 Neg5 Re8

흑은 도착하고자 했던 목표에 13수로 도달했다. 그는 오픈 파일을 차지하고 있으며 백 나이트들의 행동 가능성은 매우 적다. 그러나 마셜은 지금부터 매우 영리하게 자신을 방어한다.

22 Nh3

백에게는 **22...h6**에 이은 **...g5**가 위협적이었기 때문이다.

22...Bb7 23 Nf4 Rd6 24 Nd5 Ne7

흑은 **24...Ne5 25 Nxe5 Bxd5**도 고려할 수 있었고, 그러면 백은 두 가지 불리한 룩 엔딩인 **26 Nxg6 Bxc4 27 bxc4 hxg6**, 또는 **26 Nf3 gxf3 27 gxf3 Rd3 28 Kg2 f4**에 이어 **29...g5** 중 하나를 선택할 수밖에 없었다. 하지만 텍스트 무브 또한 백의 폰 포지션을 심각하게 악화시킨다.

25 Nc7

백이 할 수 있는 최선이다.

25...Red8 26 Re2 R6d7 27 Ne6 Bxf3 28 gxf3 Rd2 29 Rfe1 Rxe2 30 Rxe2 Rd7

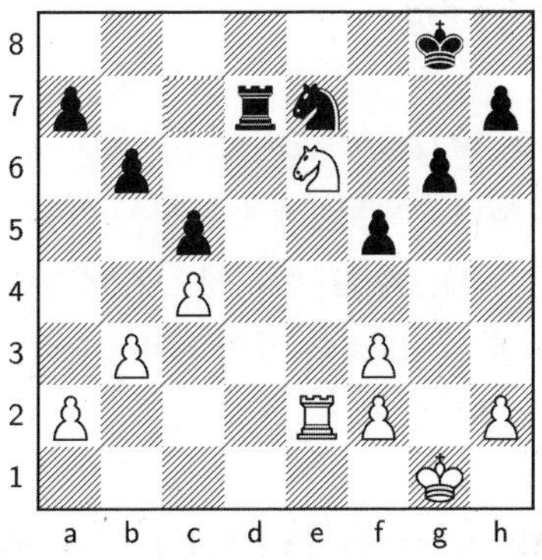

지금 흑은 **...Nc6**로 포지션을 강화하겠다고 위협하는데, 백은 놀라운 방식으로 이를 막아낸다. 이어지는 엔딩은 매우 교훈적이다.

31 Nd8 Kf8 32 Ne6+ Kf7 33 Ng5+ Kg7 34 Ne6+ Kf6 35 Kg2 h6

이제 흑의 **...Nc6**의 효과는 다소 감소하는데, 백 나이트가 **Nf4** 이후 한 템포의 이득을 얻으며 d5를 점령할 수 있기 때문이다. 이것은 분명 **31 Nd8**의 기저에 깔린 아이디어였다.

36 h4

성가신 더블 폰을 없애기 위해서다. **36...g5 37 hxg5+ hxg5 38 f4 g4 39 Ng5**, 이어서 **f3**.

36...Kf7 37 Nf4 Rd1 38 Re3

백은 흑 나이트의 위협적인 진입으로 인해 사실상 이 폰을 희생해야 하는데, 이는 흑에게 약간의 카운터플레이를 제공한다. 예를 들어 **38 Kg3**면 **38...Nc6 39 Re6 Nd4 40 Rxg6 Ne2+**로 흑 승리.

38...Rd4 39 Nd3

39 Kg3는 **39...g5** 때문에 안 된다.

39...Rxh4 40 Ne5+ Kf8

카파블랑카는 킹을 심사숙고하여 퀸사이드로 옮긴 결과, 승리할 마지막 기회를 박탈당했다. 만약 그에게 승리가 가능했다면 **40...Kg7**과, **41 Nd3**(**41 Nd7**이면 **41...Ng8**, 이어서 **...Rd4**)면 **41...Kf6 42 f4 g5**를 통해서만 가능했을 것이다. 흑 킹이 사라진 후 백 룩은 킹사이드에서 약간의 전리품을 발견한다.

41 Nd7+ Ke8 42 Ne5 Kd8 43 Nf7+ Kd7 44 Ne5+ Kc7 45 Nf7 Nc6

흑은 **...Kd7-d8-e8-f8-f7-g7**을 통해 앞서 제시한 라인을 따라 계속할 시간이 있었다.

46 Re6

이를 통해 물질적 균형이 회복된다.

46...Rd4 47 Rxg6 Rd2 48 f4

마셜은 실제적으로 승리를 위해 기꺼이 플레이할 의지가 있어 보인다. 그렇지 않았으면 간단한 **48 Nxh6**를 통해 쉽게 무승부를 거둘 수도 있었다. 그러면 예를 들어 **48...Nd4**(또는 **48...Rxa2**면 **49 Nxf5 Nd4 50 Nxd4 cxd4 51 Rg5** 그리고 **Rd5**) **49 Rg7+ Kb8 50 Nf7 Rxa2 51 Nd6 Nxb3 52 Rb7+ Ka8 53 Rg7 a5 54 Rg8+ Ka7 55 Rg7+ Ka6 56 Rg8**.

48...Rxa2 49 Rg7 Nd4 50 Nxh6+ Kc6 51 Nf7

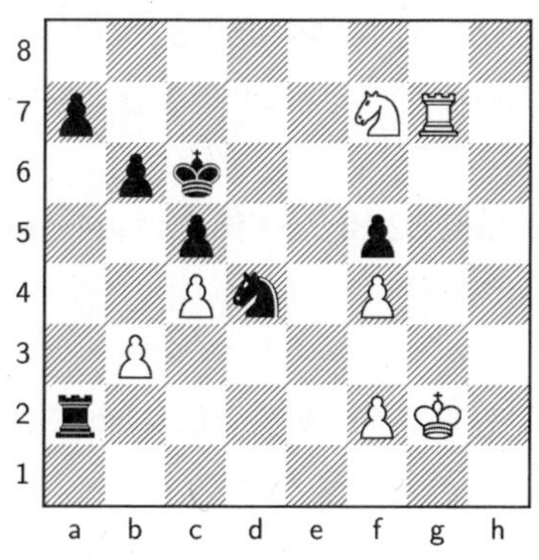

51...Kd7

깔끔한 방법은 **51...Ne6 52 Ne5+ Kd6 53 Rd7#**다. 만약 **51...Nxb3**면 백은 **52 Nd8+ Kd6 53 Rf7**(무한 체크 위협)으로 바로 무승부를 강요할 수 있다. **53...b5 54 Nb7+ Kc6 55 Nd8+ Kb6**(?)면 **56 Rb7+ Ka6 57 cxb5+** 이후에는 흑 룩이 이긴다.

52 Ne5+ Ke6 53 Rg6+ Ke7 54 Rg7+ Kf8 55 Rb7 Nxb3

분명 흑 포지션을 강화할 다른 방법은 없다. 그러나 이제 백 f파일 폰이 사안에서 중요한 부분을 차지하여 킹사이드에서 상대방의 기회를 무산시킨다.

56 Rf7+ Ke8 57 Rxf5 Nd2

마찬가지로 만약 **57...a5**면 흑은 **58 Rh5**로 **f5-f6**를 위협받는다.

58 Rh5 Rc2 59 Rh8+

백으로선 바로 **59 f5**가 더 좋았을 것이다.

59...Ke7 60 f5

60 f5 역시 60...Nxc4 61 Ng4 Nd6 62 Rh7+ Kf8(또는 62...Ke8면 63 Nf6+ 등등) 63 Nh6!, 이어서 f6로 확실한 무승부로 이어진다.

60...Ne4 61 Kf3 Nd6 62 Rh7+ Kf6 63 Ng4+ Kxf5 64 Ne3+ Kg6 65 Rxa7 Rc3 66 Ra6 ½-½

66 Ra6는 가장 간단한 수다. 만약 66...Nxc4를 두면 67 Ke2로 흑은 자신의 b파일 폰을 구할 수 없게 된다.

48. 에드워드 라스커-알예힌
루이 로페즈 *Ruy Lopez*

1 e4 e5 2 Nf3 Nc6 3 Bb5 a6 4 Ba4 Nf6 5 0-0 Bc5

이 방어는 덴마크의 마스터 J. 몰러Moller가 세기 초에 추천했고, 지난 몇 년 동안 흑 플레이어들이 면밀히 검토하고 반복적으로 사용했으며, 성공이 없지는 않았다.

6 d3

이 유순한 응수는 5...Bc5에 대한 반박이나 심지어 그러한 시도로도 간주할 수 없다. 양쪽 모두 다루기 어려운 게임으로 이어지는 다음 라인들은 더 자세히 살펴볼 필요가 있다. (I) 6 Nxe5 Nxe5 7 d4 Nxe4 8 Qe2(또는 8 Re1) 8...Be7 9 Qxe4 Ng6, 이어서 ...0-0 (II) 6 c3 Ba7! 7 d4 Nxe4 8 Qe2 f5 9 dxe5 0-0.

6...Qe7

흑에게 여기서 유일하게 올바른 연속수는 당연히 공정한 동등화를 약속하는 6...b5 7 Bb3 d6다. 퀸의 이동은 백 퀸스 나이트의 전개 가능성 때문에, 고려될 이유가 전혀 없었다. 이제 백은 앞으로 한동안 우세한 경기를 펼칠 수 있게 되었다.

7 Nc3

8 Bg5와, **8 Nd5 Nxd5 9 exd5**를 위협하는 수다. 따라서 흑의 대답은 거의 강제된 것이나 다름없다.

7...Nd4 8 Nxd4 Bxd4 9 Ne2

흑 킹사이드를 상당히 약화시키는 이 백 나이트의 기동은 매우 유망해 보이며 실제로도 이득이다. 그러나 더 간단한 **9 Kh1 b5 10 Bb3 d6 11 f4**도 흑에게는 충분히 불편했을 것이다.

9...Ba7 10 Ng3 g6

10...g6는 어쨌든 **10...b5 11 Nf5 Qf8 12 Bb3 d6 13 Qf3**보다 더 쓸만하다.

11 Bh6

...0-0뿐만 아니라 **...h6**(또는 **...h5**)도 막고, **Qf3**에 이어 **Bg5(g7)**를 위협할 수 있다. 이에 대한 흑의 방어는 단 하나뿐이다.

11...b5 12 Bb3 d6 13 h3

13 h3가 아니면 **13...Ng4**가 나온다.

13...Be6 14 Qf3 Nd7

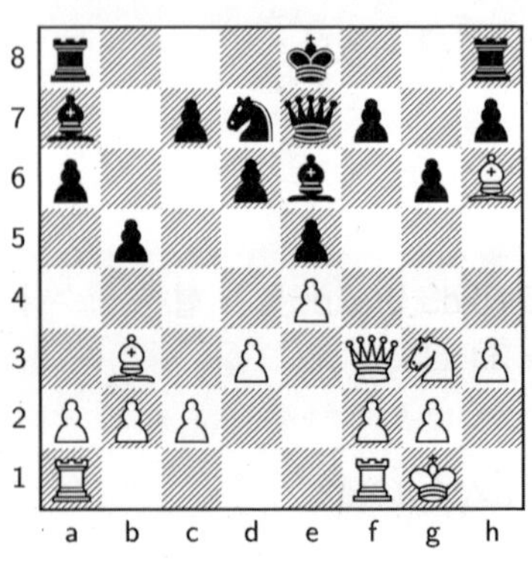

흑에게 딱 좋은 타이밍이다! 흑은 최악의 상황을 극복한 것처럼 보이지만, 백은 다음 수로 공격이 다시 살아난다.

15 Nf5

흑이 잘 막지 못한 이 출중한 교환 콤비네이션은 제대로 계속된다면 백에게 확실한 포지션적 이점을 가져다 줄 것이다.

15...gxf5 16 exf5 d5

16...d5는 포지션을 지킬 수 있는 유일한 수다. **16...e4**면 **17 Qxe4 d5 18 Bxd5 Nf6 19 Bc6+ Kd8 20 Qf3**. 그리고 또한 **16...0-0-0 17 Qa8+ Bb8 18 Qxa6#**는 거의 시도할 가치가 없는 수순이었을 것이다.

17 fxe6 fxe6 18 Be3

지금까지 백은 꽤 훌륭하게 경기를 펼쳤지만, 여기서 현저하게 추락한다. 답은 **18 c4!**였다, 그러면 예를 들어 **18...c6 19 cxd5 cxd5 20 Rac1 Qf7**(흑은 더 나은 방법이 없었는데, 예를 들어 **20...Qh4**면 d5에서의 백 비숍의 희생이 너무 강력함) **21 Qxf7+ Kxf7 22 Rc7 Ke7 23 Rfc1**(**23 Bg7**면 **23...Bb6**) **23...Rhg8 24 Bd2!**면 흑은 물론 어렵고 힘들게 방어할 수는 있지만(**24...Bb6**), 백의 우위가 분명해진다. 반면 텍스트 무브에서의 백은 비숍의 불필요한 후퇴 이후에 조금씩 불리한 상황에 놓인다.

18...Rf8 19 Qh5+

백은 퀸 교환을 피할 수 없다. 그렇지 않으면 **19...Qf7**에 이어 **...Rg8**를 두는 흑이 열린 라인에서 좋은 카운터플레이를 얻기 때문이다.

19...Qf7 20 Qxf7+ Rxf7 21 c3 Ke7

여기서(그리고 그 이후에도) **21...c5**를 두는 것은 실수다. 그러면 백은 **22 c4!**로 흑 비숍을 막고, **22...bxc4 23 dxc4 d4 24 Bd2**에 이어 **Bc2**를 둬서 흑의 통과한 폰에도 불구하고 비숍들의 협조를 통해 우위를 점할 수 있었다.

22 Rae1 a5 23 Bd1 Kd6 24 Bh5

마찬가지로 **24 Bg4**를 바로 두었다면 상황은 거의 바뀌지 않았을 것이다. 흑이 **24...Nf6 25 Bf3 Bxe3 26 fxe3 c5**(27 g4면 27...Rg8) 이후 매우 잘 버텼을 것이기 때문이다.

24...Rf6 25 Bg4 Bxe3

흑은 다른 방법으로는 포지션을 강화할 수 없으므로 지금 교환할 때가 왔다.

26 fxe3 b4

이로써 흑의 복잡한 폰 희생이 준비된다. 또 다른 유망한 계획은 더블 폰을 차단하는 **26...c5**로, **27 e4!** 이후 **27...d4**로 계속하는 것이었을 것이다. 흑은 **28 cxd4 Rxf1+ 29 Rxf1 exd4** 이후 *e5* 칸의 점유와, **28 Rxf6 Nxf6 29 cxd4 Nxg4 30 dxc5+ Kxc5 31 hxg4 Kd4** 이후 흑

킹의 침투를 통해 이득을 얻었을 것이다. 하지만 그렇지 않았다면 결국 **28...dxc3 29 bxc3 b4** 이후 심각해진 퀸사이드에 통과한 폰을 만들며 위협했을 것이다. 그러나 선택된 연속수 역시 불안의 원인이었다.

27 c4

이렇게 하지 않으면 흑이 b파일의 개방과 통제로 이득을 얻는다.

27...Raf8

이는 룩의 이중 교환을 위협한 뒤 **...Nc5-a4**로 이어진다.

28 Rxf6 Nxf6 29 Rf1

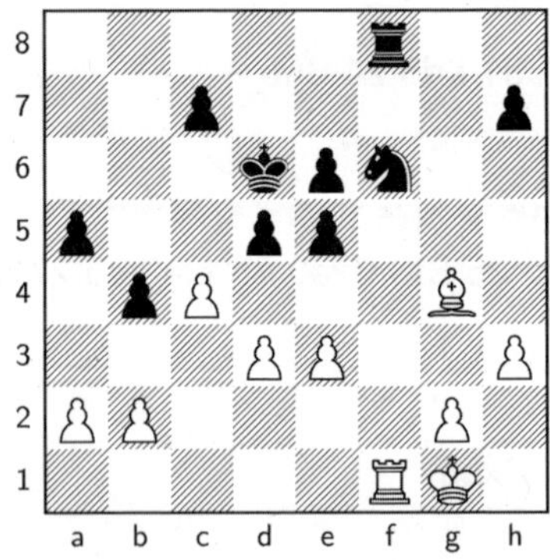

29...e4

이는 퀸사이드에서 확실한 우위를 점하기 위해 폰을 희생하는 흑의 카운터플레이의 포인트다. 물론 큰 위험은 없었지만, 백의 정확한 수비로 인해 이 승리 시도는 결국 실패로 돌아갔다.

30 cxd5 exd3

30...exd5 31 d4 c5 32 dxc5+ Kxc5 33 Rc1+ Kb6 34 Be2 이후에

도 엔딩은 무승부로 끝났을 것이다.

31 dxe6

이는 31 Bxe6 d2 32 Rd1 Ne4 33 Bg4 Kxd5 34 Bf3 Ke5 35 Bxe4 Kxe4 36 Rxd2 c5가 만들, 흑이 당분간 폰이 뒤지긴 해도 손에는 채찍을 쥔 상황보다는 훨씬 낫다.

31...c5 32 b3

32 Bf5는 32...c4 33 b3 d2 34 bxc4 Ne4, 흑의 승리 때문에 틀렸을 것이다. 하지만 이제 위협이 찾아온다.

32...d2

32...Nxg4 33 Rxf8 Ke7에 의한 희생 교환은 34 Rf7+! Kxe6 35 Rf1 등등 때문에 잘못되었을 것이다.

33 Bf3

백을 구원하는 수다. 33 Rd1으로는 33...Nxg4 34 Rxd2+ Kxe6 35 hxg4 a4! 이후 고립된 폰과 단절된 킹으로 인해 결정적으로 불리한 상황에 처한다.

33...Ne4

33...Kxe6를 바로 두는 것만으로는 승리할 수 없었을 것이다. 그러한 예를 들자면 34 Rd1 Rd8 35 Kf2 a4 36 Ke2 a3 37 Rxd2 Rxd2+ 38 Kxd2 c4 39 Kc2! c3 40 g4 Ke5 41 Kd3다. c3 폰의 강력한 포지션은 흑에게 무승부를 보장하지만 그 이상은 아니다.

34 Rd1 Nc3 35 Rxd2+ Kxe6 36 Kf1 Rf7

36...Rf7은 불필요하게 기술적이다. 흑은 36...a4 37 bxa4 Nxa4 38 Ke2! Nc3+ 39 Kd3 Rd8+ 40 Kc2 Rxd2+ 41 Kxd2 Nxa2 42 Kd3 이후의 상대를 보았고, 쉽게 무승부를 거둘 수 있기에 존재하지 않는 승리 기회 이후를 더 이상 찾아 보지 않았다.

37 Ke1 Ke5 38 Rd8

백은 무엇보다도 **39 Rc8**를 위협한다.

38...Rc7

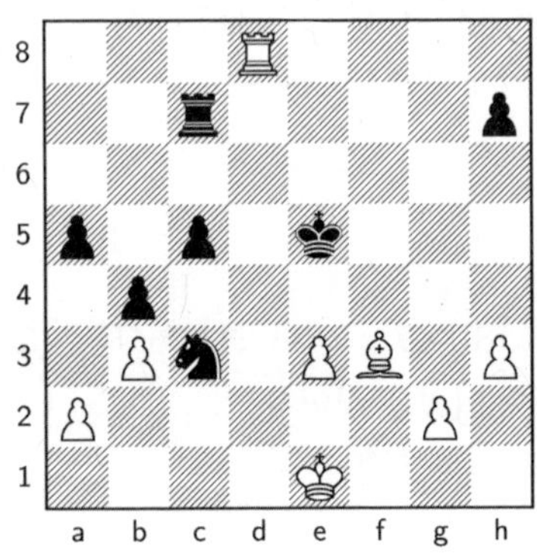

39 Re8+

흑은 **39 Ra8**에 대한 즉각적인 응수로 **39...a4 40 bxa4 Nxa2 41 a5 b3! 42 a6 b2 43 Re8+ Kd6 44 Rb8 Nb4 45 Be4 Re7**면 실제로 승리 기회를 얻었을 것이다. 킹이 e6 또는 d6에 놓였어도 마찬가지다. 그렇기 때문에 백은 흑이 무승부에 만족하거나 실제로 일어난 일처럼 불행한 g7 칸을 선택할 때까지 킹을 쫓는다.

39...Kf6 40 Rf8+ Ke5

흑은 여전히 유혹에 맞서 고군분투하고 있다. **40...Ke7**에 대한 응수로는 당연히 **41 Rh8**가 뒤따를 것이다.

41 Re8+ Kf6 42 Rf8+ Kg7

이제 백이 정말로 기회를 잡았다. 이미 말했듯이 흑은 무승부에 만족해야 했다.

43 Ra8 a4 44 bxa4 Nxa2 45 a5 c4

이제 차이는 분명해졌다. 만약 흑이 **45...b3**를 두었다면, **46 a6 b2 47 Rb8 Nb4 48 Be4**에 이어지는 **48...Re7**은 **49 Rb7**과 맞서야 했을 것이다. 그러나 **48...Nxa6(48...Re7** 대신**) 49 Rxb2 Nb4** 이후 백의 승리 가능성은 다소 희박해지기에 흑은 그 변형을 선택했어야 했다. 대국이 진행되면서 상황은 훨씬 더 심각해진다.

46 a6 c3 47 Bd1

47 Bd1은 백의 유일한 방어책이지만 충분하다. 물론 **47 a7**은 **47...c2 48 Rg8+ Kxg8 49 a8Q+ Kg7**으로 흑이 이길 수 있기에 틀렸다.

47...Nc1

다른 수는 더 낫지 않았을 것이다. 예를 들어 **47...Rc5 48 a7 Ra5 49 Bb3 Nc1 50 Rg8+ Kf6 51 a8Q Rxa8 52 Rxa8 Nxb3 53 Kd1 Nd2 54 Kc2**, 또는 **47...c2 48 Bxc2 Rxc2 49 a7**이면 흑 나이트는 백 룩이 저장된 a파일에 도달하지 못하게끔 막힌다.

48 a7 Kh6 49 g4

백에게 **49 g4**는 유일하게 올바른 수다. 반면 **49 Bc2 b3 50 Kd1**을 두었더라면 **...Rf7!**으로 인해 덫에 걸렸을 것이다.

49...Rg7

이는 **50 g5+**의 위협을 고려한 슬픈 필요다. **49...Rf7**(무한 체크 위협)을 통해 잘못된 부분을 치료하려는 흥미로운 시도는 여기(또는 다음 수)서는 불충분했을 것이다. 그러면 **50 Bc2**(**50 g5+**는 **50...Kxg5 51 Rg8+ Kh6** 등등 때문에 안 됨) **50...b3 51 g5+ Kh5 52 g6 bxc2 53 gxf7 Nd3+ 54 Ke2 c1Q 55 f8Q Qd2+ 56 Kf3 Qf2+ 57 Ke4**, 그리고 백이 승리하기 때문이다.

50 h4

백은 다시 **51 g5+**를 두겠다고 위협하며 흑의 귀중한 통과한 폰들 중 하나를 내놓도록 강요한다.

50...b3 51 Rc8 Rxa7 52 Rxc3 b2 53 Rc6+

이 체크로 흑은 바로 무승부를 얻는다. 백은 **53 Bc2!**면 여전히 승산이 있었을 것이다. 그러면 예를 들어 **53...Kg7 54 g5 h6 55 g6 h5 56 Bb1 Rd7 57 Kf2**, 그리고 백은 적 나이트가 감옥에서 탈출하는 일을 허락하지 않으면서 자신의 킹을 진격시키려 노력하게 된다. 엔딩은 역시나 매우 흥미로웠을 것이다. 이제 모든 것이 끝났다.

53...Kg7 54 Rb6

또는 **54 Bc2 Ra1 55 Kd2 Nb3+**면 백 기물이 잡힌다.

54...Ra1 55 Rb7+ Kg8 56 Rb8+

백은 분명 무승부에 만족해야 한다. 그렇지 않으면 기물을 구할 수 없었기 때문이다.

56...Kg7 57 Rb7+ Kg8 58 Rb8+ ½-½

49. 예이츠-보골류보프
루이 로페즈 *Ruy Lopez*

1 e4 e5 2 Nf3 Nc6 3 Bb5 a6 4 Ba4 Nf6 5 0-0 Be7 6 Re1 b5 7 Bb3 d6 8 c3 0-0 9 d4 Bg4 10 Be3 exd4

예이츠-에드워드 라스커(20국)에서 이 전체 방어 시스템을 살펴 보라.

11 cxd4 Na5 12 Bc2 Nc4 13 Bc1

97국에서 예이츠는 카파블랑카를 상대로 **13 Nbd2**를 시도했는데, 그것도 나쁘지 않다.

13...c5 14 b3 Na5 15 Nbd2

여기까지만 보면 카파블랑카-보골류보프 경기(1922년 런던)와 동일하지만, 수순에서 주목할 사소한 차이가 있다. 카파블랑카는 이 포지션에서 **15...Nc6 16 d5 Nb4 17 Nbd2 Nxc2 18 Qxc2**의 연속수를 위해 **15 Bb2**를 두었고, 흑은 분명 상당히 자유로워진다. 백의 텍스트 무브는 기껏해야 위 변형으로의 회귀이기에 그리 강력하지 않다. 그렇다고 다른 라인을 채택하면 불쾌한 결과가 뒤따를 수 있다.

15...Nc6 16 h3 Bh5

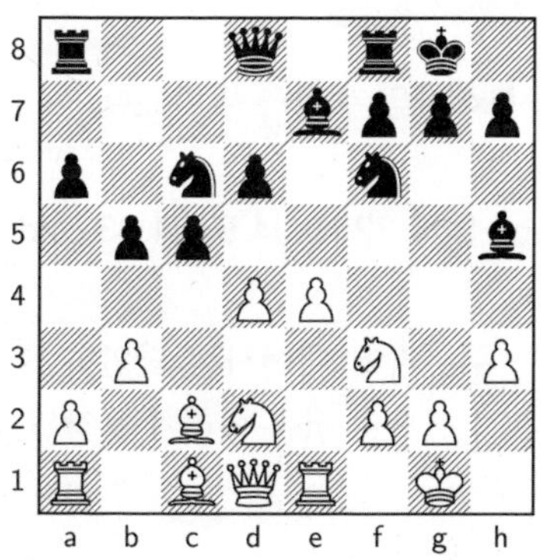

17 e5

에드워드 라스커와의 대국에서 충분한 확신을 갖지 못한 예이츠는 이번에도 비슷한 포지션에서 비슷한 수를 시도하는데, 이는 포지션 판단의 원칙에 어긋나며 곧 패배의 길로 빠져들게 한다. 덜 망치는 판단은 **17 d5**였고 **17...Nd4** 이후에는 **18 Bb2**로 이어진다.

17...Nd5

흑은 지금 백 퀸의 포획을 위협하는 것은 아니지만(Bxh7+ 응수 때문에), **18 exd6 Bf6!**(아마도 수순의 바뀜에 의해 실제 경기 과정과 같은 포지션으로 이어졌을 수 있음)면 백 폰의 포획이 임박하거나 **18 dxc5 dxe5!**면 압도적인 게임을 할 수 있었다.

18 Bb2

그러나 이것은 약간의 보상도 없이 폰을 잃는다.

18...Nxd4 19 exd6 Bf6

19...Bf6는 폰의 즉시 회수보다 훨씬 더 강력하며 어떤 경우에도 목적에 부합했을 것이다.

20 Be4

이는 적어도 **20...Nxf3+**의 위협을 막아낸다.

20...Qxd6 21 Qb1 Bg6 22 Nxd4 Bxd4 23 Bxd4 cxd4 24 Qd3

백이 이제 무엇을 두는지에 대해서는 당연히 중요치 않으며, 흑은 폰 우세와 더 나은 포지션으로 쉬운 승리가 보장된다.

24...Nb4 25 Qf3 Rac8 26 a3 Rc3 27 Qe2

27 Qd1이면 백의 고통이 다소 길어졌을 것이다.

27...d3 28 Qg4 Nc2 29 Bxg6 hxg6 30 Ne4 Qc6 31 Nxc3 Qxc3

깔끔한 더블 포크!

32 Qd1 d2 33 Rf1 Nxa1 0-1

이제 **34 Qxa1 Qxa1 35 Rxa1** 다음에 **35...Rc8**로 흑이 승리한다.

50. 야노프스키-타르타코베르
세미-슬라브 디펜스 *Semi-Slav Defense*

1 d4 Nf6 2 Nf3 d5 3 c4 e6 4 Nc3 c6 5 Bg5

이 경우처럼 백이 이 비숍을 유지하려는 경우, 흑은 이어서 갬빗을 받아들이고 여분의 폰을 유지할 수 있기에 시작부터 매우 활기차고 복잡해진다.

5...h6

5...dxc4에 백은 **6 e4 b5 7 e5 h6 8 Bh4 g5 9 Nxg5**로 바로 대응하면 이득을 얻을 수 있다(보골류보프-H. 볼프, 1923년 칼스바트).

6 Bh4

모든 면에서 더 견고한 수는 **6 Bxf6**다. 텍스트 무브로 백은 진정한 갬빗을 건다.

6...dxc4 7 e3

반대로 **7 e3**는 너무 익숙한 수다. 백은 **7 e4 g5 8 Bg3 b5 9 Qc2**로 적어도 상대의 킹사이드를 느슨하게 해서 자신의 희생을 어느 정도 정당화할 수 있었다. 반면 이제 흑은 편안한 전개를 얻었다.

7...b5 8 Be2 Nbd7 9 a4 Qb6 10 0-0 Bb4 11 Qc2 Bb7 12 b3

여기서 흑은 백의 공격에 노출되지 않고 보호된 통과한 폰을 얻는다. 어쨌든 백에게 더 좋은 기회는 **12 Ne5**(**12...0-0 13 Ne4**)다.

12...cxb3 13 Qxb3 Bxc3 14 Qxc3 b4 15 Qb2 a5

백의 7수 이후를 궁금해할 필요도 없이, 흑은 단순히 수를 두는 것만으로도 '이기는' 포지션에 도달했다. 그러나 이 경기는 아직 몇 가지 예상치 못한 사건들을 남겨두고 있다.

16 Ne5 Nxe5 17 dxe5 Nd5 18 Rfc1

백은 이어지는 필사적인 희생을 준비한다. 흑의 두 개의 통과한 폰들과 결합된 c3 나이트의 포지션은 그를 급속하게 버티기 힘들게 했을 것이다.

18...Qc7 19 e4 Nc3 20 Rxc3 bxc3 21 Qxc3

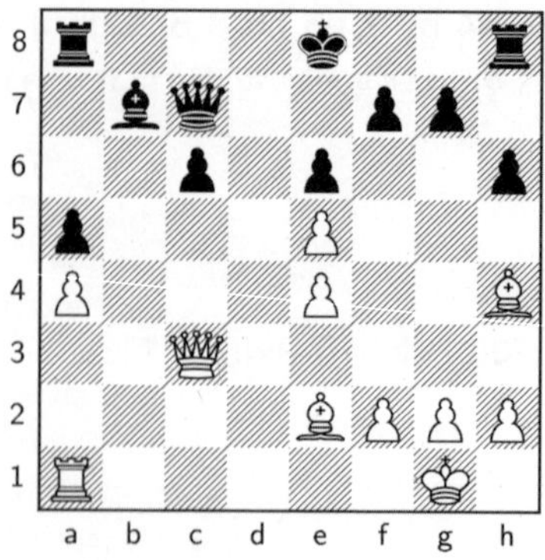

21...g5

이는 믿기지 않지만 사실이다! 이 포지션에서 흑은 퀸사이드 캐슬링을 원하지만, 일반적인 절차대로라면 확실하고 쉬운 승리가 예상됐을 것이다. 예를 들어 21...0-0 22 Qg3(또는 22 f4면 22...c5, 또는 22 Qc5면 22...Ba6 23 Bxa6 Rxa6 24 Be7 Re8 25 Bd6 Qb6) 22...Kh7 23 f4 c5 24 Bf3 c4, 그리고 흑 폰은 백이 할 수 있는 심각한 위협이 없기 때문에 평온하게 퀸이 될 것이다. 하지만 이제 흑이 퀸사이드에서 대담한 캐슬링을 한 후에는 백의 위험한 공격이 가능해지고, 결국 흑은 무한 체크를 통해 힘들고 고통스럽게 탈출한다.

22 Bg3 0-0-0 23 Rb1

백으로선 흑 퀸을 b6에서 추방하는 게 중요했다.

23...c5

이와 다른 수를 두면 f3에 이어 Bf2와 Bb6가 이어진다.

24 Rb5 Kb8 25 f3 Rd4 26 Rxc5

26 Bf2면 간단하게 26...Rhd8(27 Rxc5 Rd1+ 28 Bf1 Ba6)가 뒤따른다.

26...Qd7 27 Bf2 Rxa4 28 Rxa5 Rxa5 29 Qxa5 Qc7

룩 교환 후에는 흑의 가장 큰 위험이 제거된다. 텍스트 무브는 백의 게임 속에 흑 퀸의 진입을 강제하고, 이를 통해 반격을 저장하는 게 가능해진다.

30 Bb6 Qc1+ 31 Kf2 Kc8

또는 바로 **31...g4**면 **32 Bc5**로 수순이 뒤바뀐다.

32 Bc5

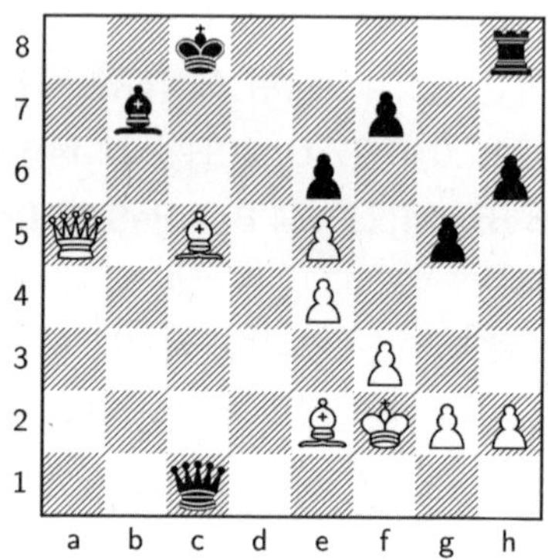

32...g4

이는 **33 Bd6**, 이어지는 **Qa7**의 위협에 맞설 수 있는 유일한 가능성
이다. 이제 경기는 강제 무승부로 해결된다.

33 Bd6 gxf3 34 Qa7

만약 **34 Bxf3**면 **34...Rg8**(물론 **34 gxf3**에도 같은 수로 대응) **35
Qa7 Qd2+**로 무승부가 된다.

34...fxe2

흑에게는 선택지가 없다.

**35 Qb8+ Kd7 36 Qxb7+ Kd8 37 Qb8+ Kd7 38 Qa7+ Kd8 39
Qa5+ Kc8 40 Qa6+ Kd7 41 Qb7+ Kd8 42 Qb6+ Kd7 ½–½**

11라운드

11라운드의 다섯 판을 치르면서 대회 전체의 절반이 지났고, 그중 한 판도 50수 이내로 끝나지 않았다. 7½-2½를 기록한 라스커 박사가 이 단계에서 1점 차로 만족스럽게 앞서고 있었고, 알예힌이 2위를 차지했다. 챔피언 카파블랑카는 라스커 박사와의 개인전 승리에도 불구하고 선두에 1½점 뒤져졌으며, 이 차이는 토너먼트가 끝날 때까지 지속되었다. 레티는 카파블랑카와 같은 입장이었고, 그보다 1점 아래인 네 명의 선수가 동등한 조건에서 경기를 치렀다. 이들은 보골류보프, 마로치, 마셜, 타르타코베르 박사였다.

루이 로페즈의 라스커 박사는 예이츠에게 아무런 인상을 남기지 못했고 곧 무승부가 결정되었다. 예이츠는 계속 경기를 하기로 했지만 결국 승리를 위한 도전을 포기해야 했다.

J. 주커토르트Zukertort의 개량형으로 이번에 데뷔한 레티의 오프닝을 채택한 알예힌은 보골류보프와의 대결에서 우위를 점했지만 정확성에서 부족했다. 이후 보골류보프는 용감한 플레이로 자신의 전망을 크게 개선했다. 그러나 서로 다른 색의 칸들에 비숍이 놓인 매우 어려운 엔딩에서 보골류보프는 길을 놓쳤고 무승부로 끝났다.

에드워드 라스커는 쓰리 나이츠 게임Three Knights Game에서 마셜에게 밀렸고, 후자는 강력한 방법으로 승리 공격을 얻었다. 그러나 결정적인 순간에 불필요하게 '똑똑한' 마셜은 기민한 상대가 고통에서 풀려나도록 허용했다. 결국 마셜은 소위 '속임수SwIndle'를 통해 경기를 만회하여 승리할 수 있었다.

이번 라운드에서 가장 긴 경기는 레티-타르타코베르 박사의 대국이었다. 주커토르트로 시작했지만 시실리안 디펜스로 바뀐 이 대국은 타르타코베르 박사가 오픈 c파일을 사용하는 선례를 따르지 않은 게 특징이었다. 대신 그는 자신의 f파일 폰과 복잡성의 전개를 위한 수를 뒀다. 레티가 폰과 더 나은 포지션을 얻기 위해 채택한 수법은 면밀히 연구할 가치가 있다. 엔딩도 흠잡을 데 없이 진행되었다.

마로치-야노프스키는 프랑스 대표가 두 폰을 위한 매우 좋은 전략적 희생과 견뎌야 할 압박을 구사하기 위해 잘 사용하는 투 나이츠 디펜스Two Knights Defense였다. 마로치는 끈질기게 방어했고, 승리할 수 있는 콤비네이션을 찾지 못한 야노프스키는 심각한 실수를 범해 패했다.

백 측은 두 판을 득점하고 두 판을 무승부, 한 판을 패하며 토너먼트 전반전 기록을 세웠다. 백 28점, 흑 27점.

비록 행운의 여신이 마셜에게 미소를 지었지만, 라스커 박사는 지금까지의 노련한 자신감과 침착함으로 일관되게 경기를 펼쳤다.

알예힌은 라스커 박사에게 졌음에도 불구하고 자신에 대해 잘 평가했다. 레티와의 경기는 특히 훌륭한 분투였다. 카파블랑카는 좋지 않은 출발 후에 방향을 잡았다. 레티는 백 기물을 쥐고 몇몇 걸작들을 만들었고 야노프스키와의 대국은 특히 만족스러웠다. 마셜은 분명하지만 천천히 자신을 찾아가고 있었다. 타르타코베르 박사는 첫 세 라운드에서 2½점을 받은 후, 다음 여덟 라운드에서 점수를 두 배로 늘리는 데 그쳤다. 6라운드 동안 보골류보프는 3½점을 득점했지만, 야노프스키의 고전적인 승리를 넘어서는 그의 역전이 시작되었다. 마로치의 플레이는 꾸준하고 끈질긴 노력으로 특징지어졌다.

51. 라스커 박사-예이츠
루이 로페즈 *Ruy Lopez*

1 e4 e5 2 Nf3 Nc6 3 Bb5 a6 4 Ba4 Nf6 5 0-0 Be7 6 Re1 d6 7 Bxc6+

7 Bxc6+를 통해 백은 슈타이니츠 디펜스와 비슷한 포지션을 얻지만 차이점이 있다. 흑 a파일 폰이 더 많이 노출되는 a7이 아닌 a6에 서게 된다. 반면에 백 퀸은 a6로 이동하지 못하고 백 나이트는 b5에 자리를 잡을 수 없다(흑의 **...c5** 이후). 그러나 이 차이는 어느 쪽의 가능성을 평가하는 데 있어 그리 중요하지 않다.

7...bxc6 8 d4 exd4

만약 흑이 치고린의 원칙을 따라 **8...Nd7**으로 중앙을 잡으려 한다면, 백은 퀸스 나이트를 d2에서 c4로 둬서 세 가지 위협, 즉 e5에 대한 압박, a5에 대한 견제, 마지막으로 e3를 통한 f5로의 기동을 가할 수 있다. 지난 몇 년간의 경험에서 알 수 있듯이 텍스트 무브가 더 간단하고 덜 위험하다.

9 Nxd4 Bd7 10 Nc3 0-0 11 Bg5 h6

11...h6는 어렵게 실행되는 킹스 비숍 교환을 통해 모든 전투력의 상호 작용을 보장하는 잘 알려진 기동이다.

12 Bh4 Re8 13 Qd3 Nh7 14 Bxe7 Qxe7 15 Re3

백은 아마도 결국 **Qc4**를 두기 위해서, 지금 **...d5** 때문에 좋지 않은 수를 두었을 것이다. 그러나 흑은 이런 상황에 대해 크게 우려하지 않는 편이 옳다.

15...Nf8

왜냐하면 **16 Qc4 c5 17 Nd5 Qd8** 후면 백은 아무것도 이루지 못한 채 물러나야 하기 때문이다.

16 Nce2 Qf6

흑의 이 즉각적인 위협(**17...c5**)은 오프닝에서의 고난 극복을 가장 분명하게 보여 준다. 따라서 백은 퀸 교환을 하여 어떤 경우에도 상대의 기본 예방책이 부족해야만 이길 수 있는 엔드게임을 준비한다.

17 Qc3 c5 18 Nf3 Qxc3 19 Nxc3 Rab8 20 b3 f6 21 Ne1 Bc6 22 Rd1 Ne6 23 f3

또는 **23 Nf3**면 **23...Ng5** 등등이 가능하다. 백은 다가오는 나이트 교환을 잘 막을 수 없다.

23...Kf7 24 Kf2 Nd4 25 Ne2 Nxe2 26 Rxe2

이제 흑 비숍은 적 나이트의 모든 진입로를 지키고 있다. 여기서 무승부가 합의되었을 수도 있다. 백의 다음 승리 시도는 궁지에 몰린 킹사이드에 통과한 폰을 설치하는 것 하나인데, 차단된 포지션 때문에 어떤 경우에도 문제가 바뀌지는 않는다. 게임의 나머지 부분은 지루하고 이해하기 쉽다.

26...Re7 27 Red2 Rbe8 28 Nd3 Rb8 29 Nb2 Bb5 30 Rh1 Rbe8 31 Nd1 Bc6 32 Ne3 Rb8 33 h4 Ree8 34 Ke2 Rb4 35 Kd1 Rbb8 36 Kc1 Re6 37 Rg1 g6 38 g4 Rh8 39 Rh2 Rhe8 40 Kd2 Rh8 41 a3 Rb8 42 Kc3 Ree8 43 g5 fxg5 44 hxg5 h5

여기서 한 쪽이 더 나은 경우가 있다고 한다면, 분명 백은 아니다.

45 Rh4 Kg7 46 Kd2 Rf8 47 Ke2 Rbe8 48 Nf1 Bb5+ 49 c4 Bc6 50 Nd2 a5 51 a4 Re7 52 Ke3 Rfe8 53 Rf4 Rf7 54 Rh4 Rfe7 55

Rf4 ½-½

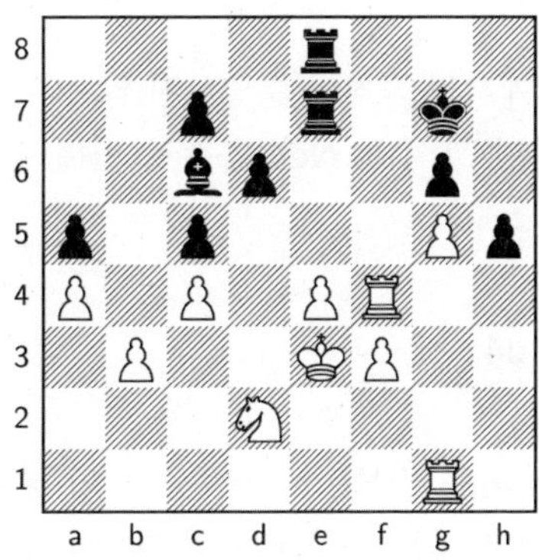

52. 알예힌-보골류보프
레티 오프닝 *Reti Opening*

1 Nf3 Nf6 2 c4 e6 3 g3 d5 4 Bg2 Nbd7 5 b3 Bd6 6 0-0 0-0 7 Bb2 c6 8 d3

백에게 레티-예이츠 대국에서와 동일한 포지션 판단 실수가 발생했다(30국 참조). 답은 **...e5**로 인한 유연치 않은 수를 한 번이라도 막기 위한 **8 d4**였을 것이다. 이 게임에서 백이 어쨌든 우위를 점한 것은 흑이 자신의 퀸사이드에서 방해받지 않고 전개를 얻을 가능성을 이용하지 못하는 상황 때문일 것이다.

8...Re8 9 Nbd2 a5

일반적으로 이 전진 **9...a5**는 백이 **a3**로 답할 수 없는 경우에만 강하다. 예를 들어 현재 포지션에서 **...Qe7**과 **Rc1**을 두었을 때처럼(레티-알예힌의 38국, 레티-라스커 박사의 76국과 비교). 그럼에도 불구하고 흑이 다음 2수 중 하나에서 **...e5**를 두기로 결심하고 상대가 **d4**를 두기로 결정할 때까지 기다리지 않는 한 큰 손해는 없다.

10 a3 Rb8

10...Rb8는 진행에서의 목적이 분명하지 않은 이상한 수다. 우연히 ...b5가 의도되었다면 그 수는 **Nd4** 응수로 인해 수행되지 못할 것이다.

11 Qc2 Qe7 12 d4

12 d4는 아예 안 하는 것보다는 늦추는 편이 낫다. 백은 상대방의 전개가 아직 완료되지 않은 순간에 열린 게임을 준비하며 이 절차를 통해 확실한 이점을 얻는다.

12...b6

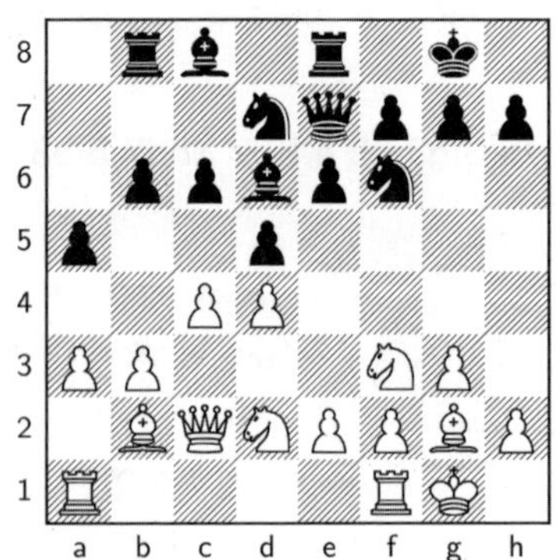

13 Ne5

하지만 보골류보프는 백의 부정확한 수순을 멋지게 활용하여 동등화를 이끌어 낸다. 백에게 답은 우선 **13 e4**(그 칸에서 교환을 강제하기 위해), 그리고 **13...dxe4**면 **14 Ne5! Bb7 15 Nxe4 Bxe5 16 dxe5 Nxe4 17 Bxe4 Nf8**(또는 **17...g6**, 또는 **17...h6**) **18 b4!**로 중요한 포지션적 이점을 갖는 것이다. 흑은 **20 Ba3** 때문에 감히 **18...axb4 19 axb4 Qxb4**를 둘 수 없기 때문이다. 따라서 흑은 **13 e4**에 **13...Nxe4**로 응수하는 게 가장 좋았지만, 이 경우에도 **14 Nxe4 dxe4 15 Ne5** 후에는 백의 우위가 확연히 드러난다.

13...Bb7 14 e4

14 e4는 정돈된 듯 보이지만 불충분하다. **14 Nxd7 Qxd7 15 e4** 이후라면 백 포지션이 더 유리할 수 있었다.

14...Bxe5 15 dxe5 Ng4

(앞서 변형들 중 하나로 이어질 수 있었던 **15...Nxe4** 대신에)이 변화로 인해 흑은 갑자기 반격의 주도권을 얻고 상대는 원치 않는 단순화를 강요받는다.

16 Nf3 c5

16...c5는 **...d4**를 두겠다고 위협하는 수다.

17 exd5 exd5 18 h3 Ngxe5 19 Nxe5 Nxe5 20 cxd5

백은 쌍비숍 보유에도 불구하고 양 사이드의 폰이 다소 약화되었고, 쉽게 막힐 수 있는 통과한 d파일 폰이 이어지는 엔딩에서 취약할 가능성이 높기에 결코 유리하지 않다. 따라서 동점 이상을 추구할 해결책이 부족한 백은 점차 최악의 상황을 맞이한다.

20...Qd6 21 Qc3

백은 **22 f4**를 두겠다고 위협하여 상대에게 반격수counter-move를 강요한다.

21...f6 22 Rad1

흑은 이어지는 핀 때문에 폰을 잡을 수 없으므로 **22 Rad1**은 백으로선 시간 손실인 수다. **22 Rfe1**을 바로 두고 이어서 e파일에 더블 룩을 만드는 게 적절했을 것이다.

22...Re7 23 f4

백 킹의 입지를 더욱 약화시키는 이 흑 나이트 제거 행위는 위협만 하고 실제로는 꼭 필요한 경우에만 실행했어야 한다. 백으로선 **23 Rfe1**에 이어 **Re3**가 아직 선호된다.

23...Nf7 24 Rfe1 Rbe8 25 Rxe7

백에게 이 교환이 꼭 필요하지는 않았지만 그는 이미 불편해 하고 있었다. 예를 들어 **25 Kf2**면 흑은 **25...Qd7**에 이어 **...Nd6**로 유리하게 대응할 수 있었다.

25...Qxe7 26 Bc1 Nd6 27 Bd2 Qf7

포지션을 정확히 파악한 흑은 엔딩에서 자신의 이점을 잘 살리려고 한다. **27...Ne4**가 매력적이었을 텐데, 그러면 **28 Bxe4 Qxe4 29 Re1**이면 **29...Qxd5! 30 Rxe8+ Kf7 31 Qc4**(만약 **31 Re2**면 3수 메이트) **31...Qxe8 32 Qxd5 Bxd5**로 다른 색 칸 비숍이 있음에도 불구하고 승리하는 엔딩일 수 있었다. 그러나 **27...Ne4**에는 백이 **28 Qd3**로 답했을 것이고, 이 경우 흑에게 유리한 결정적 전환점은 나타나지 않았을 것이다. 텍스트 무브의 의도가 더 명확하고 설득력 있다.

28 Qd3 Qg6 29 Qxg6

백은 분명 퀸 교환을 피할 수 없다.

29...hxg6 30 Kf2 Ba6 31 Bf3 Kf7 32 b4

백은 폰 포지션의 약점 때문에 **32 b4**라는 폭력적인 수단을 택했고, 결국 흑의 단순화 작전으로 좌절하고 만다. 하지만 여기서는 **32 Re1**

Rxe1 33 Kxe1을 통한 룩 교환이 33...Bd3에 이어지는 ...Nb5로 인해 금지된 것과 같았기 때문에 포지션의 유지는 어려웠다. 이와 다른 수를 둔 후, 흑은 백이 텍스트 무브로 새로운 생명을 불어 넣기를 바랐던 d5에서 약체의 포획을 안전하게 수행할 수 있었다.

32...cxb4 33 axb4 a4 34 Rc1

34 b5는 곧바로 **34...Bxb5 35 Bb4 Ne4+ 36 Kg2 Nc5! 37 Bxc5 bxc5 38 Rb1 Bd7 39 Rb7 Ke7**으로 인해 흑의 승리로 끝났을 것이다. 텍스트 무브에서 백은 룩 교환을 이끌어 내려고 하는데, **34...Rc8 35 Rxc8 Bxc8 36 g4** 이후 엔드게임에서 자신을 유지할 수 있기 때문이다.

34...Bc4

폰을 통과시킨 후 결론으로 이끌 ...b5로 퀸사이드를 확보하겠다고 위협하는 수다.

35 b5

이런 상황에서는 **32 b4**로 계획했던 이 역습이 유일한 기회를 제공한다. **35...Bxb5** 이후에 백은 **36 Bb4 Rc8 37 Re1! Rd8 38 Re6** 등등으로 반격할 수 있었다.

35...Ne4+ 36 Bxe4 Rxe4

서로 다른 색 칸에 있는 비숍들에도 불구하고, 백은 이제 흑의 a2 진격을 막을 수 없기에 a파일 폰이 주된 결정을 내려야 한다.

37 Be3 Bxd5 38 Bxb6

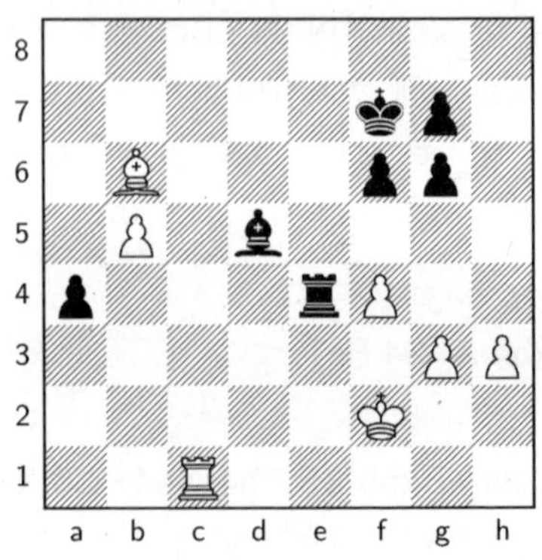

또는 **38 Ra1 Rb4 39 Bxb6 Rxb5 40 Bd4 Rb4**면 흑이 승리 포지션
이 된다.

38...Rb4

이런 식이면 흑은 폰을 얻어도 잘 쌓은 승리 또한 날린다. **38...a3**면
백에게 적절한 방어법이 없었을 것이다. 예를 들어 (I) **39 Bc5 a2 40
Ba3 Rc4 41 Ra1 Rc3** (II) **39 Rc7+ Kg8 40 Ra7 a2 41 Bc5 Rc4**. 이
변형에서 백 b파일 폰은 아무 의미가 없었으며, 나중에 필요할 때 흑
이 어떤 경우에도 제거가 가능했다. 그러나 텍스트 무브 후에는 백이
올바른 수비로 게임을 진행하면 더 이상 이길 수 없다.

39 Rc7+ Kg8

39...Ke6면 **40 Bc5**가 이어졌고, **41 Re7+ Kf5 42 g4+ Kxf4 43
Be3#** 때문에 흑은 감히 b파일 폰을 잡을 수 없었을 것이다.

40 Rc5 Bc4 41 Ba5 Rb2+ 42 Ke3 Bxb5 43 Bc3 Rb3 44 Kd2

백은 가장 유리한 조건에서 폰을 내줬는데, 흑으로선 지금 **44...a3**
를 두면 **45 Rc8+ Kf7 46 Ra8 Bc4 47 Ra4**(**47 Kc2**는 **47...a2 48
Rxa2 Rxc3+** 때문에 안 됨) **47...Be6 48 g4** 이후에는 얻는 게 없기
때문이다.

44...Bd7 45 g4 Rb7

45...Kf7을 바로 두면 당연히 **46 Rc7**, 그 다음에는 **g5**가 나온다.

46 Ra5 Kf7 47 g5

47 g5는 적 폰을 밝은 칸으로 강제 이동시키기 위해서이며 그 결과 무승부가 보장된다.

47...Rb6 48 h4 Rd6+ 49 Ke3 Re6+ 50 Kd3 Rd6+ 51 Ke3 Bf5

흑의 마지막 시도다.

52 Ra7+ Ke6 53 Bd4 Bc2 54 Rc7

54 Rc7은 g파일 폰을 잡아 흑 킹에게서 그 칸을 빼앗기 전에 f5 칸으로 비숍을 강제하기 위해서다.

54...Bb1 55 Rb7 Bf5 56 Rxg7 fxg5 57 hxg5 Kd5 58 Ra7 Re6+ 59 Be5 Bc2 60 Rd7+ Kc5

60...Kc4면 흑은 질 수도 있다. 예를 들어 61 Rc7+ Kb3 62 Rc3+ Kb2 63 Rc6+ Rxe5+ 64 fxe5 a3 65 Ra6 a2 66 e6 a1Q 67 Rxa1 Kxa1 68 Kf4 Kb2 69 Ke5 Kc3 70 Kf6 Kd4 71 e7 Ba4 72 Kxg6 Ke5 73 Kf7 Kf5 74 g6, 그리고 백 승리. 하지만 지금 백은 룩 교환을 강요한다.

61 Rc7+ ½–½

53. 에드워드 라스커–마셜
페트로프 디펜스 *Petroff Defense*

1 e4 e5 2 Nf3 Nf6 3 Nc3 Bb4 4 Bc4

4 Bc4 이후 흑은 게임을 동등하게 만드는 데 어려움이 없다. 백이 오프닝 우위를 유지하는 가장 확실한 방법은 **4 Nxe5**를 사용하여 d3 로의 나이트 후퇴를 통해 b4 흑 비숍과의 교환을 강제하는 것이다.

4...0-0 5 0-0 Nc6 6 Nd5

백은 이 교환에서 아무것도 얻지 못한다. 가장 그럴듯한 것은 **6 d3** 였는데, **6...Bxc3 7 bxc3 d5 8 exd5 Nxd5**로 이어져 **9 Qe1! Re8 10 Ng5 Bf5 11 Rb1**(Rb5 위협) 이후에는 백에게 다소 유리할 듯하기 때문이다. 흑 입장에서는 여기서 **11...Na5**를 두면 **12 Bxd5 Qxd5 13 c4 Qc5 14 Rb5** 때문에 깔끔하게 플레이할 수가 없다.

6...Nxd5 7 Bxd5 d6 8 c3 Ba5

마셜은 **9 Bxc6 bxc6 10 Qa4 Bb6 11 Qxc6 Bg4** 후에 순차적으로 폰을 내놓으며 강력한 주도권을 확보할 수 있다.

9 d3 Bg4 10 h3 Bd7

10...Bh5면 의심할 여지없는 **11 g4 Bg6 12 Bg5**, 그리고 **Nh4**가 뒤 따를 수 있다.

11 Bg5 Qe8 12 Nh4

백은 무에서 유를 만들려는 헛된 노력 때문에 마침내 지속적인 불이 익을 얻는다. 그는 **12 Nd2-c4**를 통해 동등화한 다음 흑 킹스 비숍과 자신의 나이트를 교환하여 적절한 순간에 상대와 반대 색상 칸의 비숍을 가질 수 있었다. 물론 그러면 흥미로운 체스는 아니었겠지만, 대신 게임을 건전하게 전개한 경우에만 승리가 허용된다.

12...Kh8 13 Kh1 f6 14 Be3 Ne7 15 Bxb7

백은 직접 공격으로는 희망이 없다고 판단하여 다른 쪽에서 복잡하게 만들고자 시도한다. **15 Bb3**면 흑은 ...g5에 이어 **15...f5 16 f4 exf4 17 Bxf4 fxe4 18 dxe4 Bb6**를 통해 f4에 나이트를 놓아 약간의 이득을 얻을 수 있었다.

15...Rb8 16 Ba6 Rxb2 17 Qc1 Rb8 18 g4

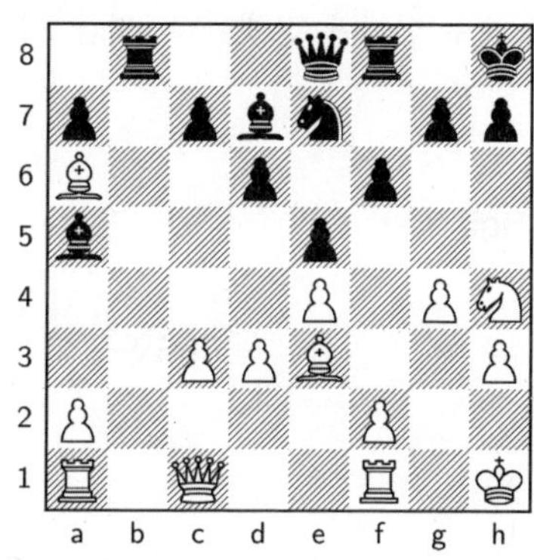

백의 기물들은 서로 협력하지 않기에, 그는 즉각적인 반격에 굴복하지 않기 위해 특단의 조치를 취해야 한다. ...f5에 바로 대응하며, 그러나 무엇보다도 **18...Qh5 19 Nf3 Bxh3**의 위협에 맞서는 텍스트 무브가 마셜과 우아하게 마주한다.

18...f5

a6 비숍의 포지션이 노출된 덕분에 가능한 놀라운 반격타counter-stroke. **19 exf5** 이후에는 **19...Nxf5! 20 gxf5**(또는 **20 Nxf5**면 **20...Bxf5 21 gxf5 Qc6+**) **20...Qh5 21 Bg5**(또는 **21 Ng2**면 **21...Qxh3+ 22 Kg1 Rxf5**) **21...Bxf5! 22 Kh2 h6 23 Nxf5 Rxf5 24 Be3 Rf3**로 승리 포지션이 된다.

19 f3

이는 백의 최선의 방어에 관한 수다.

19...fxg4 20 fxg4

하지만 여기서 백은 **20 hxg4**가 수비적으로 더 현명했을 것이다. 백 포지션은 점점 더 나빠지고 있다.

20...d5

마셜은 이 경기를 매우 힘차게 진행한다. 지금 **21...Bc6**를 두겠다고 위협한다.

21 Qa3 Bb6 22 Bg5

22 Bxb6 Rxb6 이후 흑의 위협은 **...Rh6**였을 것이다.

22...c5 23 d4

킹사이드가 보호되지 않은 상태에서 중앙 포지션의 개방은 파국으로 이어질 수 있지만, 백으로선 이보다 덜 강압적인 연속수라 하더라도 e4 칸을 지키기 어려울 것이다. 예를 들어 **23 Rxf8+**면 **23...Qxf8 24 Kg2 Bc6 25 Rf1 Qe8 26 Re1 Ng6 27 Nf5 Qd7**으로 **...c4**를 두겠다는 위협을 받는다.

23...Rxf1+ 24 Bxf1

백이 오랫동안 활동하지 않던 비숍을 수비를 위해 다시 가져오는 첫 번째 기회를 이용하는 것은 이해할 수 있다. **24 Rxf1**과, 중앙 폰들의 교환 이후에도 대각선의 개방은 흑에게 결정적인 이점을 가져다 줄 수 있었다.

24...exd4 25 cxd4 dxe4 26 dxc5 Bc7 27 Bg2

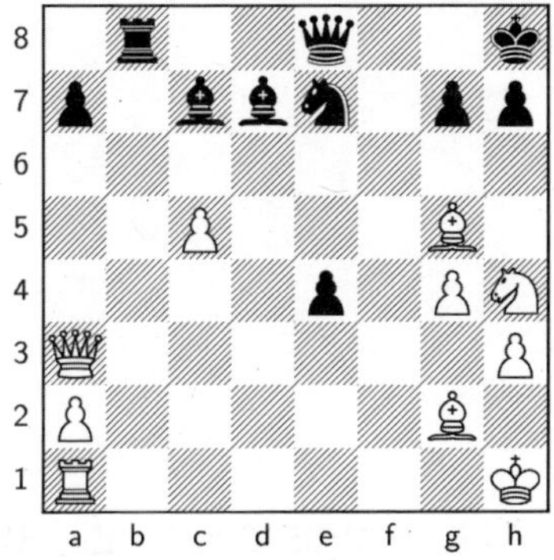

27 Bg2는 즉각적인 손실로 이어지지만, **27 Rd1 Bc6** 이후에도 백 포지션은 상당히 무력해졌을 것이다.

27...Nf5

이 부자연스러운 수는 바로 응징된다. **27...Nd5**(**27...Ng6**도 충분함)면 백은 **28...Qe5**의 위협을 고려하여 **28 Qc1 Qe5 29 Kg1 Rf8**에서처럼 기꺼이 체념했을 수도 있다. 반대로 텍스트 무브 후에는 이제 백이 훌륭하게 방어하기 때문에 흑의 승리 과정이 매우 어려워진다.

28 Bf4 Bxf4 29 Nxf5 Bxf5 30 gxf5 Bc7

...Qe5의 위협이 항상 끔찍하게 위험해 보이지만, 백으로선 한 가지 방어법이 있다.

31 Qe3 Qe5 32 Qg1 e3

백은 지금까지 전진해 온 이 흑 폰을 잡을 수 없음이 곧 분명해지지만, **32...Qxf5** 이후에도 그는 탁월한 무승부 기회를 동일하게 가졌을 것이다. 예를 들어 **33 Rf1 Qg6 34 Re1 Re8 35 Qe3**.

33 Re1 e2

만약 33...Re8면 34 c6.

34 Bf3

구원의 한 수.

34...Rb2

또는 34...Qxf5면 35 Bg4!(35 Qg2는 35...Rb1 때문에 안 됨) 35...Qd5+ 36 Qg2 Qxc5 37 Qxe2로 실제 게임과 비슷한 포지션이 된다.

35 Qg2 h6

35...Ba5면 백은 36 f6! gxf6(또는 36...Qxf6면 37 Bxe2!) 37 Rg1 Qg5 38 Qxe2 등을 통해 구원받을 수 있다.

36 f6

이 수를 통해 백은 위험한 e파일 폰을 제거한다.

36...Qxf6

물론 36...gxf6면 37 Rg1.

37 Bxe2 Qc3

37...Rxa2면 백은 38 Qa8+를 통해 퀸 교환을 하고, 38...Bd8 이후 39 Rd1으로 이어진다.

38 Rf1 Qxc5

이로써 흑은 적어도 물량의 우위는 유지했지만, 반대 색상의 칸에 놓인 비숍 때문에 이길 확률은 매우 낮아졌다.

39 Qa8+ Rb8 40 Qg2 Qc2 41 Bd1 Qc3 42 Bb3 Re8 43 Bc2 Bd6 44 Bb3 Qc8

더 이상 일반적인 승리를 기대할 수 없게 된 흑은 지금 작은 함정을 만든다. 그의 텍스트 무브는 **45...Re3**를 두겠다고 위협하는데, 가장 간단한 방법으로서의 **45 Qg4**로 방어할 수 있다.

45 Rg1 Re7

46 Qg4는 46...Qc6+ 47 Qg2 Re2! 때문에 실수였겠지만, **46 Qf3**와 **46 Bd5**로는 충분히 방어할 수 있었다.

46 Rd1

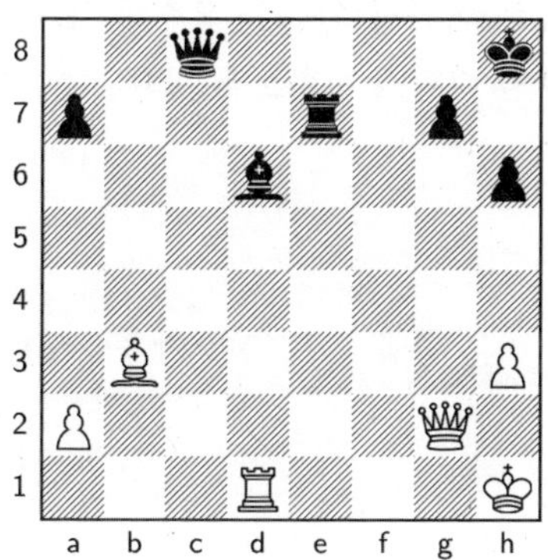

백은 상대의 유일한 위협을 잊고 있다.

46...Re3

이는 꽤 간단하지만 정확하게 계산된, 이기는 콤비네이션이다.

47 Rxd6 Rxh3+ 48 Kg1 Qc1+ 49 Bd1 Qe3+ 50 Kf1 Qf4+ 51 Kg1

또는 51 Ke1이면 51...Re3+ 52 Be2 Qxd6.

51...Rg3 52 Rd8+ Kh7 53 Bc2+ g6 54 Bxg6+

만약 54 Rd7+면 54...Kh8!(54...Kg8? 55 Bb3+ 후에는 무승부) 55 Rd8+ Kg7, 그리고 흑 승리.

54...Kg7 55 Rd2 Rxg6 56 Qxg6+ Kxg6 57 Rg2+ Kf5 0-1

54. 레티-타르타코베르
시실리안 디펜스 *Sicilian Defense*

1 Nf3 g6 2 e4

2 e4는 1...g6에 대한 가장 간단한 응수다. 흑은 이에 따라 백만큼이나 유리한 시실리안 디펜스 변형으로 전환된다.

2...c5

이는 공격하기 어려운 중앙 폰 구축을 막을 유일한 수다(3 d4 이후).

3 d4

이로써 백은 흑의 무난한 게임이 될 소위 '드래곤 베리에이션 Sicilian Defense, Dragon Variation'으로 흘러가도록 허용한다. 적절하게 둔다면 3 c4!(3...Nc6 이후와 3...Bg7 이후에도 4 d4를 두기 위해)를 두어 일반적으로 흑의 최선의 기회를 구성하는, c파일에 대한 압박의 위험을 즉시 제거할 수 있었다.

3...cxd4 4 Nxd4 Nf6 5 Nc3

5 Bd3면 흑은 5...Nc6 6 Be3 d5를 둘 수도 있었다. 따라서 백은 세 번째 수를 통해 가장 유리한 배치를 빼앗겼음을 알 수 있다.

5...d6 6 Be2 Bg7 7 0-0 Nc6 8 Be3

백이 더 조심스러웠다면 먼저 8 h3를 두었을 텐데, 지금 흑은 8...Ng4를 통해 자신에게 유리한 단순화가 가능하기 때문이다. 그런데 흑도 복잡한 게임에서 더 많이 얻기를 바라며 이 기회를 활용하지 않았다.

8...0-0 9 Nb3

백이 다른 수(예를 들어 9 h3)를 뒀다면 흑은 P. 마이트너Meitner 박사의 9...d5 10 exd5 Nb4! 기동으로 균형을 맞출 수 있었다. 하지만 백 역시 텍스트 무브로는 그다지 성과를 거두지 못했다.

9...Be6

흑은 킹사이드 반격을 위해 무대를 정리한다. 그러나 이상하게도 이 게임에서는 나오지 않은, 오픈 c파일의 이점을 활용하기 위한 9...Bd7 과 이어지는 ...Rc8, 그리고 마침내 ...Na5가 포지셔널으로 더 유리해 보인다. 게다가 곧 나타날 e6 비숍은 다소 노출되어 있다.

10 f4 Qc8

그리고 여기서는 10...Na5가 여전히 고려된다. 하지만 흑의 전체 구조는 부자연스러운 인상을 준다.

11 h3 Ne8 12 Qd2 f5

백의 **13 g4**로 위험해질 수 있다고 이미 위협받고 있기에 논리적 결과로 나온 흑의 마지막 수. 그러나 새로운 라인의 시작은 백이 더 잘 전개됐다는 단순한 이유로 백에게 유리하다.

13 exf5 gxf5 14 Rae1 Kh8 15 Nd4 Bg8 16 g4

레티가 다른 수(예를 들어 **16 Bf3**)를 두었다면 흑이 **16...e5 17 Nxc6 bxc6**를 통해 주도권을 잡으므로, 그는 현재의 조건에 맞는 단호한 공격에 나섰다. 하지만 지금 그는 중앙을 강화하지 못한 채 나이트 교환을 강요받게 되었다.

16...Nxd4 17 Bxd4 e5 18 Be3 fxg4 19 Bxg4 Be6

이로써 백에게 유리한 상황이 전개된다. **19...Qc4 20 Rd1!**(**20 Be2**면 **20...Qc8**, 뒤이어 **...Be6**)이면 백의 포지션적 우위는 여전히 미약했을 것이다.

20 f5

간단하지만 정확하게 계산됐다.

20...Bxf5

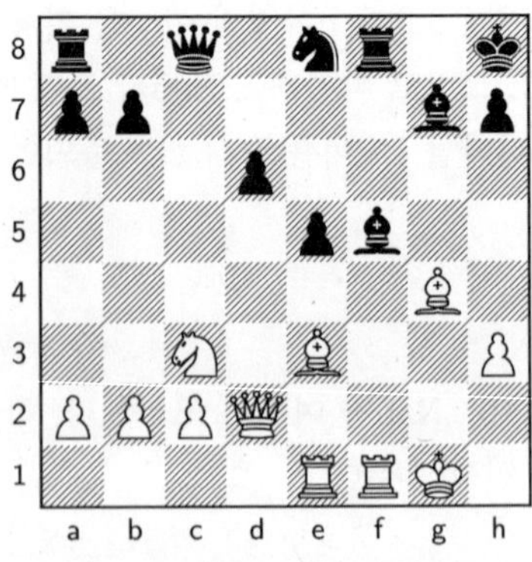

이보다 덜한 악수는 **20...Bd7**이었을 것이다. 비록 그에 대하여 백

또한 **21 Nd5**로 훨씬 더 잘 저항할 수 있었지만 말이다.

21 Rxf5

이 명백한 기동 이후, 흑은 물질적 불이익을 피하기 위해 자신의 킹 포지션과 관련하여 심각한 타협을 해야만 한다.

21...Rxf5 22 Qd3 e4

이러면 흑은 **23 Qxe4** 이후에 **23...Re5**를 통해 구원받을 수 있다.

23 Nxe4 h5

23...h5는 분명 다시금 유일한 수다.

24 Ng3 hxg4 25 Nxf5

25 Nxf5는 **26 Bd4**로 단숨에 이기겠다고 위협하기 위해서다.

25...Qe6 26 Re2 Be5

또는 **26...gxh3**면 **27 Bd4 Qg6+ 28 Kh1 Nf6 29 Qxh3+ Qh7 30 Qxh7+ Kxh7 31 Re7**으로 백이 이길 수 있다.

27 Bd4

이제 흑은 **Nxd6!**의 위협 때문에 더 이상 자신의 g파일 폰을 구할 시간이 없다.

27...Nf6 28 hxg4 Rg8 29 Bxe5 dxe5 30 Rh2+ Nh7 31 Ne3

이제 백은 지속적인 공세 외에도 건전한 폰 우세를 가지고 있으므로 무리 없이 승리한다.

31...Rg7 32 Qd8+ Rg8 33 Qd3 Rg7 34 Qe4 Kg8

지금은 백 룩의 진입이 자산의 추가 획득을 강제하기 때문에 흑은 바로 **34...Rd7**을 두는 게 다소 나았을 것이다.

35 Rd2 Nf6 36 Rd8+ Kf7 37 Qxb7+ Kg6

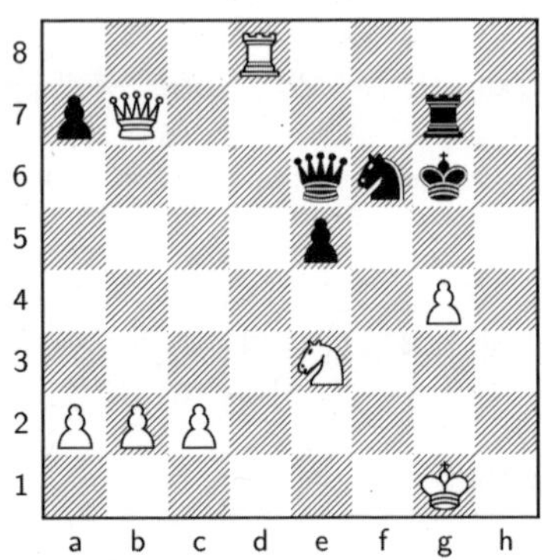

38 Qf3

38...Nxg4 이후에 백은 퀸이나 나이트로 재탈환할 수 없기 때문에 상대의 함정에 빠진 듯하다(**39 Qxg4+ Kh7**, 또는 **39 Nxg4 Qb6+**로 흑이 백 룩 획득). 하지만 실제로는 **39 Rd6! Qxd6 40 Qxg4+**, 이어서 **Qxg7+**와 **Nf5+**를 통해 승리했을 것이다. 이 '싸움'이 36수 더 지속될 수 있었다는 게 믿기지 않는다.

38...Kg5 39 Rd2 e4 40 Qg3 Rd7 41 Rxd7 Nxd7 42 Qf2 Nc5 43 Qf5+ Qxf5 44 gxf5 Na4 45 b3 Nc3 46 a4 a5 47 Kf2 Na2 48 Ke2 Kf6 49 Kd2 Nb4 50 Kc3 Ke5 51 f6

가장 간단한 수순이다.

51..Kxf6 52 Kd4 Ke6 53 Kxe4 Kd6 54 Kd4 Nc6+ 55 Kc4 Na7 56

c3 Kc6 57 Kd4 Kb6 58 Nc4+ Ka6 59 Kd5 Nc8 60 Ke6

레티는 약간의 추크츠방zugzwang* 문제를 만들며 즐겼다
(60...Na7면 61 Kd7). 마지막 10수는 킹과 세 폰들 사이에서 (외로운)
폐하를 상대로 한 교훈적인 분쟁 상황을 제시한다.

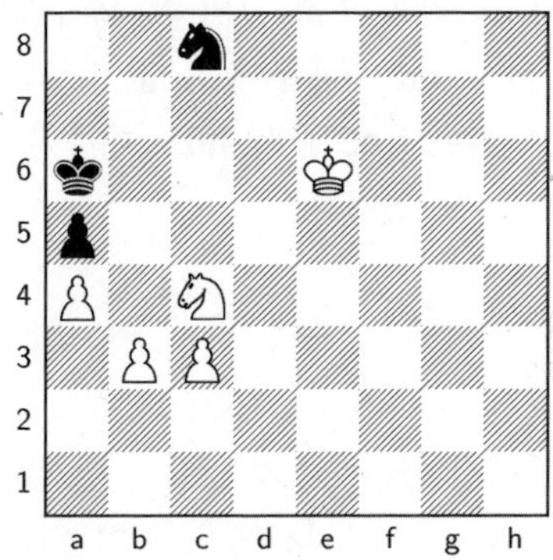

60...Nb6 61 Nxb6 Kxb6 62 Kd6 Ka6 63 Kc6 Ka7 64 Kb5 Kb7
65 Kxa5 Ka7 66 b4 Kb7 67 b5 Ka7 68 b6+ Kb7 69 Kb5 Kb8 70
Ka6 Ka8 71 b7+ Kb8 72 c4 Kc7 73 Ka7 Kc6 74 b8Q 1-0

55. 마로치-야노프스키
지우코 피아노 *Giuoco Piano*

1 e4 e5 2 Nf3 Nc6 3 Bc4 Nf6 4 d3

4 d3는 가장 확실하면서도 바로 모든 이점을 얻을 수 있다.

4...Bc5 5 Nc3 d6 6 0-0

일반적인 수순은 6 Be3이며, 최선의 응수는 6...Bb6다.

6...Bb6

----
* 악수惡手 강요.

가능한 한 실수를 적게 저지르고 결과적으로 상대에게 어려운 선택을 하게 만드는 이점이 있는 포지션을 위한 좋은 수다.

7 Na4

이것은 결국 흑의 a파일을 열고 그의 폰 포지션 강화로 이어진다. 그러나 **6 0-0**은 시기상조였기 때문에 흠 없이 좋은 연속수를 찾기는 쉽지 않다. 예를 들어 흑은 **7 h3**에 **7...h6**로 대응한 뒤 **...g5**를 두거나, **7 Bg5**면 **7...h6**를 둘 수도 있었다.

7...Bg4 8 Bb5

백은 포지션이 더 이상 만족스럽지 않음을 인식하고 교환으로 게임을 완화하려 한다. 실제로 이 포지션에서 백 비숍의 미래는 거의 없다.

8...0-0 9 Bxc6 bxc6 10 h3

흑이 캐슬링을 한 후, 지금 **10 h3**는 매우 적절하다.

10...Bh5 11 Nxb6 axb6 12 Qe2

12 Qe2는 다음 자유를 위한 시도를 준비한다. 그 자유를 만약 지금 바로 시도한다면 상당한 실수일 수 있는데, 예를 들어 **12 g4 Nxg4 13 hxg4 Bxg4 14 Qe2 f5**면 흑이 이기는 포지션이 된다.

12...h6

Bg5를 막기 위해서다. 그것은 예를 들어 **12...Qd7**이면 가능했을 것이다. 동시에 후속 희생의 정확성을 완전히 의식해야 한다.

13 g4

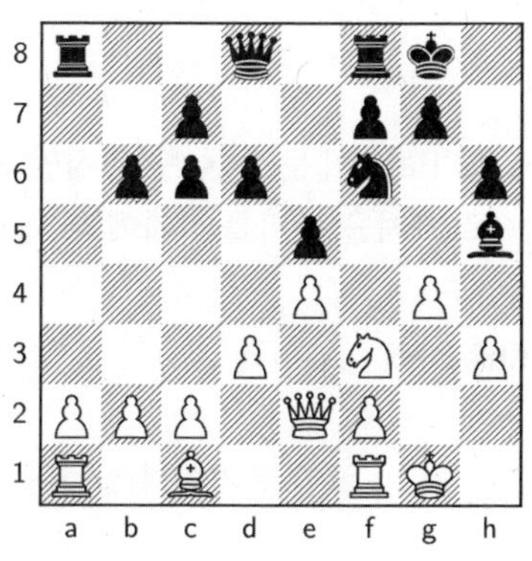

백은 이렇게 긴 절차를 밟을 이유가 없었다. **13 Qe3**면 흑은 최소한의 이점(오픈 a파일과 더 간결한 폰 포지션)만 가질 수 있었다. 반대로 이 희생 후의 백은 번거로운 수비를 해야 무승부를 바랄 수 있다.

13...Nxg4

잘 고려된 포지션 희생은 강제된 승리로 이어지는 콤비네이션보다 더 높이 평가될 가치가 있다. 나이트로 인해 흑은 현재로서는 두 개의 폰을 얻었지만, 세 번째 폰을 잡을 수 있는 마지막 압박도 얻었다.

14 hxg4 Bxg4 15 Qe3 f5 16 exf5 Rxf5 17 Nh2 Bh5 18 Qg3 Qf6 19 f3 Rf8 20 Be3

마지막 강제 수 후 백은 불편함을 느끼기 시작했고, 지금 **20 Kg2**로 f파일 폰을 보호할 수 있었지만 속죄의 제물로 바치길 선호한다.

20...Kh7

정답이다! **20...Bxf3**면 **21 Nxf3 Rxf3 22 Rxf3 Qxf3 23 Qxf3 Rxf3 24 Bf2** 이후에는, 예를 들어 **24...c5 25 a4 Kf7 26 c3 Rxd3**(또는 **26...Rf4**면 **27 Be1**) **27 b4**처럼 백에게 a파일에 통과한 폰을 만들 기회가 주어져 그에게 유리한 엔딩이 될 수 있다. 텍스트 무브는 압박을 유지한다.

21 Rf2 Qe6

21...Bxf3는 물론 22 Raf1 때문에 둘 수 없지만 21...c5는 d4를 막고 동시에 비숍을 c6로 가져올 준비를 하기에 더 정확한 듯하다.

22 b3 R8f6 23 Kh1 Be8

23...c5를 바로 두는 게 더 좋았을 것이다(24 Rg1 g5 25 c3 Qd5).

24 Rg1 g5 25 d4

당연히 백은 자신의 룩들을 위해 파일을 열려고 한다.

25...c5 26 dxe5 dxe5 27 Re1 Bc6 28 Kg1 h5

흑 킹의 이 포지션 약화는 심각한 결과를 초래할 수 있었다. 하지만 백은 좋은 기회를 살리지 못했다.

29 c4 Bb7 30 Qh3 Kg6 31 Rg2 Qe7 32 Rd1

32 Kh1이 답이었을 것이다. g파일에 더블 룩을 만들거나 ...g4 이후 결정타로서의 나이트 희생이 가능했기 때문이다. 텍스트 무브 후에는 흑이 쉽게 무승부를 잡을 수 있다.

32...Rd6 33 Rgd2 Qf6

흑이 유리한 교환을 강요한다.

34 Rxd6 cxd6 35 Qg2 Kh7 36 Qh3 Kg6 37 Qg2

백은 이길 방법이 없기에 무승부에 만족하려는 게 분명하다.

37...Kg7

흑도 이길 방법을 찾지 못했지만, 계속 플레이할 수 있도록 수를 바꾼다.

38 Rf1 Kg6 39 Qc2 Kg7 40 Qe2 Qe6 41 Bd2 Kg6 42 Bc3

이 새로운 백 포지션은 사실상 이전보다 효과적이지 않다.

42...Rf4 43 Qd2 Rf6 44 Rd1

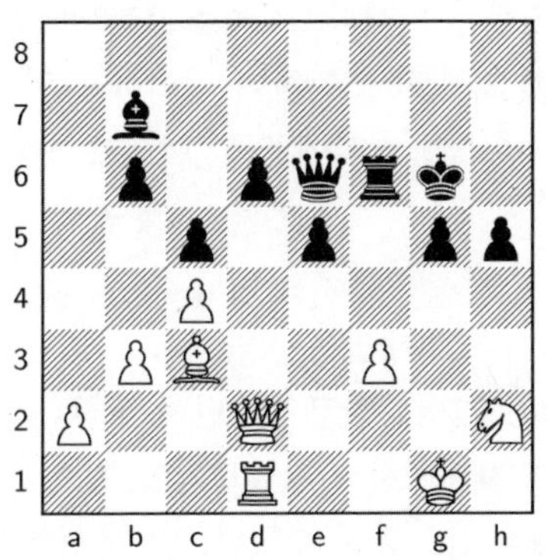

44...Bxf3

흑의 자충수. 44...Qh3 45 Qg2 Qf5 이후에는 백의 승리로 이어질 수 없었을 것이다. 물론 지금은 흑이 패배했다.

45 Nxf3 Rxf3 46 Qxd6 Kf5 47 Bxe5 h4 48 Qxe6+ Kxe6 49 Bc7 g4 50 Bxb6 g3 51 Bxc5 Rc3 52 Bb4 Rc2 53 Rd2 Rc1+ 54 Kg2 Kf5 55 Be7 1-0

12라운드

　투쟁의 두 번째 단계의 시작인 이번 라운드는 4라운드의 반복이었는데, 색상은 뒤바뀌었다. 라스커 박사는 야노프스키에게 간신히 패배를 면한 뒤에 점수를 추가하며 1점 차 리드를 유지했다. 전 세계 챔피언이었던 그는 경기 초반에 a파일 폰의 진격 타이밍이 좋지 않아 곤경에 처했다. 그 후 그는 교환을 통해 안전을 추구했지만 야노프스키는 쌍비숍을 유지하며 점차 게임을 개선했다. 마침내 유리한 고지를 점하려면 폰을 잡아야 한다는 게 분명해졌지만 야노프스키는 특유의 성격 탓에 비숍을 내주기를 주저했다. 그러자 그는 완전히 길을 잃었고, 라스커 박사는 기회를 재빨리 포착하여 영리하게 역이용하며 '진 게임'을 승리로 바꿨다. 라스커 박사에 의한 야노프스키의 두 번째 패배였다.

　알예힌과 카파블랑카의 대결은 정확히 18수라는 매우 짧은 시간 동안 퀸스 갬빗 거절로 진행되었고, 첫 번째 만남과 마찬가지로 무승부로 끝났다. 네 번째 차례에서 카파블랑카는 퀸스 비숍을 f5에 배치했지만, 2수 후 원래의 칸으로 철수했다. 이 작전에서는 카파블랑카의 시간 손실이 컸지만 알예힌은 이득을 취할 방법을 찾지 못했다.

　레티는 자신의 오프닝으로 보골류보프를 희생시키면서 예술적인 작은 보석을 만들어냈고, 이것이 첫 번째 우수상을 수상하게 되었다. 두 번째 상을 수상한 마셜-보골류보프 대국만큼 화려하지는 않았지만 '탁월함'이라는 대중적인 개념의 요구 사항을 거의 충족했다. 레티를 상대로 패자는 심각한 실수를 저지르지는 않았다. 그는 '시스템'(레티의 시스템)과 싸웠던 것이다. 레티의 방식은 단순히 상대를 역이용한 것이었고, 이 승리는 게임에 매력을 더한 문제적인 마무리와 결합되어 레티에게 월계관을 씌워 주었다. 대체로 이 게임은 획기적인 게임이자 하이퍼모던 플레이의 대표적인 예였다. 부수적으로 레티는 보골류보프에게 설욕했다.

타르타코베르 박사는, 마로치와의 대국에서 **f4**로 e5 폰을 묶으려 하지 않고 대신 자신의 방어법을 수용하여 더 보수적인 **exd6**를 택한 알예힌의 수비에 대해 칭찬을 아끼지 않았다. 이를 통해 그는 약간 더 나은 상황이었지만 수비에 대한 반박을 구성하기에는 충분하지 않았다. 적절한 시기에 교환이 이어졌고 첫 대국과 마찬가지로 평화롭게 마무리되었다.

에드워드 라스커는 퀸스 폰 오프닝에 대응한 소위 인디언 디펜스에 막혀 전혀 진전하지 못했고 거의 처음부터 좋지 않은 경기를 펼쳤다. 마지막에는 무승부 기회가 주어졌지만 이를 놓쳤다. 이후 예이츠는 활기차게 경기를 마무리했다. 같은 상대와 붙은 영국 선수의 두 번째 승리였다.

이 라운드가 끝났을 때, 라스커 박사는 8½-2½를 득점했고, 다른 주요 점수는 다음과 같다. 알예힌과 레티 각각 7-4, 카파블랑카 6½-4½, 마로치와 타르타코베르 박사는 각각 5½-5½, 이번 라운드를 쉰 마셜은 5-5였다. 다시 한 번 백이 2국을 이겼고, 2국을 비겼고, 1국을 졌다. 점수는 백 31, 흑 29.

56. 라스커 박사–야노프스키
루이 로페즈 *Ruy Lopez*

1 e4 e5 2 Nf3 Nc6 3 Bb5 a6 4 Ba4 Nf6 5 0-0 d6 6 Re1

흑의 **5...d6** 이후 백 e파일 폰의 보호는 더는 불필요하다. **...b5** 이후 비숍을 즉시 c2로 물러나게 하기 위해 **6 c3**를 바로 두는 것이 좋다. 그렇게 했을 때 **6...Nxe4**에 **7 d4**를 두면 최소한 백은 전개에서 상당한 우세를 점하며 폰을 회수할 수 있다.

6...Bg4

이와 같은 비숍의 조기 전개는 부정확한 플레이에 맞서서만 성공할 수 있다. 하지만 그렇게 되지 않으려면 **6...b5**에 이은 **...Na5**가 흑의 앞선 수 이후의 논리적 연속으로 보인다.

7 c3 Be7 8 h3

백의 심각한 결과를 초래하는 오프닝 실수다. 백은 **d3**(여기서 실제로 최선)를 두고 퀸스 나이트가 g3로 이동한 후 (d2와 f1을 통해) 마땅히 흑의 캐슬링을 기다린 후 **h3**를 둬야 한다. 두 가지 플레이 방법의 차이점은 한꺼번에 드러난다.

8...Bh5 9 d3

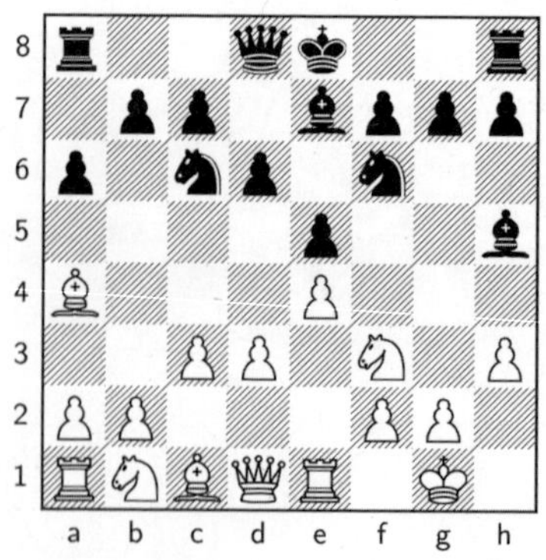

9...Qd7

이는 흑에게 단번에 확실한 이점을 주는 훌륭한 수다. 그의 아이디어는 킹사이드에 대한 즉각적인 폰 공격(**10 Nbd2 g5!** 또는 **10 Be3 h6**)을 가능하게 하는 것 외에도 퀸사이드 캐슬링 준비를 하는 것이다. 라스커 박사는 즉시 위험의 의미를 완전히 인식하고 몇 가지 교환을 통해 킹사이드 공격 위협에 대응하려고 한다.

10 Bxc6 Qxc6 11 Bg5 Bg6

11...Bg6는 확실히 해를 끼치지 않는데, f6에서의 교환을 강요했을 게 명백한 **11...h6**를 왜 바로 두지 않았을까?

12 Nbd2 h6 13 Bxf6

13 Bh4에 대한 응수로는 **13...Bh7**, 이어서 **...g5** 등등이 있었다.

13...Bxf6 14 Nf1 0-0 15 Ne3

백은 공격에서 면제된 나이트들을 위한 칸이 없으므로 적절한 협력이 불가능하다. 반면에 흑 비숍들은 도움이 될 모든 라인들의 개방에 의한 화려한 미래를 가지고 있다.

15...Rae8 16 Qb3 Bd8 17 Qd5

백은 이 두 번째 실수 이후 전략적으로 패배한 게임을 갖는다. 흑이 아직 위협을 가하지 않은 만큼, 백은 목적 없는 퀸 교환 대신 퀸사이드에서 카운터플레이를 시도할 수도 있었다. 예를 들어 **17 a4 Kh8 18 a5 f5**(이렇게 하지 않으면 **Ra4**) **19 exf5 Bxf5 20 Nxf5 Rxf5 21 Qa4**로 공세에 견딜 수 있는 엔딩이 가능하다. 텍스트 무브 후, 흑은 비숍을 교환할 의무 없이 **...f5**를 둘 수 있으며, 이로써 게임의 운명이 결정된다.

17...Qxd5 18 Nxd5 f5 19 Nd2 Bf7

흑이 **exf5**에 이은 **Ne4** 등등의 기동을 막았다.

20 Ne3 f4

흑은 상대가 갑갑한 포지션 때문에 **...d5**와 **...g5**를 동시에 사용한 두 가지 전략적인 돌파를 성공적으로 방어할 포지션이 아님을 아주 정확하게 알고 있다. 야노프스키가 승리할 포지션(38수)에 도달하기까지 그의 플레이는 전체적으로 명확하고 설득력이 있다.

21 Nec4 Bf6 22 a4

22 a4는 단지 b파일 폰을 보호하여 잠시 동안 상대의 주의를 끌기 위한 목적으로 수행된다. 백 포지션이 난처하다는 또 다른 징후다!

22...Rd8 23 Na5 Rb8 24 Nf3 g5 25 Nh2 h5 26 Nc4 Be6 27 f3

이제 h2의 나이트는 어떤 상황에서도 **...g4**를 막아야 하므로 오랫동안 중앙에서의 협력이 불가능하다.

27...Rfd8 28 Re2 Kf7 29 a5 Rg8 30 Ra4 Rbd8

30...Rbd8는 b7의 보호를 비숍에게 넘기기 위해서다.

31 Rb4 Bc8 32 b3 Rh8

흑은 상대가 완전히 수동적인 경우를 대비하여 h파일에서 더블 룩, 이어서 **...g4**로 위협한다.

33 Nb2

Nd1-f2를 두겠다는 의도다.

33...d5

적절한 순간!

34 exd5

이렇게 하지 않으면 흑은 **...dxe4 dxe4** 이후 d파일을 점유하고, **...dxe4**, **fxe4** 이후에는 **...g4**를 통해 이길 수 있다.

34...Rxd5 35 Rc4 c6 36 b4

백이 이런 식으로 룩을 가두는 일은 위험했을 것이다. 만약 이 포지션에서 백에게 조금이라도 위험이 있었다면 그렇다.

36...Bf5 37 Rd2 Rhd8

이로써 백은 아무런 보상 없이 폰 하나를 잃어야 한다.

38 Kf2

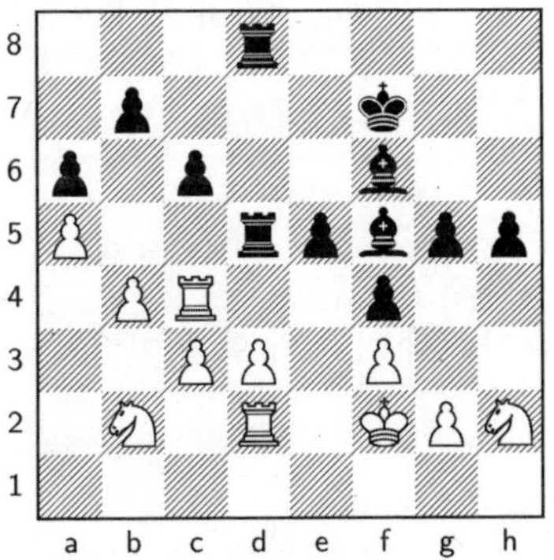

38...Rb5

분명 오랫동안 승리를 포기하지 않는 이 과도한 개선의 시작은 마침내 흑의 실수로 인해 갑자기 백에게 유리하게 바뀔 때까지 항상 상황을 더 어렵게 만든다. 옳은 것은 **38...Bxd3 39 Nxd3 Rxd3 40 Rxd3 Rxd3 41 Ke2 e4 42 Rxe4 Rxc3**로, 흑은 우세한 포지션 외에 폰 우세도 갖게 된다.

39 Ke2 Rbd5

흑은 **39...Be6**로는 아무 위협이 되지 못함을 알고 있다. **40...Bxc4 41 dxc4** 이후에는 룩도 잃을 수 있었기 때문이다.

40 Kd1

백은 이런 식으로 운명을 시도하거나 상대를 시험하는 것-승리 포지션을 가진 후자가 d파일 폰을 잡을지 여부-보다 더 나은 방법이 없다. **40 Nf1**이면 흑이 **40...g4**로 쉽게 이길 수 있었다.

40...Ke6

물론 여기에서도 **40...Bxd3**가 가능했을 것이다. 예를 들어 **41 Nxd3 Rxd3 42 Rxd3 Rxd3+ 43 Kc2 e4!**, 그리고 백은 감히 **44 Nf1**을 두지 못했을 것이다. 흑이 **44...exf3! 45 Kxd3 fxg2**로 승리하기 때문이다.

41 Kc2 Be7

흑 포지션은 너무 강해서 이 수와 함께 이어지는 다음 수로 이길 수 있었을 것이다.

42 Nf1 c5

흑은 43...cxb4 44 cxb4 Rb5 45 Kb3 Rd4!를 위협한다.

43 bxc5 Bxc5 44 Ra4 R8d7 45 Rd1 Ba7

45...Ba7은 45...Be7(...Bd8를 의도한)보다 더 오래 지속될 수 있는 수이며, 45...Be7이면 백은 46 c4 Rd4(또는 46...Rc5 47 Nd2) 47 Nh2로 자신을 방어할 수 있었다.

46 Ra3 g4 47 hxg4 hxg4 48 c4 R5d6 49 Nd2

처음으로 백 나이트들 중 하나에 기대감이 생긴다.

49...Be3

흑은 어째서 49...Bd4 50 Ne4 Bxb2 51 Kxb2 Bxe4 52 fxe4 Rh7, 룩 엔딩으로 승리를 약속하지 않는가? 게다가 즉각적인 49...Rh7도 이점이 있었다.

50 Rh1 gxf3 51 gxf3 Rg7 52 Rh2 Bg1

흑은 52...Bg1과 다음 수로 망령을 쫓아내지만 어쨌든 이제는 어렵게 해야만 이길 수 있다. 예를 들어 52...Rg3에 대한 응수로 백은 53 Rb3를 두고, 만약 53...Rd7을 두면 54 Na4를 두어 다수의 승리 기회를 잡을 수 있다. .

53 Re2 Rg3

흑의 또 다른 템포의 손실. 훨씬 더 좋은 기회는 53...Rd8, 이어서 ...Rg8로 2랭크를 차지하는 수순이다.

54 Nd1 Rd7 55 Rb3 Rdg7 56 Nc3

이제 드디어 백이 살았다.

56...Be3

만약 **56...Rg2**면 **57 Rxb7!**

57 Nd5 Rg2

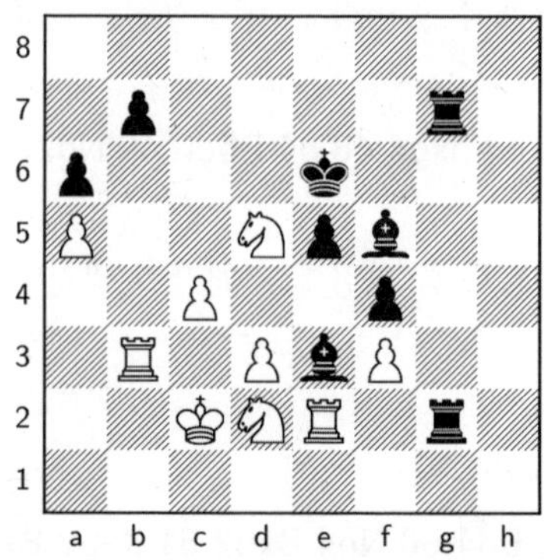

흑으로선 **57...Bxd2 58 Rxd2 Rxf3?**는 **59 Rb6+**로 기물이 잡히기 때문에 안 된다.

58 Rxe3

오래 준비한 이 콤비네이션은 결국 백에게 승리를 거두기에는 충분치 않은 폰을 준다. 하지만 예상치 못한 돌발 상황으로 인해 흑은 사기가 꺾이는 게 분명하며 그 대가로 모든 기물들을 무방비한 위치에 남기게 된다.

58...fxe3 59 Rb6+ Kd7

59...Kf7은 안 된다. 그러면 **60 Nxe3 Re2 61 Nxf5 Rgg2 62 Nd6+**, 이어서 **Ne4**로 백의 승리다.

60 Nxe3 Kc7

60...Kc7은 더 이상의 저항을 불가능하게 만드는 도저히 이해할 수 없는 수다. **60...Re2! 61 Rxb7+ Kc6 62 Rxg7 Rxe3 63 Ne4 Rxf3** 이후라면, 이 대국은 우여곡절로 가득 차 무승부가 되었을 것이다.

61 Nxf5 Rh7 62 Nd6 Rhh2 63 N6e4 Rh1 64 Kc3 Rc1+ 65 Kb4 Rd1 66 Nb3 Rxd3 67 Rxb7+ Kc8 68 Rf7 Rb2 69 Nec5 Rd6 70 Rf5 Re2 71 Ne4 Rd3 72 Rxe5 Rb2 73 Nec5 Rxf3 74 Re8+ Kc7 75 Re6 Rc2 76 Nxa6+ Kb7 77 Nac5+ Ka7 78 Re7+ Ka8 79 Na4 Rh2

흑은 여전히 스테일메이트 함정을 노리고 플레이를 한다. **80 Nb6+ Kb8 81 a6(?) Rxb3+ 82 Kxb3 Rb2+.**

80 Nbc5 Kb8 81 Rb7+

백으로선 **81 Nb6(?) Rb2+ 82 Ka4 Ra3+ 83 Kxa3 Rb3+**면 무승부라서 안 된다.

81...Kc8 82 a6 1–0

57. 알예힌–카파블랑카
슬라브 디펜스 *Slav Defense*

1 d4 d5 2 c4 c6 3 Nc3 Nf6

3...e5면 백은 **4 cxd5 cxd5 5 Nf3 e4 6 Ne5 Nc6**(6...f6면 **7 Qa4+ Ke7 8 Qb3**, 번스타인 박사–마셜, 1906년 오스텐드) **7 Bf4**에 이어 **e3**를 통해 약간 더 나은 게임을 얻는다.

4 e3 Bf5

이 상황에서 흑 비숍의 전개는 불필요하다. 흑은 **4...e6 5 Nf3 Nbd7 6 Bd3 dxc4**로, 새로운 루빈스타인 변형으로의 전환이 최선일 것이다.

5 cxd5 cxd5

5...Nxd5면 백은 **6 Bc4 e6 7 Nge2**(루빈스타인-보골류보프, 1922년 헤이스팅스)로 유리하게 전개한다.

6 Qb3

이 수 이후 흑은 자신의 b파일 폰을 쉽게 지킬 수단이 없고 이어서 비숍의 후퇴를 감수해야 하며, 상대에게 긴 전개의 시작을 허용한다.

6...Bc8 7 Nf3 e6

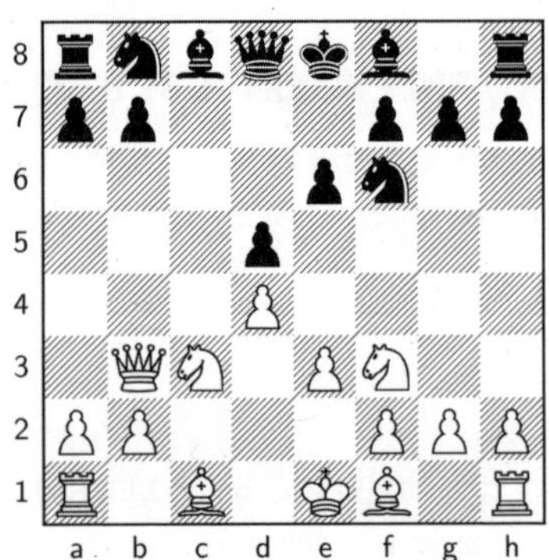

8 Bd3

백은 여분의 템피를 활용해 **8 Ne5**에 이어 **f4**로 압박을 쌓았어야 했다. 고려할 수 있는 **e4**는 흑이 훌륭한 아홉 번째 수로 완전히 회피한다.

8...Nc6 9 0-0 Bd7

카파블랑카는 동등화를 약속하는 유일한 수를 찾았다. 불충분한 수순은 (I) 9...Qb6 10 Qxb6 axb6 11 Nb5, (II) 9...Be7 10 Ne5, 이어서 f4, (III) 9...Bd6 10 e4 dxe4 11 Nxe4 Nxe4 12 Bxe4 0-0 13 d5(또는 13 Rd1. 반면 여기서 h7 비숍의 희생은 잘못됐을 것이고, 마찬가지로 13 Qc2 h6 14 Bxc6 bxc6 15 Qxc6 Rb8에 의한 폰의 획득도 그 가치가 의심스러움) 13...exd5 14 Qxd5 등등이다.

10 Bd2

만약 지금 (I) 10 Ne5면 10...Nxe5 11 dxe5 Ng4 12 f4 Bc5 (II) 10 e4면 10...Nb4 11 Bb1 dxe4 12 Nxe4 Bc6 13 Nxf6+ gxf6.

10...Qb6 11 Qd1

백에게는 이와 마찬가지로 퀸 교환 또한 유리하지 않았을 것이다.

11...Bd6 12 Rc1

12 e4 Nxd4 13 exd5(또는 13 Nxd4면 13...Qxd4 14 Be3 Qb4)를 통한 폰 희생은 간단하게 13...0-0 이후 기껏해야 동등화로 이어졌을 것이다.

12...0-0 13 Na4 Qd8 14 Nc5 Bxc5 15 Rxc5

15 dxc5면, 흑은 15...e5를 통해 중앙에서 강력한 역공세를 펼치며 퀸사이드에 있는 나머지 백 폰들을 확실히 만회할 수 있다.

15...Ne4 16 Bxe4

또는 16 Rc2면 16...Nxd2 17 Qxd2 Qb6.

16...dxe4 17 Ne5

물론 17 Ng5는 17...b6 때문에 안 된다.

17...Nxe5 18 dxe5 ½-½

58. 레티-보골류보프
카탈란 오프닝 *Catalan Opening*

1 Nf3 d5 2 c4 e6

이 방어 체계의 장점에 관해선 레티-예이츠의 30국과 비교해 보라.

3 g3 Nf6 4 Bg2 Bd6 5 0-0 0-0 6 b3 Re8 7 Bb2 Nbd7 8 d4

우리가 보기에 8 d4는 2...e6에 대한 명백한 포지션적 반박인데, 이는 카파블랑카(흑)가 마셜을 상대로 처음 플레이한 것으로 흑이 퀸스 비숍을 효과적으로 전개할 방법을 찾지 못한다는 단순한 상황에 근거한다.

8...c6 9 Nbd2

언급된 게임에서 카파블랑카는 완전히 유사한 포지션에서 Ne5를 두었고 이와 마찬가지로 이점을 얻었다. 물론 그보다 더 조용한 레티의 이 전개도 꽤 좋다.

9...Ne4

루빈스타인 등이 추천한 9...e5의 해방적인 수가 진정 최선으로 보인다면, 9...Ne4는 흑의 배치 전체가 잘못되었다는 가장 놀라운 증거다. 10 cxd5 cxd5 11 dxe5 Nxe5 12 Nxe5 Bxe5 13 Bxe5 Rxe5 14 Nc4 Re8 15 Ne3 Be6 16 Qd4의 단순한 연속수는 상대에게 어떤 기회도 허용하지 않고 고립된 d파일 폰에 대한 직접적인 공격을 가능하게 할 것이다. 게다가 보골류보프가 선택한 수는 결국 포지션에서 불리한 요소를 제거하지 못한 채 두 번의 나이트 교환으로 이어진다.

10 Nxe4 dxe4 11 Ne5 f5

11...f5는 명백히 강제다.

12 f3

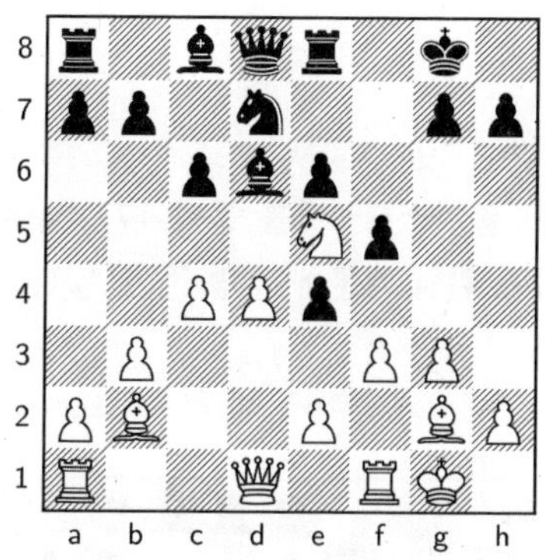

적절한 전략이다. 백은 흑이 자신의 중앙 포지션을 약화시키게 한 후, 그 약점을 가능한 한 많이 활용하기 위해 닫힌 게임을 열린 게임으로 바꾸는 것을 목표로 해야 한다.

12...exf3 13 Bxf3

백은 e파일 폰을 충차衝車로 활용해야 하므로 **13 exf3**는 안 된다.

13...Qc7

13...Nxe5 14 dxe5 Bc5+ 15 Kg2 Bd7(퀸 교환 후 이 비숍은 절대 빠져나가지 못 함) **16 e4** 이후에도 백은 포지션에서 결정적 우위를 지켰을 것이다.

14 Nxd7 Bxd7 15 e4 e5

흑이 이렇게 하지 않으면 백은 **16 e5**에 이어 **d5**나 **g4**로 돌파할 수 있다. 그러나 텍스트 무브 후 흑은 초반 난제의 대부분을 극복했다고 보이며, 백이 포지션의 숨겨진 이점을 빠르고 설득력 있게 계산하기 위해서는 매우 훌륭한 플레이가 요구된다.

16 c5 Bf8 17 Qc2

백은 흑의 두 중앙 폰들을 동시에 공격한다.

17...exd4

흑의 행동 반경이 좁아졌다. 예를 들어 **17...fxe4**는 **18 Bxe4** 이후 h7과 e5에 대한 이중 위협 때문에 분명 둘 수 없다.

18 exf5 Rad8

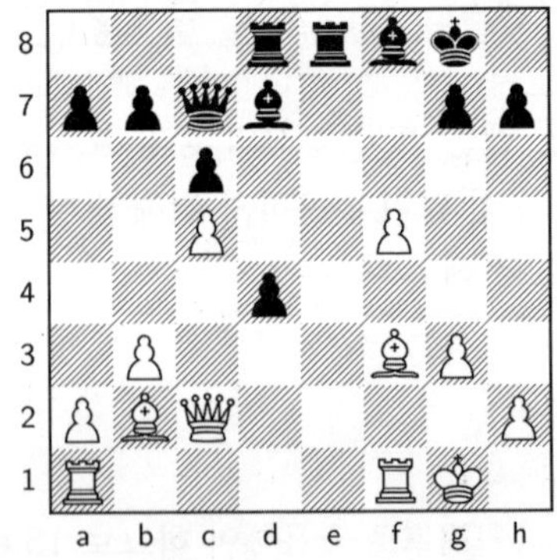

다른 라인들 중에서도 **18...Re5 19 Qc4+ Kh8 20 f6** 이후가 매우 강할 것이다.

19 Bh5

이는 정확히 계산된 결정적 기동으로서의 첫 수이며, 그 끝은 백의 모범적 플레이의 영예를 장식할 가치가 있다.

19...Re5 20 Bxd4 Rxf5

만약 **20...Rd5 21 Qc4 Kh8 22 Bg4**면 백이 폰 우세와 우월한 포지션을 갖는다.

21 Rxf5 Bxf5 22 Qxf5 Rxd4 23 Rf1 Rd8

또는 **23...Qe7**이면 **24 Bf7+ Kh8 25 Bd5 Qf6 26 Qc8**. 흑은 아무런 방어책이 없다.

24 Bf7+ Kh8 25 Be8 1-0

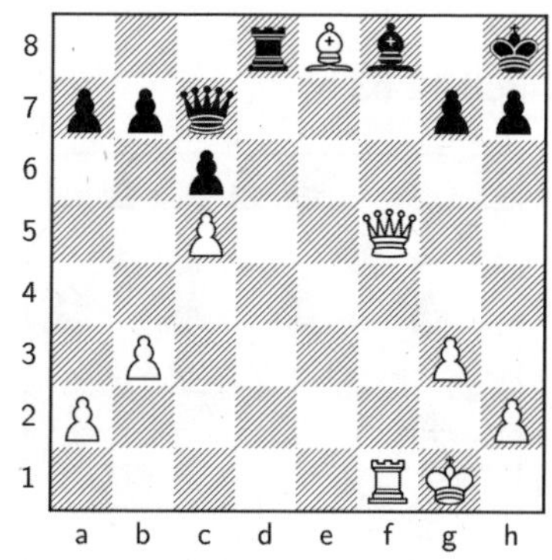

번뜩이는 결말! 흑은 **25...Bxc5+**면 최소한 비숍을 잃기 때문에 기권했다. 당연히 이 대국은 첫 우수상을 수상했다.

59. 마로치-타르타코베르
알레킨 디펜스 *Alekhine's Defense*

1 e4 Nf6 2 e5 Nd5 3 c4 Nb6 4 d4 d6 5 exd6

5 exd6는 페트로프 디펜스의 변형과 비슷한 꽤 좋은 게임을 만들어내지만, 흑의 첫 수에 대한 반박으로는 절대 간주할 수 없다. 그게 가능하다면 **5 f4**와 관련해서만 찾을 수 있을 것이다.

5...exd6

5...cxd6는 흑의 전개에 더 큰 고난을 초래하고, 게다가 불충분하게 보호된 킹사이드가 공격 가능성에 노출되었을 것이다.

6 Nc3 Bf5 7 Be2 Be7 8 Be3 N8d7 9 Nf3 0-0 10 b3

10 b3는 아마도 백이 **...d5**에 맞서는 **c5**를 뒀을 때 흑 나이트의 c4 진입을 고려할 필요 없게 하기 위해 둔 듯하다. 백은 다소 더 확장된 행동 범위를 지휘하지만 결과적으로 그를 위한 것은 그다지 많지 않다.

10...Nf6 11 0-0 Re8 12 h3 h6

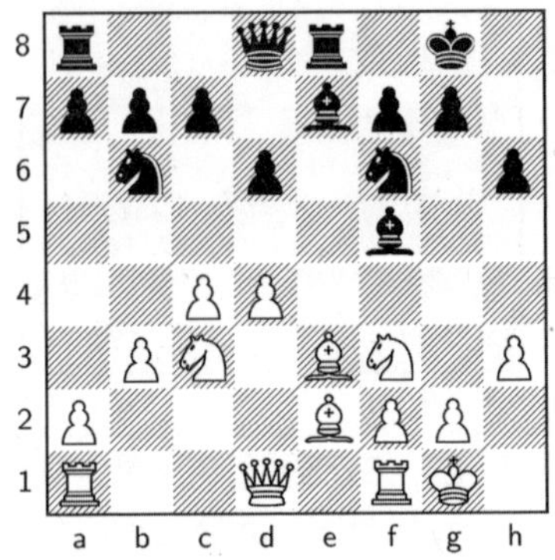

13 Bd3

여기서, 그리고 조금 후에, 백의 유일하고도 미세한 기회는 폰을 전진시켜서 b6 흑 나이트의 불편한 포지션을 이용하는 것이다. 백이 이를 활용하지 않는 한, 흑은 별다른 노력 없이 e파일을 정리할 수 있게 된다.

13...Qd7 14 Re1 Rad8 15 Qc2

15 a4가 아직 진지하게 고려되고 있다.

15...Bxd3 16 Qxd3 Nh7 17 Re2 Bf6 18 Rae1 Re7 19 d5 Rde8 20 Bd4 Rxe2 21 Rxe2 Rxe2 22 Qxe2 a6

22...a6는 백에게 또 다른 기물 하나를 교환할 모든 기회를 주기 위해서다. 두 선수 모두 '평화'라는 고귀한 생각으로 움직이고 있다.

23 Bxb6 Bxc3 24 Qe3 Bf6 25 Bd4 Qe7 26 Qxe7 Bxe7 27 Kf1 Bf6 28 Ke2 Kf8 29 Kd3 Ke7 ½-½

60. 에드워드 라스커-예이츠
퀸스 폰 오프닝 *Queen's Pawn Opening*

1 d4 Nf6 2 Nf3 g6 3 c3 Bg7 4 Qc2 0-0 5 e4 d6 6 Bd3

백 비숍에게 더 바람직한 장소는 분명 c4다.

6...Nc6 7 Nbd2

그리고 지금은 백 퀸스 비숍의 g5 전개가 더 바람직했을 것이다.

7...Nd7

즉시 **7...e5**를 둬서 **8 dxe5 dxe5 9 Nc4**가 되는 것보다 낫다.

8 Nc4 e5 9 Bg5 Qe8 10 d5

10 d5는 심각한 결과를 초래할 수 있는 전략적 실수다. 백은 퀸사이드에서 최소한의 기회도 얻지 못한 채 상대가 반중앙semi-center에서 영구적인 공세를 펼칠 수 있게 만들었다. 이후 플레이에서 백이 흑 킹을 공격하려는 시도는 그저 흑의 새로운 길을 열어 주어 상대가 이

기는 엔딩으로의 전환을 용이하게 만들 뿐이다. 훨씬 덜한 악수라면 **10 dxe5 Ndxe5 11 Ncxe5 Nxe5 12 Nxe5 Qxe5 13 Be3**로, 이후에는 흑에게 약간 유리한 상황이었을 것이다.

10...Ne7 11 0-0-0 Nc5 12 h4 f5 13 exf5 Nxd3+ 14 Qxd3 Bxf5 15 Qe2

상황이 더 명확해졌다. 흑은 열린 라인 외에도 노출된 적 d파일 폰에서 그에 못지않은 중요한 이점을 얻었다. 백은 이 단계에서는 킹 포지션이 더 손상될 수 있기 때문에 이웃 폰으로 d파일 폰을 잘 방어할 수가 없다.

15...a5

흑은 곧 직접적인 공격의 부담 없이 간단한 교환을 통해 결정적인 포지션에서 유리한 고지를 점한다고 확신할 수 있기 때문에 이러한 움직임은 시간 낭비로 드러났다. 따라서 백 비숍에게 교환이나 철수를 강요하는 **15...h6**가 더 간단했을 것이다. 그러면 예를 들어 **16 Be3** 이후에는 **16...Bg4**의 응수가 매우 강력했을 것이다.

16 Ne3 Bd7 17 h5 Nf5 18 hxg6 Qxg6 19 Nxf5 Bxf5

이 모든 교환은 단지 흑에게 유리할 뿐이었다. 그러나 백 기물의 플레이어는 이것을 비난할 수 없다. **10 d5(?)**부터 그의 포지션은 "죽을 때까지 고통스럽다" 그대로였기 때문이다.

20 Qd2 Qf7

흑으로선 **21 Nh4**가 위협적이었다.

21 Bh6

백은 적 비숍들 중 하나와 교환하지만, 남은 하나가 밝은 칸의 약점 때문에 더 위험하다는 점에서 위안이 될 부분은 거의 없다.

21...Bg6 22 Bxg7

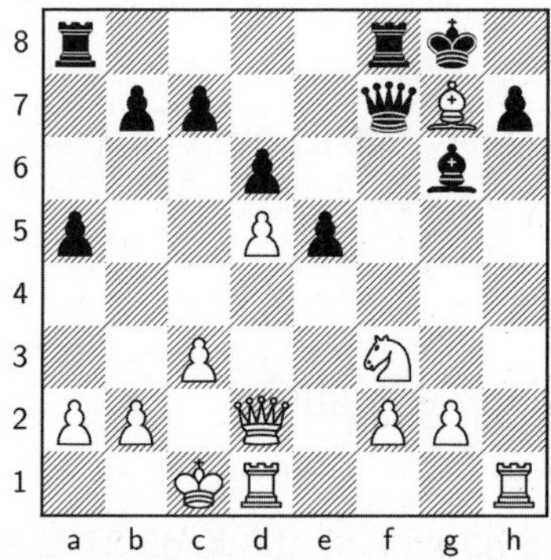

22 Qg5 이후에도 흑은 **22...Bxh6**에 이어 **23...Qf4+**로 실제 경기와 비슷한 엔딩을 강요할 수 있다.

22...Qf5

결정적인 실수. 흑으로선 강제로 퀸 교환을 하면 백은 f파일에 대한 압박과 d5의 약점 때문에 추가 교환 후 노력이 절실해지기 때문에 기술적으로 쉬운 게임을 할 수 있었다.

23 Qd3 Kxg7

흑은 **23...Qxd3 24 Rxd3 Bxd3 25 Bxf8 Rxf8**가 훨씬 더 간단하고 설득력이 있었을 것이다. 텍스트 무브 후에 백은 여전히 무승부 기회를 작게나마 유지한다.

24 Qxf5 Rxf5 25 Rd2 Raf8 26 Rh4 h6 27 Rc4 R8f7 28 b4

28 b4는 자충수로, d파일 폰이 고립되어 곧 무너지기 때문이다. 모든 상황에서 **28 Nh4**가 요구되었고, 그러면 **28...Rxf2** 이후와

28...Rf4 이후에도 백은 여전히 자신의 열등한 포지션을 방어할 수 있었다. 반면 이후의 엔딩에서는 더 이상 싸울 기회가 없다.

28...axb4 29 cxb4 Rf4 30 Rxf4 Rxf4 31 a3 Kf6 32 Kb2 h5 33 Ne1

33 Ne1을 두지 않으면 **...h4-h3**가 이어졌다.

33...Rd4

약골을 잡는 가장 간단한 방법이다.

34 Rxd4 exd4 35 g3 Ke5 36 Kb3 Kxd5 37 f3 Bf7 38 Ng2 c5 39 b5 Ke5+ 40 Kc2 Bd5 41 Ne1 c4 42 b6

물론 백은 이보다 훨씬 전에 우아하게 기권해도 됐다.

42...Bc6 43 Kd2 Kd5 44 Nc2 c3+ 45 Kc1 Kc4 46 f4 d3 47 Ne3+ Kb3 48 Nf1 Be4 49 Nd2+ cxd2+ 50 Kxd2 Kxa3 0-1

13라운드

　결정적인 결과는 하루의 순서대로 라스커 박사, 카파블랑카, 마셜, 레티, 에드워드 라스커의 순이었다. 모두 각각 1점씩을 따내며 순위를 끌어올렸다. 알예힌은 라스커 박사에게 패배한 이후 처음으로 두 번째 좌절을 경험했다.

　이번 대회 최고의 경기들 중 하나는 라스커 박사를 시실리안으로 방어한 보골류보프의 대국이었다. 보골류보프는 초반에 약간의 실수를 범했는데, 포지션적 이점을 실수 없이 밀어붙인 라스커 박사에게는 그것만으로도 충분했다. 이 대국은 61수 만에 끝났고, 마지막 룩-폰 엔딩은 매우 교훈적이었다. 결과는 8라운드와 동일했다.

　항상 카파블랑카의 가장 강력한 상대였고 첫 경기에서 무승부를 기록했던 마로치는 이번에는 최상의 상태인 챔피언을 만나 패배를 당할 운명이었다. 헝가리인은 데뷔전으로서의 루이 로페즈를 선택했고, **d4** 대신 덜 공격적인 **d3**를 선택했다. 카파블랑카는 얼마 지나지 않아 백의 무한한 약점을 잘 활용하며 주도권을 잡았다. 이어서 그는 만족스러운 콤비네이션과 강력한 연속수로 상대의 킹사이드 포지션을 완전히 파괴했다.

　알예힌을 상대로 자기 꾀에 자기가 넘어간 레티는 자신의 이름을 딴 오프닝의 반전된 형태를 상대해야 했다. 레티는 자신의 시스템에 대응하여 런던 방식을 사용했고, 두 마스터는 상당히 동등한 기회를 얻으며 미들게임에 들어섰다. 여기서 알예힌은 레티가 잘 보여 준 것처럼 킹사이드 폰의 전진이라는 전략적 계획에 기반한 플레이를 펼쳤지만, 이 계획은 통하지 않았다. 정확한 처리가 요구되는 엔딩으로 마무리된 이 경기는 승자의 기량이 최고조에 달했음을 보여 주는 좋은 예였다. 이 대국으로 알예힌과 레티는 개인적인 교전들에 관한 한 대등한 관계를 유지하게 되었다.

야노프스키는 마셜의 퀸스 갬빗을 수락했고, 오프닝을 잘 뒀지만 이후 몇 번의 좋은 연속수를 놓쳤다. 이 때문에 그는 마셜이 승부를 걸었을 때 페널티를 지불해야 했고, 마셜은 강력한 전술로 우위를 점하며 룩으로 두 개의 기물들을 얻었다. 엔딩에서 그의 플레이는 아쉬운 점이 거의 없었다.

퀸스 갬빗 거절의 흑을 쥔 타르타코베르 박사는 에드워드 라스커를 상대로 만족스러운 게임을 얻었지만, 퀸으로 불필요한 수를 두는 실수를 범했다. 이 시간 손실을 라스커가 영리하게 허를 찔러 기물 하나를 확실하게 챙기며 경기를 마무리했다.

이날 경기가 끝날 무렵, 9½-9½인 라스커 박사를 이어 레티가 8-4로 2위를 차지하며 가장 만족스러웠는데, 점수는 다음 3일 동안 변하지 않을 운명이었다. 7½-4½의 카파블랑카도 7-5의 알예힌, 6-5의 마셜을 이겼다. 이들이 최종 입상자들이었다. 백의 주가는 4-1로 뛰어올랐고, 다음과 같은 기록을 만들었다. 백 35, 흑 30.

61. 라스커 박사-보골류보프
시실리안 디펜스 *Sicilian Defense*

1 e4 c5 2 Nf3 e6 3 d4

21국에서는 라스커 박사가 타르타코베르 박사를 상대로 견딜 만한 **3 Nc3**를 두었다.

3...cxd4 4 Nxd4 Nf6 5 Bd3

백으로선 먼저 **5 Nc3 Bb4**를 두고 **6 Bd3**를 두는 게 **6...Nc6**, **7 Nxc6 bxc6 8 e5 Nd5 9 Qg4!**에 대응하기 위해 더 일반적이다.

5...Nc6 6 Nxc6

그리고 지금 **6 Be3**가 더 나은 전망을 제시하는 듯해 보인다. 텍스트 무브 후에는 **6...dxc6 7 0-0 e5**(**8 f4? Bc5+ 9 Kh1 Ng4 10 Qe1 Qd4**)로 흑에게 동등한 게임을 얻을 수 있었기 때문이다.

6...bxc6

흑은 분명히, 그리고 칭찬할 만하게도 더 많은 것을 위해 노력하고 있지만 바로 다음 수에서 치명적인 실수를 저지른다.

7 0-0 Be7

답은 **7...d5**, 그리고 **8 Qe2**(또는 중앙에 화려한 기회가 있는 **8 e5 Nd7**) 후에 **8...Be7**이었다. 지금은 흑 d파일 폰이 붙박이로 뒤처져 있어서 그의 어두운 칸이 필연적으로 약해진다.

8 e5 Nd5 9 Qg4 g6

9...g6는 명백히 강제된 수다.

10 Nd2 f5

흑은 물론 **10...f5**로 킹사이드에서 위험의 흔적을 모두 제거하지만, 반면에 d파일 폰의 미래는 더욱 절망적이다. 그러나 흑은 텍스트 무브를 통해 확실한 전술적 아이디어를 실행한다.

11 Qf3 Nb4

흑은 열망하는데, 예를 들어 쌍비숍을 확보하거나 자신의 불리한 폰 포지션에 대한 보상으로 폰을 잡으려 한다.

12 Nc4 Ba6

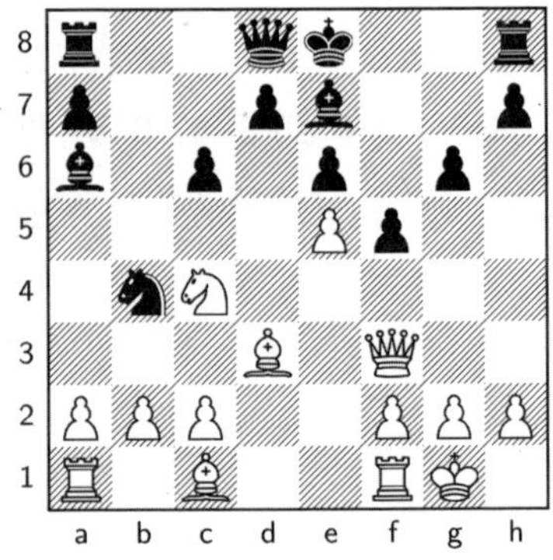

위협적인 **13...Bxc4**에 이어지는 **14...Nxc2**, 그리고 그와 동급인 **13...Nxc2**가 있다. 백은 **13 Qe2**를 통한 좋은 게임으로 그 두 가지를 모두 방어할 수 있었지만 훨씬 더 격렬한 연속수를 선택했다.

13 Bd2

가능한 모든 전투력을 가장 빠르게 동원하고 흑 나이트의 배제를 통해 적 중앙의 약점을 활용하는 백의 흥미로운 폰 희생이다.

13...Nxc2

흑은 희생을 받아들이는 게 합당하다. 나중에 적절한 시점에 폰을 회수하여 자신의 포지션을 완화할 수 있다고 가정할 자격이 있기 때문이다. 라스커 박사가 이 의도를 저지하기 위해 어떻게 준비하는지에 대한 관찰은 매우 유익하다.

14 Rad1 0-0 15 Nd6

이제 백의 희생의 진짜 이유가 드러나는 새로운 전기가 시작된다. 백이 지금 흑의 파일을 차단함으로써 확실하게 확보하는 것은 뒤처진 d파일 폰이 아니라 결정적인 이점을 얻기 위해 반드시 필요한 흑 나이트의 불확실한 포지션이다.

15...Nd4 16 Qe3 Bxd3 17 Qxd3 Bxd6

흑의 모든 수들은 강제다. 예를 들어 **17...c5**면 백은 **18 Bh6 Bxd6 19 exd6 Rf7 20 b4**를 통해 화려하게 폰을 회수할 수 있다.

18 exd6 e5 19 Rfe1 Qf6 20 Bc3

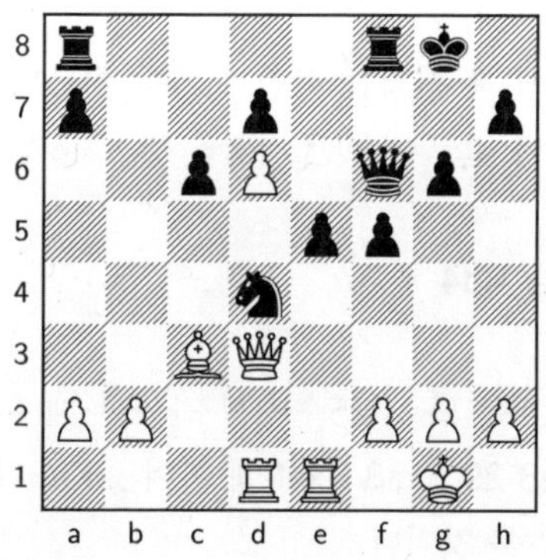

이제 백의 공격이 모범적으로, 그리고 꾸밈없는 방법으로 수행된 결과를 볼 수 있다. **21 f4**와 **21 Qc4+**의 위협에 대해 흑은 더 이상 충분한 방어력을 갖추지 못했고, 여분의 자산이 돌아왔음에도 불구하고

심각한 포지션적 불이익을 피할 수 없다. 예를 들어 **20...Qxd6**면 백은 **21 Qc4+ Qd5**(강제, (Ⅰ) **21...Qe6**면 **22 Rxd4**, (Ⅱ) 만약 **21...흑 킹의 어떤 수든 22 Rxe5!**, (Ⅲ) **21...Rf7**이면 **22 f4**, 승리 포지션) **22 Qxd5+ cxd5 23 Rxe5 흑 나이트의 어떤 수든 24 Rexd5**에 이어 **Rxd7** 이후에 이기는 엔딩을 얻는다.

20...Rae8 21 f4 Qh4

또는 **21...Qf7**이면 **22 Rxe5 Rxe5(?) 23 Qxd4**로 백이 이긴다.

22 Qc4+ Ne6 23 Bxe5 Kf7

당연하지만 **23...Kf7**은 도저히 이해할 수 없다. 바로 **23...Qd8**가 더 바람직했을 것이다.

24 Re3

25 Rh3를 위협한다.

24...Qd8 25 Rb3 Qa5

흑은 b7으로의 백 룩 진입을 어떤 대가를 치르더라도 막아야 했다. 그는 **25...Qa8!**로 더 길고 완고한 저항을 할 수도 있었다.

26 Rb7 Qc5+ 27 Rd4

백의 이 멋진 회피는 흑이 25수에서 간과한 게 분명하다. **27 Qxc5 Nxc5 28 Rxa7 Ra8 29 Rxa8 Rxa8**에 이어 **...Ke6**가 나왔다면 무승부 가능성이 매우 높았을 것이다.

27...Rd8 28 b4 Qxc4 29 Rxc4 g5 30 Rxa7 Nxf4

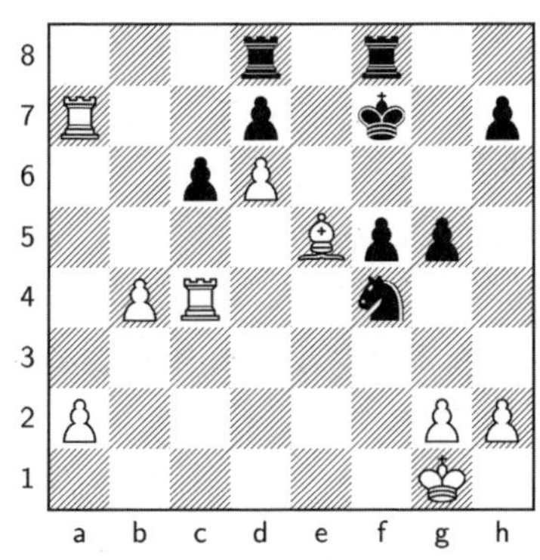

흑은 적어도 **30...Kg6**로 자신의 c파일 폰을 구해야 했다. 결과론적으로 두 개의 연결된 통과한 폰들과의 대결은 그에게 완전히 절망적이기 때문이다,

31 Bxf4 gxf4 32 Rxc6 Rg8

흑의 룩을 사용한 이 기동은 결실이 작지만, 사실 이제 그가 어떤 수를 둘지는 거의 중요하지 않다.

33 Kf2 Rg6 34 b5 Ke6 35 Rc2 Rgg8 36 Kf3

이로써 투쟁은 불필요하게 연장되었다. **36 a4 Ra8 37 Rxa8 Rxa8 38 Rc4 Kxd6 39 Kf3**가 더 간단하고, 쉽게 이겼을 것이다. 물론 텍스트 무브로도 이길 수 있긴 하다.

36...Ra8 37 Re2+ Kxd6 38 Rd2+ Kc5 39 Rdxd7 Kxb5 40 Rxa8 Rxa8 41 Rxh7 Ra3+

41...Ra3+는 약간 불편하다. **41...Rxa2 42 Rg7 Ra4 43 Rg5**면 흑은 즉시 기권해야 했을 것이다. 그러나 이제 그는 기적을 위한 마지막 폰을 유지한다.

42 Kxf4 Rxa2 43 Rg7 Rf2+ 44 Ke5 f4 45 Ke4 Kc5

백은 **45...f3**에 대한 응수로 **46 gxf3 Rxh2 47 Rc7**으로 승리할 수 있다.

46 h4 Kd6 47 h5 Rf1

그리고 지금 **47...f3**면 최선은 **48 g4! Rf1 49 Ke3**.

48 Rg4 Rh1

하지만 여기서 흑이 정말로 더 오래 플레이하려고 했다면, 그는 **48...f3 49 gxf3 Ke6**를 결심했어야 한다. 왜냐하면 폰들이 분리되면 승리를 거두기가 종종 매우 어렵기 때문이다. 지금은 반대로, 백 킹이 성공적으로 참전하면서 흑은 기회의 흔적조차 남지 않았다.

49 Rg5 Rh4 50 Kf5 Ke7 51 Kg6 Kf8 52 Ra5 Rh2 53 Ra2 f3 54 Ra8+ Ke7 55 gxf3 Rg2+ 56 Kf5 Rh2 57 Ra7+ Ke8 58 Kg6 Rg2+ 59 Kf6 Rf2 60 Ra8+ Kd7 61 Ra3 1–0

61...Rh2 후에 백은 **62 Ra5 Ke8 63 f4 Rh4 64 Rf5** 등등으로 이길 수 있었다.

62. 마로치–카파블랑카
루이 로페즈 *Ruy Lopez*

1 e4 e5 2 Nf3 Nc6 3 Bb5 a6 4 Ba4 Nf6 5 0–0 Be7 6 Re1 b5 7 Bb3 0–0 8 c3 d6 9 h3 Na5 10 Bc2 c5 11 d3

백이 **11 d3**라는 뒤처진 플레이 방식을 채택하고 싶었다면 **d4**를 준비해야 하는 **h3**를 둘 필요가 없었을 것이다. 텍스트 무브 후 흑은 무리 없이 주도권을 확보한다.

11...Nc6 12 Nbd2 d5 13 Nf1 dxe4

백은 흑 킹에 대한 공격은 어렵게만 준비할 수 있기 때문에(예: **14 g4**면 **14...h5** 등), 흑은 큰 고민 없이 **13...d4**를 둬서 중앙과 반대편 날개에서 반격 압박counter pressure을 얻을 수 있었다. 중앙이 해체되고 나면 백은 더 이상 두려울 게 없다.

14 dxe4 Be6 15 Bd2

흑의 우월한 전개로 인해 백의 직접 공격 가능성이 매우 희박하다는 점에서 백이 퀸 교환을 피할 이유는 없어 보인다. 백은 **15 Qxd8 Rfxd8 16 Bg5**에 이어 **Ne3**로 어렵지 않게 무승부를 거둘 수 있었다.

15...Ra7 16 Ng5

백은 비숍 교환을 한 후 자신의 나이트에게 f5를 주기 위해 d3 칸을 양보했다. 나중에 그 칸을 제대로 사용하기만 했다면 나쁘지 않은 아이디어였다.

16...Bc4 17 Ne3 Bd3 18 Bxd3 Qxd3 19 Nf5 h6

흑은 **19...Rd7 20 Be3**로부터는 어떤 이점도 얻지 못했을 것이다.

20 Re3 Qd8 21 Nf3 Rd7 22 Qc2 c4

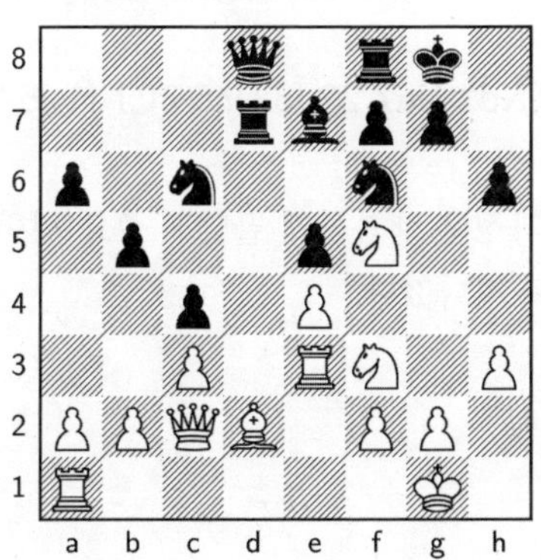

23 Nxe7+

백은 동기가 결여된 이 교환으로 지금까지의 전략으로 얻은 모든 이점이 무효화되고, 결과적으로 포지션의 단점(d3의 취약성으로 강화된, d파일에 대한 흑의 압박)이 계속 눈에 띄게 된다. 대신 그는 바로 **23 a4**를 두는 방법이 있었다. 그러면 예를 들어 **23...Bc5 24 Re2 Qb6 25 Bxh6 gxh6 26 Qc1**, 또는 **24...Rd3 25 axb5 axb5 26 Ra6**로 어떤 경우에도 텍스트 무브 이후보다 훨씬 많은 반격이 가능하다.

23...Qxe7 24 a4

백의 h4를 통해 두 번째 나이트를 f5에 놓으려는 시도는 쉽게 좌절될 수도 있었다. 확실치는 않지만 흑의 **24...g6**가 백에게 공격(**25 Rg3 Kh7 26 Bxh6 Kxh6 27 Qc1+ Kh7 28 Nf5 gxf5 29 Qg5 Ng4 30 Qxf5+ Kh6 31 Qxg4**, 승리)을 제공했을 것이며 **24...Qd8 25 Re2 Ne7**이 흑에게 나았다.

24...Rfd8 25 axb5 axb5 26 Ree1 Qe6

흑이 퀸스 나이트를 킹사이드로 옮기는 것 자체는 좋은 생각이지만, 백이 강력한 수비 포지션을 취할 수 있기 때문에 전술적으로 불가능하다. 답은 **26...Rd3 27 Be3 Qd6 28 Re2**(**28 Ra6**면 **28...Nxe4 29 Bxh6 Nc5**) **28...Ne7 29 Nd2 Nh5**로, 백은 실제 게임에서 성공적인 수비를 가능케 한 **f3**를 둘 수 없게 된다.

27 Be3 Rd3 28 Nd2 Ne7 29 f3 Nh5 30 Nf1 f5 31 Bf2

이제 백의 전개 과정은 행복하게 끝났고 주요 위험인 사소한 기물들의 불안정한 상태도 지나갔다.

31...Qg6

32...Nf4를 두겠다고 위협하는 수다.

32 Kh2

33 Bg3로 위협을 무력화하기 위해서다.

32...Qg5

e7에서 나이트의 자리를 만들기 위한 수지만, 백은 다시 한 번 확실한 방어책을 갖고 있다.

33 Be3 Nf4

여러 가지 함정이 놓여 있기 때문에 **33...Nf4**는 흑에게 아마도 가장 좋은 기회를 제공하는 가장 실용적인 연속수일 것이다. 반면 **33...f4 34 Bf2**면 그에게 더 이상 공격할 기회가 없었을 것이다.

34 Ng3

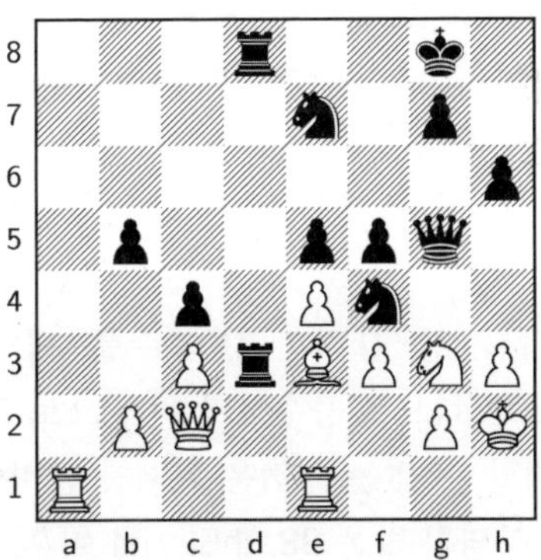

백의 지금까지의 신중한 수비에 비하면 이 실수는 희생 교환이 매우 분명하다는 점에서 정말 놀랍다. **34 g3** 역시 만족스럽지 않다. 그러면 **34...Qh5 35 gxf4 exf4 36 Bxf4 Qxf3 37 Bg3**(또는 **37 Be3**) **37...f4** 가 된다. 하지만 단순한 **34 Bxf4**면 **34...Qxf4+ 35 Kh1**(물론 **35 Kg1** 은 안 되는데 **35...Rd2 36 Nxd2 Rxd2 37 Qc1 Qg5 38 g4 Qf4**로 흑

이 승리하기 때문) 35...Ng6 36 Qf2로 백은 완벽하게 안전한 포지션을 확보하고, 흑은 불리한 상황에 놓이지 않기 위해 자신의 허약한 퀸사이드 방어에 신경을 써야 했을 것이다.

34...Rxe3

몇 수 만에 게임을 끝내게 하는 명백한 희생이었다.

35 Rxe3 Nxg2 36 Re2 Nf4 37 Rd2

37 Rd2는 분명 강요된 것이다.

37...Rf8

여기에는 카파블랑카답지 않은 약간의 부자연스러움이 있다. 간단한 37...Rxd2+ 38 Qxd2 Qh4면 백은 곧 기권해야 했을 것이다. 예를 들어 (I) 39 Qf2(만약 39 Qe1이면 39...Qxh3+) 39...Nxh3 40 Qe1 Nf4+ 41 Kg1 Nd3, 승리. (II) 39 Nf1 Qxh3+ 40 Kg1 Qxf3(...Ne2+ 위협) 41 Re1 fxe4, 그리고 교환의 대가로 얻은 네 개의 폰이 백의 이후 투쟁을 상당히 쓸모없게 만들 것이기 때문이다.

38 Nh1

하지만 백 역시 가장 강력한 연속수를 택하지 않았다. 38 Qd1(38...Qh4를 39 Qf1으로 응수하기 위해)으로 그는 38...Neg6 또는 38...Rf6로 해결할 수 없는 어려운 문제를 준비할 수 있었을 것이고, 흑으로선 너무 분명치 않은 38...h5(...h4 이후, 나이트를 g3 보호 역할로 제한하여 백 기물들 사이의 협력을 더 어렵게 만들기 위해)를 통해서만 공격을 결정적으로 강화할 수 있었다. 반면 선택한 수는 흑의 작업을 상당히 쉽게 만든다.

38...Qh5 39 Nf2 Neg6

39...Neg6는 39...Qxf3 40 Rg1, 이어지는 **Qd1** 상황보다 당연히 훨씬 강하다.

40 Qd1 Nh4 41 Rd8 Nxf3+ 42 Kh1 Nd3

백으로선 **43 Rxf8+ Kxf8 44 Kg2**는 44...Qg5+ 45 Kxf3 Qf4+ 46 Kg2 Qxf2+ 47 Kh1 Qg3 등을 통해 실패할 수 있기에 백에게 교환을 반납하도록 강요받을 수 있다.

43 Rxd3 cxd3 44 Qxd3 f4

이제 흑은 공격 목적으로도 활용할 수 있는 강력한 폰 우세를 보유한다.

45 Qd1

이 핀은 지금 백의 유일한 기회다. **45 Qxb5**는 45...Rd8에 이어지는 ...Rd2로 몇 수를 잃는다.

45...Rf6 46 Ra8+ Kh7 47 Qd5 Ng5

이렇게 백의 공격 시도는 가장 간단한 방법으로 격퇴되고 흑은 미들 게임이나 엔딩에서의 투쟁을 결정할 즐거운 선택권을 가진다.

48 Qg8+ Kg6 49 Qe8+ Nf7 50 Qc8 Qf3+ 51 Kg1 Qg3+

여기서 흑은 잘못된 차선책을 선택했는데, **51...Qe3**면 위협적인 ...Qe1+에 이어 ...f3+로 상대에게 바로 기권을 강제했을 것이다(52 Qg4+ Kh7, 그리고 승리). 물론 텍스트 무브처럼 할 수도 있다.

52 Kf1 f3 53 Qg4+ Qxg4 54 hxg4 Kg5

흑 킹의 등장이 결정타다.

55 Ra5 Nd6 56 Nd3 Kxg4 57 Nxe5+ Kg3 0-1

63. 레티-알예힌
런던 시스템*London System*

1 Nf3 g6 2 d4

백은 첫 수 이후 흑에게 호의적이지 않을 **2 e4**를 통해 시실리안 디펜스로 전환시킬 기회를 활용하지 않는다.

2...Nf6 3 Bf4

레티는 자신의 시스템과 싸우는데, 우리가 아는 한 1922년 런던 토너먼트(알예힌-오이베, 카파블랑카-레티)에서 처음 사용되었고 실제로 최선의 대책으로 보이는 연속수로 싸운다.

3...Bg7 4 h3 c5 5 e3 b6

5...Qb6에 대하여 백은 **6 Nc3!**로 유리하게 응수할 수 있었다.

6 Nbd2 Bb7 7 Bd3

이 변형에서 백 비숍은 c4에 서는 게 더 낫다. 그렇기에 여기서는 어차피 둬야 하는 **7 c3**로 대체, 그 다음에 **Bc4**가 이어질 수 있었다.

7...0-0 8 0-0 d6 9 c3 Nbd7 10 Qe2 Rc8

흑은 **10...Re8**를 바로 두는 것도 꽤 괜찮았을 것이다. 그러나 그는 상대의 측면 공격이 그다지 해롭지 않으리라고 정확히 예측했고,

...e5를 둘 준비를 했다.

11 a4 Re8 12 Ba6

여기서 백의 적절한 처리는 e파일 폰 전진이다(76국, 레티-라스커 박사 참조). 비숍 교환 후의 흑에게는 더 이상의 고난이 없지만, 자신의 포지션을 과대평가하여 잘못된 난폭성으로 오도한 탓에 패배한다.

12...Qc7 13 a5 cxd4

흑이 **13...Bxa6 14 Qxa6 b5! 15 Qxb5 Rb8**에 이어 ...Rxb2를 뒀다면, 아마도 일반적인 교환과 함께 쉽게 동등화를 이룰 수 있었다. 그 대신 흑은 킹스 폰의 매력적인 전진을 위해 플레이하는데, 목적은 폰 센터pawn center(e5와 f5) 구축이다. 하지만 이 기동은 비록 위험이 없더라도 d6의 취약점과 열린 a파일로 인해 백에게 반격 기회를 제공하는 게 분명해진다. 따라서 단순한 **13...Bxa6**가 선호되어야 했다.

14 exd4 e5

지금 **14...Bxa6 15 Qxa6 b5**는 **16 Qxb5 Rb8 17 Qc4** 때문에 만족스럽지 않았을 것이다.

15 dxe5 dxe5 16 Be3 Nd5 17 axb6 axb6 18 Bxb7 Qxb7 19 Rfd1

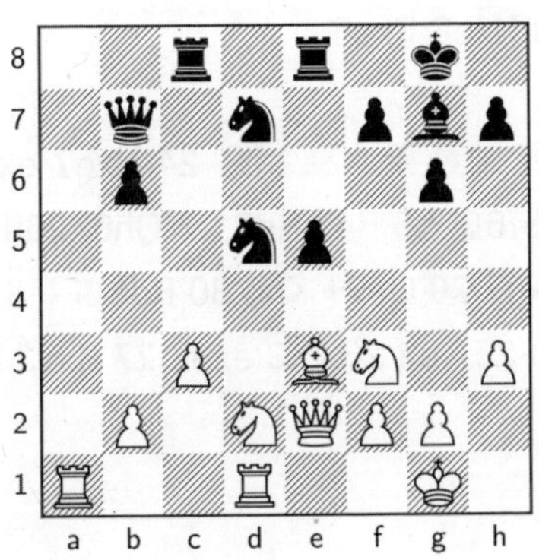

백이 흑의 약점인 d6와 적 나이트의 노출된 포지션을 최대한 활용한 이 훌륭한 **19 Rfd1**을 흑은 계산에서 과소평가했다. 흑은 이제 끈질긴 동등화에 노력을 기울이는 대신 자기 환멸로 인한 실수를 두 번 연달아 저지르며 방어 가능한 포지션에서 완전히 절망적인 포지션으로 바뀐다.

19...e4

착각! 당연히 흑 나이트는 b5에서 멀리 떨어져 있어야 했다. **19...Nc5**면 **20 Qb5**에 **20...Nc7**으로, **20 Nc4**에 **20...Rcd8**로 대응할 수 있기에 흑은 두려울 게 전혀 없었을 것이다.

20 Nd4 f5

흑의 자충수! **20...Nxe3 21 fxe3**(또는 **21 Qxe3 Nc5**) **21...Bxd4 22 cxd4 f5**가, 비록 그 경우에도 백이 더 나은 전망을 갖고 있었을 테지만 흑을 구원할 방법이었다. 흑이 모든 중요한 템포를 잃는 텍스트 무브 후, 그의 게임은 절망적이다.

21 Nb5 f4

d6 칸이 보호될 경우, 백은 c4로의 두 번째 나이트의 진입과 함께 필요한 경우 **Ra7**으로 어떻게든 물질적 이득을 강요할 것이다.

22 Nd6 Qc6 23 Nxe8 Rxe8

23...fxe3면 그에 대한 응수로 백은 **24 Nxg7 exd2** (Ⅰ) **25 Qxd2 N7f6**(또는 **25...N5f6**면 **26 Ra7 Rd8 27 Qh6**) **26 Ra7 Rc7 27 Rxc7 Nxc7 28 Qd8+ Kxg7 29 Qe7+ Kh6 30 Rd6** 또는 (Ⅱ) **24...exf2+ 25 Qxf2**(가장 간단함) **25...e3 26 Qf3 exd2 27 Rxd2 N7f6 28 Ra7**으로 이긴다.

24 Qc4

이제 백은 영리한 마무리로 상대에게 조금의 기회도 주지 않는다.

24...Ne5 25 Qxc6 Nxc6 26 Nc4

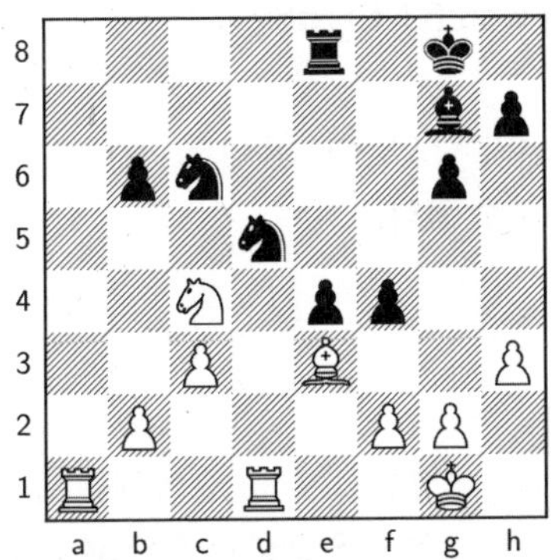

이 변형에서도 d1 룩 배치의 중요성이 분명하게 드러난다.

26...Nxc3 27 bxc3 fxe3 28 Nxe3 Bxc3

28...Bxc3는 흑의 고통을 줄여 준다. 그러나 **28...b5 29 Nd5** 이후
에는 그리 오래 지속되지 못했을 것이다.

29 Rac1 Nd4 30 Kf1 Nb5 31 Rd5 1–0

64. 마셜-야노프스키
퀸스 갬빗 수락 *Queen's Gambit Accepted*

1 d4 d5 2 c4 dxc4 3 Nc3

여기서 백의 올바른 수는 **3...e5**를 막기 위한 **3 Nf3**다. 텍스트 무브
후 흑은 문제없이 동등성을 얻는다.

3...e5 4 e3

또는 4 dxe5 Qxd1+ 5 Kxd1 Nc6 6 e4 Nxe5 7 Bf4 Bd6 8 Bxe5 Bxe5 9 Bxc4면 동등해진다.

4...exd4 5 exd4 Nc6 6 Nf3 Nf6

6...Bg4면 7 Bxc4가 나오는데, 흑의 f7 칸이 보호되지 않기 때문에 흑은 중앙 폰을 잡을 수 없다.

7 Bxc4

7 d5에서 이어지는 복잡한 상황은 백에게 아무 도움이 되지 않는다. 그러면 예를 들어 7...Na5 8 Qa4+ c6 9 b4 cxb3 10 axb3 b5 11 Qxa5 Qxa5 12 Rxa5 Bb4가 된다. 그러나 지금 그는 흑 나이트의 자리를 위협하고, 흑은 다음 수를 통해 이 상황에 대비하려고 e5 칸 기물 배치를 준비한다.

7...Bd6 8 0-0 0-0 9 Bg5 Bg4 10 Nd5

10 Nd5는 백이 고립된 폰으로 인해 형편 없는 경기를 펼치는 일을 막을 거의 유일한 수다.

10...Be7

흑에게 10...Bxf3는 11 Qxf3 Nxd4 12 Nxf6+로 아무 소용없는 게 분명하다.

11 Nxe7+ Qxe7 12 Bd5 Rfd8 13 Re1 Qd6 14 Bxc6 bxc6

14...Qxc6 15 Ne5 Qd5 16 Nxg4(또는 16 f3면 16...Be6) 16...Qxg5 17 Nxf6+ Qxf6 18 Qb3면 쉽게 무승부였을 것이다.

15 h3 Bh5

여기에서도 **15...Bxf3 16 Qxf3 Qxd4 17 Qxc6 Qxb2 18 Qxc7 Qb6**면 양쪽에서 벌어진 유혈 사태로 인해 평화로운 결론을 내릴 수 있었다. 흑은 서서히 길을 잃기 시작한다.

16 Rc1 Rab8

흑의 치명적인 결과를 초래하는 이상한 실수가 나왔다. 대신 **16...Re8(17 Rxe8+ Rxe8 18 g4 Bg6 19 Ne5 Be4)**를 두었어야 했다. 이 대국은 그럴듯해 보이는 한 쌍의 수로 인해 좋은 포지션이 어떻게 완전히 망가지는지를 보여 주는 좋은 예다.

17 g4 Bg6

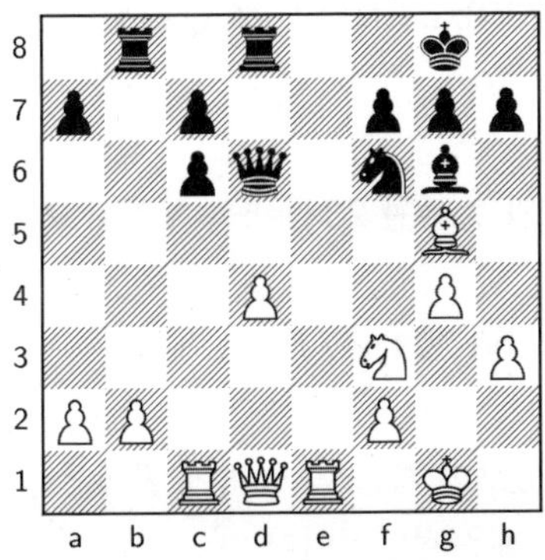

18 Ne5

백이 훨씬 우월한 포지션에서 폰 하나를 따낸다. 흑은 자신의 세 기물들이 너무 불리하게 놓여 있기 때문에 백이 **Nxc6** 또는 **Nc4**를 둬서 교환의 손실을 막을 수 있게 된다면 기뻐할 이유가 충분하다. 하지만 마셜의 계속되는 정확한 플레이는 곧 흑이 포지션을 지키기 어렵게 한다.

18...c5 19 dxc5 Qa6

물론 흑의 대안인 **19...Qxd1 20 Rcxd1 Re8**는 거의 먹히지 않겠지만, 적어도 이후에 백 룩에게 기물 두 개 헌납을 강요당하는 텍스트 무브보다는 더 완강한 저항이 가능했을 것이다.

20 Qf3

백이 다시 한 번 교환을 위협한다.

20...Rxb2 21 Nc6 Be4

21...Be4는 흑의 쓰라리지만 필요한 수다. 흑 룩이 어딘가로 움직이면 **22 Bxf6 gxf6 23 Qxf6**가 즉시 결정적일 수 있기 때문이다.

22 Ne7+ Kh8 23 Rxe4 Nxe4 24 Qxe4 Re2 25 Be3 Rxa2 26 Nc6 Rg8 27 Qd5

백은 **28 Nb4**, 그와 동급인 **28 Ne5**를 두겠다고 위협한다.

27...Ra4 28 Ne5 h6 29 Qxf7 Qf6

29...Qf6가 아니었으면 흑은 곧 공격에 굴복했을 것이다. 하지만 이어지는 엔드게임도 매우 절망적이다.

30 Qxf6 gxf6 31 Nf7+ Kh7 32 Nxh6 Rd8 33 Nf5 a5 34 c6 Re4 35 Rc5 Re5 36 Rc4 Re6

마찬가지로, **36...Ra8**면 백 룩은 결정적인 결과를 동반하는, d4를 통한 7랭크 진출을 할 수 있었을 것이다.

37 Bf4 Rc8 38 Rd4 Kh8 39 Rd7 a4 40 Ne7

백은 **41 Ng6+**, 이어서 **Bh6**와 메이트를 위협한다.

40...Rxe7 41 Rxe7 a3 42 Bh6 a2 43 Bg7+ Kh7 44 Bxf6+ Kg6 45 Bc3 Rb8 46 Rxc7 Rb3 47 Rg7+ Kh6 48 g5+ Kh5 49 Bf6 Ra3 50 c7 a1Q+ 51 Bxa1 Rxa1+ 52 Kg2 Rc1 53 f4 Rc3 54 Kf2 1-0

65. 에드워드 라스커-타르타코베르
세미-슬라브 디펜스 *Semi-Slav Defense*

1 d4 Nf6 2 c4 e6 3 Nf3 d5 4 Nc3 c6 5 e3 Nbd7 6 Bd3 dxc4

1924년 1월 메란 토너먼트에서 루빈스타인이 b7에 퀸스 비숍을 전개하는 이 수를 처음 사용했고, 성공적이었다. **6...Bd6**면 잘 알려진 대로 백이 **7 e4**로 우위를 점한다.

7 Bxc4 b5 8 Bd3 a6 9 0-0

루빈스타인의 혁신이 가진 장점은 현재로서는 백이 매우 좋은 **9 e4**를 **9...c5**(**10 e5 cxd4 11 exf6 dxc3**) 때문에 두지 못한다는 사실에 주로 기인한다.

9...c5 10 a4 b4 11 Ne4 Bb7 12 Nxf6+ Nxf6 13 Qe2

여기까지는 메란에서 열린 R. 슈필만Rudolf Spielmann-그륀펠트 대국의 재현이며, 그때 백은 **13 b3**라는 취약한 수를 두었기에 불리한 상황에 처했다. 텍스트 무브도 만족스럽지는 못하다. 최선은 아마도 **13 Re1**일 텐데, **13...Qd5 14 e4**로 회피할 수 있는 가장 좋은 방법이다. 만약 **13...Ne4**면 **14 a5**로 응수된다. 전체 플레이 라인을 철저히 조사할 필요가 있다. 이는 아마도 퀸스 갬빗 방어의 새로운 시대를 열 운명일 것이다.

13...cxd4

이 수는 그러나 백이 g2에 대한 압박을 바로 제거할 수 있기에 최선은 아니다. 더 일관성이 있는 수는 **13...Qd5**인데, 이 경우 백은 **14 Rd1 cxd4 15 Bc4**(15 exd4 Be7 이후의 백에게는 고립된 폰에 대한 충분한 보상이 없음) **15...Qh5 16 Nxd4**(16 Rxd4면 16...Bc5 17 Bb5+ Kf8) **16...Qxe2 17 Bxe2**로 일종의 동등화를 이끌어 낸다.

14 Nxd4 Qd5 15 f3 Bd6 16 Rd1

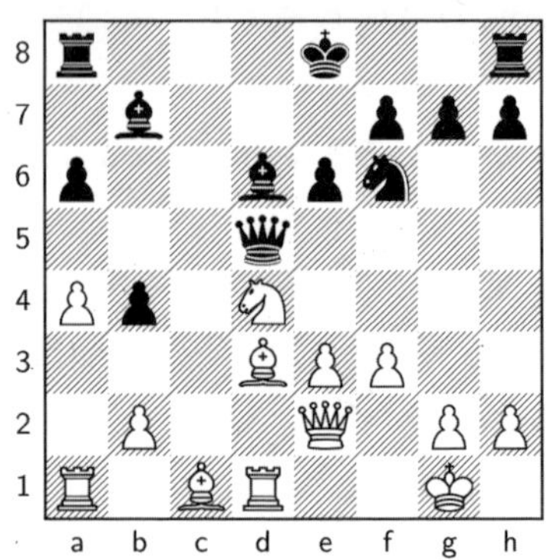

여기서 **16 Nb3**가 고려되었다. 그러면 예를 들어 **16...0-0**(또는 16...Rc8 17 Bxa6 Bxa6 18 Qxa6 0-0 19 Nd4) **17 e4 Qh5 18 g4 Qe5 19 Be3**로 f4를 두겠다고 위협한다. 선택된 준비수preparatory move가 아마도 훨씬 더 공격적일 것이다.

16...0-0 17 Bc4

지금 백은 상대의 조급한 13수를 자신에게 유리하게 만들 기회를 놓쳤다. **17 Nb3**면 **17...Qh5**(17...Qe5면 18 f4, 또는 17...Qxb3면 18 Bc4) **18 Bxh7+ Nxh7** 또는 **Qxh7 19 Rxd6**로 흑 폰을 잡을 수 있었다. 흑의 d6 룩이 일시적으로 노출되기 때문에 백은 두 가지 위협을 쉽게 충족할 수 있었다. 이제 흑은 자신을 쉬이 구원할 수 있다.

17...Qc5

17...Qh5(그리고 다음 수에서도 마찬가지로)를 사용하면 백은 18 g3를 통한 자연스러운 보호가 18...e5로 인해 불가능하기 때문에 허약해진 폰의 수가 유발될 수 있다. 흑은 18 h3 또는 18 g4 이후에는 18...Qe5로, 18 f4 이후에는 18...Qc5로 반격할 수 있었다. 그래서 상대의 강화를 직접적으로 북돋는 흑의 다음 수는 이해하기 어렵다.

18 Bd2 Qc7 19 g3 Qa5

19...Rfd8와 20 Rac1 Qa5 등등만이 더 나았을 것이다.

20 e4 Rfd8 21 Nb3 Qh5 22 Rac1

흑은 퀸이 정처 없이 돌아다니는 일에 만족했기 때문에, 백 포지션이 마지막 수로 의심의 여지없이 개선된 사실에 대해 의아해 할 필요가 없다. 그러나 여기서 백은 22...Nd7을 막기 위해 먼저 22 Be3를 두었어야 했다.

22...Nd7 23 Qf2

흑이 23...Ne5를 위협하고, 결국 g4나 f3에서 희생적인 콤비네이션을 할 것이기에 백은 더 이상 남은 수가 없었다. 이제 단순한 24 Be2가 적절하다.

23...Bc6

정답은 23...Nc5 24 Nxc5(24 Na5 Nxe4) 24...Bxc5 25 Be3 Bxe3 26 Qxe3 Qa5 등등이었을 것이다. 텍스트 무브는 설득력 있게 반박됐다.

24 Nd4 Bxa4

흑의 훨씬 덜한 악수는 **24...Bb7**이었을 것이다.

25 b3 Bb5 26 g4 Qg6

26...Qh3를 두면 백이 **27 Nxb5**, 이어서 **28 Bf1**으로 이길 것이다.

27 Bxb5 axb5 28 Nc6 Rdc8 29 Be3

백은 기물 하나를 얻는다.

29...e5 30 Qd2 Qf6 31 Kg2

백은 당연히 **31 Qxd6 Qxf3**로 갈 필요가 없었다.

31...Bc5 32 Qxd7 Bxe3 33 Ne7+ Qxe7 34 Rxc8+ Rxc8 35 Qxc8+ Qf8 36 Rd8 1-0

14라운드

상대를 알지 못한 채 경기장으로 가서야 카파블랑카와 두 번째로 경기를 치르게 될 라운드 번호가 모자에서 나온 것을 발견한 라스커 박사, 그들은 그날이 가장 운이 좋은 날이었다고 평가했다.

두 사람은 무승부로 기록된 토너먼트 둘째 날에 처음 만났다. 그 이후로 많은 일들이 일어났다. 챔피언은 레티와의 대국에서만 유일하게 패했고, 전 챔피언은 여전히 무패 행진을 이어가고 있었다! 이 경기에서의 승리나 무승부는 라스커 박사에게 큰 의미가 있었으며, 당장 위태로운 상황은 그 혼자만이 아니었다.

이 장면은 10년 전 상트페테르부르크에서 벌어진 비슷한 장면이 거의 반복된 것이었다. 당시에는 패배의 쓴맛을 모른 채 길을 열어 가던 카파블랑카가 있었다. 이제 상황은 역전되었고 라이벌을 2점 차로 앞선 사람은 트랙 안쪽에 있는 베테랑이었다. 정말 주목할 만한, 관심을 쏟을 만한 가치가 있는 행사였다. 이 마스터들이 만든 경기에는 그만한 가치가 있었다.

백을 쥔 카파블랑카의 차례, 수순이 바뀐 퀸스 폰 오프닝을 전개했다. 라스커 박사는 **9...Nh5**로 쌍비숍을 남기도록 공작을 벌였고, 매우 정확하게 자신의 수들의 타이밍을 맞춰서 카파블랑카의 모든 위협을 물리칠 수 있었다. 후자는 돌파하지 못한 채 퀸의 수를 잃었다. 하지만 라스커 박사는 소극적인 움직임을 보이지 않았고, 이것은 정확히 카파블랑카가 원했던 것처럼 보였는데, 그는 즉시 세 개의 폰들을 위해 자신의 나이트를 희생시킬 기회를 잡았기 때문이다.

흑은 수비하기 매우 어려운 게임을 남겨두었기 때문에 최선의 플레이를 펼치는 라스커 박사는 무승부 이상을 기대할 수 없었다. 얼마 지나지 않아 그는 퀸 교환을 하는 실수를 저질렀고, 챔피언은 승리하는 엔딩을 이끌어 냈다. 이 카파블랑카는 고전적인 정확성으로 성공적으로 마무리했다. 챔피언에게 그것은 풍작으로서의 진정한 승리의 순간이었다.

라스커 박사는 부담을 느끼기 시작했을까? 그는 '휴식'을 선호했을까? 곧 쓰러질까, 아니면 챔피언이 설정한 가파른 페이스를 지금 뚜렷한 발걸음으로 유지할 수 있을까? 이러한 질문들과 앞으로의 진도에 대한 것과 같은 다른 질문들이 사방에서 제기됐다. 이제 긴장감이 매우 고조되고 흥분이 고조되고 있다. 거의 절정에 달했다. 그리고 누군가는 그 잔인한 압박에 무너질 것만 같다. 상트페테르부르크의 반복일까? 아니면 더 센세이션할 수 있을까? 숨을 죽이고 다가오는 이벤트를 기다릴 수밖에 없다!

위에서 설명한 대국에 대한 알예힌의 큰 관심, 그리고 그러한 상황에서 그가 마로치를 이기지 못했기에 전날의 패배를 완전히 보상하지 못한 일은 충분히 이해할 수 있었다. 헝가리인이 러시아인을 이긴 방법은 퀸스 갬빗 거절이었다. 하지만 결정적인 순간에 다다른 카파블랑카-라스커 박사 대국을 놓치지 않으려는 불안감에 알예힌은 어드전 전에 몇 가지 사소한 수를 두려고 했다. 이 중 두 수는 잘 지켜보던 마로치에게 강력한 폰 희생으로 무한 체크를 가져오기에 충분했다. "알리바이?" 알예힌에게 물어보라!

마셜은 이날 또 한 번 패배를 당했고 타르타코베르 박사가 직접 그 작업을 했다. 그럼에도 불구하고 이 대국은 미국 챔피언에게 전환점이 되었고, 마지막 라운드까지 다시는 패배하지 않았다. 그것은 마셜이 열악한 폰 포지션에 불필요하게 종속된 또 하나의 레티 오프닝이었다. 타르타코베르 박사는 사업을 하듯 결과적으로 유리한 확실한 폰을 만들기까지 자신의 포지션적 이점을 계속 늘렸다. 마셜은 룩-폰 엔딩에서 열심히 싸웠지만 타르타코베르 박사의 승리를 부정할 수 없었다.

에드워드 라스커는 기업가 정신 덕분에 곧 우위를 점할 보골류보프가 둔 루이 로페즈보다 열등한 수비를 채택했다. 보골류보프는 또한 라스커가 만들려 했던 복잡한 문제들에서 상대를 앞질렀다. 그래서 그는 이전의 다른 많은 선수들처럼 긴장을 풀었다. 그러자 라스커는 폰 희생으로, 비록 폰 두 개가 쓰러졌지만 비숍으로 훌륭한 무승부 기회를 얻을 포지션을 강요하는 기회를 잡았다. 그런데 여기서 그는 기회를 놓쳤고 보골류보프가 득점했다.

2라운드(10국 참조)에서 야노프스키와 무승부를 거뒀던 예이츠는 재대결에서 81수까지 가는 힘든 싸움 끝에 승리를 거뒀다. 그러나 그의 인디언 디펜스는 전혀 성공적이지 못했는데, 야노프스키가 그에게 온갖 문제를 발생시키며 44수까지는 영국인을 압도했기 때문이다. 이 단계에서 야노프스키는 비교적 쉬운, 4수 깊이의 승리를 놓쳤으며, 그 후 그의 플레이는 예이츠로 하여금 처음에는 고생에서 벗어나고 나중에 실제적인 무승부 엔딩을 잡게 할 정도로 어려움을 겪었다. *Sic transit gloria mundi*(세상의 영광은 이렇게 사라진다)!

주요 점수로는 라스커 박사 9½-3½, 카파블랑카 8½-4½, 레티 8-4, 알예힌 7½-5½, 타르타코베르 박사 6½-6½. 이번 라운드에서는 백이 3½-1½로 승리하며 백 38½-흑 31½ 기록을 세웠다.

66. 카파블랑카-라스커 박사
슬라브 디펜스 *Slav Defense*

1 d4 Nf6 2 c4 c6 3 Nc3 d5 4 cxd5

4 cxd5는 이 퀸스 갬빗 변형을 수행하는 마셜의 방법이다. **4 e3**(알예힌-카파블랑카, 57국)면 흑의 최선은 퀸스 비숍의 즉각적인 전개를 생략하고 전열을 전환하는 것이다. 즉 **4...e6 5 Nf3 Nbd7**, 이어서 **6...dxc4**.

4...cxd5 5 Nf3 Nc6 6 Bf4

백은 여기서 우선 **6 Qb3**(**6...Na5**면 **7 Qc2**)-마셜과 라스커 박사의 대국과 유사하다-를 먼저 고려해야 하는데, 텍스트 무브 후에는 흑이 퀸스 비숍의 차단을 쉽게 피할 수 있기 때문이다. 그러면 **6...Bf5 7 Qb3 Na5 8 Qb5+ Bd7 9 Qd3 Qb6**.

6...e6 7 e3 Be7

7...Be7은 의심할 여지없이 **7...Bd6 8 Bg3**보다 더 나은 전망을 가지고 있다. 그러나 만약 백이 **8 h3**로 나이트와 비숍의 교환을 막는다면 흑으로선 **8...Bd6**만이 고려할 가치가 있을 것이다.

8 Bd3 0-0 9 0-0 Nh5

9...Nh5는 양쪽 모두 처리하기 매우 어려운 미들게임으로 이어지도록 선택된 전개 시스템의 논리적 결과다. 백이 주도권을 오래 유지하겠지만 그럼에도 불구하고 전체 플레이 라인이 흑에게 불리하지 않고 기회가 없지도 않기에 어떤 식으로든 패배의 원인으로 간주할 수는 없다.

10 Be5

10 Bg3면 흑은 f파일 폰을 움직일 필요가 없었지만, g3에서 교환한 후 퀸사이드를 전개시킬 수 있었다.

10...f5

흑은 여기서 완전히 템포를 버린다. **10...f6!**면 백은 **11 Bg3 f5 12 Be5**보다 더 나은 방법은 없었을 것이다. **11 Ng5**면 **11...Qe8** 때문에 만족스럽지 않았을 것이기 때문이다. 그러면 **12 Nxh7**(**12 Bxh7+**면 **12...Kh8 13 Qb1 f5**) **12...fxe5 13 Nxf8 Bxf8 14 Nb5 Qf7**으로 백은 희생된 물량에 대한 어떤 보상도 얻지 못했을 것이다.

11 Rc1 Nf6 12 Bxf6

흑 나이트의 e4 입장을 백이 수용할 수 없음이 분명하다.

12...gxf6

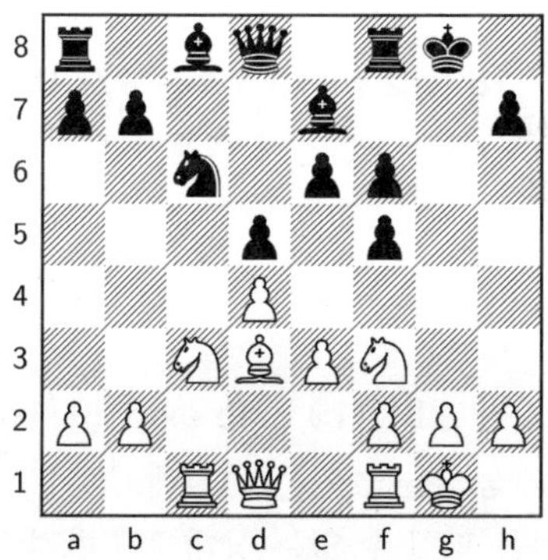

최선. **12...Bxf6**(**12...Rxf6**면 **13 Ne5**)면 백은 유리한 **Na4-c5**를 둘 수 있었다. 하지만 이제 그는 킹사이드에서의 상대방의 공격적인 대형 (**...Kh8**, **...Rg8**, 이어서 **...Qe8-h5**)을 막기 위해 주도권을 잡아야 하며, 덕분에 흑은 전개 완료에 필요한 시간을 얻는다.

13 Nh4

g4를 두겠다고 위협하는 수.

13...Kh8 14 f4 Rg8 15 Rf3 Bd7 16 Rh3 Be8

흑은 백 퀸의 *h5* 침범을 반드시 막아야 했다. 그러나 **16...Qf8**(17 **Qh5**면 **17...Be8**)는 백이 **17 Nxd5! exd5 18 Nxf5 Bxf5 19 Bxf5 Rg7 20 Qb3!**로 기물을 희생하여 상대방의 밝은 칸들을 약화시켜 승리 확률을 매우 높이기 때문에 불리했다.

17 a3

이는 무엇보다도 퀸을 위한 *c2* 칸을 확보하는 미묘한 포지셔적인 수다. 예를 들어 (I) **17...Qd7**이면 **18 Qc2!**와 **Nxf5**의 강력한 위협, 또는 (II) **17...Rc8**면 **18 Qc2 Bd7 19 Kh1**, 이어서 **Rg1**, **Qe2**와 **g4**, 또는 **19 Rf1**에 이어 **Rff3-g3**로 공격 가능성이 좋은 경우가 된다.

17...Rg7

훌륭한 방어수다. **18 Qc2** 외에도, 흑은 **17...Bf7**이면 백이 유리하게 둘 수 있었던 **Na4-c5**의 가능성도 염두에 두어야 했다.

18 Rg3

만약 지금 **18 Qc2**면 **...Bf7**(19 **Bxf5 exf5 20 Nxf5 Bg6**)이 나온다. 따라서 백은 공격 가능성을 높이는 동시에, 방어 목적으로 정확한 타이밍에 재편성 작전을 펼칠 수 있는 상대에게 반격의 주도권을 넘겨주는 룩 교환을 결심한다.

18...Rxg3 19 hxg3

백은 이제 분명한 절차, **Kf2**를 눈 앞에 두고 있다. 이는 백 퀸의 클리어런스 무브와 **Rh1**, 이어서 **...fxg4**에 이어지는 **...f5** 때문에 바로 둘 수 없었던 **g4**를 통한 비숍을 위한 대각선 개방이다. 그러나 흑 나이트의 d6 이동이 흑에게 적절한 방어를 보장한다.

19...Rc8 20 Kf2 Na5 21 Qf3

21 Qf3는 명백한 시간 손실이다. 더 정확한 **21 Qe2 Nc4 22 Rh1 Nd6**였더라도 백은 (I) **23 g4 Ne4+ 24 Bxe4 fxe4 25 f5 Bf7 26 Ng6+ Kg7 27 Nf4 Qd7** (II) **23 Nxd5 exd5 24 Nxf5 Ne4+ 25 Bxe4 dxe4 26 Qg4 Bf8**처럼 거의 얻는 게 없을 수도 있다.

21...Nc4 22 Qe2 Nd6 23 Rh1

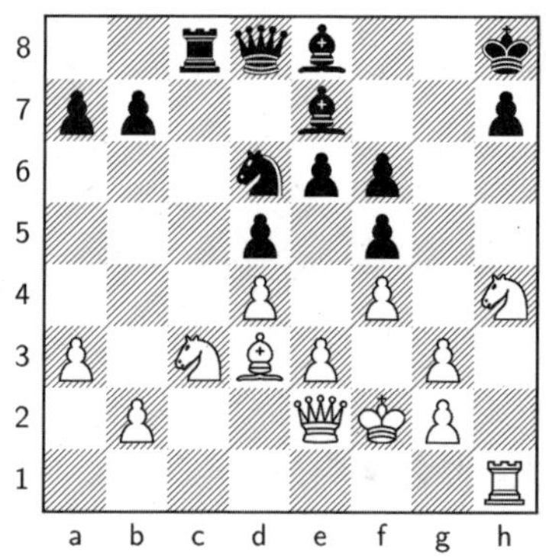

23...Ne4+

흑은 자신의 포지션을 완전히 공고히 하는 데 성공했다. 그런데 앞서 언급했듯이 백이 움직이고 있어도 두려워할 필요가 없었다. 지금 흑은 먼저 **g4**를 기다린 후 자신의 나이트를 e4로 가져올 수 있다는 걸 깨닫기만 하면 된다. 이를 위해선 **23...Qd7** 또는 **23...Rc7**으로도 충분했을 텐데, 백에게 효과적인 준비수가 마련되지 않았기 때문이다. 사실 그렇게 됐을 때, 경기 결과를 예측하긴 어려웠을 것이다. 하지만 조급한 텍스트 무브는 백에게 지속적인 주도권과 안전한 무승부를 약속하는 완벽하게 건전한 희생을 허용한다.

24 Bxe4 fxe4

24...dxe4 25 g4 fxg4 이후, 백은 **26 Qxg4 f5 27 Nxf5** 희생과 더 활기찬 **26 f5** 중에서 선택할 수 있었다.

25 Qg4

이는 이어지는 희생 플레이 라인을 강요할 수 있다. **25 f5 exf5 26 Nxf5 Bf8**는 그보다 열악했을 것이다.

25...f5

예를 들어 **25...Rc6**는 **26 f5 exf5 27 Qxf5**로 인해 흑이 만족스럽지 않기에 남은 방법은 아무것도 없었다.

26 Nxf5

백은 나이트를 대가로 폰 세 개와 노출된 적 킹에 대한 영구적인 공격을 얻는다. 그런 이유로 희생의 정확성에는 의심의 여지가 없다.

26...exf5 27 Qxf5 h5 28 g4 Rc6

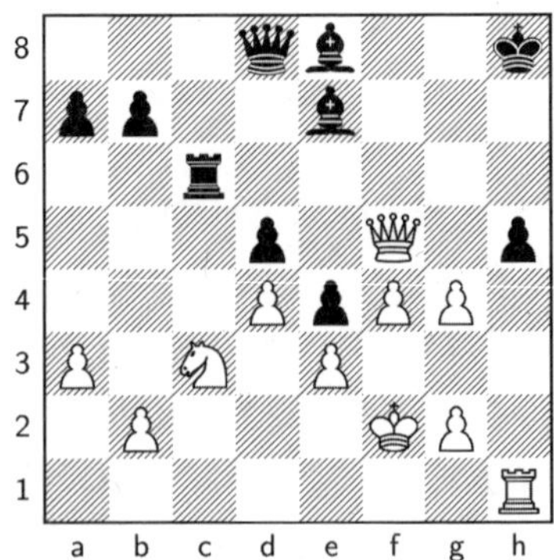

흑 룩은 수비를 위해 가장 효과적인 자리에 배치된다.

29 g5

바로 **29 Nxd5**를 두는 게 백에게 더 나은 승리의 기회를 제공한다. **29...Bh4+**는 그에게 위험하지 않기 때문이다. 예를 들어 **30 g3!**(30 Kg1은 30...Bg3! 때문에 불가)면 (I) **30...Rc2+ 31 Kg1 Rc1+ 32 Kg2 Rc2+ 33 Kh3 hxg4+ 34 Kxg4 Bd7 35 Rxh4+ Qxh4+**(35...Kg8 면 36 Nf6+에 이은 Qxd7, 또는 35...Kg7이면 36 Rh7+) **36 gxh4 Bxf5+ 37 Kxf5**로 승리 엔딩, 예를 들어 **37...Rxb2 38 Ke6! Kg7 39 f5 Kf8 40 h5 Ra2**(또는 40...Rh2면 41 Nf4) **41 f6 Rxa3 42 h6 Ra6+ 43 Kf5 Kg8 44 Ne7+** 등등. (II) **30...Bg6 31 Qe5+ Bf6 32 Nxf6 Qxf6 33 Qxf6+ Rxf6 34 gxh5 Bf5 35 Rh4**, 이어서 **g4**.

29...Kg8

여기서 흑은 불필요하게 상대에게 선택의 이득을 주었다. **29...Rd6!** 가 더 정확했을 것이다. 그러면 **30 g4 Kg8 31 gxh5 Qd7 32 Qxd7**(32 Qe5 Qg4 33 Qxe7 Re6 34 Qd8 Qf3+) **32...Bxd7**, 그리고 쌍비숍으로 백의 통과한 폰들이 주는 압박을 견딜 수 있었다.

30 Nxd5

백은 **30 g4 Rd6!**로 앞서 언급한 변형으로 전환할 수도 있지만, 상대 비숍 하나를 없애는 쪽을 선호한다.

30...Bf7 31 Nxe7+ Qxe7 32 g4 hxg4

다시 라스커 박사가 다소 어려운 연속수를 선택한다. 그럴듯한 **32...Bg6 33 Qd5+ Bf7 34 Qe5 Qxe5 35 dxe5 hxg4 36 f5 Rc5 37 Kg3 Rxe5 38 Kxg4** 후에는 비록 백이 연결된 두 개의 폰들을 얻었어도 실제 게임에서처럼 쉬운 무승부 기회를 얻었을지는 매우 의심스럽다. 왜냐하면 그 경우 e파일 폰의 약점과 흑 룩의 2랭크 진입이 그에게 새로운 문제를 일으켰을 것이기 때문이다. **32...Rc2+**면 **33 Kg3**(33 Kf1 Qc7이면 흑은 메이트 공격을 얻음) **33...Re2 34 g6 h4+! 35 Rxh4 Rxe3+ 36 Kg2 Re2+ 37 Kf1 Re1+**로 백이 무한 체크를 피할 수 없었을 더 간단한 무승부 변형이 가능했을 것이다.

33 Qh7+ Kf8 34 Rh6 Bg8

흑은 이 룩을 안전하게 잡을 수 있었다. 예를 들어 **34...Rxh6 35 Qxh6+ Kg8 36 g6 Bb3**(**36...Be6**만은 **37 g7!** 때문에 안 됨) **37 f5 Qc7!** 그리고 **38 f6** 이후에, 그는 다시 무한 체크를 가졌을 것이다. 즉 **38...Qc2+ 39 Kg3 Qc7+ 40 Kf2**(그리고 **40 Kxg4**는 **40...Be6+** 이후에 재앙이 됨) **40...Qc2+**.

35 Qf5+ Kg7 36 Rxc6 bxc6 37 Kg3

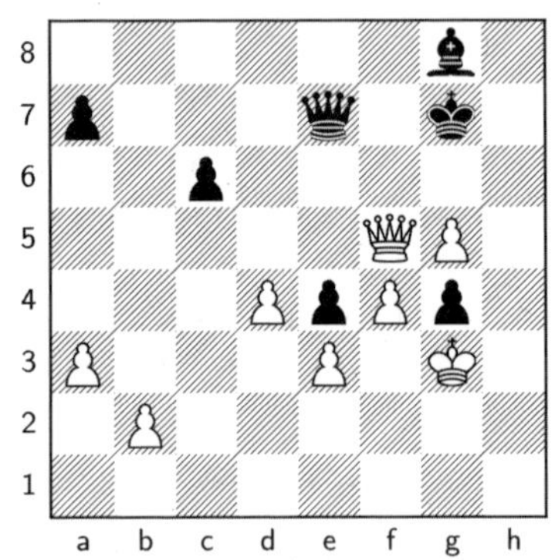

37...Qe6

여기서 흑은 절망적으로 패배하는 엔딩을 맞이한다. 이 포지션에서 흑은 위협을 받지 않았기 때문에 더욱 놀라운 수다(최악의 경우가 **38 b4**). **38 Qxg4** 이후에는 **38...c5!**의 강력한 응수를 항상 사용할 수 있었기 때문이다. 따라서 무승부로 끝낼 방법이 여러 가지 있었다. 예를 들어 **37...Bd5 38 Qxg4 Qb7**(**39 b4 Qa6**)이면 흑 퀸이 들어온 후, 백은 무한 체크를 피할 수 없었다. 그러나 가장 간단한 방법은 **37...Bf7!**(**38...Qe6**를 위협. 여기서 백으로선 **39 Kxg4**는 **39...Bh5+** 때문에 둘 수 없었음) **38 Qg4 c5!** 같은 것이었다. 그러면 **39 f5**(**39 Qd1**이면 **39...Qd6**) **39...Qd6+ 40 Qf4 Qxf4+ 41 Kxf4 cxd4 42 Kxe4**(또는 **42 exd4**면 **42...Bd5**로 백 킹은 영원히 e파일 폰에 묶임)

42...dxe3 43 Kxe3 Bb3, 이어서 ...a5-a4가 이어진다.

38 Kxg4

라스커가 이 포획의 가능성을 거의 잊어버렸다고 볼 수 있다. 이제 그에게 매우 불리한 상황에서 퀸 교환은 더 이상 피할 수 없다. 2수 메이트 때문에 그의 퀸이 f6 칸 보호를 도저히 포기할 수 없기 때문이다.

38...Qxf5+ 39 Kxf5 Bd5 40 b4 a6 41 Kg4

41 Kg4는 결정적인 기동이다.

41...Bc4 42 f5 Bb3 43 Kf4 Bc2 44 Ke5 Kf7 45 a4 Kg7 46 d5 Bxa4

또한 46...cxd5 47 Kxd5 Bxa4 48 Kxe4 이후에는 백이 연결된 세 개의 통과한 폰들로 아주 쉽게 이겼을 것이다.

47 d6 c5 48 bxc5 Bc6 49 Ke6 a5 50 f6+ 1-0

67. 알예힌-마로치
퀸스 갬빗 거절 *Queen's Gambit Declined*

1 d4 Nf6 2 c4 e6 3 Nf3 d5 4 Nc3 Be7

흑으로선 여기서는 **4...c6 5 e3 dxc4**가 더 나았을 듯하다(65국, 에드워드 라스커-타르타코베르 박사 참조). 텍스트 무브에서 도입된 정통파적인 수비는 최근 유행에서 꾸준히 멀어지고 있다.

5 Bg5 0-0 6 e3 Ne4

지금 상황은 흑의 이 변형에서의 열등함을 가장 설득력 있게 보여주는데, 어떤 식으로든 그가 전개하지 않고 나중에 아무런 이득도 얻지 못한 채 교환하게끔 같은 기물을 다시 움직여 언뜻 보기에도 안 좋은 인상을 준다.

7 Bxe7 Qxe7 8 Qc2

1923년 칼스바트에서는 백이 정확도가 떨어지는 **8 Qb3**를 같은 상대에게 두었고, 그 결과 흑은 **8...c6** 응수를 마음대로 사용할 수 있었기에 퀸스 나이트를 잡을 필요가 없었다. 하지만 지금의 흑에게는 선택의 여지가 없다.

8...Nxc3 9 Qxc3 c5

9...c5 외의 다른 수를 두면 흑의 전개는 계속 뒤처질 것이다. 하지만 지금 그는 고립된 폰을 갖게 됐는데, 이는 백이 흑의 유일한 오픈 파일에 대한 지속적 압박을 얻었기 때문에 훨씬 더 약해진다.

10 cxd5 cxd4 11 Nxd4 exd5 12 Be2 Nd7 13 0-0 Nf6 14 Rac1 Be6

쉽게 알 수 있듯이 흑은 절대적으로 규정된 진격 경로를 갖고 있다.

15 Qa5 Rfc8 16 Rxc8+ Bxc8 17 Rc1 Bd7 18 a3

여기서든 다음 수에서든 Rc7은 ...Qd8, Qc5 Rc8! 때문에 시기상조였을 것이다.

18...g6 19 h3

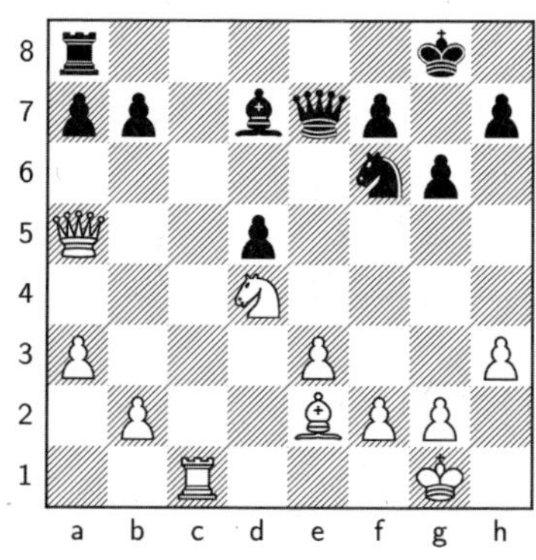

백이 **20 Bf3 Qd6 21 Qc7!**을 위협하는데, 이 단계에서는 **...Rc8!**로 막을 수 있었다.

19...Rc8

흑은 완전히 밀렸고, 따라서 이 폰 희생 시도로 아마도 혼돈 속에서 잠시 이득을 얻을 것이다. 1922년 런던에서 마로치는 이와 비슷한 방식을 통해 패할 뻔한 게임을 전략적으로 구하는 데 성공했다.

20 Rxc8+ Bxc8 21 Qxa7 Qc7

흑은 **22...Qc1+**와 **...Qxb2, 22...Ne4**, 이어서 **...Qc1+**와 **...Qe1** 또는 **...Nd2** 등등을 위협한다.

22 Bf1

백의 흥미로운 방어 작전. 비숍은 나이트에게 e2 칸을 양도하고, 작전의 일부는 퀸을 위해 d4 칸을 비운다. **22...Qc1** 이후에는 이어지는 **23 Qb6 Ne4 24 Qd8+ Kg7 25 Qxd5 Nd2 26 Qb5**로 백이 결정적인 우위를 점한다.

22...Bd7 23 Ne2 Bb5 24 Nc3 Bxf1 25 Kxf1 Ne4

흑에게 남은 방법은 퀸 엔딩 돌입만 있는데, 그 경우 물질적으로 불리할 뿐만 아니라 포지션적으로도 불리한 상황에 처한다.

26 Qd4 Nxc3 27 Qxc3 Qh2

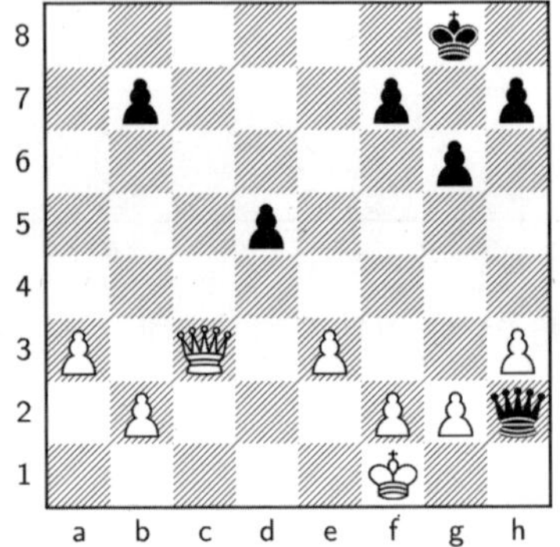

절망적인!

28 f3

백의 이 수와 그 이후의 누락은 벌을 받아야 할 만한 부주의의 결과다. 쉽게 이길 게임임을 알면서도 어드전 전 서두르던 백은 마침 결정적 단계에 도달한 카파블랑카-라스커 박사의 센세이션한 대국을 보기 위해 몇 가지 중요하지 않은 수를 두려고 생각했다. 자명한 **28 Qc8+ Kg7 29 Qxb7 Qh1+ 30 Ke2 Qxg2 31 a4**였으면, 흑은 당연히 곧 기권해야 할 것이다.

28...Qh1+ 29 Kf2 Qd1 30 Qc8+

30 Qc8+는 확실히 아무것도 망치지 않지만, 이길 수 있는 올바른 방법은 **30 Qd4! Qc2+ 31 Kg3**(32 Qxd5 위협) **31...Qb3 32 a4**였을 것이다.

30...Kg7 31 Qxb7

이 대국은 실제로 무승부로 끝난다. 백은 **31 Qc3+**와 **Qd4**를 두었어야 한다.

31...Qd2+ 32 Kg3 d4

이 간단한 **32...d4**를 백은 간과했다.

33 exd4

이렇지 하지 않으면 이 폰은 **...d3** 또는 **...dxe3** 다음에 퀸이 될 것이다.

33...Qg5+ ½-½

68. 타르타코베르-마셜
잉글리시 오프닝 *English Opening*

1 Nf3 Nf6 2 c4 g6

이 피앙케토 대형은 일반적으로 대칭적인 포지션을 만드는데, 선수를 둔 플레이어의 템포가 더 중요하게 작용하는 경향이 있다. 아마도 가장 안전한 것은 **2...c6**, 이어서 **...d5**와 **...Bf5**일 것이며, 이 수순은 수의 뒤바꿈을 통해 레티-라스커 박사의 대국(76국) 오프닝으로 이어졌을 수도 있다.

3 b3 Bg7 4 Bb2 0-0 5 g3 c5 6 Bg2 Nc6 7 0-0 e6

7...e6는 좋은 포지션 플레이에 부합하지 않는 아이디어로, 마셜이 오늘날의 마스터라면, 예를 들어 라스커 박사처럼 성공적으로 싸우기 위해서 반드시 알아야 하는 오프닝을 다루는 현대적인 방법의 깊이에 아직 충분히 이르지 못했음을 분명하게 보여 준다. 그는 **7...d6(7...d5**

는 8 cxd5 Nxd5 9 Bxg7 Kxg7 10 d4 때문에 안 됨) **8 d4 Bg4**로 전 개를 완료하는 대신 d파일 폰의 고립시키는 플레이를 하는데, 여기서 더 불리한 이유는 열린 게임이 된 후에는 피앙케토된 그의 킹스 비숍의 단점(어두운 칸들의 약화)만 남고 그 교환으로 희망했던 장점이 사라질 것이기 때문이다.

8 d4 cxd4 9 Nxd4 d5 10 cxd5 exd5

10...Nxd5 11 Nxc6면, 흑은 c6 칸에 치명적 약점이 생긴다.

11 Nd2 Re8 12 N2f3 Bg4

흑의 불충분한 아이디어로 나온 이 **12...Bg4**는 잘 알려진 방법으로 상대를 괴롭히기 위해 뒤처진 폰을 사용했으며, 단순화 이후에는 정말 취약해진다. 여기서 덜한 악수는 **12...Qb6**(Ne4를 의도한)로, 완전히 방어 가능한 게임이 된다.

13 Nxc6 bxc6 14 Ne5 Bd7 15 Nxd7 Nxd7 16 Bxg7 Kxg7 17 Rc1 Qf6 18 e3

백의 우월한 포지션이 이제 분명해졌다.

18...Rad8 19 Rc2

흑은 바로 **19 Qd2**도 꽤 좋았을 것이다.

19...Re6 20 Qd2

20 Qd2에는 분명 **Qa5**를 두려는 목적이 있다. 흑은 이 위협에 주의를 기울이지 않는 듯한데, 그 소홀함에도 불구하고 백이 실행에 옮기지 않은 게 이상하다.

20...Rd6

이 수와 다른 방어수(예: **20...Ne5 21 Qd4**, 실제 경기와 유사함)로
는 충분하지 않았을 것이므로 마셜의 스타일에 맞게 **20...h5**로 시작하
는 반격이 이루어졌어야 한다. 그 경우 백이 **21 h4**로 응수했다면, 흑
은 이후 전개에서 최소한 나이트를 위한 g4 칸을 얻었을 것이다. 그렇
지 않았다면, h파일의 개방이 백에게 주의의 필요성을 상기시켰을 것이
다.

21 Rd1

불필요하다! **21 Qa5**가 **21...Ra8**에 대한 방어로 **22 Rfc1 c5 23 e4!
Ra6 24 Qd2** 이후, 그리고 **21...c5**의 반격에 대하여 **22 Qxa7 d4 23
exd4 cxd4 24 Rd1** 이후 모두 백에게 유리한 결과를 가져왔기에 매우
적절한 수였을 것이다. 게다가 **21 Rfc1**도 더 나았을 것이다. 어떤 경
우든 룩은 2수 후에 c1으로 와야 하기 때문이다.

21...Ne5 22 Qd4 R8d7 23 Rdc1 Kg8

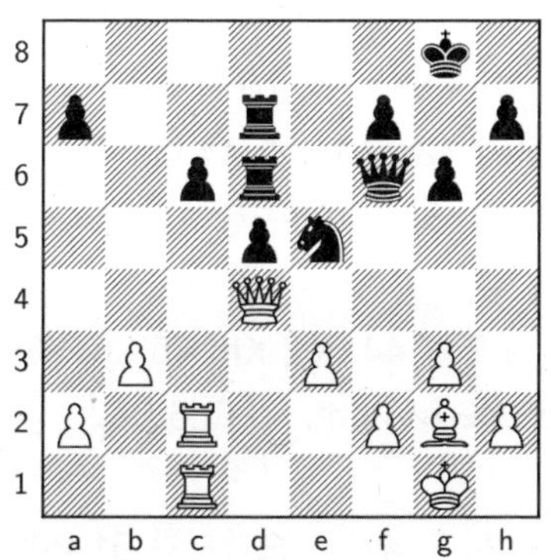

23...Kg8는 흑의 결정적인 실수다, 이 대신 당분간 모든 것을 보호
하는 **23...Rc7**을 두었어야 했다. 물론 그래도 백이 우세했을 것이다.

24 f4

이로써 백은 c6에서 약자를 잡고 쉽게 이기는 룩 엔딩을 가져온다.

24...Ng4 25 Qxf6 Rxf6 26 Bh3 h5 27 Rxc6 Rxc6 28 Rxc6 d4 29 Bxg4 hxg4 30 Kf2

흑은 중요한 템포를 잡았다.

30...dxe3+ 31 Kxe3

흑은 퀸사이드의 폰 우세를 쉽게 계산할 수 있으며, 이보다 나은 룩 포지션, 킹의 더 바람직한 포지션은 누구도 예상 못 할 것이다!

31...Re7+ 32 Kd3 Rd7+ 33 Kc2 Kg7 34 b4 Re7 35 Kb3 Re2 36 Rc2 Re3+ 37 Kc4 Ra3 38 b5 Ra4+ 39 Kb3 Re4 40 Rc7

40 Rc7은 가장 에너지가 넘치지만 가장 간단한 것은 **a4-a5**이다.

40...Re3+ 41 Kb4 Re4+ 42 Kb3

그러나 지금 백의 **42 Kb3**는 불필요한 후퇴이며 게임을 12수 더 연장시켰다. 42 Ka5 Re2 43 a4 Rxh2 44 Ka6 Ra2 45 a5 Ra3 46 Rc2 Rxg3 47 Kxa7 Rf3 48 b6의 변형이 충분히 설득력 있었을 것이다.

42...Re3+ 43 Rc3 Re1 44 Rc2 Kf6 45 Kb4 Ke6 46 Ka5 Re4 47 a4 Kd7 48 Rc6 Kd8 49 Rf6 Ke8 50 Rd6 Re2

마찬가지로 흑이 **50...Rc4**를 시도했으면 **51 Rd2 Re4** 이후에 결국 **52 Ra2 Re6 53 Kb4**, 이어서 **a5**로 백이 비록 어려움이 없진 않지만 이길 수 있었다. 텍스트 무브 후 게임은 갑자기 종료된다.

51 Ka6 Rxh2 52 Kxa7 Ra2 53 Rd4 Ra3 54 b6 Rxg3 55 b7 Rb3 56 b8Q+ Rxb8 57 Kxb8 f5 58 a5 g5 59 a6 g3 60 a7 gxf4 61 a8Q

69. 보골류보프–에드워드 라스커
루이 로페즈 *Ruy Lopez*

1 e4 e5 2 Nf3 Nc6 3 Bb5 Qf6

3...Qf6는 거의 쓰이지 않는 방어다. 퀸의 조기 노출로 인해 흑의 전개를 더 어렵게 만들기에 당연하다.

4 Nc3

백은 이미 **Nd5**를 위협하고 있다.

4...Nge7

4...Nd4는 흥미롭지만 백에게 유리한 라인이었을 것이다. 예를 들어 5 Nxd4 exd4 6 Nd5 Qg5(또는 6...Qd8면 7 Nf4!) 7 Nxc7+ Kd8 8 Nxa8 Qxb5 9 d3 b6 10 Bf4 d6 11 a4 Qc6 12 Qh5 g6 13 Qb5 Qb7 14 a5로 백의 강력한 공격이 가능하다. 반면 텍스트 무브는 흑 킹스 비숍의 전개를 매우 어렵게 만든다.

5 d3 Nd4

흑이 선택한 연속수에 더 걸맞는 수는 나중에 비숍의 피앙케토가 동반되는 **...h6**다. 이제 흑은 열등한 버즈 변형Bird's Variation에서의 불길한 행보에 올라탔다.

6 Nxd4 exd4 7 Ne2 c6 8 Ba4 d5 9 0-0 g6

흑은 이렇게 하지 않으면 킹사이드 기물을 거의 전개할 수 없다.

10 b4

이 수를 통해 백은 d5 폰에 공격을 집중하고 우위를 단단히 붙든다. 흑 역시 자신의 불리한 포지션을 지킬 유일한 수를 찾았지만, 방어가 충분하지 않아 동등화를 이루기에는 역부족이다.

10...Qd6 11 a3

이 보호 수로 인해 흑은 노출된 폰을 지키기 위해 자신의 포지션을 더 양보해야 한다.

11...Bg7 12 Bb2 b5 13 Bb3 c5 14 bxc5 Qxc5 15 Rc1

15 Rc1은 단순하면서도 결정적이다. 결과적으로 피할 수 없는 c파일 개방은 백에게 더 많은 이점을 약속한다. 흑 입장에서는 지금 자신의 기회에 베팅하고 싶지 않을 것이다.

15...0-0 16 c3 dxc3 17 Nxc3 d4

적어도 **17...dxe4 18 Nd5 Qd6 19 Bxg7! Kxg7 20 dxe4**가 흑에게 더 좋지는 않았다.

15 Nd5 Qd6 19 f4

19 f4는 **e5** 위협이다.

19...Nxd5 20 Bxd5 Rb8 21 Rc6 Qd8 22 Qb3

종종 그렇듯이 취약한 한 수로 인해 결점 없는 플레이로 얻은 이점을 잃을 수 있다. 백은 **22 Qc2 Bb7 23 Rc5 Bxd5 24 Rxd5 Qb6 25 e5 Rbc8 26 Qf2**, 또는 **23...Qb6 24 Bxb7 Qxb7 25 e5 Rfc8 26 Rc1**이 옳을 것이다.

22...Bb7 23 Rc5 Qd6

이 **23...Qd6** 응수가 모든 차이를 만든다. 백으로선 **24 Rxb5**는 **24...Bxd5** 때문에, f파일 폰이 공격당하면서 귀중한 템포를 잃기에 두는 게 불가능하다.

24 Qc2 Rfc8 25 Rc1

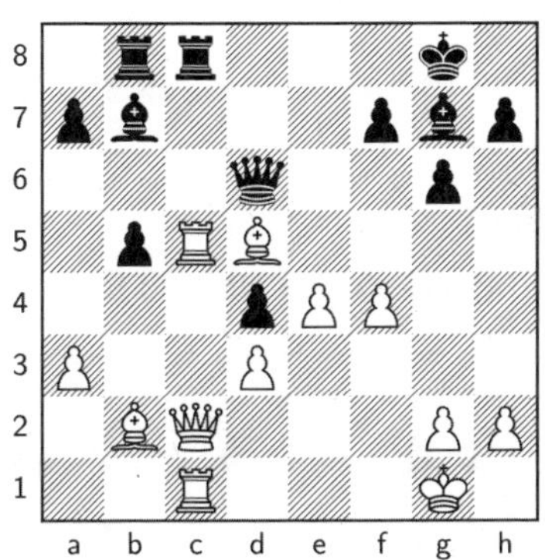

25...Bf8

다음 기동에서 결국 흑이 밀린다. 그는 여기서 게임을 구할 기회가 있었다. **25...Rxc5 26 Qxc5 Qxf4! 27 Bxb7**(또는 **27 Rf1**이면 **27...Qe3+ 28 Kh1 Bxd5 29 Qxd5 Qxd3 30 Qxf7+ Kh8**) **27...Be5!**, 그리고 백은 무승부를 피할 수 없다. 예를 들어 **28 Qc2**(또는 **28 g3**면 **28...Qe3+**) **28...Qxh2+ 29 Kf1 Qh1+ 30 Kf2 Qh4+ 31 Ke2 Qh5+!**

26 Bxd4 Qxf4

흑은 이 수로 교환에서 이겼지만 잠시 동안이다.

27 Rf1 Bxc5 28 Bxc5 Qe3+

28...Qe5면 **29 d4! Qh5 30 Bxf7+ Kg7 31 d5!**로 백이 쉽게 이긴

다. 그러나 다음의 엔딩도 흑에게는 절망적이다.

29 Bxe3 Rxc2 30 Bxf7+ Kg7 31 Bb3 Rc7

31...Rc7은 32 Rf7+의 끔찍한 위협에 어쩔 수 없이 강제된 수다.

32 Bf4 Rbc8 33 Be6

33 Be6는 약간 공상적이지만 충분하다. 더 간단한 방법은 33 Be5+ Kh6 34 Bxc7 Rxc7 35 Rf7, 그리고 35...Rc3면 36 Be6!로 백의 승리 포지션이었을 것이다.

33...Re7 34 Bxc8 Bxc8 35 Rc1 Bb7 36 Rc7

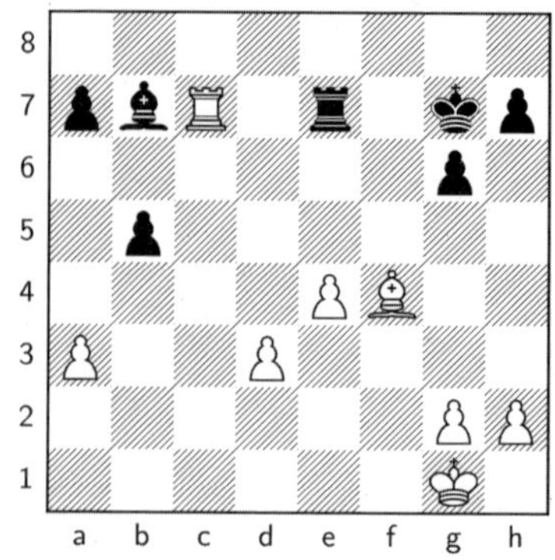

이 그럴듯한 36 Rc7은 겉보기와는 달리 상대에게 어려운 무승부를 얻을 기회를 주는 실수다. 백에게는 36 Kf2가 필요했고, 연합된 통과 한 폰들로 어렵지 않게 승리했을 것이다.

36...Kf7

흑은 행운의 기회를 잡지 못했다. 36...Rxc7 37 Bxc7 b4! 이후에 는 상대보다 폰 두 개가 부족함에도 불구하고 무승부가 될 것이다. 예 를 들어 38 axb4 Ba6 39 d4 Bd3 40 e5 Bc4 41 Kf2 a6 42 Ke3 Bd5 43 g3 Kf7 44 Kf4 h6 45 Bd6 Ke6 46 Bf8 h5 47 Kg5 Be4 등등. 그

러나 텍스트 무브 이후에는 실질적으로 싸울 기회가 남지 않는다.

37 Rxe7+ Kxe7 38 Bd2 Ke6 39 Kf2 Kd6 40 Ke3 Kc5 41 Ba5 Bc8 42 Bd8 Bd7 43 Ba5 g5 44 Bc3 h5

또는 44...a6면 45 Bf6 g4 46 Be7+ Kc6 47 d4, 이어서 d5다.

45 Bd4+ Kd6 46 Bxa7 h4 47 Bd4 Ke6 48 Bc3 Kf7 49 d4 Kg6 50 d5 Bc8 51 Ba5 Bd7 52 Bd8 h3 53 gxh3 Bxh3 54 Kd4 Bd7 55 e5 Kf5 56 e6 Be8 57 Bxg5 1-0

70. 야노프스키-예이츠
런던 시스템 *London System*

1 d4 Nf6 2 Nf3 g6 3 Bf4 Bg7 4 h3

4 h3는 반드시 필요하지는 않은데, **4...Nh5**가 **5 Bg5**로 인해 실제적인 위협이 되지 않기 때문이다. **4 e3** 또는 **4 Nbd2**로 대체할 수 있다.

4...0-0

하지만 흑은 상대방의 지체된 전개를 활용하지 않으며 **4...c5!** 대신 '인디언' 라인을 방해받지 않고 진행한다. 그런 다음 **5 c3**(또는 **5 e3**면 **5...Qb6**) **5...cxd4 6 cxd4 b6**, 이어서 **...Bb7**으로 좋은 전망을 가질 수 있다(라스커 박사-알예힌, 86국 비교).

5 e3 d6 6 Bc4 Nc6

다시금, 흑은 **6...c5 7 c3**(**7 dxc5**면 **7...Qa5+**) **7...b6**에 이어 **...Bb7**을 통한 레티 시스템으로의 전환이 더 추천할 만하다. 그에 비하면 흑이 중앙에서 계획한 대형은 d5 칸이 약한 이유로 건전하지 않다.

7 0-0 Nd7

만약 흑의 목적이 ...e5라면 지금이 가장 유리할 수 있다. 7...e5 8 dxe5 Nh5 9 Bh2(또는 9 Bg5면 9...Qe8 10 g4 Nxe5 11 Nxe5 Qxe5) 9...Nxe5 10 Nxe5 Bxe5. 따라서 결과적으로 백의 최선은 8 Bh2이며, 그러나 이 경우 흑은 백이 선택한 효과적인 연속수에 대비함으로써 적어도 중요한 템포를 얻었을 것이다.

8 Nc3 h6

지금 흑은 이 준비수를 둘 의무가 있다. 8...e5 9 Bg5 Qe8 10 Nd5 이후에는 그의 퀸이 어려워지기 때문이다

9 Qd2 e5 10 Bg3 Kh7 11 Rad1 Nb6

이 게임에서도 b6가 나이트를 세우기에 바람직한 자리가 아니라는 오래 확립된 원칙의 진실이 입증되었다.

12 Be2 Qe7 13 Rfe1

한 수씩 한 수씩, 백은 압박을 줄이지 않고 포지션을 강화하고 있다. 13...e4를 두면 백은 14 Nh2와 f3로 중앙을 부수며 유리한 고지를 점할 수 있다.

13...Bd7 14 Bd3 Rae8

14...f5면 백은 15 dxe5 dxe5 16 e4 f4 17 Bh2에 이어 Nd5(16...Be6도 마찬가지)가 유리하다. 흑으로선 지금 드러난 것처럼, 14...Rad8가 더 나았을 것이다.

15 dxe5 dxe5 16 e4 Nb4

흑은 백의 입장에서 이 전략의 가벼운 모티프가 되는 d5 나이트의 착수를 막기 위해 고심 끝에 수를 뒀다.

17 Bf1 Rd8 18 Qc1

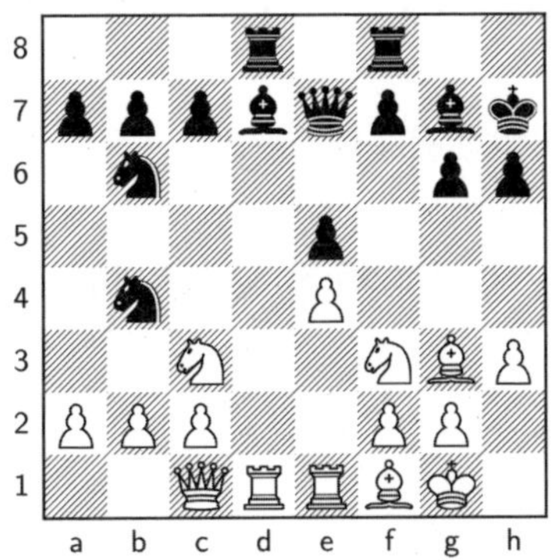

18...f6

이것은 거의 싸우지 않고 항복하는 것과 같다. 의심할 여지없이 **18...c6**가 필요했다. 그러면 **19 a3 Na6 20 Bxa6** 이후 퀸사이드 폰들이 약화될 가능성이 d5 칸의 포기보다 훨씬 덜 심각했을 것이기 때문이다. 게다가 백(그리고 무엇보다도 야노프스키가!)이 과연 그런 식으로 자신의 킹스 비숍과 헤어지기로 결심할지도 의문이다.

19 a3 Nc6 20 Nd5

이렇게 시작된 백의 공격은 자동으로 계속된다.

20...Nxd5 21 exd5 Nb8 22 c4 b6 23 Bd3 Be8 24 Qc2 Nd7 25 b4 a5 26 Nd4 Rc8 27 Ne6 Rg8 28 c5 bxc5 29 bxc5 Bf7 30 c6

쉽게 이길 수 있다고 확신한 백은 다소 부주의하게 플레이한다. 즉시 결정적인 수순은 **30 f4 Bxe6 31 Bxg6+ Kh8 32 dxe6 Qxc5+ 33 Qxc5 Nxc5 34 e7**이었을 것이다. 물론 텍스트 무브 후에도 흑의 포지션은 여전히 방황하고 있다.

30...Nf8 31 f4

좋은 대안은 31 Nxg7 Rxg7 32 f4였을 것이다.

31...Nxe6 32 dxe6 Qxe6 33 f5 Qe8 34 Be4 gxf5

34...gxf5 역시 유일한 응수다.

35 Bxf5+ Bg6 36 Rd7 Bxf5 37 Qxf5+ Qg6 38 Qf3 Kh8 39 Re4 Rce8

분명 39...f5는 40 Rxe5 때문에 안 될 듯하다.

40 Rg4 Qb1+ 41 Kh2 Re6

41...Re6는 백이 42 Rdxg7, 이어서 Qxf6를 두겠다고 위협했기 때문이다.

42 Qd5 Qf5 43 Rxc7 h5

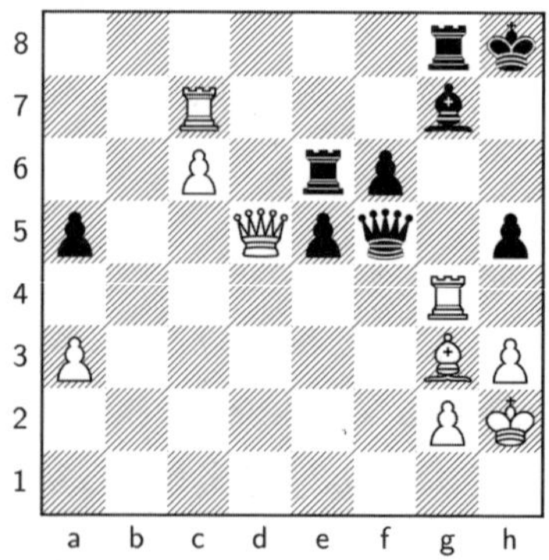

44 Rh4

44 Rgxg7 Rxg7 45 Rxg7 Kxg7 46 Qd7+ Kg6 47 c7 이후라면, 흑은 더 고민하지 않고 체념할 수도 있었다. 하지만 백은 이 두드러진 실

수 이후에도 여전히 이길 수 있을 만큼 우위를 점하고 있다.

44...Bh6 45 Qf3

백의 올바른 수순은 **45 Rxh5 Qxh5 46 Qxe6 Qg5** 또는 **46...g6**(**46...Rxg3**는 분명 아무것도 얻지 못 함) **47 Qg4**였을 것이다. 이제 흑에게 무승부가 보인다.

45...Qxf3 46 gxf3 Rd6 47 Rxh5 Rd2+ 48 Kh1 Rxg3 49 Rxh6+ Kg8 50 Rd7

흑은 **50 Rxf6 Rdg2**면 무한 체크로 즉시 무승부를 강요할 수 있었다.

50...Rdg2 51 Rd1 Kg7 52 Rh4

또는 **52 Rc1**이면 **52...Kxh6 53 c7 Rg8**.

52...Rc2 53 Rg1 Rxg1+ 54 Kxg1 Rxc6 55 Ra4 Rc5

그리고 지금 우리는 일반적으로 대응하면 어느 쪽이든 질 수 없는 상황에 도달했다. 다음 수에서 백은 **56 f4**를 사용하여 더 단순화할 수도 있었다.

56 Kf2 f5 57 Kg3

57 Ke3가 조금 더 나았을 것이다. **57...Kf6 58 f4** 이후 흑은 **58...e4**를 **59 Kd4** 때문에 둘 수 없었기 때문이다. 그러나 그런 종류의 일은 언젠가 일어날 수밖에 없다.

57...Kf6 58 f4

백의 **58 f4**는 상대방이 지원하는 통과한 폰을 허락하는 동시에 자신의 f파일 폰을 위험에 빠뜨리는 끔찍한 수다. **58 Kf2**를 통하면 여전히 무승부가 가능했다. 그러면 **58...Kg5 59 f4+ exf4 60 Kf3 Rc3+ 61 Kg2 Rg3+ 62 Kh2** 등등.

58...e4 59 Kh4 Ke6 60 Rd4

물론 **60 Kg5**는 **60...e3** 때문에 안 된다.

60...Rb5

흑이 65수에서 승리를 얻는 결과는 지금 **60...Rc3 61 Ra4 Rf3**를 통해 가능하다.

61 Ra4 Kd5 62 Kg3 Rc5 63 Kf2 Ke6 64 Kg3 Rc3+ 65 Kh4 Rf3

65...Rf3는 흑의 69수 이후에 더 명확하게 보이는, 정확하게 계산된 승리 콤비네이션이다.

66 Kg5

66 Rxa5 Rxf4+ 67 백 킹 이동 Rf1 이후에도 마찬가지로 흑의 연결된 통과한 폰들이 그에게 유리한 판세를 만들었을 것이다.

66...Rxh3 67 Rxa5 Rg3+ 68 Kh5 Rg4 69 Re5+ Kf6

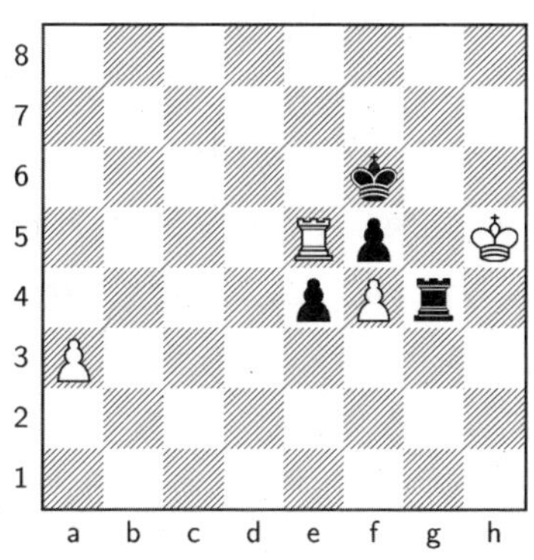

70 Re8

백은 이제 처음으로, 의도한 **70 Rxe4** 이후에는 **70...Rg1**(또는 **...Rg8**)을 통해 룩을 잃을 수 있음을 깨달은 듯하다. 그러나 너무 늦었다.

70...Rxf4 71 a4 Rf3 72 Kh4 Ra3 73 Ra8 Ke5 74 Kg5 Rg3+ 75 Kh5 e3 76 a5 Kf4 77 a6 Rg1 78 a7 Ra1 79 Kg6 Ra6+ 80 Kh5 e2 81 Re8 Kf3 0-1

15라운드

15라운드는 라스커 박사의 경기를 보러 온 사람들 입장에서, 결과는 다르지만 그가 자리를 비운 1라운드의 반복이었기에 실망감을 감추지 못했다. 카파블랑카는 라이벌의 결장을 최대한 활용하며 총 승수를 동률로 만들었지만, 그보다 한 경기를 더 치르고 패했기 때문에 여전히 2위에 머물렀다. 알예힌도 페이스를 유지했고, 마셜은 레티에게 한 경기를 빼앗으며 존재감을 드러냈다. 다른 승자는 보골류보프와 마로치였다. 무승부는 나오지 않았다.

카파블랑카가 선택한 레티 오프닝은 유망한 게임을 얻은 야노프스키가 잘 방어했다. 그러나 후자는 불필요하게 ...h6를 두면서 킹사이드를 약화시켰고, 나중에 ...f6를 두게 되었을 때 그의 밝은 칸들은 자연스레 허약했다. 카파블랑카는 상대의 불리한 상황을 최대한 활용하며 매우 교훈적인 방식으로 승리를 거뒀다.

알예힌과 예이츠의 대국은 인디언 디펜스에 밀린 알예힌이 약간의 자유를 얻기 위해 초반에 교환을 포기할 수밖에 없었던 경기였다. 알예힌이 긴장을 늦추지 않았기에 경기가 아주 길어지지는 않았다.

레티는 마셜을 상대로 자신의 오프닝을 펼쳤고 둘 다 좋은 이점을 보았다. 상황이 복잡해지면서 미국인은 퀸스 룩을 킹사이드로 가져와 백 킹의 부담을 크게 가중시키는 플레이 라인을 만들었다. 레티는 탈출구가 있었지만 이를 놓쳤고, 마셜은 강력한 콤비네이션으로 상대의 킹사이드 포지션을 완전히 파괴했다.

에드워드 라스커는 마로치에 맞서 퀸스 갬빗 거절로 잘 버텼지만, 킹사이드 진격에 전념하다가 자신의 게임을 심각하게 약화시켰다. 마로치의 후속 플레이는 실수가 적지 않았지만 결국 승리를 가져올 만큼 충분히 좋았다.

　보골류보프-타르타코베르 박사는 더치 디펜스와 물량 대결이었지만, 주된 흥미로움은 엔딩에 있었다. 보골류보프는 7랭크에 룩을 세우기 위해 폰을 희생시켰고, 이후 매우 정확한 플레이로 폰을 회수했다. 그는 게임을 구원하는 데 실패한 타르타코베르 박사의 기발한 반격에도 불구하고 포지션에서 우위를 유지했다. 보골류보프가 이번 토너먼트에서 가장 노력한 결과들 중 하나였다.

　주요 점수로는 라스커 박사 9½-3½, 카파블랑카 9½-4½, 알예힌 8½-5½, 레티 8-5, 마셜 7-6, 보골류보프와 마로치가 각각 7-7. 백이 4-1로 이긴 또 다른 승리의 날이었으며 총합 백 42½, 흑 32½로 기록됐다.

71. 카파블랑카-야노프스키
레티 오프닝 *Reti Opening*

1 Nf3 d5 2 g3 c5 3 Bg2 Nc6 4 0-0 e5 5 c4

5 c4로 게임은 고유한 성격을 갖게 된다. 그러나 피앙케토된 비숍이 의도한 효율성 증가가 백의 나머지 전투력의 제한을 보상하는지는 의심스럽다. 따라서 먼저 **5 d3**를 두고 **5...Nf6**의 경우 **6 c4**를 두는 것이 더 바람직해 보이지만, **5...f5**의 경우에는 **6 e4!**로 알예힌-에드워드 라스커의 대국(78국)과 다소 유사하면서도 템포가 더 빨라진다.

5...d4 6 d3 Bd6 7 e3 Nge7 8 exd4

카파블랑카 자신이 경기 후 적절하게 지적했듯이 이 교환은 시기상조다. **8 Nbd2**를 바로 둬서, 흑의 킹스 비숍을 **Ne4**로 강제 교환할 수 있는 포지셔널 위협을 가했어야 했다. 만약 흑이 이를 피하려 **8...f5**로 대응했다면, d4에서 교환한 뒤 **Re1**으로 **c5**를 두겠다고 위협하는 게 실제 경기보다 더 나은 전망을 제공했을 것이다. 텍스트 무브 이후에 흑은 착실한 운전을 한다.

8...cxd4 9 a3 a5 10 Nbd2 Ng6 11 Re1 0-0 12 Qc2 Re8 13 b3

백이 퀸사이드에서 유망하게 자리 잡기란 매우 어렵다. 왜냐하면 그가 **c5**를 준비할 때까지 그의 폰 우세는 별 실체가 없기 때문이다. 게다가 이 수순은 흑이 아주 쉽게 막을 수 있다.

13...h6

흑이 **...Be6**를 두기 위한 가장 적합한 준비는 어떻게든 두어야 하는 **13...f6**다. 반면 여기서 발생한 흑 킹사이드의 언뜻 무해해 보이는 허약화는 카파블랑카가 적절한 순간에 효과적으로 활용한다.

14 Rb1 Be6 15 h4

흑의 당황스러운 수가 백의 부적절한 응수로 인해 중요성을 얻었다. 그럼에도 불구하고 **15 c5 Bf8 16 b4 axb4 17 axb4 Ra2**는 분명 시기 상조였을 것이다.

15...Rc8

이는 백이 기대한 바로 그런 수였다. **15...Qe7**, 그리고 **16 h5**(또는 16 Kb2면 16...f6)라면 **16...Nf8 17 c5 Bxc5 18 Nxe5 Nxe5 19 Rxe5 Bd6**, 이어서 ...Rac8로 흑의 우위가 유지됐을 것이다.

16 c5 Bb8

16...Bf8에 대한 응수로는 당연히 **17 h5**가 이어졌을 것이다.

17 Nc4

이제 마침내 백은 승부를 걸고 다음 수순에서의 퀸사이드 압박을 이용하여 적 비숍들 중 하나와 강제로 교환한다.

17...f6 18 Bd2 Kh8 19 b4 axb4 20 axb4 Na7 21 Qc1

21 Qc1은 **22 Bxh6**를 두겠다고 위협하며, 이는 흑의 불필요한 13수의 결과다.

21...Nb5

흑이 위협을 막아낸다(**22 Bxh6?**면 **22...Nc3 23 Ra1 e4**). 그러나 야노프스키는 15수에서 실수를 저지른 후 전반적으로 꽤 잘 방어했지만 이제는 할 수 있는 게 거의 남지 않았다.

22 Nh2 Qe7 23 Ra1 Rc7 24 Ra5 Bd7 25 Nb6 Bc6 26 Qc4 Na7 27 Nd5 Bxd5 28 Qxd5

백의 모든 것이 매우 설득력 있게 진행된다. 지금 그는 퀸사이드에 있는 폰 다수를 제외하면 약화된 적진의 칸들을 강하게 압박한다.

28...f5 29 Qf3 Qf6 30 h5 Ne7 31 g4

31 g4는 흑이 28수로 헛되이 닫으려 한 구멍을 다시 열기 위해서다. 백 퀸스 비숍 길의 순간적인 폐쇄는 중요하지 않다.

31...f4 32 Qe4 Nec6 33 Raa1 Rce7 34 Qg6 Qf8

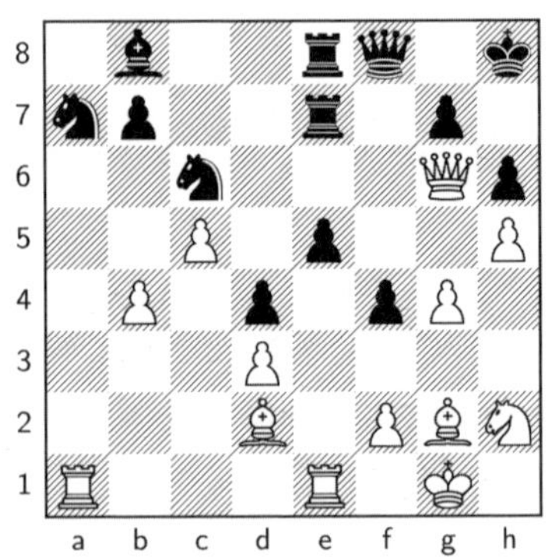

흑으로선 34...Qxg6면 35 hxg6에 이어 결국 Bd5-c4와 g5까지 이어졌으며, 결국 장기적으로는 게임을 구원할 수 없었다. 텍스트 무브에는 다음과 같은 함정이 포함되어 있다. 35 Be4 Qg8 36 Nf3 Re6 37 Qf5(또는 37 Nh4면 37...Ne7) 37...Rf8. 그러나 카파블랑카는 이 희망을 부순다.

35 Nf3

백이 36 Nh4를 위협하는데, 흑은 충분한 방어를 할 수 없다. 흑에게 가장 덜 덜한 악수는 35...Qf6로 마지막 수를 되찾는 것이었지만, 이 경우에도 상대는 36 Qxf6 gxf6 37 Nh4 이후 서서히 자신의 길을 강제했을 것이다. 흑은 결국 교환에서 패배한다.

35...Re6 36 Nh4 Rf6

또는 36...Qg8면 37 Bd5.

37 Be4 Qg8 38 Bd5

38 Bd5는 결정적이다.

38...Ne7

만약 38...Qf8면 당연히 39 Qe4가 나온다.

39 Qxf6 gxf6 40 Bxg8 Rxg8 41 f3 f5

41...f5는 고통을 단축시키는 수다.

42 Bxf4 Nec6 43 Ng6+ Kh7

또는 43...Rxg6면 44 hxg6 exf4 45 Re8+, 이어서 46 Rxb8로 백 승리.

44 Bxe5 Nxe5 45 Rxe5 Bxe5 46 Rxa7 1-0

72. 알예힌-예이츠
킹스 인디언 디펜스 *King's Indian Defense*

1 d4 Nf6 2 c4 d6 3 Nc3 g6 4 e4 Bg7 5 f4 0-0 6 Nf3

'4폰' 게임의 정석적인 포지션이다. 여기까지의 수에 관해서는 알예힌-마셜의 33국과 비교해 보라.

6...Nc6

비슷한 상황에서 아모스 번Amos Burn이 추천한 이 기동은, 이 상황에는 적합치 않다. 흑은 ...c5의 가능성은 거리낌 없이 무시할 수 있지만 조만간 ...e5를 두어야 할 것이고, 그 경우 백은 fxe5 dxe5 이후 중요한 템포로서의 d5를 둘 수 있다. 여기서 더 나은 답은 6...Nbd7 또는 6...e5다.

7 Be2

이는 7...Bg4 이후 8 d5로 이어서 알예힌-마셜 대국에서처럼 백에게 유리한 연속수로 전환하려는 의도다.

7...Nd7

특별하게 유리하지 않은 전진을 강요하기 위해, 제한적인 오프닝을 둔 후에 너무 많은 시간을 잃는 상황은 당연하게도 즉각 슬픈 결과를 가져올 것이다. 흑은 7...Bg4와, 8 d5 Nb8 9 0-0 이후에는 바로 ...Nbd7이 아니라 먼저 ...Bxf3를 두는 게 더 합리적이었을 것이다.

8 Be3

8...e5 9 fxe5 dxe5 10 d5로, 흑 나이트가 d4에 오는 것을 막기 위해서다.

8...e5 9 fxe5 dxe5 10 d5 Ncb8 11 c5

이 변형에서 흑은 c5 칸을 점령해야만 '하프센터half-center'[*]에서의 상대 우세에 맞서 성공적으로 싸울 수 있기에 여기를 전략적인 관

---

[*] 중앙에 속하는 d5, e5, e4, d4 칸을 둘러싼 12개의 칸들.

점에서의 승리-너무 이른 감이 있지만-라 할 수 있다.

11...a5 12 0-0 Na6 13 Na4 Qe7 14 Rc1

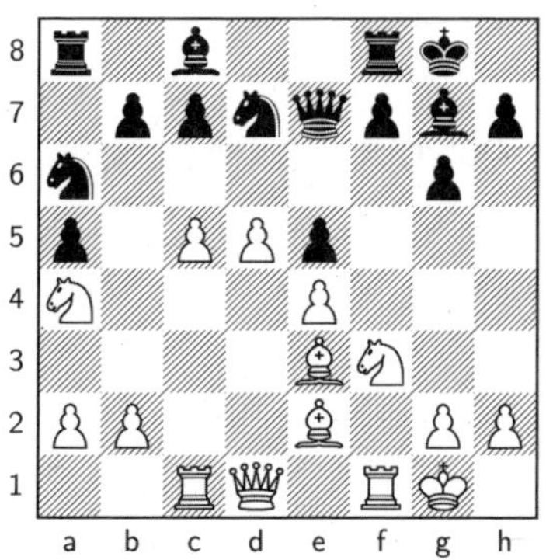

백의 마지막 수는 c5 폰을 확보했을 뿐만 아니라 몇 가지 위협을 가져왔고, 이 모든 것을 종합하면 흑은 소홀한 전개로 인해 어떤 식으로든 방어가 불가능할 것이다.

14...h6

흑은 적 나이트의 진입을 막기 위해 g5 칸을 지키기 전에는 어떤 시도도 할 수 없다. 예를 들어 **14...Re8** 또는 **14...Rd8**에 대한 응수로는 **16 Rxf7**을 두겠다고 위협하는 **15 Ng5**, 또는 **16 d6**에 이어 **17 Bc4**가 바로 이어진다. **14...f5**의 경우에는 **15 Bc4 Kh8 16 exf5! gxf5 17 Ng5**(Nxh7을 두겠다고 위협) **17...f4 18 Qh5 Nf6 19 d6**의 승리 공격으로 이어질 수 있다. 그러나 텍스트 무브 후, 흑은 아무런 보상 없이 교환에서 패배한다.

15 Bxa6

백 포지션은 이미 너무 강해서 이 가능성 외에도 h6와 a5를 모두 겨냥하는 **15 Qd2**로 폰의 확보 또한 마음대로 할 수 있다.

15...Rxa6 16 c6 bxc6 17 dxc6 Nb8

흑은 교환의 대가로 최소한 c파일 폰을 잡기 위해서 **17...Nb8**를 뒀다. 하지만 그 직후에 자신의 c파일 폰이 굴복한다.

18 Bc5 Qe8 19 Bxf8 Bxf8 20 Nc3

20 Qb3 Nxc6 21 Qb5 Qe6는 설득력이 떨어졌을 것이다.

20...Rxc6 21 Nd5

21 Nd5면 흑은 *c7*과 *e5* 칸을 동시에 보호할 수 없다.

21...Rd6 22 Rxc7 Na6 23 Rc3 Nb4 24 Nxe5

24 Nxe5로 여러 교환들이 영향을 받아 한번에 상황이 정리된다.

24...Ba6 25 Nc4

물론 **25 Nxf7**은 **25...Rxd5** 때문에 안 된다.

25...Bxc4 26 Rxc4 Qe5 27 Qf3 f5 28 Nxb4 axb4 29 exf5 Rf6 30 Qe4 Bc5+ 31 Kh1 Rxf5 32 Rxf5 1-0

73. 레티-마셜
퀸스 갬빗 *Queen's Gambit*

1 Nf3 Nf6 2 c4 d5

상대가 자신의 오프닝 전개 계획을 드러내기 전에 중앙 폰이 이런 식으로 사라지는 흑의 상황은 올바른 전략이 될 수 없다. 차라리 **...c6**로 **...d5**를 준비하는 게 더 나았을 것이다.

3 cxd5

이는 가능한 한 가장 간결한 방법으로 흑의 두 번째 수의 결핍성을 보여 주는 최고의 반격이다. **3 b3**를 두면 흑은 **3...c6**로 레티의 전개에 맞서는 최선의 방어적 런던 시스템으로 나아갈 수 있었다.

3...Nxd5 4 d4

그런데 **4 d4**는 백이 중앙의 절반만 점유하고 상대 포지션을 구속시키지 않으면서 자신의 전개 가능성을 제한한다는 점에서 일관성이 없다. 그는 **4 g3**와 **Bg2**의 지연 방법(이 경우 흑은 **e4**에 의해 쉽게 쫓겨날 수 있는 d5 나이트의 불안정한 포지션으로 인해 불리했음)을 선택하거나 **4 e4 Nf6 5 Nc3**, 이어지는 **d4**로 바로 중앙을 점령하여 전황을 유리하게 가져갔어야 했다. 그러나 텍스트 무브 이후에는 기껏해야 동등성만 기대할 수 있다.

4...Bf5

이 간단한 반격 이후 백은 큰 노력을 기울여야만 **e4**를 둘 수 있고, 그 사이 흑은 전개를 완성할 시간을 번다.

5 Nc3

바로 **5 Qb3**를 뒀다면 흑은 **5...Nc6**로 응수할 수 있었다.

5...e6 6 Qb3 Nc6

이제 흑이 주도권을 잡았다. 백은 폰 희생을 받아들여도 이득을 못 얻고, **7 Qxb7 Ncb4** 이후뿐만 아니라 **7...Ndb4** 이후에도, 그리고 **7 Bd2**(...Nb4의 위협 때문에) **7...Bb4** 이후에도 흑의 전개 우위가 분명히 유지된다. 백의 다음 수가 동등화를 가져올 최선인 듯하다.

7 e4 Nxc3 8 exf5 Nd5 9 Bb5

반면에 백의 이 폰 희생은 필요하지도, 기회를 열어 주지도 않았다. 9 fxe6도 물론 9...Bb4+ 10 Bd2 Bxd2+ 11 Nxd2 0-0 12 exf7+ Rxf7 때문에 좋지 않았지만, 이 단계에서는 9 Qxb7을 둘 수도 있었다. 그러면 예를 들어 9...Ncb4(또는 9...Bb4+면 10 Kd1) 10 Qb5+ c6 11 Qa4 exf5 12 a3 Nb6 13 Qb3 N4d5 14 Be2로 백에게 만족스러운 게임이 될 수 있다. 하지만 이제 드디어 흑이 우위를 점한다.

9...Bb4+ 10 Bd2 Bxd2+ 11 Nxd2 exf5 12 Bxc6+ bxc6 13 0-0 0-0

이제 흑은 백이 나중에 좋은 포지션 판단을 가지고 플레이했다면 당연히 큰 문제로 결론 내릴 작은 이점을 확보했다. 이 뛰어난 기능의 포지션은 무엇보다도 모스크바에서 열린 라스커 박사-슈타이니츠의 리턴 매치 게임(1 e4 e5 2 Nf3 Nc6 3 Bb5 Bc5 4 c3 Nge7 5 d4 exd4 6 cxd4 Bb4+ 7 Bd2 Bxd2+ 8 Qxd2 d5 9 exd5 Nxd5 10 Bxc6+ bxc6 11 0-0 0-0 12 Nc3)에서 발생한 루이 로페즈에 대한 **3...Bc5** 방어의 변형과 현저한 유사성을 가지고 있다. 우리 앞에 펼쳐진 포지션에서 백은 위와 마찬가지로 퀸사이드에 유리하게 배치되어 있다. 하지만 흑은 그와 동등한 가치를 가진 f5 폰을 가지고 있으며, 결국 (결코 확실하지는 않지만) 공격적인 활동을 펼칠 수 있다. 백의 다음 수에서 같은 판단 오류가 밑바탕에 깔려 있다. 그는 가장 간단한 방법(**Nf3**)으로 자신의 킹 포지션을 보호한 다음 흑이 어렵게만 방어할 수 있는 퀸사이드에 대한 공격을 계획하지 않고, 대신 흑의 거의 환상적인 물질적 우위를 고려할 때 어떻게든 공격을 해야 한다고 확신하는 바람에 결국 스스로 메이트 상황에 빠진다.

14 Qa4

중요한 템포의 손실. **14 Nf3**가 우익 전체와 부수적으로 d4 칸까지 보호 가능한 당연한 수였다.

14...Rb8

그러나 마셜은 **14...Nf4 15 Nf3 Qd5 16 Rfe1 f6** 등등을 통해 단순한 방식으로 물량 우위를 확보하는 대신 불필요한 모험에 뛰어들었다. 취약한 보호를 받는 백 킹을 상대로 룩을 퀸사이드로 보내려는 시도는 확실히 기발하지만, 정확한 플레이로 대응하면 승리가 다소 의문시될 것이다.

15 Nb3

어쨌든 이 수는 **15 Rab1**의 소극적 방어보다 더 견고하다. **Rab1**은 상대가 **...Ra8**를 통해 a파일 폰을 얻었을 것이기에 백이 a파일 폰을 잡을 위협도 사라졌을 것이다.

15...Rb6

이제 백은 자신의 마지막 수를 정당화하기 위해 a파일 폰을 잡아야 하고, 혹은 두 번째 희생을 통해 매우 위험해 보이는 공격을 얻는다.

16 Qxa7 Qg5 17 Qa5 c5

17...c5는 흑에게 최소한 즉각적인 무승부를 보장하는 룩의 앞선 기동의 이유다.

18 Qxc5

정확한 직관이다. 백은 이런 식으로 폰을 잡아야 한다. **18 dxc5 Rg6! 19 g3 f4 20 Qd2 h5**는 텍스트에서의 연속수보다 훨씬 더 큰 위험에 노출되었을 것이다. 더군다나 **18 f4 Nxf4 19 Qd2 Nh3+ 20 Kh1 Qxd2 21 Nxd2 Rxb2 22 Nc4 Rb4**로 단순화를 시도했다면 완전히 불만족스러운 결과를 얻었을 것이다.

18...Nf4

지금 흑은 자신의 나이트에 가해진 위협 때문에 이런 다소 덜 효과적인 공격 방식을 채택해야 한다.

19 g3 Rh6

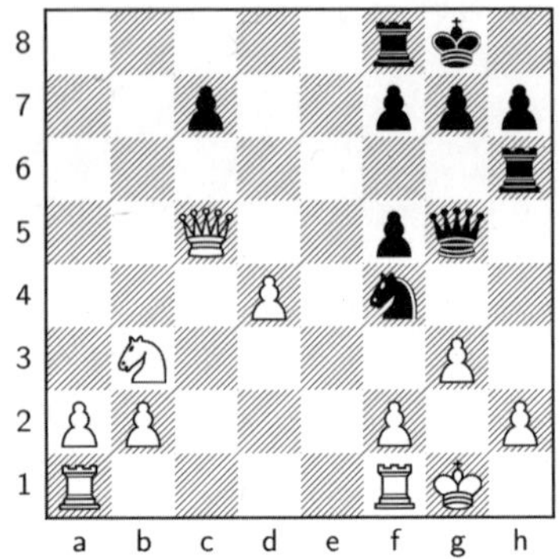

흑은 여기에 일련의 위협을 포함시키며, 그중 가장 효과적인 것은 **20...Qh5 21 h4 Qf3**다.

20 Qxc7

이 포획만으로도 결정적인 실수다. **20 Qc2**면 흑은 **20...Rxh2 21 Kxh2 Qh5+ 22 Kg1 Qf3 23 gxf4 Qg4+**를 통해 무승부를 강요하거나, 다소 의심스러운 결과가 동반되는 공격으로 이어질 수 있었다. 예를 들어 **20...Nh3+ 21 Kh1**(만약 **21...f4**면 **22 Qc5**, 또는 **21...Re8**면 **22 Rae1**으로 흑의 쉬운 방어가 가능해짐)이 있다. 그러나 이제 마셜은 엔딩을 힘차게 플레이한다.

20...Ne2+ 21 Kg2 Qg4 22 Rh1 f4 23 f3

만약 **23 h3 f3+ 24 Kf1 Rxh3 25 Rxh3 Qxh3+ 26 Ke1 Nxd4 27 Rc1 Nxb3 28 axb3 Qg2**면 승리 포지션이다.

23...Qh3+ 24 Kf2

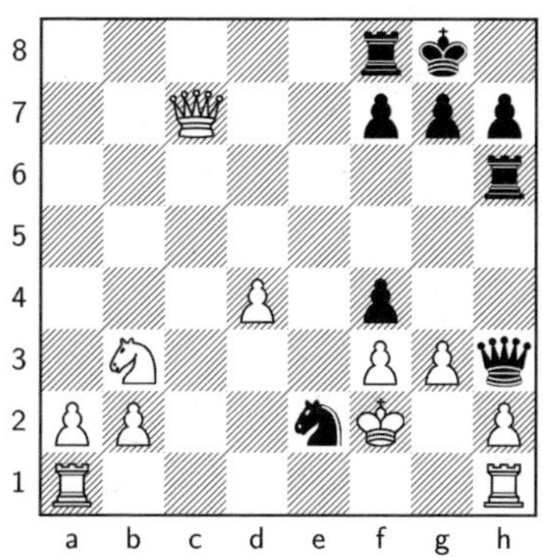

24...Rc8

승부수. **24...Nxg3 25 Qxf4 Nxh1+ 26 Rxh1**이면 백은 여전히 방어가 가능했다.

25 Qa5 Nxg3 26 Rhg1

또는 **26 hxg3 Qxg3+ 27 Ke2 Qg2+ 28 Kd3 Rxh1 29 Rxh1 Qxf3+**, 이어지는 **...Qxh1**에 의한 흑의 쉬운 승리가 가능했다.

26...Qxh2+ 27 Rg2 Qh4 28 Rc1 Re8

흑은 **29...Re2+**로 2수 메이트를 위협한다.

29 Qb5 Ne4+ 30 Kf1 Qh1+ 0-1

74. 마로치-에드워드 라스커
퀸스 갬빗 거절 *Queen's Gambit Declined*

1 c4 e6 2 Nf3 d5 3 d4 Nf6 4 Nc3 Nbd7 5 Bg5 Bb4 6 cxd5

6 cxd5는 상대에게 불필요한 대안을 안겨 줄 정도로 비논리적이다. 먼저 **6 e3**에 **6...c5 7 cxd5**가 아마도 흑이 거의 사용하지 않는 다섯 번째 수에 대응할 가장 유력한 방법일 것이다.

6...exd5 7 e3 c6

흑은 **7...c5**로 시작되는 모호한 변형을 피할 기회를 사실상 활용했다. 그러면 백은 효과적인 **8 Bd3 c4 9 Bc2 Qa5 10 0-0**을 둘 수도 있었다. 그리고 예를 들어 **10...Bxc3 11 bxc3 Qxc3 12 Ne5 0-0 13 Nxd7 Nxd7 14 Qb1**을 통해 백은 **Be7-b4**의 위협이 있는 유망한 게임으로 폰을 회수할 수 있었다.

8 Bd3 0-0 9 0-0 Re8 10 Qc2 h6

흑에게 **10...h6**는 불필요했으며 바로 **10...Nf8**로 바꾸어 판을 유리하게 끌고 갈 수 있었다.

11 Bh4 Nf8 12 a3 Be7 13 b4

제3회 칼스바트 토너먼트 북에서 비슷한 포지션에서의 이 흥미로운 백의 전진은 마로치의 추천이다. 백에게 실제 이점이 있는지는 의문이다. 왜냐하면 흑의 퀸사이드 약점들은 많은 경우 거기에 있는 오픈 파일 기물들의 조화로운 조율에 의해 균형을 이룰 수 있기 때문이다. 현재 게임에서 백의 플레이가 완전한 성공을 거둔 이유는 흑이 불필요하게 킹사이드를 손상시켜 자기 기물들의 이동성을 방해했기 때문이다.

13...g5

이는 유용하지도 유쾌하지도 않다. 가장 그럴듯한 방법은 **13...Be6**였을 것이다. 그러나 더 어려운 b5를 만들기 위해선 **13...a6**가 더 좋았을 것이다. 그럼으로써 새 파일의 개방과 함께 게임 과정에서 그런 상황을 가능하게 만들 수 있다. 경험상(루빈스타인이 자주 채택한 변형 **1 d4 d5 2 c4 e6 3 Nc3 a6**과 유사한) b6의 구멍은 무시할 수 있는 정도였다. 어쨌든 **10...h6**를 두지 않았다면 흑의 수비 포지션은 아직 더 견고했을 것이다.

14 Bg3 Nh5

14...Nh5는 최소한 적대적인 퀸스 비숍을 제거하기 위해서였지만, 그 모든 노력의 가치는 거의 없었다.

15 Be5 Be6

바로 **15...f6(16 Bg6? Nxg6 17 Qxg6+ Ng7 18 Bg3 Bf5 19 Qxh6 Kf7)**면 텍스트 무브 후 백이 **16 h3**를 통해 자신의 비숍 교환을 막을 수 있었기 때문에 어쨌든 더 많은 수순이 이어졌을 것이다.

16 b5 f6 17 Bg3 c5

이렇게 하여 백 기물들은 d4와 f5의 칸에 닿을 수 있게 되었고 이제 그는 쉬운 게임을 할 수 있게 되었다. 흑에게는 **17...Nxg3 18 hxg3 Qa5(19 bxc6 Rac8! 20 Bg6 Red8)**가 더 나았을 것이다.

18 dxc5 Nxg3 19 hxg3 Bxc5

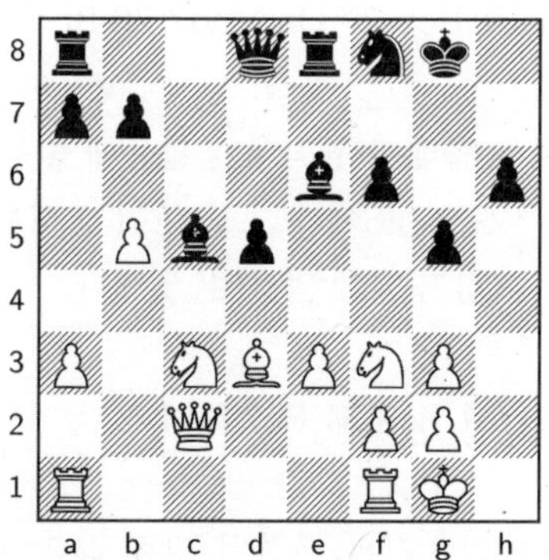

20 Ne2

20 Ne2는 결과적으로 백의 모든 이점을 잃게 하는 복잡한 작전의 시작이다. 가장 확실하고 최선인 계획은 방금 고립된 흑 d파일 폰의 약점을 두드러지게 만드는 것이었다. 이를 위해 **20 Bf5!**를 바로 두어 그를 보호하는 흑 비숍과 교환하거나 후퇴를 강요하여 (Ⅰ) **20...Rc8 21 Bxe6+ Rxe6 22 Qb3** 또는 (Ⅱ) **20...Bf7 21 Rfd1 Bb6 22 Qd3**와 같이 쉽게 승리할 수 있는 연속수를 두는 편이 적절했을 것이다. 무척 이상하게도 경기 중인 백은 d5라는 약점을 완전히 무시하고 있다.

20...Qe7 21 Qb2 Nd7 22 Ned4 Ne5 23 Be2 Rac8

흑에게 불충분한 수는 **23...Nc4**이며, 그러면 **24 Bxc4 dxc4 25 Nxe6 Qxe6 26 Qc2**에 이어 **Nd2**로 폰이 잡힌다.

24 Rfd1

백은 **24 Nxe6 Qxe6 25 Rfd1**에 이어 **Nd4**로 게임을 단순화할 수 있는 좋은 기회를 또 다시 활용하지 않았다.

24...Bf7

이 비숍을 유지하면 상대의 승리가 훨씬 더 어려워진다.

25 a4 Bb4 26 Rab1 Bc5 27 Qb3 Qd7 28 Rbc1 Bf8

흑은 상대의 잘못된 플레이를 최대한 활용해 좋은 대기 포지션을 확보했다. 백의 다음 시도인 a6에 보초를 두어 승리하려는 시도는 섬세하게 구상되었지만 어렵지 않게 막을 수 있었다.

29 a5 Rxc1 30 Rxc1 Rc8 31 Rc2 Nc4

흑은 분명 이득을 얻으려는 듯하며 그렇지 않다면 **31...Rxc2 32 Qxc2 Nc4**가 더 간단했을 것이다.

32 a6 bxa6 33 bxa6 Qd6 34 Ra2 Ne5

34...Ne5는 필요하지 않지만 해롭지도 않다. **34...Rb8**에 대한 응수로 백은 **35 Qc2 Na3 36 Qc6!**를 둘 수 있었다.

35 Qd1 Qb6 36 Ra1 Rb8 37 Nf5 Qb3 38 Qf1

이어진 미들게임에서 백은 자신의 목적을 달성하지 못한다. **38 Qxb3 Rxb3 39 Nxe5! fxe5 40 Rc1 Be6 41 g4**면 백은 Rc7을 두겠다는 위협이 가능하며 작은 기회를 얻는다.

38...Rb6

이는 백이 f7에서의 비숍 강제 교환을 가능하게 하는 결정적인 실수다. **38...Qb6**면 백의 승리가 안 보이는 상황에서 모든 게 지켜졌을 것이다.

39 N3d4 Qb2 40 Nb5 Bh5

40...Nc6면 백은 **41 Nfd4 Bc5 42 Nxc6 Rxc6 43 Rc1! Be8 44 Bf3 Qe5 45 Qd3**로 우위를 점할 수 있다.

41 Bxh5

41 f3에 흑은 **41...Nc6**로 응수할 수 있었는데, 앞서 말한 변형은 백의 보호되지 않은 e파일 폰 때문에 더 두려워할 필요가 없었기 때문이다.

41...Rxb5 42 Be2 Rb8 43 Qd1

43 Qd1 이후 흑 d파일 폰은 구할 수 없다. **43...Rd8** 이후에는 백이

Rb7으로 쉽게 이길 수 있었기 때문이다.

43...Qb3 44 Qxb3 Rxb3 45 Rd1 Rb2 46 Kf1 Nc6 47 Rxd5 Nb4

마찬가지로 **47...Rb1+ 48 Rd1 Rxd1+ 49 Bxd1 Nb4 50 Bb3+ Kh7 51 Bc4** 이후에도, 흑은 결국 구석에 갇힌 흑 킹으로 인해 엔딩에서 질 수 있었다. 물론 백은 룩과 함께면 더 쉽게 임무를 수행했을 것이다.

48 Rd1 Kh7 49 g4 Nc6 50 Rd7+ Kh8 51 bf3

마로치 자신도 정확하게 말했듯이 **51 g3**가 훨씬 더 간단했을 것이다.

51...Rb1+ 52 Ke2 Rb2+ 53 Kd1 Rb1+ 54 Kd2 Rb2+ 55 Kc3 Rb6

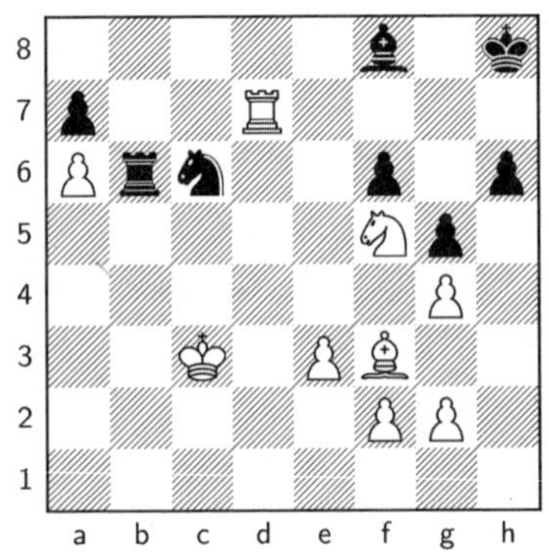

56 Be2

투쟁이 불필요하게 연장된다. 간단한 **56 Rc7**이면 **56...Bb4+!** **57 Kc2 Nb8 58 Nxh6 Nxa6 59 Rxa7**으로 **60 Be4** 또는 **Bd5**를 위협하는 백은 압박을 포기하지 않은 채 물량 우세를 더 높여서 더 이상의 저항을 쓸모없게 만들었을 것이다.

56...Bb4+ 57 Kc2 Ba3 58 Rb7

백은 **58...Rb2+**의 위협에 직면하여 이제 룩 교환 외에 더 좋은 방법이 없다.

58...Bc5 59 Nxh6 Ne5 60 Bd3

60 Bd3는 다른 색 칸에 있는 비숍의 권한을 없애기 위해서다.

60...Nxd3 61 Rxb6 Ne1+ 62 Kd1 Bxb6 63 Kxe1 Kg7 64 Nf5+ Kf7 65 Kd2 Ke6 66 Kc3 Kd5 67 Kb4 Kc6 68 Ne7+ Kd6 69 Ng8

69 Nc8+와 **70 Nxb6** 이후면 폰 엔딩은 무승부로 끝날 것이다.

69...Bd8 70 Kb5 Kd5 71 Nh6 Bb6 72 Nf5 Bd8 73 f3 Bb6 74 g3 Bd8 75 e4+ Ke5 76 Kc6 Bb6 77 Nd6 Bf2 78 Nc8 1-0

75. 보골류보프–타르타코베르
더치 디펜스 *Dutch Defense*

1 d4 f5 2 g3 e6 3 Bg2 Nf6 4 c4

어째서 백이 흑의 킹스 비숍 교환을 가능하게 놔뒀는지는 분명치 않다. 그는 차라리 **4 Nf3**에 이어 **0-0**을 둠으로써 마침내 **d4**를 준비하는 **c4**를 저장해 두는 게 낫지 않았을까 싶다.

4...d5

이 변형은 타르타코베르 박사에 의해 간헐적인 성공과 함께 반복적으로 시도되었다. 유일한 장점은 흑 포지션을 접근하기 어렵게 만든다는 것인데, 반면에 단점(퀸스 비숍을 수동적으로 만들고 어두운 칸들

의 약화를 개선하기 어려움)이 훨씬 더 큰 비중을 차지한다. **4...Bb4+
5 Bd2 Bxd2+ 6 Qxd2 Nc6**, 이어서 **...0-0**, 그리고 결국에는 **...d5**와
...Bd7이 나오게끔 하는 게 더 매력적이다.

5 Nf3 c6 6 0-0 Bd6 7 Nc3 Nbd7

7...dxc4면 백은 **8 Nd2**를 통해 즉시 폰을 회수한다.

8 Qc2 0-0

그러나 지금 **8...dxc4**면, **9 e4 fxe4 10 Nxe4 Nxe4 11 Qxe4 Nf6
12 Qe2**, 이어서 **Ne5**가 나온다. 텍스트 무브 후 백은 c파일에 대한 영
구적인 압박을 얻는다.

9 cxd5 cxd5 10 Nb5 Bb8 11 Bf4 Bxf4 12 gxf4 Nb6

흑은 캐슬링 이후 강제된 수 외에는 아무것도 하지 못했다.

13 Nc7 Rb8 14 Ng5

14 Ng5는 아마도 **14...Bd7**으로 흑이 기물 하나를 잡겠다고 위협하
게 만드는 뻔한 **14 Ne5**보다는 더 나은 전망을 갖고 있었다. 백 퀸이
c2에 유리하게 배치되지 않았기에 백은 e5 칸을 방해받지 않고 점령
하기 위해 교환을 시도한다.

14...Qd6 15 Qc5 Rd8

15...Qxf4면 백은 **16 Qxf8+**를 통해 확실하게 룩을 잡는다.

16 Qxd6 Rxd6 17 Nb5 Rd8 18 a4

18 Nxa7은 **18...Bd7** 때문에 당연히 안 된다.

18...h6

바로 **18...Bd7**은 **19 Nc7** 때문에 안 된다.

19 Nf3 Bd7 20 Ne5 a6 21 Nc3 Rdc8

흑은 멋지게 빠져나왔고 지금 **22...Nc4**를 통해 주도권을 잡겠다고 위협한다. 백은 다음 수로 이 위협을 막아냈지만 게임을 더 단순화시키기에 곧 무승부로 끝낼 수도 있을 것이다.

22 Rfc1

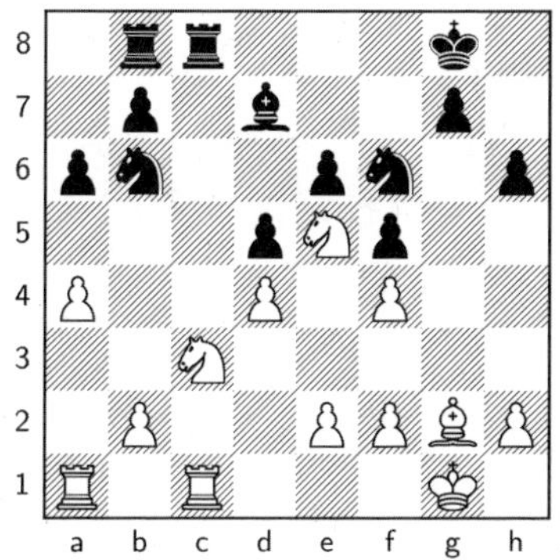

22...Bxa4

흑으로선 **22...Nc4**는 **23 Nxd7 Nxd7 24 Nxd5** 때문에 이 단계에서 두면 안 된다. **22...Rc7 23 a5 Nc4 24 Nxd7 Rxd7 25 Na4**로 추가적인 복잡성을 유발할 이유도 사실상 없다. 따라서 그는 동요하지 말고 제안된 폰을 수락하여, 이후 룩이 7랭크에 진입하면 백이 무승부보다 나은 걸 내놓을 수 없다고 생각했다.

23 Nxa4 Rxc1+ 24 Rxc1 Nxa4 25 b3 Nb6 26 Rc7 Nc8

26...Nc8는 룩을 b파일 폰을 지키는 임무에서 해방시키는 올바른

방법이다.

27 Nd3 Nd6

흑은 28...Nb5를 두겠다고 위협한다.

28 e3 b6

여기서 백 룩이 c6 칸을 확보하면서 흑 포지션은 매우 위태로워진다. 28...Rc8 29 Rxc8+(29 Re7 Re8) 29...Nxc8 30 Nc5 Nd6 31 Nxe6 Kf7 32 Nc7 Nde4 또는 32 Nc5 a5를 두면 무승부가 될 수 있었다.

29 Rc6 Nfe8 30 Bf3

백이 31 Bh5로 폰을 잡겠다고 위협한다.

30...Kf7 31 Bh5+ Ke7 32 h4

보골류보프는 이 부분을 아주 영리하게 처리한다. 텍스트 무브로 ...g5를 막고 h5를 통해 흑 킹사이드의 무력화를 준비한다.

32...Nf6 33 Be2

백이 34 Ne5를 두겠다고 위협하는 승리 포지션이다. 예를 들어 33...a5 34 Ne5 Rb7 35 Ba6. 결과적으로 흑의 다음 수가 강제된다.

33...Nd7 34 Ne5 Nxe5 35 fxe5 Nb5 36 Bxb5 axb5 37 Rc7+ Kf8 38 b4

38 b4는 필요했다. 이렇게 하지 않으면 흑이 b파일 폰들을 모두 전진시켜서 스스로를 구하고, 따라서 b파일 폰과 e파일 폰에 대한 이중

공격을 무효화할 수 있기 때문이다.

38...Ra8 39 Rc6

39 Rb7 f4 40 Rxb6 Kf7이면, 수의 재배치를 제외하면 플레이는 동일하다.

39...Kf7 40 Rxb6

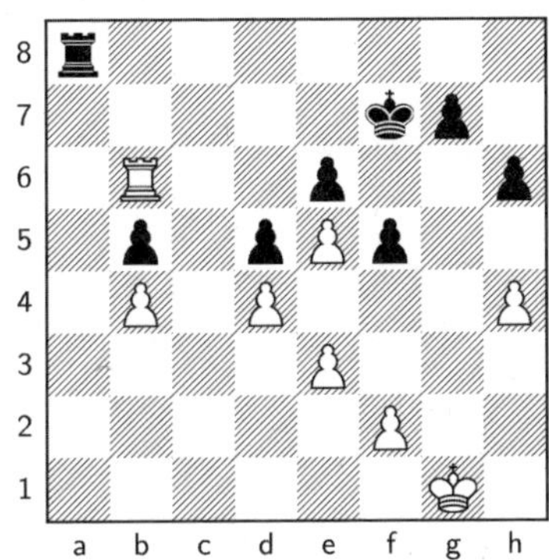

40...f4

유일한 수지만 결코 그리 나쁘지만은 않다.

41 Rb7+

이는 실수지만 이익이 없지는 않다. 그러나 가장 좋은 연속수는 바로 **41 exf4 Ra1+ 42 Kg2 Rd1 43 Rxb5 Rxd4 44 Kg3 Kg6 45 Rb7**(45...Kf5면 **46 f3!**)이며, 이후 장기적 관점에서 폰이 승부를 끝낼 것이다. 반면 불확실한 수순은 **41 h5 Ra1+ 42 Kg2 fxe3 43 fxe3 Ra2+**로, 흑이 e파일 폰이나 h파일 폰 중 하나를 잡았을 것이다.

41...Kf8

당연히 **41...Kg6**가 필수적이었다. 흑은 분명 **42 h5+**가 두려웠겠지만, 42...Kf5 43 Rf7+ Ke4 44 Rxf4+ Kd3에 이은 플레이 라인이 그에 게 근사한 기회를 제공했을 것이다. 예를 들어 45 Rf7 Kc4 46 Rxg7 Kxb4 47 Rg6(또는 47 Re7이면 47...Ra6) 47...Re8!, 그리고 흑의 b파일 폰이 매우 강력해진다. 따라서 백은 41...Kg6 이후 42 exf4 Ra1+ 43 Kg2 Rd1 44 Rxb5 Rxd4 45 Kg3의 변형을 택하는 게 최선 이었지만, 그 이후에는 다른 변형에서 나오는 수에 비해 템포가 떨어 졌을 것이다. 그리고 그런 상황은 승리를 훨씬 더 어렵게 만들었을 것 이다. 실제로는 킹이 매우 조심스럽게 후퇴한 후, 그리 어렵지 않은 엔 드게임은 보골류보프에 의해 흠잡을 데 없는 방식으로 마무리된다.

42 exf4 Ra1+ 43 Kg2 Rd1 44 Rxb5 Rxd4 45 Kg3 h5 46 Rb7 g6

흑의 이 일시적인 바리케이드는 적 킹이 어느 쪽에서도 접근할 수 없기에 백 b파일 폰을 무해하게 만든다. 하지만 백은 그 폰을 e파일 폰이나 g파일 폰과 교환하여 중앙 폰들로 승리한다.

47 b5 Rb4 48 b6 Rb3+ 49 f3 Rb4 50 Rb8+ Ke7

마찬가지로 **50...Kg7 51 b7 Kh7**(또는 **51...Rb2**면 **52 f5**) **52 Re8 Rxb7 53 Rxe6 Kg7**(**53...Rd7**이면 **54 Rd6!**) **54 Rd6 Rb5 55 f5**도 부 적절했을 것이다.

51 b7 Kd7 52 Rg8 Rxb7 53 Rg7+

결정적인 백의 결정적인 템포 이득.

53...Kc6 54 Rxg6

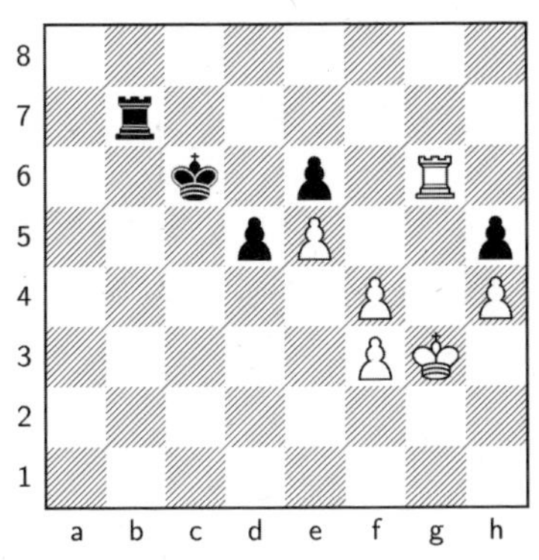

54...Kc5

흑은 e파일 폰을 구할 수 없다. 예를 들어 **54...Kd7**이면 **55 f5!**(**55 Rg7+**면 룩 교환 후, 폰 엔딩에서 무승부로 끝남) **55...exf5 56 e6+ Kd6 57 e7+ Kd7 58 Rg8! f4+ 59 Kh3**로 백이 승리한다. 이 게임이 가진 장점의 가치를 상당히 향상시키는 교훈적인 변형이다(특별상의 영예를 안음).

55 Rxe6 d4 56 f5 Rd7 57 Kf2 Kd5 58 Re8 Ra7 59 f6 Rc7 60 Re7 Rc8 61 f7 1-0

16라운드

　라스커 박사는 유일한 카파블랑카의 정복자면서 당시 자신을 가장 바짝 추격하고 있는 명예로운 라이벌들 중 한 명, 레티와도 대결하게 됐다. 이 시점에서 레티는 5점을 쌓아 두고 있었는데, 라스커 박사는 그보다 1½점 차의 우위를 점하고 있었다. 갤러리들이 두 선수의 만남에 많은 기대를 걸었던 것은 당연한 일이었고, 그들은 실망시키지 않았다.

　데뷔시킨 창시자가 백 쪽에 있었기 때문에 자연스레 레티 오프닝이었다. 라스커 박사는 라인 뒤에 숨은 적의 특이한 기동으로 눈썹을 치켜 올릴 일이 있었음에도 불구하고 집에 있는 듯 편안하게 보였다. 레티는 라스커 박사가 포지션을 잘 잡고 중앙을 서서히 압박하고 있음을 깨닫고 폰을 돌려 받는 교환을 포기하기로 결심했다. 하지만 그 직후 두 번째 폰을 잡을 기회를 놓쳤고, 이 폰을 잡았다면 승부가 갈릴 수도 있었다. 그 후 라스커 박사는 최선을 다해 모든 수에 집중했고, 교환의 이점을 훌륭하게 살려냈다.

　라스커 박사가 앞서나가는 동안 마셜은 퀸스 갬빗 거절로 카파블랑카를 체크했고, 챔피언은 오프닝을 제대로 활용하지 못했다. 이후 마셜은 좋은 플레이로 미들게임을 안정적으로 운영했다. 퀸-룩이 대등한 엔딩이 되자 이 미국 챔피언은 승리를 노렸지만 카파블랑카는 낮잠을 자지 않았다.

　알예힌-에드워드 라스커는 매우 흥미로운 인디언 디펜스로, 라스커는 킹사이드에서 바쁜 동안 알예힌은 퀸사이드에서 문제를 강요했다. 이번에는 알예힌이 압박을 유지하는 최선의 방법을 찾지 못하고 확실한 이점을 얻으려다 길을 잃었다. 라스커는 결국 이득을 얻지 못하면서 가능성으로 가득찬 엔딩을 맞이했다. 두 선수 모두 승리를 위해 위험을 무시한 플레이를 펼쳤지만 결국 무승부로 끝났다.

백을 쥔 보골류보프는 퀸스 갬빗 거절에서 자신이 원했던 퀸 교환을 이끌어 낸 후, 예이츠와 함께 모든 가능성을 열어둔 엔딩에 도달했다. 정확성 부족에 대한 페널티로 전세가 역전되었고 영국인은 활기차게 상황을 장악했다. 후자는 통과한 폰의 매력적인 전진에 전념하면서 사실상 승리할 수 있는 포지션에 있는 것처럼 보였다. 하지만 백 킹이 때마침 구출하러 왔다. 그 후 예이츠는 패배의 수렁에 빠졌다.

타르타코베르 박사는 레티 오프닝을 사용했는데, 다소 참신한 방식으로 다루면서 악영향을 받은 야노프스키가 중심을 잃은 듯하였다. 타르타코베르 박사는 매우 강력한 입지를 구축한 후 희생 교환을 했고 그 결과 적 지형을 완전히 지배하게 되었으며 그대로 상황이 전개되었다.

라운드가 끝난 후 라스커 박사는 10½-3½로 편안한 상태였고, 그의 가까운 이웃으로는 카파블랑카가 10-5, 알예힌 9-6, 레티 8-6, 보골류보프 8-7, 그리고 마셜 7½-6½였다.

백은 또다른 포인트를 얻었으며 총 집계 결과는 45½-34½였다.

76. 레티-라스커 박사
레티 오프닝 *Reti Opening*

1 Nf3 d5 2 c4 c6

우리가 추측한 대로 **2...c6**가 레티의 두 번째 수인 **c4**에 대한 최선의 답이라면, 백에게는 충분히 만족스럽지 않은 퀸스 갬빗의 변형으로 흑을 기동시킬 수 있는 장점이 있다(**1 d4 d5 2 c4 c6 3 Nf3**).

3 b3

그러나 레티는 최고의 수비를 상대로도 명예로운 성공을 거둘 수 있기를 바라며 그 가능성을 전혀 활용하지 않았다. 이 칭찬할 만한 목표는 이 게임에 중요한 이론적 흥미를 부여한다.

3...Bf5

후수를 둔 플레이어인 라스커 박사는 이 수로 더블 피앙케토*에 대응하는 테스트를 여러 번 거친, 색이 바뀐 전개로서의 런던 시스템을 적용하게 되었다. 예를 들어 이번 대회에서의 예이츠-보골류보프처럼 흑이 **...e6**로 퀸스 비숍을 끊을 이유는 없다.

4 g3 Nf6 5 Bg2 Nbd7

여기서 백이 **6 cxd5! cxd5 7 Bb2**에 이어 **Nc3**를 두면 미시적이지만 포지션 우위를 확보할 수 있으므로 흑은 **5...e6**를 먼저 두는 게 더 신중했을 것이다(라스커-알예힌의 86국과 비교. 색이 바뀌었지만 이 방법의 성공적 채택을 알 수 있음).

6 Bb2 e6 7 0-0 Bd6 8 d3 0-0 9 Nbd2 e5

------

* 두 개의 피앙케토를 보유한 상태.

이제 레티-예이츠의 대국(30국)에서와 비슷한 폰 대형이 되었는데, 흑 퀸스 비숍이 이미 전개되었으므로 흑에게 더 유리한 상황이다.

10 cxd5 cxd5 11 Rc1 Qe7 12 Rc2

레티는 자신이 시도한 전개 계획을 따르지만, 몇 수 후에 기껏해야 무승부 기회를 얻을 수 있는 해방적 희생을 치러야만 한다. "미래의 오프닝!"이라기에는 다소 모호한 결과다.

12...a5

이것은 상대방에게 접근하기 어려운 b5 칸을 양보하지만, 다른 한 편으로는 그와 유사한 b4 칸뿐만 아니라 특히 백의 b파일 폰도 약화시킨다. 대체로 아주 좋은 거래다.

13 a4 h6

13...h6는 나중에 있을 흑 비숍의 후퇴를 준비하고 백이 **Nd4**로 비숍을 공격하지 않는 한 **...e4**라는 결과적 위협을 강화한다.

14 Qa1 Rfe8 15 Rfc1 Bh7 16 Nf1

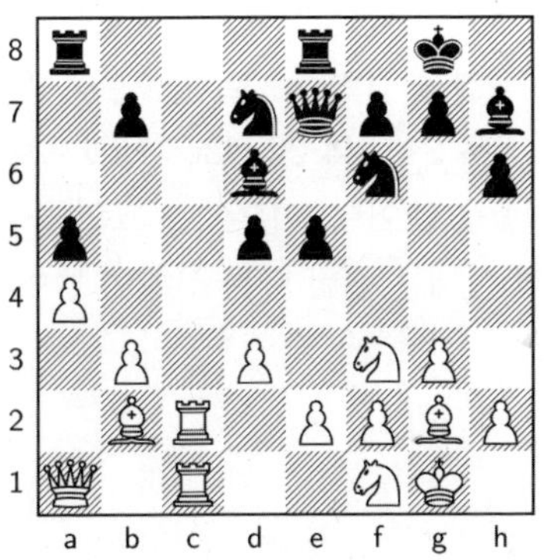

16 Nf1은 지금 정말 심각한 **...e4-e3** 위협에 대한 방어적인 수다.

16...Nc5

흑은 **16...e4 17 dxe4 dxe4 18 Nd4 e3 19 Nxe3 Bxc2 20 Rxc2**로 교환에서 이길 수 있었지만, 백의 연합된 쌍비숍이 너무 많은 힘을 얻었을 것이다. 따라서 흑은 당연히 추가적인 압력을 가하길 선호한다.

17 Rxc5

백은 정확한 포지션 판단으로 흑의 중앙 폰들 중 하나를 처치할 수 있는 이 희생에서 구원을 찾는다. 그러나 예를 들어 **17 Qa2**는 **17...Na6** 때문에 얻는 게 적어졌을 것이다.

17...Bxc5 18 Nxe5 Rac8 19 Ne3 Qe6 20 h3

백은 교환에 대한 적절한 보상을 얻지 못했고 지금은 기다리면서 만족해야 한다. 그럼에도 불구하고 이 무해한 텍스트 무브에는 명료한 성과물이 보이는데 이상하게도 라스커 박사는 이를 간과한다.

20...Bd6

이는 불편한 결과를 초래할 뻔한 실수로, 대신 퀸사이드와 비숍 포지션을 지키는 **20...b6**를 두는 게 최선이었을지도 모른다. 그러면 **21 d4** 이후에도 흑은 e4 칸을 점령함으로써 충분히 반격할 수 있었고, 그 외의 다른 수를 둘 경우 **21...d4 22 N3c4 Nd7**으로 결국 단순화로 이어지는 계획을 실행했을 것이며, 이후에는 그의 물질적 우위가 결정적이었을 것이다. 반면 이제는 전혀 다른 상황이 벌어진다.

21 Rxc8 Rxc8

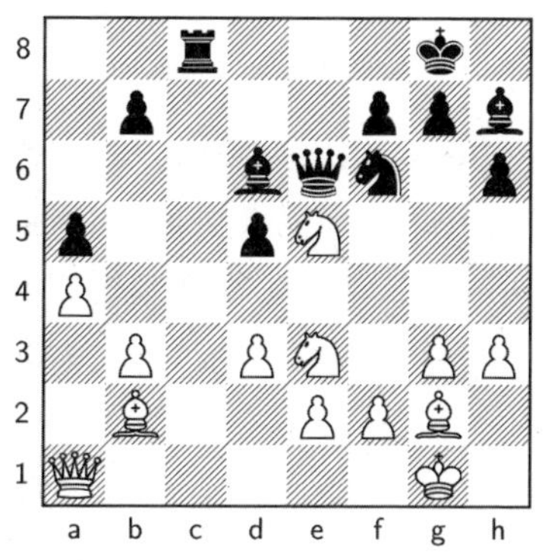

22 Nf3

백은 행운의 여신이 자신에게 미소 짓고 있음을 모른다. 명백한 **22 N5g4 Nxg4 23 hxg4**를 통해 그는 교환을 위한 두 번째 폰을 잡을 수 있었고 어쨌든 손실의 위험을 피할 수 있었다. 그러면 흑으로선 **23...Bf8(23...Bxg3면 24 Bxd5) 24 Bxd5 Qd7 25 Bf3** 이후, 아마도 **25...b5**를 통해 어려운 무승부를 만들려고 노력해야 했을 것이다. 하지만 이해하기 어려운 텍스트 무브 이후, 흑은 끝까지 버틴다.

22...Be7 23 Nd4 Qd7 24 Kh2

24 Kh2는 부자연스러운 기동의 시작이며, 그 부실함을 라스커 박사가 놀라울 정도로 명쾌하고 정확하게 증명한다. 더 나은 무승부 기회는 **24 Nb5**에 의해 제공되는데, **Bd4**에 이어지는 **Nc3** 등등의 위협으로 인해 흑은 ...**Bf5-e6**에 이어 비숍의 교환을 허용하여 적 쌍비숍의 힘을 강화시킬 수 있었다.

24...h5

이 전진과 후속 교환으로 백 킹은 자신을 보호하는 폰들 중 하나를 빼앗겼는데, 이 사실은 나중에 룩의 공격과 관련하여 결정적으로 중요해질 것이다. 이제 백 킹은 g1에서 훨씬 더 안전했고 그 자리에 남았어야 함이 분명해졌다.

25 Qh1

레티 자신에게도 이것은 거의 지나치게 '독창적'이다. 어쨌든 흑이 단순히 **25...Rd8**로 자신의 폰 보호에 만족했다면 이 수순은 효과적이지 못했을 것이다. 하지만 그의 다음 수는 훨씬 더 활기차고 핵심을 찌른다.

25...h4 26 Nxd5

이는 백의 유일한 기회다. **26 Bxd5 Nxd5 27 Qxd5**(또는 **27 Nxd5**면 **27...Bc5!**) **27...Qxd5 28 Nxd5 Bc5 29 Nb5 Bf5**면, 백은 퀸사이드 약화로 엔딩에서 오래 버티지 못했을 것이다.

26...hxg3+ 27 fxg3 Nxd5 28 Bxd5 Bf6

흑의 이 불편한 핀 때문에 백은 이후 기발한 시도에도 불구하고 결국 무너질 수밖에 없다.

29 Bxb7 Rc5 30 Ba6

백은 **31 Qa8+**를 두겠다고 위협한다.

30...Bg6 31 Qb7 Qd8

흑이 다음 기동에서 성공하려면 백 퀸이 8랭크에서의 체크로 템포를 얻을 가능성을 박탈해야 한다(예를 들어 **31...Qd6**의 경우처럼).

32 b4

백의 **32 e3**는 **32...Bxd4 33 Bxd4 Rc2+ 34 Kh1 Qd6** 때문에 두지 않아야 할 것이다.

32...Rc7 33 Qb6

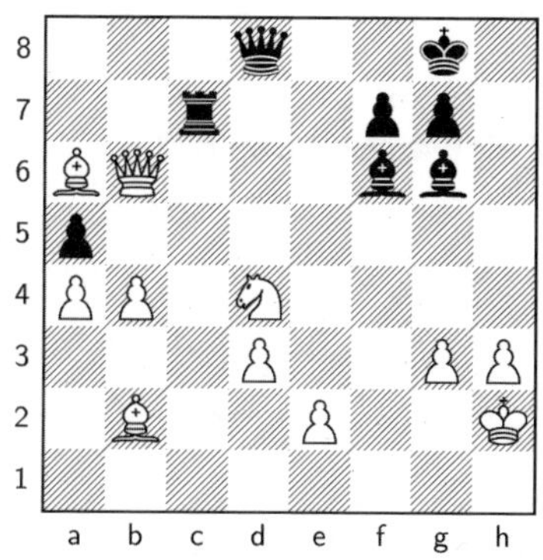

33...Rd7

흑의 구불구불한 기동의 포인트. 백은 예를 들어 **34 Qxd8+ Rxd8** 이후에는 **35 Nc6**를 둘 수 없다. **35...Rd6 36 Bxf6 Rxc6** 후 비숍을 잃기 때문이다. 그래서 그는 상대에게 몇 수 만에 결판을 낼 강력한 통과한 폰을 허용하게 된다.

34 Qxd8+ Rxd8 35 e3 axb4 36 Kg2

36 Bc4가 조금 더 좋았겠지만, 그래도 흑은 **36...Ra8 37 Bb5 Bf5**, 그리고 이 비숍을 b3로 옮긴 후 승리했을 것이다.

36...Bxd4 37 exd4

37 exd4는 강제된 수다. **37 Bxd4**면 **37...Rxd4 38 exd4 b3 39 Bc4 b2 40 Ba2 Bxd3**로 흑이 단번에 승리할 수 있었다.

37...Bf5 38 Bb7 Be6

38...Be6는 **39 a5**에 **39...Bd5+**로 대응하기 위해서다.

39 Kf3 Bb3 40 Bc6 Rd6 41 Bb5 Rf6+ 42 Ke3 Re6+ 43 Kf4

백에게 있어 **43 Kf3**면 **43...Bd1+**, **43 Kd2**면 **43...Rg6 44 g4 Rh6**
로 폰을 잡히게 되므로 흡족한 수는 남지 않았다.

43...Re2 44 Bc1 Rc2 45 Be3 Bd5 0-1

77. 카파블랑카-마셜
퀸스 갬빗 거절 *Queen's Gambit Declined*

1 d4 d5 2 Nf3 e6 3 c4 Nf6 4 Nc3 Bb4

흑이 이 비숍을 전개하는 방법은 지금까지는 주로 **4...Nbd7 5 Bg5**
이후에 시도되었다. 이 단계에서 백은 **5 Qa4+ Nc6 6 e3**로 유리하게
대응할 수 있는데, 왜냐하면 흑이 이 변형에서 해방하는 수 **...e5**를 두
기 전까지 백이 전개에서 우위를 확보할 수 있기 때문이다. 예를 들어
6...0-0 7 Bd2 Re8 8 Bd3 Bd7 9 Qc2면 흑의 게임은 c파일 폰의 차
단으로 영구적인 방해를 받을 수 있다.

5 Bg5 c5 6 Bxf6

이 대국은 고립된 d파일 폰에 대응하는 행동이 거의 결실을 맺지 못
함을 분명히 보여 준다. 백으로선 **6 e3**가 순리인데, **6...Qa5 7 Bxf6**
Bxc3+ 8 bxc3 Qxc3+ 9 Nd2 gxf6 10 cxd5에 이어 **Rc1**의 변형이면
백이 두려워할 필요가 전혀 없어지기 때문이다. 흑이 다른 수를 둘 경
우 백은 유리한 순간에 언제나 f6에서의 교환을 가져올 수 있다.

6...Qxf6 7 cxd5 exd5 8 e3 Nc6

8...Nc6는 d4에서의 다수의 교환을 통한 초반 단순화를 위협한다.

9 Bb5 0-0 10 0-0 Bxc3 11 bxc3 Bg4

보다시피, 흑은 상대의 6수 이후 자신의 기물들을 쉽게 배치할 수 있다. 지금도 백은 ...c4의 가능성에 대해 추측할 의무가 있기 때문에 d4에서 유리한 교환을 강요할 수가 없다. 하지만 백이 13수에서 늘어지는 상황을 끊기로 결정한 후, 경기는 무승부가 될 수밖에 없는 엔딩으로 급격히 흘러간다.

12 Rb1 Rac8 13 dxc5

13 dxc5와 마찬가지로 이길 전망이 없는 것은 **13 Bxc6 Qxc6 14 Ne5 Bxd1 15 Nxc6 Rxc6 16 Rfxd1 cxd4 17 Rxd4 b6**였을 것이다.

13...Qxc3 14 Qxd5 Rfd8 15 Qe4 Bxf3 16 Qxf3 Qxc5 17 Bxc6 bxc6 18 Rb7 Rf8 19 Qf4

백이 **19 g3 Qa5**(또는 **...Qa3**) **20 Qe2**에 이어 **Rfb1**을 두면 7랭크의 룩 포지션을 조금 더 오래 유지할 수 있지만, 장기적으로 볼 때 자산 감소를 통해 얻을 수 있는 것은 아무것도 없다.

19...Qa5 20 a4 c5 21 Qc4 Rb8 22 Rb5

백의 **22 Rfb1**을 통한 보호는 e1에서의 궁극적인 메이트 때문에 불가능할 듯하다.

22...Rxb5 23 axb5 Rb8 24 Rd1 h6 25 Qxc5

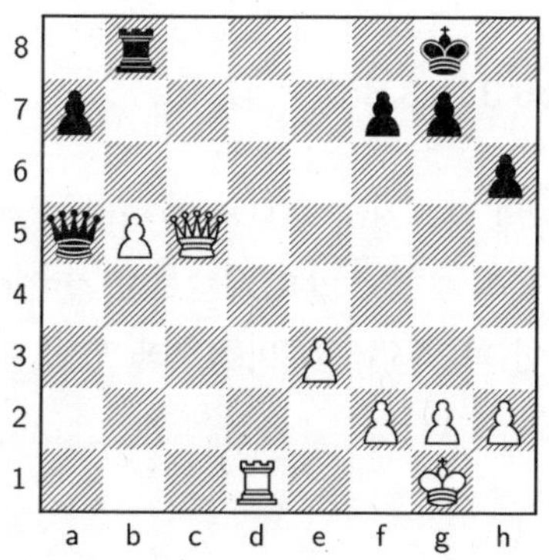

25...a6

마셜은 매우 신중하게 플레이한다. **25...Rxb5 26 Qc8+ Kh7 27 Qd7 f6 28 h4** 이후에도 그는 여전히 불편한 상황에 처했을 수 있다. 텍스트 무브를 통해 그는 잠시 동안 무해한 주도권을 잡을 수 있게 되었다. 무승부로 경기를 포기하는 방법도 있었다.

26 Qa7 Rd8 27 Rf1 Qxb5 28 g3 Qc6 29 Ra1 Rd6 30 h4 Rf6 31 Qb8+ Kh7 32 Qb1+ g6 33 h5 Qf3 34 hxg6+ fxg6 35 Qc2 h5 36 Ra4

이후 흑은 더 이상 룩 교환을 피할 수 없다.

36...Rc6 37 Rc4 Rd6

37...Rd6는 백의 마지막 희망이다. 만약 **38 Rc7+**면 **38...Kh6**로 흑 승리.

38 Rd4 Rxd4 39 exd4 a5 40 Kf1 Qd5 41 Qc7+ Kg8 42 Qb6 Kf7 43 Qa7+ Kf6 44 Qb8 Qh1+ 45 Ke2 Qe4+ 46 Kf1 Qh1+ ½–½

78. 알예힌–에드워드 라스커
킹스 인디언 디펜스 *King's Indian Defense*

1 c4 Nf6 2 d4 g6 3 Nc3 Bg7

흑은 **3...d5**를 통해 가능성이 풍부한 그륀펠트 변형으로 이어질 수도 있었지만, 흥미로운 새로운 것을 시도하고 싶어 이번 토너먼트에서 상대가 두 번 채택한 라인(33국 대마셜전과 72국 대예이츠전)으로 이끄는 것을 선호했다.

4 e4 d6 5 f4 0-0 6 Nf3 e5

여기가 그것이다. 백은 제안된 폰 희생을 잘 받아들이지 못 한다. 예를 들어 7 fxe5 dxe5 8 Nxe5(8 dxe5 Qxd1+ 9 Kxd1 Ng4 10 Nd5 Na6) 8...c5! 9 d5 Nxe4면 흑에게 유리하다. 그렇기 때문에 그는 중앙에서의 포지션을 비우고 상대에게 기회를 주어야만 상황을 바로 마주할 수 있다.

7 fxe5 dxe5 8 d5 Nbd7

8...Nbd7은 c5를 막기 위해 필요했다. 흑은 개선에도 불구하고 한편으로는 c5 칸을 주시해야 하고 다른 한편으로는 유일한 반격 기회인 ...f5의 움직임을 고려해야 하기 때문에 쉬운 시기가 아니다. 반면 백은 행동의 자유가 훨씬 더 크며 킹사이드뿐만 아니라 중앙에서 공격을 준비할 수도 있다.

9 Bd3

물론 9 Be3는 안 된다. 9...Ng4와 ...f5가 뒤따르기 때문이다.

9...Nc5 10 Bc2 a5 11 0-0 Qd6

11...Qd6는 매우 정확하다. 백의 12 Nb5를 12...Qe7으로 위험에 빠지는 일 이상의 의미가 없게 만들기 때문이다.

12 Qe1

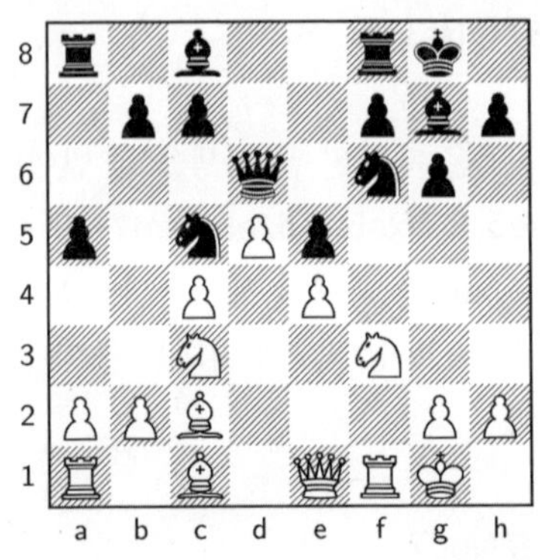

이 백 퀸의 기동은 이 포지션에서 매우 시의적절하게 진행되었는데, 이는 a파일 흑 룩의 전송으로 인해 e7에 추가적인 보호를 적용할 필요가 있기 때문이며, 따라서 퀸사이드의 백 폰 전진을 용이하게 할 수 있기 때문이다. 이 외에도 자유가 필요한 흑은 곧 **...h5**라는 취약한 수를 둬야 마침내 **...f5**를 통해 해방을 시도할 수 있다. 흑은 뛰어나지만 여전히 적절한 방어 능력이 없기 때문에, 이 경기는 이론적으로 주목할 만한 가치가 있다.

12...Bd7 13 Qh4 Rae8

흑의 **13...Rae8**는 **Bg5** 이후 나이트를 철수시키기 위해 필요하다.

14 Kh1

백에게 **14 Bh6 Nh5! 15 Bxg7 Kxg7**은 불만족스러웠을 것이며 마찬가지로 **14 Bg5** 이후에도 흑은 **14...Nh5**로 충분히 방어할 수 있었는데, 예를 들어 **15 g4 Nf4 16 Bxf4 exf4 17 e5 Qb6!**(**17...Bxe5**는 **18 Ng5** 때문에 불가)로 백은 **18 Kh1**에 의해 중요한 템포를 잃는다. 그런 이유로 킹의 이동은 바로 이루어져야 하며, c5에서의 나이트 철수를 위한 준비로도 필요하기 때문에 더욱 그렇다(예를 들어 b3 이후에는 **...Nxb3**에 이어서 **...Qb6+** 및 **...Qxb3**로 인해 **a3**를 둘 수 없음).

14...h5

흑은 **...Nh7**에 이어 **...f5**를 확실하게 준비하고 있다. 그러나 백이 보드의 다른 사이드에 있는 적의 성벽을 공격할 시간이다.

15 b3 Nh7 16 a3 f5 17 b4 Na6

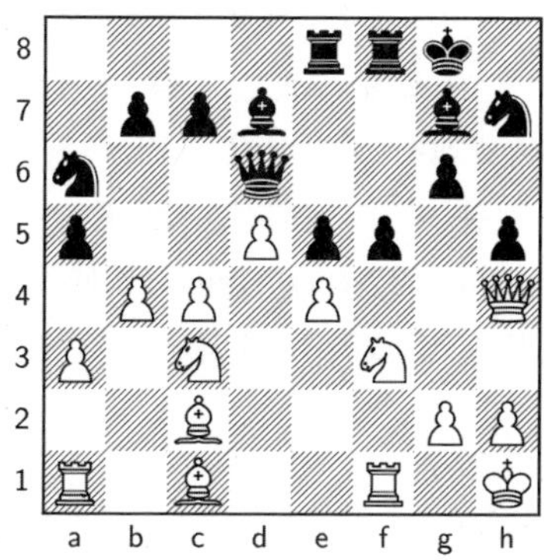

흑은 계속해서 최선의 수를 선택한다. **17...axb4 18 axb4 Na6 19 Ba3**, 그리고 **17...Nxe4 18 Nxe4 fxe4 19 Bxe4 Bf5 20 Be3! Bf6 21 Qe1**은 텍스트 무브보다 효율이 떨어졌을 것이다.

18 c5

백은 이 성급함 때문에 모든 포지션적 이점을 포기해야 하며, 복잡한 상황에서 자주 발생하는 것처럼 주도권을 잡는 쪽은 상대다. 답은 먼저 **18 Rb1!**을 둠으로써 모든 위협을 정지시키는 b파일 폰 (**18...axb4 19 axb4 Nxb4 20 Ba3**)을 보호하는 게 적절했을 것이다. **18...Qf6**에 대해선 **19 Qf2**(나중에 **b5** 또는 **Qe2**를 의도)로 대응할 수도 있었다. 어쨌든 그러면 게임은 선택된 오프닝의 특징적인 경향을 따르는 정석을 걸었을 것이다. 반면에 텍스트 무브는 거친 가시밭길을 택했다.

18...Qf6 19 Qxf6

백에게 전혀 바람직하지 않은 퀸 교환이지만 지금 **19 Bg5**는

19...Nxg5 20 Nxg5 Bh6 때문에 불가능하고 b파일 폰이 행잉 포지션이기에 피할 수 없다.

19...Nxf6 20 c6

20 c6는 18수에서의 백의 태만에 의한 심리적 결과다. 그럼에도 불구하고 그는 무언가를 얻으려 노력했고 그 노력과 가장 원초적인 방식으로 결합하였다. 그래서 포지션이 그리 쾌적하지는 않았지만 이치에 전혀 안 맞는 것은 아니다. 최선은 **20 Rb1**이었을 텐데, 그러면 **20...axb4 21 axb4 Nxe4 22 Bxe4 fxe4 23 Nxe4 Bf5 24 Re1 Rd8 25 d6 cxd6 26 cxd6 Bxe4 27 Rxe4 Rxd6 28 Bb2**로 무승부 기회가 있다.

20...bxc6 21 dxc6 Bxc6

이 간단한 카운터 콤비네이션을 통해 흑은 확실한 승리 포지션을 확보한다.

22 b5

이와 동일하게 **22 exf5**도 충분치 않았을 것이다. 예를 들어 **22...e4 23 Nd4 Ng4 24 Nxc6 Bxc3 25 Rb1 Rxf5 26 Rxf5 gxf5 27 Nxa5 e3**, 그리고 흑 승리.

22...Nxe4 23 Nxe4

만약 **23 Bxe4**면 **23...fxe4 24 Nd2 e3 25 Rxf8+ Rxf8 26 Nf3 e4**.

23...fxe4

여기서 백은 물량 열세에도 불구하고 쌍비숍 덕분에 상당히 좋은 게임을 얻는다. 흑이 취할 답은 **23...Bxb5! 24 Re1**(또는 **24 Ned2**

Bxf1, 이어서 25...e4) 24...fxe4 25 Bxe4 Nc5 26 Bd5+ Kh8 27 Ng5 e4 28 Rb1 Bd3로 쉽게 이기는 것이다.

24 bxc6 exf3 25 Be4

운 좋은 사고에 고무된 백은 25 Bxg6 fxg2+(또는 25...e4 26 Bxe8 Bxa1 27 Bxh5) 26 Kxg2 Rxf1 27 Kxf1 Rf8+ 28 Ke2 Nc5 29 Be3 Ne6 30 Bxh5 Nf4+라는 간단한 동등화 변형을 간과하는 바람에 상대가 승리 플레이를 할 수 있게끔 유도한다. 결과적으로 이 게임은 다시 한 번 매우 역동적인 성격을 띤다.

25...fxg2+ 26 Kxg2 Rxf1 27 Kxf1 Kh7

27...Nc5에 대한 응수로 백은 28 Bd5+ Kh7 29 Be3, 이어서 30 Rb1을 둘 계획이었다.

28 Be3 Bf8

흑은 나이트를 참여시키려고 가능한 모든 수단을 동원한다.

29 Rd1

점차 백은 자산 손실을 완전히 상쇄하는 강력한 공격 포지션을 확보한다.

29...Bxa3

방어적인 수 29...Bd6에 대응하는 30 Rd5가 매우 강했기에 흑으로선 떫은 사과를 베어 물어야 할 의무가 있었다.

30 Rd5

이 어색한 수의 의도는 흑 비숍을 b4로 강제 이동시킨 후 룩이 d7
으로 들어와서 흑 나이트가 비행할 칸을 박탈하는 것이다. 그러나 곧,
백이 비숍을 a3에 두어 흑 a파일 폰의 진격을 막는 일이 더 나았으리
라는 게 분명해졌다. 어쨌든 이러한 움직임의 중요성을 미리 파악하기
는 어려웠다.

30...Bb4

이와 동일하게 **30...Bd6 31 Rxa5 Nb4 32 Bd2** 이후에도 백은 흑과
반대 색 비숍이 있을 것이기에 확실히 무승부를 거둘 수 있었다.

31 Rd7+ Kh8

흑으로선 심각한 손실의 위험이 다른 수에도 영향을 미쳤을 것이
다. 예를 들어 (Ⅰ) **31...Re7 32 Bg5**(31...Be7이었을 때와 동일한 응
수) **32...Rg7 33 Bf6** (Ⅱ) **31...Kg8 32 Bd5+ Kh8 33 Bf7 Rf8**(또는
33...Re7이면 **34 Bg5**) **34 Bh6**.

32 Bg5

32 Bxg6 Re6 33 Be4 a4 34 Rd8+ Kg7 35 Ra8 Nc5로 쉬운 무승
부가 나오는 것보다 낫다.

32...Rf8+

33 Bf6+를 통한 3수 메이트 위협을 받았기 때문이다.

33 Ke2 a4

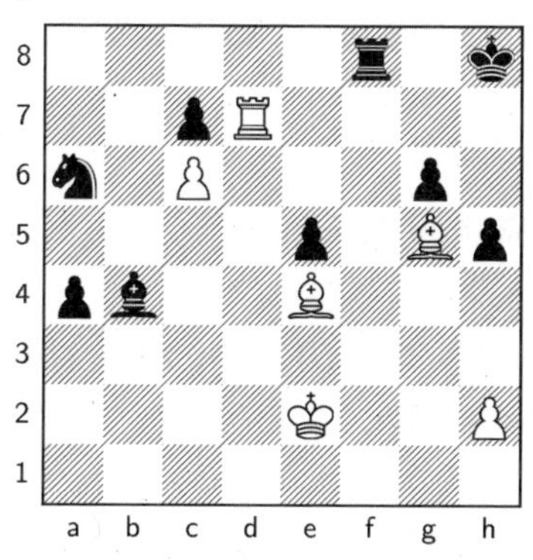

더 유혹적인 **33...Nc5**에 대한 응수로 백은 승리 기회가 있는 **34 Bxg6 Ne6 35 h4!**를 계획했다. 그러면 예를 들어 (Ⅰ) **35...Nf4+ 36 Bxf4 exf4 37 Rxc7 f3+ 38 Kf1** 또는 (Ⅱ) **35...Nxg5 36 hxg5**와 **37 Bc2**, 이어서 **38 g6** 위협이 나온다. 텍스트 무브는 결국 희생 교환과 연관된다.

34 Bxg6

동일하게 **34 Bh6**로도 이길 수 없었을 것이다. 예를 들어 **34...Rg8 35 Bd5 a3! 36 Bxg8 Kxg8 37 Bc1 a2 38 Bb2 Bd6**면 어떤 경우에도 흑은 두려워할 게 없었다. 그러나 흑은 텍스트 무브에 대한 응수로 감히 자신의 a파일 폰을 전진시키지는 못 한다. 그러면 예를 들어 **34...a3 35 Bh6! a2 36 Bg7+ Kg8 37 Bxe5**, 그리고 백의 승리다.

34...Nc5

흑의 유일한 구원, 이후 백은 가장 단순한 무승부 변형에 만족해야 했다. **35 Rxc7 Ne6 36 Rh7+ Kg8 37 Be3 Rc8!** 등등이 그것이다. 하지만 그는 여전히 필사적인 승리 시도가 가능하다고 믿으며 위험한 상황에 빠져들었다.

35 Re7 a3 36 Rxc7

백은 **36 Bh6 Na4!** 와 **36 Bb1 Ne4!** 가 흑에게 결정적일 수 있었기 때문에 쓴 약을 먹어야 했다.

36...Ne6 37 Rh7+ Kg8 38 Bc1 a2

38...Ra8 에 대해 백은 **39 Rb7! a2 40 Bf7+ Kh8 41 Bb2** 등등으로 응수하여 구원받았을 것이다.

39 Ra7 Nd4+ 40 Kd3 Rf3+ 41 Ke4

마찬가지로 **41 Be3 Nxc6 42 Rxa2 Bc5 43 Re2** 도 무승부로 충분했을 것이다. 백은 아직도 기적을 바라고 있다(**41...Rc3 42 Bh6!**, 또는 **41...Ba3 42 c7**).

41...Rf1 42 Bb2 Nxc6 43 Rxa2 Rf4+ 44 Ke3

44 Kd3 가 더 간단했을 것이다.

44...Bc5+ 45 Ke2 Rf2+ 46 Ke1 Rxh2

또는 **46...Nb4 47 Ra5! Bb6 48 Rxe5 Rxb2 49 Rxh5**, 그리고 무승부.

47 Be4 Nd4 48 Bxd4 Bb4+ 49 Kf1 Rxa2 50 Bd5+ Kf8 51 Bxa2 exd4 52 Bb1

이제 백은 킹이 가장 중요한 유망주로 자리를 잡았으니 자신의 비숍을 d파일 폰을 위해 희생시킬 수 있다.

52...Kg7 53 Kg2 ½-½

79. 보골류보프-예이츠

퀸스 갬빗 거절 *Queen's Gambit Declined*

1 d4 Nf6 2 c4 e6 3 Nf3 d5 4 Nc3 Be7 5 Bg5 0-0 6 e3 Nbd7 7 Rc1 c6 8 Qc2

백 입장에서는 흑이 텍스트 무브에 **8...h6**에 이어 **9...c5**로 주저 없이 응수할 수 있게끔 허락하는 것 외에 다른 이유가 없다면, **8 Bd3**가 더 지속적이다.

8...a6 9 cxd5

9 cxd5는 최근에 나온 최고의 연속수로 평가된다. 흑은 **9 a3**에 대해선 **9...Re8! 10 Bd3 dxc4 11 Bxc4 b5 12 Ba2 c5!**로 전적으로 만족스러운 게임을 얻을 수 있다.

9...exd5 10 Bd3 Re8 11 0-0 Nf8 12 a3

가능하다면 **...Ng6** 이후에만 **Ne5**를 두려는 백의 아이디어는 그 자체로 충분히 좋지만, 좀 더 정확하게 작업되어야 했다. 답은 **12 h3**, 그리고 **12...Ng6**면 **13 Ne5 Nd7 14 Bxe7 Qxe7 15 f4!**, 이어서 훌륭한 포지션 압박으로서의 **Rce1**이다. 텍스트 무브 후의 흑은 영리하게 동등화를 이루는 데 성공한다.

12...Ng6 13 Ne5 Ng4

흑은 불편한 백 e5 나이트를 제거하고자 한다.

14 Bxe7 Qxe7 15 Nxg6 hxg6 16 h3 Nh6

16...Nh6는 f5에서 비숍 교환을 할 포지션을 갖기 위해서다. 하지만 이상하게도 흑은 다음 수에서 이 계획의 실행을 망설인다.

17 Ne2 Qh4 18 Qc5 g5

흑으로선 분명 **18...Bf5 19 Bxf5 Nxf5**가 좋았고, 이후 e파일에서 더블 룩을 만들고 마침내 g파일 폰을 전진시키면서 기회가 풍부한 게임을 할 수 있었다. 그러나 설익은 텍스트 무브 이후, 흑은 더 이상 퀸 교환을 피할 수 없다.

19 Qd6 g4

만약 **19...Bf5?**였다면 **20 Bxf5 Nxf5 21 Qd7**.

20 g3 Qe7

20...Qxh3?면 **21 Nf4**로 응수.

21 Qxe7 Rxe7 22 h4 Bd7

흑이 다시 한 번 발을 들여놓는다. 적절하게는 **22...Bf5 23 Nf4 f6**에 이어 **...Nf5-d6**로, 백이 점차 우위를 점하고 있는 퀸사이드를 쉽게 방어할 수 있었다.

23 Nf4 g6 24 b4 Bf5

드디어! 하지만 그 사이 백은 상당한 발전을 이루었다.

25 a4 Bxd3 26 Nxd3 a5

b5 이후 흑 d파일 폰의 고립은 피하기 어렵다. 그는 자신의 a파일 폰에서 반격의 기회를 찾길 바라지만, 그렇게 해도 몇 가지 약점(d5와 g4)과의 균형을 맞출 수는 없다.

27 b5 cxb5 28 axb5 Nf5

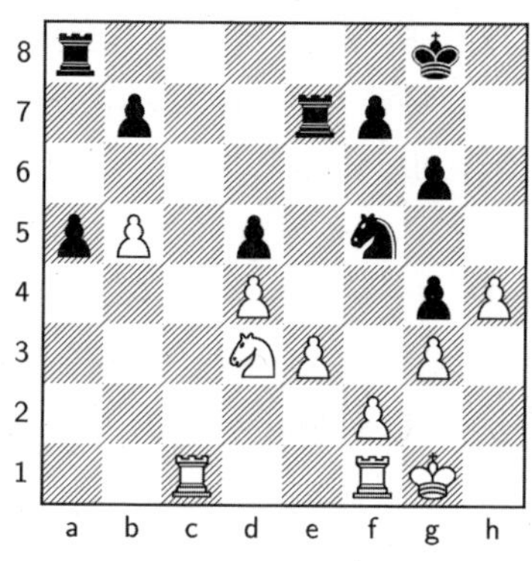

29 Ne5

백은 승리를 약속하는 포지션을 확보했었지만, 이 불행한 수순 바꿈으로 전망을 위태롭게 만들었다. 예를 들어 (Ⅰ) **29...Rd7 30 Ne5 Rd6 31 Nxg4**(32 Rxd5를 위협), 그리고 나이트가 e5를 통해 게임에 복귀하게 하거나 (Ⅱ) **29...Rd8 30 Nf4! Red7 31 b6 Rd6 32 Rb1**은 마찬가지로 안전한 포지션 외에도 폰을 획득할 수 있었다. 예이츠는 지금 적어도 어느 지점까지는 자신의 기회를 훌륭하게 활용하고 있다.

29...Kg7 30 Rc5 f6 31 Nxg4

31 Nd3면 혹은 **31...Rd7**에 이어 **...Ne7**으로 자신의 d파일 폰을 편안하게 보호할 수 있었다. 이 후퇴가 나이트가 영구적으로 제외되는 지금의 포획보다 우수했을 것이다.

31...Rd7 32 Rfc1 Kf7 33 Rc7

33 Rc7과 이어지는 수들로 백은 귀중한 시간을 잃고 사실상 패배의 위험에 노출된다. 나이트를 f3-e1-d3를 통해 활동의 중심으로 이동시키기 위해서라도 **33 Nh2**를 둬야 했을 것이다. 그러나 그 모든 경우들에도 흑에게는 훌륭한 무승부 기회들이 있었다.

33...Rad8 34 b6 Ke6 35 R7c5 Ra8 36 Rc7

백은 **36 Ra1 a4 37 Rb5**, 결국 이어지는 **Rb4**로 자신의 b파일 폰을 a파일 폰과 교환하고, 가능한 한 빨리 킹과 나이트를 퀸사이드로 옮기는 것보다 더 잘할 수는 없었을 것이다. 이제 그는 패배해야만 한다.

36...Rxc7 37 bxc7

37 Rxc7이면 간단히 **37...Nd6**가 나오고, 백은 b파일 폰을 구할 수 없게 된다.

37...Nd6

이제 흑의 연결된 두 개의 통과한 폰들이 결정적이다. 이어지는 플레이 라인에서 백은 구원을 위한 유일한 시도를 시작한다.

38 f3 a4 39 e4 a3 40 Nxf6

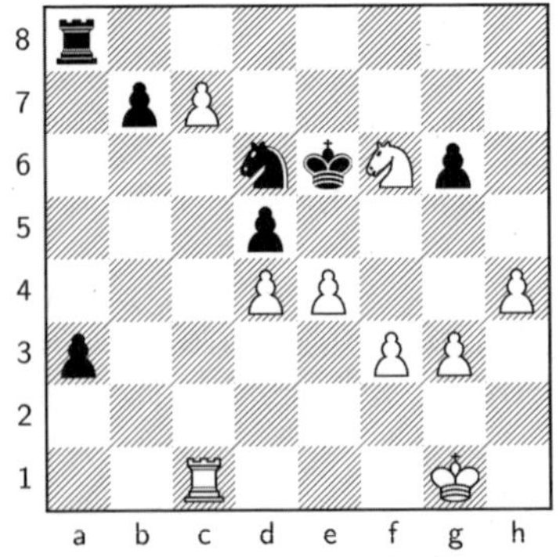

40 Nxf6는 영리하지만 불충분하다.

40...a2

이는 반면교사이자 승리를 놓칠 뿐만 아니라 상대에게 새로운 가능성을 열어 주는 강력한 실수다. 흑은 한 템포의 이득으로 룩을 쫓아내기 위해 이 위협을 비축할 필요가 있었다. 그렇게 함으로써 그는 통과한 폰들을 새롭게 연결하고, 승리하는 룩 엔딩을 가져올 수 있었다. 예

를 들어 40...Kxf6 41 e5+ Ke6 42 exd6 Kd7 43 Kf2 b5 44 Ke2 b4
45 Kd2 b3 46 Kc3 b2 47 Re1 Kxd6 48 Kb3 Kxc7(...Re8 및 ...Re3+
등등을 위협) 49 Ka2 Kb6 50 g4(Re6+와 Rxg6는 ...Rc8-c1 때문에
확실히 불가) 50...Kb5 51 h5 gxh5 52 gxh5 Kb4 53 h6 Rc8로 흑의
승리.

41 Ra1 Kxf6 42 e5+ Ke6 43 exd6 Kd7 44 Kf2

이제 백 킹이 늦기 전에 도착하고, 흑은 폰을 희생해야만 적의 통과
한 폰을 잡을 수 있으며, 그 후 물량적으로 불리한 상황에 처한다.

44...b5 45 Ke1 b4 46 Kd2 Kxd6

46...Ra3면 더 나은 무승부 기회가 주어졌을 것이다. 예를 들
어 47 Kc1 Rc3+ 48 Kb2 Kxd6 49 Rxa2 Kxc7 50 Ra7+(50 Ra6면
51...g5!) 50...Kb6 51 Rg7 Rxf3 52 Rxg6+ Kb5 53 h5 Kc4.

47 c8Q Rxc8 48 Rxa2 Rc6 49 Ra7 Ke6 50 Rb7 Rc3 51 Ke2 b3
52 g4 Kf6

52...Kd6면, 백은 킹을 f2와 g3를 통해 킹사이드로 가져와서 승리
할 것이다.

53 Rb6+ Kf7 54 g5 Kg7

쉽게 알 수 있듯이 흑은 추크츠방과 직면한다.

55 Rb5 Rc2+ 56 Kd3 Rh2 57 Rxb3 Rxh4 58 Rb7+ Kg8 59 Rd7
Rf4 60 Ke3 Rf5 61 f4 Kf8 62 Kf3

62 Kf3는 후속으로서의 f5를 두려는 준비다.

62...Kg8 63 Kg4 Kf8 64 Ra7

64 Ra7은 템포를 얻기 위한 수다.

64...Kg8 65 Re7 Rf8 66 Re5 Rd8 67 Re6 Kf7 68 Rf6+ Kg7 69 f5 gxf5+ 70 Kxf5 Rd7 71 Ke6

71 Ke5와 이어지는 Rd6가 더 단순했을 것이다.

71...Ra7 72 Ke5 Ra1 73 Rd6 Re1+ 74 Kf5

74 Kxd5 Rg1 75 g6는 어떨까?

74...Rf1+ 75 Ke6 Kg6 76 Rxd5 Rd1 77 Kd6

백은 상대의 고통에 흡족해 하는 듯하다. 그게 아니라면 77 Rd8 Kxg5 78 d5에 이어 d6를 두어 이론적인 승리 포지션에 도달했을 것이기 때문이다.

77...Kh5 78 Kc5 Rc1+ 79 Kb4 Rb1+ 80 Kc3 Rc1+ 81 Kd2 Rg1 82 Re5 Rg3

또는 82...Rxg5 83 Rxg5+ Kxg5 84 Kc3 Kf6 85 Kc4 Ke6 86 Kc5, 그리고 승리.

83 Re3

백 g파일 폰은 능숙하게 구할 수 없다. 하지만 그럴 필요도 없다.

83...Rxg5 84 Kd3 Ra5 85 Ke4 Kg6 86 Rf3 Kg7 87 d5 Ra7 88 Ke5 Re7+ 89 Kd6 Ra7 90 Ke6 1-0

80. 타르타코베르-야노프스키
레티 오프닝 *Reti Opening*

1 Nf3 d5 2 c4 d4

지난 라운드에서 야노프스키가 레티를 상대로 시도했던 **2...dxc4**와 동일하게, 흑은 **2...d4**로 상대의 전개 계획을 수정하도록 강요할 수는 있지만, 자신의 이익을 위해서는 전혀 도움이 되지 않는다. 루빈스타인이 슈필만과의 경기(1922년 빈)에서 훌륭하게 보여 줬듯, 백의 d파일 폰 전진(템포 이득을 의미)은 전술적 이유로 권장할 수 있다. 그 경기의 초반은 다음과 같이 진행되었다. **1 d4 Nf6 2 Nf3 c5 3 d5 b5 4 c4 Bb7 5 a4 bxc4 6 Nc3 e6 7 e4 Nxe4 8 Nxe4 exd5 9 Nc3 d4**, 이후 백은 **10 Bxc4! dxc3 11 Bxf7+**에 이어 **12 Qb3+**와 Qxb7으로 경기를 결정지었다. 그러나 여기서 흑은 **...d5** 이후 이 명백한 논리적 공격을 명령하지 않았으므로, 너무 일찍 전진한 폰은 상대의 전개를 심각하게 방해하지 못하면서 주인에게 불안감만 안겨 줄 뿐이다. 대체로 **2...c6**를 통한 d5 칸의 요새화 추진이 흑에게 가장 권장되는 방어다.

3 b4 a5

백은 **3...c5**에 대한 응수로 **4 Bb2**를 둘 수 있었고, **4...a5**면 **5 bxc5 Nc6 6 e3 e5 7 Nxe5 Nxe5 8 exd4 Nc6 9 d5**로, **9...Bxc5**는 **10 Bxg7** 때문에 분명 두지 않을 것이므로 화려한 게임이 될 수 있었다.

4 b5 c5 5 e3 g6 6 exd4 cxd4 7 d3 Bg7 8 g3

지금까지 양쪽 모두 폰을 배타적으로 움직였는데, 백은 퀸사이드에서 상대의 전개를 확인하기 위해 b5 보초를 획득했지만, 흑의 d파일 폰은 단지 공격의 대상이 될 뿐이며 사용하기 편한 방어법은 흑 전투력의 정상적인 배치를 영구적으로 방해할 수 있다.

8...Nd7

여기서 흑의 c5 칸 점령은 실제 가치보다 미적인 가치가 더 크다. 8...Nh6(8...Nf6는 9 Bb2 때문에 불가)에 이어 ...0-0을 먼저 두는 것이 더 바람직했을 것이다.

9 Bg2 Nc5 10 Ba3 Qb6

그리고 여기에서도 흑은 10...Ne6, ...Nf6에 이어 ...0-0을 통해 킹을 안전하게 데려 오는 게 더 좋았을 것이다.

11 0-0 Bf5

반드시 11...Nh6로 대체되어야 하는 흑의 이 무분별한 움직임은 단지 추가 템포를 내줄 뿐이다. 그가 곧 패배 포지션에 놓이는 것은 당연하다.

12 Nh4 Bc8

잘한다!

13 Qe2 Bf6

흑이 전개되지 않은 포지션에서 피앙케토 비숍 교환을 위해 2수를 더 잃고 새로운 구멍을 만드는 일은 정말 이해할 수 없다! 이 게임에서는 야노프스키다움을 찾아 볼 수가 없다.

14 Nd2 Bxh4 15 gxh4 Ne6 16 Qe5 f6

16...Nf6에 대한 응수로는 17 Ne4가 승리 포지션이 된다.

17 Qg3 Nh6 18 Be4 Nf5

흑은 18...Ng7으로 조금 더 버틸 수도 있었는데, 19 Bxg6+ hxg6

20 Qxg6+ Kf8의 희생이 결정적이지는 않았을 것이기 때문이다.

19 Bxf5 gxf5 20 Qf3 Nf8 21 Qh5+ Ng6

21...Kd8면, 백은 예를 들어 **22 Nb3**로 **Bc5**를 두겠다고 위협하여
충분히 승리할 수 있었다.

22 Rae1 e5

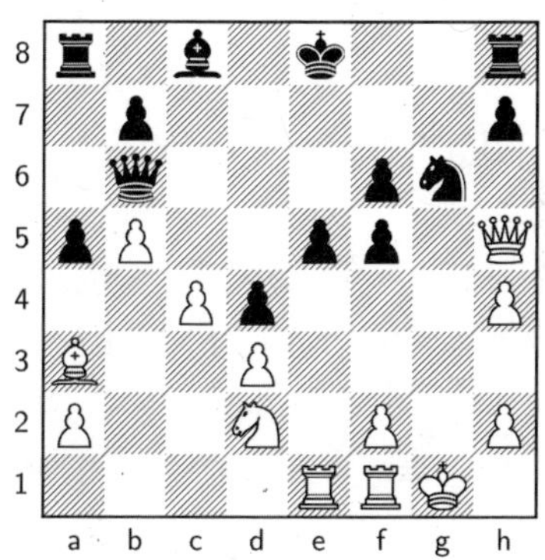

23 f4

여기서 백은 몇 수 만에 항복을 강요한다. 그는 이 게임에서 큰 어려
움을 겪지 않았다.

**23...Kd8 24 fxe5 Rg8 25 Qxh7 Be6 26 Kh1 Nxe5 27 Qe7+ Kc8
28 Bc5 Qd8**

흑에게 남은 희망은 무엇일까?

29 Qxe6+ Kb8 30 Rxe5 fxe5 31 Qxe5+ Kc8 32 Qxf5+ 1–0

17라운드

　17라운드에서는 카파블랑카가 휴식을 취하면서 라스커 박사는 15라운드에서 휴식으로 잃은 시간을 만회할 기회를 얻었다. 예이츠를 대가로 승점을 1점 더 획득한 그는 카파블랑카와 승패에서 한 게임 반의 격차를 벌렸다. 이는 토너먼트가 끝날 때까지 유지됐다. 하지만 이를 달성하기 위해서는 다음 다섯 번의 대국에서 4½점을 득점해야 했다! 예이츠는 라스커 박사의 시실리안 디펜스를 상대로 특별히 인상적인 모습을 보여 주지는 못했다. 그럼에도 불구하고 그는 상당히 좋은 모습을 보였지만 결국 절망적인 패배로 끝을 맺었다.

　이번 라운드에서 가장 긴 시간 동안 신경전을 펼친 경기는 프렌치 디펜스를 채택한 보골류보프-알예힌이었다. 보골류보프는 오프닝 직후부터 불안한 콤비네이션으로 경기를 펼쳤다. 알예힌은 최선의 수비를 찾지는 못했지만 보골류보프의 손에 들린 두 룩을 상대할 룩-쌍비숍이 남았다. 폰이 보드 중앙을 너무 많이 막고 있어서 비숍이 움직일 공간이 충분하지 않았다. 알예힌에게는 승리를 위해 플레이할 기회가 주어졌지만, 이는 복잡하고 문제가 많은 연속수를 통해서만 가능했을 것이고, 러시아인은 그 길을 시작하지 않는 게 현명하다고 생각했다. 85수 동안 지속된 힘든 경기 끝에 무승부가 합의되었다.

　마셜과 에드워스 라스커의 경기는 퀸스 폰 오프닝으로 미국 챔피언이 유리한 고지를 점하는 듯했다. 하지만 라스커의 견고한 수비가 무승부를 거두기에 충분했다. 이 게임에서는 쌍나이트가 쌍비숍의 대항마였다.

　루이 로페즈를 채택한 타르타코베르 박사는 퀸들이 보드에서 사라진 후 더 좋은 포지션을 확보한 후 적극적으로 희생 교환을 한 레티에게 밀렸다. 구원의 해법을 찾지 못 한 타르타코베르 박사는 결국 굴복하고야 말았다.

야노프스키-마로치는 매우 활기찬 퀸스 갬빗으로 논쟁을 시작했는데 후자가 전자를 제압했다. 비록 마로치의 플레이가 아주 정확하지는 않았고, 야노프스키가 좋은 교환을 했음에도 불구하고, 그는 확실하게 자신의 플레이를 유지했다. 그의 비숍은 매우 유리하게 배치되었다. 결과가 다소 불투명한 상황에서 마로치는 실수로 제한 시간을 넘겼고 승리는 야노프스키에게 돌아갔다. 이 대국은 토너먼트 110국들 중 유일하게 이런 식으로 끝난 대국이었고, 헝가리인은 상당히 큰 대가를 치렀다.

이날 상위 6명의 순위는 라스커 11½-3½, 카파블랑카 10-5, 알예힌 9½-6½, 레티 9-6, 보골류보프 8½-7½, 마셜 8-7로 변동이 없었다. 흑이 이전 라운드의 결과를 뒤집었으며 총점은 백 47½, 흑 37½.

81. 예이츠-라스커 박사
시실리안 디펜스 *Sicilian Defense*

1 e4 c5 2 Nf3 e6

라스커 박사는 4라운드(16국)에서 야노프스키를 상대로 좀 더 정확한 2...Nc6를 두었다. 텍스트 무브 후 백은 3 Be2 Nc6(3...Nf6면 4 e5) 4 d4 cxd4 5 Nxd4 Nf6 6 Bf3를 통해 자신의 c파일 폰이 Nc3에 막히는 일을 피할 수 있었다.

3 d4 cxd4 4 Nxd4 Nf6 5 Nc3 Nc6 6 Nxc6

6 Nxc6는 다음 수와 함께 백에게 특별한 무언가를 약속하지 않는 오래된 변형이다. 만약 백이 6 Be2 Bb4 7 0-0으로 유망한 폰 희생을 감수하고 싶지 않는다면 6 a3를 바로 두는 게 가장 간단했을 것이다.

6...bxc6 7 e5 Nd5 8 Ne4 f5 9 exf6 Nxf6 10 Nd6+ Bxd6 11 Qxd6 Qa5+

흑의 어두운 칸들의 약점은 11...Qe7 12 Bf4 Ne4 13 Qxe7+ Kxe7 14 f3에 이어 0-0-0이면 해소되지 않는다. 하지만 11...Qb6!(...Qxf2+를 위협)면 12 Bd3 c5 13 Bf4 Bb7 14 0-0 Rc8 처럼 만족스러운 게임을 얻을 수 있었다. 대신 그는 다음과 같은 퀸 기동으로 폰 구조를 변경하여 반격 기회를 얻으려 하지만, 쉽게 곤경에 빠질 수도 있다.

12 Bd2 Qd5 13 Qa3 Qe4+

마찬가지로 13...Ne4 14 Be3도 더 이상 충분하지 않았을 것이다.

14 Be3 a5

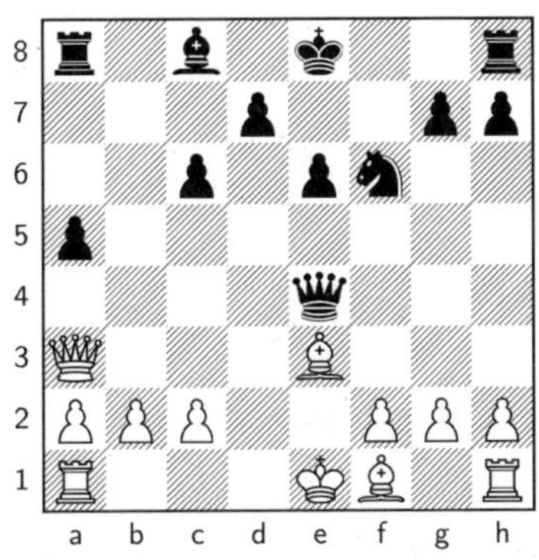

만약 **14...Qxc2?**면 **15 Bd3**.

15 0-0-0

여기서 저항하지 않은 백은 상대의 설계에 빠져들어 최악의 상황을 맞이한다. 답은 **15 Bd3**인데, 그러면 예를 들어 **15...Qb4+**(또는 **15...Qxg2**면 **16 0-0-0**로 흑이 방어하기 어려운 강한 공격이 이어짐) **16 Qxb4 axb4 17 Bc5 Nd5**(또는 **17...Rb8**면 **18 Bd6 Rb6 19 a4**) **18 Be4 Ra5 19 Bd6**로 확실한 백의 우세가 가능하다.

15...Qb4 16 Qxb4

16 Bc5는 **16...Qxa3 17 Bxa3 Ne4!** 때문에 두면 안 된다.

16...axb4

지금 열려 있는 a파일은 흑에게 유리한 중요 요소가 된다.

17 Bc4 d5 18 Bb3 Nd7

18...Nd7은 ...c5를 가능하게 만들면서 모든 위험을 제거한다. 흑의 위협적인 중앙을 고려할 때, 백은 이제 비숍들의 협력을 통해 자신의 자리를 지키기만 바랄 뿐이다.

19 Rhe1 0-0 20 f3 Ra6

20...c5는 21 Rxd5 때문에 아직 안 된다.

21 Bd2 c5 22 c4 bxc3

흑으로선 22...bxc3가 22...d4로 봉쇄하는 것보다는 확실히 낫다. 왜냐하면 적절한 순간에 자신에게 유리한 중앙에 폰 대형을 구축할 기회를 얻을 수 있기 때문이다.

23 Bxc3 Nb6 24 a3 Bd7 25 Be5 Rc8 26 Rd2

26 Rd2는 분명 ...Ba4에 의한 비숍 교환을 피하기 위해서다.

26...Bb5 27 f4 Bc4 28 Bc2 d4 29 f5

마침내 백은 f파일 개방을 통해 약간의 카운터플레이를 얻는다. 물론 흑의 통과한 폰이 매우 성가시지만, 그의 기물과 폰 들이 부족하기에 그 이점이 결정적이지는 않다.

29...Nd7 30 fxe6 Bxe6 31 Bg3

지난 수들을 두는 동안 백 포지션이 대단히 개선되었는데, 이는 아마도 시간을 잃은 흑이 ...Bb5로 시작한 작전 덕분일 것이다. e파일과 f파일이 열렸기 때문에 흑은 더 이상의 단순화를 막을 수 없다.

31...Nf8 32 Re5 Rb6 33 Bh4 Bf7 34 Bg3 Bg6 35 Re7

백은 36 Be5 Ne6 37 Ba4로 반격하겠다고 위협한다.

35...Re6 36 Rxe6 Nxe6 37 Bxg6 hxg6

백으로선 흑 폰들을 **b4**로 분열시키겠다고 위협하면서 킹의 중앙 진입을 위해 일관되게 플레이했다면 충분히 버틸 수 있었던 간단한 엔드게임이 이제 완성되었다.

38 Be5

이 수는 흑이 작전의 기반이 될 f파일을 얻게 하기 때문에 최선이 아니다. **38...Rd8 39 Kc2-d3**, 그리고 결과적으로 **b4**를 두는 게 더 간단했을 것이다.

38...Rf8

39 b4에 **39...Rf5**, 이어서 **...c4**로 응수하기 위해서다.

39 b3 Rf1+ 40 Kc2 Kf7 41 Bg3

41 Bg3는 소용없다! 백은 **41 Kd3**(**b4** 위협)면 **41...Rb1**(**41...Re1** 이면 **42 Re2**, 또는 **41...Rc1 42 Rc2**) **42 Kc4 Rc1+ 43 Kd5**, 그리고 **Rf2+**로 기물 하나를 잡는다고 위협했을 것이기 때문에 쉬운 무승부를 보장할 수 있었다.

41...Ke7

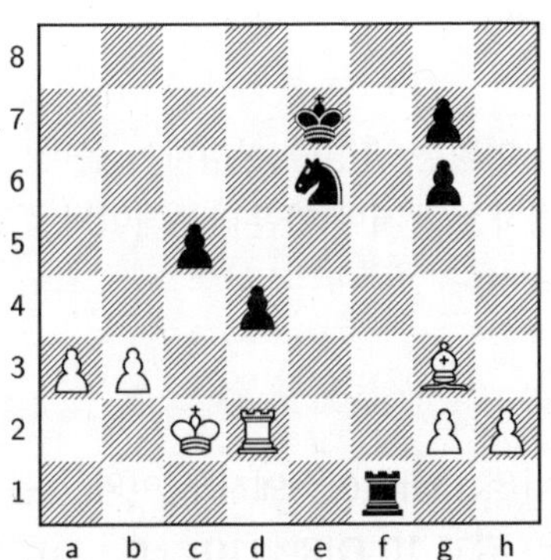

42 a4

42 Kd3는 시간 손실에도 불구하고 (Ⅰ) 42...Rb1 43 Kc4 Rc1+ 44 Kd5로 Re2 위협, (Ⅱ) 42...Kd7 43 b4 Kc6 44 bxc5 Nxc5+(또는 44...Kxc5면 45 Re2!) 45 Ke2, (Ⅲ) 42...Ra1 43 a4 Kd7 44 Re2 Rc1 45 Re5 Rc3+ 46 Ke4의 경우들처럼 백에게 여전히 충분했을 것이다. 흑 폰들을 분열시킬 모든 가능성을 망치는 텍스트 무브 이후, 흑의 통과한 폰이 힘을 발휘한다.

42...Kd7 43 Kd3 Rc1 44 Rc2 Rb1 45 Kc4 Kc6 46 Re2

46 Re2는 체념이나 다름없다. **46 a5! Ra1 47 b4 cxb4 48 Kxb4+ Kd5**면 백은 결국 실패하더라도 더 긴 작전 포지션을 제안할 수 있었다. 예이츠는 이 대국의 마지막 부분을 자신의 수준보다 훨씬 낮은 수준으로 두었다.

46...Rc1+ 47 Kd3 Rc3+ 48 Kd2 Kd7 49 b4 cxb4 50 Kd1 b3 51 a5 Nc5 52 a6 Na4 53 Re5 b2 0-1

82. 보골류보프－알예힌
프렌치 디펜스 *French Defense*

1 e4 e6 2 d4 d5 3 Nc3 Nf6 4 Bg5 Bb4 5 Nge2 dxe4 6 a3 Be7 7 Bxf6 gxf6 8 Nxe4 b6

8...b6는 흑이 이 어려운 변형을 처리하는 올바른 방법으로, 기물들을 논리적으로 전개하는 동시에 카운터플레이의 희망을 갖게 한다.

9 N2c3 f5

라스커 박사－레티의 대국(46국)에서도 이와 같은 흑의 실수가 있었다. 그는 **9...Bb7**을 두고 **10 Qf3**에 **10...c6**, 그리고 **...Nd7**으로 응수해야 한다. 백 나이트가 뒤로 밀려날 위협을 받게 하는 것만으로도 충분했다. 하지만 그러한 위협은 포지션에서 뚜렷한 이점과 결합되는 순간에만 현실화될 것이다. 여기서 이 수순은 시기상조이며 후수를 두는 플레이어에게 핸디캡이 주어진다.

10 Ng3 Bb7 11 Bb5+

그러나 백 역시 정확성이 부족하다. **11 d5!** 면 **11...Bxd5**(만약 **11...f4** 면 **12 Qd4** 또는 **12 Bb5+ Kf8 13 Qd4**) **12 Nxd5 Qxd5 13 Qxd5 exd5 14 Nxf5** 로 백의 엔드게임 포지션은 나이트의 지배적인 배치 덕분에 상당히 유리했을 것이다. 반면 텍스트 무브는 흑이 포지션을 공고히 하게끔 돕는다.

11...c6

11...Nd7 은 **12 d5** 때문에 안 된다.

12 Bc4 Nd7

흑은 **12...Bf6** 에 얽힌 복잡한 상황에도 불구하고 두려움 없이 들어갔을 수도 있다. 그러면 예를 들어 **13 Qh5**(또는 **13 Nce2** 면 **13...h5**) **13...Qxd4 14 Bxe6 Qe5+ 15 Kd1**(**15 Kf1** 이면 **15...Ba6+**, 이어서 **...Qxe6** 로 흑 승리) **15...Qd6+ 16 Nd5 0-0 17 Bxf5**(또는 **17 Nxf5** 면 **17...Qxe6 18 Nde7+ Kh8**) **17...Qxd5+ 18 Kc1 Rd8 19 Bxh7+ Kf8 20 Nf5 Qd2+ 21 Kb1 Qg5** 로 백은 스스로 지쳐 버린다. 하지만 흑은 이 수를 선택했음에도 불구하고 결국 그럭저럭 이득을 얻는다.

13 Qe2

13 Bxe6 희생은 분명 잘못된 선택이었을 것이다.

13...Nf6 14 0-0-0 Qd6 15 Rhe1 Nd5

15...0-0-0이면 16 Nxf5 Qf4+ 17 Ne3 Rxd4 18 g3 Rxd1+ 19 Rxd1 Qc7 20 f4로 f5를 두겠다고 위협하는 백이 다소 나은 포지션이었을 것이다. 흑은 나이트 이동을 통해 쌍비숍의 이점을 확보했지만, 그중 하나는 행동에 제약이 있다.

16 Nxd5 cxd5 17 Bb5+ Kd8

흑 킹은 f8에서보다 이곳에서 훨씬 더 안전하다. 흑은 18 Qh5를 두려워할 필요가 없는데 그러면 18...Qf4+ 19 Kb1 Rf8 20 Qxh7(이렇게 하지 않으면 흑이 ...Qh4를 둠) 20...Qxf2가 되기 때문이다.

18 Kb1 h5

18...h5는 위험해 보이지만 18...Qf4를 두면 문제적인 변형을 가져오기 위한 응수 19 Bd3가 불편하기 때문에 사실상 유일한 연속수다.

19 Nxh5 Qxh2 20 Ng3 Qh4

20...Qh4는 21 Rh1과 21 Nxf5의 이중 위협 때문에 유일한 수다.

21 Rh1 Qf6 22 Nh5 Qg5

22...Qg6는 안 된다. 그러면 23 Nf4 Qg8 24 Rxh8 Qxh8 25 Nxe6+ fxe6 26 Qxe6로 백이 승리하기 때문이다.

23 f4 Qg6 24 Rd3

24 Rd3는 잘못된 콤비네이션의 시작이다. 그러나 백은 더 이상 만족할 만한 포지션을 확보하지 못했다. 예를 들어 24 g4(24 Bd3면 24...Kd7)면 24...fxg4(24...Qxg4면 백은 25 Qe5도 고려 가능) 25 Qe5(25 f5면 25...Qg5) 25...Rh7 26 Bd3 f5 27 Ng3 Rh3!

24...a6 25 Rg3

백의 수는 자연스럽지만 치명적이다. 마찬가지로 **25 Ba4 b5 26 Bb3 Kd7** 이후에도 백의 입지가 안 좋았을 텐데, **Rg3**가 불가능하기 때문이다.

25...Rxh5

당연한 결과다.

26 Qxh5

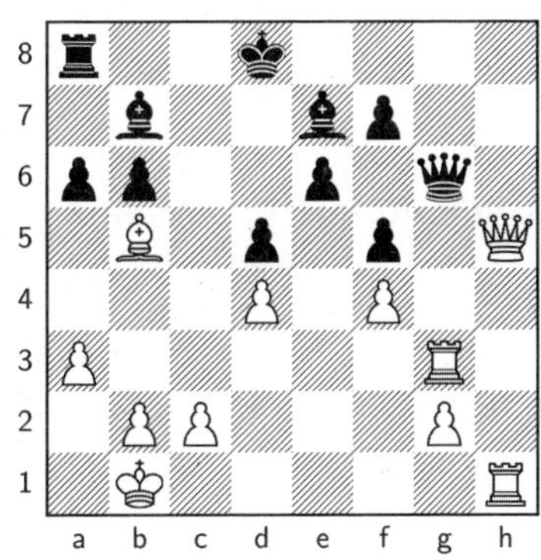

또는 **26 Rxg6**면 **26...Rxh1+ 27 Ka2 axb5**(가장 단순함) **28 Rg8+ Kc7**으로 흑이 쉽게 이길 수 있다.

26...Qxh5

흑은 **26...Qxg3 27 Qxf7 axb5 28 Rh7**이면 **28...Qe1+ 29 Ka2 Qb4 30 Rh8+ Kd7 31 Rxa8 Qc4+**로 당연히 백이 포기하게 될 변형을 간과했다. 반면에 이 퀸 교환은 확정된 무승부로 이어진다.

27 Rxh5 axb5 28 Rh7 Kd7 29 Rxf7 Rf8 30 Rh7 Re8 31 Rg6

지금 도착한 포지션은 조심스럽게 다루면 어느 쪽도 승리할 수 없으며 무승부로 포기하는 게 좋을 수도 있다.

31...Bc8 32 c3 Kc7

흑은 백 킹이 자신의 룩에게 접근하여 지원하기 전에 교환을 이끌어
내고자 한다. 이것은 가장 간단한 무승부 방법이다.

**33 Kc2 Bd7 34 Rgg7 Kd6 35 Kd2 Bc6 36 Rg6 Rf8 37 Ke3 Bf6
38 Ra7**

38 Ra7은 백의 의문스러운 모험이며 덕분에 흑은 사실상 또 다른
기회를 얻는다. 투쟁을 끝내는 가장 간단한 방법은 **38 Rhh6 Ke7 39
Rh7+ Rf7 40 Rxf7+**에 이어 **41 Rg3**로 보인다.

**38...Bd7 39 Kf3 Bd8 40 Rg7 Bc7 41 Rh7 Rd8 42 g3 Bb8 43
Rb7 Bc7**

흑은 **44...Kc6 45 Ra7 Bb8**에 이어 **...Kb7**을 위협한다.

44 Ra7 Kc6

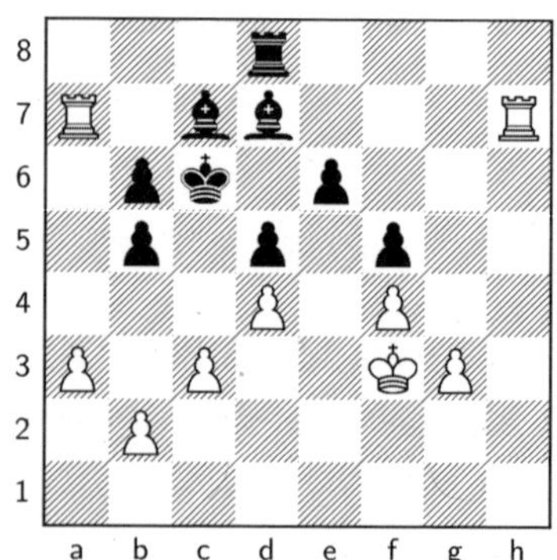

45 a4

백은 이런 식으로 위협받는 룩을 풀어 줄 수 있음에 감사할 이유가

있지만, 흑 퀸스 비숍이 마침내 충분한 활동 범위를 확보한다. 분명한 목적이 없는 것은 **45 g4 fxg4+ 46 Kxg4**(**46...e5**면 **47 Rxd7**, 이어서 **dxe5**로 맞서기 위해서)였을 텐데, 왜냐하면 흑이 **46...Rf8**로 자신의 f 파일 폰에 도움을 주었을 것이기 때문이다.

45...bxa4 46 Rxa4 b5

46...b5는 다음 수와 결합하면 흑이 이길 유일한 기회를 잡을 수 있다.

47 Ra1 b4 48 Ke3 Bb6

48...Bb6로 백은 퀸사이드에서의 즉각적인 배제를 강요당한다. **48...Kb5 49 Ra7 Kb6 50 Ra1 Bb5**라면 이 상황을 피할 수도 있었다. 그러나 이 상황은 이어지는 엔드게임의 전반적인 흐름에 큰 영향을 미치지 못했다.

49 Ra4 bxc3 50 bxc3 Rg8 51 Kf2 Rc8 52 Ra3 Kd6 53 Rh1 Rb8 54 Raa1 Bb5 55 Ke3

백으로선 당연히 흑 비숍의 e5 도달을 허용하지 않아야 한다.

55...Rg8 56 Rhg1 Kc6 57 Kd2 Bc4

흑의 유일한 승리 가능성은 폰 희생 **...e5**를 통해 비숍들 간의 협력을 이끌어 내는 것이며, 이후의 모든 기동들은 유리한 순간에 이 폰 브레이크의 실현을 목표로 하고 있다. 백은 이 위험을 충분히 인식하고 훌륭하게 방어한다.

58 Rae1 Kd6 59 Ra1 Bc7 60 Ke3 Kc6 61 Kd2 Bd8

이제 위협은 **62...e5!**다. 그러면 (I) **63 fxe5 Bg5+ 64 Kc2 Be3 65**

Rg2 f4, (II) 63 dxe5 Bb6 64 Rg2 d4 65 cxd4 Kd5!로 흑 킹의 결정적인 진입이 뒤따른다.

62 Rae1 Rg6 63 Ra1 Be7

63...e5를 두었다면 백은 64 Ra8라는 중요한 개입 수를 둬서, 흑의 계획은 망가졌을 것이다.

64 Rae1 Bd6 65 Kc2 Kd7 66 Ra1

지금 이 순간 백은 e2 칸에 대한 경계를 그만 둘 수도 있다. 예를 들어 66...Be2 67 Kd2 Bf3 68 Ra7+ Kc6(또는 68...Bc7면 69 Rb1) 69 Rga1.

66...Bc7 67 Kd2 Kc6 68 Rae1 Bd6 69 Kc2 Kc7 70 Kd2 Kd7 71 Ra1 Kc6 72 Rae1 Kc7 73 Ra1 Rg8 74 Rae1 Kd7 75 Ra1 Bc7 76 Rab1 Ra8

이제 적어도 결정적인 연속수를 위한 길이 열린 듯하다.

77 Ra1 Rh8 78 Rh1 Rg8 79 Rhg1

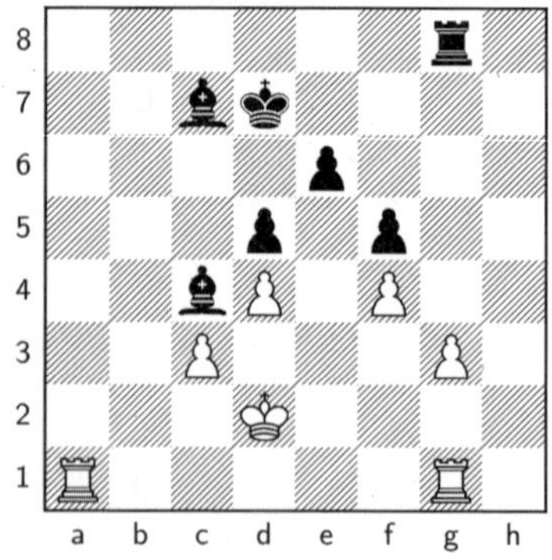

79...Bd8

흑은 룩으로 ...e5를 위한 유리한 포지션으로 이끌어 왔고, 지금 자신의 아이디어인 79...e5!의 실현을 노려야 했다. 그러면 (I) 80 dxe5 Bb6 81 Rg2 Kc6, 이어서 ...d4, (II) 80 fxe5 Bd8 81 Ra7+ Ke6 82 Rh1 Bg5+ 83 Kc2 f4 84 g4 f3 85 Rhh7(또는 85 Rb1이면 85...Bd8, 이어서 ...Rxg4) 85...f2 86 Rhd7(또는 86 Rhb7이면 86...Bd8, 또는 86 Rhc7이면 86...Bb5!) 86...Rd8 87 Rdb7 Bd3+ 88 Kb3(또는 Kb2) 88...Rd6 89 Rf7 Rb6+, 그리고 흑이 승리한다. 그러나 모든 것을 고려하면 이 마지막 변형은 보드 위에서 쉽게 실행되지 못했을 것이다. 텍스트 무브 이후에 흑이 유리한 설계에 다시 한 번 도달하려고 시도하면 포지션이 세 번 반복되기 때문에 사실상 무승부가 된다.

80 Rae1 Be7 81 Rb1 Kc7 82 Rbe1 Bd6 83 Ra1 Kc6 84 Rae1 Kc7 85 Ra1 Kd7 ½–½

83. 마셜–에드워드 라스커
퀸스 폰 오프닝 *Queen's Pawn Opening*

1 d4 Nf6 2 Nf3 g6 3 Nc3 d5

3...d5의 장점에 대해서는 카파블랑카–예이츠의 대국과 비교해 보라(32국 참조).

4 Bf4 Bg7 5 e3 Bf5

흑은 ...e6로 인해 차단당할 위협이 없기 때문에 여기서 서둘러서 비숍을 전개할 필요가 없다. 먼저 **5...0-0**에 이어 **...c5**가 언급된 대국에서와 같이 훨씬 더 적절했을 것이다.

6 h3

다소 이상한 체스다. 바로 **6 Bd3**는 어땠을까?

6...0-0 7 Bd3 Ne4

흑이 시기상조인 다섯 번째 수의 결과로 이 점프와 상대를 전개시키는 교환 사이에서의 불편한 선택을 해야 한다면, 7...Bxd3 8 Qxd3 Nbd7으로 바로 확인할 수 있듯이 전자를 선호해야 함이 마땅하다.

8 Bxe4 Bxe4 9 0-0

백은 9 Nxe4 dxe4 10 Nd2 f5 11 c3에 이어 Qb3를 두면 초반 우위를 유지할 수 있었다. 반대로 텍스트 무브 후 흑은 쌍비숍 덕분에 9...Bf5로 동등한 게임을 할 수 있었지만 대신 폰을 잃는다. 양쪽의 오프닝 처리는 아쉬움이 많이 남는다.

9...Nd7 10 Nd2

강력하게 배치된 비숍들의 협력을 통해 균형을 맞추려고 헛되이 노력하는 흑은 물질적 우세를 빼앗긴다.

10...Bf5

이보다 더한 악수는 10...Nf6였을 것이다. f3를 두겠다고 위협하는 11 g4! 때문이다.

11 Nxd5 e5 12 dxe5 Nxe5 13 e4 Be6 14 Bxe5

백의 이 비숍 교환은 확실히 아쉬우며, 14 Nf3면 14...Bxd5 15 exd5 Nc4로 폰을 되찾을 수 있을 것이다.

14...Bxe5 15 Nf3 Bg7 16 c3 Qd6 17 c4

앞선 플레이 위에 놓인 17 c4는 약간 부자연스러워 보이지만 영리하게 고안됐다. 하지만 당분간 흑이 아무런 위협이 되지 않는다는 점에서 **17 Qd3**에 이어 **Rfd1**도 충분히 좋은 선택이었다.

17...Rad8 18 Qe2 c6

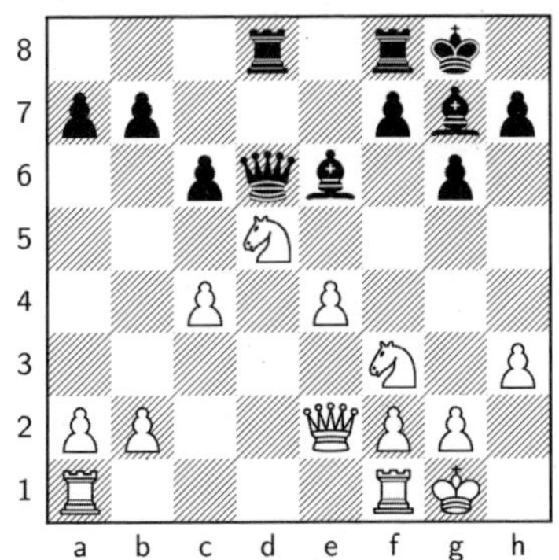

쌍비숍의 강력한 힘이 느껴지는 상황(**19 Nc3**면 **19...Qd3!** 또는 **19 Ne3**면 **19...Qf4** 등등)에서 **18...c6**는 나이트의 후퇴를 강요하는 것처럼 보였을 것이다. 하지만 마셜은 이 변형에 충분히 대비했고, 여분의 폰을 돌려주면서 유리한 엔딩을 강요했다.

19 e5 Bxe5 20 Qxe5 cxd5

물론 **20...Qxe5**는 **21 Ne7+** 때문에 안 된다.

21 Qxd6 Rxd6 22 c5

백은 퀸사이드에 있는 다수의 폰과 d4에 나이트를 배치하여 만들 "고정된" 포지션 덕분에 훌륭한 승리 기회를 얻었다.

22...Ra6 23 a4

다음 수와 연결되어, **23...d4**로 흑이 더 빨리 카운터플레이를 할 수 있었던 **23 b4**보다 낫다.

23...Bd7 24 Rfd1

24 b3는 24...b6! 때문에 결코 안 된다. 텍스트 무브에 의해 강제된 교환은 백 룩의 7랭크 진입을 허용한다.

24...Rxa4 25 Rxa4 Bxa4 26 Ra1 Bc6 27 Rxa7 Re8 28 b4 Re6

28...Re4 29 b5 Bxb5 30 Rxb7 Be8 31 Rb8 Kg7이 더 나은 무승부 기회를 제공했다.

29 b5

당연히 백은 29 Ra5!를 통해 b파일 폰을 전진시킬 기회를 활용했어야 했다. c파일 폰만으로는 승리할 수 없음이 곧 분명해진다.

29...Bxb5 30 Rxb7 Ba4 31 Rb8+ Kg7 32 Rc8 Bd1 33 Ng5

33 Ng5는 확실히 이상한 아이디어다. 그러나 33 Nd4도 마찬가지로 33...Re4 34 Nb5 Ba4 35 Nd6(또는 35 Nc3면 35...Re1+ 36 Kh2 Bd7 37 Rd8 d4) 35...Re1+ 36 Kh2 d4, 그리고 37 c6 이후에는 37...Rc1으로 백 폰을 멈출 수 있게 된다.

33...Re1+ 34 Kh2 h6 35 c6 Ba4

흑은 35...Bh5 36 c7 Rc1 37 Nxf7!에서 발생할 복잡성을 피했다.

36 Nf3 Rc1 37 Ra8 Bxc6 38 Rc8 Rc4

38...Rc4는 사실상 유일한, 꽤 명백한 구원이었다.

39 Ne5 Bb7 40 Rxc4 dxc4 41 Nxc4

다음 5수는 신사라면 생략할 수도 있었다.

41...Kf6 42 f4 Be4 43 Ne5 h5 44 g4 hxg4 45 hxg4 Ba8 46 Kg3 g5 ½-½

84. 타르타코베르-레티
루이 로페즈 *Ruy Lopez*

1 e4 e5 2 Nf3 Nc6 3 Bb5 a6 4 Ba4 Nf6 5 d3

이 "천천히 움직이는" 변형은 흑이 적어도 동등한 게임을 얻는 데 어려움이 없는 이유로 매우 드물게 플레이된다.

5...d6 6 c3

백은 이 수로 아무런 이유 없이 d3에 약점이 생긴다. 이것은 필리도르의 한남 변형Hanham Variation과 유사한 이 변형의 가장 큰 결점이다.

6...Be7 7 Nbd2 0-0 8 Nf1 b5 9 Bc2 d5 10 Bd2

지금까지 이 모든 것은 종종 플레이되었다. 텍스트 무브는 **10...Be6** 이후 **11...dxe4**와 **12...Bc4**로 이어지는 아이디어를 가진 **10 Qe2**보다 약간 더 강해 보인다. 그러나 백은 현재 포지션에서 퀸 교환을 피할 필요가 없으므로 **10 Ng3**를 바로 두는 게 더 단순하다.

10...Re8 11 Ng3 Bf8 12 0-0 dxe4

흑은 중앙에서의 압박을 풀고 나면 기대할 게 별로 없다. **...Be6**, **...Qd6**, **...Red8** 등을 통해 남은 기물들을 동원하면 더 나은 기회가 제공되었다. 이는 백이 **...d4**와 **...dxe4**로 잠시 숙고하게끔 강요하는 게 목적이다.

13 dxe4 Be6

13...Bg4는 14 Be3로 즉시 대응될 수 있었다.

14 b3

이 수로 백의 c3 칸(그리고 결과적으로 d4도 간접적으로)이 쓸모없이 약화되고 백 킹스 비숍의 범위가 좁아졌다. 백은 자신을 방어할 필요가 없었다. **14 a4!**(14...b4면 **15 a5!**)로 반격의 주도권을 얻었더라면 약점을 상쇄할 수 있었다. 그러나 백에게 이 텍스트 무브에 의한 직접적인 위험은 없다.

14...Bg4

여기서도 백은 **15 Be3**로 쉬운 게임을 할 수 있었다. 그러면 예를 들어 **15...b4 16 cxb4 Nxb4 17 Qxd8 Raxd8 18 Rfc1**, 또는 **15...a5 16 Bd3!** 등등.

15 Qe2

이 수 이후에만 흑은 약간의 이점을 얻는다.

15...Nh5

이는 핀 때문에 두는 수이며(지금 또는 다음 수에 **Nxh5 Bxh5** 이후에도), 이제 백이 불편해진다.

16 Rad1 Qf6 17 h3

백은 흑 나이트가 f4에 자리를 잡도록 놔둘 이유가 없다. 더 좋고 분명한 방법은 **17 Nxh5 Bxh5 18 h3**(18...b4면 **19 Bd3!** 등등)였을 것이다.

17...Bxf3 18 Qxf3 Qxf3 19 gxf3 Nf4 20 Kh2

또는 20 Bxf4면 20...exf4 21 Ne2 Bd6로 ...Ne5 위협이 나오며 흑에게 명백히 유리하다.

20...b4

드디어 비록 당장은 그리 끔찍해 보이지는 않았던 **14 b3**에 대한 처벌이 내려졌다. 그 결과는 곧 느껴질 것이다.

21 Rfe1

f4 나이트의 **...Ne2**를 통한 압박을 없애기 위해서다. 그러나 5수 전에 나이트 교환을 하는 게 훨씬 더 간단했을 것이다!

21...Red8

흑 퀸스 룩은 결과적으로는 퀸사이드(...a5)에서 시위를 벌이기 위해 자신의 칸에 머무른다.

22 Ne2

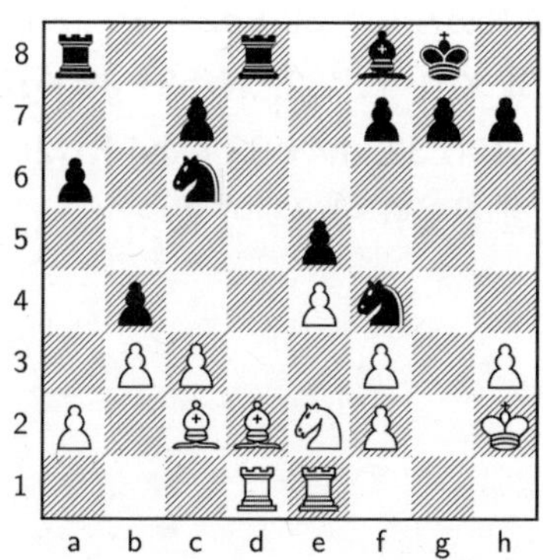

22...Rxd2

중앙의 완전한 통제를 목표로 하는 흑의 흥미롭고 유망한 희생 교환이다. 아무리 유혹적일지라도 흑은 승리 기회를 포기한 것처럼 보인다. 그러나 22...Nxe2(22...Nd3는 23 Bxd3 Rxd3 24 Be3!로 인해 불가) 23 Rxe2 a5! 이후에 백은 매우 어려운 경기를 펼치게 될 것이다. 예를 들어 24 Be1 bxc3 25 Bxc3 Bb4! 26 Rxd8(26 Bb2는 한 수만 바꾼 것) 26...Rxd8 27 Bb2 Bd2 28 Kg2 f6 29 Ba3 Nb4면 흑의 승리 포지션이 된다. 백의 다른 방어에 대해서도 흑은 좋은 승리 기회를 얻는다.

23 Rxd2 bxc3 24 Nxc3 Bb4 25 Re3 Nd4

이제 흑의 희생이 무엇을 의미하는지 분명해졌다. 백의 기물들은 부분적으로는 핀이고 부분적으로는 '고정'되어 있다. 게다가 기물 하나를 잡히거나 교환으로 두 번 잡히는 26...Nb5 위협을 받는다. 하지만 백은 적절한 방어책을 갖고 있다!

26 a3

이것은 흑 비숍의 즉각적인 이동 외에도 백 룩의 a2 칸 획득을 목표로 한다. 반면에 교환을 자발적으로 돌려주려는 시도는 충분치 않았을 것이다. 예를 들어 26 Bd1 Nb5 27 Rc2 Nxc3 28 Rcxc3 Bxc3 29 Rxc3 Rd8면 흑은 병력이 줄었어도 여전히 결정적인 공격력을 가지고 있다. 그러면 30 Rxc7(또는 30 Bc2면 30...Rd2) 30...h5 31 Bc2 Rd2 32 Kg3(또는 32 Kg1이면 32...Nxh3+ 33 Kg2 Nxf2 34 Kf1 h4 35 Ke1 h3로 흑의 승리) 32...h4+ 33 Kxh4 Rxf2로 백은 34...Rg2와 ...g5#의 위협에 맞설 적절한 방어책이 없다.

26...Bxa3

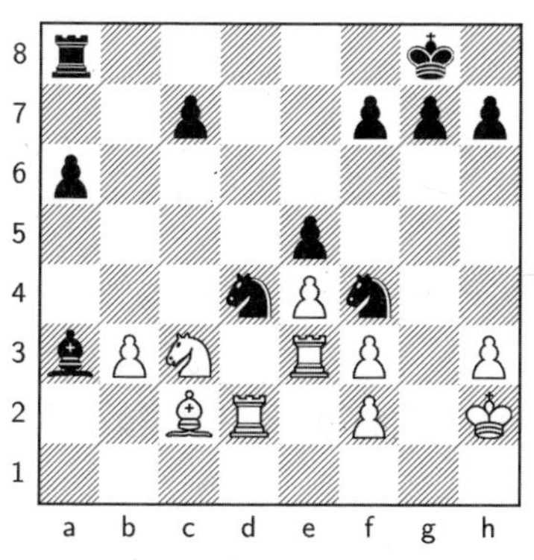

27 Nd5

백의 이 단순화 시도는 숨겨진 포인트 때문에 실패했다(백의 28 수에 대한 설명 참조). 답은 **27 Bd1!!**으로, **27...Bc1**에 **28 Ra2**로 답해야 한다. 이 경우 **29 Ra1 Bd2 30 Ra2** 등등에 의해 무승부를 위협할 뿐만 아니라 **29 Re1 Nd3 30 Rf1**의 단순한 연속수(예를 들어 **28...Nde6** 이후)도 가능했다. 그러면 희생 교환에 대한 충분한 보상을 찾으려 노력하는 일은 흑의 몫이었을 것이다. 어떤 경우든 **28...c6** 이후 백은 **29 Ra1**보다 더 나은 방법이 없었으며 **29 Re1 Nd3 30 Rf1 h5**로 시작하는 승리 시도는 포위된 포지션 때문에 절망적이었을 것이다. 따라서 **27 Bd1** 이후에는 무승부가 됐을 것이다.

27...Bc1 28 Rd1

백은 **28 Rxd4**가 **28...exd4! 29 Re1 d3 30 Rxc1 Ne2** 때문에 실패한다는 사실을 너무 늦게 알았다. 하지만 텍스트 또한 절망적인 엔드게임으로 흘러간다.

28...Bxe3 29 fxe3 Nxd5 30 exd4 Ne3 31 Rc1 Nxc2 32 Rxc2 exd4 33 Rxc7 Rd8

이 일반적인 기물들의 교환으로 흑은 강력한 통과한 폰을 얻었고, 그 전진은 적의 룩으로 하여금 매우 방어적인 포지션을 차지하게끔 강요한다.

34 Kg3

34 Rc2 d3 35 Rd2가 아주 조금 더 나았다.

34...d3 35 Rc1 d2 36 Rd1 g5 37 Kf2 Kg7 38 b4

또는 38 Ke3 Kg6 39 Rxd2 Rxd2 40 Kxd2 Kh5 41 Kc3 Kh4 42 Kb4 Kxh3 43 Ka5 h5 44 Kxa6 g4. 대국의 나머지 부분은 저절로 설명된다.

38...Kf6 39 Ke2 Ke5 40 Ke3 Rd7 41 h4 gxh4 42 f4+ Ke6 43 Kf3 h3 44 Kg3 Rd3+ 45 Kh2 Kf6 46 Kh1 Kg6 47 Kh2 Kh5 0-1

85. 야노프스키–마로치
슬라브 디펜스 *Slav Defense*

1 d4 d5 2 Nf3 Nf6 3 c4 c6 4 Nc3 dxc4 5 Bg5

백의 이 갬빗은 옳지 않다. 상대적으로 더 나은 것은 **5 e3 b5 6 a4**로, 최근 몇 년 동안 백에게 유리한 것으로 여겨져 왔다. 그리고 1922년 런던에서 필자가 추천한 **6...b4**라는 개선으로 인해 이제 다시 흑이 둘 수 있는 변형이다.

5...b5 6 e3 Nd5

흑 나이트의 움직임은 충분하지만 왠지 너무 면밀한 인상을 준다. 더 단순한 것은 **6...Bf5**(7 Bxf6 gxf6 8 e4 Bg6), **...Nd7**, **...Qb6**, **...e6**와 **...Bb4**였다.

7 Be2 Nd7 8 0-0 Qc7

아마도 **9 e4**에는 9...Nxc3 10 bxc3 e5로 답할 수 있을 듯하다. 그러면 흑은 여분의 폰으로 백의 효과적인 대형을 구축하려는 모든 시도를 막으며 오프닝이 쉬워질 수 있다.

9 Qd2

지금 포지션이 열악해진 백은 템피 손실을 감수하게 된다. 적절한 수는 **9 Qc2**였을 것이다.

9...N7f6

흑은 **e4**를 막고 ...Nxc3, 이어서 ...Ne4를 두겠다고 동시적으로 위협한다.

10 Qc2 e6 11 e4 Nxc3 12 bxc3 Bb7 13 Nd2

백의 f파일 폰 전진으로 계획한 종류의 게임을 얻으려는 이 시도는 흑에게 교묘하게 저지된다. 그러나 만족스러운 연속수를 백의 마음대로 둘 수 있는 것도 아니었다.

13...Be7 14 f4 h6 15 Bh4

15 Bxf6에 대한 응수로 흑은 폰으로 다시 탈환할 것이다. 결과적으로 **e5**에 ...f5로, **f5**에 ...e5로 맞서기 위해서다. 그럼에도 불구하고 백은 현재 두 번째 폰을 잃을 상태이기에 그렇게 됐어야 했다.

15...Nxe4 16 Qxe4

백으로선 **16 Bxe7**이면 16...Nxd2 17 Bc5 Nxf1 18 Rxf1 a6에 이어 ...0-0-0으로 교환을 희생하게 되기에 마찬가지로 유망하지 않았을 것이다.

16...Bxh4 17 f5 Bg5 18 fxe6 0-0

물론 흑은 **19 Rxf7** 때문에 나이트를 잡을 수 없었다.

19 Nf3

19 exf7+ Rxf7 20 Nf3 c5 이후라면, 흑은 실제 연속수에서보다 쉬운 경기를 펼쳤을 것이다.

19...f5

여기서 e6의 백 폰은 사형 선고를 받았다. 하지만 이상하게도 그는 나중에 흑에게 용서받는다.

20 Qc2 Be3+ 21 Kh1

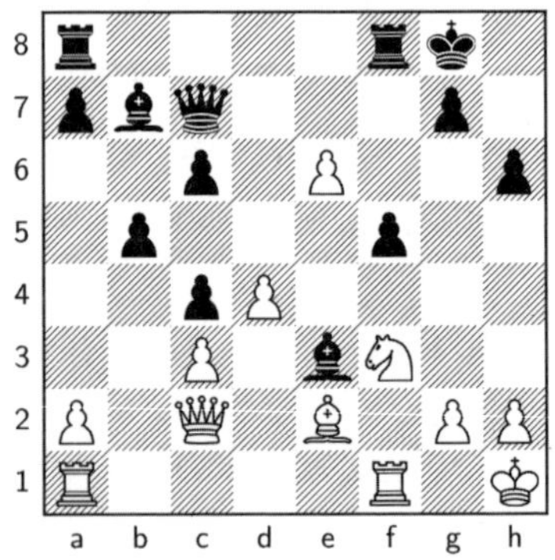

21...Rae8

21...Qe7(또는 ...Qd6)이면 흑은 백 폰을 위험 없이 가져갔으며, 백은 더 이상의 노력이 부질없음을 곧 인정했을 것이다. 텍스트 무브로 흑은 '메이저 콤비네이션'을 두기 시작하고, 그 과정에서 승리할 확률은 점차 줄어든다.

22 Ne5 c5

흑은 지금이라도 **22...Rxe6**가 더 좋았겠지만, 그러면 백이 **23 Rxf5 Rxf5 24 Qxf5**를 통해 상실한 폰들 중 하나를 회수한다면 승리가 훨씬 더 어려웠을 것이다. 백은 교환에서 이긴 후 무서운 비숍과 싸울 수 있는 적절한 무기로서의 통과한 폰을 발견한다.

23 Nd7 Be4 24 Qb2 cxd4 25 cxd4 a6 26 Nxf8 Rxf8 27 a4 Rb8 28 axb5 axb5 29 e7 1-0

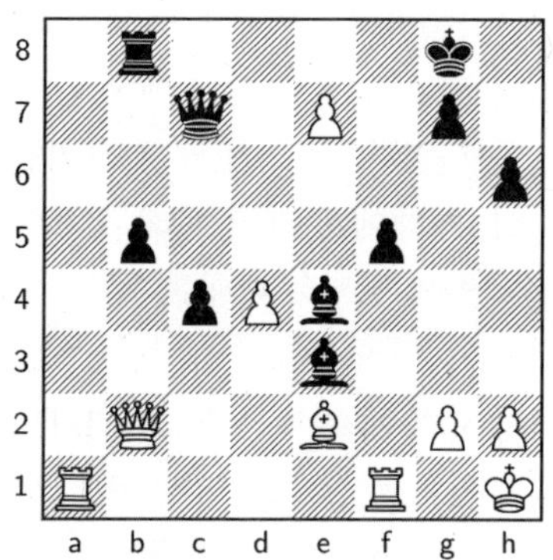

이 흥미로운 포지션에서 흑은 안타깝게도 제한 시간을 넘겼다. 게임의 연속수는 꽤 흥미로워졌을지도 모른다. 마로치가 직접 제안한 최선의 수는 **29...Qc6**인데, 이 경우 백은 매우 조심스럽게 플레이해야 했을 것이다. 예를 들어 **30 d5**(30 Bh5면 30...g6 31 Bf3 Bxf3 32 Rxf3 Bg5로 거의 동등한 기회를 가짐) **30...Qxd5 31 Bh5 Bd4 32 Qd2 Bxa1**(32...c3면 33 Qe2) **33 Qxd5+ Bxd5 34 e8Q+ Rxe8 35 Bxe8 Bb2 36 Bxb5 c3 37 Bd3 Be4!**로 백에게 치명적인 상황일 수 있었다.

18라운드

이날의 대국은 알예힌이 라스커 박사와 대결한 3라운드의 반복으로, 이번에는 알예힌이 흑을 잡고 대결했다. 알예힌이 선택한, 레티 오프닝의 '역전'이라 불리는 것이 논쟁의 대상이 되었다. 러시아인은 시종일관 우위를 점하는 듯 보였지만, 라스커 박사의 신중한 플레이로 인해 중요한 인상을 남기지는 못했다. 무승부는 정당한 결과였다.

카파블랑카는 에드워드 라스커와의 치열한 접전 끝에 승리하며 라이벌을 0.5점 차로 따라붙었다. 세계 챔피언은 킹스 피앙케토 디펜스 King's Fianchetto Defense에 의지해 매우 갑갑한 경기를 펼쳤다. 카파블랑카는 다소 쓸모없는 폰을 신중하게 포기한 후 양지陽地에 자신의 자리를 차지했고, 상대에게 그에 관해 생각할 거리를 많이 만들었다. 라스커는 교훈적인 엔딩으로 패배했다.

이날은 마셜이 가장 행복한 기분인 날 중 하나이기도 했다. 결과는 보골류보프를 상대로 거둔 대승으로, 인쇄된 스코어로 경기를 본 사람들 못지않게 실제로 경기를 지켜본 사람들에게도 오랫동안 기억될 것이다. 이 승리로 미국 챔피언은 두 번째 우수상을 수상했다. 국내외를 막론하고 많은 사람들이 이 대국을 보고 훌륭하다고 생각하며 토너먼트에서 가장 훌륭한 대국이라고도 평가했다. 하지만 이 대국은 여기에도 저기에도 해당되지 않는다. 정말 중요한 사실은 전쟁의 중요한 단계에서 미국 선수에게 풀 포인트를 내줬고 결국 그가 4위를 차지하는 데 실질적인 도움이 되었다는 점이다. 오프닝에서 마셜은 **...h6**를 두도록 유혹하여 약점을 만들었고 이것은 나중에 캐슬링된 킹에 대한 그의 몰아치는 공세 중 하나의 기초를 형성했다. b1-h7 대각선을 따라 익숙한 공격 작전이 펼쳐졌고 모든 것이 마셜의 취향에 정확히 들어맞았다. 모든 요소들이 적을 공격할 준비를 마쳤을 때, 마셜은 룩과 퀸을 모두 내주었고, 5수 만에 가장 어울리는 메이트를 발표하며 마무리했다! 이 멋진 게임은 『마셜의 체스 속임수Marshall's Chess Swindles』의 다음 판본에 한 자리를 갖게 될 듯하다.

　　마로치-레티의 대국은 루이 로페즈로 치열한 접전을 펼쳤고, 흑 기물을 잡은 레티가 자신을 유지한 몇 안 되는 대국들 중 하나였다. 여기서는 앙파상을 언급할 일이 벌어졌는데 그가 불충분하다고 여긴 것으로 보이는 **1...e5**에 의지했다. 이 대국은 마지막까지 팽팽한 접전 끝에 무승부로 끝났다.

　　예이츠는 시실리안 디펜스를 채택한 타르타코베르 박사를 압도했다. 이 영국 전문가는 퀸사이드에서 뚜렷한 우위를 점했고, 타르타코베르 박사는 **...g5**로 반대 사이드에서 다소 경솔한 전환을 시도했다. 그러나 예이츠는 상황을 잘 파악한 뒤 강제 메이트로 경기를 끝냈다.

　　최종 수상자가 될 다섯 명은 이번 라운드를 끝내면서 모두 주변을 깨끗이 정리했다. 20라운드와 21라운드에서 이 매력적인 서클에 진입한 보골류보프를 제외하면 토너먼트가 끝날 때까지 다른 참가자들은 아무도 이들을 괴롭히지 못했다. 스코어는 라스커 박사 12-4, 카파블랑카 11-5, 알예힌 10-7, 레티 9½-6½, 마셜 9-7. 3-2로 백이 이긴 라운드였으며 합쳐서 50½-39½였다.

86. 라스커 박사–알예힌

런던 시스템*London System*

1 Nf3 Nf6 2 d4 g6 3 Bf4 c5 4 c3

백에게는 **4 e3**도 마찬가지로 효과적인 플레이다. 그러면 **4...Qb6**에 대해 폰 희생 **5 Nc3** 또는 단순한 **5 Qc1**으로 유리해질 수 있는데, 이는 주로 b6의 흑 퀸 포지션이 이 전체 시스템과 밀접하게 연결된 흑 퀸스 비숍 피앙케토의 난이도를 높이기 때문이다.

4...b6 5 Nbd2

라스커 박사는 14라운드에서 레티를 상대로 그가 채택한 순서대로 동일한 (색이 뒤바뀐) 오프닝 수를 두었다(76국 참조). 그 대국을 보면 알 수 있듯이, 백은 **5 e3** 이후에 Nbd2를 두는 것이 바른 순서다.

5...cxd4

그러나 백은 이제 c파일 폰으로 다시 탈환을 해야 하고, 따라서 고정된 폰 구조를 계산해야 하는 흑은 유리한 c6 칸(다른 게임에서처럼 d2나 d7이 아닌)에 퀸스 나이트를 전개시킬 수 있으며, 이를 통해 어려움 없이 동등한 게임을 얻을 수 있다.

6 cxd4 Bb7 7 e3 Bg7 8 Bd3 0-0 9 0-0 Nc6

이 흑 나이트의 포지션은 퀸사이드(**a4**를 통해)와 중앙(**e4**를 통해) 모두에서 상대방의 기회를 상당히 줄이는 두 가지 이점이 있다. 왜냐하면 **a4** 이후에는 나이트가 바로 b4를 점령할 수 있고, **e4** 이후에는 백이 이중 공격을 받은 d파일 폰을 보호하기 어려울 것이기 때문이다(예를 들어 **10...Nh5 11 Be3 f5** 이후). 이런 이유로 백은 자신의 기동을 오픈 c파일에 제한하는 것으로 마무리하지만, 상대는 쉽게 포지션의 균형을 잡을 수 있다.

10 h3 d6 11 Qe2 a6

흑은 이 단계에서 비숍 교환을 허용하면 밝은 칸들이 약해지기 때문에 문제가 될 수 있다.

12 Rfd1 Qb8

12...Qb8는 퀸사이드를 강화하기 위해, 그리고 a7-d4를 압박하고 이를 통해 백이 e4를 두는 걸 더 어렵게 만들기 위해서다. 게다가 12...b5는 13 a4로 인해 여기서는 시기상조다.

13 Bh2 Qa7 14 a3 Rac8 15 Rac1 b5

그러나 흑은 이제 ...b5를 더는 두려워할 필요가 없으며, 텍스트의 수로 킹스 나이트를 b6로 옮겨 적대적인 퀸사이드의 다소 불안정한 폰 포지션에서 가능한 한 많은 것들을 만들려는 의도를 보이고 있다.

16 b4

여기서 백에게는 c4 칸이 그에 대응하는 흑의 c5 칸에 비해 아무런 보상이 없는 잠재적 약점으로 두드러진다. 그럼에도 불구하고 백은 자신이 위험을 막을 충분한 방어 수단을 가졌다고 믿는다.

16...Nd7 17 Nb3 Nb6 18 Rc2

흑이 자신의 계획을 실행할 때 피하기 어려운 룩 교환은 당연히 중요한 단순화를 이루어 백에게 유리하다.

18...Na4 19 Rdc1 Qa8 20 h4

20 h4는 중요하지 않지만 유익하지도 않은 무해한 시위다. 백이 킹

에 대한 공격을 진지하게 고려하느라 퀸사이드에서 매우 바쁘기 때문
이다.

20...Na7 21 h5

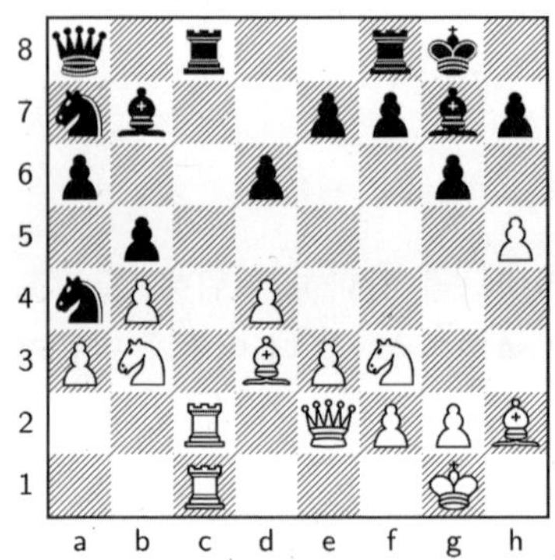

21...Be4

이 교환은 흑이 퀸과 나이트들을 밝은 칸들에 접근시킬 수 있다는
점에서 흑의 기회를 증가시키지만 자산이 줄기 때문에 결정적인 전환
을 가져오기에는 충분치 않다.

22 Ne1 Bxd3 23 Nxd3 Rxc2 24 Rxc2 Rc8

흑에게 **24...Qd5 25 Na5**는 이어서 h5에서 퀸 교환을 한 후에는 폰
을 막연히 유지할 수 없었기 때문에 현실적이지 않을 것이다.

25 hxg6 hxg6 26 Na5 Nb6

흑은 **27...Nc4**를 두겠다고 위협한다.

27 Ne1 Qe4 28 Bg3 Rxc2

28...Nc6는 29 f3 Qd5 30 e4 때문에 위험을 향한 구애가 된다. 포
지셔널으로는 더 이상 할 게 없다. 오픈 파일이 너무 강한 동등화 요인

으로 밝혀졌기 때문이다.

29 Qxc2 Qxc2 30 Nxc2 Kf8 ½-½

87. 에드워드 라스커-카파블랑카
시실리안 디펜스 *Sicilian Defense*

1 e4 g6

현재의 이론적 관점에서 볼 때, 흑의 이 수를 무조건 유효하다고 간주할 수는 없다. 중앙에서의 상대의 전개에 영향을 미치지 않은 채 확실하다고 생각하는 포지션에 자신을 맡기기 때문이다.

2 Nf3

백은 현재 상황에서 다음과 같은 이유로 두 폰들을 통한 중앙 통제를 추진해야 한다. (Ⅰ) 자신의 기물들의 명확한 그룹화에 전념하지 않기에 결과적으로 중앙에서 자신의 폰 포지션을 보호하고 힘을 강화하는 데 가장 적합한 대형이 선택 가능한 시점에 이루어져야 한다. (Ⅱ) 이러한 노력이 그를 편하게 만드는데 **d4-e4** 대형에 대한 반작용으로 흑에게 고려되는 수는 **...c5**뿐이다. 왜냐하면 **...d5, e5** 이후에는 조만간 **...e6**로 폰 체인pawn chain*을 끊어야 할 것이고(킹스 나이트를 전개시켜야 할 필요성 때문에), 이로 인해 보상 없이 킹사이드의 어두운 칸들이 약화되었을 것이기 때문이다. 이 모든 게 미숙한 **...g6**로 인한 결과다!

2...Bg7 3 Bc4

백에게는 **3 d4**가 지금도 적절한 수였을 것이다. 지금 흑은 시실리안 디펜스의 일종을 가져올 기회를 얻는데, 여기서 백 비숍의 c4 전개는

---

* 폰들이 대각선으로 연속적으로 늘어서 서로를 보호하는 구조.

상당히 부적절하다.

  3...c5 4 0-0

백은 **4 c3**로 **d4**를 가능하게 할 수 있었지만, 흑은 **4...Nc6 5 d4 cxd4 6 cxd4** 이후 **6...Qb6**로 반격할 수 있었다. 그러나 텍스트 무브 후에는 흑의 중앙 점령을 오랫동안 막을 수 있다.

  4...Nc6 5 c3 Qb6 6 Re1

6...Nf6 이후에는 **7 d4**로 응수할 수 있다. 그렇지만 흑은 그런 식으로 나이트를 전개시켜야 할 강박감을 느끼지 않는다.

  6...d6 7 Bb3

백이 상대방의 킹사이드 전개에 관한 고난을 더욱 고려한 이 대기하는 수에 대해, 흑에게는 최소한 결정적 불이익을 가져오지 않을 네 가지 이상의 계획이 있었다.

(1) **7...Bd7**, 만약 백이 조만간 **d4**를 두는 경우, **...cxd4**, **cxd4**.
(2) d4의 약점에 대한 두려움과 관련된 급진적인 **7...e5**(예를 들어 **d3** 이후, **Be3**, **Nbd2** 등등이 뒤따름)
(3) **7...e6**, 이어서 **...Nge7**, **...0-0** 등등
(4) (마지막으로 가장 중요한 것은) **7...h6**(**...Bg4**를 위한 준비)와 **8 h3** 면 **8...g5** 등등. 이 마지막 아이디어는 아마도 백의 대기 방안에 대한 가장 역동적인 응수였을 것이다. 반면에 흑의 다음 수는 사실상 포지션적 실수다. 이는 아마도 계산에서의 전술적 간과가 반영됐다고 보이며, 그렇지 않으면 세계 챔피언 입장에서는 설명할 수 없기 때문이다.

  7...Nf6 8 d4 cxd4 9 cxd4 0-0

또한 **9...Bg4 10 Be3 Bxf3 11 gxf3**는 백에게 분명 유리했다.

10 h3

이로써 **10...Bd7** 이후에는 **11 e5** 대응이 매우 강력했을 것이므로 흑 퀸스 비숍의 전개가 훨씬 더 어려워졌다. 그런 이유로 카파블랑카는 다음 수에서 불리한 전개에 대한 보상으로 쌍비숍의 이점을 얻으려 하지만, 그로 인해 상대에게 중요한 a파일을 열어 주게 된다.

10...Nh5 11 Be3 Na5 12 Nc3 Nxb3 13 axb3

백은 무엇보다도 **14 d5**로 폰을 잡겠다고 위협한다.

13...Qd8 14 e5

백의 매우 강한 수. 흑 킹스 나이트의 위험한 포지션은 이제 그로 하여금 특단의 조치를 취하도록 강요하며, 그 즉각적인 결과 e파일 폰이 무방비 상태가 된다.

14...f5

흑은 **14...dxe5 15 dxe5**면 **16 g4**의 위협 때문에 a파일 폰을 바로 잃을 수 있다.

15 Bg5

15 exd6와 **15 Nd5**를 두겠다고 위협한다.

15...d5 16 Qc1

여기서는 **16 Qd2**에 이어 **Ne2**와 **Qb4**가 더 강압적이었을 것이다. 하지만 백 포지션이 이미 너무 강력해서 이 한 템포의 손실도 상대에게 큰 도움은 되지 않는다.

16...Be6 17 Ne2

18 Qc5 위협.

17...Rc8 18 Qd2 a6 19 Qb4

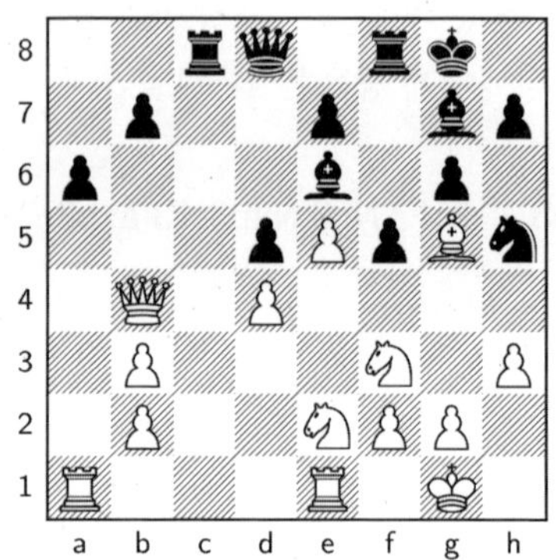

19...Qd7

통상적인 포지션 판단을 통해 카파블랑카는 취약한 폰의 즉각적인 포기가 자신에게 최고의 방어 기회를 제공한다는 사실을 인식한다. 사실 흑은 **19...Rc7 20 Rec1 Re8 21 Ne1**에 이어 **Nd3-c5**가 나왔다면 질식감에 굴복했을 것이다.

20 Qxe7 Qxe7 21 Bxe7 Rfe8 22 Bb4

22 Bc5 Bh6!에 이어 **...Bd7**과 **...Ng7-e6** 이후에도, 백은 자신의 물질적 우위를 살리기가 쉽지는 않았을 것이다. 그래도 어쨌든 승리의 기회는 백 편이었을 것이다. 하지만 이제 백은 c2의 흑 룩이 지독히 불쾌한 포로로 판명되면서 최선을 다해 비기기만 바라게 된다.

22...Rc2 23 Bc3 Bh6

이제 연합한 흑 비숍들의 힘이 최대한으로 드러난다. 반면에 백의 차단된 여분의 폰은 여기서 전혀 고려되지 않는다.

24 g3 Bd7 25 Rad1

백은 이 단계에서 **25...Bb5**에 의해 막혔을 c1 칸을 통해 나이트를 d3로 옮기기 위해 뒀다.

25...Bb5 26 Nc1 Ng7 27 Nh2

백은 바로 **27 Nd3**를 두는 게 조금 더 나았을 것이다. 텍스트 무브에서 백은 아마도 **27...Ne6**를 **28 f4**로 대응하려 했을 텐데, 나중에야 그것이 **28...g5** 이후에 치명적인 결과를 불러오리라는 사실을 알아차렸을 것이다.

27...Ne6 28 Nd3

28 Na2면 **28...a5!** **29 Bxa5?** Ra8 30 b4 Rxb2로 **31...Bd2**도 백에게 위협적이다.

28...Bxd3 29 Rxd3 Bc1

여기서 흑은 물질적 동등함을 회복할 수 있다고 확신한다. 그러나 더 설득력 있는 방법은 바로 **29...Ng5**로 보인다. 그럼으로써 **30 Kg2 Ne4 31 Rf3 Rc8** 이후 교환과 c3의 폰 회복이 이어지면 엔딩은 어두운 칸들의 백 폰들로 인해 게임에서처럼 그 반대인 경우보다 흑 비숍이 나이트를 상대로 하여 더 쉽게 이길 수 있었기 때문이다.

30 Nf1 Ng5 31 Kg2 Ne4 32 Rf3 Kf7

앞선 수와 마찬가지로 흑에게 b파일 폰 획득은 분명 좋지 않았을 것이다. **32...Bxb2 33 Bxb2 Rxb2** 이후 백이 **Rc1**으로 오픈 파일을 점유하고 출중한 무승부 기회를 가졌을 것이기 때문이다.

33 g4 Ke6

지금 흑은 **...Rc8**로 백이 자신의 나이트와 교환하게끔 위협해야 한다. 반면 이어지는 엔딩에서는 흑이 어렵게 이길 수밖에 없다.

34 Ne3 Bxe3 35 Rexe3 Rc8 36 Kf1

36 Kf1은 마침내 흑이 잘 막기 어려운 교환을 통해 침입자를 제거하기 위해서다.

36...b5 37 gxf5+ gxf5 38 Rf4

만약 백이 바로 **38 Re2**를 두면 흑은 **38...Rc1+ 39 Re1 Rxe1+** 후 킹으로 다시 잡을 수 있으며 **40...b4!**로 승리 기회를 얻은 다음 두 번째 룩을 진입시킬 수 있었다. 무엇보다도 이것이 흑 36수의 포인트였다.

38...h5

Rh4 반격의 효과를 약화시키기 위해서다.

39 Re2 Rc1+ 40 Re1 Rxe1+ 41 Bxe1 Rc1

41...Rc1은 **42...Nd2+**, 이어서 **...Nxb3** 등등 때문에 **42 f3**를 예방하기 위해서다.

42 Rh4 Rb1

42...Rb1은 상대의 우세에도 불구하고 흑의 화려한 승리 기회를 약속하는 깊은 엔딩 기동의 시작이다.

43 Rxh5 f4

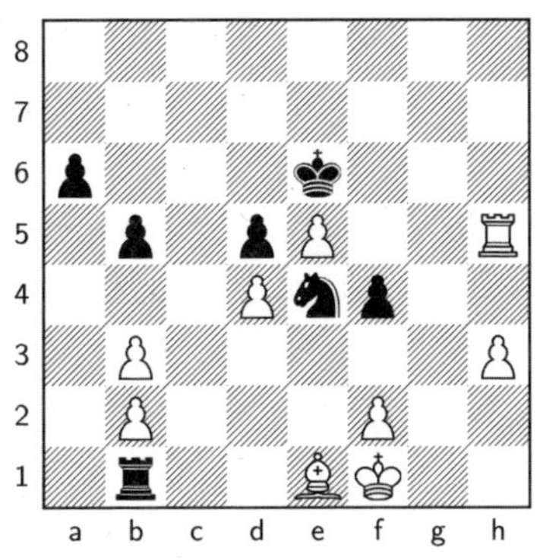

흑이 **44...f3**로 바로 이기겠다고 위협한다.

44 Ke2

이는 교훈적인 엔딩에서 미숙한 결말로 변하는 개탄스러운 실수다.
44 Rh6+가 **44...Kf5!** 이후 **45 f3**를 통해 흑 나이트를 그가 지배하는
칸에서 몰아내기 위해 필요했다. 그러면 **45...Ng3+ 46 Kg2** 이후에
흑은 **46...Rxe1? 47 Rf6+ Kg5 48 h4+ Kh5 49 Rxf4 Nf1 50 Kf2**로
실제 패배로 이어질 기물 희생을 수용할 필요가 없었다. 그러나 흑이
훨씬 나은 **46...Rxb2+ 47 Bf2 Kg5! 48 Rxa6 Nf5**를 선택했다면 우월
한 포지션과 함께 두 폰들을 모두 회복시킬 수 있었다. 물론 지금은 백
이 기물을 잃은 대신 얻은 단독 폰에서의 보상이 없기 때문에 문제가
훨씬 쉬워졌다.

44...f3+ 45 Kxf3 Rxe1 46 Rh6+ Kf5 47 Rxa6 Ng5+ 48 Kg2 Ne6

결정적이다.

49 h4 Re4 50 Rb6 Rg4+ 51 Kf1 Nxd4 52 e6

백은 **52 e6** 대신에 조용히 기권해도 됐다.

52...Re4 53 h5 Rxe6 54 Rb8 Rh6 55 Ke1 Rxh5 56 Kd2 Rh3 57

Rf8+ Ke5 58 b4 Rb3 59 Re8+ Ne6 60 f4+ Kf5 0-1

88. 마셜-보골류보프
퀸스 갬빗 거절 *Queen's Gambit Declined*

1 d4 Nf6 2 Nf3 e6 3 Bg5

텍스트 무브 후 흑은 퀸스 갬빗의 방어에 의존할 필요가 없지만, 백이 **3 c4**를 두면 잘 알려진 **3...c5! 4 e3 Qb6 5 Qc1 Nc6**로 가장 유망한 카운터플레이를 펼칠 수 있기에 그의 입장에선 더 낫다.

3...d5 4 e3 Nbd7

여전히 **4...c5**에는 장점이 있다. 상대가 더 유리한 기회를 제공했음에도 불구하고 흑은 캠브리지 스프링스 변형을 구사하는 게 분명하다 (7수 참조).

5 c4 c6 6 cxd5

6 cxd5는 마셜의 주특기다. 하지만 여기서 그는 퀸스 나이트를 먼저 전개하고 **6...Qa5**(야노프스키-보골류보프 대국 참조) 이후에만 **7 cxd5**를 두는 게 더 나았을 수도 있다. 왜냐하면 폰 교환 후에는 흑이 퀸을 a5로 보낼 필요가 전혀 없었기 때문이다.

6...exd5 7 Nc3 Qa5

흑이 점차 포지션을 잃게 만드는 일련의 열등한 수들의 시작이다. 그는 간단한 **7...Be7**을 통해 가치 있는 게임을 얻을 수 있었다. 그러면 **8 d3 Ne4!** (I) **9 Bxe7 Qxe7 10 Bxe4 dxe4 11 Nd2 Nf6 12 Qc2 Bf5 13 0-0**(13 f3?면 13...exf3 14 Qxf5 Qxe3+ 15 Kd1 fxg2, 그리고 흑 승리) **13...0-0 14 f3 Rfe8** 또는 (II) **9 Bf4 f5 10 Ne5 Nxe5**

11 Bxe5 0-0 12 f3(12 0-0면 12...Bd6 13 f4 Be6) 12...Nxc3 13 bxc3 Bd6 14 f4 Bxe5 15 fxe5 Qg5 16 Qe2 f4.

8 Bd3 Ne4 9 Qc2

야노프스키가 같은 상대와 붙었을 때 둔 **9 0-0**이 조금 더 나은데, 한 가지 이유는 흑으로선 c3에서 두 번 잡는 게 좋지만은 않은 일이고, 다른 한편으로는 백 퀸이 적어도 c2에서와 마찬가지로 d1에서 킹의 공격을 보조하는 데 효과적일 수 있기 때문이다. 그러나 텍스트 무브도 마찬가지로 백이 유리하다.

9...Nxg5

이렇게 하지 않았다면 나이트의 앞선 행보는 전혀 의미가 없었을 것이다.

10 Nxg5 h6

흑은 킹사이드를 전적으로 불필요하게 약화시킨다. 확실히 **10...Be7**은 **11 Nxh7! g6 12 Bxg6 fxg6 13 Qxg6+ Kd8 14 Ng5 Bxg5 15 Qxg5+ Kc7 16 h4** 때문에 실수다. 하지만 **10...Nf6 11 0-0 Be7**, 그리고 **12 f4, 12...Bd7**에 마침내 **...c5**로 이어졌으면 훨씬 좋은 반격 기회를 얻었을 것이다.

11 Nf3 Be7

흑은 적어도 **11...Bd6 12 0-0 0-0**에 이어서 **...Re8** 또는 **...Qc7**을 두어 백 나이트의 e5 배치를 막는 게 어떨까?

12 0-0 0-0 13 a3

13 a3는 백이 **b4-b5**로 c6에 약점을 만들려고 위협하는 좋은 수다.

13...Qd8

만약 백 비숍이 d6에 전개되었다면 **13...Qc7**을 훨씬 더 잘 둘 수 있었겠지만, 지금은 **14 Nxd5**로 인해 불가능하다. 흑의 무의미한 플레이가 수비를 얼마나 어렵게 만들었는지 알 수 있다.

14 Rae1

그러나 백의 이 수는 다소 애매하며, 이 포지션에서 **e4**를 두려워할 필요가 전혀 없다는 점에서 흑은 **14...Bd6**로 적절히 대응할 수 있었다. 따라서 더 가치 있는 방법은 나중에 수행될 기물들의 재편성을 위해 즉시 **14 Qe2**를 두는 것이다.

14...a5

흑의 템포 손실인 동시에 포지션 약화. 그는 언제든 ...a6로 대응할 수 있었고, 아마도 퀸사이드가 느슨해진 상황을 이용해 거기서 자신을 위한 파일을 열 수 있는 포지션이었기에 **b4**를 막을 필요가 없었다. 이 게임에서 보골류보프는 분명 컨디션이 좋지 않았다.

15 Qe2 Nf6

그리고 지금도 흑은 모든 과실에도 불구하고 **15...Bd6**(16 e4 dxe4 17 Nxe4 Nf6)로 최악의 상황, 즉 백 나이트의 e5 진입을 쉽게 막을 수 있었다.

16 Ne5 Bd6 17 f4

백의 앞에는 이제 분명한 길이 펼쳐져 있다. **Bb1**, **Qc2**, 그리고 킹스 나이트를 몰아내기 위한 g파일 폰의 전진이다. 그렇기 때문에 흑은 직접적으로라도 이 간단한 계획의 효과를 떨어뜨리기 위해 의심할 여지없이 중앙에서 무언가를 해야 한다.

17...c5 18 Bb1 Bd7 19 Qc2

백의 **20 Nxd5** 위협.

19...Bc6

이는 흑이 **20...cxd4 21 exd4 Bxe5 22 fxe5 Ne4** 등으로 자신을 부분적으로 강화하려는 시도다. 하지만 마셜이 완벽하지는 않지만 새롭고 섬세한 공격법을 발견한다.

20 dxc5

20 Ng4면 흑은 **20...g6**와 **20...Ne4**를 통해 가능성이 없는 일만은 아닌 폰 희생을 제안하여 방어할 수도 있었다.

20...Bxc5 21 Kh1

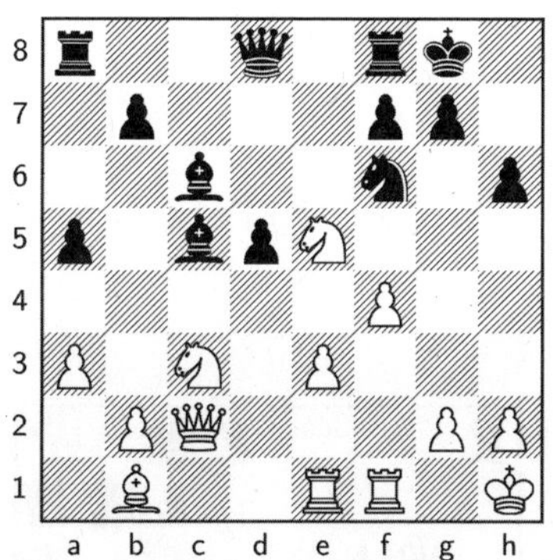

21 Kh1은 **22 e4** 또는 **22 Ng4**의 이중 위협이 있다.

21...Re8

흑의 마지막 실수. **21...Rc8**가 필요했으며 이는 **22 e4**의 위협을 완전히 막는 게 가능했다. **22 Ng4** 이후에는 흑이 **22...g6! 23 Nxh6+**(또는 23 Ne5면 23...Be8!) 23...Kg7 24 Nxf7 Rxf7 25 Qxg6+ Kf8로 방어할 수 있었고, 백은 분명 자신의 기물을 위한 충분한 물량을 가지고 있었겠지만 결정적인 전환점이 보이지 않았기에 투쟁은 오래 계속되었을 것이다. 마셜은 텍스트 무브를 매우 적극적으로 활용했다.

22 e4 Bd4

좋은 조언에는 이미 가치가 붙어 있기 마련이다. **22...dxe4**에 대한 답으로, 백은 **23 Nxc6 bxc6 24 Nxe4 Nxe4 25 Rxe4 Rxe4 26 Qxe4 g6 27 f5!**로 **27...Qd5** 이후 적어도 폰 두 개를 잡을 수 있다. 다른 수들의 경우, 실제 게임에서와 유사한 연속수들이 결정적일 것이다.

23 Nxc6 bxc6 24 e5 Ng4 25 Qh7+ Kf8 26 g3

26 g3가 가장 간단하다. 하지만 **26 Qh8+ Ke7 27 Qxg7 Rg8 28 Qh7 Nf2+ 29 Rxf2 Bxf2 30 Re2**로 **31 e6**를 두겠다고 위협하는 방법으로도 결국 승리할 수 있었다.

26...Qb6

물론 이제는 흑이 어떤 수를 두는지 더는 중요하지 않다.

27 Bf5 Nf2+

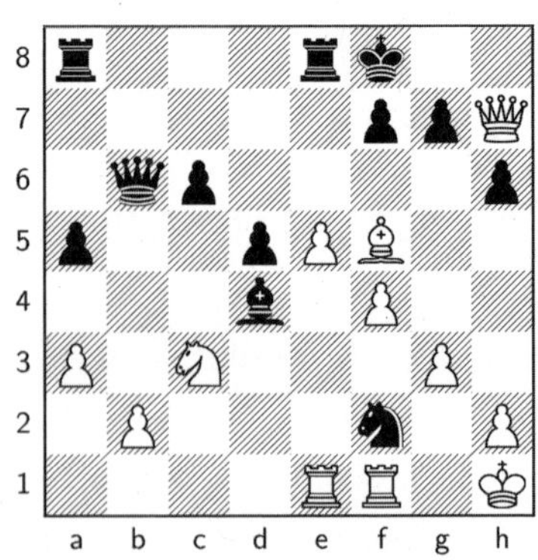

28 Rxf2

백의 이 불필요한 희생은 게임을 다소 연장시킬 뿐이다. **28 Kg2 Ne4**(또는 **28...Qxb2**면 **29 Rb1 Qxc3 30 Qh8+**, 이어서 백의 3수 메이트) **29 Nxe4 dxe4 30 Qh8+ Ke7 31 Qxg7 Qxb2+ 32 Kh1**이면 흑은 방어할 수 없는 여러 위협 때문에 포기하는 게 낫다고 생각했을 것이다.

28...Bxf2 29 Qh8+ Ke7 30 Qxg7

백은 **31 Qf6+ Kf8 32 Qxh6+**, 이어서 3수 메이트로 위협한다.

30...Kd8 31 Qf6+ Re7 32 e6

32 e6는 역시나 만족스러운 **32 Rd1**이나 **32 Qd6+ Ke8 33 Qxh6**보다 더 매력적이다.

32...Bd4

또는 (I) **32...Bxe1**이면 **33 exf7** (II) **32...fxe6**면 **33 Rxe6**, 이어서 **34 Qf8+** (III) **32...Qd4**면 **33 Re5!**

33 exf7 Bxf6 34 f8Q+ Kc7 35 Rxe7+ Bxe7 36 Qxa8

백은 **37 Qc8+ Kd6 38 Qd7+**, 이어서 **39 Na4+**로 흑 퀸을 잡겠다고 위협한다.

36...Kd6 37 Qh8 Qd8

38 Qe5+에 대응할 수 있는 해법은 없다.

38 Qe5+ 1-0

이 수로 마셜은 5수 체크메이트를 선언했다. **38 Qe5+ Kc5 39 Na4+ Kc4**(또는 **39...Kb5 40 Qe2+ Kxa4 41 Bc2#**) **40 Qc3+ Kb5 41 Bd3+ Kxa4 42 Qc2#**. 대단히 역동적인 이 대국으로 마셜은 두 번째 우수상을 받았다.

89. 마로치-레티
루이 로페즈 *Ruy Lopez*

1 e4 e5 2 Nf3 Nc6 3 Bb5 a6 4 Ba4 Nf6 5 0-0 Be7 6 Re1 b5 7 Bb3 d6 8 c3 0-0 9 h3 Na5 10 Bc2 c5 11 d4 Qc7 12 Nbd2 Bd7 13 Nf1 cxd4 14 cxd4 Rfc8 15 Bd3

여기까지는 라스커 박사-에드워드 라스커의 대국(26국)과 동일하며, 그때는 이 시점에서 백이 **15 Re2**를 두었다. 퀸스 룩이 있는 c파일의 점령을 목적으로 하는 텍스트 무브는 12수부터 시작된 흑의 계획을 가장 단순한 방식으로 반박하는 듯하다.

15...Nc6 16 Be3 Qb7

어쨌든 흑은 오픈 파일에서 이런 식으로 더블 룩doubled rook*을 만들 수 있지만, 미래에 그의 모든 마이너 기물들의 기동성은 절망적이다.

17 Ng3 Rc7 18 Rc1 Rac8 19 Bb1 Ne8

19...Ne8는 ...f6를 통해 나이트가 e파일 폰을 보호해야 할 필요성에서 벗어나 쉽게 룩 교환을 하기 위해서다.

20 Qd2 g6 21 Red1 f6 22 Ne2 Bf8 23 Bc2

---

* 하나의 파일에 두 개의 룩이 늘어서는 상황이며 일반적으로 더블 폰과는 달리 좋은 포지션으로 평가된다.

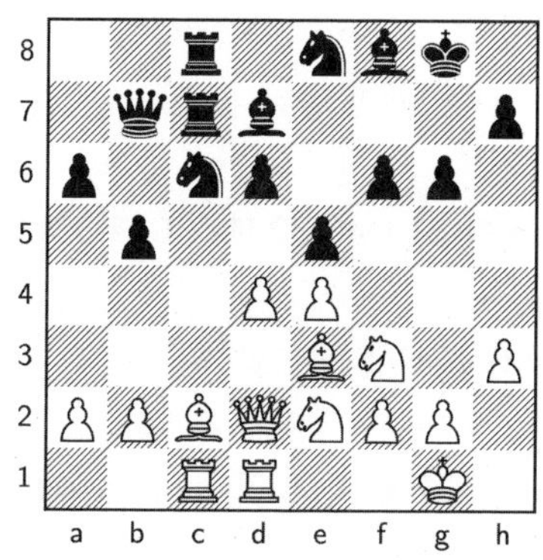

백은 상대의 응수를 분명 간과하고 있다. **23 a3**조차도 **23...b4!**로 인해 확신할 수 없었을 테지만, **23 Ne1!**이면 f4와 Bc2가 준비됐기에 흑의 고난이 더 커졌을 것이다.

23...Na5

24 b3는 **24...d5!**(...Ba3 위협)로 인해 이제 가치가 의심스러워졌기에 흑은 최악의 상황을 벗어났다. 백의 유일한 기회는 여전히 a2에서 g8까지의 강력한 대각선에 있지만, 흑이 올바르게 둔다면 더 이상 승리하기에는 충분치 않다.

24 Ng3 Nc4 25 Bb3 Kh8 26 Qe2 Nxe3

흑이 더는 못 피하는 이 교환은 여기서는 필요하지 않았고, 효과를 높이려면 우선 **...Be6**를 둬서 준비하는 게 나았을 것이다.

27 Rxc7 Nxc7 28 Qxe3 Ne6 29 Ne2

백은 아마도 d5에 이 나이트를 착지시켜려는 의도인데 흑 입장에서는 주저 없이 허용할 무언가가 있었다.

29...b4

이로써 퀸사이드의 두 폰들이 모두 약화되고 c4 칸은 곧바로 이를 훌륭하게 활용하는 상대에게 할양된다.

30 Rc1 Rxc1+ 31 Nxc1 Qb6 32 Ne2 Bg7 33 Qd2

백은 34 dxe5 fxe5 35 Ng5를 위협한다.

33...Nf8 34 Qd3 h6 35 Bc4 a5 36 dxe5 dxe5 37 Nd2

그러나 여기서 백은 먼저 37 Nh4(Qd5 위협) 37...Kh7 38 g4로 ...f5를 막고, 이어서 Ng2-e3-d5를 두었으면 우세한 경기를 유지할 수 있었다.

37...f5

마침내 흑 킹스 비숍이 해방된다.

38 Kf1 Bf6 39 b3 Bh4 40 g3 Bf6

물론 40...fxe4는 안 된다. 41 Qd5! 때문에 기물 하나를 잡히기 때문이다.

41 Qd5 Be6 42 Qa8 Qd8

흑은 분명히 더 나은 게 없지만 무승부를 거두기에는 충분하다.

43 Qxd8 Bxd8 44 Bxe6 Nxe6 45 exf5 gxf5 46 Nc4 Bc7 47 Ne3 Ng7 48 f4

이로써 백은 마침내 폰을 잡지만 보드에 남은 기물들이 얼마 되지 않는다. 좀 더 나은 승리 기회는 48 Ke1-d2였다.

48...exf4 49 Nxf4 Bxf4 50 gxf4 Ne6

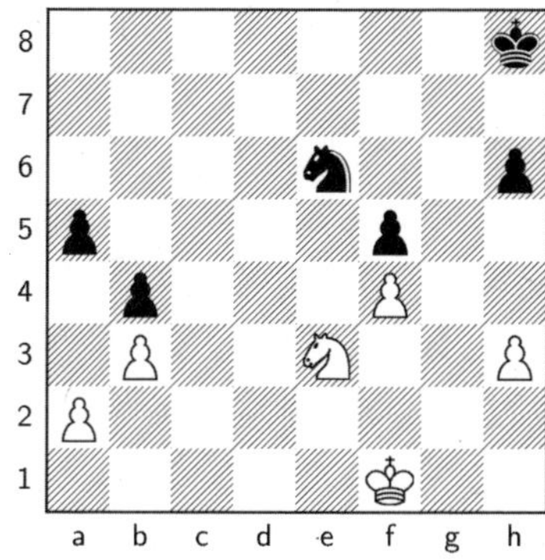

흑의 이 반격이 게임을 구원한다.

51 Nxf5 Nxf4 52 Nxh6 Nd3

52...Nd3가 **52...Nxh3**보다 더 중요한 점은, **52...Nxh3**를 두면 백이 퀸사이드를 향한 킹들의 경주에서 두 템포 앞섰으리라는 사실 때문이다.

53 Nf5 Nc1 54 Nd6 Nxa2 55 Nc4 Nc1 56 Nxa5 Kh7 57 Nc6

또는 **57 Ke1 Kh6 58 Kd2 Nxb3+ 59 Nxb3 Kh5**가 되면 백은 h파일 폰을 구할 수 없다.

57...Nxb3 58 Nxb4 ½-½

90. 예이츠-타르타코베르
시실리안 디펜스 *Sicilian Defense*

1 e4 c5 2 Nf3 e6 3 d4 cxd4 4 Nxd4 a6 5 Nc3

폴센 변형에서 백은 c파일의 압박을 피하기 위한 c4의 기회를 최대한 확보하려고 노력해야 한다. 그런 이유로 **5 Be2**를 먼저 두고 **0-0**을 두는 게 더 좋았을 것이다.

5...Qc7 6 Bd3 Nc6

이 흑 나이트의 움직임은 시스템에 정확히 부합하지는 않는다. 더 유망한 것은 **6...Nf6**, **...Nbd7**(부수적으로 b6 칸을 제공), 그리고 첫 번째 캐슬링 후 **...b5**(**...b6**), 이어서 **...Bb7**에 의한 전개다.

7 Be3 Nf6 8 Nb3

이미 백은 **Na4-b6**로 상대 비숍들 중 하나를 빼앗겠다고 위협하고 있다.

8...b5 9 Qe2

백은 **a4**, **...b4**일 때의 나이트를 위해 d1 칸을 치운다.

9...Ne5

이렇게 하여 발생한 교환은 이후 흑의 모든 당혹감의 원천이다. **9...Be7**, 이어서 **...0-0**, **...d6**, **...Bb7**이 당연히 선호될 방안이다.

10 f4 Nxd3+ 11 cxd3

c파일은 백이 전개에서 상대보다 앞서 있고 흑의 퀸사이드에 여러 약점들이 보인다는 점에서 백에게 유리한 매우 중요한 요소다. 흑의 쌍비숍은 이러한 결점을 어떤 식으로든 보완하지 못한다. 앞으로 보게 되겠지만, 예이츠는 기회를 잘 활용한다.

11...Bb7 12 0-0 Be7 13 Rac1 Qd8 14 h3 0-0 15 Qf2 b4

흑은 **15...b4**에 의한 대가로 카운터플레이를 얻지 못한 채 퀸사이드가 더 약화된다. 아주 쾌적하지는 않더라도 **15...d5 16 Bb6 Qb8 17 Bc5! Re8**가 더 적절했을 것이다.

16 Na4 Bc6 17 Nb6 Rb8 18 Nc4 d5 19 Nca5 Ba8 20 e5 Nd7 21 Nc6

백은 긴 여정 끝에 중요한 방어용 비숍을 강제로 교환하여 c파일의 확실한 지배권을 확보했다.

21...Bxc6 22 Rxc6 a5 23 Rfc1

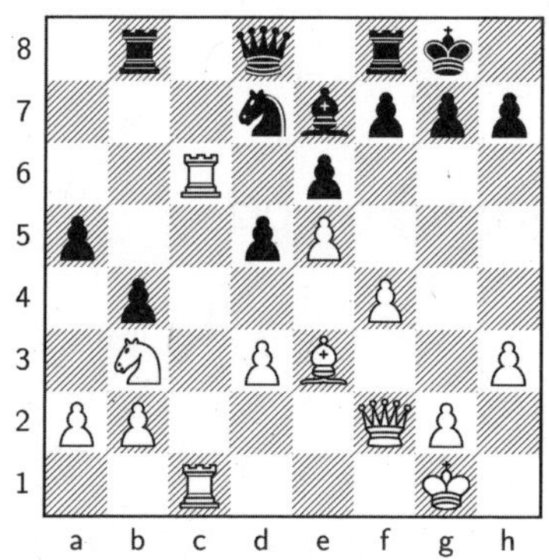

23...g5

절망에 빠진 흑은 그런 상황이 완전히 정당화되는 방식으로 계속 둔다. 백 기물들의 진입(**Rc7** 또는 아마도 **Ra6**, 뒤이어 **Qc2-c6** 등등)에 대해서는 사실상 할 수 있는 일이 없었다.

24 Qg3 Kh8 25 fxg5 Rb5

26...d4의 가능성을 추측해 보면, 어쨌든 **27 h4**로 쉽게 대응할 수 있었다.

26 Nd4 Rc5 27 R6xc5 Bxc5 28 Nb3 Be7 29 h4 a4 30 Nd4 Bc5

31 Ne2

백은 조용히 자신의 임무를 수행하며 상대에게 어떠한 카운터플레이도 허용하지 않는다. 타르타코베르 박사가 자신의 기량에 비해 한참 아래 수준에서 펼친 이 대국은 사실상 일찍 끝났다.

31...Bxe3+ 32 Qxe3 Qb8 33 d4 b3

33...b3는 두 번째 폰의 운명을 봉인한다.

34 axb3 axb3 35 Rc3 Qb4 36 Nf4 Ra8 37 Kh2

물론 **37 Rxb3**를 둘 수도 있었다.

37...Qb5 38 Nh5 Qf1 39 Qc1 Qf2

흑은 몇 개의 체크를 위해 룩을 희생했지만 퀸 교환도 마찬가지로 기권과 같았을 것이다.

40 Rc8+ Nf8 41 Rxa8 Qxh4+ 42 Kg1 Qxd4+ 43 Kf1 Qd3+ 44 Kf2 Kg8

또는 **44...Qd4+ 45 Kg3 Qxe5+ 46 Qf4 Qe1+ 47 Kh2**. 이제 백은 6수 메이트다.

45 Rxf8+ Kxf8 46 Qc8+ Ke7 47 Qc7+ Ke8 48 Nf6+ Kf8 49 Qd8+ Kg7 50 Qg8# 1-0

19라운드

카파블랑카가 단 1점 차로 뒤진 채 불독 같은 끈기로 버티는 상황에서 라스커 박사는 유리한 포지션을 유지하기 위해 계속 승리해야 했다. 그리고 그는 6라운드에서 함께 무승부를 기록했던, 자신과 같은 이름을 가진 선수에게 많은 문제들을 선사한 후 그 대가로 승리를 따내는 데 성공했다. 카파블랑카는 타르타코베르 박사를 꺾었고, 알예힌은 야노프스키를 상대로 승리했다. 마셜은 마로치와의 무승부로 레티와 동률을 이루며 그가 4위 이상이 되리라 예언하던 친구들의 기대를 한껏 끌어올렸다. 레티가 예이츠에게 패한 것은 긴 토너먼트의 부담감이 고스란히 드러나기 시작한, '새로운 아이디어'의 작가에게 가장 시의적절하지 않은 일이었다.

에드워드 라스커는 퀸스 갬빗이 거절된 상황에서의 백이었지만 이를 최대한 활용하지 못했다. 그는 퀸 교환을 허용하고 더블 c파일 폰을 갖게 됐다. 그리고 쌍비숍을 보유했음에도 불구하고 라스커 박사의 실력이 돋보이는 열세인 엔딩을 맞이했다.

타르타코베르 박사는 카파블랑카를 상대로 킹스 갬빗을 플레이하는 용기를 보였다. 이는 비록 뉘른베르크에서 열린 마지막 라운드에서 R. 차루섹Rudolf Charousek이 라스커 박사를 패배시킴으로써 주목할 만한 선례를 남겼지만, 가장 현명하지 못한 선택이었다. 현 세계 챔피언에게 갬빗 폰만큼 맛있는 것은 없다. 많은 이들의 예상대로 타르타코베르 박사가 f파일 폰을 전진시키자마자 결과는 예견된 결론이 됐지만, 이 경기는 챔피언의 강력한 스타일을 보여 주는 또 다른 예시로서의 가치가 있다. **2 f4**를 제외하면 패자가 심각하게 비난받아야 할 수는 거의 없었다. 카파블랑카에게 그런 갬빗의 가능성을 줄 수 있는 현존하는 선수는 없다는, 반드시 필요하지만은 않은 또 다른 증거였다.

레티 오프닝(역)의 흑이었던 알예힌은 미들게임에서 야노프스키의 흥미로운 나이트 희생을 처리해야 했는데, 이는 최소한 무승부를 위해 좋은 일이었다. 야노프스키는 승리를 노리고 플레이했지만, 러시아인의 퀸사이드에서 연결된 두 개의 통과한 폰들의 위험을 과소평가했다. 그 결과 야노프스키가 몰락하고 알예힌이 선두급을 유지하게 됐다.

6라운드에서 마로치에게 패한 마셜은 승부를 원점으로 돌리려 헝가리인과 최선을 다해 싸웠다. 후자는 인디언 디펜스를 채택했다. 미국인은 오프닝에서 복잡성을 불러 일으켰다. 마로치는 좋은 수비를 찾아냈고 곧 백이 후퇴했지만 그는 약간 열세인 포지션에서 피해를 입지 않고 후퇴하게 됐다. 이후 동등화가 이어졌다. 이상하게도 이런 상황은 엔딩에서도 반복됐다. 그 후 무승부에 합의했다.

예이츠-레티는 카로 칸 디펜스에 맞선 영국 선수의 매우 빼어난 노력 그 자체기도 했다. 레티는 실수로 g6에서 퀸스 비숍 교환을 허용했고, 자연스럽게 h파일 폰으로 재탈환했다. 이로써 그의 캐슬링한 킹은 심각한 위험에 처했다. 예이츠가 깔끔한 나이트 기동과 함께 두 기물들로 퀸을 잡겠다고 위협할 때까지 그는 그것에 대한 의식이 없는 듯해 보였다. 그리고 그는 깨달음을 얻었고 기권했다.

선두급들의 스코어는 라스커 박사 13-4, 카파블랑카 12-5, 알예힌 11-7, 마셜과 레티는 각각 9½,-7½. 흑이 이긴 라운드로 3½-1½였으며 총합 백 52점, 흑 43점이었다.

91. 에드워드 라스커-라스커 박사
퀸스 갬빗 거절 *Queen's Gambit Declined*

1 d4 Nf6 2 c4 e6 3 Nc3 d5 4 Nf3 Nbd7 5 Bg5 c6 6 e3 Qa5 7 Nd2 Bb4 8 Qc2 Ne4

8...Ne4는 오래된 연속수다. 보골류보프식 변형은 다음과 같다. 8...0-0 9 Be2(9 Bxf6에 이어 10 Bd3면 백에게 이득이 없음) 9...e5 10 dxe5 Ne4 11 Ndxe4 dxe4 12 0-0 Bxc3 13 bxc3 f6! 14 Bh4(14 Bf4 Nxe5 15 Qxe4? Bf5!, 1923년 매리슈-오스트라우에서의 그륀펠트-보골류보프 대국) 14...Qxe5! 15 Bg3 Qe7 16 Rfd1 Re8, 이어서 ...Qf7으로 흑에게 아주 만족스러운 경기가 된다.

9 Ndxe4 dxe4 10 Bf4

10 Bh4는 10...0-0 11 Be2 e5 이후에 백이 간단하게 캐슬링을 할 수 있는 이론적인 수다. 두 가지 플레이 방법의 차이가 바로 드러난다.

10...0-0 11 Be2 e5 12 dxe5

12 Bg3 f5면 흑은 사실상 13 dxe5를 강요하며 기물 하나를 잡겠다고 위협할 수 있다. 그러나 텍스트 무브 후, 그는 보골류보프 변형의 유리한 라인으로 들어가게 된다.

12...Nxe5 13 0-0 Bxc3 14 Qxc3

14 bxc3 Bf5 이후에도 마찬가지로 흑이 더 유리했을 것이다.

14...Qxc3 15 bxc3 Re8

이제 백은 자신의 더블 폰에 대한 적절한 보상이 없으므로 오픈 파일(16 Rfd1 Bf5 17 Rab1 b6 18 h3)을 점유하여 자신의 게임을 침착하게 유지하는 정도로 활동을 제한했어야 한다. 그러나 그의 다음 수로 흑은 새로운 라인을 열어 우위를 점할 기회를 얻었다.

16 c5

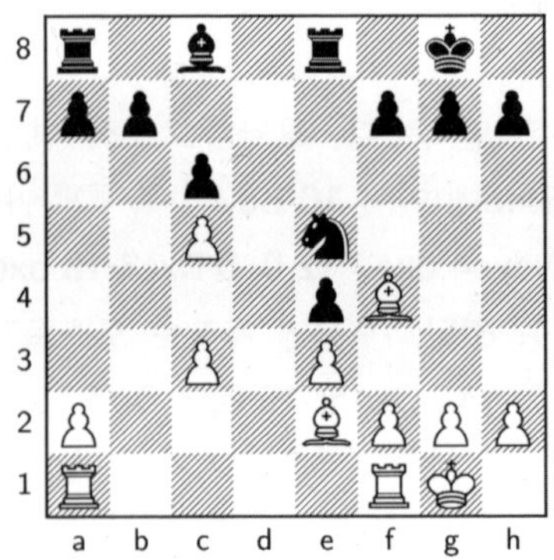

16...Nd7

바로 **16...b6**는 안 된다. **17 Bxe5 Rxe5 18 cxb6 axb6 19 Rfb1**으로 무승부 가능성이 높기 때문이다. 이어지는 백의 d파일에 대한 거북한 반격과 동시에 이뤄지는 a파일의 활용은 분명하고 설득력이 있다.

17 Bd6 b6 18 cxb6 axb6 19 Rfd1 Ba6 20 Bxa6

백은 **20 Kf1**으로 킹의 즉각적인 참전이 다소 나았을 것이다.

20...Rxa6 21 a4 Rea8 22 Kf1 f5

흑으로선 물론 **22...Rxa4 23 Rxa4 Rxa4 24 Bc7**은 안 된다.

23 Rab1

24 Bc7 위협.

23...R8a7 24 g4

백은 더 단순한 연속수(**24 Rb4 Kf7**)에서는 자신의 a파일 폰을 유지할 수 없었기에 순전히 힘으로 플레이를 다른 채널로 전환하려 시도한다. 반면에 다음 전개는 폰 우세를 제외하면 흑이 훨씬 우월한 포지션에 놓인다.

24...fxg4 25 Rb4 Nf6 26 Bb8 Ra8 27 Rd8+ Kf7 28 Bc7 Rxa4

28...Nd5는 **29 Rxe4**(**29...Nxc7 30 Rd7+**) 때문에 안 된다.

29 Rxa8 Rxa8 30 Rxb6

만약 **30 Bxb6**면 **30...Nd5**에 이어서 **...Rb8**로 흑이 이길 것이다.

30...Nd5 31 Rb7

만약 **31 Rxc6?**면 **31...Rc8**.

31...Ke6 32 c4 Ne7 33 Rb4

백은 c4에서 폰을 유지하려고 한다. 하지만 얼마 지나지 않아 흑 킹에게 d5 칸을 양보해야 한다. 이어지는 엔딩은 쉽게 이해된다.

33...Ra1+ 34 Ke2 Ra2+ 35 Ke1 Nf5 36 Rb6 Kd7 37 Be5 Ra4 38 c5 Ke6 39 Bd6 Kd5 40 Rb7 h5 41 Bf8 g6 42 Rd7+ Kc4 43 Rd1 Ra3 44 Rd8 Nh4 45 Bg7 Nf3+ 46 Ke2 Ra2+ 47 Qf1 Rd2 48 Rxd2

또는 **48 Rd6 Kxc5**면 백은 메이트를 위협받고 룩 교환을 해야 할 것이다.

48...Nxd2+ 49 Kg2 Kxc5 50 h3 gxh3+ 51 Kxh3 g5 0-1

92. 타르타코베르–카파블랑카
킹스 갬빗 수락 *King's Gambit Accepted*

1 e4 e5 2 f4 exf4 3 Be2 d5 4 exd5 Nf6 5 c4 c6 6 d4

이 오프닝과 관련해선 타르타코베르 박사-보골류보프의 5국과 비교해 보라.

6...Bb4+

카파블랑카의 이 참신함은 흑의 전체 전개 시스템을 매우 강화한다.

7 Kf1

백으로선 캐슬링 포기보다 더 좋은 방법이 없다. 예를 들어 **7 Nc3** 면 7...Ne4 또는 **7 Bd2 Ne4! 8 Bxb4? Qh4+ 9 g3 fxg3**로 흑의 승리.

7...cxd5 8 Bxf4

이 포지션의 단순화는 전적으로 더 잘 전개된 흑에게 유리하며, 결과적으로 캐슬링을 못 한 적 킹을 불편하게 만들 수 있다. 백의 갬빗 플레이 개념에 더 부합하는 것은 더 복잡한 **8 c5**며, 그러면 예를 들어 **8...g5 9 Nf3 h6 10 h4 Ne4? 11 hxg5! Ng3+ 12 Kf2 Nxh1+ 13 Qxh1**으로 희생 교환에 대해 완전한 포지션적 보상을 이룬다.

8...dxc4

이 자연스러운 수에는 그러나 약간의 기교가 담겨 있다.

9 Bxb8

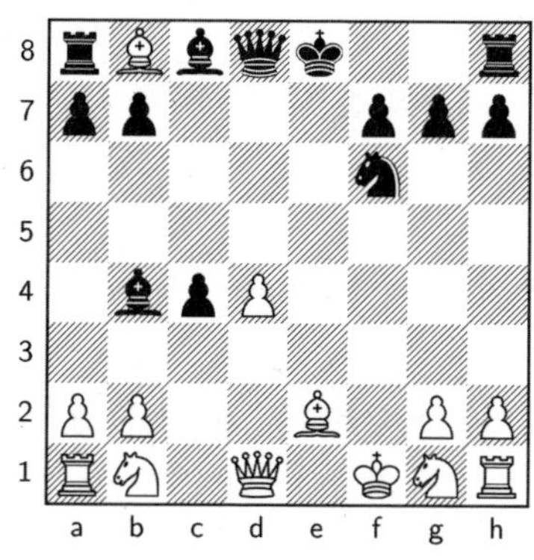

세계 챔피언이 단순히 기물 하나를 남겨두고 떠났다고 생각하는 상대는 그 기교를 전혀 눈치채지 못한다. **9 Bxc4**를 바로 두는 게 훨씬 덜한 악수였을 것이다.

9...Nd5

흑은 **10 Qa4+**에 위협받는 비숍을 구출하여 훨씬 우세한 게임을 보장받는다.

10 Kf2

10 Bf4면 **10...Qf6!**, 게다가 **11...Ne3+**를 위협한다.

10...Rxb8 11 Bxc4 0-0 12 Nf3

이로써 흑 나이트는 상당히 불편해졌고 백은 더 이상 킹사이드에서 정상적인 전개가 불가능해진다. 백에게는 **12 Bxd5 Qxd5 13 Nc3**에 이어 **Nf3**와 킹스 룩을 전개하는 게 좀 더 나은 선택이었겠지만, 그래도 여전히 흑이 유리했을 것이다.

12...Nf6 13 Nc3

흑은 예를 들어 **13...Bxc3 14 bxc3 Ne4+ 15 Kg1 Nxc3 16 Qb3**

Ne4 17 Re1 Nd6 등등과 같은 회유적인 희생을 할 수도 있었다. 그러나 그는 다음과 같은 역동적 반격을 통해 포지션에서 더 많은 것을 얻길 희망한다.

13...b5

이는 **14 Nxb5**에 대한 응수로 **14...a6 15 Nc3 Bxc3 16 bxc3 Ne4+ 17 Kg1** 이후 룩으로 b2에 결정적으로 침투한다는 아이디어다.

14 Bd3 Ng4+ 15 Kg1 Bb7

흑의 13수의 결과들 중 하나가 바로 백 d파일 폰을 위협하는 이 흑 비숍의 전개다.

16 Bf5 Bxf3 17 gxf3 Ne3

흑이 상대의 시간 손실을 강요하는 이 폰 희생은 공격에서의 유일한 논리적 연속수를 구성한다.

18 Bxh7+ Kh8 19 Qd3 Bxc3 20 bxc3 Nd5

20...Nd5는 다시금 최선이다. 유혹적인 **20...Qg5+ 21 Kf2 Rfe8**는 **22 Be4** 때문에 결코 설득력이 없었을 것이다.

21 Be4 Nf4 22 Qd2 Qh4 23 Kf1

23 Kf1은 **Qf2**를 두기 위해서다. 하지만 거기까지 가지 않는다.

23...f5 24 Bc6 Rf6 25 d5 Rd8

25...Rd8는 결정적이다. **26...Rxc6**의 위협 때문에 백은 방어할 수 없다. **26...Qh3+** 때문에 백 퀸은 감히 움직일 수 없다.

26 Rd1 Rxc6 27 dxc6 Rxd2 28 Rxd2 Ne6

28...Ne6는 어쨌든 만족스러웠을 28...Qh3+보다 더 간단한 수다.
28...Qh3+면 29 Kf2(29 Kg1(또는 Ke1)이면 29...Qxf3) 29...Qg2+
30 Ke3 Qxh1 31 Rd8+(31 Kxf4면 31...Qc1!) 31...Kh7 32 c7 Qc1+
33 Kf2 Qc2+ 34 Kg3 Qg2+ 35 Kxf4 Qxh2+로 흑의 승리였다.

29 Rd6 Qc4+ 30 Kg2 Qe2+ 0-1

93. 야노프스키-알예힌
퀸스 폰 오프닝 *Queen's Pawn Opening*

1 d4 Nf6 2 Nf3 c5

흑의 이 수를 포지셔널으로 반박한다면 3 d5에, 만약 3...b5면 4 c4
Bb7 5 a4!로만 가능할 것이다. 백이 현재 게임에서처럼 플레이하면,
흑은 오프닝의 첫 수에서 동등하게 될 수도 있다.

3 e3 g6

나중에 보겠지만 흑의 의도는 루빈스타인 변형(한 템포가 느려지더
라도)이지만 불가능하며, 이 사실은 확실히 이론적 관심을 불러 일으
킨다. 흑에게 불리하지 않은 퀸스 폰 게임Queen's Pawn Game의
잘 알려진 변형으로 이어지려면 3...d5가 답이었을 것이다.

4 Bd3 b6 5 0-0 Bb7 6 c4

백은 d5를 두겠다고 위협하여 방금 전개한 흑 퀸스 비숍을 차단한
다음 중앙에서 유망한 폰 기동을 시도하려 한다. 그렇기 때문에 흑은
폰 교환을 해야 한다.

6...cxd4 7 exd4 Bg7 8 Nc3 d5

8...d5 역시 레티가 같은 상대(44국)와 대결하며 비슷한 포지션에서 두었고, 곧이어 우위를 점했다. 그러나 앞선 게임에서 백은 **Bd3**와 **0-0** 대신 효과가 적은, 퀸스 비숍을 전개하기 위한 목적으로 두 수(**h3**와 **Bf4**)를 사용했기 때문에 그것과의 유사성은 단지 표면적이다. 따라서 이 게임에서는 흑이 먼저 **8...0-0**을 두어 상대가 중앙의 폰 구조에 대해 가능한 한 오래 의심하게 만드는 게 순리였을 것이다.

9 Bg5 dxc4

흑의 성급한 마지막 수가 빚어낸 첫 번째 결과다. **9...0-0 10 Re1!**(백으로선 **10 Bxf6**는 **10...exf6! 11 cxd5 Bxd5 12 Nxd5 Qxd5 13 Re1 f5**로 불가)은 흑이 **10...dxc4**를 두어야 하기 때문에 단순히 수순을 바꾼 상태에 불과했을 것이다.

10 Bxc4 0-0 11 Re1

이제 흑은 더 이상 d5 칸을 점령할 수 없고, d파일 폰의 전진 가능성에 대한 위협은 그의 전개 계획에 상당한 지장이 된다.

11...Nc6 12 a3

백 입장에서는 a2-g8 대각선을 확보하는 게 정말 중요했다.

12...Rc8

여기 또는 다음 수에서 **...e6**는 d5, **...exd5**, **Nxd5** 등등으로 발생할 거슬리는 핀 때문에 불가능하다.

13 Qd3 Qc7 14 Ba2

백은 상대의 계획(d5의 통제)을 따르면서 이득을 얻고자 한다. **14 d5**에 대해선 흑이 **14...Rfd8**로 충분히 방어할 수 있었다.

14...e6 15 h3

백은 이 대기 수를 통해 분명 상대방의 계획을 더 발전시켜 자신을 자유롭게 하도록 유도한 다음 f7 칸에 대한 공격을 계속하려는 의도를 가지고 있다. 그렇지만 흑의 방책은 이 공격을 위험 없이 회피하기에 충분하다.

15...Ne7 16 Rac1 Qb8 17 Ne5

백이 **18 Bxf6**, 이어서 **Nd7**을 두겠다고 위협한다.

17...Rcd8

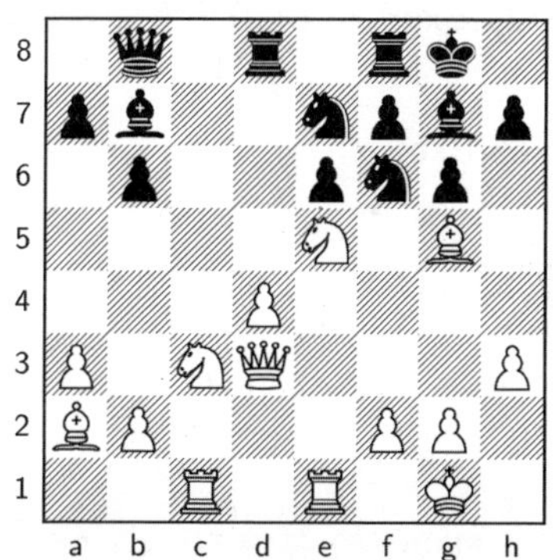

18 Nxf7

백의 이 흥미로운 희생은 분명 틀린 것은 아니지만 무승부가 될 수밖에 없다. 이와 다른 수를 둘 경우 흑은 d5 칸을 점령하여 백의 공격 시도를 모두 봉쇄했을 것이기에, 백으로선 다소 부자연스러운 **15 h3** 대신 **15 Rac1**으로 전개 수를 대체하는 게 더 나았다.

18...Rxf7

18...Kxf7 19 Bxe6+ Ke8 20 Nb5는 물론 흑의 승리 포지션이 아니었다.

19 Bxe6 Rdf8 20 d5

20 Nb5는 20...Ned5 때문에, 20 Qc4는 20...Nf5 때문에 부적절했다. 그러나 이제 흑은 다음 반격으로 완전히 자유로워진다.

20...Nexd5

흑으로선 이렇게 하지 않으면 전진하는 백 폰이 너무 번거로워졌을 것이다.

21 Nxd5 Bxd5 22 Bxd5

22 Bxf6의 경우 22...Bxe6 23 Bxg7 Bf5로 기물 하나가 잡힌다.

22...Nxd5 23 Qxd5 Bxb2

이로써 물질적 평등이 회복되었고 흑은 더 이상 두렵지 않다.

24 Rc2

이 새로운 희생에 대한 충분한 근거는 없다. 답은 **24 Be7! Bxc1 25 Bxf8 Qxf8 26 Rxc1 Qe7!**(가장 단순한)으로, 무승부가 가장 유력한 결과가 나온다. 텍스트 무브 후, 흑은 피하기 어려운 핀 포지션이 된다 해도 통과한 폰으로 좋은 승리 기회를 가질 것이다.

24...Bxa3 25 Bh6 Rd8 26 Qe6

백은 **27 Bg5 Rdf8 28 Bh6**로 무승부를 위협하지만, 흑의 다음 수로 막힌다.

26...Bc5 27 Rce2

백은 28 Qc6에 이어 Re8+를 의도했을 것이다.

27...Qc7 28 Qb3 Qd7 29 Kh1

백은 30 Rd2 Qc8 31 Rxd8+ Qxd8 32 Qb5를 위협하는데, 현재로
서는 ...Bxf2+에 의해 좌절된다.

29...Bf8 30 Rd2 Qc8 31 Red1 Rxd2 32 Bxd2 b5

흑은 유리한 룩 교환에도 불구하고 백 퀸의 존재가 a2-g8 대각선에
서 도전할 수 없게 만들고 있고, 또한 백 룩의 진입 위협이 있기 때문
에 물질적 우위를 점하기는 여전히 어렵다. 이러한 이유로 그는 적 킹
을 어느 정도 노출시킨 다음 반격을 통해 불편한 핀을 제거하고자 폰
교환을 제안하기로 결심한다.

33 Rc1

여기서 어떤 경우에도 백은 흑 폰을 잡았어야 한다. 33 Qxb5 Rxf2
34 Qd5+ Rf7 35 Rf1 Qb7 36 Qc4 Bg7이면 불가능하지는 않더라도
어쨌든 흑의 승리는 상당히 어려웠을 것이다. 그와는 반대로 지금은
흑의 통과한 폰들이 마침내 기동성을 얻으며 전세가 빠르게 뒤집힌다.

33...Qd7 34 Bf4 a5 35 Be5

35 Rc7에 대한 응수로는 35...a4! 36 Qa2 Qd1+ 37 Kh2 Qb3, 그
리고 흑의 승리.

35...a4 36 Qa2 b4 37 Qc4 Qd2 38 f4 b3 39 Rb1 Qb4 40 Qe6
Qe4 41 Rd1 b2 42 Qa2 Qc2 43 Rf1 a3

43...Qc1 44 Rg1 Bc5가 즉시 결정적이었을 것이다.

44 Kh2

44...Qc1에 45 Rh1으로 답하기 위해서다.

44...Qd3 45 Re1 Bb4 46 Rh1 Bd2 47 Qe6

백이 무한 체크를 위협한다.

47...Qf5 48 Qb3 Bxf4+ 49 Bxf4 Qxf4+ 50 Kg1 Kg7 0-1

94. 마셜–마로치
피어츠 디펜스 *Pirc Defense*

1 d4 Nf6 2 Nf3 g6 3 Bf4 Bg7 4 Nc3

백은 이 변형에서 나이트로 c파일 폰을 방해할 이유가 없다. 흑 피앙케토 비숍을 무력화하기 위한 백 폰의 논리적 배열은 **c3**, **d4**, 그리고 **e3**다.

4...d6 5 e4 Nbd7

5...Nbd7은 ...c5를 통해 가능한 한 빨리 중앙에서 반격에 착수하기 위해서다. 그게 아니면 **5...0-0** 또한 안전했을 것이다.

6 Bc4

백이 **Bxf7+**로 시작하여 **Ng5+**, **Ne6**, 그리고 **Nxc7**으로 이어지는 잘 알려진 희생 콤비네이션을 두겠다고 위협한다. 하지만 흑이 올바른 카운터플레이를 하면 백의 이 연속수는 무해하다.

6...c5

그러나 흑의 이 수는 위엄한 불장난이다. 예를 들어 **6...0-0** (I) **7 Qd2 c5 8 dxc5 Nxc5 9 e5 Nfe4** (II) **7 e5 Nh5 8 Bg3 dxe5 9 Bxe5 Nxe5 10 Nxe5 c5**의 두 라인 모두 흑에게 안전한 플레이가 될 수 있다.

7 e5

매력적이지만 성급하다. **7 dxc5 Nxc5**(또는 **7...Qa5 8 cxd6 Nxe4 9 0-0**) **8 e5 Nh5 9 Be3**가 백에게 복잡한 문제 없이 포지션 우위를 보장할 수 있었다.

7...Nh5 8 Ng5

8 Ng5는 앞선 마지막 수의 결과다. 백에게 완전히 불리한 수순은 **8 Bxf7+ Kxf7 9 e6+ Kg8**(**9...Kxe6**는 **10 Ng5+**로 인한 몇 수 뒤의 메이트 때문에 불가) **10 exd7 Bxd7**이다.

8...0-0

이는 흑에게 확실히 가장 안전한 방법이었다. 백의 희생 기물을 받아들였다면 마셜의 '속임수' 포지션으로 이어졌을 것이다. 그렇지만 흑에게 급박한 위험은 없었을 것이다. 예를 들어 **8...Nxf4 9 Bxf7+**(**9 Nxf7 Qa5**면 분명 갈 길을 잃게 됨) **9...Kf8 10 Qf3**(만약 **10 Nd5**면 **10...dxe5 11 Nxf4 Qa5+**) **10...dxe5 11 dxe5 Bxe5 12 g3 h6** 또는 **11 Bxg6 Nf6**. 백이 수단과 방법을 가리지 않고 기물을 되찾더라도 흑은 자신의 세력을 방해받지 않고 조율할 수 있다. 그런데 다음의 진화 또한 그에게 우월한 포지션을 확보해 준다.

9 Qf3 dxe5

9...cxd4는 **10 Nxf7 Rxf7 11 Bxf7+ Kxf7 12 e6+ Kxe6 13 Qd5+ Kf6 14 Bg5#** 때문에 안 된다.

10 Bxe5 Nxe5 11 dxe5 e6

11...e6는 f7을 보호하고 나이트를 공격한다.

12 Qe3

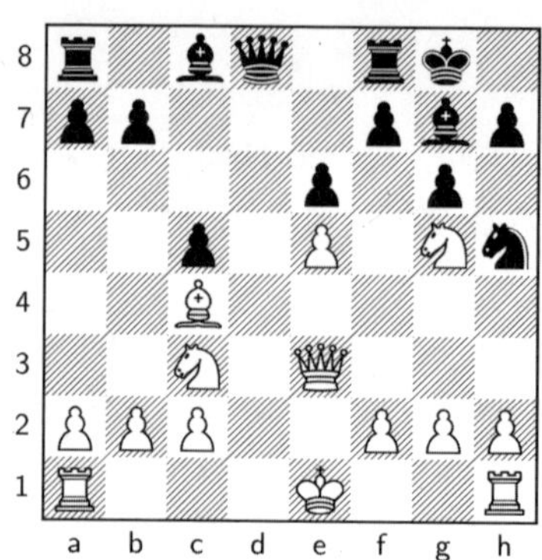

12...Qd4

백의 성급한 공격에 대한 흑의 보복이다. 백은 퀸 교환을 하고 손실을 피하기 위해 전투 자산을 빠르게 재정비해야 한다. 정렬! 역정렬! 혼돈!

13 Qxd4 cxd4 14 Ne2 Bxe5 15 Nf3 Bg7 16 Nfxd4 Bd7

이 그럴듯한 **16...Bd7**은 흑의 모든 포지셔널 이점을 무효화하기에 충분하다. 화려한 a8-h1 대각선에 비숍을 배치하는 추가 위협과 함께 백 기물을 b5에 묶어 두려면 **16...a6**가 필요했다. 그러면 **17 0-0-0 b5 18 Bb3 Bb7**으로 백은 **19 f3**가 **19...e5** 때문에 적절치 않으므로 g 파일 폰이 고난을 겪을 것이다. 그러나 **17 a4**면 **17...Bd7**(...b5 위협) 등등이 나온다.

17 0-0-0

백은 **Nf5**로 흑 비숍들 중 하나와 교환하겠다고 위협한다.

17...Rfd8 18 Bb5

이렇게 강제 교환이 이루어지면 백은 더 두려울 게 없다.

18...a6 19 Bxd7 Rxd7 20 c3 Rad8 21 Nb3 Kf8 22 Rxd7 Rxd7 23 Rd1 Ke7 24 Nc5

룩 교환 후의 흐름은 당연히 쉬운 무승부가 될 것이다. 텍스트 무브는 강제 기동이 도입되는데, 흑이 올바른 카운터플레이를 했다면 백에게 위험한 결과를 가져올 수 있었다.

24...Rc7 25 b4

25 b4는 매우 위험하다. 백은 자만심 없이 **25 Nb3**로 앞선 마지막 수를 상기시키는 게 더 나았을 것이다.

25...a5 26 a3 Nf6 27 Nd4 axb4 28 axb4

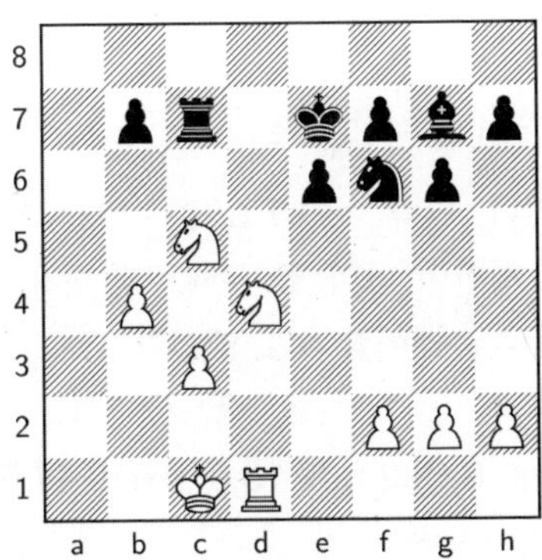

28...b6

흑은 **28...Nd5**를 통해 적어도 폰을 잡을 수 있었던 바로 그 순간에 무승부로 만족했다. 그랬으면 **29 Kb2**(또는 **Kc2**) **29...b6** (Ⅰ) **30 Nb5 Rc8 31 Na7 Ra8 32 Nc6+ Kd6** (Ⅱ) **30 Na4 Nxb4 31 cxb4 Rc4.**

29 Nb5 Rc6 30 Na7 Rc7 31 Nb5 Rc6 32 Na7 Rc7 ½-½

95. 예이츠-레티
카로-칸 디펜스 *Caro-Kann Defense*

1 e4 c6 2 d4 d5 3 Nc3 dxe4 4 Nxe4 Bf5

여기서 흥미로운 수는 님초비치의 **4...Nd7**이며 나중에 **...Ngf6**, **...e5**, **...Be7**, **...0-0**, 마지막으로 **...c5** 이후 b7에 퀸스 비숍을 전개하는 아이디어다. 그러나 룩의 빠른 협력이 가능한 기존 방법도 많은 장점이 있다.

5 Ng3 Bg6 6 Nf3

나이트 공격에만 적합하고 보상 없이 킹 포지션을 약화시키는, 과거에 매우 인기있었던 '공격' 수인 **6 h4**는 조금씩, 자연스레 버려졌다.

6...Nd7 7 c3

백은 템포를 잃었다. 만약 백이 **7 Bd3**로 비숍 교환을 하고 싶지 않았다면, 사실 아직 시간이 남아 있기 때문에 망설임 없이 바로 **Bc4**, 이어서 **0-0**과 **Qe2**로 플레이할 수도 있었다.

7...Ngf6 8 Bc4 e6 9 Qe2 Be7 10 0-0 0-0 11 Re1 Nd5

같은 기물이 이리저리 뛰어다니는 일은 이득이 거의 없다. 만약 흑이 명백한 위협인 **12 Bxe6**(**12...fxe6**면 **13 Qxe6+ Rf7 14 Ng5 Bf8**

로 백이 유리한 게임)를 막고 싶다면, ...c5를 제외하고 **11...Re8**를 준비하면 가장 간단하게 가능했을 것이다.

12 Bb3 a5

흑의 이 측면 돌진도 역시 불필요하다. **12...Qc7 13 a3 Bf6**면 중요한 템포를 살릴 수 있었다.

13 a3 Qc7 14 c4 Nf4 15 Bxf4 Qxf4 16 Rad1 Bf6 17 Bc2 Rfd8

흑은 킹사이드에 있는 폰 대형을 움직이지 못하게 만드는 이 더블 룩 시도가 캐슬링을 한 킹 포지션을 상당히 손상시킨다는 점을 분명 인식하지 못했다. **17...Bxc2 18 Qxc2 Qc7**이면 큰 시간 손실에도 불구하고 여전히 상당한 방어가 가능한 포지션이었을 것이다.

18 Bxg6 hxg6 19 Ne4 Nb6

19...Nf8면 **20 Rd3**에 이어 **Red1**이 등장하여 **Rb3**와 **c5**를 두겠다고 위협할 수 있었다. 백은 양익에 유용한 공격물을 갖고 있다.

20 b3 Be7 21 Rd3

흑이 받아서는 안 되는 백의 건전한 폰 희생이다.

21...Bxa3

킹사이드에서 보호용 기물들을 모두 제거하는 놀라울 정도로 무모한 수다. **21...Nd7**이면 게임을 살릴 수 있는 가능성은 아직 남아 있었지만, **22 a4** 이후에는 백이 훨씬 더 유리한 상황이었을 테고, 그 다음에는 **Red1**이 나온다.

22 Ne5

백의 결정타는 **22 Nfg5!**였다. 그러면 (Ⅰ) 22...f5 23 Nf6+ (Ⅱ) 22...Rd7 23 g3 Qf5(또는 23...Qc7이면 24 Qg4) 24 Rf3 Qg4 25 Qe3로 Rf4 위협 등등) (Ⅲ) 22...Be7(23 Rf3 이후, 백 룩-나이트에 대응하는 희생을 위해) 23 g3! Qc7 24 Qg4 Bxg5 25 Nxg5 4 Nd7 26 Rf3! Nf6 27 Qh4(28 Rxf6! gxf6 29 Qh7+ Kf8 30 Nxe6+ 위협) 27...Qe7 28 d5!(28 g4는 28...Rxd4 때문에 불가) 28...cxd5 29 g4! 로 승리한다. 이 실질적인 심각한 실수 이후, 흑은 아주 간단한 방식으로 자신을 구할 수 있었다.

22...Qh4

그러나 바로 흑의 패배다. 당연히 **22...Rxd4 23 Rxd4 Qxe5 24 Red1 Be7**을 두면 흑은 교환의 대가로 두 개의 폰들과 뛰어난 무승부 기회를 얻는다. 이제 백의 멋진 피날레가 이어진다.

23 Rh3 Qe7 24 Ng5 1-0

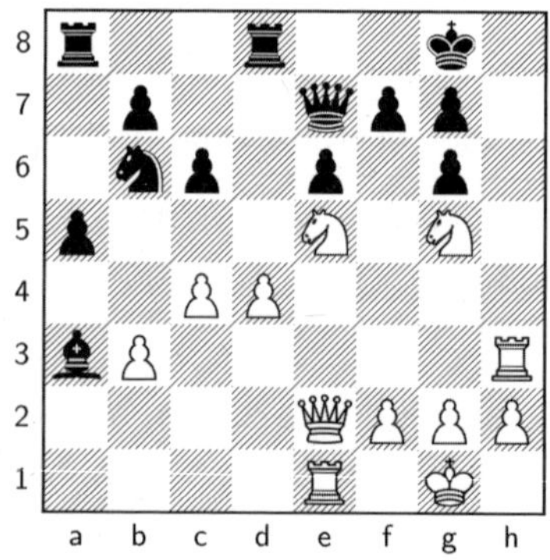

만약 흑이 이 나이트를 잡는다면 **25 Rh8+ Kxh8 26 Nxf7+** 이후 퀸을 잃고 절망적 포지션이 된다. 하지만 그렇게 하지 않았다면 백으로 선 **Nxf7**이 결정타였거나, 우아한 텍스트 무브를 제외한다면 **Qg4**로도 이겼을 것이다.

20라운드

　토너먼트의 마지막 승자는 차분하게 자신의 길을 가면서 총점을 한 점씩 늘려 라이벌이 너무 근접해서 자신을 괴롭히지 않도록 조심한다. 마로치는 자신에게 부여된 특별한 기회가 부족하지 않은 경기 끝에 라스커 박사의 놀라운 체력 유지에 희생된다. 그 외에도 이 리더는 카파블랑카와 무승부를 거둔 예이츠의 숭고한 노력에 실질적인 도움을 받는다. 알예힌 역시 무승부를 기록했지만 상대가 마셜이라는 점에서 상당히 만족스러워 한다. 레티의 슬럼프는 계속되어 그의 우승 가능성을 위태롭게 하고, 보골류보프는 그와 동률을 이룬다.

　마로치는 다소 무심하게 프렌치 디펜스를 펼쳤지만 진취적인 흑의 면모를 보여 줬다. 라스커 박사는 패배하는 경로를 피하려고 폰을 포기하여 강력한 공격을 얻었다. 마로치의 방어는 훌륭했고 이에 대항할 수 없었다. 그 후 라스커 박사는 퀸으로 폰을 잡았는데, 몇 수 만에 질 수 있었기에 실수였을 수도 있다. 그러나 이 중요한 단계에서 마로치는 관습적인 꼼꼼함으로 스스로를 망쳤고 얼마 지나지 않아 완전히 길을 잃었다. 이로써 라스커 박사는 쉽게 승리하는 길을 열었다.

　예이츠-카파블랑카의 대국은 예이츠가 다시금 중앙 폰의 다소 경솔한 전진을 실험한 루이 로페즈였다. 카파블랑카는 그의 킹스 룩을 게임 밖으로 몰아내고 우위를 점했는데, 영국인이 무한 체크 엔딩으로 가는 격렬한 플레이 라인으로 무승부를 거둘 수 있을 만큼 어째선지 잘못되었다.

　이번 라운드의 가장 멋진 경기는 마셜과 알예힌의 대국이었는데, 백을 쥔 마셜이 퀸스 갬빗을 거절한 결과 치열한 접전이 펼쳐졌다. 결과에 따라 큰 판돈이 걸린 마스터들 간의 진지한 대결에서 이처럼 대담한 수를 두는 경우는 거의 볼 수 없었고, '갤러리'는 환호성을 질렀다. 이 대국을 간단히 설명하자면 흑의 b파일 폰이 백의 f2까지 내려갔다고 말하는 것으로도 충분하다! 여기에는 무한 체크로 무승부를 강요하는 15수 깊이의 콤비네이션이 포함되어 있다!

에드워드 라스커-레티는 또 다른 루이 로페즈 경기였으며 의심할 여지없이 이번 대회에서 라스커가 가장 잘하고 가장 활발하게 경기를 펼쳤다. **f4**로 중앙을 부수는 그의 돌파는 매우 예술적이었고 모든 변형이 백보다 더 나은 게임으로 이어졌다. 마스터의 손길을 보여 준 셈이다.

야노프스키는 잘 알려진 공격 대형을 피하기 위해 **...f8**를 둔 보골류보프를 상대로 퀸스 갬빗 거절에서의 백을 쥐었다. 이후 야노프스키는 메이저 기물들의 교환을 신중하게 주고받으며 대등한 엔딩에 도달했다. 하지만 그는 승리를 위한 플레이를 펼치면서 스스로 몰락을 자초했다.

두 라운드를 남긴 상황에서 14-4의 라스커 박사가 12½-5½의 카파블랑카에게 1½점 차로 앞서고 있었다. 따라서 이러한 상황에서 라스커 박사의 우승 예상은 놀라운 일이 아니었다. 다른 주요 점수는 알예힌 11½-7½, 마셜 10-8, 보골류보프와 레티, 각 9½-8½. 이날 백의 스코어는 3-2, 20라운드까지의 합계는 55-45였다.

96. 라스커 박사–마로치
프렌치 디펜스 *French Defense*

1 e4 e6 2 d4 d5 3 Nc3 Bb4

3...Bb4는 대칭적인 폰 대형과 이 변형에 그리 유리하지 않은 킹스 비숍의 전개 덕분에 관례적인 폰 교환 후 흑에게 훌륭한 무승부 기회를 제공하는 꽤 좋은 수다. 궁극적으로 자신에게 불리한 결과를 초래하는 이 플레이 라인을 피하려는 백의 시도는 이 경기에 이론적 가치를 부여한다.

4 e5 c5

흑은 여기서 4...f6를 통해 다른 사이드에서 돌파를 시도하는 방법도 고려할 수 있다. 예를 들어 5 Qg4 Qe7 6 f4 Nh6 7 Qh3 Nf5 8 Nf3 c5. 흑은 텍스트 무브와 폰을 잡으려는 후속 플레이 때문에 상대가 킹에게 가하는 공격에 노출되지만 위험하지는 않다.

5 a3 cxd4

5...Ba5는 6 b4! cxb4 7 Nb5로 백이 유리하기에 금물이다.

6 axb4 dxc3 7 bxc3 Qc7 8 Nf3

마찬가지로 8 Qd4 Ne7 이후에도 백이 폰을 쉽게 방어할 수는 없었을 것이다. 예를 들어 9 Nf3 Nf5 10 Qd3 Nc6 11 Bf4 f6.

8...Ne7

흑은 자신의 전개를 먼저 끝내는 게 나중에 폰을 보호하더라도 백의 모든 공격 가능성을 물리칠 수 있어서 당연히 선호한다. 이 대국은 첫 몇 수 이후에도 매우 독특한 성격을 띤다.

9 Bd3 Ng6 10 0-0 Nd7

물론 완전히 어울리지 않는 **10...Nxe5**면 **11 Bf4 Nxf3+ 12 Qxf3 Qe7 13 Qg3!**, 이어서 **Qxg7**이 나올 수 있었다.

11 Re1

백은 **11 Bxg6**에 이어 **Qd4**로 폰을 살릴 수도 있었다. 하지만 그는 이 포지션에서 분명 더 많은 것을 바라고 있다.

11...Qxc3

백 e파일 폰은 **12 Nxe5**에 이어 **13 Bf4 f6 14 Bxe5**와 **Qh5+** 때문에 잡을 수 없었다. 반면 흑의 무해해 보이는 이 c파일 폰의 획득은 적의 공격을 격퇴하기 위해 가능한 희생 반격counter-sacrifice을 할 수 있기에 중요하다.

12 Bd2 Qc7 13 Qe2 0-0 14 Qe3

14 Qe3는 퀸을 행동 현장으로 데려오기 위해 a파일 폰을 위협하여 템포를 얻으려는 수다.

14...Nb6 15 Qg5 Nc4 16 Bc3

16 Bc3는 아마 **...f6**나 **...f5**를 막기 위해 두었을 것이다. 그러나 흑은 이 비숍의 어색한 포지션을 이용하여 정교한 방어 작전을 펼친다. 따라서 백에게 더 유망한 것은 **16 Bc1**으로 **Qh5**를 두겠다고 위협한 다음 **Ng5, ...h6, Nf3**, 그리고 마지막으로 h6의 비숍을 희생하는 방법일 것이다. 이때 만약 흑이 **16...f6**를 두었다면, **17 exf6 Rxf6 18 Qh5!** 이후에 있을 여러 위협들(**Bg5, Ng5**)을 바로 고려해야 했으며, 그의 중앙 폰 포지션은 영구적으로 취약해졌을 것이다.

16...h6

백은 **17 Qh5**로는 잘 대응할 수 없다. **17...Nf4** 때문이다.

17 Qg4 Ne7 18 Qh5 Bd7 19 g4

백은 **19 g4** 외에 공격을 지속시킬 다른 연속수가 거의 없다. 그러나 흑은 폰을 돌려주고 킹스 비숍 교환을 함으로써 자신을 구원할 시간이 있다.

19...Bb5

흑은 **20 Nd4** 이후 **20...Be8 21 g5 Nxe5! 22 gxh6 f5 23 Qg5 N7g6**로 방어할 수 있다. 흑의 게임은 실타래에 걸려 있는 듯하지만 버티고 있다.

20 g5 g6 21 Qxh6

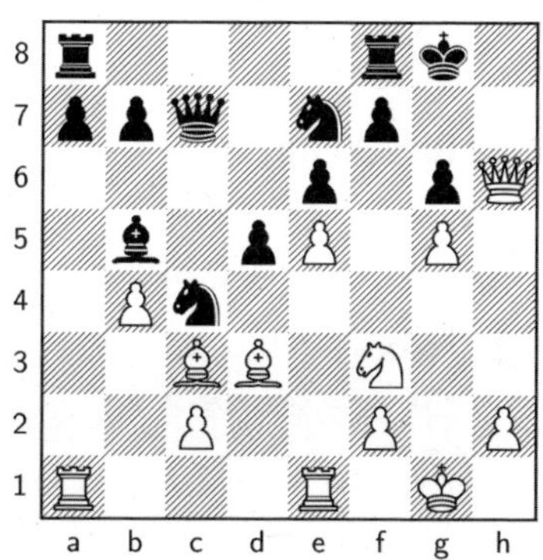

21...Nb6

흑의 기발한 방어의 포인트다. 예를 들어, 백은 더 이상 자신의 룩을 h3로 가져올 수 없다. **22 Re3 Bxd3! 23 Nd4 Nf5 24 Nxf5 Bxf5**, 그리고 **...Nc4** 또는 **...f6**로 이어지기 때문이다. 이어지는 나이트 교환 후, f5의 흑 나이트가 더 이상의 공격 시도를 저지하고 백의 폰 포지션은 느슨해지기에 흑이 유리해진다.

22 Ra3 Bxd3 23 cxd3 Nf5 24 Qh3 Qe7

마로치의 플레이는 모범적이었지만, 지금부터 시간을 잃기 시작하여 상대가 다시 포지션을 강화하도록 허용한다. 예를 들어, 논리적 연속수는 **24...Na4!**이며 **25 Rc1 b5 26 Bd2 Qb6 27 Ra2 Rfc8 28 Rac2 Qb7 29 Qg4 Rxc2 30 Rxc2 Rc8 31 Rxc8+ Qxc8 32 Nd4 Nxd4 33 Qxd4 Qc2 34 Be3 Nc3**, 그리고 백은 **35...Qd1+ 36 Kg2 Qg4+ 37 Kf1 Qf3!** 때문에 감히 a파일 폰을 잡지 못했을 것이다.

25 Qg4 Kg7

흑은 또 한 템포를 잃었다.

26 Rea1 Rfc8 27 h4 Na4

지금도 **27...Na4**가 여전히 최선이다.

28 Bd2 b5 29 R3a2 Rh8 30 Kg2

백은 **30 Nd4**를 통해 f5의 성가신 나이트와 교환할 기회를 놓쳤는데, 그때 **30...Nxh4 31 Nxb5**는 흑이 시도할 만한 가치가 없음이 분명하다. 텍스트 무브 후. 흑은 새로운 공격의 가능성을 얻을 수 있었다.

30...Rac8

예를 들어 흑이 **30...Qd7**, 그리고 **31 Rh1**, **31...d4**를 두면 상대가 상당히 고립되었을 것이다. 백은 지금 가장 큰 위험을 피하는 데 성공했다.

31 Rh1 Qc7

흑은 **Nd4**를 막으려는 희망에 반하는 희망을 걸고 있다. **31...Qd7**을 바로 두었으면 중요한 템포를 살릴 수 있었을 것이다.

32 Nd4 Qd7

32...Qxe5?면 백이 **33 Nf3!**, 이어서 **Bf4-e5+**로 교환에서 이길 수 있었기에 **32...Qd7**은 안타깝지만 필수적인 수다.

33 Nxf5+ exf5 34 Qd4 Qe6 35 Qxa7

35 Qxa7은 중요한 결과를 가져오는 실수다. 백은 **35 Rc1 Rxc1 36 Bxc1 Rc8 37 Bd2**에 이어 킹을 d1으로 옮기고 **Rc2**를 두면 엔딩에서 킹이 d4 길로 돌파할 가능성으로 인해 어느 정도 유리할 수 있었다. 그러나 그럼에도 불구하고 경기는 무승부로 끝났을 가능성이 높다.

35...d4

당연한 결과다!

36 Raa1

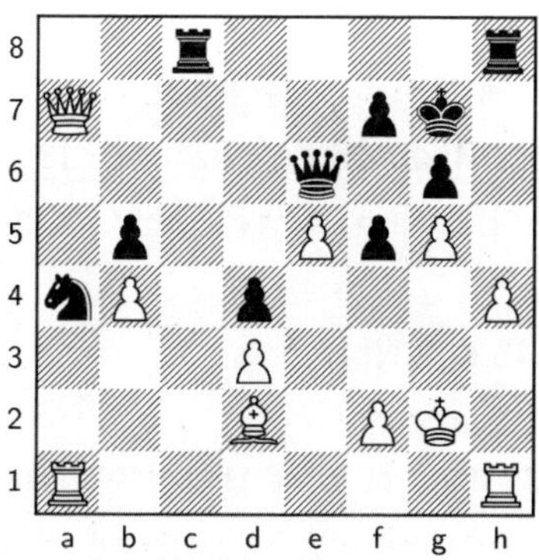

36...Qxe5

흑은 상대의 실수를 상쇄시키 주려는 건지 실수를 세 번 연달아 범하며, 결과적으로 **36...Rc2**의 메이트 공격으로 아주 쉽게 끝낼 수 있었던 게임에서 지게 된다. 그러면 예를 들어 (I) **37 Rad1 Qd5+ 38 f3**(또는 **38 Kg3 Rxd2 39 e6 f4+!**) **38...Qxe5 39 Kf1**(**39 Rhe1**이면 **39...Rxd2+**) **39...Nc3 40 Re1 Qd5** (II) **37 Bf4 Qd5+ 38 Kg3 Nc3 39 Rhe1 Rxh4! 40 Kxh4 Qf3 41 Rg1 Qh5+ 42 Kg3 Qg4+ 43 Kh2 Qh4+**, 그리고 **44...Rxf2#**.

37 Rae1 Qd5+ 38 Kg3

백은 **Bf4**와 **Be5+**를 위협한다.

38...Rhe8 39 h5 gxh5 40 Rxe8 Rxe8 41 Rxh5 Nc3

제대로 둔다면 **41...f4+ 42 Kh4!**(**42 Kxf4**면 **42...Re2**로 흑 승리, 또는 **42 Bxf4 Re1**) **42...Qh1+ 43 Kg4 Qg2+**(**43...Qd1+**는 백이 항상 **Rh7+!**를 위협하게 되므로 쓸모없음) **44 Kf5 Qd5+ 45 Kg4 Re2 46 Qb8!**, 그리고 흑은 무승부로 만족해야 할 것이다. 이 포지션에서 더 이상 얻을 게 없다는 점이 놀랍다.

42 Qb6 Ne2+ 43 Kh2 Qe6

43...Qe6는 흑의 세 번째이자 결정적인 실수다. 그는 **43...Re6 44 Qb8 Qd6+ 45 Qxd6 Rxd6 46 Kg2 Ra6 47 Kf3 Nc3**로 무승부 엔딩으로 이끌었어야 했다. 그의 폰 희생은 근거가 없었다.

44 Qxb5 Qd6+ 45 Kg2 Nf4+

흑에게는 백의 통과한 폰에 대한 보상이 없었기 때문에, **45...Nf4+**가 아닌 다른 수를 두어도 더 이상 게임을 구할 수 없다.

46 Bxf4 Qxf4 47 Qxe8 Qg4+ 48 Kf1 Qxh5 49 Qe5+ Kg8 50

Qxf5 1-0

97. 예이츠-카파블랑카
루이 로페즈 *Ruy Lopez*

1 e4 e5 2 Nf3 Nc6 3 Bb5 a6 4 Ba4 Nf6 5 0-0 Be7 6 Re1 b5 7 Bb3 d6 8 c3 0-0 9 d4 Bg4 10 Be3 exd4 11 cxd4 Na5 12 Bc2 Nc4 13 Nbd2

이 플레이 라인을 예이츠-에드워드 라스커(20국)와 예이츠-보골류보프(49국)의 대국과 비교해 보라. 텍스트 무브는 흑이 폰 희생을 받아들일 경우에만 백에게 유리한 새로운 라인이다.

13...Nxe3

안정적으로 잘 둔 수다. 백의 중앙 포지션은 퀸스 비숍 교환으로 약화된다. 게다가 e3의 룩이 노출된다. 흑은 **13...Nxb2**면 예를 들어 **14 Qb1 Nc4**(또는 **14...Bxf3**면 **15 Nxf3**) **15 e5**로 좋지 않았을 것이고, 결국 흑은 **15...Na3 16 exf6 Nxb1 17 fxe7 Qxe7 18 Raxb1**으로 퀸과 두 폰들을 위해 h파일 폰 또는 3개의 기물들을 포기해야 하니 결국 양날의 검이었을 것이다. 게다가 **13...Nxb2** 후에 백은 **14 Qc1 Na4 15 Bxa4 bxa4 16 Qc2 Bd7**(또는 **16...Qd7**) **17 d5**로 강한 압박이 이뤄지는 연속수를 보장받는다. 요컨대, 폰 희생은 배상금을 지불했을 것이다.

14 Rxe3

핀을 제거하는 최선.

14...c5 15 Qe1 Nd7 16 h3 Bh5 17 dxc5

백은 여기에서도 사실상 선택의 여지가 없다. 고려할 만한 다른 수는 **17 Rc1**인데 그 후에 흑은 **17...Rc8**로, 압박을 제거하지 않고도 자신의 포지션을 강화할 수 있다.

17...Nxc5

그럴듯한 **17...dxc5**면, 백은 **18 e5**로 반격할 수 있었다. 백은 중앙에서 그와 비슷한 계획을 실행하기 어렵게 만들었을 뿐만 아니라 향후 작전을 위한 비숍 파일을 열어 두었다.

18 Rd1

이처럼 자신의 기물들을 고정시키는 것은 확실히 좋지 않다. 그러나 **18 e5**는 흑을 즉시 유리하게 만든다. 그러면 예를 들어 **18...d5 19 Nd4 Bg5 20 Rc3 Qb6**면 이후 게임에서처럼 룩이 위험에 처할 수 있다. 상대적으로 최선은 **18 Rc1**이었다.

18...Rc8 19 e5

19 e5는 즉각 손실로 이어지지만, 백은 이미 그럴 듯한 연속수가 없다. 예를 들어 **19 Bb1**이면 흑이 **19...Na4 20 Rb3 f6**로 ...Bf7을 두겠다고 위협하게 된다.

19...Bg5

흑의 이기는 플레이 라인을 여는 기동. **20 Re2**(최선) 이후, 흑은 **20...Bxd2 21 Qxd2 Bxf3 22 gxf3 dxe5 23 Qxd8 Rfxd8 24 Rxd8+ Rxd8 25 Rxe5 Ne6**(**26 Bf5 Nf4 27 Re4 g5 28 h4 h6** 등등)을 통해 이기는 엔드게임을 얻는다.

20 Rc3 b4 21 Rc4 d5

흑은 이 훌륭한 폰 희생을 통해 백 룩을 막다른 골목으로 몰아넣고, 확실한 승리 포지션을 확보한다.

22 Rxb4

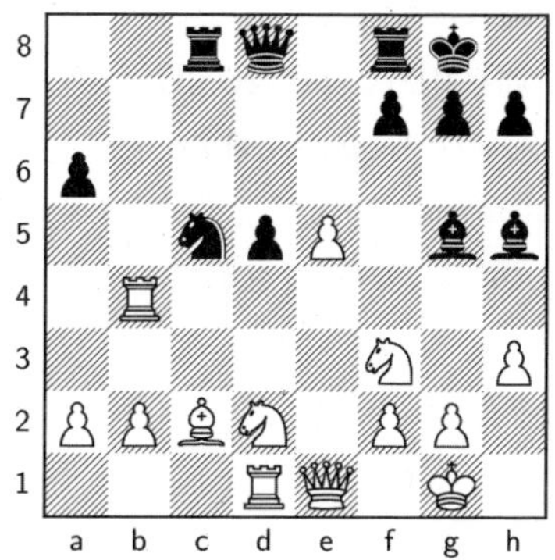

22...Qe7

카파블랑카는 이 수로 승리를 더 어렵게 만든다. 지금까지 그는 최고의 스타일로 경기를 진행했다. **22...Be7**이 결정적이었을 것이다(반면에 **22...a5 23 Rb5**는 매듭처럼 복잡해져 덜 강력했을 것이다). 이는 **23...Nd3**와 **23...Ne6**로 이중 위협을 가한다. 그렇다면 백이 고려할 만한 방어는 다음과 같았을 것이다. (Ⅰ) **23 g4 Ne6 24 Rb7 Rxc2 25 gxh5 Bc5**로 흑의 이기는 공격, 예를 들어 **26 Ne4 dxe4 27 Rxd8 Rxd8 28 Qxe4 Rxf2** 등등, 또는 **26 Rc1 Rxc1 27 Qxc1 Qc8**, 그리고 **28...Bxf2+**로 백 룩이 잡히는 위협 (Ⅱ) **23 Nc4 Bxf3 24 gxf3 Nd3 25 Bxd3 Bxb4 26 Qxb4 Qg5+**에 이어 **27...dxc4**로 흑 승리.

23 Nxg5

의심할 바 없는 유일한 기회.

23...Bxd1

여기서도 흑은 **23...Qxg5**면 위험하지 않게 승리를 시도할 수 있다.

그러면 예를 들어 **24 g4 Bg6**(24...Ne6는 **25 Bf5** 때문에 안 됨) **25 Bxg6 fxg6!**(25...Qxg6 26 Qe3보다 양호) **26 Qe3!**(이와 다른 수면 킹사이드의 차단이 너무 강해지기 때문에, 강제가 되는 만큼 좋은 수임. 예를 들어 **26 Nb3**에 이어 **26...Ne4**가 나오면 희생 교환을 하기에 불충분한데, **27 Rxe4 dxe4 28 Qxe4**면 흑이 28...h5에 이어 ...Rf4를 두겠다고 위협하기 때문) **26...Ne6**(26...Qxe3에 이어 27...Nd3도 당연히 고려 대상임) **27 Qxg5 Nxg5 28 Kg2**(또는 **Rb3**) **28...Rc2**면 흑은 폰 열세에도 불구하고 이 엔딩에서 분명 더 나은 포지션이다. 그러나 지금 백은 즉각적인 무승부를 강요한다.

24 Bxh7+ Kh8 25 Rh4

희생 교환이 필요한 시점이다. **25 f4**는 즉각 불충분할 것이다. 그러면 **25...g6 26 Qh4**(또는 **26 Qxd1**이면 **26...Ne6**) **26...Bh5 27 g4 Ne6 28 gxh5 Nxg5 29 fxg5 Qxe5 30 hxg6 Qe3+**로 흑이 이긴다.

25...Qxg5 26 f4 Qe7 27 Bc2+ Kg8 28 Bh7+ Kh8 29 Bc2+ ½-½

29 f5(f6를 두겠다고 위협)의 경우, 흑의 가장 간단한 연속수는 **30...Nd3 30 Qg3 Nxe5**이며 백은 무한 체크를 해야 한다.

98. 에드워드 라스커-레티
루이 로페즈 *Ruy Lopez*

1 e4 e5 2 Nf3 Nc6 3 Bb5 a6 4 Ba4 Nf6 5 0-0 Be7 6 Re1 b5 7 Bb3 d6 8 c3 0-0 9 h3 Na5 10 Bc2 c5 11 d4 Qc7 12 Nbd2 Nd7

12...cxd4에서 ...Bd7과 ...Rfc8로 이어지는 흥미로운 출발은 이번 토너먼트에서 두 번(26과 89국) 시도된 바 있다. 흑의 최종적인 반격을 지원하기 위해서는 나이트가 퀸사이드로 넘어와야 한다. 동시에 킹사이드의 폰 대형은 가능한 한 오래 그대로 유지해야 하는데, 이는 흑

이 지키지 않은 주의 사항이다.

13 d5

이는 킹사이드를 공격하려는 명백한 의도로 둔 수지만, 그럼에도 불구하고 결코 쉬운 일은 아니다. 따라서 흑은 상대의 의도에 대해 고민하지 말고 **13...Nb6 14 Nf1 Nb7**에 이어 **...a5**와 **...b4**(**...c4**의 준비)처럼 퀸사이드로의 진격을 위해 플레이해야 한다. 그런데 이 경기에서는 좋은 포지션 판단에 반하는 흑의 다음 수로 인해 더 이상의 이론적 흥미가 사라진다.

13...f5

이는 상대에게 강력한 라인들을 열어 주며 중앙은 물론 킹사이드에서도 기회를 주는데, 이 모든 것이 아무 보상 없이 이뤄진다. d5 폰의 분명한 고립으로 자산을 만들려는 희망은 곧 헛된 일로 판명된다. 백이 자신의 이점들을 활용하는 방식이 주목할 만하다.

14 exf5 Nb6 15 Ne4

백에게 이와 똑같이 유리한 또 다른 라인은 **15 g4**였다. 그러면 **15...Bb7**(**15...Nxd5?**면 **16 Nb3! Bb7 17 Nxa5 Qxa5 18 Be4**, 또는 **16...Nf6 17 Nxa5 Qxa5 18 g5**로 백이 결정적으로 유리해짐) **16 Ne4 Nxd5 17 Nfg5 Bxg5**(**17...Qc6**) **18 Nxg5 Nf4 19 Bxf4 exf4 20 Ne6 Qc6 21 Be4 d5 22 Bf3**. 그런데 텍스트 무브 또한 상대의 전략을 물리치기에는 충분하다.

15...Bxf5 16 Neg5

백은 비숍 교환을 강제하면서 흑의 e6에 약점을 만든다.

16...Qd7

흑은 **16...Qb7**으로는 최악의 상황을 막지 못했을 것이다. 그러면 예를 들어 **17 Bxf5 Rxf5 18 Qd3 g6**, 그리고 흑 나이트들은 활동하지 못하고 킹 포지션은 취약해져 어려움을 겪는다.

17 g4

흑 퀸의 f5 진출을 막고 **...g6**를 강요한다.

17...Bxc2 18 Qxc2 g6 19 Qe4

19 Qe4로 d5의 폰은 항상 **Rd1**에 의해 다시 보호될 수 있기에 확실히 안전해진다. 그러나 백이 굳이 방어할 필요 없이도 적의 중앙을 성공적으로 부술 수 있음이 곧 분명해진다.

19...Bxg5

이렇게 하지 않으면 백이 **Ne6** 이후 다른 나이트를 g5에 놓겠다고 위협한다.

20 Nxg5 Qb7

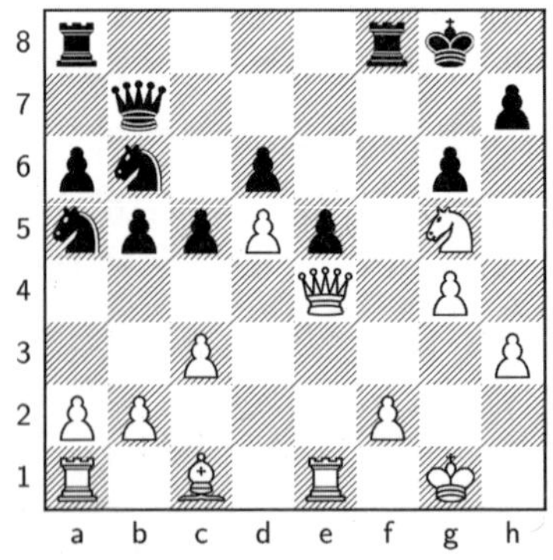

흑은 f파일에 반격 압박을 가하고자 한다(**...Rd8**, **...Nf6** 이후). 하지만 전혀 다른 상황이 벌어진다.

21 f4

정확하게 계산된 효과적인 수다! 흑은 어떻게 두든 지속적으로 불리해질 것이다.

21...Qxd5

또는 (Ⅰ) 21...exf4면 22 Bxf4 Rae8(22...Nxd5 23 Bxd6) 23 Qxe8! Rxe8 24 Rxe8+ Kg7 25 Bxd6 Nxd5 26 Rf1으로 백의 이기는 공격 (Ⅱ) 21...Rae8면 22 f5! Qxd5(또는 (A)) 23 fxg6 Qxe4 24 Nxe4 hxg6(24...Rd8 25 Bg5) 25 Nxd6 Rd8 26 Ne4로 백이 매우 우세한 엔드게임. (A) 22...gxf5 23 gxf5 Qxd5 24 Qg4 Kh8 25 Nxh7 Kxh7(25...Rg8면 26 Ng5) 26 Qg6+ Kh8 27 Qh6+ Kg8 28 Kh2 Kf7 29 Bg5로 백 승리. 따라서 흑은 가장 많은 저항을 끌어낼 수를 선택해야 했다.

22 fxe5 Rae8

22...Rae8 이후에는 백 e파일 폰이 매우 강해진다. 다른 수들은 덜 만족스럽다. (Ⅰ) 22...Qxe4 23 Nxe4 dxe5 24 Nxc5 Rae8 25 Ne4 (Ⅱ) 22...dxe5 23 Qxd5+ Nxd5 24 Rxe5 Nf4 25 Bxf4 Rxf4 26 Ne6 Re8 27 Rae1 Nc4 28 R5e2, 그리고 백이 흑 c파일 폰을 잡는다.

23 Qxd5+ Nxd5 24 e6

백의 Nf7이 무엇보다도 위협적이다. Nxd6과 Bh6의 이중 위협이 있기 때문이다.

24...Rf6 25 Rd1 Nc7 26 Rxd6 h6

26...h6는 교환의 대가를 치르는 실수다. 흑은 **26...Re7**이면 폰 열세에도 불구하고 완강한 저항을 할 수 있었다. 이제 모든 것이 끝났다.

27 Ne4 Rfxe6

또는 **27...Rf3**면 **28 Kg2**.

28 Nf6+ Rxf6 29 Rxf6 Kg7 30 Rd6 Re7 31 b3 c4 32 Ba3 cxb3 33 axb3 Nxb3 34 Rb1 Na5 35 Rxa6 Nxa6 36 Bxe7 1-0

흑은 지금 b파일 폰을 잃었다(**36...Nc6 37 Bd6**).

99. 마셜–알예힌
퀸스 갬빗 거절 *Queen's Gambit Declined*

1 d4 Nf6 2 Nf3 e6 3 c4 d5 4 Nc3 c6 5 cxd5

백의 이 교환은 흑이 **...Nbd7**을 두기 전에는 정당화되지 않는다. 왜냐하면 흑 퀸스 비숍이 바로 전개될 수 있기 때문이다. 아마도 **5 Bg5**가 최선일 수 있다. 그러면 **5...h6**의 경우, **6 Bxf6 Qxf6 7 e3**로 계속하여 백은 두 비숍을 모두 소유하면서 빠른 전개를 얻을 수 있다.

5...exd5 6 Bg5 Be7 7 e3 Bf5

흑은 이로써 수비에서의 가장 큰 문제가 해결되어 자신감을 갖고 미래를 기다릴 수 있게 되었다.

8 Bd3 Bxd3 9 Qxd3 Nbd7

흑은 백이 캐슬링을 하기 전에는 **Ne5**를 두려워할 필요가 없다. 따라서 흑은 바로 캐슬링을 하는 걸 고려해야 했다. 예를 들어 **9...0-0** (I) **10 Ne5 Nbd7 11 f4 Ne8 12 Bxe7 Qxe7** (II) **10 0-0 Ne4 11 Bxe7**(**11 Bf4**면 **11...f5**) **11...Qxe7 12 Nd2 Nxd2 13 Qxd2 Nd7**으로 실제로 둔 수 이후보다 쉬운 게임이 된다.

10 0-0 0-0 11 Qf5

백의 영리한 아이디어다. 흑을 자유롭게 하는 것처럼 보이는 이어지는 교환 이후에 백은 퀸사이드에서 확실한 엔딩 기회를 얻는다. 흑은 미들게임이 진행되는 동안 중앙과 킹사이드에서의 방해 활동으로 그를 무력화해야 한다. 이 과정에서 f5에 있는 백 퀸의 존재는 매우 당혹스럽다. 흑은 궁극적으로 그 퀸의 역할을 없애기 위해 자신의 중요한 공격 라인 몇 개를 차단하는 대가를 치러야 할 것이다.

11...Ne4

흑은 적절하게는 **11...Re8**라는 준비수에 더 큰 무게를 실었어야 했다. 그러면 선택될 연속수 때문에 자신의 여러 강점에 대한 통제에도 굴하지 않고 동등화의 추구가 의심할 여지없는 과업이 될 것이다.

12 Bxe7 Qxe7 13 Nxe4 dxe4 14 Nd2 Nf6 15 Rac1

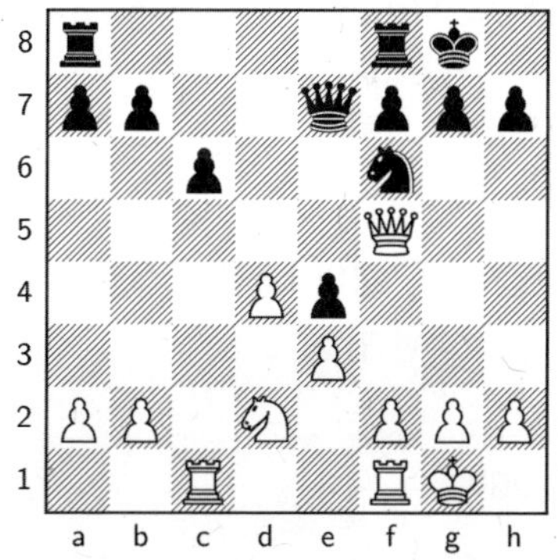

백의 이 부분적인 오픈 파일은 상대의 전체 포지션에 영구적이고 간접적인 압력을 가할 수 있도록 보장한다.

15...Rfe8 16 Rc5 Nd5 17 Rfc1 Rad8 18 b4

18 b4는 전형적인 마셜식 돌격이다. 수순의 반전을 이끄는 **18 a3**를

조용히 준비하는 대신, 시간이 걸리긴 하지만 상대를 다소 곤란하게 만들었다. 흑은 트로이의 목마를 거절하기 전에, 결국 메인 라인main line이 자신에게 불리하게 전개되지는 않으리라 확신해야 했다. 예를 들어 18...Nxb4 19 Re5 Qf6 20 Qxf6 gxf6 21 Rxe8+ Rxe8 22 Rb1 Nxa2 23 Rxb7 a5 24 Ra7 Rb8 25 Rxa5 Rb2 26 Nf1 Nc1 27 g4 Nd3 28 Rf5.

18...a6 19 a3 Rd6 20 g3

이로써 백은 흑의 ...f5와 ...f4를 통한 퀸의 추방 후 공격 가능성을 막고, 추가로 h3를 통해 퀸을 퀸사이드로 옮길 준비를 한다.

20...h6

흑으로선 룩에게서 h6의 통제권을 빼앗는 게 분명 마음에 안 드는 일이었지만, ...Rf6(21 Qxe4 Qxe4 22 Nxe4 Rxe4 23 Rxd5 때문에 지금은 둘 수 없음)를 준비할 다른 방법은 없어 보였다. 반면에 20...g6 21 Qh3 f5는 백 나이트의 e5 점령을 허용했을 것이다.

21 Nb1

백은 나이트 교환을 하여 a4와 b5를 만들려는 명백한 의도를 가지고 있다. 그러나 흑은 적절한 답을 찾았다.

21...g6 22 Qh3 Qg5

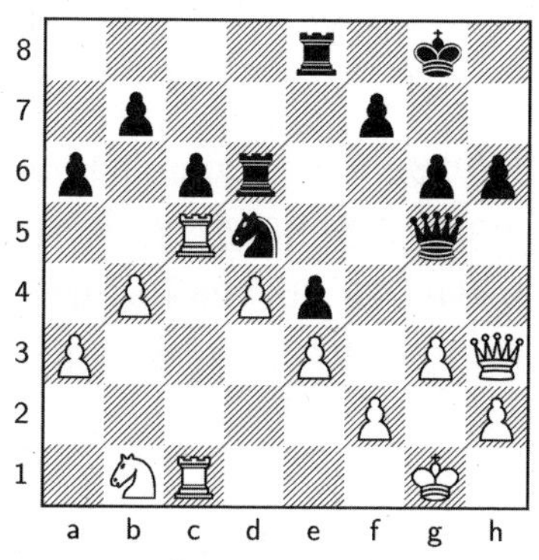

흑은 **23...f5**에 이어서 **...f4**, 또는 상황에 따라서 e3에서의 나이트 희생을 위협한다. 그의 반격이 구체화되기 시작한다.

23 Nc3

이로써 포지션 쟁탈전이 종료되고 예리하고 전술적인 투쟁이 시작되어 몇 수 만에 강제 무승부로 이어진다. 이어지는 콤비네이션은 두 선수 모두가 정확하게 계산해야 했다.

23...b6

이는 물론 이전 수에서 계획된 수다. 이 폰은 이제 f2로의 진군을 수행하고자 한다.

24 Nxd5

24 Rc4는 **24...Nxe3** 때문에 안 된다. 반면에 이 희생 교환은 백에게 유리한 결정적 전환을 가져오는 듯하다.

24...bxc5

24...cxd5 25 Rc6 이후에는 흑의 엔드게임이 무너진다.

25 Nc7 cxd4

흑의 카운터 콤비네이션counter-combination의 도입. 25...Re7 이면 백이 이길 몇 가지 방법들이 있었다. 그중 하나는 26 Qc8+ Kh7 27 bxc5 Rf6(27...Rxd4면 28 Rb1) 28 Rb1 Qf5 29 Qxf5 Rxf5 30 Nxa6 Ra7 31 Rb6로 결정적 우위를 점하는 것이었다.

26 Nxe8 dxe3

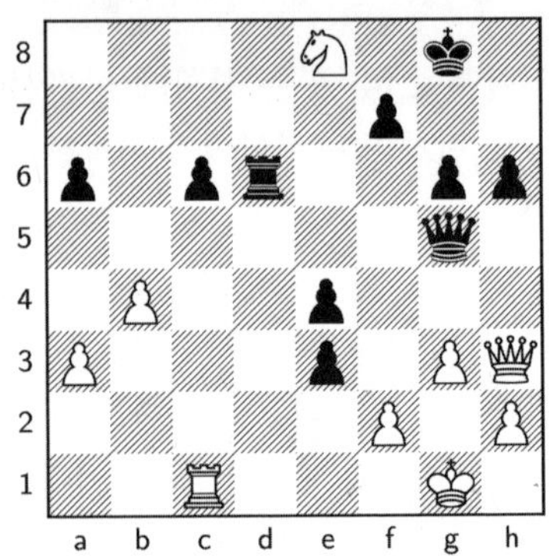

26...Rd8는 27 Qg4 Qe7 28 Qxe4 때문에 완전히 틀린 수다. 그러나 26...Re6를 사용하면 무승부만 얻을 수 있다. 그러면 예를 들어 27 Rc5 Qe7(27...f5는 28 Nc7 Re7 29 Rxc6 dxe3 30 Qf1 때문에 안 됨) 28 Qxh6 Qxe8 29 exd4 e3 30 fxe3 Rxe3 31 Re5 Rxe5 32 dxe5 Qxe5 33 Qc1. 텍스트 무브가 더 강력하다.

27 Nxd6

백은 더 짧은 수순을 선택한다. 27 f4 exf3 28 Nxd6 e2(치명적인 듯) 29 Qc8+ Kg7 30 Qh8+, 이어서 Nxf7+로 마지막 덫을 놓은 후 이길 수도 있었다. 따라서 흑은 28...f2+를 두어 무승부를 보장받았을 것이다. 그러면 29 Kf1 e2+! (I) 30 Kxe2 Qxc1 32 Qf1 Qb2+ 33 Ke3 Qc3+로 백은 나이트를 살릴 수 없다. (II) 31 Kxf2 Qxc1 32 Qc8+ Kh7 33 Kxe2 Qc2+ 34 Ke3 Qc3+ 35 Ke4, Qc2+ 36 Kd4 Qf2+면 백이 나이트를 잃지 않고는 무한 체크를 피할 수 없다. 이것

은 백의 21수 이후, 미리 파악해야 했던 가장 어려운 변형이었다.

27...exf2+ 28 Kxf2 Qd2+ 29 Kg1 Qe3+

물론 29...Qxc1+는 안 되는데 백이 30 Qf1으로 Qxf7+ 등등을 위협하게 되기 때문이다.

30 Kg2 Qf3+ 31 Kg1 Qe3+ 32 Kg2 Qf3+ ½–½

100. 야노프스키–보골류보프
퀸스 갬빗 거절 *Queen's Gambit Declined*

1 d4 d5 2 Nf3 Nf6 3 c4 e6 4 Nc3 Nbd7 5 Bg5 c6 6 e3 Qa5 7 cxd5

7 cxd5는 아마 흑 퀸 이동에 대한 최선의 응수일 것이다. 7...Nxd5 8 Qb3 Bb4 9 Rc1이면 흑은 c3에 대한 압박을 높일 수 없게 된다.

7...exd5 8 Bd3 Ne4 9 0–0

마셜은 같은 상대와 대결했을 때 9 Qc2를 먼저 두었는데, 흑이 캐슬링에 의한 선호하는 폰을 받아들일 여력이 없기에 불필요했다. 그러면 예를 들어 9...Nxc3 10 bxc3 Qxc3 11 e4 dxe4 12 Re1 f5 13 Rc1 Qa3 14 Nh4 Nf6 15 Bxf6 gxf6 16 Qh5+ Kd8 17 Bc4.

9...Nxg5 10 Nxg5 Be7 11 f4

11 Qh5 Bxg5 12 Qxg5 0–0이면, 흑이 쉽게 방어할 수 있었다. 백의 텍스트 무브는 e5에 나이트 배치를 준비한다.

11...Nf6 12 Qe1 Qb6 13 Rb1 Bd7 14 Nf3

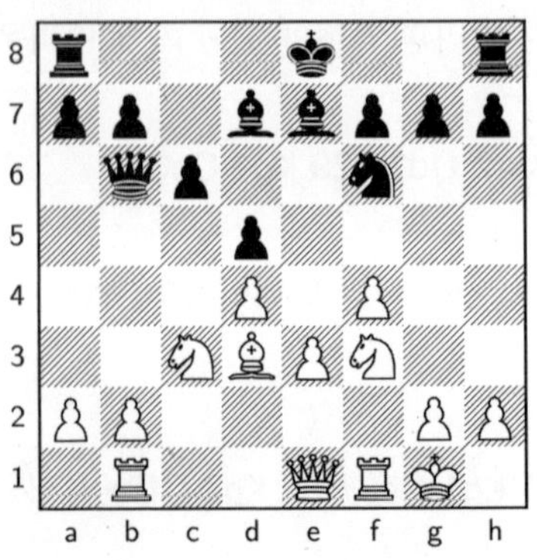

14...Kf8

모든 경우에서 흥미로운 방어다. 백은 흑의 캐슬링에 대비해 이미 **14...0-0 15 Ne5**, 이어서 **Qh4**와 **g4**와 같은 정형화된 공격을 위한 병력을 형성하고 있었다. 이런 이유로 흑은 룩들 간의 협력을 배제하여 상대가 공격의 확실한 목표를 얻기 어렵게 만든다. 흑은 확실히 모든 사람의 취향에는 맞지 않는 지속적인 수동성에 전념한다. 그러나 그는 실제로 무승부 포지션에 도달할 수 있다.

15 Ne5 Be8 16 b4 a6

16...Bxb4면 단순한 **17 a3 Bxc3 18 Qxc3 Qc7 19 Qb4+**와 **Qxb7**이 이어진다.

17 Na4

지금까지, 야노프스키는 훌륭하게 기동했다. 그런데 여기서(또는 다음 수에서) 그는 **g4**를 통해 공격의 형식을 더 어렵게 만드는 **...h5**를 대비했어야 했다. 나이트 이동은 나중에 할 수도 있었다. 게다가 상대에게 너무 많은 시간을 줘서 결국 단순화하는 교환을 제공할 수 있다.

17...Qa7 18 Nc5 h5 19 a4

백은 포지셔널으로 고려할 때 b7 칸의 구속이 확실히 꽤 좋다. 하지만 결정적일 수 있는 **g3**와 **h3**를 사용하여 킹사이드에서 돌파 준비를 하는 게 더 중요했다.

19...Rh6 20 a5 Rd8 21 g3 Qb8 22 Rb2 Bd7

22...Bd7은 잘 계산된 방어 작전의 시작이다. 백이 **g4**를 가져오는 동안 흑은 e5와 c5에서의 이중 교환을 준비해야 하며, 그 후 흑은 b7 방어에 필요한 퀸스 비숍만 보유하게 된다. 하지만 이것은 흑이 h파일을 적시에 점령하여 퀸 교환을 강제할 수 있는 경우에만 위험 없이 가능하다. 이 어려운 문제를 보골류보프가 수학적 정확성으로 해결한다.

23 Kg2 Bc8

흑에게 명백히 불리한 길은 **23...Qc8 24 Nexd7+ Nxd7 25 Bf5 Bxc5 26 bxc5**였을 것이다.

24 h3 Qc7 25 Rh1

또는 **25 Be2**면 **25...Bd6**.

25...Re8 26 Kg1 Bd6 27 Rg2 Qe7 28 Qe2

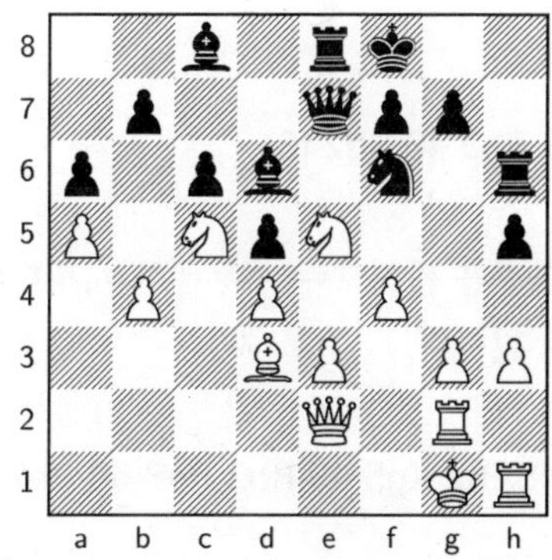

백이 의도한 **g4**에 대한 준비를 마친 순간, 흑은 위에서 설명한 단순

화를 강요하여 몇 수 만에 무승부를 이끌어 낸다.

28...Nd7 29 g4 Nxe5 30 fxe5 Bxc5 31 bxc5 hxg4 32 hxg4
Rxh1+ 33 Kxh1 Qh4+ 34 Kg1 Ke7 35 Qf2

35 Qf2가 아니면 당연히 35...Rh8가 나온다.

35...Qxf2+ 36 Kxf2 g6

Bf5면 백은 룩 엔딩에서 승리 기회를 얻었을 것이다. 반면 이제 경기는 확실한 무승부다. 그러나 야노프스키는 예이츠와의 대국과 마찬가지로 자신의 손으로 자신의 포지션을 무너뜨리기 때문에 패배한다.

37 Kg3 Rh8 38 Rg1 Rh6 39 Rf1 Bd7 40 Be2 Rh8 41 Bf3 Bc8
42 Bg2

또는 42 Rh1 Rxh1 43 Bxh1 f6 44 exf6+ Kxf6 45 e4 Be6 46
exd5(46 e5+면 46...Kg5) 46...Bxd5 47 Bxd5 cxd5 48 Kh4 Kf7 49
Kg5 Kg7, 무승부.

42...Be6 43 Rb1 Bc8 44 Rb6

44 Rb6는 무슨 이유에서 둔 것인가?

44...Rd8 45 Bf3 Rh8 46 Rb2 f6

46...f6는 새 전환점을 가져오려는 무해한 시도다. 흑은 그 어떤 위험도 감수하려 하지 않는다.

47 exf6+ Kxf6 48 Rf2 Kg5 49 Rb2 Re8 50 Re2 Re7 51 Re1

백이 e4를 두려 했다면 지금보다 더 간단해질 수 있었다. 흑은 e4

때문에 룩으로 h파일을 쉽게 차지할 수 없었기 때문에 **Re1-e2-e1** 등 등으로 바로 승부를 결정지었을 수도 있다.

51...Re8 52 e4 Re7

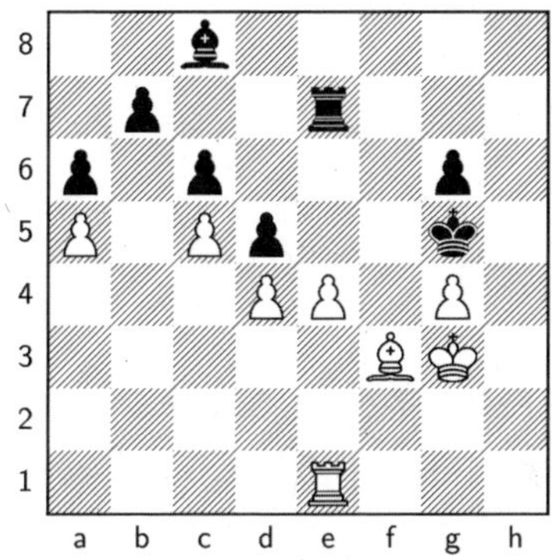

52...dxe4면 **53 Rxe4 Rxe4 54 Bxe4 Bxg4 55 Bxg6 Kxg6 56 Kxg4 Kf6 57 Kf4 Ke6 58 Ke4 Kd7 59 Kf5 Kc7 60 Ke6 Kc8**, 이어서 **Kd8-b8** 또는 **Kc7-c8** 등등에 의해 무승부가 강요될 수 있다. 그런데 흑은 상대가 **53 Re2**로 이 라인을 강요할지, 아니면 정말 기초적인 포지션 오류를 범할지 잠시 기다리려고 한다.

53 e5

이것은 흑 룩이 f4까지의 돌파를 위협하게 되는 만큼 백이 지는 수 다. 그러나 흑이 올바른 승리법을 발견하기까지는 꽤 오랜 시간이 걸린다.

53...Be6 54 Kf2

또는 **54 Rh1**이면 **54...Rf7-f4**.

54...Rh7 55 Rb1 Kf4 56 Rb3

백으로선 g파일 폰을 살리는 게 당연히 더 이상 가능하지 않았다.

56...Rh2+ 57 Bg2 Bxg4 58 Kg1

또는 58 Rxb7이면 58...Bh3.

58...Rh7 59 Kf2 g5 60 Rc3 Rf7

흑은 분명 시간을 벌기 위해 일련의 지루한 룩 수순을 시작하는데, 가장 큰 어려움은 3회 동형 반복의 회피다. 이렇게 하지 않는 올바른 플레이는 결국 75수에서 일이 벌어질 **60...Bh5**였다.

61 Rb3 Rh7 62 Rc3 Rf7 63 Re3 Re7 64 Rb3 Rg7 65 Re3 Rc7 66 Rb3 Rd7 67 Re3 Rc7 68 Rb3 Rg7 69 Re3 Rd7 70 Rb3 Re7 71 Re3 Rf7 72 Rb3 Rc7 73 Re3 Rh7 74 Rb3 Bd1 75 Rd3 Bh5 76 Re3

76 Rh3면, 흑은 76...g4 77 Rh4 Bg6 78 Rxh7 Bxh7 79 e6 Bg6 80 e7 Bh5 (I) 81 Bh1 g3+에 이어 ...Ke3 (II) 81 Bf1 Ke4 (III) 81 Ke2 Kg3 등으로 이길 수 있다.

76...g4 77 Re1 Bg6 78 Rh1 Rxh1 79 Bxh1 Bf5 80 Bg2 Be6 81 Bh1

다시 백은 추크츠방이라는 곤경에 처했다.

81...g3+ 82 Ke2 Bh3 0-1

21라운드

오늘은 위대한 결론이 내려진 날이다. 공식적으로 월계관을 받지는 못했지만, 에마누엘 라스커 박사가 라운드가 끝나기 전에 타르타코베르 박사에게 승리하여 1등을 확정지었다. 이 독일 마스터는 어드전 전 너무 좋은 대국을 펼쳐서 쉬는 시간이 되었을 때 이미 유리한 고지를 점했고, 심지어 다음은 그의 차례였다. 저녁에 막간의 플레이가 끝난 후에는 명성에 걸맞는 스타일대로 마무리할 마지막 손길이 필요할 뿐이었다.

타르타코베르 박사가 기권하면서 이 숙명적인 게임에 임한 투사들의 모든 수와 몸짓을 열심히 지켜보던 보드 가장 가까운 사람들은 무슨 일이 벌어졌는지 알게 되자마자, 많은 관중들 사이에서 이런 특별한 경우를 제외하고는 체스 모임에서 보기 드문 열렬한 박수가 터져 나왔다. 당분간 정숙을 요청하는 신호는 무시되었고, 위원들이 질서를 회복할 때까지 다른 보드들에서의 대국은 일시적으로 중단되었다.

담 밖으로 나온 뉴욕 토너먼트의 영웅은 곧 열광적인 친구들과 축하객들에게 둘러싸였다. 라스커 박사는 행복한 미소를 지으며 서서히 밀집된 인파를 헤쳐나갔고, 축하 속에서 악수를 건네는 이들에게 다정하게 답례하였다. 마침내 그는 홀에 도착했고, 목적지인 기자실 문 앞까지 나아간 것은 승리의 일부였다. 기자들 사이에 도착해서도 그는 사방과 악수를 해야 했다.

박수 소리가 라스커 박사보다 먼저였고, 그 무렵 그의 성공 소식은 지구 구석구석으로 퍼져나가고 있었다. 그는 가장 먼저 집이 생각났기에 베를린에 있는 부인에게 간단한 메시지를 썼다. 이 메시지와 네덜란드에 보내는 또 다른 메시지는 시내의 급보를 담당하는 작가에게 맡겨졌다. 그 후 그는 잠시 대화를 나눈 후 개인적인 친구들에게 떠나겠다고 하고 아래로 사라졌다.

그가 보기에 경기는 끝났다. 고된 노력과 우려의 시간은 지나갔다. 상트페테르부르크에서 세워진 역사가 반복되었다. 라스커가 다시 왕이 된 것이다! 토너먼트 플레이로 대변되는 체스 세계는 다시 한 번 그의 발 아래에 놓였다.

타르타코베르 박사는 백 기물을 쥐고 **1 c4**를 선택했는데, 이는 알예힌이 시실리안을 전치시킨 것으로 여겨졌지만 후에 잉글리시 오프닝으로 알려지게 되었다. **d5**를 밀어붙인 후, 그는 **f4**로 진격해 킹사이드에서 우위를 점했다. 라스커 박사의 플레이는 정확성의 화신이었다. 포지션에 관한 상대의 전략적 오판을 악용해 확실한 교환 이득으로 정점을 찍고, 물질적 우위를 실현하는 후속 플레이는 매우 면밀히 연구할 가치가 있다.

카파블랑카 역시 레티와 치열한 접전을 벌인 후, 2위가 자신의 것이며 더 이상 레티가 자신과 동등한 점수일 수 없음을 확실하게 알았다. 그의 플레이에서 알 수 있듯이 의심할 여지가 없는 세계 챔피언으로서의 그나 그의 친구들은 아마도 그와 유일하게 대등한 라스커 박사와 같은 위대한 예술가보다 낮은 순위를 기록한 현실이 그다지 달갑지 않았을 것이다. 하지만 그는 다른 어떤 경쟁자도 자신의 경기만큼 완벽하진 않다는 사실에 만족감을 느꼈다.

카파블랑카-레티의 대국은 레티가 채택한 프렌치 디펜스로 진행됐고, 레티는 오프닝과 미들게임에서 확실히 자신의 플레이를 펼쳤다. 그러나 언뜻 보기에는 쉬운 무승부처럼 보였던 엔딩에서 그는 정확성이 부족했다. 많은 사람들이 희망을 보지 못했을 포지션에서 승리를 거둔 챔피언의 해법은 정말 놀라운 계시와 같았다.

알예힌에게는 한가로운 날이었지만 마셜은 그를 ½점 차까지 따라붙으며 이 날을 최대한 활용했다. 미국인은 백을 쥔 예이츠와 상대했고, 루이 로페즈를 통해 더 나은 사소한 차이를 얻었다. 그러자 영국인은 망설이는 듯했고 마셜은 재빨리 그 신호를 잡아 자신의 포지션을 공고히 했다. 그렇게 주도권을 잡은 마셜은 영리한 기동으로 경기를 승리로 이끌었다. 3위를 차지할 가능성은 그에게 여전히 열려 있었다.

　보골류보프-마로치는 퀸스 갬빗 거절이었고, 백은 퀸사이드에서 캐슬링을 했다. 이 모험은 성공하지 못했고, 이후 킹사이드에서의 전환을 시도했다. 마로치의 수들은 좋은 타이밍으로 나왔으며, 가장 효과적인 대응을 준비했다. 마침내 마로치는 확실한 룩을 엔딩에 등장시켰고 승리는 그의 것이었다.

　퀸스 폰 오프닝에서 에드워드 라스커에게 밀린, 백을 쥔 야노프스키는 기물 두 개를 위해 퀸을 포기하면서 백이 반드시 이겨야 할 듯한 포지션에 도달할 때까지 상황을 개선시켰다. 그 후로 플레이는 다소 변덕스러워졌고 이상한 우여곡절 끝에 승부는 결국 무승부로 끝났다.

　1, 2위라는 주요 상들은 흔들림 없이 분배되었고 4위에 해당하는 상은 최소한 마셜에게 보장되었지만, 모든 것이 해결되고 흥분이 가라앉기까지는 아직 많은 일들이 남아 있었다. 알예힌이 3위를 차지했는데, 그로선 마셜의 마지막 상대가 라스커 박사여서 상당히 안전하다고 느꼈다. 레티, 보골류보프, 마로치가 5위의 영예를 차지하기 위해 서로를 바짝 추격하고 있었다. 그 외의 누구도 더 이상 수상자가 될 수는 없었다.

　다음은 일곱 명의 선두급 선수들의 총점이다. 라스커 박사 15-4, 카파블랑카 13½-5½, 알예힌 11½-7½, 마셜 11-8, 레티와 보골류보프가 각각 9½-9½, 마로치 9-10. 1½점 뒤진 백에게는 부족한 하루였다. 총합 백 56½, 흑 48½.

101. 타르타코베르-라스커 박사
잉글리시 오프닝 *English Opening*

1 c4 e5 2 a3

폴센 방어 시스템의 서두다.

2...Nf6 3 e3 Be7 4 Qc2

백이 여기서 둔 퀸은 상대의 d파일 폰이 두 칸을 이동한 후에만 확실한 용도를 가질 수 있다. 이 수 대신 **4 Nc3(4...d5 5 cxd5 Nxd5 6 Qc2)**로도 충분할 수 있었다.

4...0-0 5 Nc3 d6

게임을 구축하는 보수적인 수법인 이 **5...d6**는 c파일에 압력을 가하려는 백의 희망을 꺾는 장점이 있다(예를 들어 **...d5, cxd5** 등의 자연스러운 연속처럼). 반면에 단점은 킹스 비숍이 영구적으로 제한된다는 것이다. 어쨌든 양쪽 모두 다루기 어렵게 이어질 수 있다.

6 Nf3 Re8 7 Be2 Bf8 8 0-0 Nc6

여기서 **8...e4**는 9 Ng5 Bf5 10 f3 exf3 11 Qxf5 fxe2 12 Nxe2로 시기상조였을 것이다.

9 d4 Bg4 10 d5

10 Rd1으로 인한 압박 유지는 지금은 **10...e4**로 완전히 맞대응할 수 있다. 반면 이 차단하는 텍스트 무브는 백이 퀸사이드에서 쉽게 주도권을 잡을 수 있다는 의미가 있다.

10...Ne7 11 h3 Bd7 12 Nh2 Qc8 13 e4 Ng6

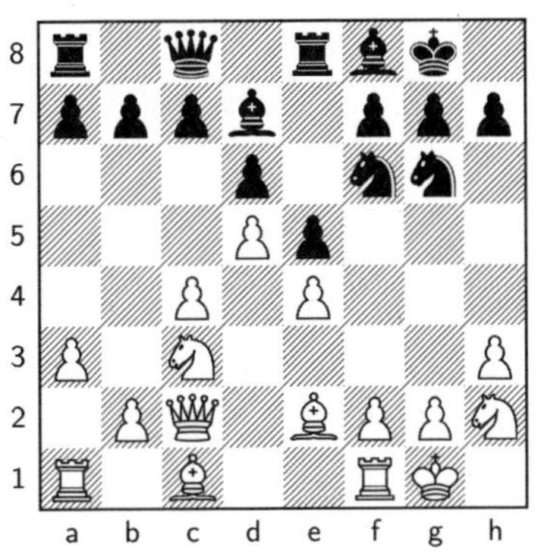

14 f4

이는 백의 포지션적 착각이다. 그는 "잠자는 개는 눕혀라(문제를 건드리지 말라)"라는 원칙에 따라 킹사이드는 방해하지 말고 **14 b4**로 반대편에서 진격했어야 한다. **c5**로 돌파하는 게 전술적으로 쉽지 않았겠지만, 그럼에도 불구하고 위험 없이 준비할 수 있는 포지션에 더 부합하는 계획이었을 것이다. 만약 흑이 쌍비숍을 확보하겠다며 **14...Nf4**라는 비장의 카드를 사용했다면 **15 Bxf4 exf4 16 Nf3**에 이어 **Re1**과 **Bf1**이 이어지면서 세 가지 과제에 직면했을 것이다. 첫째와 둘째는 **c5**와 **e5**로 묶이는 가능성을 고려해야 하고 셋째, f파일 폰을 지켜야 하는 것이다. 텍스트 무브로 백은 일시적으로 자신의 범위가 확장되는 것처럼 실수를 감출 수는 있다. 그러나 그 대가로 상대에게 어두운 칸들의 제어와 e5의 약점과 같은 영구적인 이점을 제공한다. 이어지는 플레이에서 흑은 이러한 장점들을 고전적인 방식으로 활용하여 승리를 얻는다.

14...exf4 15 Bxf4 Nxf4 16 Rxf4 Be7

16...Be7은 킹사이드로부터 모든 위험의 흔적을 지우는 고도로 계산된, 전형적으로 라스커다운 재편성 작전의 시작이다.

17 Raf1 Rf8 18 Qd3 Be8 19 Qg3 Qd8 20 Nd1 Nd7 21 Ne3

백은 반격수의 취지를 과소평가한다. **21 Nc3** 또는 **21 h4**로는 물질적 열세를 피할 수 있었지만 **21...Bf6** 이후에는 포지션적인 불이익을 피할 수 없었다.

21...Bg5 22 Rg4

22 Rf5면 **22...Bh4**, **...Ne5** 또는 **...g6**, **22 Rf3**면 **22...Ne5** 등이 뒤따를 수 있다. 백은 텍스트 무브를 통해 희생 교환을 유리하게 할 수 있기를 희망한다. 상대는 이를 수용하지만 백에게 심각한 반격 전환 counter-change을 주지 않는 방식으로 수용한다.

22...f6

23...h5를 두겠다는 위협이다.

23 Qf2 h5 24 Rg3 h4

24...Bh4는 안 된다. **25 Rxg7+**로 백에게 훌륭한 가능성이 제공되기 때문이다.

25 Rg4 Bh5

여기서 게임의 운명이 결정된다.

26 Nf5 Bxg4 27 Nxg4 Qe8 28 Bf3 Ne5 29 Nxe5 Qxe5 30 Nxh4 Bxh4 31 Qxh4

동등화 과정에서 흑은 폰을 포기해야 했지만, 그가 물질적 우위를 활용하는 데 더 이상 실질적 어려움이 없을 정도로 포지션이 단순화되었다. 단 백 비숍이 홀로 싸움에 뛰어들 가능성은 주시할 필요가 있다.

31...f5

흑으로선 이 파일을 여는 게 승리의 지름길이다.

32 exf5 Rxf5 33 Re1

이와 마찬가지로 **33 Qf2 Re8**는 백에게 장기적으로 절망적인 투쟁을 벌이게 만들 것이다.

33...Qxb2 34 Bg4 Qd4+ 35 Kh2 Raf8 36 Qe7 Qf4+ 37 Kh1 Re5 38 Rxe5

여기서 백은 통과되려는 폰에게 마지막 희망을 걸고 있다. **38 Be6+ Kh7 39 Rg1**이면, 흑은 **39...Qf2 40 Qxc7 Re1**으로 이길 수 있다.

38...dxe5 39 Qxc7 e4

39...Qe3면 백은 **40 Kh2**로 응수할 수 있다.

40 Qe7

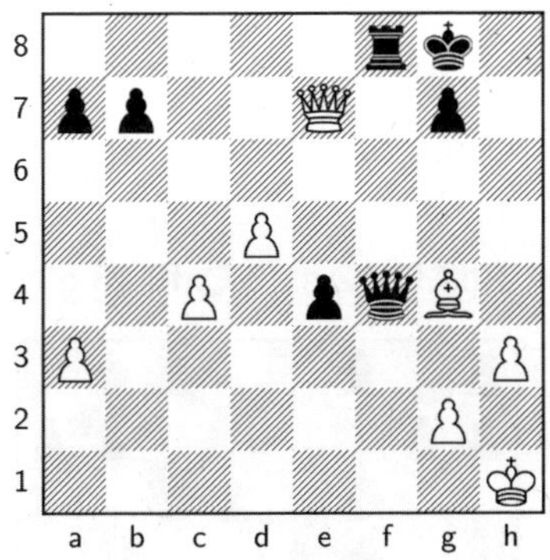

40...Qf6

치명타. 예를 들어 **41 Qxe4 Qf1+ 42 Kh2 Qf4+ 43 Qxf4 Rxf4** 이후에는 흑이 엔드게임에서 쉽게 이길 수 있다. **44 c5 Rc4 45 c6(45** d6면 45...Kf8) 45...bxc6 46 dxc6 Rxc6 47 a4 Kf8 48 Kg3 Rc4 49 Bd1(또는 49 Bd7이면 49...a6!) 49...Rd4 50 Bc2 a6! 51 Kf3 Rd2 52 Be4 Ra2 53 Bc6 Ke7 54 g3 Kd6 55 Be8 Ra3+ 56 Kf4 Rb3, 흑은 ...Rb8, 이어서 ...Rb4+를 위협한다. 백 a파일 폰은 다른 연속수에서도 구할 수 없는 게 분명하다. 따라서 백은 빨리 끝내길 선호한다.

41 Qxb7 Qa1+ 42 Kh2 Qe5+ 43 Kg1 Rb8 44 Qd7 Rb1+ 45 Kf2 e3+ 46 Ke2 Rb2+ 47 Ke1 Qc3+ 48 Kf1 Qc1+ 0-1

다음 수에 메이트가 이어지기 때문이었다.

102. 카파블랑카-레티
프렌치 디펜스*French Defense*

1 e4 e6 2 d4 d5 3 Nc3 Nf6 4 Bg5 Be7 5 e5 Nfd7 6 Bxe7 Qxe7 7 Qd2 0-0 8 f4 c5 9 Nf3 Nc6

여기까지 모든 것은 옛 양식을 따랐다. 그러나 이제 백은 루빈스타인이 소개한(1911년 칼스바트에서 그리고리 레벤피시Григóрий Яковлевич Левенфиш를 상대로) g3에 이어 Bh3를 두는 검증된 변형 대신에 덜 효과적인 것으로 판명된 새로운 변형을 시도한다.

10 dxc5 Nxc5 11 Bd3 f6 12 exf6 Qxf6 13 g3

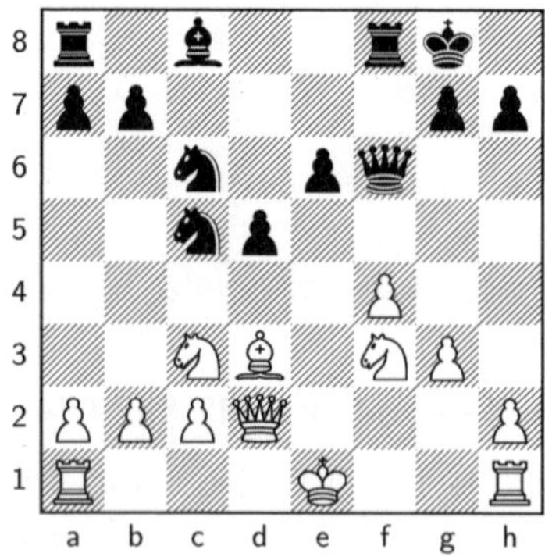

13...Bd7

이로써 흑은 백에게 도피에 유리한 전술적 기회를 허락한다. 바로 **13...Nxd3+**를 두었어야 했는데, 그렇다면 **14 cxd3 e5! 15 0-0**(15 Nxd5면 15...Qf7, 이어서 **...exf4**) **15...Bh3 16 Rfe1**(또는 Rf2) **16...Rae8**), 그리고 백이 퀸스 폰을 잡는다면, 흑은 f파일 폰에서 보상을 발견하여 좋은 게임을 얻었을 것이다. **13...Nxd3+** 이후 백이 퀸으로 탈환하면 흑은 ...Bd7-e8-g6에 이어 ...Rac8로 취약한 킹스 폰을 완전히 보상하는 반격 압박을 갖게 된다. 반면에 부정확한 텍스트 무브 이후에는 백이 영구적으로 주도권을 잡을 수밖에 없다.

14 0-0 Nxd3 15 cxd3 Be8

지금 한 템포를 잃는 **15...e5**는 **16 Rae1!** 이후에 흑이 불리한 상황에 처하게 만드므로, e6의 약세가 영구적으로 남는다(더 정확하게 말하자면, 남게 되어야 함).

16 Rfe1 Bg6 17 Nb5

17 Nb5는 아마도 실수다. 백이 흑에게 흑 자신의 주된 약점을 제거할 기회를 부여할 이유가 없기 때문이다. 백으로선 **17 Ne5**로 남아 있는 나이트에게 e5나 d4에 영구적인 자리를 보장해 주는 교환 이후에 좋은 전망을 가질 수 있었다. 게다가 흑이 실제적인 반격이 불가능했기에, 장기적으로 봤을 때 승리는 세계 챔피언의 손을 빠져나가기 어려웠을 것이다.

17...e5

이는 쉬운 무승부 엔딩으로의 종결을 강요한다.

18 Nc3

백은 18 Nxe5?면 19...Nxe5에 이어 ...Qb6+로 기물 하나를 더 잃을 수 있다.

18...d4

흑의 쓸데없는 기교가 시작된다. **18...exf4! 19 Nxd5 Qd6**(또는 **...Qd8) 20 Nxf4 Bxd3**는 백이 이길 모든 희망을 박탈했을 것이다. 하지만 세상은 이렇게 흘러간다.

19 Ne4 Bxe4 20 Rxe4 exf4 21 Rxf4 Qd6 22 Re1 Rxf4 23 Qxf4 Qxf4

더 단순한 **23...Qd5**로 **24 Qe4! Rd8**(**24...Qxa2?**는 **25 Ng5 g6 26 Qh4 h5 27 Qe4**로 백이 이기기 때문에 안 됨)면 백이 f파일 폰을 나이트 지원 용도로 사용할 수 있다.

24 gxf4 Kf8

이렇게 준비된 룩 대립은 무의미한 것으로 밝혀졌다. 흑에게 적절한 수순은 **24...Rd8 25 Kf2 h6!**(이 시점에서 **26 Ng5**를 뒀을 때 대응할 **...Rd5**를 위한 준비), 그리고 **26 Ne5**면 **26...Nxe5 27 fxe5 Kf7 28 Kf3 Ke6**로 **...Rd5**를 두겠다고 위협하는 것이다.

25 Re4 Re8

25...Rd8(**26 Ng5 Kg8!**)가 항상 더 효과적이었다.

26 Kf2 h6

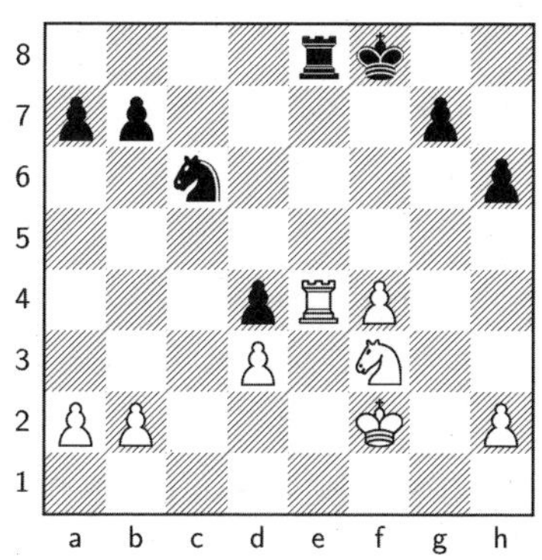

또한 26...Rxe4 27 dxe4 Nb4 28 Nxd4 Nd3+(28...Nxa2 29 Nc2) 29 Ke3 Nxb2 30 Ne6+ Kg8! 31 Kd4!면 흑에 대한 의문이 들 수밖에 없었을 것이다. 텍스트 무브 후 카파블랑카는 우아한 방식으로 승리를 거둔다.

27 Ne5

백은 28 Nxc6 Rxe4 29 dxe4 bxc6 30 b4! Ke7 31 Ke2 Kd6 32 Kd3 c5 33 bxc5+ Kxc5 34 f5!로 이기는 폰 엔딩을 가져오겠다고 위협한다.

27...Nxe5

대안인 **27...Rd8 28 Nxc6 bxc6 29 Re5**에 이은 **Kf3-e4**도 이와 마찬가지로 절망적이었을 것이다.

28 fxe5 Kf7 29 Kf3 Rd8

이제 흑에게 **25...Re8?**에서의 템포 손실의 중요성이 분명해졌고, 그 결과 무너진다.

30 Rg4 g5 31 h4 Kg6 32 hxg5 hxg5 33 Ke4 Kh5 34 Rg1 Kh4 35 e6 g4 36 e7 Rc8 1-0

강력한 마무리. 만약 **36...Re8**면 백은 **37 Kf5! Rxe7 38 Rxg4+ Kh5 39 Rxd4 Re2 40 Rb4**로 쉽게 이기는 엔딩을 얻는다.

103. 예이츠-마셜
루이 로페즈 *Ruy Lopez*

1 e4 e5 2 Nf3 Nc6 3 Bb5 a6 4 Ba4 Nf6 5 0-0 Be7 6 Re1 b5 7 Bb3 0-0 8 d3

제안이 먹혔다. 백은 **8 c3** 이후에 마셜이 부정확한 폰 희생인 **...d5**를 할까 봐 두려워한다. 따라서 그는 느린 변형을 선택한다.

8...d6 9 c3 Be6

9...Be6로 흑은 상대가 교환하지 않는 한 조만간 **...Bxb3**를 통해 a파일을 열게 되며, 이것은 아무런 보상 없이 이루어진다. 더 나은 것은 **9...Na5**, **...c5** 등등이다(마로치-카파블랑카의 62국 참조).

10 Bxe6

이 교환은 직접적으로 불리하지는 않지만 역습을 위한 작전의 기초로 f파일을 연다는 점에서 흑의 계획과 일치한다. 110국에서 예이츠와 대결한 마로치처럼 더 오래 지속되는 공격은 **10 Nbd2**였다.

10...fxe6 11 a4

백은 b5와 a8에서의 교환, 이어서 **Qb3**로 폰을 잡겠다고 위협한다.

11...b4

이는 **11...Rb8**로 백이 a파일을 소유하게 놔두는 것보다 훨씬 낫다.

백은 지금 뒤처진 전개 때문에 폰 획득을 위한 플레이를 할 여유가 없다. 예를 들어 **12 Qb3 Qd7 13 cxb4 Rfb8 14 Bd2 Nxb4 15 Bxb4 c5 16 Ng5 Rxb4 17 Qxe6+ Qxe6 18 Nxe6 Rxb2**면 흑에게 유리해진다.

12 Qe2

여기서 백이 **d4**를 뒀으면 흑은 **12...bxc3 13 bxc3 exd4 14 cxd4**(또는 **14 Nxd4 Nxd4 15 cxd4**) 이후 반격으로서의 **...d5**를 가졌을 것이다(백은 바로 뒀으면 실패했을 **d4**를 이제 준비함).

12...Nh5

결과적으로 흑은 상대가 자신의 목적을 달성할 경우를 대비해 이 반격을 예비로 두는 게 더 좋았을 것이다. 가장 간단한 방법은 **12...Qd7 13 d4 bxc3 14 bxc3 exd4 15 cxd4 d5! 16 exd5 exd5 17 Qe6+ Qxe6 18 Rxe6 Bd6**다. 몇 번의 교환들을 통해 백의 전개가 완성된 텍스트 무브 후, 흑은 약해진 폰 포지션 때문에 다소 불리해진다.

13 d4 bxc3 14 bxc3 exd4 15 Nxd4 Nxd4 16 cxd4 Nf4 17 Bxf4 Rxf4 18 Nd2 Qd7

지금 **18...d5**면 **19 exd5 Qxd5 20 Nf3 Bf6 21 Rad1**이 백에게 유리하다.

19 Nf1

백은 방어적인 수를 너무 많이 쓴다. **19 Qc4**가 단순하고 좋았는데, **19...Raf8**(**19...d5**면 **20 exd5 exd5 21 Rxe7**) 이후 **20 Qxa6 Rxf2 21 Nf3 Rc2**(또는 **...Rb2**) **22 Re2**, 또는 단순한 **20 Re2**도 좋았다.

19...Rf7

이는 무엇보다도 **...d5**로 가는 길을 여는 좋은 포지셔널인 수다.

20 Rec1 Raf8

흑은 역습을 위해 모든 기회를 활용한다. **21 Qxa6 Rxf2**는 백에게
는 불행히도 Nf1의 철수로 인해 위험할 수 있다. 이 경우 흑은 **...e5**
또는 **...Qe8**를 통한 결정적인 효과로 퀸을 킹사이드로 보내겠다고 위
협한다. 따라서 백은 다음과 같이 자신의 포지션을 약화시켜야 하는
데, 당장 위험해 보이지는 않지만 치명적인 행동으로 판명될 수 있다.

21 f3 d5 22 e5

22 e5는 아직 최선의 수다. 만약 **22 exd5 Qxd5 23 Qxa6**면,
23...Bf6 24 Rd1 Bxd4+ 25 Kh1 Rxf3로 흑의 결정적 공격이 가해진
다. 진정 마셜다운 술수다!

22...a5

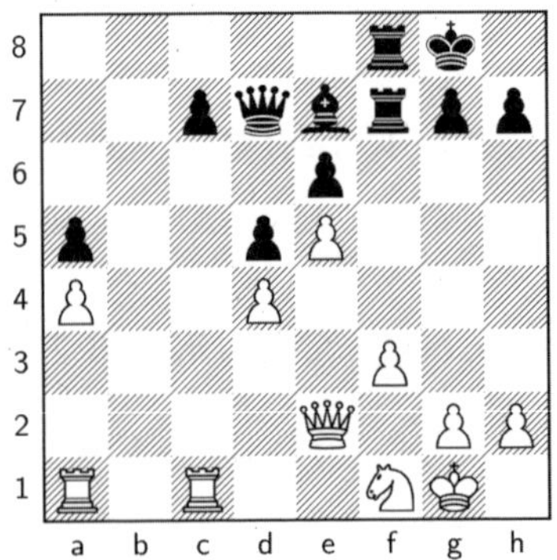

하지만 이제 그는 자신의 와인에 물을 섞어 건네는 것처럼, 상대에
게 쉽게 주도권을 잡을 기회를 주어야 한다.

23 Ng3

이해할 수 없는 수다. 백으로선 당연히 흑의 가장 명백한 약점을 제

거하는 **...c5**를 무조건 막아야 하는 게 분명했다. 이 목표는 예를 들어 **23 Qa6**를 통해 문제없이 이룰 수 있다. 그러면 (I) **23...Bb4 24 Rc6 Rf4 25 Rd1**으로 비록 백은 즉시 **Rxe6**를 두겠다고 위협하지는 않지만(**...Bd6** 때문에), 방어가 매우 어려운 **Ng3-e2**를 두겠다고 위협하게 된다. (II) **23...Rf4 24 Qa7 Bd8 25 Ng3**, 그리고 흑은 다시금 자신의 모든 약점들(a5, c7, e6)을 방어하느라 어려워진다. 그러나 매우 취약한 텍스트 무브 후, 상황은 놀라울 정도로 빠르게 바뀐다.

23...Bb4

백의 위 수의 첫 번째 결과! 응수로서의 **...Bd2**로 우선 백 퀸의 원정을 방지한다.

24 Ra2 Rc8

해결책이 없는 **...c5**를 두겠다는 흑의 위협.

25 Kh1

25 Qb5 Qxb5 26 axb5 Rb8의 결과로서의 엔딩에서도 역시 백은 오래 버티지 못한다.

25...c5 26 dxc5 Rxc5 27 Rac2 Rxc2 28 Qxc2 Rf4 29 Rd1

29 Qc8+ Qxc8 30 Rxc8+ Bf8면 백은 a4의 폰을 즉시 잃는다.

29...Qe8

흑 퀸의 결정적인 돌파를 위한 개시로서의 기동. 마셜은 마지막 단계를 매우 강력하고 정확하게 플레이한다.

30 Ne2 Rc4 31 Qb3 Qh5 32 Qb2 Qf5

이제 흑이 보드 전체를 지휘한다.

33 Qa1 Bc5 34 Rc1 Qd3 35 Ng3

이 불운하고 큰 죄를 지은 나이트는 그 벌로 끝까지 휴식을 취하지 못한다.

35...Bd4 36 Qb1 Qxb1 37 Rxb1 Bxe5 38 Re1 Rxa4

풍작이다.

39 Kg1 Ra1 40 Rxa1 Bxa1 41 Ne2 Bb2 0-1

104. 보골류보프-마로치
세미-슬라브 *Semi-Slav*

1 d4 d5 2 c4 c6 3 Nf3

우리 의견으로는 **3 Nc3**가 더 좋다.

3...Nf6 4 e3

백은 이 수로 어떤 이점도 얻을 수 없다. 흑이 자신이 선택한 연속수 외에도 **4...Bf5**의 그럴듯한 전개를 마음대로 사용할 수 있기 때문이다. 아마도 최선은 **4 cxd5**이며, 이를 통해 백은 적어도 당분간 선수 플레이어로서의 주도권을 유지했을 것이다.

4...e6 5 Nbd2

5 Nbd2는 메란Meran 변형을 막으려는 게 분명하다(**5 Nc3**면 **5...Nbd7 6 Bd3 dxc4** 등등).

5...Ne4

이는 꽤 좋은 생각이다. 이제 백은 기껏해야 상호 스톤월stonewall 대형*을 이룰 수 있고, 그 이후에는 봉쇄된 포지션 때문에 미세한 전개 우위는 무의미해질 것이다. 예를 들어 **6 Bd3 f5 7 Ne5 Qh4 8 0-0 Nd7 9 f4**(9 f3면 흑은 (Ⅰ) 9...Nxd2 10 Bxd2 dxc4 11 g3 Qh3 12 Bxc4 Bd6 13 f4 g5 (Ⅱ) 9...Nxe5 10 dxe5 Nc5 11 Be2) **9...Bd6**, 이어서 **...0-0**.

6 Nxe4

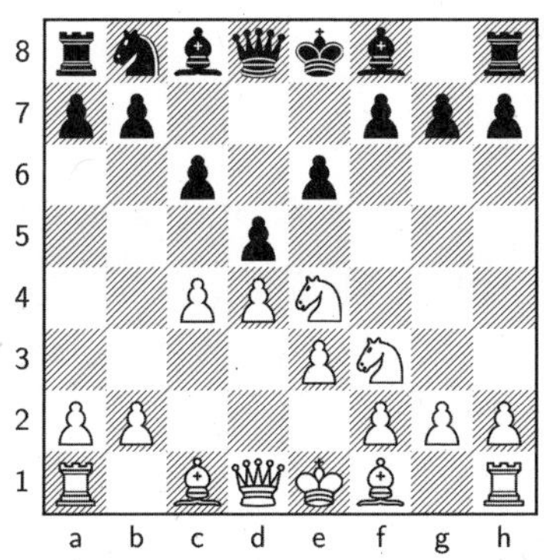

이후의 과정은 흑의 e파일 폰이 백의 게임에 고통스러운 영향력을 행사하며 나중에 제거한다고 해서 백의 상황이 개선되지 않는 현실을 증명했다. 따라서 **6 Bd3**가 더 바람직했을 것이다.

6...dxe4 7 Nd2 f5 8 Qb3

이 수를 준비하고 있던 백은 퀸사이드 캐슬링을 통해 이내 바람직하지 않은 포지션으로 표류한다. 어쨌든 **8 f3 Bd6 9 g3 exf3**(9...Qg5면 **10 Qe2**) **10 Nxf3 Nd7 11 Bd3**(11...0-0에 대응하여 **12 e4**를 두기 위해) **11...Nf6 12 0-0 0-0 13 Qc2 c5**, 이어서 **...b6**가 더 무난했을

---

* 스톤월 대형은 일반적으로 백 기준 폰을 d4, e3, c3, f4에, 비숍을 d3에, 나이트를 d2에 두는 구조이며 상호 스톤월 대형은 백과 흑 양쪽이 같은 구조를 이루는 것을 말한다.

것이다.

8...Bd6

마찬가지로 추정이 용이한 흑의 또 다른 동원 계획은 **8...c5**를 통하여 이끄는 방법이다. 그러나 텍스트 무브는 백 포지션의 열등함을 보여 주기에 충분하다.

9 c5

백은 보상 없이 d5 칸을 포기했지만, 쓸 만한 전개가 거의 없었다.

9...Bc7 10 Nc4

백의 심각한 결과를 초래할 수 있는 포지션 판단 오류다. 백은 **10...Qe7** 또는 **10...Qf6**에 대응하여 교환 비용을 치르더라도 f3에 이어 **Qc2**로 흑의 중심을 무너뜨리기 위해 **10 Bc4**를 통해 흑의 나이트 전개를 최대한 어렵게 만들어야 했다.

10...Nd7 11 Bd2 Nf6 12 f3

너무 늦었다. 백은 상대에게 부담을 주지 못 한다. **12 Be2**에 이어 **0-0**을 두는 게 위험해 보여도 더 나은 수비를 기대할 수 있었다.

12...0-0 13 0-0-0 b6

치명적인 반격에 의지할 수 없는 백의 공격이 무해한 전술적 돌격으로 제한되는 만큼, 흑은 파일의 결정적 개방을 강요한다.

14 Ne5 bxc5 15 Bc4

또는 **15 Nxc6**면 **15...Qe8 16 Ne5**(**16 Bb5**면 **16...Bd7**) **16...Rb8**

로 흑의 쉬운 메이트 공격이 가능하다.

15...Qe8

흑은 포지션에서의 험악한 위협은 말할 것도 없고, 물질적 이득 또한 얻었다. 따라서 승리는 시간 문제일 뿐이다.

16 g4

다른 어느 것과 마찬가지로, 전망이 없다.

16...fxg4 17 fxg4 a5 18 g5

18 Qc2가 조금 더 나았을 것이다.

18...Bxe5 19 gxf6

만약 **19 dxe5**면 **19...Nd5 20 Qc2 Qg6**.

19...Bxf6 20 dxc5 Qh5

마로치는 넘치는 에너지로 이 게임을 플레이하며 상대에게 숨 쉴 틈을 주지 않는다.

21 Qc2

또는 (Ⅰ) **21 Bxe6+ Kh8 22 Bxc8 Qxc5+ 23 Qc2 Qxc2+**(**23...Bxb2+**면 **24 Kb1!**) **24 Kxc2 Rfxc8** (Ⅱ) **21 Qb6 Bd7 22 Bxa5 Rfb8 23 Rxd7 Rxb6 24 Bxb6 Qf3 25 Re1 Bg5 26 Bxe6+ Kh8**. 텍스트 무브 후 언덕을 내려가는 백의 발걸음은 훨씬 빨라진다.

21...Kh8 22 Bb3

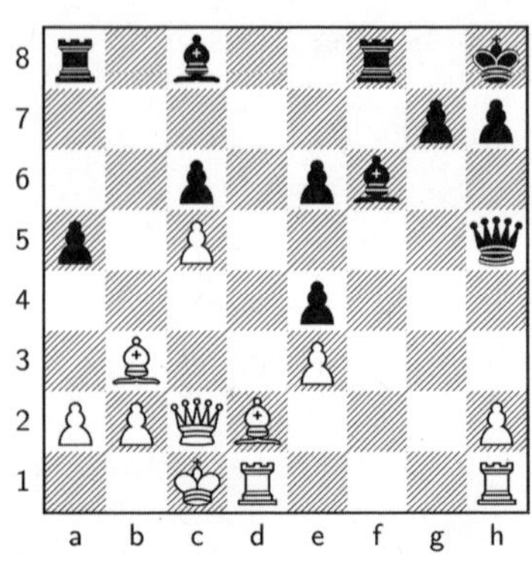

마찬가지로 **22 Qxe4 Qxc5 23 Kb1 Rb8**는 아무것도 얻지 못했을 것이다.

22...Ba6

백의 불쌍한 퀸이 무자비하게 쫓기면서 시작된 비숍의 지그재그형 기동은 추가적인 자산 획득을 강제한다.

23 Qxe4 Be2 24 Bc2 Bf3 25 Qxe6 Bd5 26 Qd6 Rad8 27 Qg3 Bxh1

27...Bxh1은 27...Be5 28 e4 Bxg3 29 hxg3로 흑이 교환에서 이기는 것만으로 만족해야 했던 경우보다 훨씬 간단하다.

28 Rxh1 Rxd2 29 Kxd2 Qd5+ 30 Ke2 Qxh1 31 Qh3 h6 32 Qf5 Qg2+ 33 Kd1 Qd5+

흑은 "유일한" 룩 우세로 엔딩에 돌입한다. 물론 나머지는 설명할 필요가 없다.

34 Qxd5 cxd5 35 Bf5 Bxb2 36 Be6 g5 37 Kc2 Rf2+ 38 Kd3 Rxh2 39 Bxd5 Kg7 40 Kc4 Be5 41 Kb5 Re2 42 Kxa5 Rxe3 43 a4 Bd4 44 Kb5 g4 45 a5 Rc3 46 Bc4 g3 47 c6 g2 48 c7 Rxc4 0–1

105. 야노프스키–에드워드 라스커
퀸스 폰 오프닝 *Queen's Pawn Opening*

1 d4 d5 2 Bf4

이렇게 되면 백은 흑이 **...e6**로 자신의 퀸스 비숍을 가두기 전에는 어떤 이점도 기대할 수 없다. 이 플레이 라인에서 흑이 어떻게 자신을 전개시켜야 하는지를 보여 주는 대표적인 예는 카파블랑카–마로치(37국)에서 확인할 수 있다.

2...Nf6 3 e3 e6

흑으로선 위에 언급된 대국에서의 플레이와 유사한 **3...c5 4 c3 Qb6**가 더 나을 것이다. 텍스트 무브 후 백의 전개가 마무리된다.

4 Bd3 c5 5 c3 Qb6 6 Qc2 Nbd7

흑은 **6...Nc6**에 이어 **...Bd7**이 룩으로 최대한 빨리 c파일을 점령하는 방법이다. 하지만 그 경우에도 백이 어느 정도 유리한 상황이 될 수 있을 것이다. 예를 들어 **7 Nf3 Bd7 8 0-0 Rc8 9 dxc5! Bxc5 10 Nbd2 Be7 11 a3**, 그리고 결국 **e4**로 이어지는 것과 같은 경우가 그렇다.

7 Nd2 Bd6 8 Bxd6

결과가 분명하게 보여 주듯 백이 여기서 고려한 이어지는 스톤월 대형은 알맹이가 없다. 이 변형의 핵심에 더 부합하는 것은 단순한 전개적 연속수인 **8 Nf3**였을 것이다. 이는 c5에서의 교환으로 백이 중앙 칸들에 대한 도전을 받지 않는 통제권을 확보할 수 있었고, 나중에 퀸스 비숍을 완전히 효과적으로 만드는 방법으로 인해 흑이 당황했을 것이기 때문이다.

8...Qxd6 9 f4 Ng4

흑은 백에게 다음 수비 수순을 강요하며, 그 이후에는 백 룩들 간의 협력이 상당히 어려워진다.

10 Nf1 cxd4 11 cxd4 Qb4+ 12 Ke2

백의 대안인 **12 Qc3**는 **12...Qxc3+**로 c3에서 자신의 약점이 지속되는 결과를 가져왔을 것이다.

12...Nb6 13 a3 Qe7 14 Nf3

즉각적인 **14 h3**는 흑이 **14...Qh4 15 g3 Qh5**로 효과적으로 대응할 수 있었다.

14...Bd7 15 h3 Rc8

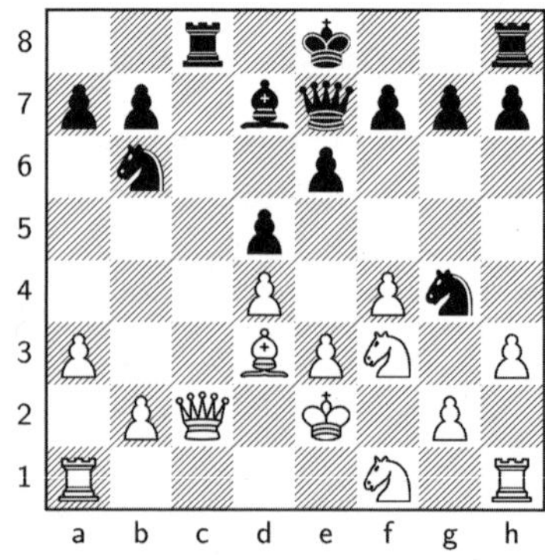

흑은 상대의 다음 흥미로운 계획을 심각하게 고려하지 않은 게 분명하다. 고려했다면 먼저 **15...Nf6**를 두었을 것이고, 좋은 타이밍에 분명한 포지셔널 우위와 함께 c파일을 차지했을 것이기 때문이다. 이제 경기는 새로운 코스를 따른다.

16 Qxc8+

결코 부럽지 않은 백 포지션을 고려할 때, 이 예상치 못한 퀸 희생은 의심할 여지없이 최고의 기회다. 확실히, 백은 당분간 흑 퀸에 대응하는 룩-나이트만 갖고 있지만, 오픈 h파일과 흑이 룩을 빠르게 사용할 수 없는 현실은 게임을 매우 복잡한 양날의 검으로 만들었다.

16...Nxc8 17 hxg4 Nd6 18 Rc1 Nc4

이로써 흑은 퀸사이드에서 폰 우세를 확보하고 불쾌한 백 비숍을 제거한다. **18...Ne4**는 Rc7을 두겠다고 위협하는 **19 Ne5!** 때문에 덜 좋았을 것이다.

19 Bxc4 dxc4 20 N1d2 b5 21 Rh5 f6 22 g5 Kd8

22...Bc6로 더 유리하게 바꿀 수 있었던, 무의미하고 시간만 낭비하는 흑 킹 기동의 시작이다. 그러면 백이 **23 Rch1**으로 응수했을 때 간단히 **23...Bxf3+ 24 Nxf3**(또는 **24 gxf3 fxg5**, 이어서 **...g6**) **24...b4** 등으로 대응할 수도 있었다. 하지만 이어진 경기에서 흑이 불행한 비숍을 백 나이트들 중 하나와 교환하는 일은 큰 난관이 된다.

23 Rch1 Be8 24 Rxh7 Rxh7 25 Rxh7

흑의 속죄로서의 희생은 결코 포지션을 개선하지 못했다. 왜냐하면 그는 지금 백 나이트에게 e5 칸, 또는 백 룩에게 7랭크를 양보해야 하는 불편한 대안에 직면하고 있기 때문이다. 그가 실제로 선택한 전자의 사악함이 아마도 더 견딜 만할 것이다.

25...fxg5 26 Nxg5 Kc8

26...Kc8는 **27 Rxg7**이 위협되었기 때문이다.

27 Rh8 Kb7 28 Nde4

29 Rxe8를 두겠다고 위협한다.

28...Kb6 29 Nc5

백의 실수, 그러나 흑은 이를 이용하지 않았다. 백은 **29 Nf3 Bc6 30 Nc5 Bxf3+ 31 Kxf3**로 좋은 전망을 얻을 수 있었다.

29...Bc6

결정적 실수. 명백히 **29...e5!**로 흑은 중앙에서 폰 교환을 한 후 모든 손실 위험을 피할 뿐만 아니라 백 킹의 불안정한 포지션 덕분에 우위를 점할 수도 있었다. 이제 백이 아주 쉽게 이길 것으로 보인다.

30 Ngxe6 Bd5

적어도 **30...Bxg2**는 어땠을까? 그러면 어쨌든 더 나쁜 상황으로 이어지지는 않았을 것이다.

31 Ng5 Ka5 32 e4 Bc6 33 Ke3 Be8

이로써 백 나이트들이 보드 전체를 지배하게 되고 쓸 만한 수가 필요한 흑은 자신을 다시 노출해야 하기 때문에, 백 룩은 짧은 시간 동안만 퀸사이드에서 떨어져 있게 된다.

34 Nf3 b4

흑은 **34...Kb6**로 조금 더 버틸 수 있었다.

35 Ne5 Bb5

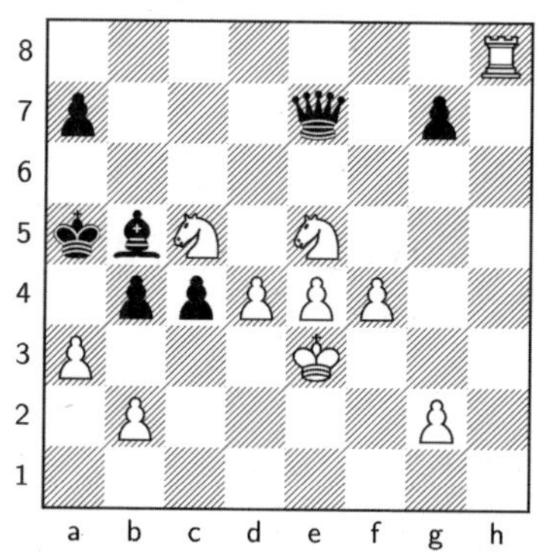

35...c3 36 bxc3! bxa3면 백이 **37 Rxe8! Qxe8 38 Nc4+ Kb5 39 Nd6+**에 의해 이긴다.

36 a4

즉시 결정적인 수는 **36 Rb8**(2수 메이트 위협)이며, **36...b3**(또는 **36...bxa3**면 **37 Nxc4+ Bxc4 38 b4#**) **37 a4! a6 38 axb5**로 금방 메이트였을 것이다. 물론 백은 텍스트 무브로도 충분히 이길 수 있다.

36...Bxa4 37 Nxc4+ Kb5 38 Ne5 Ka5 39 Rb8

백으로선 더 이상 메이트를 강제할 수 없으므로 **39 g3 g5 40 f5 g4 41 Ne6**가 더 강력했을 것이다. 41수에서도 백은 **f5**로 마찬가지로 강력하게 플레이할 수 있었다. 이 시점에서 골로 이어지는 길에는 여러 갈래가 있다.

39...Bb5 40 g3

백이 **41 Rb7**을 두겠다고 위협한다.

40...g5 41 Nf3 gxf4+ 42 gxf4 Qh7 43 f5

43 Rb7이 더 단순했다.

43...Qh1 44 Nb3+ Ka4 45 Nbd2 Qh6+ 46 Kf2 Bd3 47 Rg8 Qf4

백의 부정확한 플레이 덕분에 흑은 일종의 카운터플레이를 얻었지만, 결과적으로는 귀중한 시간을 잃었다. 예를 들어 여기서는 **47...a5** 가 중요한 템포를 살릴 수 있었다.

48 Rh8

이는 e파일 폰을 간접적으로 보호한다.

48...b3 49 Rh4 Qc7 50 f6 Bc4 51 Rh5

단순한 **51 Nxc4 Qxc4 52 Rf4 Qc7 53 e5** 등등은 어떨까?

51...Be6 52 Re5

백은 앞서 말한 부정확한 플레이 이후, 여기서 계획된 희생 교환이 승리로 가는 가장 확실한 길이다.

52...Qf7

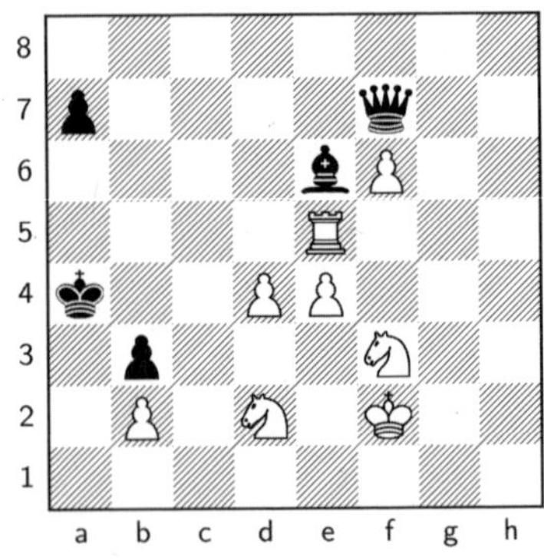

또는 **52...Bg4**면 **53 Kg3**로 백이 쉽게 이길 수 있다.

53 Rxe6

이제 나이트들의 지원을 받는 통과한 폰은 곧 압도적 존재가 된다. 흑의 유일한 작은 기회는 상대가 그토록 자랑스럽게 상대하지 않음으로써-물론 정당치 못하게-이 날을 구원한 a파일 폰에 집중되어 있었다. 의심할 여지없이 이번 토너먼트에서 가장 이상한 대국이다!

53...Qxe6 54 e5 Kb4 55 Ke3 a5 56 Kf4 a4 57 Ng5 Qd7 58 f7 Qe7

또는 58...Qxd4+ 59 Nde4 Qd8 60 Ne6 Qh4+ 61 Kf5면 백 킹은 쉽게 체크를 피할 수 있었다.

59 d5 a3 60 bxa3+ Kc3

흑은 인간적으로 가능한 모든 것을 다해도 모두 헛수고였을 것이다.

61 d6 Qf8 62 Nge4+

더 흥미로운 것은 62 Nde4+ Kc2 63 e6 b2 64 e7 Qh6 65 f8Q Qh4+ 66 Kf5 b1Q 67 e8Q로, 두 퀸, 두 나이트, 두 폰 들이 두 퀸을 상대로 '싸움'을 벌이는 상황이었다.

62...Kd3 63 e6 Qh6+ 64 Kf5 b2 65 d7 Qf8 66 a4

백은 이 폰을 a7으로 전진시킨 다음 Kg6를 두고 이어서 a8Q과 e7을 두려고 한다. 따라서 흑은 자포자기하여 돌격한다.

66...Qa8 67 e7 Qd5+ 68 Kf6 Qd4+

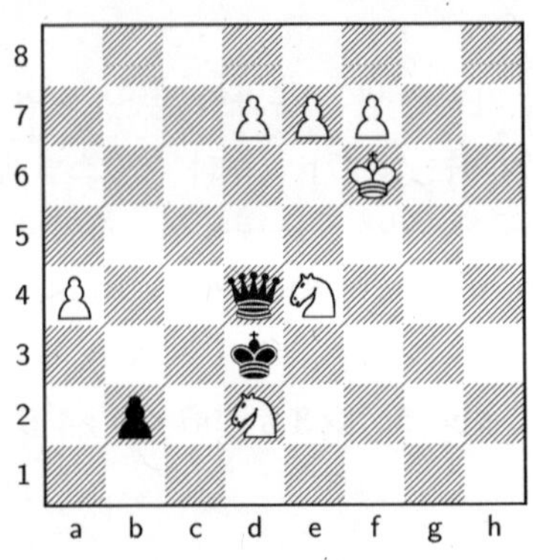

69 Ke6

이 수 이후 게임은 정말로 무승부가 된다. 답은 **69 Kg6!** b1Q(또는 **69...Qg1+**면 **70 Ng5**) **70 d8Q**이다.

69...b1Q 70 Nxb1

70 d8Q이면 **70...Qa2+!** **71 Kf5 Qxf7+**가 되고, 백은 무한 체크를 피할 수 없었을 것이다.

70...Qxe4+ 71 Kf6

퀸사이드의 백 킹은 마침내 d8에 도달하면 **Qb8**로 메이트될 것이기 때문에 안전하지 않다.

71...Qh4+ ½–½

만약 지금 **72 Kg7**이면 **72...Qxe7 73 d8Q+ Qxd8 74 f8Q Qd7+** 그리고 **75...Qxa4**.

22라운드

토너먼트의 스물두 번째이자 마지막 라운드에는 마셜이 라스커 박사와 매우 흥미롭게 만든 아홉 번째 임무를 마무리할 대결이 남아 있었다. 이번에 색상이 바뀌고 체스계의 경의와 1등이 이미 자신의 것이라는 사실을 알고 평온해진 라스커 박사는 백 기물을 가지고 루이 로페즈를 두기로 결정한다. 이윽고 '교환 변형'이 보드에 등장하면서 1914년 초의 상트페테르부르크와 그곳에서 벌어진 혼란이 강하게 연상되었다.

처음에는 전 챔피언이 무승부에 만족할 듯했지만 마셜로선 3위를 차지하려면 무승부로는 충분하지 않았다. 그는 대담하게 폰을 희생했고, 이는 곧바로 라스커 박사의 기질을 자극했다. 특히 루이 로페즈 형태의 갬빗은 라스커 박사가 보드의 반대편에 앉아 있을 때 안전하게 시도할 수가 없는 법이다. 그리고 그게 사실로 밝혀졌다. 마셜은 라스커의 손실에 기반한 전진을 헛되이 시도했지만, 다소 짧은 공격이 격퇴된 후 토너먼트 우승자의 치명적인 정확성에 굴복해야 했다. 그런 이유로 마셜은 4위에 만족해야 했지만, 친구들에게 매우 큰 기쁨을 안긴 영광스러운 4위였고, 사방에서 진심으로 축하를 보내 주었다.

한편 2위를 차지해 추격을 피한 카파블랑카는 마찬가지로 마지막 경기에서 얻을 것이 많았던 보골류보프를 상대로 승리할 수밖에 없었다. 그의 싸움은 훌륭했다. 보골류보프는 자신의 전개로 수비에 대한 관심을 상당히 되살리는 데 기여한 프렌치 디펜스를 선택했다. 그는 초반부터 약간의 우위를 점했고 이는 미들게임 내내 지속되었다. 카파블랑카는 다소 힘들어하는 듯했고 친구들은 의심스럽게 고개를 저었지만 챔피언의 갑옷에 치명적 약점을 만들 이는 아무도 없었다. 보골류보프가 5라운드에서의 레티의 위업을 재현할 절호의 기회를 놓친 부분을 지적하는 일은 알예힌의 몫으로 남았다. 그렇게 했다면 쿠바가 낳은 유명한 아들의 피부색을 옅게 만들었다는 큰 만족감뿐만 아니라 공동 5위를 차지할 수도 있었다. 하지만 그럴 일은 없었다. 압박이 줄

어들기 시작하자마자 카파블랑카는 자신이 누군지 드러냈고, 65수의 강렬한 전투 끝에 엔딩에서 승부가 뒤집혔다.

알예힌은 라스커 박사-마셜의 경기를 면밀히 지켜보면서 "점수에 맞춰" 경기를 했다고 봐도 무방하다. 마셜이 패하거나 무승부를 기록하는 한, 러시아인은 0.5점 리드만으로도 충분했다. 그는 타르타코베르 박사를 상대로 루이 로페즈로 경기를 펼쳤는데, 박사는 경계심이 강한 상대의 아주 작은 포지션적 이점에도 불구하고 약화될 기미를 보이지 않았다. 알예힌은 쌍비숍을 가지고 있었지만, 이마저도 피할 수 없는 무승부를 막지는 못했다. 결국 알예힌은 라스커 박사와 카파블랑카가 없었다면 우승자가 될 수 있었던 점수로 부동의 3위를 유지했다!

레티는 야노프스키와의 마지막 대국에서 다시 한 번 자신의 오프닝에 의지했다. 애석한 주커토르트에게 인정을 받은 첫 수 때문이었다. 그의 뛰어난 전개 기술은 교환의 형태로 좋은 수확을 거뒀다. 야노프스키는 강력한 배치에 성공했지만 레티의 독창성이 우세했고, 마침내 레티는 앞선 세 라운드에서 헛되이 노력하며 갈망한 점수, 5위를 확정하는 데 필요한 점수를 얻었다.

레티가 이 가장 중요한 단계에서 흔들렸다면 마로치는 흑의 루이 로페즈를 사용한 예이츠와의 최고의 경기를 완전히 압도했다고 확신했을 것이다. 그의 완벽한 타이밍으로 이뤄진 영리한 쌍나이트 조작은 보드를 완전히 장악하고 승점을 획득하게 했다. 하지만 레티의 막판 분투로 마로치는 6위에 머무르게 됐다.

마지막 스코어: 라스커 박사 16-4, 카파블랑카 14½-5½, 알예힌 12-8, 마셜 11-9 레티 10½-9½, 마로치 10-10, 보골류보프 9½-10½, 타르타코베르 박사 8-12, 예이츠 7-13, 에드워드 라스커 6½-13½, 야노프스키 5-15.

마지막 날은 4½-½로 패한 흑 세력에게 6라운드를 제외하고는 대회 최악의 패배를 안겨 주었다. 대회가 끝난 후 기록은 다음과 같았다:

백 61, 흑 49.

 그렇게 토너먼트는 끝났다. 열한 개의 자리들 중 단 한 곳에서도 동
점이 나오지 않았다. 각 경쟁자들은 이 카이사 명예의 전당에서 자신
만의 영역들을 개척한 셈이다.

106. 라스커 박사–마셜
루이 로페즈 *Ruy Lopez*

1 e4 e5 2 Nf3 Nc6 3 Bb5 a6 4 Bxc6 dxc6 5 d4 Bg4

흑의 이 독특한 갬빗은 나중에 희생된 폰을 회수하기 위해선 다수의 성공적인 플레이를 해야 하기에 흑의 고난을 준비시킨다. 훨씬 더 간단하고 좋은 수순은 **5...exd4 6 Qxd4 Qxd4 7 Nxd4 Bd7**에 이어 **...0-0-0**의 오래된 변형으로, 최소한 동등해진다.

6 dxe5 Qxd1+ 7 Kxd1 0-0-0+ 8 Ke1

8 Ke2를 두면 흑은 **8...f6**를 통해 중앙 라인이 열리도록 강요하거나 폰을 바로 회수할 수 있다.

8...Bc5 9 h3 Bh5 10 Bf4 f5

10...f5는 흑이 가장 전도유망한 연속수로 가는 길을 준비하는 흥미로운 수다. **11 exf5 Bxf3 12 gxf3 Ne7**이면 f파일 폰이 사라진 후에도 흑은 여전히 f파일에 대한 압박을 유지할 수 있다.

11 Nbd2 Ne7 12 Bg5

백은 **13 Nb3**나 **13 exf5**를 두겠다고 위협하며 거슬리는 흑 퀸스 비숍과의 교환을 강요한다.

12...Bxf3 13 gxf3 Rhe8 14 Rd1

14 exf5는 **14...Rd5** 때문에 안 된다.

14...fxe4 15 fxe4

15 Nxe4라면 흑은 **...Bd4**로 백이 확실히 준비했을 화려한 **Nc4**에 대응한다.

15...h6 16 Bh4 Bd4 17 Nc4 g5

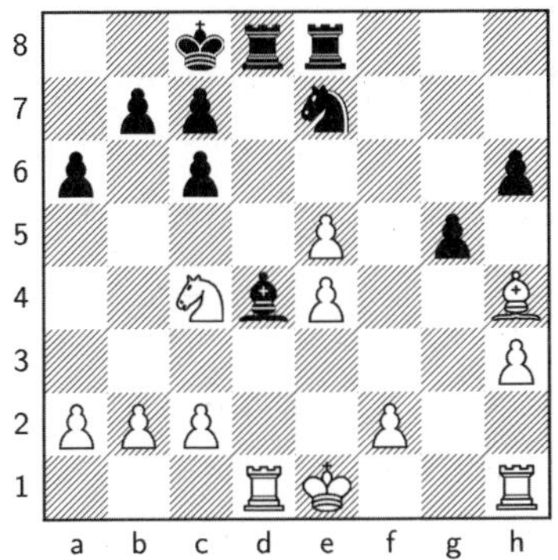

만약 **17...b5**면 **18 c3**.

18 c3

이제 상황이 결국 정리된다. 이어지는 교환으로 중앙에서 백 포지션이 매우 결정적으로 강화되고, 그러면 경기 진행 중에 흑이 마침내 갬빗 폰을 회수하는 데 성공하더라도 더 이상 결과를 바꿀 수 없기 때문이다.

18...Ng6 19 cxd4

19 cxd4는 **19 Bxg5 Bxc3+**보다 간단하다.

19...Nxh4 20 Ke2 Rd7 21 f3 Ng6

만약 **21...Red8**면 **22 d5 cxd5 23 e6**.

22 Ne3

백은 **22 b4**를 통해 이어지는 중앙 청소를 막을 수 있었지만, 여전히 확실한 우위를 점하고 있기 때문에 필수적이지는 않았다.

22...c5 23 dxc5 Nf4+ 24 Kf2 Rxd1 25 Rxd1 Rxe5

흑은 **25...Nxh3+ 26 Kg3 Nf4 27 Nd5 Ng6**로 다소 긴 저항이 더 가능했을 수도 있다.

26 Nd5 Nxh3+

이제 흑 나이트가 구속되고 백은 두 개의 연결된 통과한 폰들을 얻었지만, 그는 나이트 퇴각 후에도 **27 b4** 등을 통해 쉽게 이길 수 있다.

27 Kg3 g4

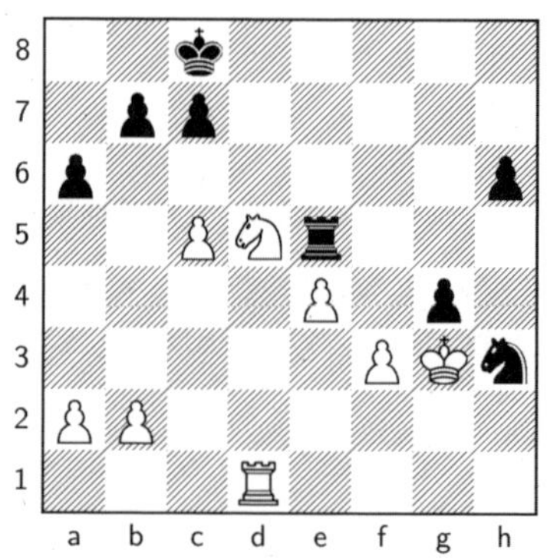

흑은 이 응수로 고난에서의 탈출을 기대했다(**28 Kxg4 Ng5**). 그러나 백의 반격은 그의 모든 희망을 무너뜨린다.

28 Nf6 h5 29 f4

다음과 같은 변형도 충분히 설득력이 있었을 것이다. **29 fxg4 Ng5**(만약 **29...hxg4**면 **30 Nxg4**) **30 gxh5 Nxe4+ 31 Nxe4 Rxe4 32 Rh1** .

29...Rxc5 30 Re1

바로 **30 e5**는 안 된다. **30...h4+ 31 Kxh4 Nxf4 32 e6 Re5** 때문이다.

30...Rb5 31 e5 Kd8 32 Nxh5 Ke7 33 f5 Ng5

흑이 이렇게 하지 않으면 백 통과한 폰의 추가 전진에 따라 승부가 결정된다.

34 Kxg4 Nh7 35 Nf4 Rxb2 36 Nd5+ Kd7 37 e6+ Kd6 38 e7 Kxd5 39 Re6

이제 흑은 통과한 폰을 위해 룩을 희생해야 하며, 당연히 더 이상의 저항은 기대할 수 없다.

39...Rg2+ 40 Kf4 Rg8 41 e8Q Rxe8 42 Rxe8 c5 43 Rd8+ Kc6 44 Rh8 1-0

흑이 더 진행했으면 나이트가 잡힌다(**44...Nf6 45 Rh6**).

107. 카파블랑카-보골류보프
프렌치 디펜스 *French Defense*

1 d4 e6 2 e4 d5 3 Nc3 Nf6 4 Bg5 Bb4 5 exd5 Qxd5 6 Bxf6 gxf6

6...gxf6는 아마도 흑에게 불리한 코스의 영향하에 치러진, 1908년 뮌헨에서 열린 라스커 박사-타라시 박사의 열한 번째 대국에서 나온 지금까지의 대부분의 상황인 나이트를 먼저 비숍으로 교환하는 경우보다 낫다(카파블랑카-알예힌의 17국 참조). 여기서 두 흑 비숍들은

과소평가할 수 없는 무기이며, 백은 그중 하나를 처리하기 위해 노력해야 한다.

7 Qd2 Qa5

7...Qa5는 앞서 언급된 경기에서 발생한 **7...Bxc3?**와는 다른 논리적인 연속수다.

8 Nge2

백은 가능한 한 빨리 자신을 해방시키고, c3에서 교환이 일어날 경우 더블 폰을 피하려는 의도가 분명하다. 그러나 이 아이디어는 이어지는 수에서 일관되게 수행되지 않는다.

8...Nd7 9 Nc1

백은 이렇게 시간을 낭비하는 나이트 기동 대신에 **9 a3**를 둬야 한다. 그러면 예를 들어 **9...Nb6 10 Rd1**(물론 **10 0-0-0**은 **10...Bxa3**에 이어 **...Nc4** 때문에 안 됨) **10...Be7 11 Ng3**로 백은 퀸스 나이트를 통해 실제 경기에서보다 더 유리한 전개로 퀸 교환을 강요할 수 있었다.

9...Nb6 10 Nb3 Qg5 11 a3

백이 복잡한 미들게임에 휘말리고 싶지 않았다면, **11 Qxg5 fxg5 12 0-0-0 Bxc3 13 bxc3**가 **11 f4** 이후와 거의 동등한 기회를 준다는 점에서 더 바람직했을 것이다. 백은 선택한 연속수 이후, 안전하지 않은 킹 포지션으로 인해 열세에 빠진다.

11...Qxd2+ 12 Kxd2

12 Nxd2면 **12...Bxc3 13 bxc3 Bd7**에 이어 **...Ke7**, 그리고 결국 **...c5** 이후에도, 흑이 분명 더 나았을 것이다.

12...Be7

물론 12...Bxc3+는 안 된다. 그러면 **13 Kxc3 Na4+ 14 Kb4! Nxb2?
15 Rb1 a5+ 16 Nxa5 b6 17 Bb5+**, 이어서 **Nc6**로 백의 승리다.

13 Bb5+

백으로선 당분간 흑 퀸스 비숍이 c6로 탈출하는 일을 막고 그와 교
환이 가능하도록 해야 한다. 하지만 이 모든 것은 시간이 걸린다.

13...c6 14 Bd3 Bd7 15 Nc5 0-0-0 16 Nxd7 Rxd7 17 Ne2 c5

흑은 백의 중앙 폰들을 제거하면서 지속적인 주도권을 얻는다.

18 dxc5 Bxc5

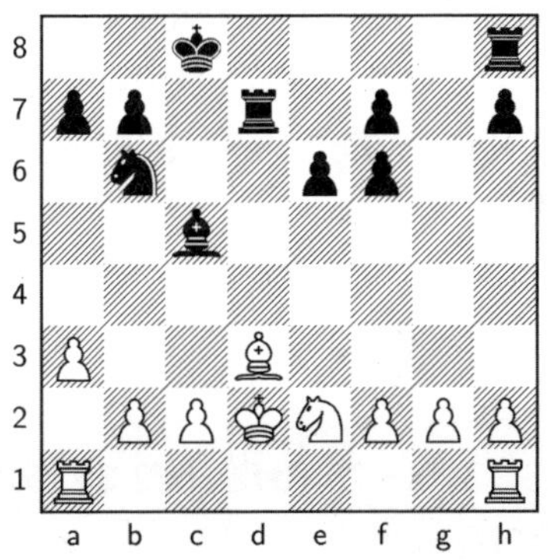

19 Ke1

백 킹스 룩을 오래 갇히게 하는 이 안타까운 후퇴는 거의 강제나 다
름없다. **19 Rhf1**이면 흑은 **19...Nc4+ 20 Kc3 Ne5**(또한 **...Ng4**를 위
협) **21 h3 Rc7 22 Kb3 Nxd3 23 cxd3 Rd8 24 Rad1 Rd6**와 같이 가
까운 기동을 통해 포지션적 우위를 높일 수 있었을 것이기 때문이다.
반면에 이제 흑 나이트는 적어도 유리한 칸에 빨리 도달할 수가 없다.

19...f5 20 Rg1 h5

흑은 백의 **21 g4**에 의한 해방이라는 결과가 나올 시도를 방지한다.

21 g3 Nd5

그러나 **21...Nd5**는 상대의 교환을 용이하게 하기 때문에 시기상조다. 더블 룩을 만드는 **22 Rd1**에 대응하기 위해서 먼저 **21...a6!**를 두는 것이 순서였을 것이다(**...Na4**도 위협). 다른 응수들의 경우 흑은 **...Bd6-e5**, 이어서 **...Na4** 또는 **...Nd5-f6-e4**를 고려할 수 있었다. 카파블랑카는 텍스트 무브로 주어진 기회를 바로 활용한다.

22 Bb5 Rdd8

23 b4에 이어서 **c4-c5**로 인해 흑 룩은 d6로 쉽게 움직일 수 없다.

23 Rd1 a6 24 Bc4 Nf6 25 Rxd8+ Rxd8 26 Nf4

흑의 위협은 **26...Ng4 27 Rg2 Ne5**였는데, 그러면 **28 Be2**로 막을 수 있을 것이다.

26...Ne4 27 Rg2 h4 28 Bd3

바로 **28 g4**면 **28...Bxf2+ 29 Rxf2 Nxf2 30 Kxf2 Rd4**, 그리고 흑 승리기 때문에 실수였을 것이다.

28...hxg3 29 hxg3 Rh8 30 g4

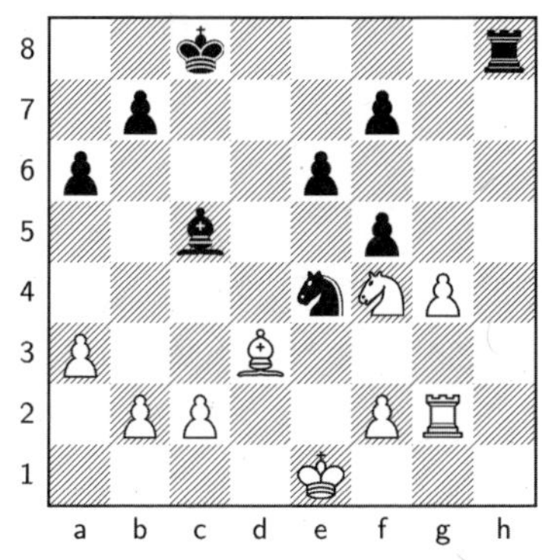

백이 최악의 상황을 잘 극복했는지 모르겠지만, 최소한 텍스트 무브는 의문스럽다. **30 Ke2**, 다음에는 **g4**, 또는 결국에는 **f3**를 두는 것이 적절했으며, 모든 가능성이 열린 경기였을 것이다.

30...Rh1+

여기서 흑은 마지막 승리의 기회를 스스로 날렸다. 답은 **30...Bxf2+ 31 Rxf2**(또는 **31 Ke2**면 **31...Bd4 32 gxf5 exf5**) **31...Nxf2 32 Kxf2 fxg4**며, 백은 g파일 폰을 잡을 수 없었을 것이다. 그러면 예를 들어 **33 Kg3 Rg8 34 Nh5**(또는 **34 Be2**면 **32...Kd8 35 Kh4 e5 36 Ng2 f5 37 Ne3 g3**) **34...Kd8!**(**34...f5**는 **35 Nf4!** 때문에 안 되며, 이상하게도 e6의 폰은 킹이나 룩에 의해 보호되는 경우에도 여전히 나이트로 잡을 수 있기 때문에 구할 수 없었다!) **35 Nf6 Rg5**로, **36 Kf4**(또는 **Kh4**)는 **36...g3!** 때문에 둘 수 없었을 것이며, 연결된 세 개의 통과한 폰들로 마침내 승리했을 것이다. 게다가 **30...Rh4**라도 이 쓸모없는 체크보다 나은 선택이었을 것이다.

31 Ke2 Rh4

지금 **31...Nxf2**는 **32 gxf5**로 간단히 답할 수 있었다.

32 Bxe4 fxe4 33 f3

이 문제가 많은 백 폰을 바로 처리했으면, 게임은 무승부로 끝난다.

33...e3

이 다소 복잡한 수에서는 잘못을 찾을 수 없다. 강제 무승부 변형으로 이끌며, **33...exf3+ 34 Kxf3**에 이어 **Nd3**면 흑이 아무것도 얻지 못하기 때문이다.

34 Nd3 Bd4 35 c3 Bb6

그러나 **35...Bb6**는 실수이며, 백은 이후 비숍에 대한 공격을 통해 템포를 확보할 수 있다. **35...Ba7!**을 두었어야 했다. 그러면 **36 Ne5 Rh1 37 Nc4 Rb1**, 그리고 백은 **38 Kd3**(**38 Nxe3**면 **38...Rxb2+ 39 Kd3 Rb3!**) **38...Rd1+ 39 Ke2 Rb1** 후에 **39 Ke4 b5!**나 **39 Kc2 Rf1**이면 무승부로 만족해야 한다. 다음 엔딩은 카파블랑카가 고전적인 정확성으로 승리할 때까지 진행된다.

36 Ne5 Rh1 37 Nc4

물론 **37 Nxf7 Rb1 38 Kd3 Rd1+ 39 Kc2 Rf1**은 안 된다.

37...Ba7 38 Nxe3 b5 39 g5

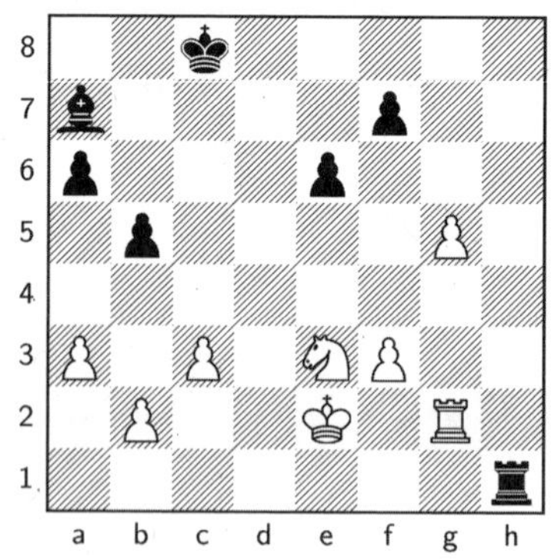

백은 f7의 약점을 해결한다. 끝내 그 폰을 점령하기까지 이어지는

다음의 복잡한 기동은 매우 교훈적이다.

39...Kd7 40 Nf1

마침내 백 나이트가 e4로 넘어간다. 반면 **40 Ng4**는 그 목적을 위해서는 부적절했을 텐데 **40...Rb1 41 Kd3 Rd1+ 42 Ke4 Re1+ 43 Kf4? Bb8+** 때문이다.

40...Kd6 41 a4

이로써 백에게 흑이 어떻게 플레이하든 퀸사이드에서 공격할 수 있는 새로운 도구가 생긴다.

41...bxa4 42 Rg4 a3 43 bxa3 a5 44 Rf4 Bc5 45 Nd2 Ke7 46 Ra4 Rg1 47 Ne4

47 Ne4는 47 Rxa5 Rxg5 48 Ne4 Rg2+ 49 Kd3 Bg1보다 더 유망하다.

47...Bb6 48 Rc4 Kd7 49 Nf6+ Kd8 50 Ng4

백은 (예를 들어 **50...Ra1** 이후) Ne5와 Rf4를 통해 f파일 폰에 대한 이중 공격을 위협한다. 이후 흑 룩의 이동은 백 룩의 f4 도달을 막으려 고안되었다.

50...Rg2+ 51 Kd3 Rg3 52 Ke4 Rg1 53 Rc6 Bc7 54 Ra6

마지막 수들에서 백 룩의 행동 범위가 눈에 띄게 증가했으며 장기적 목표인 f8 도달을 막을 수 없다.

54...Kd7 55 Ra8 Ra1 56 Nf6+ Kc6

만약 **56...Ke7**이면 이어서 **57 c4! Rxa3 58 c5**로 백 승리.

57 Rf8 Re1+ 58 Kd3 Bf4 59 Ne4 Kb5

또는 **59...Re3+**면 **60 Kc4 Rxf3 61 Rxf7 e5 62 g6 Rf1 63 g7 Rg1 64 Nf6**로 백 승리.

60 Rxf7 e5 61 g6 Re3+ 62 Kc2 Re2+ 63 Kd1 Rg2 64 g7 Kc4 65 Nf6 1-0

108. 알예힌-타르타코베르
쓰리 나이츠 게임 *Three Knights Game*

1 e4 e5 2 Nf3 Nc6 3 Nc3 Bb4 4 Nd5 Be7

여기서 흑에게 올바른 수는 아마도 **4...Nf6**일 것이다. 텍스트 무브는 그에게 다소 불리하다.

5 d4

이 자연스러운 수는 이상하게도 지금까지 거의 사용되지 않았으며 이는 앞서 **...Be7**의 후퇴가 매우 적절하다고 간주되어 왔다는 상황을 통해서만 설명할 수 있다. 이제 흑은 바로 중앙을 포기하거나 루이 로페즈에서의 두 템포 뒤처진 갑갑한 방어법을 따라야 한다. 그는 전자를 선택했고, 당연히 그렇게 되었다.

5...exd4

이는 **5...d6**보다 훨씬 더 유망하다. 그러면 예를 들어 **6 Bb5**(폰을 잡으려는 위협) **6...exd4 7 Nxd4 Bd7 8 0-0 Nf6 9 Re1 0-0 10 Bxc6 bxc6 11 Nxe7+ Qxe7 12 Bg5 h6 13 Bh4 Qe5**, 그리고 백은

14 Bg3(Nf3 대신)로 우위를 유지할 수 있다(1922년 런던에서의 즈노스코보로프스키-알예힌의 대국을 참고해 보라).

6 Nxd4

6 Bf4는 물론 응수로서의 ...d6를 강요했을 수 있지만, 이 변형에서 f4 칸은 비숍에게 적절한 포지션이 아니기에 그리 효과적이지 않았을 것이다. 예를 들어 6...d6 7 Bb5 Nf6 8 Nxd4 Bd7 9 0-0 0-0이 된다. 텍스트 무브 후 백은 7 Nb5 또는 7 Nf5를 두겠다고 위협했다.

6...Nxd4 7 Qxd4 Nf6 8 Nxe7

8 Nxe7이 아니었으면 대등한 포지션이었다. 이로써 백은 쌍비숍을 확보하며 유리한 고지를 점했다.

8...Qxe7 9 Bd3 c5

9...c5는 부분적으로 포지션의 동등성을 유지시킨 흥미로운 수다. 9...d5면, 10 Bg5 dxe4 11 Bxf6 gxf6 12 Qxe4로 백이 더 나은 엔딩이 되었을 것이다.

10 Qe3

10 Qa4라면 흑은 10...c4 11 Qxc4 d5를 둘 수 있었다.

10...d5 11 exd5 Nxd5 12 Qxe7+ Kxe7 13 Bg5+ f6 14 Bd2

백은 쌍비숍 보유와 적진 중앙의 약점 덕분에 여전히 우위를 점하고 있으며, 경기 진행에 따라 자신의 우위를 더 높이기 위해 관리한다. 하지만 강제적인 승리로 이어지지는 않는다.

14...Be6 15 0-0-0 Kf7 16 Rhe1

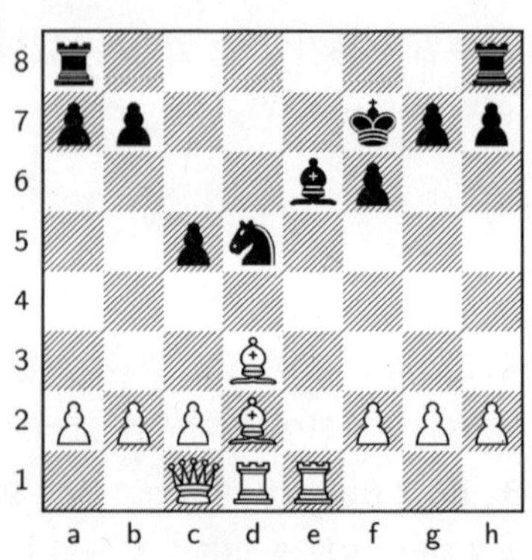

16...Rad8

흑의 실수라면 **16...Nb4**였을 텐데, 그러면 **17 Bxb4 cxb4 18 Re4 a5 19 Rde1 Rae8 20 Rxe6 Rxe6 21 Bc4 Rhe8 22 g4 g6 23 f4 f5 24 g5 b5 25 Bd5** 때문에 흑은 **...Re7**만 둘 수 있게 되며, 백은 이기는 폰 엔딩을 준비하기 위해 이를 활용할 수 있을 것이다. 예를 들어 백은 **a3**(Kd2는 ...Rd8 때문에 안 됨) **...bxa3 bxa3**에 이어 **Kb2-c3-d4**를 두면 이길 수 있다.

17 Re2 g6 18 Rde1 Rhe8 19 h4 Bg4

흑의 더 간단한 수는 아마 **19...Bd7**이었으며, 그러면 룩 교환 후 퀸 사이드를 방어하기 위해 비숍을 c6로 가져오는 게 적절했을 것이다.

20 Rxe8 Rxe8 21 Rxe8 Kxe8 22 Be4 Be6 23 b3

23 c4에 대한 응수로 흑은 주저 없이 **23...Nb4**를 둘 수 있다. 그러면 **24 a3 Nc6 25 Bxc6+ bxc6 26 b3 Ke7 27 Be3 Kd6 28 Kd2 a6**로 흑의 열악한 폰 포지션에도 불구하고 엔드게임은 무승부로 끝난다.

23...b6 24 c4 Nc7 25 h5 f5 26 Bf3 Kd7 27 Bf4 Bf7 28 hxg6 hxg6 29 Kd2 Ne6 30 Be5

30 Bb8로 30...a5를 강요하는 방법은 분명 쓸모없었을 것이다.

30...Nd8 31 Ke3 Nc6 32 Bxc6+

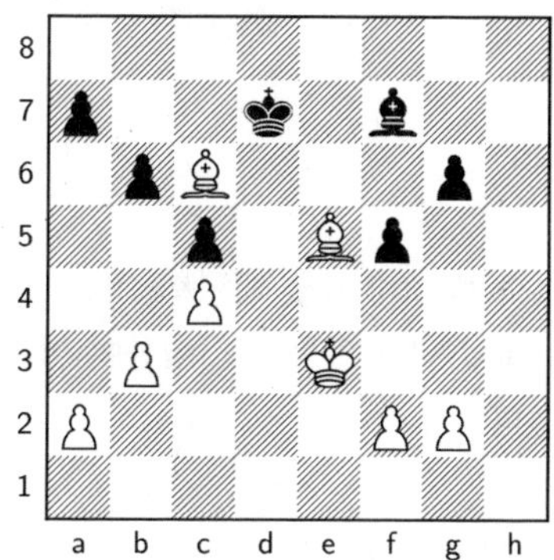

32 Kf4 Nb4!면 백이 이기려고 계속 플레이하기 위해서는 **33 Kg5**를 통해 아무리 생각해도 불안할 수밖에 없는 폰 희생을 할 수밖에 없었을 것이다. 그러나 거기에 동반되는 킹의 침투(**33...Nxa2 34 Kf6 Be8**)가 가시적인 이점을 약속하지 않기 때문에 백군의 지도자는 즉시 평화롭게 끝내자고 제안한다.

32...Kxc6 ½-½

109. 레티-야노프스키
레티 오프닝 *Reti Opening*

1 Nf3 d5 2 c4 dxc4

2...dxc4는 야노프스키가 타르타코베르 박사를 상대로 펼친 **2 c4**의 '반박' 시도인 **2...d4**만큼이나 부적절하다. 왜냐하면 **2...d4**는 백이 적절한 순서로 자신의 기물들을 전개한 다음, 경기 후반에 가장 적절한 시기에 적합한 방식을 통해 폰으로 중앙을 점령할 수 있다는 안전한 보장을 받게 만들기 때문이다.

3 Na3

이게 **3 e3**보다 나은 이유는 흑 d파일 폰이 사라진 후에는 킹스 비숍의 피앙케토가 당연히 이루어지기 때문이다.

3...Nf6 4 Nxc4 e6

흑에게는 아직 퀸스 비숍을 가둘 합당한 이유가 없었다. 그는 예를 들어 지금이라도 **...Nbd7-b6** 기동을 실행하여 이후 f5 또는 g4에 비숍을 전개시킬 수 있다.

5 g3 Nbd7 6 Bg2 Nb6 7 0-0

백은 이 무모한 캐슬링으로 오프닝의 모든 이점을 위험에 빠뜨린다. 무엇보다도 **7...Bd7**에 **8 Nfe5**로 답하기 위해서는 **7 b3!**가 답이었을 것이다. 그러면 흑은 퀸스 비숍의 전개에 대해 한동안 걱정해야 했기 때문이다.

7...Nxc4 8 Qa4+ c6

8...c6는 이해할 수 없는 실수다. 흑은 **8...Bd7 9 Qxc4 Bc6**를 통해 간단히 비숍을 전개하여 유효한 게임을 얻을 수 있었다. 이 실수만으로도 그는 지는 게 마땅하며 여기서부터 백은 자신에게 더 이상 사소한 실수를 허용하지 않는다.

9 Qxc4 Be7 10 b3 0-0 11 Bb2 Nd5 12 d4 f5

12...f5는 흑의 과감한 결정이다! 확실히 그는 d5에서 나이트 포지션을 확보했지만 매우 비싼 대가다. **12...f6 13 e4 Nc7**이었다면 아마도 더 나은 경기를 펼칠 수 있었다.

13 Ne5 Bf6 14 e4 Bxe5 15 dxe5 fxe4 16 Bxe4 Bd7 17 Qd3

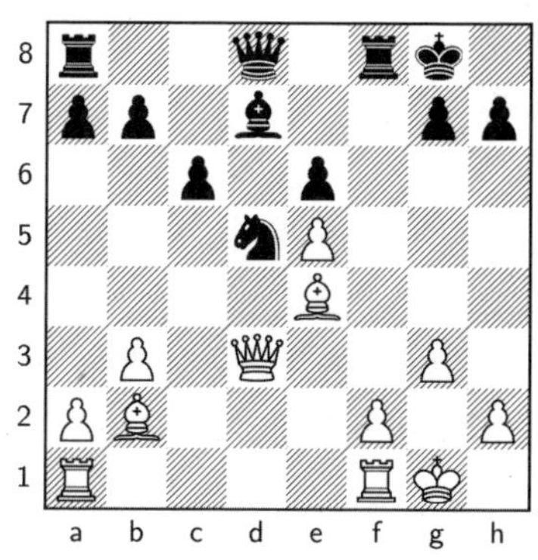

흑 포지션이 더욱 악화된다.

17...h6

그런데다 이것은 보상 없이 강제로 손실 교환이 일어나기 때문에 강력한 악수다. **17...g6**도 그리 기분 좋지는 않지만, 백의 절대적인 승리를 보장할 수는 없었을 것이다. 왜냐하면 g6에서의 비숍의 희생이 결정적이지 않았을 것이기 때문이다.

18 Ba3

흑 룩은 이제 두 비숍들에게 갇혀 있다.

18...Re8 19 Bh7+ Kh8 20 Bg6 b6

흑은 가능하면 **...c5**를 통해 백 퀸스 비숍의 활동을 줄이려고 한다. 그러나 백은 이를 허용하지 않는다.

21 f4 Qc8

21...c5는 22 Bxe8 Bxe8 23 f5와 만났을 것이다.

22 Bxe8 Qxe8 23 Rf2

23 Rf2는 흑이 실행 가능한 **...c5** 이후 **...Bb5**의 위협을 더 이상 고려하지 않기 위해서다.

23...g6

상대에게 새로운 공격의 기회만 제공할 뿐인 이 막는 시도보다 더 좋은 역공의 기회는 **23...Qh5**에 이어서 e8를 통한 비숍의 g6 이동이 었을 것이다. 그러면 d5에 있는 흑 나이트의 우세한 포지션 때문에 백의 승리가 상당히 어려워졌을 것이다.

24 h4 c5

24...h5면 백은 **Kh2**와 **Rg1**에 이어 **g4**를 통해 중요한 라인을 열었을 것이다.

25 h5

레티는 강한 결단력과 에너지로 이 부분을 플레이한다.

25...Kg7 26 Qxg6+

26 hxg6 이후에도 흑은 **26...Ne7**으로 대응할 수 있었다.

26...Qxg6 27 hxg6 Kxg6 28 Re1 h5

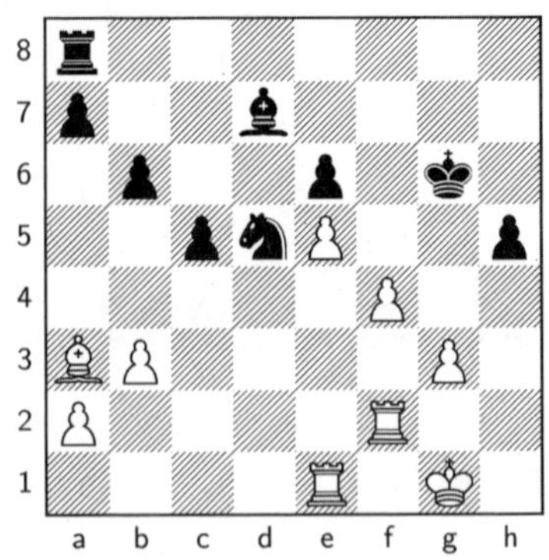

흑은 이어지는 돌파를 오래 버틸 수는 없었을 것이다. **28...Kf5**면 백은 예를 들어 먼저 **29 Rh2 Rh8 30 Kf2**, 이어서 **Rdh1**을 두었을 것이다.

29 f5+

결정적인 피날레.

29...exf5 30 e6 Bc6 31 e7 Nc7 32 Rd2 Kf7 33 Rd8 Ne8 34 Bc1 a5 35 Rxa8 Bxa8 36 Bg5 Bd5 37 Kf2 Ng7 38 Bf4 Ne6

여기서 백이 기물 하나를 잡지만, 흑은 **38...Ne8 39 Rd1 Be6 40 Rd8 Kxe7 41 Rb8** 이후여도 구원을 받을 수는 없었다.

39 e8Q+ Kxe8 40 Re5 Bxb3 41 axb3 Kd7 42 Rd5+ Ke7 43 Be3 1-0

110. 마로치-예이츠
루이 로페즈 *Ruy Lopez*

1 e4 e5 2 Nf3 Nc6 3 Bb5 a6 4 Ba4 Nf6 5 0-0 Be7 6 Re1 b5 7 Bb3 d6 8 c3 0-0 9 d3 Be6

예이츠 씨는 103국에서 마셜과 플레이할 때와 같은 특이한 변형을 선택했다. 그러나 이 경우는 단순한 수들로 인해 불만족스럽다.

10 Nbd2

백은 바로 **10 d4**를 두면 안 된다. **10...exd4 11 cxd4 d5** 때문이다. **10...Na5**면 백은 흑 퀸스 나이트의 이동으로 인해 **11 Bxe6 fxe6 12** b4 Nb7 13 a4(12...Nc6여도 동일)를 통해 우월한 포지션을 얻는다.

10...Nh5

이 나이트 기동은 쓸모가 없으며 패배의 길을 열어 준다. 이전 수들에 이어지는 논리적 수순은 **10...Qd7**, **...Rab8**가 이어지는 것인데, 한편으로는 d파일 폰의 전진을 시도하고 다른 한편으로는 **d4**에 **...exd4**, **cxd4**에 **...d5**로 답할 수 있게 하기 위해서였다.

11 d4 Bxb3 12 axb3 Nf4

12...Nf4는 일관성은 있지만 자충수다. **12...exd4**의 결과가 우려할 면이 적었다. 그러면 (I) **13 cxd4 d5 14 exd5**(또는 **14 e5**면 **14...Nf4**) **14...Qxd5 15 Ne4!**(**15 Ne5?**면 **15...Nxd4! 16 Qxh5 Nc2**) **15...Bb4 16 Nc3 Bxc3 17 bxc3 Nf6** (II) **13 Nxd4 Nxd4! 14 cxd4 Nf6**로 백은 강한 포지션이 되지만 **15...c6 16 dxc6 Qc7 17 Qc2 Rfc8**로 인해 d5를 통한 흑의 c7 약점을 성공적으로 추구할 수 없다. 백은 두 경우에서 모두 **...c5**와 **...d5**를 고려해야 한다.

13 Nf1 Qc8

흑의 더 쓸데없는 난해함. 이보다 덜한 악수는-또는 다음 수에서도-나이트를 g6로 다시 데려오는 것이었다. 어쨌든 그는 더 나은 칸에서 더 나쁜 칸으로 가기 위해 3수를 두었다.

14 Ng3 g6

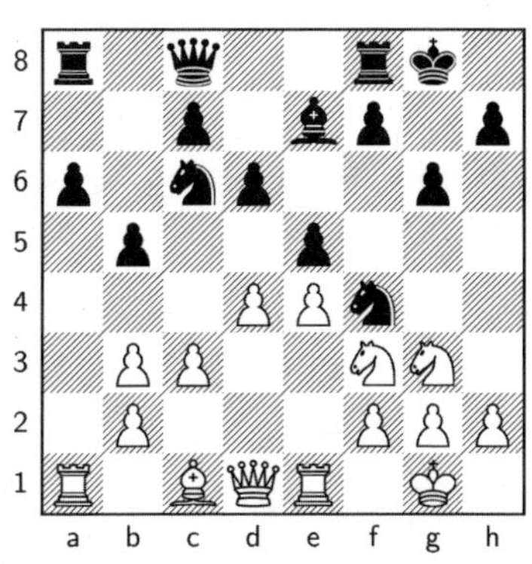

벌어진 사건이 보여 주듯이 흑의 f5 칸은 더 이상 백으로부터 보호할 수 없다. 마로치는 고전적인 방식으로 상대의 잘못된 전략을 보여 준다.

15 d5

승리하는 수다. 다음 교환 후, 흑의 f4에서 노출된 폰 포지션은 f5 칸의 양도를 강요하고(...**g5**를 통해) 게임 후반에 백이 h파일을 열 수 있게 되어 저항할 수 없는 킹사이드 공격을 더할 수 있게 한다. 나머지는 이해하기 쉽고 저절로 진행된다.

15...Nd8 16 Bxf4 exf4 17 Ne2 g5 18 Nfd4 Re8 19 Nf5 Bf8 20 Ned4 f6

흑이 **21 Qh5**를 위협받았다

21 g3 fxg3 22 hxg3 c5

흑에게 d6에 새로운 약점이 생겼다. 하지만 흑은 좋은 수인지 나쁜 수인지 판단할 단계를 넘어섰다.

23 Nf3 Nf7 24 Nh2 Ra7 25 Qh5 Bg7 26 Ng4 Qd7 27 Kg2

Rh1의 전멸적인 위협이 지금 흑에게 폰의 획득을 강요한다.

27...Ne5 28 Nxd6 Rd8 29 Nxe5 fxe5 30 Nf5 Bf6 31 Rh1 Rf8 32 Qg4

백은 **33 Rxa6**에 이어지는 **Nh6+**를 두겠다고 위협한다.

32...Kh8 33 Rh6 a5 34 Ne3 Qe8

또는 **34...Qxg4 35 Nxg4 Bg7 36 Re6**면 백이 쉽게 승리를 거둔다.

35 Rah1 Rff7 36 Qf5 Qf8 37 Ng4 Bd8 38 Rxh7+ 1-0

백이 **38 Rxh7+ Kg8 39 Qg6+ Rg7 40 Rh8#**를 선언했기 때문이다.

에마뉴엘 라스커 (1928)

02
오프닝 이론으로 본 뉴욕 토너먼트의 중요성

열린 게임OPEN GAMES

루이 로페즈 *Ruy Lopez*

뉴욕 토너먼트에서 플레이된 열아홉 번의 루이 로페즈들 중 절반 이상이 **1 e4 e5 2 Nf3 Nc6 3 Bb5 a6 4 Ba4 Nf6 5 0-0 Be7**에 할애되었다. 1914년 상트페테르부르크 토너먼트에서는 **5...Nxe4** 변형이 대부분을 차지했던 것처럼, 우리가 생각하기에 이 폐쇄형 변형이 인기를 끈 이유는 단순히 유행에 민감하기 때문이라고 생각한다. 어쨌든 이 방식은 적어도 이 변형의 문제들 중 하나에 해결책을 제시했다.

그 문제, 백이 **8...Bg4**로 발생하는 핀에 대한 고민 없이, **6 Re1 b5 7 Bb3 d6 8 c3 0-0** 이후 d파일 폰의 두 칸 전진을 침착하게 허락할 수 있는지 여부는 최근까지 명확하지 않았다. 이 문제는 카파블랑카-보골류보프의 경기(1922년 런던)에서 다시 전면에 등장했다. 여기서 보골류보프는 **9...exd4**라는 흥미로운 아이디어를 성공적으로 시도하여 퀸스 나이트가 킹스 폰을 보호할 필요가 없도록 중앙을 포기한 다음 **...Na5**와 **...c5** 이후 빠르게 상대방이 자신의 의도를 선언하도록 강요했다. 그럼으로써 아무 문제 없이 동등하게 됐다.

그러나 이듬해 라스커 박사와 보골류보프 사이에 벌어진 대국(매리슈-오스트라우, 1923)은 이 계획의 전술적 실행이 아직 불충분함을 보여 주었는데, 백은 **9 d4 exd4(?) 10 cxd4 Bg4** 이후 **11 Be3**(카파블랑카가 둔)보다 훨씬 더 강한 **11 Nc3!**를 두어야 한다는 것을 보여 주었다. 거기서 흑이 생각한 변형(**11...Na5 12 Bc2 c5**)은 **13 dxc5 dxc5 14 e5**로 인해 완전히 불리하다고 판명되었다.

그런데 보골류보프는 뉴욕에서 열린 예이츠와의 대국(49국)에서 처음으로 자신의 생각이 올바르게 수행되면 효과가 있음을 깨달았다. 따라서 그는 **9...Bg4**를 두었고 **10 Be3**(10 d5 Na5에 이어 ...c6를 두면, 알다시피 흑은 열린 c파일 덕분에 주도권을 얻는다) **10...exd4 11 cxd4 Na5 12 Bc2 Nc4**를 두었다.

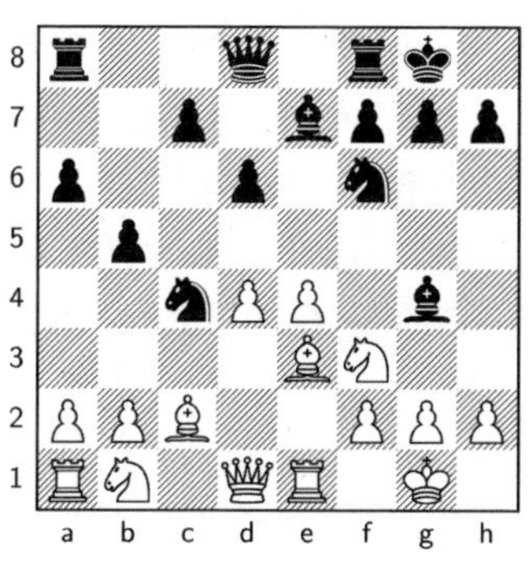

뉴욕 토너먼트에서는 예이츠-보골류보프, 예이츠-에드워드 라스커(20국), 예이츠-카파블랑카 대국(97국) 들에서 이 포지션에 도달했다. 첫 두 경기에서 백은 전에 카파블랑카가 보골류보프를 상대로 사용한 **13 Bc1**으로 철수를 시도했다. 하지만 **13...c5 14 b3 Na5**(보골류보프) 또는 **14...Nb6**(에드워드 라스커) 이후에는 최소한의 이득도 얻지 못했다.

백에게 덜 유리한 또 하나의 길은 예이츠가 퀸스 비숍 교환을 할 수 있는 카파블랑카를 상대로 채택한 라인이었다. **13 Nbd2 Nxe3! 14 Rxe3 c5**면 백은 중앙에서 제대로 보호받지 못하는 포지션으로 인해 어려움에 처한다. 그러므로 보골류보프의 **10...exd4!**가 더 오래 지속되는 공격임이 증명되었고, 백은 **9 h3**로 **d4**를 준비하는 게 더 낫다.

이 "예방적인" 수 이후 도달한 포지션에서 양측의 기회는, 뉴욕에서 만큼은 부분적으로만 정리되었다. 두 대국(라스커 박사-에드워드 라스커(26국)와 마로치-레티(89국))에서 흑은 **9...Na5 10 Bc2 c5 11 d4 Qc7 12 Nbd2**와 **12...Bd7 13 Nf1 cxd4 14 cxd4 Rfc8** 이후 오픈 파일에서의 반격을 시도했다. 그러나 백은 다소 정교한 **15 Re2**(라스커 박사)와 단순한 **15 Bd3**(마로치)로, 상대 기물들의 자유를 빼앗는 거의 제거할 수 없는 장애를 일으켜 지속적인 포지션 우위를 확보하는 것으로 밝혀졌다.

에드워드 라스커-레티의 대국(98국)도 이 변형의 이론에는 의미가 없었다. 여기서 흑은 **12...Nd7** 이후 이 나이트를 가져와서 퀸사이드에서 반격을 시작하겠다는 의사를 드러냈다. 그러나 **13 d5** 이후 흑은 **...f5**로 중앙에서 상당히 비논리적으로 전진했고, 바로 불리한 포지션에 놓였다.

'기다리는Holding-Back' 변형 **9 d3**도 세 대국에서 사용되었다. 한 번은(마로치-카파블랑카, 62국) 이 변형이 결과적으로 백이 **d4**를 두기 위해서만 필요한 수인 **h3**를 두게 하는 다소 유망하지 않은 측면을 보였다. 그 결과 그는 흑에게 추가 전개를 위한 추가 수를 제공해 버렸다. 실제로 흑은 곧 **...d5**를 둘 수 있었고 그 덕에 최소한 동등성을 확보했다.

다른 두 대국(예이츠-마셜(103국), 마로치-예이츠(110국))에서는 **9...Be6**(**9 d3** 대응)의 결점이 분명하게 드러났다. 이것은 흑에게만 불리한 수다. 백은 다소 '양날의 검'인 **10 Bxe6**(예이츠) 이후에, 그리고 아직도 더 나은 수인 **10 Nbd2**(마로치) 포지션으로 무리 없이 이득을 얻었다.

마지막으로 라스커 박사와의 대결(51국)에서 예이츠는 (**5...Be7 6 Re1** 이후) 일반적인 **...b5** 대신 **6...d6**를 두었다. 이 수 이후, 백은 당연히 **7 Bxc6**로 일종의 슈타이니츠 디펜스를 강제하고 **8 d4**(폰이 a7 대신 a6에 있다)로 이어갈 기회를 가졌다. 이러면 흑은 최선을 다해도 무승부 기회만 얻는다. 어쨌든 이 경기에서의 흑은 상대 오프닝의 다소 활력 없는 플레이 덕에, 동등해지기 전에 극복해야 할 실질적인 난제가 없었다.

루빈스타인이 개발한 **5...d6**를 야노프스키가 수비한 두 번의 루이 로페즈 대국에서는 상당히 다른 그림이 그려진다. 그의 두 상대(라스커 박사(56국)와 예이츠(10국))는 **6 Re1**을 두었고(**6 c3**를 통해 더 지속적인 이점을 얻을 수 있다), 흑은 **6...b5 7 Bb3 Na5 8 d4 Nxb3 9 axb3 Bb7**(예이츠-야노프스키)으로 공격하는 비숍을 몰아낼 수 있었다. 이 작전을 통해 그는 약해진 폰 포지션에 대한 보상으로 어떤 식으로든 쌍비숍을 얻는다. **6...Bg4**는 라스커-야노프스키 박사의 대국에서 발생했는데, 그리 효과적이지 않았다. 만약 백이 **8 h3**로 상대에게 공격 포인트를 내주는 대신에 **7 c3 Be7** 이후 **8 d3**, 그리고 **Nbd2-f1-g3**로 조용히 자신의 전개를 이어갔다면 이 상황은 아무런 영향도 미치지 않았을 것이다. 그러나 그는 **8 h3? Bh5 9 d3 Qd7** 이후에,

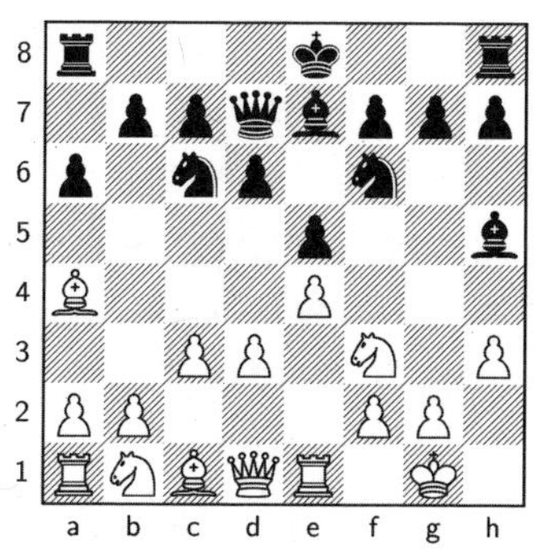

...**g5**로 시작되는 위협적인 공격 때문에 곧 큰 곤경에 처했다. 오프닝에서의 매우 교훈적인 실수였다!

다른 변형들은 한 번씩만 플레이되었기 때문에 이론적 분석을 위한 자료는 거의 제공하지 못한다. 예를 들어, 에드워드 라스커-알예힌의 48국에서 지금까지 반박할 수 없었던 흑의 수비 **5...Bc5**(**5 0-0** 이후)의 중요성은 **6 d3** 이후 **6...Qe7?**(자연스러운 **6...b5 7 Bb3 d6** 대신)이라는 취약한 수 때문에 완전히 의미를 잃었다. 타르타코베르-레티의 84국에서는 **5 d3**(**5 0-0** 대신) 이후 반격수 **...d5**의 타이밍이 적절하다면 흑이 쉽게 동등해질 수 있음을 보여 줬다.

에드워드 라스커의 "환상적인" **3...Qf6**는 보골류보프의 **4 Nc3**로 뒤집혔다(69국). 라스커 박사가 마셜을 상대로 도입한 (수년간 불충분하다고 여겨졌던) 루이 로페즈의 교환 변형에 대한 갬빗 방어의 개선(**Ke2** 대신 **8 Ke1**) 덕분에 그는 자신의 물질적 우위를 더 쉽게 활용할 수 있게 되었다.

나머지 세 번의 루이 로페즈는 조금 더 중요했다.

1. 카파블랑카는 라스커 박사와의 대국(6국)에서 **1 e4 e5 2 Nf3 Nc6 3 Bb5 Nf6 4 0-0 d6 5 d4 Bd7 6 Nc3** 이후 흑이 **6...exd4**를 꽤 잘 써먹을 수 있음을 증명했다. 이는 **6...Be7 7 Bxc6**에 이어지는 **Qd3**, 또는 그와 동급인 **7 exd5**를 회피하기 위해서다. 그러면 **7 Nxd4 Be7** 이후 **8 b3**와 **Bb2**의 즉각적인 피앙케토 전개를 두려워할 필요가 없다.

2. 보골류보프와 맞붙어 후수를 두는 선수로서 라스커 박사는 매우 섬세한 방식으로 (그 자체로 무해한 **4 d4** 이후) 흑에게 유리한 스카치 게임 변형으로서의 성격을 게임에 부여할 수 있었다(36국). 그런 다음 그가 '기다리는' 수인 **8...d6** 대신 활력적인 **8...d5**를 선택했다면 주도권을 잡을 수 있었을 것이다. 따라서 이 대국은 **4 d4**가 백에게 뚜렷한 이점을 보장하지 않는다는 사실을 증명했다.

3. 마지막으로 예이츠는 베를린 변형(**3...a6**와 **4...d6**)을 선택한 상대 알예힌이 중앙 전투를 일시적으로 포기하면서 비숍의 피앙케토 전개를 시도하도록 유도했고, 그 결과 흑은 c5 칸의 약점으로 인해 e5에서 정확한 타이밍으로 교환한 이후에도 여전히 고난을 겪어야 한다는 점을 더욱 분명하게 보여 주었다(2국).

1 e4 e5 2 Nf3 Nc6 3 Bb5 a6 4 Ba4 d6 5 0-0 g6 6 c3 Bg7 7 d4 Bd7 8 Bg5 Nge7 9 dxe5 dxe5 10 Qd3 h6 11 Be3 Bg4 12 Qe2 0-0 13 Bc5(취약한 Nbd2 대신).

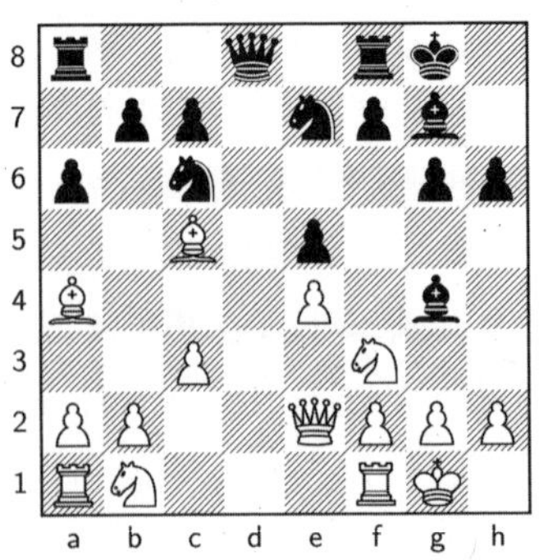

킹스 갬빗 *King's Gambit*

이 오프닝이 채택된 네 대국에서 타르타코베르 박사는 거의 사용되지 않던 **Be2**를 재보급하려고 시도했다. 그의 성공에도 불구하고(총 4점 중 2½점 획득), 이 구식 '혁신'은 결코 유효하다고 볼 수 없다. 첫째, 상대인 흑이 캐슬링하지 않은 백 킹에 대한 공격을 위해 f파일을 여는 가장 논리적인 라인(**3...f5 4 exf5 Qh4+**)을 이 게임들에서 채택하지 않았다. 둘째, 그런 흑이 채택한 두 가지 변형에서도 백은 상당한 고난과 맞서 싸워야 했다.

1. 타르타코베르 박사-알예힌(43국). **3...Ne7 4 d4 d5 5 exd5 Nxd5 6 Nf3 Bb4+ 7 c3 Be7 8 0-0 0-0 9 c4 Ne3 10 Bxe3 fxe3 11 Qd3 Bf6 12 Nc3 Nc6 13 Nd5** 그리고 지금 **13...Re8**(대신 **13..Bg4** 를 뒀다).

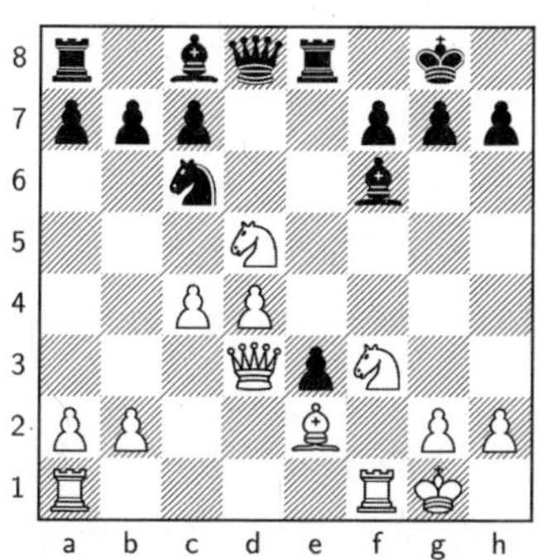

이러면 백은 갬빗 폰을 회수하고 자유로운 게임을 하는 데 어려움을 겪는다.

2. 타르타코베르 박사-카파블랑카(92국). **3...d5 4 exd5 Nf6 5 c4 c6 6 d4 Bb4+!**(보골류보프의 수인 **6...cxd5** 대신).

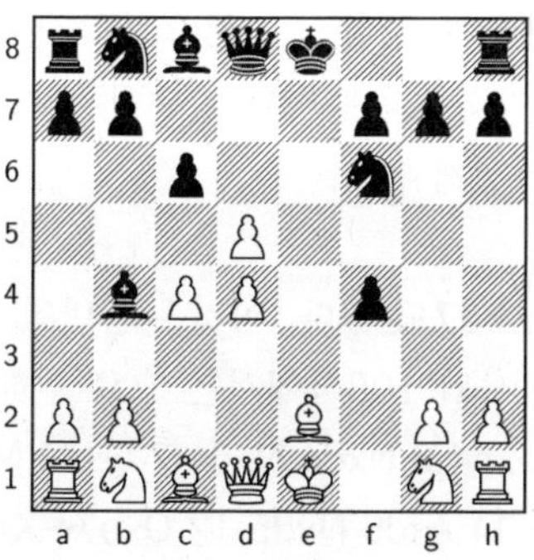

이제 백은 캐슬링이나 f4에 있는 흑 폰을 포기해야 한다(**7 Bd2 Ne4!** 이후). 이 변형에서 흑에게 불리한 유일한 수는 상대를 자유롭게 하는 무심한 **3...Nc6**(예이츠)다.

마셜은 두 대국(마로치(29국), 에드워드 라스커(53국)와 맞붙은 대국들)에서 흑을 쥐고 필스베리가 크게 선호하는 라인들 중 하나인 **1 e4 e5 2 Nf3**(또는 **Nc3**) **2...Nf6 3 Nc3**(또는 **Nf3**) **3...Bb4**로 좋은 게임을 얻었다. 그러나 마로치의 **4 d3**와 라스커의 **4 Bc4**는 모두 단순한 **4 Nxe5!**로 바꿔도 됐기에 이 결과는 이론적으로는 다소 중요하지 않다고 생각된다. 그러면 당연히 흑은 폰을 회수하기 위해 c3에서 자신의 비숍을 상대 나이트와 교환해야 하며, 따라서 상대방에게 쌍비숍을 남기게 되는데, 이는 특히 열린 게임에서는 작은 이점이 아니다. 그리고 **1 e4 e5 2 Nf3 Nf6** 이후의 페트로프 디펜스에서 **3 Nxe5**와 **3 d4** 중 어느 쪽이 더 강할지는 여전히 더 중요한 문제다.

1 e4 e5 2 Nf3 Nc6 3 Nc3 이후 흑이 **3...Bb4**로 포 나이츠 게임 Four Knights Game을 피할 경우, 백이 비록 아주 근소하지만 어떻게 우위를 확보할 수 있는지는 더욱 흥미로운 문제다. **4 Nd5 Ba5 Bc4**(**0-0**으로 이어짐) 이후에는 흑 비숍이 오랫동안 게임에서 제외될 것이다. 이 라인을 따라 플레이된 몇몇 경기들(1910년 함부르크에서의 P. S. 레온하르트Leonhardt-타라시 박사와 1911년 칼스바트에서의 알예힌-E. 콘Cohn)은 백에게 좋은 징조를 보인다. **4...Nf6 5 Nxb4 Nxb4 6 c3 Nc6 7 d3 d5 8 Qc2**(이어서 **Be2**와 **0-0**을 두기 위해) 이후에도 백은 쌍비숍과 중앙의 강력한 포지션 덕분에 자신감을 가지고 미래를 볼 수 있게 된다.

철수하는 수인 **4...Be7**도 있다. 이것은 일반적으로 채택된다. 알예힌-타르타코베르 박사의 108국에서는 그로 인해 다음과 같은 상황이 발생했다. **5 d4 exd4 6 Nxd4 Nxd4 7 Qxd4 Nf6 8 Nxe7 Qxe7 9 Bd3 c5 10 Qe3 d5 11 exd5 Nxd5 12 Qxe7+ Kxe7 13 Bg5+ f6 14 Bd2.**

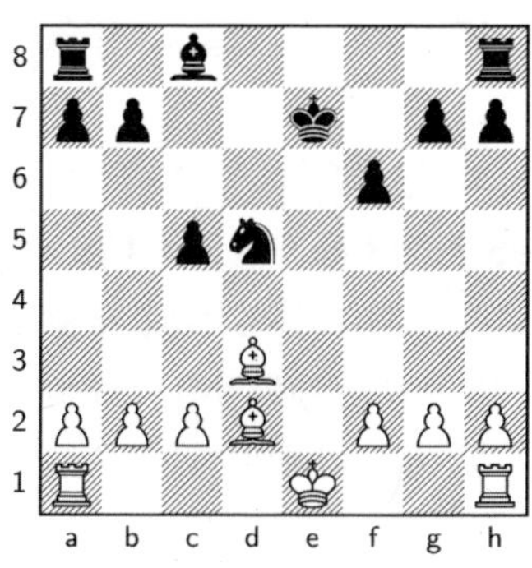

이제 백은 엔드게임을 위한 좋은 기회를 얻었다.

이렇게 얻은 이점이 승리를 보장하기에 충분한지는 당연히 의문이 있다. 그러나 흑이 추구해서는 안 될 변형인 것만은 확실하다.

스카치 게임 *Scotch Game*

에드워드 라스커는 매리슈 오스트라우에서 타르타코베르 박사가 성공적으로 수행한 동원 계획의 무해함을 증명하기 위해 이 고풍스러운 오프닝을 사용한 유일한 대국(40국)에서 승리했다. **1 e4 e5 2 Nf3 Nc6 3 d4 exd4 4 Nxd4 Nf6 5 Nxc6 bxc6 6 Nd2 Bc5 7 e5 Qe7 8 Qe2 Nd5 9 Nb3** 이후, 그는 **9...Bb6!**(루빈스타인의 **9...0-0** 대신) **10 Bd2 a5**를 두었다.

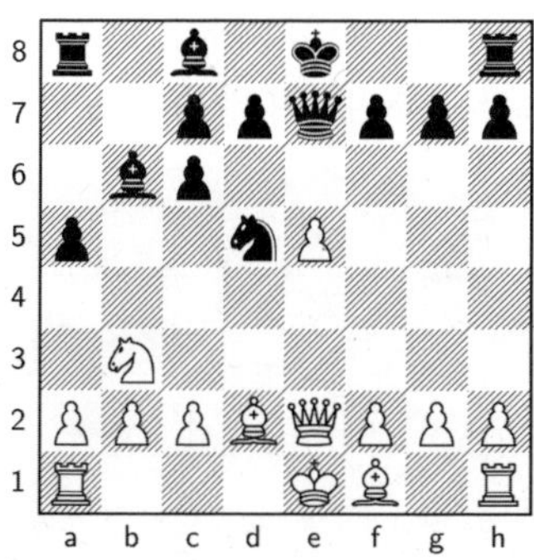

이에 따라 **11 a4** 응수는 강제와 다름없다. 이렇게 하면 흑 나이트를 위한 b4 칸이 남는다(**c4**를 둘 경우). 결과적으로 흑은 쉬운 게임을 얻는다.

투 나이츠 디펜스*Two Knights Defense*(지우코 피아노로 변화)

마로치-야노프스키의 55국은 다섯 번째 수에서 대칭적인 포지션에 도달한 후(1 e4 e5 2 Nf3 Nc6 3 Bc4 Nf6 4 d3 Bc5 5 Nc3 d6), ...Bg4로 이어지는 불편한 핀 때문에 백의 캐슬링은 다소 시기상조라는 오래 전부터 알려진 사실을 재확인시켜 주었다. 여기서 교환을 통해 궁극적인 동등화를 위해 노력해야 하는 쪽은 백이다.

필리도어 디펜스*Philidor's Defense*
(한남 변형 *Hanham Variation*)

에드워드 라스커-보골류보프의 9국에서 백을 쥔 플레이어는 이 방어법에 대해 아무 이득을 얻지 못했다(흑으로선 불필요하고 어떤 보상도 얻지 못 한 채 d6에 잠재적 약점을 만들기 때문에 이론상 당연히 비판을 받아야 마땅함). 그 이유는 그가 이 경우 포지션 전개에 반하는 움직임을 g5에서 전개했기 때문이다. 이로 인해 이 칸은 전적으로 전술적 위협을 가하는 나이트(f3에 있는)에게 빼앗겼고, 흑은 이후 나이트 이동을 통해 교환을 강요하여 경기를 편하게 하거나 시간 손실로 비숍을 철수시킬 기회를 얻는다.

전반적으로 봤을 때 열린 게임의 가장 중요한 문제들 중 하나라고 할 수 있는 포 나이츠가 다루어지지 않은 것은 안타깝다.

닫힌 게임CLOSED GAMES(1 e4 이후)

프렌치 디펜스 멕커천 변형*French Defense McCutcheon Variaion*

이 논쟁의 여지가 많은 방어법에 다섯 번의 대국들이 투입됐다. 의심할 여지없이, 채택된 두 라인의 결과가 이 문제를 더욱 명확히 하는 데 상당한 기여를 했다. H. 볼프의 **5 Ne2**(1908년 뒤셀도르프)는 오랫동안 부자연스러워서 의심을 받은 이 수의 실제적 강점을 확인시켜 주었기 때문에 다소 놀라움을 불러일으켰다. 보골류보프는 1922년 피에슈타니Piešťany에서 타라시 박사를 상대로 다시 이 수를 성공적으로 사용했지만, 이 승리는 처음에는 그에게 유리하게 보이지 않았던 미들게임을 훌륭하게 처리했기 때문이었다. 결과적으로 이때 오프닝 부분은 거의 고려되지 않았다.

뉴욕 토너먼트 4라운드에서 보골류보프-레티의 18국은 **1 e4 e6 2 d4 d5 3 Nc3 Nf6 4 Bg5 Bb4 5 Ne2**, 그리고 매우 자연스럽게 이어진 **5...dxe4 6 a3 Be7 7 Bxf6 Bxf6 8 Nxe4**로 진행되었다. 이제 흑은 중앙에 있는 백 d파일 폰이 차지한 통제 포지션을 어떻게 하면 시간 손실 없이 제거할 수 있을지 벌써부터 난처해 하고 있다. **8...c5**는 오랫동안 막히게 되며 뻔한 **8...e5**를 두면 백은 간단하게 **9 Qd3!**를 둬서 **9...exd4**(**9...Nc6**면 **10 d5**) **10 Nxf6+ Qxf6 11 Qxd4 Qxd4 12 Nxd4**로 이어갈 수 있다.

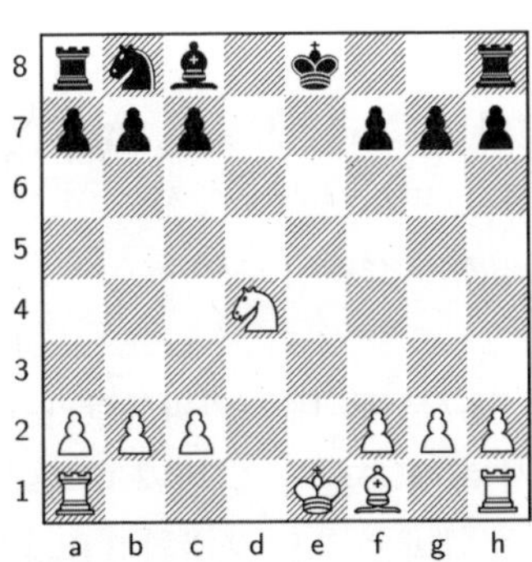

그러면 백 나이트가 차지한 중앙 포지션으로 인해 흑 퀸의 자유로운 전개가 막히며, 이는 c파일 폰의 취약한 전진을 통해서만 쫓아낼 수

있다. 그러므로 포지션은 결코 동등하다고 볼 수 없다. 이 점을 고려하여 레티는 복잡하고 시간 손실이 있는 작전(**8...Bd7**으로 시작)을 계획했다(만약 **8...b6**면 백으로선 **9 g3**에 **Bg2**가 뒤따르는 게 매우 유리함). 그런데 이것은 백의 **Qd3**와 **0-0-0** 이후에는 그를 더욱 불리한 포지션으로 이끈다.

그래서 보골류보프는 별다른 노력 없이 승리 포지션을 확보했다. 그리고 **7...Bxf6**의 부족함을 인지한 레티는 라스커 박사를 상대할 때는 **7...gxf6**라는 더 나은 계획을 시도했다.

그것은 적절한 시점에(즉, 가능한 한 기물들이 전개된 후에) **...f5**로 나이트를 몰아내자는 아이디어다. **8 Nxe4** 이후 레티는 즉시 이 취약한 수를 두도록 유도되었고, 그 결과 놀랍도록 빠르게 무너졌다.

그러므로 흑으로선 백이 **9 N2c3!**를 두면 **9...Bb7 10 Qf3 c6!**(이어서 **...Nd7**)로 이어가기 위한 **8...b6**(보골류보프-알예힌, 82국)가 상대적으로 더 나아 보인다. 이 경우 흑은 적어도 버틸 만한 경기를 할 가능성이 있다. 그러나 이 연속수가 백의 **5 Ne2**의 유효성을 반증하는 시도로 간주될 수는 없음을 이해해야 한다. 따라서 후자의 지속적이고 근거가 확실한 이론적 습득이 입증되었다.

카파블랑카는 두 대국(알예힌(17국)과 보골류보프(107국)를 상대한)에서 전통적인 **5 exd5**를 선택했다. 이에 맞서 두 상대는 각각 다른 라인들을 채택했다. 알예힌은 1914년 상트페테르부르크의 타라시-알예힌이 했던 라인을 따라 **5...Qxd5 6 Bxf6 Bxc3+**로 두 비숍을 빼앗기고 아무런 보상도 얻지 못 한 채 상대의 중앙 폰 체인을 강화한 반면, 보골류보프는 훨씬 더 논리적으로 **6...gxf6 7 Qd2 Qa5!**를 둬서 최소한 동등성을 얻었다. 따라서 뉴욕에서는 이 플레이 라인의 장점을 결정하는 데 있어 무언가가 성취된 셈이다.

고전적인 방어 **4...Be7**은 두 대국(카파블랑카-레티(102국)와 예이츠-마로치(45국))에서 채택되었다. 첫 번째 대국에서 백은 **5 e5 Nfd7** 이후, 역시나 지속적인 압박을 주는 오래된 **6 Bxe7 Qxe7 7 Qd2**를 시도했다. 이어서 **7...0-0 8 f4 c5 9 Nf3 Nc6** 이후에는 **10 dxc5**가 시도됐는데, 이때는 (일반적인 **g3**와 **Bh3** 대신) 상대방의 전개를 더욱 촉진하여 비숍을 위한 d3 칸을 확보하려고 했다. 그러나 흑은 적절한 시점에 이 비숍을 교환함으로써 **...e5**를 통해 중앙에서 자유를 얻거나 c 파일을 압박하여 동등화를 이루기에 충분하다는 사실이 밝혀졌다. 위의 혁신은 모방자를 거의 찾을 수 없을 것이다.

예이츠가 마로치를 상대로 **6 h4**(공격을 목표로 한)로 선택한 라인은 이론적으로는 거의 중요하지 않았다. 흑이 **6...f6!**를 둬서 백이 이 변형의 의도를 따르는 유망한 희생 라인인 **7 Bd3**를 두게끔 허용하지 않았기 때문이다. 백은 이 '위험'을 감수하기보다는 **7 exf6**로 명백히 열등한 포지션을 선택했다.

방어수 **3...Bb4**는 단 한 번만 선택되었다(라스커 박사-마로치, 96국). 그러나 이론적으로 매우 중요한 대국이었다. 과거에 님초비치(흑)가 여러 대국들을 통해 백이 **4 exd5 exd5** 이후에는 비록 작더라도 오프닝에서의 우위를 점할 수 있는 포지션이 아님을 분명히 보여 줬기 때문이다.

라스커 박사는 마로치를 상대로 **4 e5?**를 둬서 '양날의 검' 라인을 시도했는데 **4...c5 5 a3 cxd4 6 axb4 dxc3 7 bxc3 Qc7!** 이후에는 이미 위협받는 지점(상대에게 쉽게 동등화를 허용할 수 있는)의 방어에 전념하거나, 폰 희생을 통해 미들게임에서의 결정을 강요받는 불편한 상황에 직면하게 됐다.

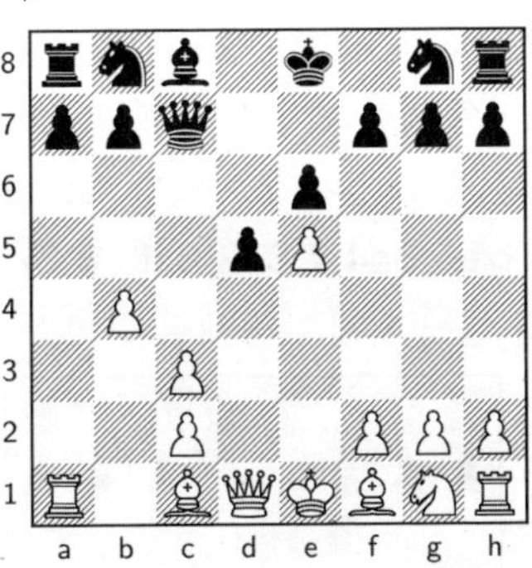

그는 공격을 결정했고, 마로치의 깊이 고려된 훌륭한 수비 때문에 마침내 무너졌다. 16수(이 대국에 대한 설명 참조)에서 백이 **Bc3** 대신 더 강한 **Bc1**을 두었더라도 그의 압박은 폰 손실에 대한 보상뿐이었을 것이다. 따라서 이 대국은 탁월한 미래를 약속하는 수로서의 **4 e5**를 위한 장밋빛 전망을 제시하지 않는다.

알레킨 디펜스 *Alekhine's Defense*

이 모던 오프닝은 세 대국에서 진행되었다(마로치는 슬픈 경험 때문인지 이 이름을 완강히 반대하며, 대신 '킹스 폰 게임King's Pawn Game'이라고 명명함). 이 중 어느 것도 이 오프닝이 근본적으로 올바른지 여부에 대한 문제를 해결하지 못했음을 인정해야겠다. 예를 들어 살펴보자.

1. 마로치-라스커 박사, 31국. **1 e4 Nf6 2 Nc3 d5**(단순하고 좋은 수는 **2...e5**) **3 e5**(더 좋은 수는 **3 exd5**) **3...Nfd7 4 d4 e6**(더 효과적인 수는 **4...c5**) 등등.

2. 마로치-타르타코베르 박사, 59국. **1 e4 Nf6 2 e5 Nd5 3 c4 Nb6 4 d4 d6 5 exd6**(상대의 포위를 억누르고 자신의 기물들의 자유로운 전개를 허용) **5...exd6 6 Nc3 Bf5 7 Be2 Be7 8 Be3 N8d7 9 Nf3 0-0**. 유일한 논리적 수인 **5 f4**가 지금까지 진지한 연습 경기들에서 시도된 적이 거의 없다는 게 정말 놀랍다!

3. 마로치-알예힌, 7국. **1 e4 Nf6 2 d3**(이 수 이후 흑은 **2...c5**를 통해 시실리안 디펜스의 유리한 변형으로 게임을 바꿀 수 있다). 이어지는 흥미로운 복잡성은 결코 강제가 아니다. **2...e5!? 3 f4 Nc6 4 Nf3 d5 5 exd5 Nxd5 6 fxe5 Bg4 7 Be2 Bxf3 8 Bxf3 Qh4+**. 이제 백은 **9 g3 Qd4 10 Qe2**를 통해 쉽게 대등해질 수 있는데,

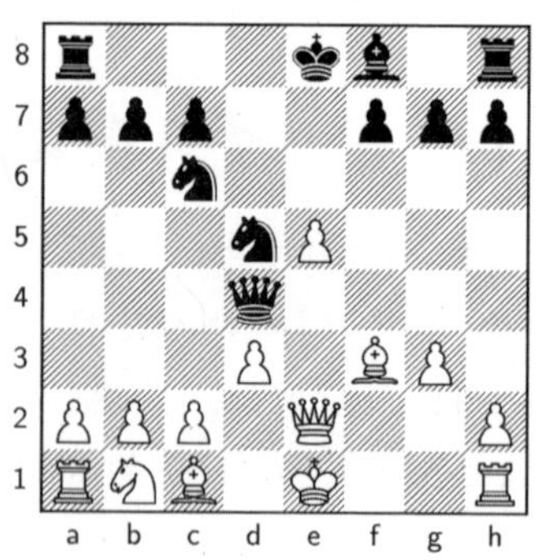

이어지는 c3로 흑은 희생한 폰의 회수에 만족해야 하기 때문이다.

시실리안 디펜스 *Sicilian Defense*

여섯 번의 시실리안 디펜스들 중 타르타코베르 박사가 플레이한 두 번은 그가 가장 선호하는 폴센 변형의 형태를 취했다(라스커 박사와의 21국, 예이츠와의 90국). **1 e4 c5 2 Nf3 e6 3 Nc3 a6 4 d4 cxd4 5 Nxd4 Qc7** 이후,

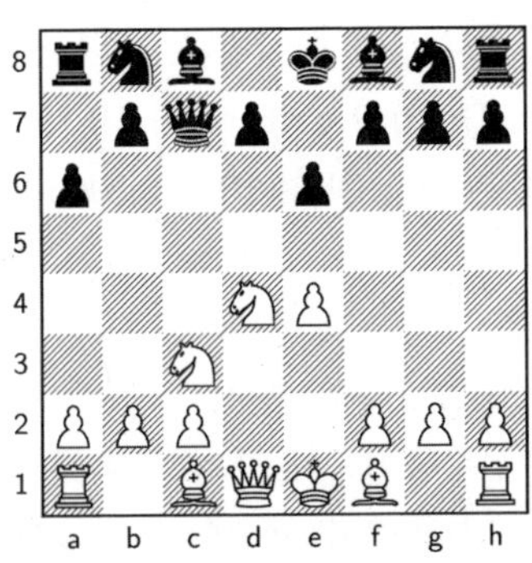

라스커는 다소 무심한 **6 Be2**를 선택했다. 그러면 **6...Bb4! 7 0-0 Nf6**(사실 이 수들은 흑이 실제 대국에서 둔 순서를 바꾼 수들이다) **8 Bf3! Nc6!** 이후 그는 **...Ne5** 이후 킹스 비숍 교환을 하거나 **9 Nxc6 bxc6**를 통해 상대에게 자유로운 전개를 허용해야 하는 불편한 선택에 직면한다.

예이츠는 훨씬 더 나은 변형을 택했다. **6 Bd3! Nc6 7 Be3 Nf6 8 Nb3**. 그의 더 나은 전개 덕에 백에게 매우 유망한 게임으로 이어진다. 어떤 경우에서든 그의 임무는 흑의 불행한 나이트 기동인 **...Ne5**와 **...Nxd3+**를 통해 분명히 더 쉬워졌다.

세 대국에서는 보다 일반적 변형(**...Qc7**이 없는)으로 진행됐다. 그러나 이것들은 개별 변형의 가치에 관한 과거 이론을 바꾸지 않았다.

1. 라스커 박사-보골류보프, 61국. **1 e4 c5 2 Nf3 e6 3 d4 cxd4 4 Nxd4 Nf6 5 Bd3**(이는 **5 Nc3 Bb4 6 Bd3**보다 덜 강력하다고 보는 게 맞음) **5...Nc6 6 Nxc6**(**6 Be3**라면 **6...d5**) **6...bxc6**(**6...dxc6**가 동등성

을 얻기에 충분함) **7 0-0 Be7?**(**7...d5**가 여기서 필요함) **8 e5**, 백에게 유리해진다. 전에도 이런 일이 있었다!

2. 예이츠-라스커 박사, 81국. 동일한 오프닝 4수 이후 백은 **5 Nc3**를 두었고, **5...Nc6 6 Nxc6**와 **e5**("할아버지의" 수인 **6 Ndb5 Bb4 7 a3**는 동등화로만 이어지므로 우리 의견으로는 **6 a3**가 더 나음) 이후 수년간 철저하고 자세하게 분석된 채널로 게임이 전환됐다.

이 변형은 흑의 약점 덕분에 매우 유리하지만 수년 동안 자세히 분석되어 왔기 때문에 지속성이 떨어진다. **6...bxc6 7 e5 Nd5 8 Ne4 f5**(이론적인 수는 **8...Qc7!**) **9 exf6 Nxf6 10 Nd6+ Bxd6 11 Qxd6**, 그리고 바로 지금 흑은 **10...Qb6!**(**10...Qa5+**와 **...Qd5** 대신)로 자유를 얻을 수 있다.

3. 야노프스키-라스커 박사의 대국(16국)에서는 오이베 박사를 리더로 하는 네덜란드 선수들이 선호하는 방어 체계가 성공적으로 사용되었다(**1 e4 c5 2 Nf3 Nc6 3 d4 cxd4 4 Nxd4 Nf6 5 Nc3 d6 6 Be2 e6 7 0-0 Be7** 등등).

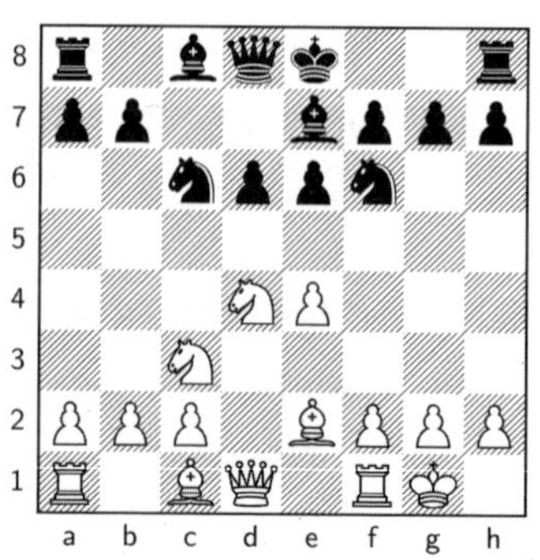

이 포지션에서 백은 자신의 킹을 g1-a7 대각선으로부터 치운 후, 킹스 비숍을 f3에 놓기 위해 즉시 **f4**를 두는 게 가장 좋다(1923년 스케이브닝언Scheveningen에서의 마로치-오이베 경기와 유사하다). 이 결과 흑으로선 퀸에 대한 반격이 훨씬 더 어려워진다.

그러나 야노프스키가 시도한 '느린 압박 게임'은 그의 전개가 끝난 후 흑이 곧 오픈 c파일을 역습에 사용할 기회를 찾았기 때문에 덜 강력하다는 사실이 증명되었다. 아직까지 이 까다로운 전진에 대한 결정적인 설명은 나오지 않았다.

4. 레티-타르타코베르 박사의 54국에서 흑은 익히 알려진 대로 충분한 반격 가능성을 약속하는 고전적인 변형(1 e4 c5 2 Nf3 Nc6 3 d4 cxd4 4 Nxd4 Nf6 5 Nc3 d6 6 Be2 g6 7 0-0 Bg7)을 시도했다. 이는 백이 1 Nf3 g6 2 e4 c5 이후 1...g6에 담긴 선도적인 아이디어를 무효화할 수 있는 3 c4!(이어서 d4 등등)

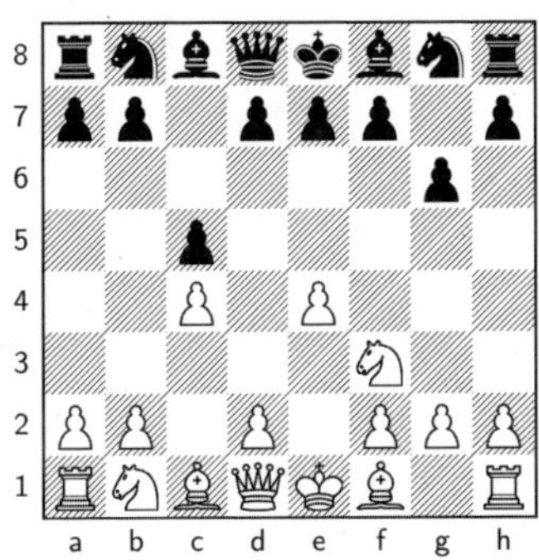

를 통해 상대의 압박을 막을 기회를 무시해서 일어난 일이다.

잉글리시 오프닝 *English Opening*
(백에 의해 두어진 시실리안 디펜스)

타르타코베르 박사-라스커 박사의 대국(101국)에서는 흑의 깊이 고려한 수비 작전으로 인해 오프닝보다도 미들게임의 이론(미래)에 관한 이론적 흥미를 제공해 주었다. 이는 첫 수에서 백도 Be2와 0-0 등등으로 상대의 기다리는 변형 이후 전적으로 소극적인 수비로서의 전개(즉 폴센 시스템)를 채택했기 때문이다. 따라서 그는 첫 수에서 이득을 볼 수 있는 즉각적인 기회를 저버린 게 분명하다.

1 e4 g6(?)

카파블랑카는 이 농담 같은 오프닝(87국)에서 자유를 한 번 만끽했다. 그는 운명의 총애를 받아 상대인 에드워드 라스커가 자발적으로 d4를 통한 중앙 점령을 포기했고 나중에야(완전히 틀린 시점이었음에도) 그 수를 두었기 때문이다. 물론 이 실험은 이론적으로 중요한 의미가 있지는 않다.

카로칸 디펜스 *Caro-Kann Defense*

예이츠-레티의 95국은 (Ⅰ) 백이 과거에 좋아했던 **6 h4**를 매우 신중하게 자제했고(**1 e4 c6 2 d4 d5 3 Nc3 dxe4 4 Nxe4 Bf5 5 Ng3 Bg6** 이후), (Ⅱ) 포지션의 장점을 정확하게 통찰했다는 점에서만 주목할 가치가 있다. 백은 흑의 퀸스 비숍(이 변형에서 흑이 자랑할 수 있는 유일한 전개)이 g6에서 정말 비효율적임을 인식하여 결론적으로 **Bd3**를 통한 비숍 교환을 서둘러 할 필요가 없으며, 훨씬 더 강력한 **Bc4**를 둘 수 있는 포지션이다. 그러나 백의 이어진 시간 손실(**c3**)로 인해 이 결론의 이론적 의미는 열려 있으므로 양쪽의 기회를 측정하기 위해선 이 변형으로 추가 게임들이 플레이되어야 한다.

퀸스 갬빗, 퀸스 폰과 더치 디펜스
Queen's Gambit, Queen's Pawn and Dutch Defense

퀸스 갬빗 수락은 보골류보프-야노프스키(35국)와 마셜-야노프스키의 대국(64국)에서 각각 한 번씩 두 번 있었다. 첫 번째 대국은 흑이 일반적인 변형 **1 d4 d5 2 Nf3 Nf6 3 c4 dxc4 4 e3 e6 5 Bxc4 c5 6 Nc3 Nc6 7 0-0 Be7 8 Qe2! 0-0 9 Rd1! Qc7 10 a3!**에서 b7 비숍의 전개(**10...a6 11 dxc5 Bxc5 12 b4 Be7 13 Bb2** 후에는 불충분하다는 점이 이미 입증된 기동)를 자제했다는 사실 때문에 흥미롭다. 슈타이니츠의 발자취를 따라 **...Bd7**과 결국에는 **...Be8**로, 이 비숍으로 실행 가능한 방어 포지션을 차지하기 위해서다. 그러나 연속수는 이러한 개선에도 불구하고 여전히 백이 더 우선권이 있음을 보여 준다. 즉 **13...Bd7 14 Rac1 Rac8 15 Bd3 Rfd8**가 이어졌다.

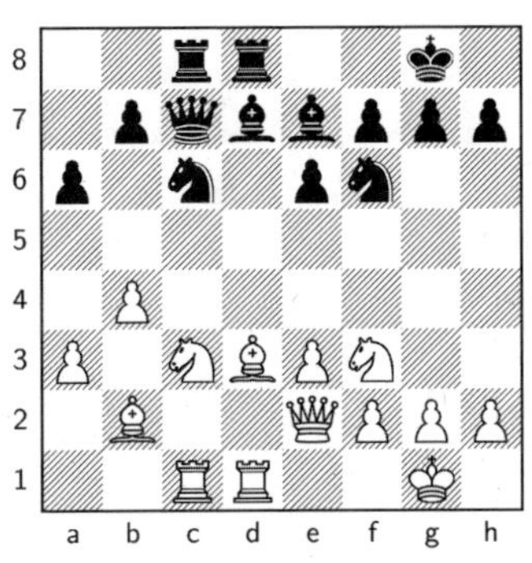

이 포지션에서 백은 두 가지 매우 유망한 계획을 갖고 있다. (Ⅰ) **16 Ng5**로 시작하는 킹사이드 공격, 또는 (Ⅱ) **Na4**와 **Nc5**를 통해 퀸사이드 압박. 두 경우 모두 흑은 수비가 어려워 굴복할 수밖에 없다. 하지만 결국 백이 패한 이 대국의 결과는 오프닝에서 어떻게 됐는지와 아무런 관련이 없다. **1 d4 d5 2 c4 dxc4 3 Nc3(?)**(마셜-야노프스키) 이후 흑이 **3...e5!**를 통해 쉽게 동등해진다는 것은 오래 전부터 알려졌으며 더 이상 확인할 필요가 없는 사실이다. 이 게임에서도 결과는 오프닝이 아닌 패자의 잘못이었다.

퀸스 갬빗 거절 *Queen's Gambit Declined*

이 포지션은 오소독스 디펜스Orthodox Defense의 일반 변형, 즉 **1 d4 Nf6 2 c4 e6 3 Nf3 d5 4 Nc3**의 수순으로 열네 번 이상의 대국들에서 플레이되었다. 이는 완전히 다른 수순을 통해서도 도달할 수 있지만 말이다.

첫째로 흑이 이 방어를 가장 정통적인 방식(**...Be7**에 이어 **...0-0** 또는 **...Nbd7**이 바로 이어지는)으로 처리하려는 몇 가지 시도의 실패를 지적해야겠다.

1. 야노프스키-카파블랑카의 1국에서 흑은 수순인 **4...Be7 5 Bg5 0-0 6 e3 Nbd7 7 Rc1 c6 8 Bd3 dxc4 9 Bxc4 Nd5 10 h4** 이후 흥미로운 혁신인 **10 h4!?**를 통해 난제와 맞부딪친다.

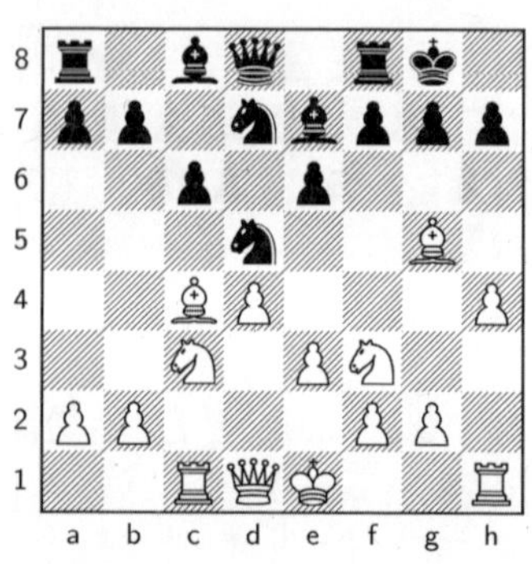

그는 **10...f6**로 해결했지만, 이어지는 e6의 약점 때문에 만족스럽지는 못했다. **10...h6** 후에는 백 폰에게 공격당할 대상을 갖게 되거나 **10...N7f6**(백은 지금 **11 Ne5, Qf3**와 **e4**를 두겠다고 위협하는 중)는 만족스러운 결과로 이어지지 않을 것이다. 따라서 가장 버틸 수 있는 방어 체계는 **10...Nxc3** 이후 **...b6**와 **...Bb7**을 통한 퀸사이드에서의 신속한 동원이 될 것으로 보인다. 그러면 아마도 백의 어리석은 10수(우익의 약화)가 가진 '손상된 측면seamy side'이 나중에 드러났을 것이다. 어쨌든 야노프스키의 혁신은 더 연구할 가치가 있다.

2. 7수까지 동일했던 보골류보프-예이츠의 79국에서는 루빈스타인의 수 **8 Qc2**(**8 Bd3** 대신)를 둔 백이 **8...a6 9 cxd5 exd5 10 Bd3 Re8 11 0-0 Nf8** 이후 명백하게 압도적 포지션을 확보했다. 그는 **12 h3!**(그륀펠트-번스타인, 칼스바트, 1923)에 이어 **Ne5**로 더욱 강화할 수도 있었을 것이다. 그러나 이 오프닝 처리 방식에 대한 판단을 내리기 전에 먼저 결정해야 할 것이 있다.

(1) **8 Qc2** 이후 흑이 **8...a6**(그리고 알려진 대로 **8...Ne4**가 이 포지션에서 두어짐: 그륀펠트-H. 볼프, 매리슈 오스트라우, 1923)보다 나은 수를 가지고 있는지 여부.

(2) **9 cxd5 cxd5 10 Bd3 h6**에 이어 결국 **...b5**로 이어지는 경우, 백이 c파일에서 상대의 일시적인 약점을 이용하여 이익을 얻을 충분한 수단을 갖고 있는지 여부. 아마도 다음 토너먼트에서 이 질문에 대한 답이 나올 것이다.

(3) **9...c5**를 통해 흑 포지션을 자유롭게 하려는 시도는 다음 대국(알예

힌-마로치, 67국)에서 흑에게 그리 유리하지 않은 것으로 드러났다. 즉 **4...Be7 5 Bg5 0-0 6 e3 Ne4 7 Bxe7 Qxe7 8 Qc2! Nxc3 9 Qxc3.** 이어서 (**9...c5** 이후) 간단히 **10 cxd5 cxd4 11 Nxd4 exd5 12 Be2.**

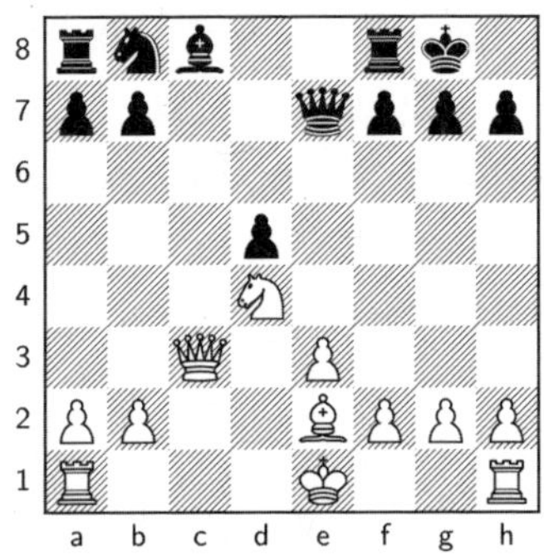

흑은 자신의 기물들의 뒤처진 전개와, 상대방의 c파일에 대한 압박과 관련하여 취하게 된 d5에서의 약점이 더 전개되는 현실적인 고난으로 인해 결국 무너질 수밖에 없다. 실제로 백은 매우 빠르게 확실한 승리 포지션을 확보한다.

다섯 번의 대국에서 흑은 **4...Nbd7**을 두었다. 목적은 **5 Bg5** 이후 즉각적인 돌격을 만들고 **5...c6 6 e3 Qa5**(캠브리지 스프링스 변형)를 통해 백 퀸스 비숍이 자신의 날개에서 부재하게 만들어 이익을 얻으려고 시도하는 것이다. 오프닝에서 이어진 플레이 라인은 타라시 박사의 훌륭한 저서 『퀸스 갬빗 방어The Defense to the Queen's Gambit』에서의 결론을 철저히 확인시켜 준다.

그것은 다음과 같이 증명된 것으로 간주할 수 있다.

(1) **5 Bg5 c6 6 e3 Qa5** 이후 **7 Nd2**(오랫동안 유일한 구원수라고 생각했던)는 백 세력에게 이점이 전혀 없다. 왜냐하면 보골류보프의 혁신인 **7...Bb4 8 Qc2 0-0 9 Be2 e5!** **10 dxe5 Ne4**(비슷한 변형이 에드워드 라스커-라스커 박사(91국)의 대국에서 백의 오프닝 실수의 결과로 나온 경우인 **7...Ne4** 이후 발생) 때문이다.

(2) 결과적으로 백은 **7 cxd5!**(카파블랑카-에드워드 라스커의 13국은 **7 Bxf6**의 무해함을 증명함) **7...exd5 8 Bd3 Ne4 9 0-0!**(야노프스키-보골류보프의 100국. 마셜의 **9 Qc2**도 좋은 수임)를 두어야 한다. 그럼으

로써 시기상조인 흑의 공격은 시간 손실 없이 격퇴되고 결과적으로 그는 뒤처진 전개로 인해 지속적으로 불리한 상황에 처한다.

...c5와 연결되는 5...Bb4도 흑에게 좋지 않다. 그러면 백은 최선의 대책인 버티기로서의 6 e3(마로치-에드워드 라스커의 74국에서 사용된 6 cxd5보다 더 정확함)를 두고 6...c5 7 cxd5 exd5 8 Bd3! 이후 중앙에서의 자신의 의도를 밝히면서, 8...c4를 두면 9 Bc2 Qa5 10 0-0 Bxc3 11 bxc3 Qxc3 12 Qb1!으로 공격할 가능성이 있다(12...0-0 13 e4!).

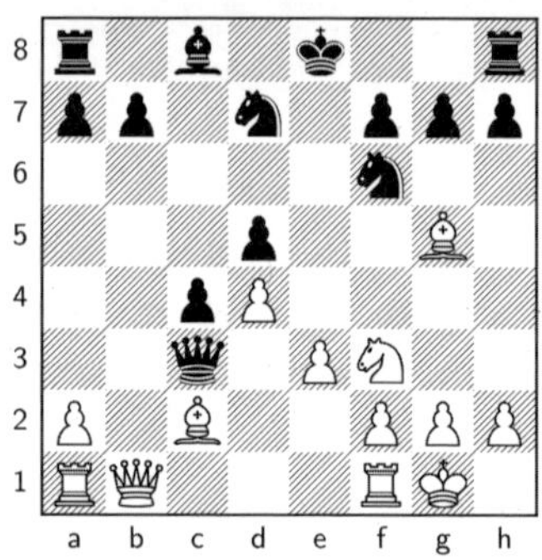

이 모든 것은 백이 상대의 퀸사이드 행동을 두려워할 필요가 없음을 증명하며, 결과적으로 알예힌-라스커의 11국에서와 같이 즉각적인 5 cxd5가 타이밍 측면에서 가장 덜 나쁘다고 말할 수 있다.

흑이 카파블랑카-마셜의 77국에서처럼 4수에서 ...Bb4를 두는 것은 그리 추천하고 싶지 않다. 백이 5 Qa4+!를 둬서 5...Nc6 응수를 강제할 수 있으며 그러면 흑에게 그토록 중요한 중앙에서의 라인 개방이 훨씬 더 어려워지기 때문이다. 이상하게도 세계 챔피언은 위의 대국에서 이 가능성을 전혀 활용하지 않았다.

우리 생각에 수비에 훨씬 더 중요하고 가치 있는 것은 4...c6와 연결된 변형이며 이는 최종적으로 갬빗 폰의 후속 포획을 목표로 하는데, 특히 1924년 메란에서 루빈스타인이 중요한 변형들 중 하나를 개선하면서 그 중요성이 전면에 부각되었기 때문에 더욱 그렇다.

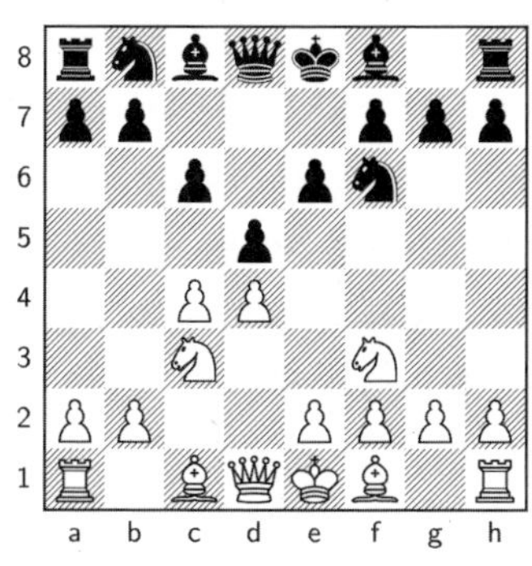

여기서 도달한 포지션의 백이 몇 수 후 **e4**로 돌파하기 위해서는 **5 e3**를 두기만 하면 되고, 그렇게 해서 얻게 되는 이동의 커다란 자유를 통해 실질적인 이점 확보가 증명되었기 때문에 이 수법은 최근까지 유지되었다(예를 들어 **5...Nbd7 6 Bd3 Bd6(?) 7 e4**).

그러나 루빈스타인은 메란에서 열린 그륀펠트와의 대국에서 **6...dxc4! 7 Bxc4 b5 8 Bd3 a6**를 두어 흑이 6수(**6 Bd3 Bd6**)에서 상대를 따라하는 대신 퀸사이드에서의 전환을 유도하여 유망한 게임을 얻을 수 있음을 증명했다. 백은 이제 이 방어 체계를 완성하는 **...c5**를 막을 수 없다. 우리는 이 수법의 정확한 가치에 대한 최종 판단은 시기상조라고 생각한다. 어쨌든 지금까지의 실제 결과는 흑이 너무 많은 시도를 하지 않는다면 최소한 대등해진다는 사실을 보여 주었다.

둘째로 실용적 관점에서 퀸스 갬빗에 대응하는 대부분의 방어 체계보다 훨씬 더 유망할 수 있다는 게 매우 중요하다. 뉴욕에서 이 변형으로 플레이된 유일한 대국, 즉 에드워드 라스커-타르타코베르 박사의 대국(65국)에서 흑은 **9 0-0 c5 10 a4 b4 11 Ne4 Bb7 12 Nxf6+ Nxf6 13 Qe2**와 **13...Qd5**로 이치에 맞는 연속수 후 주도권을 잡았다.

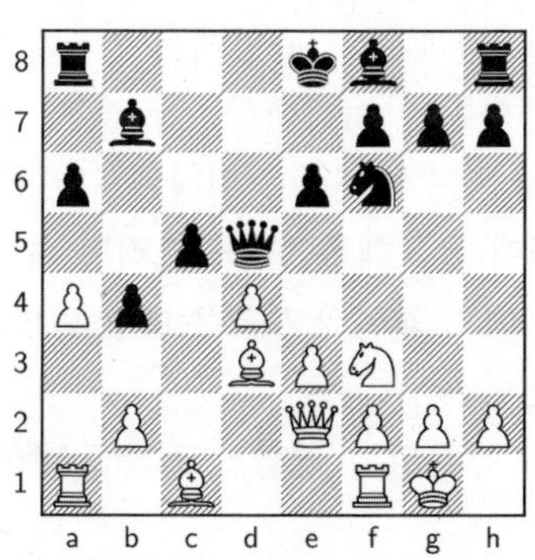

다른 두 경우에서 백은 이 변형을 피했다(야노프스키-타르타코베르 박사의 50국, 마셜-알예힌의 99국). **4...c6**에 **5 Bg5**(야노프스키)로 응수한 뒤 **5...h6** 이후 대담한 **6 Bh4**(**6...dxc4**에 이어 갬빗 폰을 유지하는 **...b5**)를 두었다. 다른 경우에는 즉시 무승부인 **5 cxd5 exd5 6 Bg5 Be7 7 e3 Bf5!**가 선호될 수 있었다. 이 마지막 변형은 분명 흑에게 어려움이 없으므로 **5 Bg5**가 훨씬 더 고려할 가치가 있다. 결과적으로는 두 가지 의문이 생긴다.

(1) **5...h6 6 Bh4 dxc4 7 e4**(야노프스키의 **7 e3**는 불충분한 것으로 판명됨) **7...g5 8 Bg3 b5** 이후, 백은 희생된 폰에 대해 포지션에서의 충분한 보상을 얻을 수 있을까?

(2) 만약 그렇지 않다면, **6 Bxf6 Qxf6 7 e3** 이후 다소 나은 전개로 인해 확실한 이득을 기대할 수 있을까?

4...c6로 시작하는 방어 체계의 미래는 이 질문에 대한 답에 달려 있다고 생각한다.

2...c6 디펜스 2...c6 Defense

1 d4 d5 2 c4 c6 이후, 백은 세 가지 연속수를 고려해야 한다.

1. 마셜이 사용한 단순하지만 탄탄한 라인인 **3 cxd5 cxd5**는 교환으로 인해 다시 대칭이 된 폰 포지션에서의 첫 수에서 이득을 취하기 위해 사용되었다.

2. **3 Nc3**는 **3...Nf6**면 **4 e3**로(중앙에서 폰 교환을 하지 않고) 흑 퀸스 비숍을 포위하겠다는 아이디어다. 이 경우, 백은 우리 생각으로는 불충분한, 흥미로운 수인 S. A. 비나베르Szymon Abramowicz Winawer의 **3...e5**에 굴복해야 한다. 그러면 흑이 **4 e3**에 **4...e6**로 응수하는 상황에도, 백의 최선의 계획은 메란 변형으로 가는 것이다.

3. 최근까지 매우 선호되는 변형인 **3 Nf3 Nf6 4 Nc3**(백은 **4 e3**

Bf5로는 아무것도 얻지 못 함)는 최근 조사에 따르면 모호한 압박을 가하는 것으로 보인다. 여기서 흑은 다음 네 가지 이상의 라인을 둘 수 있으며, 어느 것도 불리하게 작용하지 않는다.

(1) **4...dxc4 5 e3 b5**에 이어 **...b4!** 이후에는 백이 시간 손실을 감수하더라도 갬빗 폰을 되찾으려 노력해야 한다.

(2) **4...Bf5 5 cxd5 Nxd5 6 Qb3 Qb6**로 흑은 힘들이지 않고 자신의 전개를 완성할 수 있다.

(3) **4...e6**, 그리고 **4...c6**를 동반하는 오소독스 디펜스 시스템으로 전선을 가져온다.

(4) 브레이어Breyer의 **4...Ne4**는 **5 e3** 이후 '더블 스톤월Double Stonewall' 대형으로 이어질 가능성이 있는데, 이는 아마도 가장 가능성이 낮지만 아직 입증되지는 않은 연속수다.

1.에서 언급한 변형은 마셜-라스커 박사의 경기(41국)와 카파블랑카-라스커 박사의 경기(66국)에서도 사용되었는데, 여기서도 수들의 불필요한 반전이 있었다. 마셜은 적절한 시점에 **Qb3**를 둠으로써 ...e6를 통해 흑 퀸스 비숍을 강제로 속박시킨 반면, 라스커 박사는 카파블랑카와의 대국에서 흥미로운 기동인 **...Nh5**와 **...f5**를 두 번째로 시도하기 위해 자발적으로 이런 일이 일어나도록 했다. 주석자들이 한목소리로 백의 f4(항상 흑에게 불편한 곳) 비숍의 강제 철수를 비난하는 현실에도 불구하고 우리는 그 선택이 옳다고 믿는다. 실제로 마셜-라스커 박사 대국에서 백은 이미 14수(!)에서 **14 Na4 Qa5+ 15 Nc3!** 기동보다 더 좋은 수를 찾지 못했는데, 이는 흑 방어의 강점을 잘 증명하는 결과다. 카파블랑카-라스커 박사의 대국에서도 흑은 10수에서의 시간 손실에도 불구하고 미들게임에서 만족스러운 포지션이 아니었으며 나중에 불필요하게도 백의 매우 유망한 희생을 허용했다. 하지만 마셜의 플레이 방식은 초반의 '평탄화'를 막는 큰 장점이 있기에 다음 토너먼트를 위한 연습에서 가장 유망한 라인으로 채택될 가능성이 높다.

알예힌-카파블랑카의 57국은 **3 Nc3 Nf6 4 e3** 이후에는 흑이

4...Bf5를 둘 수 없음을 분명히 보여 준다. 왜냐하면 5 cxd5 exd5(또는 5...Nxd5면 6 Bc4에 이어 Nge2) 6 Qb3!면 6...Bc8 7 Nf3 e6 이후 백은 자신의 나이트를 e5에 두고 훨씬 나은 전개 덕분에 매우 우세한 게임을 얻는다. 결과적으로 그는 메란에서 발견된 이후 꽤 플레이 가능한 수로 보이는 신중한 4...e6에 만족해야 한다.

3 Nf3 Nf6 4 Nc3 이후에는 폰 포획이 시도되었다(4...dxc4, 85국). 그러나 이것은 명백히 잘못된 폰 희생 5 Bg5(?)에 의해 충족되었다. 이후 흑은 몇 수 만에 승기를 잡았다.

마지막으로 익숙한 4 e3(보골류보프-마로치, 104국)도 양쪽에서 오프닝을 다소 복잡하게 다루면서 한번 사용되었다. 백에게는 호의적이지 않았다.

퀸스 폰 오프닝 Queen's Pawn Opening

1. c파일 폰의 c3 칸 전진과 함께 비숍의 f4로의 전개는 보골류보프-마셜(12국), 카파블랑카-마로치(37국), 야노프스키-에드워드 라스커(105국)의 대국에서 세 번 진행됐다. 이 오프닝 동작의 결과는 다음과 같아 보인다.

(1) 이 전개 방식은 흑이 시기상조인 ...e6(보골류보프-마셜)를 통해 그의 퀸스 비숍이 포위되어야만 성공할 수 있다. 그렇지 않으면-퀸스 갬빗에 대한 2...c6 방어 이후 발생하는 몇 가지 변형과 유사하게-흑은 자신의 병력을 자유롭게 전개할 수 있는 ...Bf5를 둘 수 있으며, 그럼으로써 매우 그럴듯한 수들(카파블랑카-마로치)이 나오면 곧 주도권을 잡을 수 있다.

(2) 이 경우에도 흑이 불리할 필요는 없는데, 만약 그가 f4에서 백 비숍 교환(Bd6 이후)을 목표로 한다면, 이 교환은 d4와 e5 칸들의 양도와 관련되지 않을 때에만 가능하다(즉, 만약 예를 들어 Bxf4, exf4, cxd4면, c파일 폰은 즉시 또는 d4에서의 후속적인 나이트 교환 후에 재탈환해야 한다). 보골류보프-마셜(그리고 F. 재미슈Friedrich Sämisch-B. 코스

티치Borislav Kostić, 1922년 테플리츠 쇠나우Teplitz-Schönau)의 대국은 흑이 상대의 의도를 제때 알아채지 못하고 저지하지 못할 경우 겪어야 하는 고난을 잘 보여 주는 예다.

2. 이어진 퀸스 비숍의 피앙케토와 결과적인 e5 칸의 점령과 관련하여 '둘러싸는 수Hemming-in-move(나쁜 비숍을 만드는 수)'인 **3 e3**(마로치-보골류보프의 24국 및 보골류보프-카파블랑카의 42국)는 빠르게 유행에서 완전히 벗어날 것으로 예상된다. 실제로 백은 **1 d4 d5 2 Nf3 Nf6 3 e3 e6 4 Bd3 c5 5 b3 Nc6 6 0-0 Bd6 7 Bb2 0-0** 이후 자신의 계획을 온전히 수행하기 위한 딜레마에 바로 직면한다.

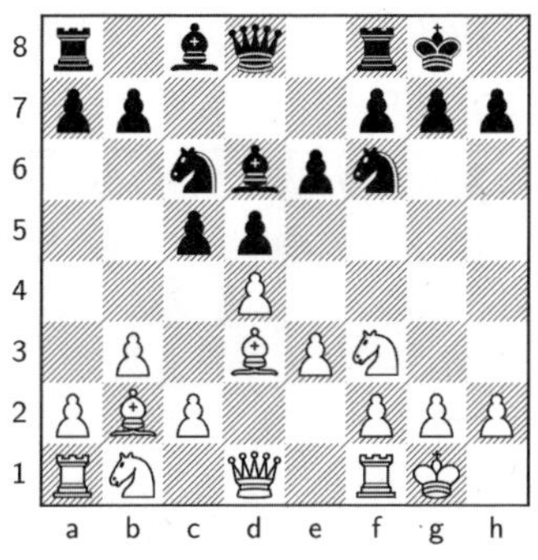

(1) **8 Nbd2** 다음에 **8...Qe7!**이 이어진다. 이미 백은 **9...e5**의 위협과, **9...cxd4, 10...Ba3** 이후에는 퀸스 비숍 교환을 해야 하고 그에 따른 어두운 칸의 약화 때문에 **9 Ne5**를 택해야 한다. **8 Ne5**(마로치-보골류보프) 이후 흑에게 최선의 연속수는 **8...Qc7!**(보골류보프의 **8...Ne7**보다 더 설득력 있는) **9 f4 cxd4 10 exd4 Nb4**로, 이후 백 비숍을 교환하면서 더 쉬운 수비가 이어진다.

(2) 마지막으로, 백이 **8 a3**라는 예방 조치를 했을 때 흑이 단순하게 **8...Qc7**에 이어 **...e5**를 두면 백의 동원 계획은 다시 완전히 뒤집힌다.

더치 디펜스 *The Dutch Defense*

모두 세 대국에서 이 구식 방어법을 뒀고, 우리 생각으로는 근본적으로 불건전한 수비(불안정한 폰 구조, 끊임없는 **e4** 또는 **d5** 돌파 위협, **...d5**를 두면 발생하는 e5의 구멍!)가 흑에게 불만족스러운 형태를 취하게 했으며 그들 중 한 명은 무승부를 통해 구원받기 위해 세심한 주의를 기울여야만 했다! 그리고 이것은 백이 오프닝을 효율적으로 처리하지 않았음에도 불구하고 일어난 일이다.

두 대국(마셜-타르타코베르 박사의 8국, 카파블랑카-타르타코베르 박사의 27국)에서 백은 **4 Bg5**(그리고 **e3, Nf3, Bd3**)를 뒀으며, 이로 인해 e4 칸의 통제권은 적어도 한동안 흑에게 맡겨졌다. 반면, 보골류보프와 타르타코베르 박사의 75국에서는 다음과 같이 다소 흥미롭게 펼쳐졌다. 즉, **1 d4 f5 2 g3 e6 3 Bg2 Nf6 4 c4**(더 정확한 것은 **4 Nf3**와 **0-0**) **4...d5 5 Nf3 c6 6 0-0 Bd6**. 여기서 **7 Nbd2**가 아니라(예를 들어 타라시-미세스 박사의 1922년 테플리츠 쇠나우 대국에서처럼) 훨씬 더 강력한 **7 Nc3! Nbd7 8 Qc2! 0-0 9 cxd5 cxd5 10 Nb5 Bb8 11 Bf4 Bxf4 12 gxf4** 이후에는 백의 이점이 분명하다.

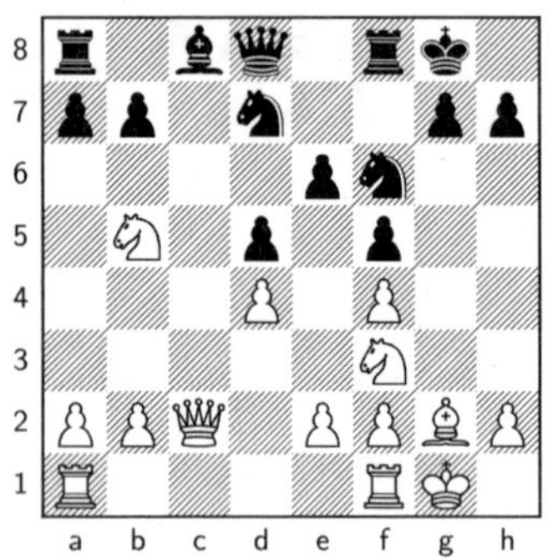

타르타코베르 박사의 전술적 기량이 결국 동점을 만들 수 있었지만 더치 스톤월 디펜스Dutch Stonewall defense는 그 어느 때보다 만족스럽지 못한 것으로 여겨졌다.

모던 오프닝

인디언 디펜스 *The Indian Defense*

1 d4 Nf6 이후, 동일한 포지션으로 이어지는 10개의 수들 중 두 수, 즉 **2 c4**와 **2 Nf3**는 백의 입장에서 주요하게 고려할 가치가 있다.

이 두 수 모두 의심할 여지없이 나름의 목적이 있지만, 가능한 한 첫 수에서 이점을 활용하기 위해서는 전자가 훨씬 더 논리적이고 적절하다고 생각된다. 실제로 백은 2수 후 오프닝에서 중앙 투쟁을 계속하기 위해 상대방의 다음과 같은 동원 계획들을 고려해야 한다.

1. 이어지는 **...d5**, 이를 통해 흑은 퀸스 갬빗의 변형으로 돌아간다. 흑이 **...c6**로 방어했을 때 결국 **Nf3**(위 참조)를 두는 게 백에게 항상 필요한 것은 아니다. 백은 d5를 적시에 압박하여(**Nc3**와 **Qb3**) 흑이 갇히는 수인 **...e6**를 두게끔 즉시 강제하는 게 종종 더 중요하다.

2. 백으로선 **2...e6** 전개에 이어서 **...b6**와 **...Bb7**가 이어지는 **2 c4** 뒤에는 **Nc3, Qc2**(또는 **...Bb4** 후에는 **Qb3**)로 성공적인 싸움을 벌여 결국 **e4**로 이어지는 게 옳다.

3. 그륀펠트의 방법 **2...g6**는 결국 **...d5**로 연결되는데, 백으로선 **2 c4** 이후에는 **3 g3!**와 **Bg2**를 통해 d5를 적시에 (그리고 **2 Nf3** 이후에는 실행이 불가능한) 압박하여 그 실행을 분명 더 어렵게 만들 수 있으며, 그 다음에는 **Nc3**만 실행할 수 있다. 따라서 흑이 자신의 계획을 끝까지 밀고 나가고자 한다면 **...c6**를 선택해야 하는데, 이는 명백히 발견자의 선도적인 오프닝 아이디어(**...c5**를 통한 백 중앙 공격)와 정면으로 배치되는 것이다. 그러나 이것과는 별개로, 백의 **Nf3**는 그륀펠트 오프닝의 주요 변형인 **1 d4 Nf6 2 c4 g6 3 Nc3 d5 4 cxd5 Nxd5 5 e4 Nxc3 6 bxc3 Bg7**에서도 반드시 필요한 수는 아니다. 예를 들어, **Ne2**로 킹스 비숍이 전개된 후에 유리하게 플레이할 수 있다.

4. 마지막으로 인디언 디펜스(**2...g6**에 이어 **...d6**, 또는 (정확하지는 않지만) 뉴욕에서 종종 쓰인 것처럼 수순이 뒤바뀌는 경우)에서 백은 **2 Nf3**(인디언 포 폰스 게임Indian Four Pawns Game)를 통한 f 파일 폰의 매우 강력한 전진 가능성을 충분한 근거 없이는 활용하지 않는 게 적합하다.

지난 몇 년 동안 마스터들의 실행은 백이 적어도 이 라인을 따르면 강력한 주도권을 얻을 수 있음을 매우 결정적으로 보여 준 만큼, 백으로선 **2 c4**가 상대에게 부다페스트 디펜스를 할 기회를 주는 상황이라 해도 이 수에 저항할 수가 없다. 따라서 **2 Nf3**는 백이 시스템 **3 f4**, 이어서 **e3, c3** 등을 통해 인디언 대형에 전투를 제공하기로 미리 결정한 경우에만 자체적인 의미가 있는데, 이는 흑에게 불리하지 않으며 매우 안전한 방어 체계를 구축할 수 있다(**흑을 위한 레티의 시스템** 내용 참조). 어쨌든 방해받지 않는 중앙 칸들 통제를 목표로 하는 오프닝 계획보다는 더 많은 반격 기회를 제공해 버린다.

그륀펠트 디펜스나 레티 시스템을 사용하지 않는 것이 바람직하다는 사고방식으로 이뤄지는 강력한 인디언 디펜스는 뉴욕에서 흑 플레이어들이 열한 번이나 시도했다. 총체적으로 볼 때 이 오프닝에서 양쪽이 갖는 기회를 상당히 명확하게 보여 주었다.

1. 다음 시스템이 백에게 유리하다고 증명됐다. **1 d4 Nf6 2 c4 g6 3 Nc3 Bg7**(더 많은 기회를 제공하는 것은 **3...d5**) **4 e4 d6 5 f4**(또는 **5 Nf3**, (2) 참조) **5...0-0 6 Nf3**(알예힌-마셜의 33국, 알예힌-예이츠의 72국, 알예힌-에드워드 라스커의 78국). 이 포지션에서 흑으로선 **6...c5**는 단순한 **7 dxc5 dxc5 8 Qxd8**(이후 **e5, Nd5** 등으로 이어짐)로 인해 불리해지기 때문에 상대의 폰 대형이 완성되기 전에 반드시 "정리하는" 전진인 **...e5**를 수행해야 한다. 그는 이 결과를 위해 시간 손실 준비수를 시도했지만 실패했다(**...Ne8, ...Nfd7, ...Nbd7, ...Nc6, ...Bg4**).

결국 흑은 알예힌-에드워드 라스커의 대국에서 **6...e5**를 즉시 둘 수 있음을 처음으로 발견했다! 실제로 백은 폰 희생을 받아들이면 불리한 포지션에 놓일 수 있기 때문에 **7 fxe5 dxe5 8 d5**의 포지션에 적합한 기동을 결정해야 한다(이 대국의 설명을 참고).

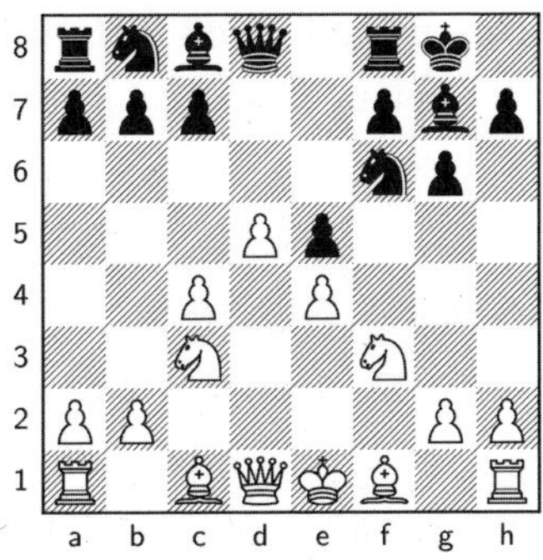

　이 포지션에서도 흑은 시간을 절약했음에도 불구하고 **...f5**로 시작하는 유일하게 가능한 반격을 적시에 시작할 수 없어서 여전히 다소 불리하다고 생각된다. 왜냐하면 그는 지금 c5 칸을 안전하게 만들어야 할 필요성에 직면했기 때문이다. 어쨌든 이 변형을 사용한 유일한 대국이기 때문에 판정을 내리기에는 자료가 불충분한 만큼 에드워드 라스커가 행한 혁신의 더 정확한 결과는 실제적으로 더 자세히 알아보는 게 흥미로울 것이다.

　2. 그륀펠트가 인정한 **5 Nf3**는 마셜-레티의 3국에서 수 바꿈을 통해 발생했다. **5...0-0** 이후에도 이 포지션은 백에게 유리하다. 하지만 **6 Bd3**(마셜이 둔)는 **6...Bg4** 이후에 발생할 d4 칸의 약점 때문에 안 되고, **6 Be2!**를 두어야 한다.

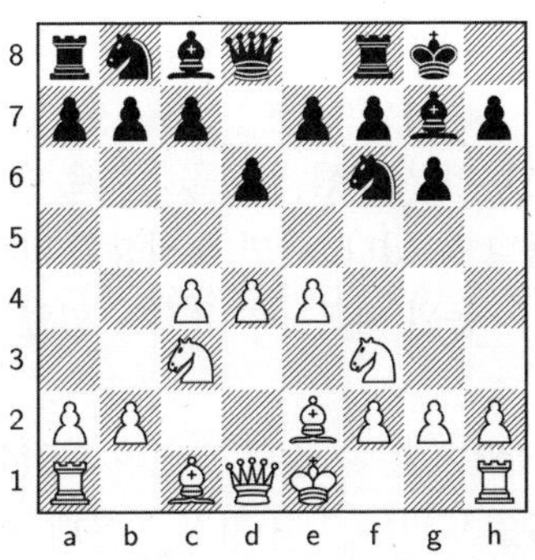

　또한 **6 h3**(1922년 재미슈-레티, 1922년 테플리츠 쇠나우, 1923년 그륀펠트-레티의 대국에서처럼)는 **6...c5** 때문에 안 된다. **6 Be2**가 흑의 **...Bg4**의 효과와 반격수 **6...c5**(**7 dxc5 Qa5 8 cxd6 Nxe4 9**

dxe7 Re8 10 0-0)의 위력이 떨어진다. 그러나 이 결과에서도 **6...e5! 7 d5**(7 dxe5면 7...dxe5 8 Qxd8 Rxd8 9 Nxe5 Nxe4) **7...Nbd7** 및 **...Nc5**면 백이 앞의 포지션보다 더 많은 것을 얻을 수 있을지는 의문이다.

3.이미 언급한 킹스 비숍의 피앙케토는 그륀펠트 변형(알예힌-레티, 38국)에도 반하는 것으로, **1 d4 Nf6 2 c4 g6 3 g3 Bg7 4 Bg2 0-0 5 Nc3 d6**(그륀펠트에 따르면 ...c6와 ...d5가 더 견딜 만함) 이후 백이 훨씬 우위에 놓인다. **6 Nf3 Nc6**(번, 예이츠) **7 d5! Nb8 8 0-0**.

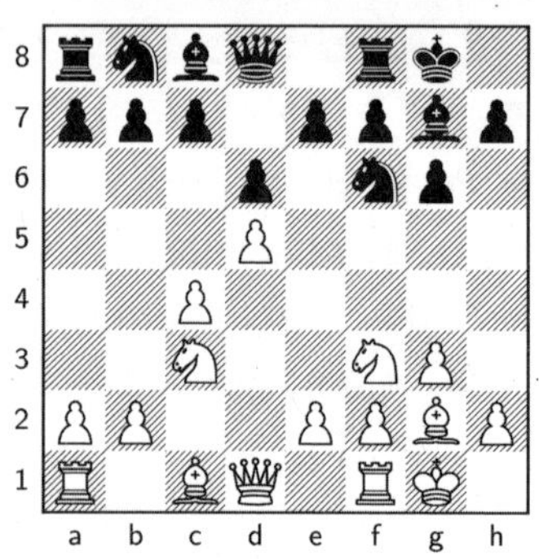

둘 다 **8...e5 9 dxe6!**(알예힌-조지 토마스 경, 1923년 칼스바트)와 레티가 언급한 경기(**9 h3 Bxf3 10 exf3!**)에서 시도한 g4에서의 비숍 전개는 만족스러운 결과를 얻지 못했다. 심지어 마로치가 추천한 대로 흑 나이트가 c5 칸(**...a5** 이후)에 고정된다면 백은 전개가 끝난 후 퀸사이드에서 폰 공격을 성공적으로 수행할 수 있는 시간을 벌 수 있을 것이다.

보다시피, 백은 인디언 시스템에 성공적으로 대응하기 위해 최소한 세 가지 방법을 사용할 수 있다. 반면에 권장할 만한 것은 아니지만 뉴욕에서는 다음과 같은 동원 계획들의 유혹도 있었다.

4. 백이 **c4** 전에 **Nc3**(또는 이 수와 관련된 **3 Bf4**)를 두면 흑은 **...d6** 이후에 빠르게 **...c5**를 노리는 것이 가장 좋은데, 이 경우 백 d파일 폰을 왼쪽의 이웃이 보호할 수 없으므로 백의 중앙에서의 '거래'의 자유가 상당히 줄어든다(마셜-마로치의 94국, 에드워드 라스커-마로치의 4국). 반면에 흑에게 덜 강력한 것은 **Nc3** 이후 응수인 **...d5**로, 특히

비숍의 f4 전개 이후 목적이 없는 것처럼 보이는 백에게 불필요하게 e5 칸을 내 준다. 실제로 흑은 이런 방식으로 처리된 두 대국(카파블랑카-예이츠의 32국, 마샬-에드워드 라스커의 83국)에서 모두 불리한 포지션에 도달했다.

백의 **c3, d4, e4**의 폰 대형(재능 있고 역설적인 이론가인 미국의 영 Young 씨가 열렬히 추천한)을 인디언 시스템에 대항하여 대중화하려는 시도의 부적절함은 예이츠 씨가 마샬(23국)과 에드워드 라스커(60국)와의 대국에서 분명히 보여 주었다. 백은 적당한 준비 후 **...e5**를 막기 위한 어떤 일도 하지 않는 만큼 전략은 간단하다. 따라서 흑은

(1) e5에서 교환하여 약화된 퀸의 파일(d3 칸)을 통해 백을 불리하게 만들거나
(2) 폰을 d5로 강제로 전진시켜서(에드워드 라스커), **...f5**를 통해 f파일에서 좋은 반격을 빠르게 얻거나, 마지막으로
(3) 백에게 d4(마샬)에서 교환을 허용하여 중앙 폰들이 걸려 있게 하여 다소 불리하게 만드는 것이다.

모든 상황에서 흑이 **...e5**를 두려고 노력해야 할 필요는 없지만, 상대가 **3 Bf4**를 통해 이 전진을 더 어렵게 만들려고 할 경우 **...c5**로 훨씬 더 빨리 레티 시스템으로 전환할 수 있다는 증거는 야노프스키-예이츠의 대국(70국)에서 입증되었다(해당 대국을 더 자세히 보라). 여기서 백은 치밀한 오프닝 전략을 통해 흑의 구조에서 '아킬레스건'(d5 칸)을 적시에 발견하여 치명적인 효과를 낼 수 있었다.

마지막으로 71국에서 카파블랑카는 야노프스키를 상대로 '백' 인디언 오프닝, 즉 다음과 같은 수를 두었다. **1 Nf3 d5 2 g3 c5 3 Bg2 Nc6 4 0-0**(흑에게 그륀펠트 변형이 가능한 경우, 여기서 **d4!**를 통해 강제할 수 있음) **4...e5 5 c4**(이를 통해 백은 보상 없이 자신을 가두게 되어 실제로 상당한 어려움과 맞서 싸워야 함. **5 d3 f5**(또는 **...Nf6**) 후에는 흑과 백의 입장이 반전된 이 변형을 확인할 수 있는데, 그 후 그다지 만족스럽지 않은 포지션에서 그의 기회를 개선할 수의 이점이 얼

마나 되는지 조사하는 일은 흥미로웠을 것임) **5...d4**, 그리고 백은 **e3**
를 통해 e파일이 열린 후에야 결과적으로 동등화를 기대할 수 있다.

레티 시스템 *The Reti System*

레티 오프닝의 일반적인 포지션(즉 **1 Nf3 d5 2 c4** 이후).

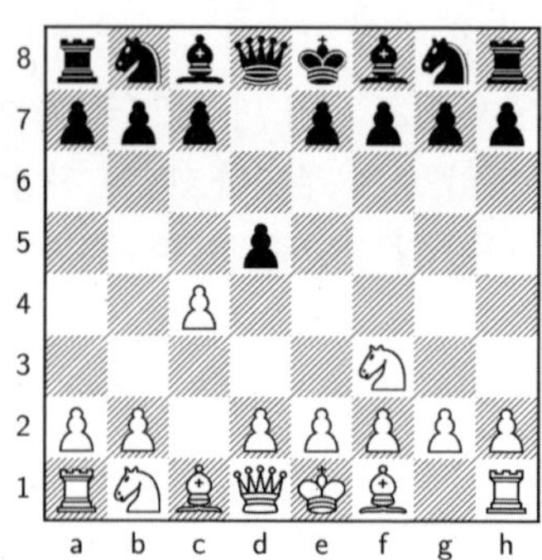

에서는 흑은 상대방의 두 번째 수가 자신의 의도(**d3** 또는 **d4**)를 분명
히 드러냈기 때문에 중앙 안팎에서의 폰들의 분쟁을 나중에 더 유리한
순간으로 연기할지 여부를 결정해야 한다.

(1) **2...dxc4** 또는 **2...Nf6**로 중앙 폰이 사라지도록 촉진할 엄두를 낼
수 있는지 여부
(2) 백이 **2...d4**를 예견할 수 있을지 여부 또는
(3) 이웃 폰들 중 하나로 자신의 d파일 폰을 보호하는 동안, 상대의 계획
을 가능한 한 무해하게 만드는 데 집중해야 할지 여부.

이 세 가지 연속수들은 뉴욕에서 충분한 수의 대국에서 다뤄져 각각
의 가치를 명확히 판단할 수 있었다.

1. 흑 d파일 폰의 조기 교환의 결과는 레티-야노프스키의 대국(109
국)과 레티-마셜의 대국(73국)에서도 부분적으로 드러났다. 첫 번째
대국에서는 **2...dxc4 3 Na3**(시간을 잃는 **Qa4+**와 **Qxc4**보다 훨씬 나
은) **3...Nf6 4 Nxc4**로 백은 몇 수 만에 이미 e5 칸의 자신의 기물로
확실한 통제력을 확보했고, 나중에 퀸스 비숍 피앙케토를 통해 안전하

게 보호할 것이므로 이 작전을 막을 수 없다. 이어진 양측의 약간의 부정확성(7 0-0?, 8...c6)을 고려한다면, 이 대국의 진행 방식에서 흑은 이미 중앙을 둘러싼 싸움의 시작 단계에서 패배했고, 적시에 안전한 지원을 제공하지 못한 결과 결국 무너졌다는 인상을 받을 수밖에 없다.

레티-마셜의 게임은 백이 **1 Nf3 d5 2 c4 Nf6**(실제 대국에서는 흑이 이 수들을 역순으로 둠) **3 cxd5 Nxd5**를 둠으로써 오프닝에서 확실한 이점을 확보할 수 있었다는 점을 보여 줄 만큼 유용하다. 그것은 **4 d4?** 대신 **4 e4**(이 시점에서 그의 킹스 비숍의 매우 강력한 피앙케토와는 별개로) **4...Nf6 5 Nc3 c5! 6 d4 cxd4 7 Qxd4 Qxd4 8 Nxd4**(**8...e5 9 Ndb5 Na6 10 Be3**)라는 대안으로서도 그렇다. 이 두 가지 예는 백이 초반에 폰 센터를 포기해도 흑이 보상을 제공받지 못한다는 확신을 표현하기에 충분하다고 생각한다.

2. 위대한 루빈스타인 정도의 오프닝 전문가가 추천한 라인, **2...d4**를 통해 게임에 고유한 캐릭터성을 부여하려는 호평할 만한 시도조차도 뉴욕에서는 백에게 유리한 것으로 판명되었다. 타르타코베르 박사-야노프스키의 80국에서는 **3 b4! a5 4 b5! c5 5 e3 g6**(분명 킹스 비숍을 활용하는 가장 그럴듯한 방법) **6 exd4 cxd4 7 d3 Bg7 8 g3**가 이어졌다.

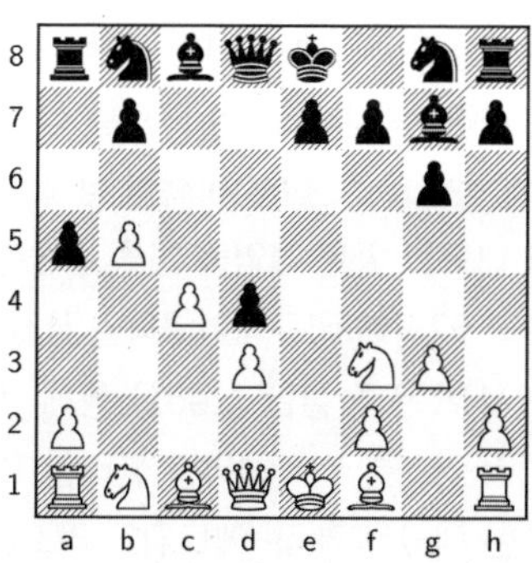

백은 확실하게 h1-a8 대각선에 거의 제거할 수 없는 압박을 가할 수 있는 반면, 흑의 중앙(**...e5**로 시작)에서의 반격은 그의 열악한 전개로 인해 먼 미래의 일이다. 실제로 이 대국에서 백은 놀라울 정도로 명백하게 승리했다(적어도 부분적으로는 상대가 **...Bf5**와 **...Bc8**를 통

해 즉각 선사해 준 템피 덕분에).

3. 폰 센터의 강화를 요구하는 시스템은 뉴욕에서 여러 번 시도되었고 다음과 같은 주요 단계를 이끌어 냈다.

(1) 흑은 **...e6**로 자신의 비숍을 가뒀지만, 늦게라도per nefas, **...e5**를 두어 자유를 얻을 수 있다. 이렇게 레티와 예이츠의 유형화된 대국이 진행되었다(30국). **1 Nf3 d5 2 c4 e6 3 g3 Nf6 4 Bg2 Bd6 5 b3 0-0 6 0-0 Re8 7 Bb2 Nbd7 8 d3? c6 9 Nbd2 e5! 10 cxd5 cxd5 11 Rc1 Nf8 12 Rc2.**

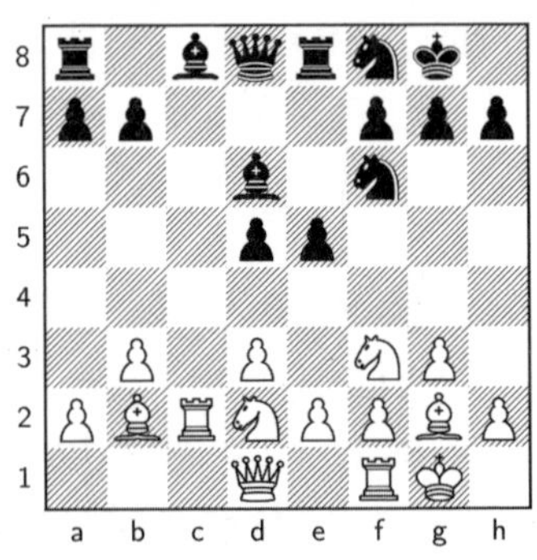

위의 수순 이후, 편견 없는 모든 체스 플레이어라면 흑에게 매우 만족스럽다고 여길 포지션에 도달했다. **12...Bf5 13 Qa1 N8d7 14 Rfc1 h6**(**...Bh7**이 이어지는) 이후, 백은 이미 (레티-라스커 박사의 76국처럼) **...e4**의 위협을 막아내야 하므로 주도권을 잡았다는 얘기가 나올 수가 없다. 그러나 그와 동급으로, 이후에 흑이 상대방의 **d4** 위협의 중요성을 제때 인식했다면 대등한 좋은 게임을 얻을 수 있었을 것이다.

알예힌-보골류보프의 52국에서도 백이 d파일 폰을 두 칸 앞으로 움직이려다 억제한 상황에서 흑은 적절한 **...e5**를 통해 비슷한 포지션을 확보할 수 있었다. 흑은 이 기회를 간과해야만 불리한 포지션을 얻는다. 반면 이론적으로 덜 중요한 대국은 레티-에드워드 라스커의 34국이다. 이 대국은 흑 나이트의 시간 끌기 작전이 전술적으로(6수에서의 폰 희생을 통해) 그리고 전략적으로(실제 그랬던 것처럼) 완전히 잘못됐음을 보여 줬다.

(2) 흑으로선 퀸스 비숍을 가두면 스스로에 대한 처벌이 된다. 백이 **d4!**

를 통해 자유로워짐으로써 효과적으로 흑을 방해할 수 있는 만큼 그렇다. 레티는 보골류보프와의 58국에서 이 라인의 올바른 운용법을 발견했다. 레티-예이츠(30국)의 첫 7수가 반복된 후, 백은 **8 d4!**를 두어 카파블랑카(흑)의 마셜과의 대국(47국)에서의 발자취를 따랐다.

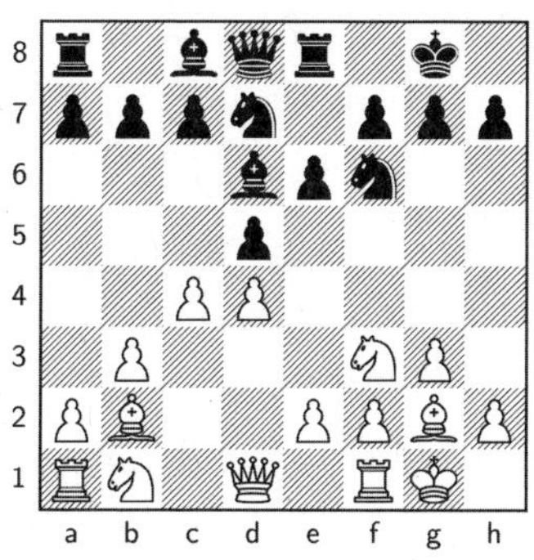

이제 흑은 가까운 시일 내에 자신의 게임을 쉽게 풀 열린 라인에 대한 전망이 없기에 전개 기회에 심각한 방해를 받는다. 또한 퀸스 비숍에 막혀서 오랫동안 룩들의 협력이 불가능하다. 이에 비해 백은 나중에 **e4**를 통해 더 많은 자리를 확보한 다음 킹사이드와 특히 중앙에서 결정적 행동을 취할 수 있기를 기대할 수 있다. 이 확증의 결과로 레티 오프닝의 '주가'는 라스커 박사와의 대국(76국)에까지 치솟았다. 그런데 후자의 오프닝 운영이 상황을 더욱 명확하게 정리했다. 즉,

(3) 흑은 폰 센터의 강화와 퀸스 비숍의 전개를 결합하여 모든 고난을 피한다. 실제로 흑은 1922년 런던 토너먼트 이후 백을 위해 건전한다고 알려진 전개 방식을 선택하면서 **1 Nf3 d5 2 c4 c6 3 b3 Bf5 4 g3 Nf6 5 Bg2 Nbd7 6 Bb2 e6 7 0-0 Bd6 8 d3 0-0 9 Nbd2 e5 10 cxd5 cxd5 11 Rc1 Qe7 12 Rc2** 이후 레티-예이츠와 비슷한 포지션에 도달했다. 그는 예이츠처럼 퀸스 비숍을 전개하기 위해 시간을 잃는 나이트 기동인 **...Nf8**와 **...N8d7**, 또는 **...g6**를 실행활 필요가 없었다는 점에서 유리했다! 이 대국의 추가 과정을 통해 (첫눈에 보기에도) 중앙의 적 진격(**...e5**)에 대한 백의 겉보기에 역설적인 방어는, 우리의 의견으로는 마침내 유죄 선고를 받게 됐다. 이 대국에서 백은 몇 수 만에 부분적으로 강제적인 희생 교환을 수행했고 결국 전체적으로 고려할 때 중요하지 않은 여러 가지 일들이 발생한 후 게임에서 패배했다. 그런데 타르타코베르 박사가 그의 매우 중요한 논문 『미래의 오프닝The Opening of the

Future』에서 권고한 것처럼 백이 8수에서 **d3** 대신 **d4**를 두면,

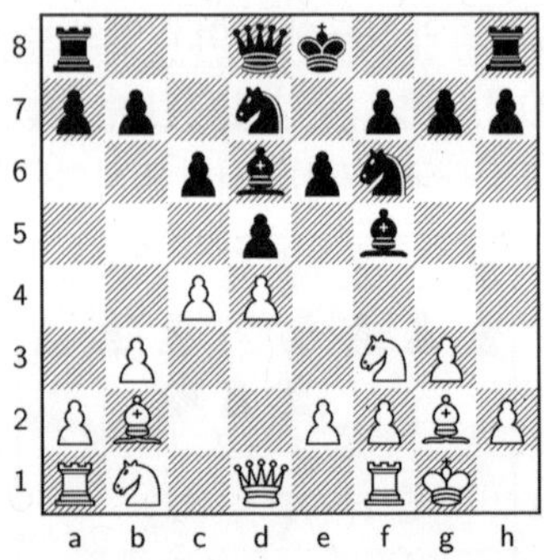

흑은 **8...0-0** 이후 자신의 비숍을 f5로 전개함으로써 매우 중요한 몇 가지 목표를 얻는다(627쪽 다이어그램, 레티-보골류보프에 근접한 포지션과 비교). 즉

(a) 백 룩들의 협력 방해
(b) 더 어려워진 **e4**
(c) 무엇보다도 백 퀸의 전개를 어렵게 만듦

간단히 말해서, 우리는 추가적인 발전이 이루어질 때까지는 이 포지션을 흑에게 만족스러운 것으로 간주할 수밖에 없다. 추후 연구를 통해 이 의견의 정당성이 확인되면, 백은 **2...c6!** 와 **d4** 이후 퀸스 갬빗 거절의 변형으로 되돌아가게 될 것이다(어떤 경우든 이 동등성에서 빼놓을 수 없는 Nf3로). 타라시 박사에 따르면 이 방어법, 체코 디펜스Czech Defense에 대한 최종 판단에 따라 레티의 수 **2 c4**에 대한 적절한 가치 평가의 운명이 좌우될 것이다. 다른 가능한 전개 계획 중 **1 Nf3** 이후에는 **1...Nf6 2 c4 c5**(레티-마로치, 14국)가 가장 좋다. 이 오프닝 운영법은 포지션을 오랫동안 대칭으로 유지하고 따라서 백이 곧바로 항상 다소 '양날의 검'인 **d4**를 시작하기로 결심하지 않는 한 흑에게 무승부 기회를 긍정적으로 약속한다는 점에서 정확하다. 순수하게 이론적 관점에서 보면, 이 시스템에서 흑은 오프닝에서 자신의 주요 과제를 해결하려고 한 번도 시도하지 않기 때문에 실패한다. 즉 선수의 이점을 무효화하려는 시도를 무기한 연기하는 것이 그것이다.

위 외에도 **1...Nf6 2 c4** 이후 '인디언' 무브 **2...g6**로 두 대국이 진행되었다(레티-카파블랑카의 22국, 타르타코베르-마셜의 68국). 백은 **3 d4 Bg7 4 g3!**가 최선의 응수이며, 따라서 게임을 인디언 디펜스의 변형으로 바꾸거나 (위 참조) 결국 그륀펠트 디펜스로 바꾼다. **3 b3**(타르타코베르 박사) 또는 **3 b4**(레티)는 일반적으로 양쪽 비숍의 더블 피앙케토로 이어지며 양쪽 모두가 어느 정도 동등한 전망을 갖는다. 그리고 흑이 결국 위의 두 대국에서 모두 패배한 사실은 이러한 첫 오프닝 수순과 거의 관련이 없다.

흑을 위한 레티 시스템 Reti's System for Black

비록 더블 피앙케토와 연계한 레티의 수가 뉴욕에서는 공격법으로 자주 사용되지는 않았지만, 방어 목적의 유사한 시스템이 훨씬 더 많다는 것을 보여 주었다. 즉 대국의 오프닝 단계에서 동등성을 유지하려는 주도적 사고를 가진 시스템 말이다. 이런 방식으로 복기할 사례로 앞에서 언급한 마셜-카파블랑카의 대국(47국)을 들 수 있는데, 백이 초반에 비숍에 의해 갇히고 몇 수 만에 명백히 불리한 상황에 처했다. **1 d4 Nf6 2 Nf3 g6 3 e3 Bg7 4 Nbd2 b6 5 Bc4 0-0 6 Qe2 c5 7 c3 Bb7 8 0-0 d5 9 Bd3 Ne4.**

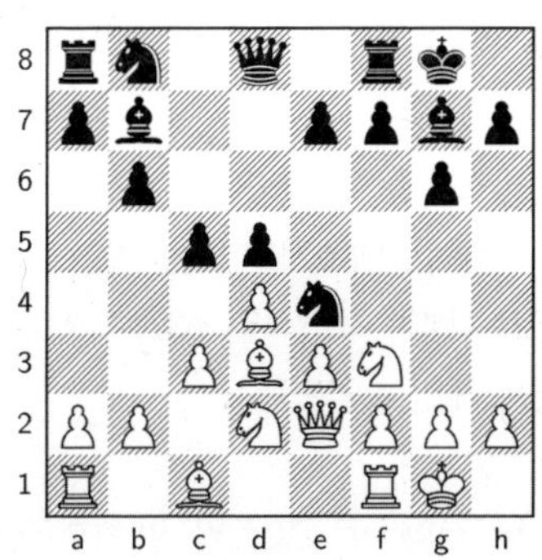

따라서 백은 **e3**를 두기 전에 f4에서의 비숍 전개가 훨씬 더 나을 것이다. 레티-알예힌의 63국, **1 Nf3 g6 2 d4 Nf6**(흑에게는 이 수순들이 뒤바뀐 쪽이 적합함) **3 Bf4 Bg7 4 h3 c5 5 e3 b6 6 Nbd2 Bb7 7 Bd3 0-0 8 0-0**은 레티-라스커 박사의 대국(76국)과 비슷하게, 단 양쪽의 기물 색이 뒤바뀐 포지션에 도달했다. 흑은 지금 **8...d6** 대신 **8...d5!**

가 최선이었고, 이는 동등한 게임을 할 좋은 기회를 약속했을 것이다 (우리 생각에는 더 이상 그렇지 않다).

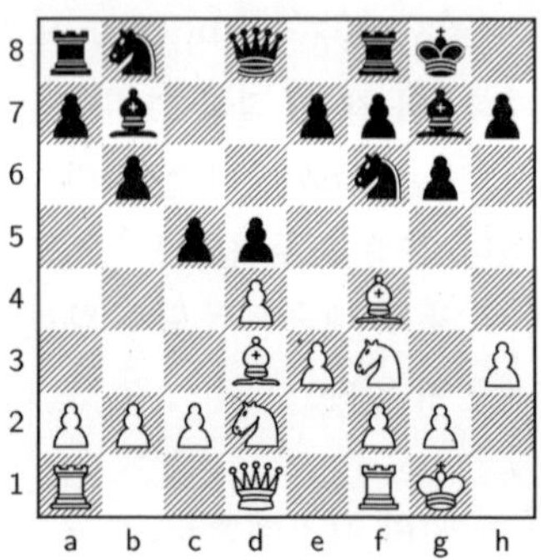

8...d6면, 레티는 최소한 라스커 박사의 **e4** 연속수를 이어받아 유리한 템포로 게임을 할 수 있었을 것이다.

라스커 박사-알예힌(86국)과 야노프스키-마셜(39국)의 대국들은 레티 디펜스 시스템Reti Defense System의 초기 단계에서 중앙에서의 교환(**...cxd4**)이 어떤 결과를 가져오는지 잘 보여 준다. 마셜은 백이 e파일 폰으로 탈환할 수 있고 따라서 e파일을 가볍게 압박할 수 있는 시점에 이 교환을 수행한 반면, 알예힌은 교환만 했다.

(1) 왜냐하면 적의 전술적 부정확성으로 인해 상대 d파일 폰이 아직 e파일 폰으로 보호되지 않았고 결과적으로는 c파일 폰으로 재탈환해야 했기 때문이다.

(2) 그런 다음 흑은 퀸스 나이트를 c6에 유리하게 전개시킬 수 있었고(더 일반적인 **...Nbd7** 대신에), 백에게는 이를 통한 **...e4**가 분명 더 어려운 상대였다. 따라서 그는 백이 즉각적인 **e3**로 **...c5**에 가장 잘 대응할 수 있음을 증명하는 좋은 게임을 얻었다.

야노프스키-레티(44국)와 야노프스키-알예힌(93국)의 대국들은 백이 **c3**로 중앙을 강화하는 대신 **d4**와 **c4**를 통해 공격적으로 폰을 배치할 경우 흑이 레티 시스템(**dxc4**를 통한)에서 상대 퀸스 폰을 고립시키는 대가를 어떤 경우에 수행할 수 있는지 교훈적으로 보여 주었다.

첫 대국에서는 이 시도가 성공했지만 두 번째 대국에서는 실패했다. 야노프스키-레티의 대국에서는 **...c5** 전에 백이 이 포지션에서 필요한 수(**Bf4**)를 두었고, 다시 **h3**를 두어 흑이 d5 칸을 강화하는 데 필요한 시간을 벌어 줬다는 게 몇 가지 결과적 차이점이다. **1 d4 Nf6 2 Nf3 g6 3 h3 Bg7 4 Bf4 b6 5 e3 c5 6 c4 cxd4 7 exd4 0-0 8 Nc3 d5 9 Be2 Bb7** 이후,

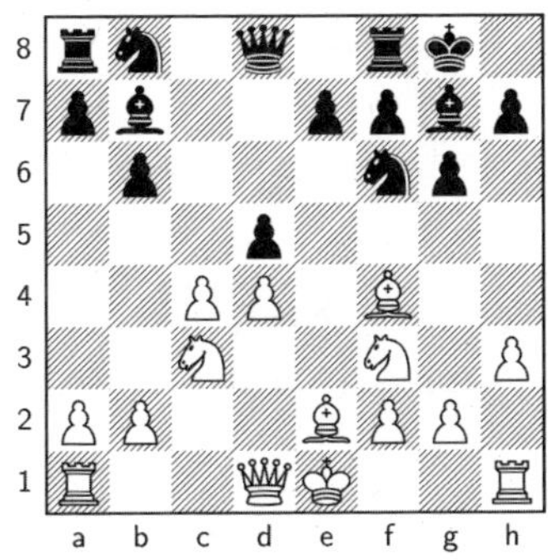

이 포지션에서 실제 대국에서처럼 **10 b3?**가 이어지지 않았다 해도 흑은 방해받지 않고 자신을 전개시켰을 것이기에 오프닝의 어려움을 극복함이 분명하다.

반면 야노프스키-알예힌의 대국에서는 상당히 다른 대우를 받았는데, **1 d4 Nf6 2 Nf3 c5**(백이 **Bf4**를 두기 전에는 시기상조인 것으로 드러난) **3 e3 g6**(당연히 **3...d5**도 좋지만, **1 d4 Nf6 2 Nf3 g6 3 e3 c5** 이후에도 같은 포지션에 도달할 수 있었으므로 이후 수들이 흥미롭지 않음)를 둔 후, 백은 먼저 **4 Bd3 b6 5 0-0**으로 킹을 안전하게 가져갔다. 그런 다음 **5...Bb7** 이후 그는 중앙에서 매우 강력한 **6 c4!**(d5를 두겠다고 위협. 마셜-카파블랑카의 47국에서의 백은 킹스 비숍으로 c4 칸을 점령하여 이를 차단함)로 행동에 착수했다. 이후 **6...cxd4 7 exd4 Bg7 8 Nc3 d5 9 Bg5**,

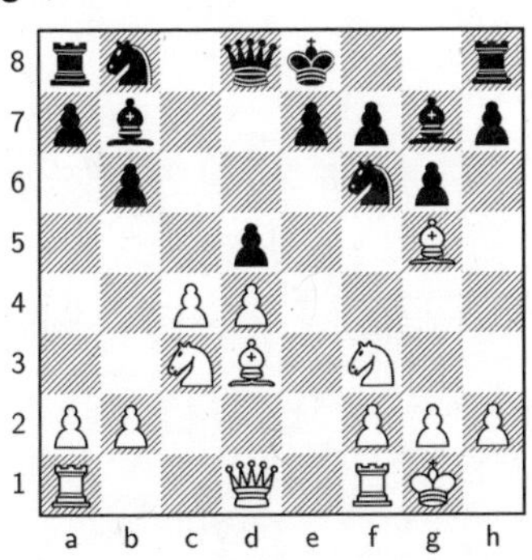

흑은 이미 **Re1**, 이어서 **cxd5**를 두겠다는 위협 때문에 d5 칸을 포기하기로 결심해야 했고, 따라서 지속적으로 불리한 상황에 놓였다.

편심 Eccentricities

따라서 우리는 다음과 같이 지적할 수 있다.

1. 알예힌과 야노프스키 사이에서 인용된 퀸스 비숍의 폐쇄는 이 특별한 전략의 결과로서 이미 8~10수 후에 흑에게 패배해 있게 만든다.

2. 에드워드 라스커-야노프스키의 게임(25국)에서 흑이 사용한 밝은 칸의 체계적인 약화(...**b6**, ...**d6?**, ...**e5** 이후 다시 ...**h6**, ...**g5?**)는 매우 불필요했다. 상대에게 쉬운 승리를 안겨 주었다.

3. 마지막으로, **1 b4**의 '오랑우탄' 무브(타르타코베르 박사-마로치, 19국)는 흑에게 전개의 어려움을 주지 않고 퀸사이드의 조기 수비로 인해 향후 중앙 싸움을 더 어렵게 만들 뿐이다.

이렇게 개별 대국들의 오프닝 단계를 검토한 결과, 뉴욕 토너먼트는 아직 전술적 혁신들이 두드러지지는 않았지만 오프닝 운영에 관한 담론의 진화와, 체스의 역사 차원에서 복기해 보면 매우 중요한 단계에 이르렀음을 알 수 있다.

알렉산드르 알예힌(1924년 추정)

옮긴이 후기

호세 라울 카파블랑카가 저술한 체스 책 전 3권의 제작을 모두 마친 후, 자연스러운 흐름으로서 그 다음 단계는 역사적 평가를 받은 체스 전략서가 우리나라에 소개됐으면 하는 생각이 있었습니다. 그래서 그를 실현하기 위해 기초 체스 전략서로 정평이 난 리하르트 레티의 『모던 체스 아이디어』와 함께 체스 전략서의 놀라운 업적으로 높은 평가를 받는 제4대 세계 체스 챔피언 알렉산드르 알예힌이 저술한 이 책, 『1924: 뉴욕 인터내셔널 체스 토너먼트』(이하 『1924』)를 체스 전략서 세트로 제작하겠다고 글을 올린 게 2023년 8월입니다. 사실 준비는 그 전부터 하고 있었지만 공식적으로 내용을 알린 시점을 기준으로 하면 2년이 더 지나서야 드디어 제작을 완료하게 되었습니다. 예상보다 오래 걸렸고 그간 이 책을 제작하기 위한 노력도 많이 했기에 감회가 새롭습니다.

『1924』를 만들겠다고 호기롭게 도전은 했으나, 입문자 대상으로 주로 세일즈가 되는 국내 체스 책 시장의 현실에서는 제작 여건을 마련하기 어려웠습니다. 그리고 막상 부딪친 원서 번역도 예상보다 훨씬 진을 빼게 만들었습니다. 우선 분량이 너무 많았고, 무수하게 쏟아지는 체스 기보와 대안 수, 다이어그램 들을 맞춰 보는 것과 한국어판을 위한 추가적인 다이어그램 제작 삽입 등의 작업이 쉽지 않았기 때문입니다. 그러나 그 과정 끝에 결국 이렇게 한 권의 책이 완성된 걸 보니 뿌듯합니다.

지난 100년 동안 꾸준히 체스 전략서의 최고봉으로 추천되고 있는 『1924』는 뉴욕 인터내셔널 체스 토너먼트가 어째서 지금도 회자되는 전설적인 토너먼트가 되었는지를 증명하는 기록이며, 알예힌의 놀라운 능력을 그 자체로 보여 주는 책입니다. 여기서 알예힌의 설명 스타일은 지극히 직관적입니다. 그는 판 전체를 평가하고 각 수를 분석하여 그 수의 가능성, 의도하는 바, 악수인지의 여부 등을 판단하고 대안 수들을 끊임없이 제시하며, 그 대안 수들의 가능성과 역할도 짚어냅니다. 단순하고 명확한 판단이란 숙고가 있어야 가능한 법, 그 판단과 도출된 수 들의 방대함은 알예힌의 천재성을 분명하게 드러냅니다. 이 정도는 해야 체스 챔피언이 될 수 있나 하는 경외감이 들 수밖에 없는 성과입니다.

그리고 이 역대급으로 치열했던 토너먼트의 전장에서 마침내 승리한 사람이 에마누엘 라스커라는 점도 빼놓을 수 없는 인상적 장면입니다. 제2대 세계 챔피언으로 27년이라는 최장 기간 챔피언 기록을 보유한 라스커는 이 토너먼트에 참가했을 때 나이가 56세였습니다. 이미 챔피언 자리는 카파블랑카에게 물려 줬고, 은퇴를 해도 이상하지 않을 나이에 세계 최고의 체스 선수들이 모인 자리에서 최강자임을 입증한 사실은 알예힌도 감탄할 수밖에 없었던 라스커의 놀라운 실력, 그리고 인간이 시간을 거스르며 이룰 수 있는 탁월성을 드러낸 분명한 사례일 것입니다. 자신의 계보를 만들지 않았고 아직까지도 재평가가 이뤄지는 미지의 체스 선수가 라스커이기에, 『1924』를 통해 최고 수준의 라스커식 체스를 확인할 수 있는 점은 체스 연구에 있어서도 흥미롭고 가치 있는 기회이지 않을까 싶습니다.

이제는 체스 엔진을 통해 누구나 엔진 분석을 접할 수 있는 세상입니다. 체스는 그럼에도 불구하고, 혹은 그렇기 때문에 더욱 더 인간적인 게임, 인간들 간의 게임이 되어 가는 중입니다. 이는 체스가 AI에게 가장 먼저 정복당한 게임이라는 평가에도 불구하고, 그를 극복하고 AI시대에 되려 더욱 뜨겁게 부활할 수 있었던 중요한 이유이기도 합니다. 『1924』에 나오는 알예힌의 분석은 철저히 인간 알예힌이 연구하고 깨닫고 쓴 기록입니다. 그럼으로써 알예힌이 추구한 체스 개념이 오롯이 담기게 되었습니다. 그것이 어떻게 체스 역사에서 구현되고 성공을 거뒀는지를 이해하는 것 또한 철저히 인간적 경험일 것입니다. 물론 이 책을 읽은 자신만의 반론을 통해, 또는 체스 엔진의 도움을 받아 그 내용에 대해 판단하고 동의하거나 반론하는 것도 가능한 것입니다. 체스 책은 책을 쓴 저자의 스타일과 정신이 반영된 것이며 그에 대한 대안은 마스터에 대한 연구, 혹은 자신의 체스 실력 검증을 위한 도전으로서 허락된 것이고 그 과정은 체스의 발전적 역사가 되었습니다. 그러므로 알예힌에게 배우고 깨닫는 즐거움은 이 역사적 책을 읽는 인간으로서의 독자의 몫이 되리라 기대합니다.

1924

: 뉴욕 인터내셔널 체스 토너먼트

초판 1쇄 발행 | 2025년 12월 24일

지은이 | 알렉산드르 알예힌
옮긴이·펴낸이·책임편집 | 유정훈
디자인 | 우미숙
인쇄제본 | 두성P&L

펴낸곳 | 필요한책
전자우편 | feelbook0@gmail.com
블로그 | blog.naver.com/feelbook0
X(구 트위터) | x.com/feelbook0(twitter.com/feelbook0)
페이스북 | facebook.com/feelbook0
인스타그램 | instagram.com/feelbook8
팩스 | 0303-3445-7545

ISBN | 979-11-90406-24-6 03690